KB266290

국제학의 이해

글로벌 이슈에 대한 학제 간 접근

이 책은 2020년 대한민국 교육부와 한국연구재단의 지원에 의하여 연구되었음(NRF-2020S1A5C2A02093112)

국제학의 이해

글로벌 이슈에 대한 학제 간 접근

스탠리 톱스, 마크 앨런 피터슨, 월트 밴더부쉬, 나볼리 새키피오, 쉘던 앤더슨 지음

김동수, 고종환, 노용석, 문기홍, 박상현, 서지현, 정해조, 정호윤, 현민 옮김

이 책은 국제 문제를 입체적으로 분석하기 위한 학제적 접근의 기본을 다룬다. 역사, 지리, 인류, 경제, 정치 등 주요 분과의 시각을 엮어내며, 지역별 특성과 글로벌 쟁점을 아우른다. 국제학을 처음 접하는 독자부터 실제 적용을 고민하는 연구자까지 모두에게 필요한 균형 있는 입문서가 될 것이다.

이담북스

┈┈┈┈┈┈ **저자 및 역자 소개**

저자 ┈┈┈┈┈┈┈┈┈┈┈┈┈┈┈┈┈┈┈┈┈┈┈┈┈┈┈┈┈┈┈┈┈┈┈┈┈

Stanley Toops Miami University(Ohio, USA) 지리학 및 국제학 부교수. 대표 저서는 *Understanding Contemporary China*, 5ᵗʰ ed.(2017, 공편), *Routledge Atlas of Central Eurasian Affairs* (2012, 공저)

Mark Allen Peterson Miami University(Ohio, USA) 인류학 및 국제학 교수. 대표 저서는 *Connected in Cairo: Growing Up Cosmopolitan in the Modern Middle East* (2011), *Anthropology and Mass Communication: Media and Myth in the New Millennium* (2003).

Walt Vanderbush Miami University(Ohio, USA) Global and Intercultural Studies 부교수. 주요 연구분야는 라틴아메리카 정치경제와 미국-라틴아메리카 관계임. 대표 저서는 *The Cuban Embargo: Domestic Politics of American Foreign Policy* (2005).

Naaborle Sackeyfio Miami University(Ohio, USA) Global and Intercultural Studies 조교수. 주요 관심분야는 에너지/자원 정치, 지속가능개발, 아프리카의 젠더와 경제권력 등이며, 대표저서는 *Energy Politics and Rural Development in Sub-Saharan Africa: The Case of Ghana* (2017).

Sheldon Anderson Miami University(Ohio, USA) 역사학 조교수.

역자

[책임 번역]

김동수 국립부경대학교 국제지역학부 교수. 미국 조지아대학교(The University of Georgia)에서 정치학 박사 학위를 받았으며, 전공은 국제정치, 주요 관심 분야는, 미국외교정책, 미북관계, 동북아안보 등이다.

[공동 번역]

고종환 국립부경대학교 국제지역학부 명예교수. 독일 프랑크푸프트대학교(Goethe University Frankfurt)에서 경제학 박사 학위를 받았으며, 전공은 국제경제, 관심 분야는 국제경제통합, 경제정책 효과 분석, 연산가능일반균형모델링(Computable General Equuilibrium Modeling) 등이다.

노용석 국립부경대학교 국제지역학부 부교수. 영남대에서 한국전쟁기 민간인 학살 연구로 인류학 박사 학위를 받았으며, 최근에는 라틴아메리카 사회문화에 기반한 국가폭력 양상과 종교적 특징 등을 인류학적으로 연구하고 있다.

문기홍 국립부경대학교 국제지역학부 조교수. 한국 정부 국비 유학생으로 호주 시드니대학교(The University of Sydney)에서 정치학 박사 학위를 받았다. 전공은 미얀마 정치이며, 관심 분야는 동남아시아 정치, 국경과 이주, 국제개발협력 등이다.

박상현 국립부경대학교 국제지역학부 교수. 서울대학교 경제학부를 졸업하고 사회학 박사 학위를 받았다. 전공은 사회변동과 거시역사사회학이고, 현재 연구 관심은 미-중 관계, 국제정치경제 등이다.

서지현 국립부경대학교 국제지역학부 부교수. 영국 리버풀대학교(University of Liverpool)에서 지역학 박사 학위를 받았다. 전공은 중남미지역학이며, 주요 연구 관심 분야는 라틴아메리카 발전론, 정치생태학, 대안적 도시 거버넌스와 다층 공간적 대안정치 등이다.

정해조 국립부경대학교 국제지역학부 명예교수. 부산대학교에서 문학박사, 국립부경대학교에서 공학 박사 학위를 받았다. 전공은 국제지역학이며, 관심 분야는 유럽학, 환태평양 연구, 패시브하우스, 제로에너지빌딩 등이다.

정호윤 국립부경대학교 국제지역학부 부교수. 미국 하와이대학교(University of Hawaii at Manoa)에서 정치학 박사 학위를 받았다. 전공은 비교정치이며, 관심 분야는 라틴아메리카 지역 연구, 아시아·중남미 및 유럽·중남미 관계 등이다.

현민 국립부경대학교 글로벌지역학BK교육연구단 산학협력전담연구원. 서울대학교에서 사회학 박사 학위를 받았다. 전공은 사회발전론, 비교지역학이며, 관심 분야는 지역통합, (탈)세계화와 사회변동, 환태평양비교지역연구 등이다.

마이애미대학교를 비롯한 여러 대학에서 국제학(International Studies, ITS)은 수십 년에 걸쳐, 정치학, 지역연구, 세계 언어의 융합에서 벗어나 현재의 글로벌 이슈에 대한 진정한 학제 간 접근 방식으로 발전해 왔다. 1990년대 초 Stephen Day 학장과 William Hazleton ITS 디렉터의 비전을 통해 마이애미대학교의 ITS 프로그램은 커리큘럼을 확장하고 ITS와 지리학, 역사학, 인류학, 정치학 분야의 공동 임용으로 새로운 교원들을 충원했다. 현재 ITS 프로그램은 수백 명의 전공자들에게 서비스를 제공하고 있으며, 매년 500명 이상의 비전공자가 ITS 입문 과정을 수강하고 있다.

학제 간 국제학을 가르치는 데 있어 가장 큰 도전 과제 중 하나는 분과 학문의 역사와 연구 주제를 인식하면서 서로의 사각지대를 보완할 수 있도록 분석적 대화의 중요성을 강조하는 교과서를 찾는 것이다. 소수의 교수진으로 구성된 작은 전공 시절, 우리는 팀티칭과 교육 전략과 자원의 공유를 통해서 이 문제를 해결했다. 하지만 시간이 지나고 전공생들과 교원이 많아지면서(그들 중 많은 이들이 임시직에 있었는데) 우리는 스스로의 희생양이 되었다. 우리는 학제 간 초점을 유지하기 위해 지역적 및 세계적 중요성을 갖는 이슈들에 대한 학제 간 분석을 강조하는 교과서를 집필하기로 결정했다. 이 책은 1부에서는 역사학, 지리학, 인류학, 경제학, 정치학 등 각 분과 학문이 세계 문제를 이해하고 해결하는 데 기여하는 방식을 다룬다. 2부에서는 북미, 유럽, 동아시아 및 태평양, 남아시아 및 중앙아시아, 사하라 이남 아프리카, 중동 및 북아프리카, 라틴 아메리카 등 세계의 다양한 지역을 살펴보고, 이러한 지역 내 다양성과 상호 연관성을 강조한다. 3부는 학제 간 관점에서 현대의 글로벌 이슈를 분석하는 장들을 포함하고 있다. 3부의 글들은 2부와 동시에 논의하는 데 사용할 수 있다.

이 책의 저자들은 국제학의 학제적 특성이 다양한 전문 분야의 교수들을 낯선 학문 영역으로 끌어들일 것이라고 인식하고 있다. 이 책은 교수들에게 국제학을 가르칠 수 있는 구조와 현대 세계의 복잡성에 대한 학생들의 이해를 높일 수 있는 접근 방식을 제공하도록 설계되었다.

이 책은 다섯 번째 판본이다. 이번 판에서는 전 세계 각 지역에 대한 최신 정보와 3부의 새로운 글로벌 이슈에 관한 장들이 추가되었다. 각 장들은 지도와 추천 도서, 영화, 웹사이트 목록이 함께 제공된다. 텍스트 전체에 굵은 글씨로 표시되는 키워드의 용어사전이 책의 끝부분에 추가되어 있다.

본문의 저자들은 각자의 분야에서 광범위하게 연구활동을 해왔으며, 각기 다른 지역 및 언어 전문성을 보유하고 있다. Stanley Toops 박사는 중국 북서부 위구르 지역에 관한 미국 최고의 지리학자 중 한 명이다. 그는 중국어와 위구르어에 능통하며, 중국과 중앙아시아의 지리, 관광, 인구에 관한 다수의 학술논문과 저서를 발표했다. 그의 최근의 연구에는 중앙 유라시아의 지도와 중국에 관한 편집된 모음집이 있다. Toops 박사는 이 책에서 지리학, 동아시아, 남아시아, 기후변화 그리고 지속가능발전 부분을 담당했다. Walt Vanderbush 박사는 라틴 아메리카 정치경제뿐만 아니라 미국-라틴 아메리카 관계와 미국외교정책에 관한 전문가이다. 스페인어에 능통한 그는 멕시코, 쿠바, 카리브해 지역에 관해서 독창적인 연구를 수행했다. 그는 이 책에서 정치학과 라틴 아메리카에 관한 장들을 집필했다. Mark Allen Peterson 박사는 인류학과 중동에 관한 장과 국제 테러, 난민위기 및 미디어의 글로벌 이슈에 관한 에세이들을 집필했다. Naaborle Sackeyfio 박사는 사하라 사막 이남 지역에 초점을 맞춘 에너지 및 자원 정치, 성평등 및 지속가능발전을 전공하고 있다. 가나의 에너지 정치와 농촌 개발에 관한 연구를 발표한 바 있으며, 일본에서의 아프리카 이주민 통합에 대해 연구하고 있다. 이 책의 경제 및 아프리카에 관한 장의 주요 저자이다.

이 책의 저자들은 많은 사람들에게 감사의 빚을 지고 있다. 첫째, 이 책은 Sheldon Anderson과 Jeanne Hey에게 엄청난 빚을 지고 있다. 그들은 이 프로젝트를 구상하고 많은 초기 판본에서 공동 저자 및 공동 편집자로 활동했다. 또한 마이애미대학교 국제학 전공의 과거에 재직했거나 현재에 재직 중인 많은 동료들, Melanie Ziegler, Carl Dahlman, Charles Stevens, Dilchoda Berdieva, and Kathryn LaFever에게 책의 업데이트에 대한 제안에 감사드린다. Stanley Toops는 귀중한 작업을 해준 Mark, Walt, Naaborle에게 감사드리며, 해당 장의 작업을 해준 Simone Andrus와 참고문헌 작업을 해준 도서관 사서 Jenny-Presnell과 Katie Gibson, 그리고 지도와 표 작업을 도와준 Daniel Kyale, Kristy Fortman, Adanma Ogboo, Hannah Koone, Ana Contessa, Lisa Dershowitz, 그리고 Michael Browne 학생들에게도 감사의 마음을 전한다. Sheldon Anderson은 이전 판본을 작업할 때 인내심과 지지를 보내준 그의 가족-Kristie, O Maxwell, Lauren, 그리고 Mongo-에게 감사의 인사를 전한다. Walt Vanderbush는 라틴 아메리카 장의 초안을 읽은 후 매우 유용한 의견을 보내준 Elena Albarrán에게 감사의 마음을 전한다. 그는 또한 글쓰기 과정에서 전적인 지지와 인내심을 보여준 Caroline McClellan에게도 감사의 인사를 전한다. Naaborle Sackeyfio는 Stanley Toops와 Mark Peterson에게 국제학이나 정치학 전공 학생들에게 귀중한 독특한 관점과 학제 간 강점을 강조할 수 있는 공동작업에 참여할 기회를 기회를 주심에 감사한다. Mark Allen Peterson은 공동 저자들뿐만 아니라 James Bielo, John Cinnamon, Cameron Hay- Rollins, Linda Marchant, Geoff Owens, Susan Paulson, Dawna Peterson, Douglas Rogers, Christa Salamandra, Daniel Varisco, Jessica Winegar에게도 초고에 대한 의견을 주신 데 대해 감사드린다. 지도를 편집해준 마이애미대학교의 GIS 코디네이터 Robbyn Abbitt에게도 감사드린다.

목차

도판목차

그림

글로벌 팬데믹, 국제 테러리즘, 대량살상무기의 확산, 전에 없던 규모의 국제 난민의 고통, 초국가적 경제불평등, 전지구적 환경위기. 세계는 어느 한 나라가 해결할 수 없는 특별한 도전에 직면해 있다. 글로벌 이슈들을 성공적으로 해결하기 위해서는 깊이 있고 철저한 분석이 필수적이다. 이것이 국제학의 사명이다.

왜 국제학을 공부하는가?

왜 글로벌 이슈에 학제 간 접근 방식을 취할까? 그 해답은 인류사회의 모든 층위에서 사람, 국가, 기간의 상호의존성이 증가하는 데서 찾을 수 있다. 인간의 상호의존성은 적어도 기원전 3천 년 경 수메르와 인더스 계곡 문명 사이의 무역 관계의 등장까지 거슬러 올라간다. 500년 전, 유럽인들은 아프리카와 아시아와의 상업적 접촉을 확대하고, 전 세계 지역을 전례 없는 세계화 과정에서 하나로 묶는 착취, 식민지화, 그리고 세계대전의 시스템을 시작했다. 19세기의 산업혁명과 20세기 후반의 첨단 기술혁명으로 인해 오늘날 많은 사람들이 페루에서 기차를 타는 사람과 에베레스트산 정상에 서 있는 등산가 사이의 전화가 가능한 그런 지점에 있다. 인도의 의사는 토페카(Topeka)의 진료실에 앉아 있는 환자를 위해 X-선을 읽을 수 있다. 러시아인들은 한국, 독일, 이탈리아, 일본, 미국에서 생산된 자동차를 구입할 수 있다. 전 세계 대부분의 사람들이 지도(map)에서 방글라데시를 찾을 수는 없지만, 그들이 착용하는 모자는 아마도 그곳에서 만들어졌을 것이다.

전 세계가 이 정도로 통합되었던 적은 과거에 없었다. 정치, 시장, 문화, 미디어, 정보는 더 이상 지역적(local)인 것이 아니라 전 세계적(global)이다. 한 세기 전만 해도 한 지역에서 일어난 사건이 다른 지역에서는 종종 눈에 띄지 않았었는데, 지역적 사건의 파급효과는 지난 한 세기 동안 기하급수적으로 증대되었다. 오늘날 인터넷, 휴대폰, 인쇄매체, 텔레비전을 통한 정보의 확산으로 지구 반대편에 있는 사람들이 동시에 사건을 경험할 수 있게 되었다. 도쿄 증권거래소에서 일어나는 일은 하루 종일 문을 열면서 다른 시장에도 즉각적인 영향을 미친다. 2011년 일본을 강타한 쓰나미와 2016년 이탈리아를 뒤흔들었던 지진은 몇 시간 만에 전 세계에 알려졌다. 테러 공격의 효과는 언론이 그 순간의 혼란을 전파하고 그에 따른 공포를 불러일으키기 때문에 더욱 증폭된다. 자살공격자들은 종종 범행 후 인터넷에 게시하기 위해 동영상을 제작하는데, 이는 살인범들이 무고한 사람들의 목숨을 앗아가는 데 아무런 거리낌이 없다는 느낌을 극대화한다. 2011년부터 튀니지, 이집트. 리비아 등에서 이른바 아랍의 봄이라는 친민주적 반란이 인터넷과 휴대전화에 의해서 탄력을 받았고, 시리아 북부와 이라크에서의 이슬람국가(Islamic State, IS)의 성장도 마찬가지였다.

2차 세계대전 이후 세계 상업의 호황은 전례가 없던 일이었다. 세계의 수출은 1950년에 총 610억 달러였는데, 이후 2015년까지 25조 달러로 확대되었다. 1960년 무역은 전 세계 GDP의 17.5%에 달했는데, 2015년에는 그 비율이 45%로 증가했다 (el- Ojeili and Hayden 2006, 60; World Bank 2016). 국제 금융 및 비즈니스 거래는 전자 네트워크에서 즉각적으로 이루어진다. 2011년 그리스 정부의 채무불이행 가능성은 국제 시장에 큰 충격파를 던졌다. 수백만 명의 외국인 근로자가 안전한 글로벌 뱅킹 서비스를 이용해 집으로 돈을 보낸다. 생산품은 비행기, 배, 기차, 그리고 장거리 트럭을 타고 전 세계를 이동하며, 종종 그 과정에서 사람의 손이 컨테이너에 전혀 닿지 않기도 한다. 매일 약 9000개의 공항에서 약 10만 대의 비행기가 뜨고 6만 대 이상의 대형 상선이 공해를 운항하고 있다 (www.marinetraffic.com).

이러한 상호의존성의 증가는 통상 세계화, 즉 "멀리 떨어진 곳에서 일어나는 사건에 의해 다른 지역의 일이 영향을 받는 방식으로 멀리 떨어진 지역들을 연결시키는 전 세계의 사회관계의 강화”를 일컫는다 (Giddens 1990, 64). 대량살상무기, 글로벌 기후변화, 상호 연결되고 취약한 무역 및 금융 시스템, 무력 분쟁, 급증하는 인구, 인도주의적 위기, 팬데믹, 글로벌 빈곤 등은 학자, 정책입안자, 그리고 시민들의 관심을 요구하는 국제문제들이다. 이러한 문제들에 대한 해결책을 찾는 것이 그 어느 때보다 중요해졌으며, 이러한 복잡한 문제들을 이해하는 것이 그 어느 때보다 더 어려워졌다. 이러한 글로벌 과제의 역사적, 지리적, 정치적, 문화적, 경제적 차원을 이해하기 위해서는 학제 간 접근이 필수적이다.

현대 시대의 복잡성과 사람, 사건, 그리고 프로세스의 글로벌 상호연결성이 너무 강하여 전통적인 연구 및 탐구 방법으로부터 벗어날 필요가 있다. 외교정책 입안자들과 교육자들은 오늘날 세계화 과정과 국제문제에 대한 엄격한 학문 분야별 접근방식의 결함을 점점 더 많이 인식하고 있다. 학문 분야(discipline)란 역사학, 정치학, 경제학, 지리학, 인류학 등 전통적인 학문 분야와 관련된 접근방식을 의미한다. 이에 대한 대안으로서 국제학은 전 세계적으로 중요한 이슈에 대한 통합적이고 포괄적이며 학제 간 접근방식을 제공한다.

이 책은 국제학에 적용할 수 있는 다섯 가지 학문 분야를 소개하고 학제 간 접근방식을 통해 지역 및 글로벌 이슈를 다룸으로써 새로운 지평을 연다. 여기서 고려되는 다섯 가지 학문 중 네 가지는 사회과학인 반면, 다섯 번째 학문인 역사학은 인문학에 속하는 경향이 있다. 역사학은 과학의 한 분야라고 할 수는 없지만, 역사적 맥락을 알지 못하고 현재의 국제문제를 완전히 이해하는 것은 불가능하다. 역사학자들은 논쟁과 선전이 배제된 객관적인 역사적 기록을 작성하여 국제분쟁을 해결하는 데 중요한 역할을 한다. 그러나 인터넷이 등장하고 신뢰성이 의심되는 출처로부터 정보가 빠르게 유입되면서 새로운 도전 과제가 생겨났다. 과거 사건에 대한 서로 다른 기억이나 해석이 많은 국제분쟁의 핵심이 되고 있다. 핵보유국이 되고자 하는 이란(Iran)의 야심을 둘러싼 이란과 유엔(UN) 사이의 논쟁은 영국 제국주의에 대한 이란의 분노와 경제적 독립을 위한 이란의 투쟁에 대한 미국의 개입에 그 뿌리가 있다. 그리고 일본과 중국의 마찰은 종종 제2차 세계대전 당시 일본의 잔혹했던 중국 점령을 중심으로 전개된다. 이러한 긴장의 중심에는 역사적 기억이 조작되어 국가 정체성을 형성하는 방식이 있다. 많은 중국인들이 일본인을 계속해서 제국주의자로 보는 반면, 일본인들은 자신들을 후진적인 사람들에게 문명의 혜택을 가져다 준 진보주의자이자 선교사로 기억한다.

국제학에서 지리학의 역할은 공간, 지역, 그리고 환경을 분석하는 것이다. 자연지리학자는 자연환경의 과정을 연구하고, 인문지리학자는 물리적 세계와 인간 상호작용에 관심이 있다. 지리학자가 생각하는 증거에는 인구통계, 기후연구, 건강기록, 커뮤니케이션 네트워크 등이 포함된다. 지도는 지리학자들이 지구와 그 안에 있는 사람들의 상호작용을 분석하는 데 사용하는 특별한 도구이다.

지리학은 인구밀도, 질병의 확산, 물 부족, 환경 악화, 국경 분쟁, 인구 흐름, 우주 이용, 교통 네트워크와 같은 핵심적인 국제문제를 다룬다. 매년 수억 명의 이민자가 한 지역에서 다른 지역으로 이동하고, 수백만 명의 이민자가 한 대륙에서 다른 대륙으로 도약하여 새로운 관습, 기대, 그리고 정치적 의제를 가져온다. 질병, 전염병, 벌레들은 매일 전 세계를 이동하는 수천 대의 선박, 비행기, 기차, 자동차를 타고 이동한다. 섬세한 지역 생태는 장거리 운송에 편승하는 외계 침략자들에 의해 영향을 받는다. 전 세계는 독감, 약물 내성 결핵, 그리고 기타 치명적인 질병이 전 세계 고속도로에서 전염되는 것을 경계하며 기다리고 있다. 지구온난화, 수질 및 대기오염, 토양 침식, 사막화에는 정치적 경계선이 없으며, 이들은 학제 간 분석에 대한 지리학의 기여를 통해 가장 잘 이해된다.

정치학은 사람들 사이의, 그리고 사람들의 경쟁하는 이해관계를 중재하는 데 사용되는 기관들 사이의 권력관계를 분석한다. 정치학자들은 종종 정치적 행동을 설명하는 변수를 식별하기 위해 사례연구를 활용하는데, 이렇게 함으로써 과거의 모형이 현재의 사례에 적용 가능한지를 알아내고자 한다. 국제 수입에 관한 질문들은 궁극적으로 이를 해결할 수 있는 권한을 가진 사람들에게 연결된다. 민주주의 발전, 국제제도, 국제관계, 국제분쟁 및 분쟁 해결은 국제학과 관련된 정치학의 영역 내에 있다.

일부 정치학자들은 과거 패권이론이나 종속이론과 같이 국제 권력관계를 설명하는 것처럼 보였던 패러다임으로부터 국제학의 학제적 접근방식이 설명하고자 하는 **복합 상호의존**(Complex Interdependence)으로 옮겨 갔다. 오늘날 정치적 관계는 세계화가 "힘 없는 사람들의 힘(power for the powerless)"을 창조해 내면서 더욱 복잡한 양상을 띠고 있다 (Havel 1985). 예를 들어, 국제 인권단체와 언론은 통제하기 어려운 정부 관행에 대한 정보를 퍼뜨릴 수 있다. 중국 정부는 그들의 비민주적 관행을 비판하는 인터넷 사이트를 규제하기 위해 필사적으로 노력하고 있다. 정치학자들은 중국이 세계화된 경제에 참여하면서 이런 정치적 억압을 유지할 수 있을지에 대해 깊은 관심을 갖고 있다.

글로벌 정보네트워크는 정치에서 돈의 영향력, 빈부 격차, 인종차별 등을 이유로 자유민주주의 정부를 비판하고 그것의 힘을 약화시킬 수도 있다. 정보에 쉽게 접근하게 되면 정체성의 정치가 형성되어 사회를 서로 반대하는 문화적 또는 정치적 집단으로 분열시키고 민주적 타협과 협력을 거의 불가능하게 만들 수도 있다. 2013년 이집트에서의 거리 시위는 지지자들을 결집시키는 소셜미디어의 힘을 입증한다. 인터넷 상거래는 또한 국가 법적 시스템을 약화시킨다. 예를 들어, 독일에서는 히틀러의 『나의 투쟁』(*Mein Kampf*)을 판매하는 것이 불법이지만 그 책은 1999년 독일 Amazon.com에서 가장 많이 팔린 10개의 상품 중 하나가 되었다 (Friedman 2000, 37).

인류학은 문화의 역할을 탐구한다. 즉, 인류학은 인간의 정체성, 가치, 행동을 형성하는 환경, 경제시스템, 이념, 정치시스템, 언어 등의 유사점과 차이점에 중요성을 부여하는 방식에 관하여 탐구하는 것이다. 사람들은 다양한 방식으로 세상을 이해하고 설명하며, 이러한 다양한 이해는 사람들이 정치적 국경을 넘어 만들고, 유지하고, 상호작용하는 방식을 형성한다. 인류학자들은 사람들이 세상에서 자기자신을 규정하는 학습된 의미체계, 즉 **문화(culture)**라는 이해하기 어려운 개념을 구체화하고자 한다.

글로벌 문화 전이는 현지 관습과 전통에 압력을 가했다. 부유한 국가들이 한때 이러한 전이를 지배했었지만, 문화적 흐름이 한 방향으로만 흘러간 적은 없었다. 맥도날드 햄버거와 헐리우드 영화의 세계적 소비는 종종 지역 식습관과 예술적 표현에 미치는 세계화의 영향을 보여주는 예로 꼽히지만, 인도의 발리우드(Bollywood) 영화, 한국의 자동차, 중국의 저가 상품, 한 국가에서 다른 국가로 이주하는 노동자들도 지역 문화에 심각한 도전을 불러일으키고 있다. 인도인들은 텍스멕스(Tex-Mex)[1]를 먹고 있지만, 텍사스 사람

---

1) (역자 주) 텍사스와 멕시코적 요소가 혼합된 요리. 미국 텍사스와 남서 지역에서 발견되는 다양한 멕시코 음식을 지칭함.

들도 이주한 인도인들이 요리한 카레도 자주 먹고 있다. 인류학은 사람들이 외부에서 지역사회에 들어오는 상품, 서비스, 아이디어를 적절한 방식으로 변화시키고 자신만의 방식으로 만드는 과정인 *현지화(localization)*의 이면도 살펴볼 것을 촉구한다.

일부 학자들은 세계화가 초래하는 '문명의 충돌'(Huntington 1996)을 강조하지만, 다른 학자들은 세계가 실제로 사람들을 더 가깝게 만드는 문명의 통합을 경험하고 있다고 주장한다. 행동의 문화적 요소를 이해하는 것은 광범위한 국제학 교육의 필수요소이다. 점점 더 이동성이 커지는 이 세상에서 문화적 충돌, 문화적 공유, 문화적 변화는 그 어느 때보다 빠르게 일어나고 있다.

경제학자들은 상품과 서비스의 생산, 유통, 소비를 연구한다. **국제경제학(international economics)**은 금융관계, 무역체제, 경제발전을 다룬다. 경제학자들은 모든 사회가 직면하고 있는 가장 기본적이면서도 가장 복잡한 문제를 다룬다. 예를 들어, 경제성장을 촉진하고 인간의 기본적인 욕구와 경제적 기회를 제공하는 전략은 무엇인가? 의료, 주택, 식량과 같은 근본적인 경제권이라는 것이 존재하는가?

경제와 관련하여 오늘날 세계에서 벌어지고 있는 뜨거운 논쟁 중 하나는 세계주의자(globalist)와 경제 민족주의자(economic nationalist) 사이의 논쟁이다. 세계주의자 또는 자유주의 경제학자들은 모든 국가의 사람들의 부와 번영을 높이기 위한 수단으로 국가 간의 자유로운 경제관계를 옹호한다. 심지어 일부는 침략국에 대한 경제적 비용이 너무 높기 때문에 개방형 시장경제 간의 전쟁 가능성이 낮다고 주장한다. 경제 민족주의자들은 세계의 자유무역체제가 선진국 근로자의 임금을 낮추고 실업을 초래한다고 주장한다. 그들은 또한 국가 내 그리고 국가 간 빈부 격차가 증가하고 있음을 지적한다. 모든 국가의 중소기업은 더 저렴한 상품과 서비스를 제공하고 소비자에게 더 저렴한 비용으로 수요를 지속적으로 충족할 수 있는 세계 대기업과 경쟁하기 위해 고군분투하고 있다. 그러나 일부 산업에서는 중소기업이 대기업보다 생산적인 기술을 활용하거나 발명하는 데 더 발 빠르게 움직일 수 있다.

이 책의 후반부에서는 북미, 유럽, 동아시아, 남아시아, 아프리카, 중동, 라틴 아메리카 등 전 세계 7개 지역을 소개한다. 일부 학자들은 서구인들이 이러한 지역 이름을 자의적으로 구성했다는 이유로 지역연구 접근방식을 비판해 왔다. 예를 들어, 소위 중동을 아랍 민족 중심으로 구성된 지역이라고 생각하면 북아프리카와 서남아시아도 포함해야 한다. 이란과 튀르키예는 이 지역에서 중요한 국가로 꼽히지만, 이 두 나라 모두 아랍 국가는 아니다.

저자들은 국제문제에 대한 지역적 접근방식의 한계를 충분히 인식하고 있다. 그러나 세계화 시대에도 지정학적 지역의 관점에서 세계를 생각하는 것은 여러 가지 이유로 유용하다. 첫째, 전 세계를 지역으로 나누는 것은 환경, 사람, 사회적 관계에 대한 방대한 양의 정보를 관리할 수 있는 방법을 제공한다. 독특한 역사, 환경, 경제, 정치 및 문화 시스템을 가진 200개가 넘는 국가와 그들이 속한 지역의 관점에서 국제문제를 이해하려는 노력은 어떤 학자에게도 또는 어떤 분석적 접근방식에도 어려운 일이다. 모든 국가에 주목하려고 하면 나무는 볼 수 있지만 숲을 보지 못 할 수 있다.

둘째, 지역적 사고를 통해 민족과 국가 그룹에 공통된 정보를 수집하여 큰 그림을 볼 수 있다. 각 지역은 몇 가지 공통된 정치, 경제, 언어, 종교 또는 역사적 흐름을 보여준다. 대부분의 유럽인들은 기독교 유산, 유사한 문화 규범, 사회민주주의 정치시스템을 가지고 있다. 라틴 아메리카인들은 대부분 가톨릭 신자이며 스페인어나 포르투갈어를 구사하며, 비슷한 경제적 어려움을 겪고 있으며, 안정적인 민주주의를 확립하고 미국으로부터 개입의 역사를 끝내는 데 어려움을 겪고 있다. 비록 서구인들이 세계의 거의 대부분의 대륙 지명과 국가의 국경을 만들어냈지만, 이 지역의 사람들 역시 그들의 지역적 정체성을 구축해 왔다.

저자들은 지역 내 다양성과 상호연결성을 설명하기 위해 의식적으로 노력했다. 이 지역들을 나누는 벽은 없지만 그들을 서로 연결하는 수많은 다리가 있다. 전자 하이웨이, 해상도로, 철도, 도로를 따라 세계화가 진행되면서 오래된 지역적 범주가 모호해졌다. 이 지역들 내와 지역들 간의 정치적, 경제적, 역사적, 지리적, 문화적 차이를 이해하는 것이 국제학 탐구의 본질이다.

지역적으로 세계를 생각하는 것은 자문화중심주의적 사고와 지역 특화된 사고를 피하는 데 도움이 되는 유용한 체험적 학습 도구로 사용될 수 있다. 예를 들어, 미국에서는 글로벌 테러리즘을 이슬람 테러리즘으로 보는 경향이 있는데, 이는 이슬람 테러리즘이 미국 안보에 특히 중요해졌기 때문이다. 미국에서의 주요 테러리즘 이슈는 우파 테러리즘이다. 모든 지역의 국제문제를 들여다보면, 라틴 아메리카, 아시아, 아프리카에서 테러리즘을 발견하게 된다. 테러리즘은 분명 무슬림이나 중동에 특화된 활동이 아니지만 많은 서방의 언론이 그런 결론에 도달할 수도 있다. 알카에다(Al Qaeda)와 이슬람 국가(IS)는 전 세계 어느 무슬림 지역에서도 주류 사회를 대표하지 않는다. 하지만 2001년 미국 본토에 대한 공격인 9/11 테러, 2004년 마드리드와 2005년 런던, 2015년과 2016년 파리와 브뤼셀에서 발생한 도시 폭탄 테러에 대한 책임 때문에 테러조직들은 글로벌 아젠다의 정점에 서 있다. 또한 네덜란드 영화감독 테오 반 고흐가 이슬람의 명예를 훼손했다는 이유로 살해당하고 예언자 무하마드를 풍자한 만화를 인쇄한 것에 대한 반응으로 전 세계에서 광범위한 시위를 벌인 것도 이슬람에 대한 분노의 원인으로 지목되고 있다.

세계화는 수백 년 된 정치적 도구인 테러리즘이 현대 세계에서 일어나는 새로운 맥락을 만든다. 실제로 세계화는 모든 정치 활동이 작동하는 새로운 맥락을 만든다고 할 수 있다. 첫째, 사건 자체가 즉각적으로, 반복적으로, 그리고 전 세계적으로 공론화된다. 현대 테러리스트들은 자신들의 행위가 전 세계의 주목을 받을 것이라는 점을 알고 있다. 둘째, 테러리스트 조직을 포함한 모든 정치 조직이 인터넷의 전 세계적인 영향력의 혜택을 누리고 있다. 개인용 컴퓨터와 글로벌 네트워크는 자금 조달, 신규회원 모집, 정보 배포를 그 어느 때보다 쉽게 만든다. 셋째, 그리고 다른 맥락에서, 세계화와 기술은 또한 테러리스트와 다른 그룹들에게 자신들의 이념과 다른 관점에 대한 접근을 제공한다. 마지막으로, 법 집행 기관은 세계화의 도구를 사용하여 잠재적인 테러리스트 및 기타 범죄자를 모니터링하고 체포한다.

학자, 정치인, 그리고 일반인들도 소수의 근본주의 무슬림 공동체에서 비롯된 테러 위협에 대한 해답을 필사적으로 찾아왔다. 지리학자는 일자리가 없는, 좌절한, 그리고 분노하는 젊은 인구의 인구통계학적 폭발에서 해답을 찾을지 모른다. 역사학자는 중동과 서구 제국주의자들 사이의 오랜 갈등 역사의 연속선상에 테러리즘을 놓을 수 있을 것이다. 정치학자는 이스라엘-팔레스타인 분쟁, 정당성이 없는 국경, 또는 권위주의 정권과 중동의 민주주의 부재라는 관점에서 이 문제에 접근할 수 있다. 경제학자는 중동의 빈곤이나 근대화와 경제발전의 어려움에 대한 이 지역의 불만을 강조할 수 있다. 인류학자는 테러조직이 대의를 위해서 기꺼이 죽이고 죽으려는 사람들을 모집하기 위해 어떤 종류의 문화적 상징을 사용하는지, 그리고 이러한 이데올로기가 상대적으로 적은 수의 사람들을 끌어들이는 이유는 무엇인지 질문할 수도 있다. 국제학은 단일 분과 학문과 달리 이러한 모든 학문 분야를 통합적인 방식으로 활용하여 해결책으로 이어질 수 있는 해답을 도출한다.

학제 간 접근방식의 채택

글로벌 이슈에 대한 학제 간 접근방식은 이슈를 이해하기 위해 여러 분야의 기본적인 방법론적, 그리고 이론적 가정을 필요로 한다. 학제 간 접근방식은 모든 구성 분야의 강점을 차용한 총체적 접근방식을 추구한다.

우리는 종종 현실적이거나 잠재적인 갈등의 관점에서 글로벌 이슈를 생각하기 때문에 정치학이 가장 관련성이 높은 분과 학문으로 보인다. 정치학은 국가뿐만 아니라 가족, 지역사회, 기업, 동맹 등 모든 사회적 단위가 정치적이라고 가정한다. 그들은 구성원들이 자원 배분, 행동규범, 권위의 소유 등의 문제를 둘러싸고 조직을 만들기도 하고 서로 의견을 달리하기도 한다는 점에서 정치적이다. 정치학은 우리에게 한 이슈를 이해하는 데 있어 갈등을 중심에 놓고 갈등과 권력의 관계를 분석하라고 가르친다.

정치학은 우리에게 다음과 같은 질문을 던질 것을 권고한다. 즉, 권력이 어떻게 배분되고 어떻게 갈등을 관리하는 데 사용되는가? 정치학적 접근방식을 따르는 것은 사건이나 상황에서 이해관계자를 찾고, 각각의 이해관계자에게 어떤 위험이 있는지를 알아내고, 권력이 어떻게 분배되고 갈등을 관리하는 데 사용되는지를 분석하는 것을 의미한다.

경제학적 접근방식은 주어진 상황에서 이해관계자의 행동에 대한 효과적인 설명 메커니즘을 제공함으로써 이러한 설명을 보완한다. 경제학은 모든 사회적 단위가 합리적으로 행동하며, 개인, 집단, 국가는 항상 상황을 고려하여 이익을 극대화하고 손실을 최소화하려고 노력할 것이라고 가정한다.

경제적 접근방식은 각 이해관계자가 어떤 위험을 감수하고 무엇을 얻을 수 있는지 설명함으로써 한 상황에서 이해관계자의 행태를 이해하고 미래에 어떻게 행동할지를 예측하고자 한다. 경제적 관점은 다음과 같이 질문하도록 유도한다. 즉, 다양한 이해관계자들의 특정한 일련의 행위의 비용과 편익은 무엇인가?

인류학은 이러한 정치-경제적 분석틀에 대한 일련의 중요한 수정사항들을 제공한다. 첫째, 인류학은 시스템 작동 방식에 대한 지식이 관점에 따라 다를 수 있다는 것과 분석적 관점에서 비이성적으로 보이는 것이 서로 다른 문화 논리에 따라 움직이는 행위자에게 상당히 합리적으로 보일 수 있음을 상기시켜 준다. 둘째, 인류학은 권력과 부 외에도 사회적 행위자가 원칙과 가치를 중요하게 볼 수 있음을 시사한다. 사회적 행위자는 경제적(부) 또는 정치적(권력) 자본에 더해서, 또는 심지어 그 대신에 *상징적(symbolic)* 자본(가치, 원칙, 종교적 신념) 또는 *사회적(social)* 자본(지위, 평판, 명예, 소속)을 극대화하기 위해 합리적으로 행동할 수도 있다. 인류학은 우리에게 다음과 같은 질문을 할 것을 강력히 권고한다. 즉, 이러한 사건들은 관련된 사람들에게 어떤 의미이며, 이러한 신념과 가치는 어떻게 상호작용을 형성하는가?

지리학과 역사학은 탐구 범위를 확장하여 과거, 그리고 환경적 역량과 제약을 고려함으로써 글로벌 이슈 분석에 중요한 차원을 추가한다. 지리학은 사람들의 집단과 그들이 사는 장소 간의 관계의 중요성을 가정한다. 사람, 공간, 환경 간의 관계에 대한 설명과 분석을 강조하고 분쟁의 행위자에서 인구 이동, 환경 변화, 생태학적 영향 등 광범위한 맥락으로 분석을 확장할 것을 촉구한다. 또한 관련된 사람들의 행동을 엄격하게 살펴볼 때 우리에게 발생하지 않을 수 있는 제약조건을 살펴볼 것을 촉구한다. 한 나라에 건설된 댐이 강 하류의 국가들에게 어떻게 더 많은 문제를 일으킬 수 있을까? 자유시장 해법을 가능하게 할 수 있는 충분한 소비자가 있을까? 환경 악화로 인해 전통적인 땅이 국제단체를 지원할 수 없다면 어떻게 재정착할 수 있을까? 많은 정치적 갈등은 중요한 공간적, 환경적 맥락을 가지고 있다. 그래서 지리학은 다음과 같은 질문을 던진다. 즉, 공간과 환경은 어떻게 사건을 형성하는가?

역사학은 현대의 갈등을 이해하는 데 중요하며, 나아가 해법을 개발하는 데 한층 더 중요하다. 역사적 접근방식은 모든 사람에게 과거가 있다는 것을 상기시키며, 그 과거를 바탕으로 자신이 누구인지 이해하고, 현재의 사건을 설명하고 해석한다. 역사학은 사람이나 제도의 발전과정에서 일어난 사건에 대하여 설명과 논평을 포함한 연대기적 묘사와 분석을 추구한다. 따라서 역사적 접근방식은 우리에게 이런 질문을 던진다. 어떻게 현재와 같은 상황에 도달했을까?

이러한 일련의 질문들이 이 책에서 다루고 있는 국제학의 다섯 가지 분과 학문을 한데 모은다.

〈표 0.1〉 국제학

정치학
- 주요 가정: 모든 사회적 단위는 자원 배분, 행동 규범 및 권위의 소유 문제를 둘러싸고 의견을 달리하고 조직화한다.
- 프로젝트: 갈등과 권력의 관계에 대한 설명 및 분석
- 핵심 질문: 권력은 어떻게 배분되고, 갈등을 관리하기 위해 어떻게 사용되는가?

경제학
- 주요 가정: 모든 사회 단위는 자신의 이익을 극대화하고 손실을 최소화하려고 한다 (주어진 상황에 대한 이해를 고려하여).
- 정의: 각 이해관계자가 주어진 상황에서 어떤 위험을 감수하고 어떤 이득을 얻을 것인지에 대한 설명
- 핵심 질문: 이해관계자는 누구이며, 다양한 이해관계자들이 취하는 특정한 행동 과정의 비용과 편익은 무엇인가?

인류학
- 주요 가정: 인간의 모든 사회적 행동은 고유한 맥락 내에서 이해될 때 의미가 있다.
- 정의: 사회 구성원이 세상에서 자신의 지향성을 정립하고 인간의 행동을 예측 가능하게 만드는 데 사용하는 공유되고 학습된 의미체계에 대한 설명 및 분석.
- 핵심 질문: 이러한 사건과 이슈는 관련된 사람들에게 어떤 의미를 갖고 있으며, 이러한 신념과 가치는 어떻게 상호작용을 형성하는가?

지리학
- 주요 가정: 모든 그룹의 사람들이 어떤 한 장소에 거주하며 그 장소의 특징과 상호작용한다.
- 정의: 사람, 공간, 환경 간의 관계에 대한 설명 및 분석
- 핵심 질문: 공간과 환경은 어떻게 사건을 형성하는가?

역사
- 주요 가정: 모든 사람은 과거를 가지고 있으며, 그 과거를 바탕으로 자신이 누구인지 이해하고 현재의 사건을 설명하고 해석한다.
- 정의: 해당 사건에 대한 설명 또는 논평을 포함하여 사람이나 기관의 발전 과정에서 발생한 사건을 연대순으로 설명하고 분석
- 핵심 질문: 어떻게 현재와 같은 상황에 도달했을까?

테러리즘, 지속가능한 경제발전, 빈곤, 오염, 지구 온난화, 핵 확산, 인권, 팬데믹, 국가 간 및 시민 갈등과 같은 21세기 과제는 국경이나 분과 학문의 범주에서 멈추지 않는다. 한 분야의 렌즈와 도구로 모든 글로벌 과제를 연구하거나 해결할 수 있다는 생각은 더 이상 유효하지 않다. 이 책은 여러 학문 분야의 가치 있는 관점에 의존하지만, 분과 학문의 경계를 넘어 복잡한 설명과 이해로 나아가면서, 학생들이 통합적이고 비판적인 방식으로 사고할 수 있도록 도움을 주는 것을 목표로 한다.

참고문헌

el‑ Ojeili, Chamsy, and Patrick Hayden. 2006. *Critical Theories of Globalization*. New York : Palgrave.

Friedman, Thomas. 2000. *The Lexus and the Olive Tree: Understanding Globalization*. New York : Anchor Books.

Giddens, Anthony. 1990. *The Consequences of Modernity*. Stanford, CA : Stanford University Press.

Havel, V á clav. 1985. "The Power of the Powerless." In *The Power of the Powerless: Citizens Against the State in Central ‑ Eastern Europe*, edited by John Keane, 23 ‑ 96. Armonk, NY : M. E. Sharpe.

Huntington, Samuel P. 1996. *The Clash of Civilizations and the Remaking of the World Order*. New York : Simon & Schuster.

World Bank. 2016. www.worldbank.org.

1부

국제학의 학문 분야

1장

현재 속의 과거:
국제학에서 역사적 해석의 문제

역사(history)라는 단어는 '탐구'를 의미하는 그리스어(ίστορία)에서 유래했다. 현재의 언어에서 역사는 우리가 과거에 어떤 일이 벌어졌고 그것이 왜 벌어졌는가를 이해하는 것을 돕는 일종의 서사를 의미한다. 중국어에서 역사는 '历史'로 표기된다. 여기서 역(歷)은 하나의 연대기를 지칭하는데, 전통적인 판본의 인물이 계절에 따라 계산된 곡물 다발들을 보여주는 형식을 띤다. 사(史)는 서사이자 문장으로 인물이 함께 묶여진 한 더미의 서책들을 보여준다. 따라서 우리는 그리스로부터 탐구를 얻고 중국으로부터 연대기에 대한 서술을 얻는다. 역사적 탐구는 국제학의 모든 분과 학문들을 결합한다. 역사가들은 과거를 정확히 묘사하기 위해 지리, 경제, 정치, 문화 그리고 여타의 유관 자료들 – 그들의 분과 학문적 범주가 무엇이든 – 을 활용한다. 역사학은 학자들에게 증거를 평가하고 모순되는 해석을 고려하며 일관된 서사를 구성하라고 가르친다. 역사학은 인간적 경험과 사회 내에서 변화의 유형을 이해하는 유용한 방법이다.

역사학은 국제학 내에서 여타 분과 학문들과 대조적으로 인문학의 일부다. 경제학, 인류학, 지리학, 정치학은 일반적으로 사회과학으로 간주된다. 인류학과 지리학은 또한 자연과학의 요소도 갖는다. 역사학은 사회과학과 연관을 가지며, 많은 대학이 역사학을 사회과학에 연계시키고 있다. 국제학 내에서 우리는 세계 각지의 현재적 쟁점을 이해하기 위해 나라, 세계적 사건, 사람들의 역사를 연구한다.

역사란 무엇인가?

2003년에 작가 빌 브라이슨(Bill Bryson)은 『거의 모든 것의 역사』(*A Short History of Nearly Everything*)라는 얇은 책을 출간했다. 한편으로 브라이슨의 제목이 아이러니는 분명하지만 다른 한편으로 거기에는 일반적으로 수용되는 생각, 즉 역사는 과거에 벌어진 모든 것이라는 통념이 존재하고 있다. 실제로 그 책은 매우 긴 책이 될 수도 있었을 것이다. 어느 누구도 과거를 기억하지 않거나 그것을 전달하지 않는다면 과거는 사라질 것이다. 역사는 활용가능한 자료에 기반해서 과거 인간의 노력을 글이나 말 또는 시각적으로 재구성하고 해석하는 것이다.

학자들은 종종 자기 자신이 역사에 대해 생각하는 것과 동일한 방식으로 "당신이 곧 역사다"라는 학술적 은어를 사용한다. 이는 그것이 이미 종결된 어떤 것이라는 의미를 갖는다. 역사학자의 임무는 과거를 반복적으로 재검토하고, 역사의 진실성을 면밀히 조사하며, 새로운 정보원을 사용하여 그것들을 검증·추가·수정하는 것이다.

옥스포드 영어 사전에는 역사에 대한 몇 가지 정의가 있다. "과거의 사건을 다루는 지식의 한 분야; 과거의 사건, 특히 인간과 관련된 일들에 대한 공식적인 기록 또는 연구." "중요하거나 공적인 사건들에 대한 지속적인 연대기적 기록을 구성하는 성문 서사"(OED, 2020). 역사는 종종 문자로 쓰여진 자료를 활용하지만, 자료들은 과거 사건에 대한 사람들의 기억에 관한 것이라고도 말할 수 있다. 역사는 언제, 무슨 일이 일어났는지 뿐만 아니라 왜 그런 일이 일어났는지를 다룬다.

고대 그리스인과 중국인은 모두 자기 세계의 역사를 기록했다. 헤로도투스(Herodotus, 484-425/414 BCE)는 로마의 저술가 키케로에 의해 '역사학의 아버지'라는 명성을 얻었다. 헤로도투스는 그리스와 페르시아의 전쟁에 관한 『역사』(*The Histories*)를 쓰면서 페르시아와 그리스 모두의 관점을 차례대로 이야기했다. 헤로도투스는 그리스인과 페르시아인이 모두 거주하고 있던 할리카르나서스(Halicarnassus, 현재 튀르키예의 보드룸) 출신이었다. 젊었을 때 헤로도투스는 지중해 주변을 여행했다. 사마천(145-84 BCE)은 자신의 시대까지 이르는 2천 년의 중국사를 포괄하는 『사기』(*the Record of the Grand*

Historian)를 썼다. 그는 한 제국의 수도 장안(현재의 시안)의 북쪽에 있는 산시성 출신이었다. 사마천은 젊은 시절 중국 각지를 여행했고 군사 원정대와 함께 중국 서쪽의 땅으로 파견되기도 했다. 사마천은 유학자가 되었고, 그의 아버지 사마담과 마찬가지로 황실의 역사가가 되었다. 이 두 사람의 초기 역사가들은 사료를 검토했으며, 둘 다 그들의 세계를 여행했다. 두 사람은 모두 자기 나라 사람들과 "이웃" 나라 사람들의 초기 역사를 썼고 그들 시대의 과거 사건들에 대한 체계적 조사를 완성했다. 사마천은 그리스와 페르시아에 대해 쓰지 않았다. 헤로도투스는 중국에 대해 쓰지 않았다(Martin 2010). 오늘의 역사가들은 어쩌면 유럽과 아시아 모두에 대해 쓸 수 있을지도 모른다. 오늘날 몇몇 역사학자들은 그리스어와 중국어를 모두 구사할 수 있고, 원어로 된 『역사』와 『사기』에 익숙할 수 있다. 그러나 대다수 역사학자들은 아마도 고대 지중해나 고대 중국과 같은 특정한 시대와 장소의 역사를 전문적으로 다룰 것이다.

과거에 대해 완전히 합의된 기록은 존재하지 않는다. 역사학자들은 자연재해, 경제불황, 전쟁 등과 같은 주요 사건이 무엇이고 언제 발생했는지에 대해 어느 정도 합의에 도달할 수 있지만, **인과관계(causation)**, 해석, 중요성이라는 문제에서는 차이를 보인다. 역사는 형사재판과 유사하다. 형사는 증거를 수집하고, 검사는 범죄를 재구성하기 위해 그것을 활용한다. 그런 다음 변호사는 증인을 불러 역사에 대한 그와 같은 판본을 수정한다. 유죄 판결에 대한 합리적 의심이라는 기준은 모든 역사에 항상 적용된다.

대체로 역사학자들은 기원전 4세기 마케도니아의 알렉산더 대왕이나 서기 8세기 말 샤를마뉴 대제와 같은 주요 정치적·종교적 지도자의 위업을 기억했다. 쓰여진 역사는 종종 전쟁과 제국의 승패에 대한 이야기였다. 가족사는 중요한 역사적 인물의 혈통, 예를 들어 고대 로마나 중국 황제 또는 가톨릭교회의 교황의 왕조 승계를 추적했다. 과거의 관행을 지속적으로 기록한 것을 기반으로 해서 관료제와 법적 표준이 만들어졌다.

20세기 말까지 정치사가 역사학을 지배했다. 기원전 5세기 투키디데스(Thucydides)의 『펠로폰네소스 전쟁사』(*History of the Peloponnesian War*)에서 18세기 말 에드워드 기번(Edward Gibbon)의 『로마 제국 쇠망사』(*History of the Decline and Fall of the Roman Empire*)에 이르기까지 대다수 역사학자들은 사회의 가장 강력한 구성원들 ― 그들 대부분은 남성이었다 – 의 정치적 운명을 연구했다. 수많은 역사는 지배적 정치계급의 지배를 찬양하고 정당화하는 송덕문이었다. 종교와 관념의 역사는 현세의 권력의 영적·철학적 기반을 제공했다. 역사적 정확성은 서사의 교훈적 의도에 비하면 부차적인 역할을 수행했을 뿐이다.

〈그림 1.1〉 칼 마르크스

출처: 미국 의회도서관

19세기에 이르러 르네상스와 계몽주의 시대 학자들의 인간주의와 이성적 사고, 그리고 현대 산업사회의 급격한 기술 변화에 영향을 받은 서양의 일부 역사학자들이 역사에 대한 새로운 경험적 접근을 옹호했다. 칼 마르크스(Karl Marx)는 계급갈등이라는 '과학적' 진리에 기반한 정치-경제적 역사이론을 고안했다(그림 1.1). 독일 역사학자 레오폴트 폰 랑케(Leopold von Ranke)는 '있었던 그대로의 과거'(*wie es eigentlich gewesenist*)로서 역사를 쓸 것을 주창했다. 폰 랑케와 그의 동료 실증주의자들은 역사 서술 과정에 과학적 방법을 도입하려고 했다. 그들은 경험적 증거와 역사적 객관성에 기초를 둔 역사를 요청했다. 참고문헌은 역사의 진실을 증명하는 데 사용된 문서들로 독자를 이끌었다. 20세기 동안 많은 역사학과들이 역사를 연구하는 접근 방식의 이 같은 변화를 반영하기 위해 인문학에서 사회과학으로 이동했다.

랑케적 모형은 2차 세계대전 이후 점차 공격을 받았다. 당시 **수정주의 역사**(revisionist history)가 역사의 '과학적 진리'에 의문을 던지기 시작했다. 수정주의자들은 종종 과거에 관한 전통적인 역사가 민족적 통일감과 자부심을 북돋우려는 의도를 갖는 신화들이라고 정확하게 주장했다. 그들은 과거에 관한 많은 이야기들이 역사적 사실을 조작하고 비지배적 관점들을 무시했음을 밝혀냈다. 미국에서 수정주의자들은 존슨 정부와 닉슨 정부가 베트남전에 대해 내뱉었던 거짓말들을 폭로했다. 민권 옹호자들은 미국의 역사에서 소수자들에 대한 암울한 대우를 반영할 수 있는 과거에 관한 더 진실된 기록을 요구했다. 유럽에서 역사학자들은 제국주의 지배의 잔혹성과 노동자 계급에 대한 국가 폭력을 밝혔고, 홀로코스트를 조명하면서 유럽의 고질적인 반유대주의와 파시스트 성향을 폭로했다. 역사학자들은 과거의 틀을 바꾸거나 과거의 진술을 확인하기 위해 새로운 증거를 조사하고 재조사한다(Arnold, 2000).

오늘날 **포스트모더니즘 역사가들**(postmodern historians)은 어떤 객관적인 역사의 존재도 부정한다. 그들은 과거는 회복될 수 없으며 어떤 서사도 실제로 일어난 일들의 정확한 반영이 될 수 없다고 주장한다. 그들은 역사를 인상주의적 · 표현주의적 예술처럼 현실의 부분적이고 특수한 묘사라고 간주한다. 그런 묘사는 창조자가 창조한 것일 수도 있고 관객이 인식한 것일 수도 있다. 이미지는 다른 각도와 거리 그리고 다른 종류의 빛 아래에서 관찰되면 변화하기 마련이다.

포스트모던주의자들은 역사적 기억의 문화적 매개를 강조한다. 그들은 역사적 서사가 '있는 그대로의 과거'로서의 역사보다 몇 가지 방식으로 저자의 신념과 문화적 환경을 더 많이 반영하게 된다고 주장한다. 역사가는 과거가 구성되는 일종의 필터다. 그들은 역사라는 작업에 자신의 개인적, 민족적, 또는 계급적 편향을 가지고 들어온다. 그들은 인류 역사의 흐름에 따라 움직이며, 문화적 맥락에 영향을 미치는 동시에 그로부터 영향을 받고 있다. 영상과 영화의 다큐멘터리조차도 프레임, 카메라 각도, 편집에 의존한다. 장면은 무대화될 수 있으며, 컴퓨터 이미지 형성이라는 이 시대에 완전히 작위적인 것이 될 수 있다. 포스트모던주의자들은 역사가 단지 과거에 대한 하나의 특정한 재현일 뿐이고 계속해서 형성·재형성되기 때문에 객관적인 역사적 진리는 존재할 수 없다고 주장한다.

　전문 역사가들은 이 사실을 알고 있지만, 여전히 모든 관련 자료를 활용하고 과거에 관해 가능한 한 진리에 가까운 균형 잡힌 서술을 작성하려고 선의의 노력을 기울이고 있다. 신뢰할 수 있는 역사는 역사가들의 숙련과 철저함, 그들 논리의 설득력, 그리고 그들이 자신의 작업 내부로 가져온 개인적 편향에 대한 의식적 억압에 달려 있다. 사료는 훌륭한 역사가들이 가고 싶어 하지 않을 수도 있는 곳으로 그들을 이끈다. 특정한 전제에서 시작하고, 그것을 증명할 자료를 맞추고, 상반된 증거를 무시하는 작가들은 역사 담론보다는 논쟁적 담론에 더 큰 관심이 있다. 국제분쟁의 해결은 종종 과거에 대한 정확한 해석에 전념하는 역사가와 그들이 밝힌 역사에 달려 있다.

역사가와 그들의 도구

　역사가의 임무는 과거에 관한 그럴듯한 이야기를 구성하기 위해 이용 가능한 모든 관련 자료를 수집하는 것이다. 역사가는 자료실, 도서관, 박물관 그리고 문서와 유물의 저장소를 샅샅이 뒤진다. 그들은 종종 인터뷰를 통해 자료를 수집하지만, 시간이 흐르면서 그것의 효용성은 점점 떨어진다. 언론인도 역사가지만, 단기적 마감 시한으로 인해 관련 증거에 대한 그들의 접근은 제한된다. 조사대상에 대한 역사가의 단서는 항상 불완전하지만, 역사가는 더 넓은 범위의 자료를 이용할 수 있다는 장점이 있다.

　종종 역사적 자료는 다소 주관적인 두 개의 범주로 나뉜다. **일차 자료**(primary sources)에는 유물, 일기, 편지, 회고록, 이메일, 자서전, 인터뷰, 공식 문서, 시각 이미지, 동전, 우표, 인구통계, 경제 기록, 여론조사 등이 포함된다. 1차 자료는 사람들에 의해 작성되며 여전히 글쓴이의 편향과 관점을 보여준다(Presnell 2019). 1차 자료는 어떤 매개자의 해석을 거치지 않은 자료로서 과거 사건과 관련된 누군가로부터 얻어지는 과거에 대한 직접적 증거다. 이론적으로 1차 자료는 역사가들이 역사를 구성하기 위해 사용할 지식이나 편향에 오염되지 않은 '날 것'의 객관적 자료다. 그러나 종종 사람들이 자료를 남긴 동기가 무엇인지 알기 어렵기 때문에 일차 자료와 이차 자료 사이의 경계선은 미세할 수 있다. 예를 들어, 중요한 외교정책 기획회의의 의사록 기록자는 회의를 정직하게 묘사했을까, 아니면 그 사람이 참석자들의 지혜를 과장할 의도를 가졌을까? 기소 검사처럼 역사가는 진실을 발견하고 어떤 1차 자료가 가장 신뢰할만한지 결정하기 위해 다른 확증적 증거를 찾아야만 한다.

편지와 일기는 과거와의 직접적이고 객관적인 연결고리처럼 보이지만, 저자들은 종종 역사가들이 후대에 읽을 것이라는 점을 의식하면서 글을 쓴다. 자서전은 또한 후대를 위해 쓰여지기도 한다. 이 경우 저자들이 그들의 삶에 대한 비판적 자기 검토를 제공할 가능성은 낮다. 언론인의 작업의 주요 요소인 목격자 진술은 하나의 사건에 대한 매우 다른 사진들을 제공한다. 역사가는 "진실, 모든 진실, 오직 진실만을 말하겠다"는 목격자 선서의 아이러니를 잘 알고 있다. 그런 것은 존재하지 않는다. 액면 그대로 생각하면 통계는 모든 일차 자료 중에서 가장 객관적인 것으로 보인다. 그러나 모든 사회학자가 알고 있듯이, 통계는 그것이 도출되는 데이터만큼만 유의미하다. 그리고 가장 정확한 통계조차 정치적 의제에 맞도록 왜곡될 수 있다.

이차 자료(Secondary sources)는 일차 자료로부터 도출된 구술 또는 성문 서사들이다. 이차 자료는 일차 자료에 기반을 둔 해석들이다(Presnell 2019). 신문 사설, 학술지 논문, 그리고 책의 저자들은 과거에 벌어진 것을 해석하기 위해 자료를 모은다. 이차 자료에는 『베트남: 새로운 역사』(*Vietnam: A New History*)(Goscha 2016)와 같은 책, "1517년 명(明)의 포르투갈 대사관 거부(The Ming Rejection of the Portuguese Embassy in 1517)"(Fujitani 2016)와 같은 학술지 논문, '아프리카 세계의 경이(*Wonders of the African World*)'와 같은 웹사이트(PBS), 또는 '시민 케인(*Citizen Kane*)'(Welles and Mankiewicz 1941) 같은 영화가 포함된다. 역사가가 종종 **사학사**(historiography)라고 불리는 역사학의 역사를 쓸 때 일차 자료와 이차 자료의 구분은 희미해진다. 이 경우 이전의 역사 서술이 저자의 일차 자료가 된다.

역사가들은 자신의 자료 원천의 신뢰성에 대해 판단을 해야만 한다. 역사가와 정치학자는 모두 과거 속에서 유형을 발견하려고 하지만, 역사가들은 미래를 예측하기 위해 행동을 범주화하고 모형을 활용하는 것에 대해 훨씬 회의적이다.

정치, 권력, 그리고 역사

권력투쟁의 승자들은 기록된 역사의 대부분을 물려받았다. 정치적으로 강력한 사람들은 성문, 구술, 시각 매체에 더 많이 접근할 수 있다. 역사는 종종 정치 지도자를 미화하거나, 전장에서의 영웅적 업적을 칭송하거나, 특정 집단의 문화적·과학적 성취를 강조한다. 정치적 의제는 불협화음을 내는 역사적 증거를 걸러낸다. 미국 역사의 '승리주의적' 판본은 크리스토퍼 콜럼버스의 아메리카 '발견' (마치 서반구에는 아무도 살지 않았던 것처럼; 그림 1.2), 미국 정부형태의 독특한 민주주의적 성격 (네덜란드, 프랑스, 영국은 어떤가?), 미국 서부와 해외를 향한 '자애로운' 미국의 확장(아메리카 원주민들에게

〈그림 1.2〉 크리스토퍼 콜럼버스의 카리브 연안 상륙

출처: 미국 의회도서관

물어보라) 등을 포함한다. 이런 역사는 전형적으로 미국인의 민주적이고 정의로운 독특한 성격을 과장하고, 미국의 과거 노예제, 제국주의, 아메리카 원주민에 대한 인종청소 등을 경시한다.

억압받는 사람들의 역사가 언제나 존재했지만 최근까지 그들의 이야기는 지배적인 문화적 담론에서 배제되었다. 오직 20세기 후반기가 되어서야 비로소 '아래로부터의 역사'가 주류가 되었다. 수정주의 역사는 보편화되었다. 이제 역사가들은 아메리카 원주민, 식민지 주민, 여성, 노동자 계급 그리고 '죽은 백인들'의 오래된 정치사에서 보이지 않게 숨겨진 여타 집단들 등을 연구한다.

그러나 '패배한 자'의 역사는 그들을 억압한 자의 역사만큼이나 편향될 수 있다. 몇몇 역사가들은 유럽인이 그들의 문화를 타락시키기 이전 아메리카 원주민이나 아프리카 사람들의 평화애호적 성격을 과장해왔다. 일부 아프리카 중심주의자들은 이집트인과 여타 아프리카인이 그리스인이나 로마인보다 더 진보했다고 주장하기 위해 역사 기록을 만들어 내거나 유럽 노예상인들이 도착하기 이전에 활발했던 아프리카 노예무역을 경시했다. 일부 노동사가들은 노동자 계급의 지도자를 지적이고, 비폭력적이며, 이타적인 인민의 옹호자로 묘사하고 공장 소유자를 태생적으로 탐욕스럽고, 비인간적이며, 착취적이라고 묘사한다. 억압의 희생자들이 자신의 정치적 · 문화적 성취를 과장하고 역사기록을 왜곡하는 것은 그들 자신에게 아무런 도움이 되지 않는다. 다른 어떤 집단도 역사적인 거짓에 근거한 신화를 믿지 않을 것이다.

지도자가 자신의 정치적 목적에 맞게 역사적 기록을 왜곡할 때, 종종 비극이 발생한다. 프랑스인은 제1차 세계대전에서 미국의 군사적 지원을 전적으로 인정했지만, 그들의 군사 역사는 전쟁에서 승리한 프랑스군의 희생과 영웅성, 그리고 파리 방어에 성공한 참호전을 강조했다. 이러한 역사는 1917년에 군사적 세력균형을 연합군에게 유리한 방향으로 전환시키는 데 있어서 미국 병사들의 역할을 과소평가했다. 왜 그들이 전쟁에서 이겼는지에 대한 이러한 잘못된 가정들에 따라, 프랑스인은 프랑스-독일 국경을 따라서 거대한 마지노선을 건설했다. 이렇게 값비싸고 정교한 방어 요새 라인은 1940년에 독일의 공격으로부터 프랑스를 구해주지 못했다.

소비에트 학자들은 '과거를 예견하는' 데 전념하는 역사적 과업을 수행했다. 달리 말해, 과거는 계급투쟁으로서의 역사라는 마르크스의 이론에 일치하는 방식으로 주조되어야 했다. 따라서 농민 반란은 귀족 계급에 대한 불가항력적 투쟁의 일부였으며, 중간계급은 선천적으로 억압적인 민주-자본주의 체제의 수호자로 여겨졌다. 레닌은 1924년 그의 사후에 모든 소비에트 시민들이 영원토록 볼 수 있게 유리 묘에 영구적으로 안장되었다. 비록 마르크스가 역사적 진보를 설명하기 위해 개인보다는 계급에 초점을 맞추었지만, 역설적으로 소비에트의 '과학적' 역사에서도 성인의 자리는 존재했다. 러시아인은 이제 레닌을 매장할지에 대해 의견이 분분하다.

소련 공산당 지도자들은 오류를 범할 수 없었다. 1956년 이오시프 스탈린(Joseph Stalin)의 범죄를 폭로한 소련 지도자 니키타 흐루쇼프(Nikita Khrushchev)의 '비밀 연설'조차도 소비에트 역사의 심각한 수정이라는 결과를 낳지는 않았다. 그 체제는 모든 반대 세력에 대한 무자비한 탄압, 1930년대 대기근을 낳은 집단화, 대숙청 기간 동안 수십만의 무고한 사람들의 투옥과 살해 등에 대한 (흐루쇼프를 포함한) 당의 귀책 가능성을 은폐함으로써 살아남았다. 소련의 마지막 지도자인 미하일 고르바초프(Mikhail Gorbachev)는 1980년대 말 글라스노스트(*glasnost*, 개방) 정책을 허용했고, 그 정책은 마침내 러시아 역사학자를 70년 동안의 거짓과 왜곡으로부터 해방시켰다. 일단 고르바초프가 소련 역사의 거짓을 폭로하자, 체제는 생존할 수 없었다. 오늘날 중국 공산당 지도부는 소련과 같은 운명에 처하지 않으려면 자기 자신의 과거를 통제해야 한다는 것을 알고 있다.

일부 역사가는 **냉전(Cold War)** 시대 미국과 소련 사이에서 평화를 유지시킨 핵 억지력을 인정한다. 그러나 소련과 미국의 기록보관소가 새롭게 공개한 문서들에는 우방국이나 동맹을 향한 재래식 군사 공격에 대한 직접적 대응 외에는 어느 쪽도 선제타격을 고려했다는 증거가 없다. 억지의 원칙이 핵보유국 인도와 파키스탄이 다시 전쟁을 시작하는 것을 막을 수 있는가? 만약 우리가 핵무기가 전쟁을 막는다고 생각한다면, 몇몇 나라들은 독자적인 억지용 핵무기를 개발하려고 할 수도 있다. 핵확산이 그 결과가 될 수도 있다. 대량살상무기의 시대에 대중이 부정확한 역사를 자의적으로 사용하여 정책을 결정하고 정당화하는 것을 용인하기에는 위험부담이 너무 크다는 것이 자명하다.

역사와 국제분쟁

　현재의 국제정세는 역사가 구성되는 방식에 대한 충분한 이해 없이는 제대로 파악될 수 없다. 과거에 관해 서로 모순되는 버전들이 오늘날 가장 다루기 힘든 국제적 갈등의 중심에 위치해 있다. 집단 기억이 종종 민족적인 정치적 목적에 봉사하기 위해 조장되기도 한다. **민족주의 역사(nationalist histories)**는 대체로 개인적인 권리와 책임에 관심이 없으

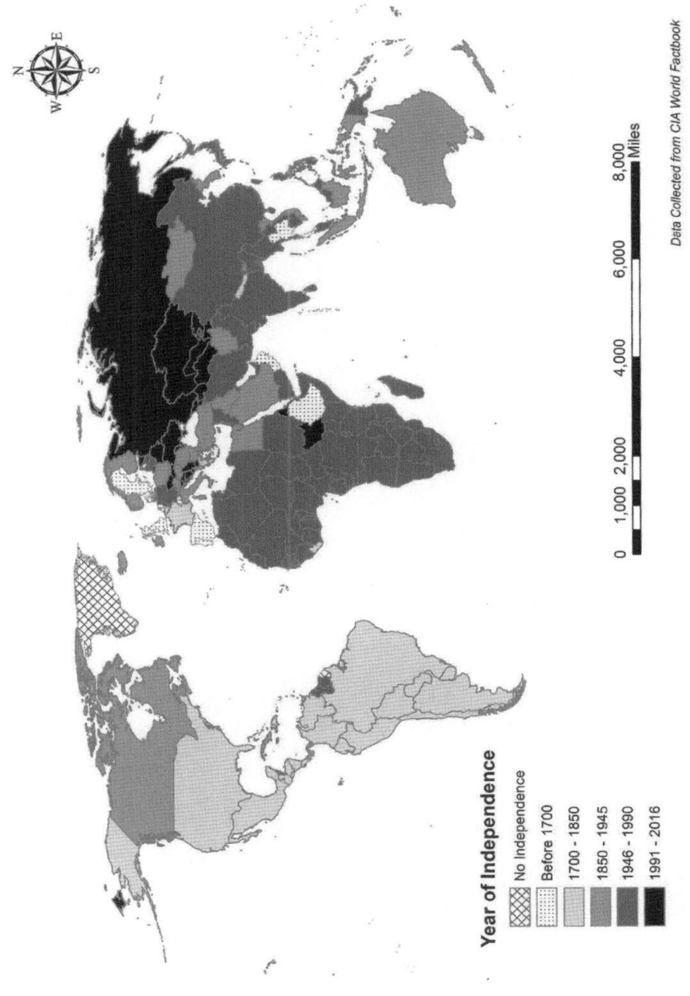

〈지도 1.1〉 독립연도

며 오히려 한 민족을 다른 민족보다 우위에 두는 경향이 있고 종종 과거의 부당함을 바로잡는 징벌을 요구하기도 한다. 그러한 역사는 19세기와 20세기 동안 식민 지배로부터 독립을 추구하는 민족들에게 중요해졌다(이러한 투쟁이 세계적으로 발생한 시기에 대한 이미지는 지도 1.1 참조). "우리 집단은 잘못하지 않았다"는 식의 과거 인식은 정치적 타협에 큰 장애물이 된다.

예를 들어, 일부 아일랜드 가톨릭 신자들은 아일랜드에서 수세기 동안 지속된 영국인의 존재를 정착이라기보다는 제국주의적 정복으로 해석한다. 많은 아일랜드 가톨릭 신자들은 여전히 그들 땅의 상실, 감자 기근(그림 1.3), 그리고 북아일랜드 가톨릭 공동체의 계속된 가난에 대해 영국을 비난한다. 올리버 크롬웰, 유니온 잭, 그리고 영국 왕실은 영국의 제국주의와 좌절된 민족적 표현을 상기시킨다. 이와 대조적으로, 벨파스트(Belfast)

〈그림 1.3〉 감자 기근 시기 미국 선박으로부터 도움을 구하는
아일랜드 여성

출처: 미국 의회도서관

를 운전해서 관통하는 북아일랜드 신교도들은 지금은 소멸한 조선소의 물 빠진 도크에 서 있는 거대한 크레인을 향수어린 눈길로 바라볼 수도 있다. 그곳은 20세기 초에 현대적인 경제적 진보와 그들 공동체의 상대적인 부를 상징했던 타이타닉호(*the Titanic*)가 건조되었던 곳이다. 그들에게 북아일랜드에 영국식 정치 제도가 존재한다는 사실은 대영제국과의 가까운 관계를 상기시켜주는 위로가 된다.

팔레스타인에 대한 이스라엘과 아랍의 주장을 정당화하기 위해서 정반대되는 역사의 판본들이 활용되기도 한다. 이스라엘인은 "우리가 먼저 여기에 있었다"는 주장을 만들기 위해 히브리어 성경을 참조한다. 그것은 아랍인에게는 고대사에 불과하다. 아랍인은 그들이 지난 1,200년 동안 팔레스타인에 거주했다는 사실이 더 정당한 역사적 근거라고 주장한다. 아랍의 이슬람교도, 유대인, 그리고 기독교인은 1차 세계대전 이후 유럽의 유대인 이민자들이 의미 있는 규모로 들어오기 전 수세기 동안 그 지역에서 생활했다. 이스라엘은 1947년 분할 이후 아랍 국가들에 대한 세 번의 전쟁에서 승리하여, 많은 이스라엘인이 어깨를 으쓱하고 그것이 옳을지도 모른다고 말하게 만들었다. 이스라엘인은 1948년에 새로운 이스라엘 국가의 탄생을 축복하는 반면, 팔레스타인인은 그것을 **나크바**(*nakba*), 즉 대재앙이라고 부른다.

대부분의 이스라엘과 팔레스타인 역사서는 1947년과 1948년에 팔레스타인이 요르단강 서안지구와 가자지구로 탈출한 장면을 서로 다른 방식으로 보여주고 있다. 팔레스타인인이 주장하는 것처럼, 분명히 이스라엘은 유엔이 지정한 이스라엘 지역을 떠나도록 몇몇 팔레스타인 공동체를 위협했지만, 많은 아랍인이 자발적으로 그 지역을 떠났다. 팔레스타인인이 이스라엘에 있는 자신의 고향으로 돌아갈 권리가 있는지 없는지의 여부는 이러한 역사 논쟁에 달려 있다. 그리고 바로 그 역사 논쟁이 1990년대 말 평화 프로세스의 실패에 기여했다. 아랍-이스라엘 갈등의 비극은 양측이 모두 팔레스타인에 정당한 역사적 권리를 갖고 있다는 것이다(그림 1.4).

이와 유사하게 블라디미르 푸틴 러시아 대통령도 러시아가 수세기 동안 그곳에 있었다는 것을 이유로 2014년 크림반도를 우크라이나로부터 빼앗는 것을 정당화했다. 1954년에 소련 국가수반 니키타 흐루쇼프는 크림반도를 우크라이나 소비에트 사회주의 공화국

〈그림 1.4〉 예루살렘의 성전산(the Temple Mount)은 유대인과 이슬람교도에게 분쟁 중인 성지다.

출처: 미국 의회도서관

에 양도하면서 소련이 해체될 것이라고는 전혀 상상하지 못했을 것이다. 이후 크림반도는 독립된 우크라이나 국가에 속하게 되었다. 중국은 남중국해의 '역사적 해역'에 대한 권리를 주장하기 위해 수세기 전으로 거슬러 올라가거나, 민족주의적인 중국 정부가 1947년에 공식 지도를 만들면서 설정했던 소위 '구단선'(九段線, eleven-dash line)[1] 으로 거슬러 올라간다. 중국 본토를 훨씬 더 넘어서는 이 같은 해양 경계선에 대한 중국의 영토 주장은 베트남과 필리핀의 유사한 역사적 주장을 무시할 뿐만 아니라 유엔해양법협약(the UN Convention on the Law of the Sea)과도 모순된다.

역사가는 종종 편향을 드러내는 언어를 선택한다. 팔레스타인인은 그들의 자살폭탄 공격자를 정치적·군사적·종교적 임무를 수행한 순교자라고 지칭할지 모르지만, 이스라엘인은 그들을 범죄자이자 대량살육자로 규정한다. 세르비아 민족주의자들은 1990년대

---

1) (역자 주) 중국이 영토 분쟁을 벌이고 있는 남중국해의 주요섬들을 경계선 안에 포함함으로써 중국의 영토임을 표시하는 선.

유고슬라비아 내전 동안 보스니아에서 그들의 민병대를 강간범이나 대량살육자가 아니라 민족의 영웅적 방어자로 포용한다. 니카라과의 콘트라 반군 집단은 1980년대에 좌익 산다니스타(Sandinista) 정부와 싸웠다. 그들은 권력에서 밀려난 독재자 아나스타시오 소모사(Anastasio Somoza)의 준군사적 잔당에 불과했지만 로널드 레이건은 그들에게 '자유의 투사들'(freedom fighters)이라는 별명을 붙여 주었다. 몇몇 관찰자들은 서부 수단의 **다르푸르(Darfur)** 지역에서 원주민에 대항하는 작전을 수행한 **잔자위드(janjaweed)** 부대가 정부로부터 지원을 받고 있었다고 주장한다. 반면 정부는 그들을 '비적'(匪賊, rogue bandits)이라고 부르는 것을 선호한다.

민족주의자들이 자신의 민족에 대한 비판에 직면할 때, 그들은 그에 대한 부정과 함께 다른 민족에 대한 구두공격으로 대응한다. 그들은 역사를 민족에 대한 민족의 냉혹한 투쟁으로 간주하며, 그러므로 자기 자신의 역사에 대한 비판을 반역으로 간주한다. 세르비아 민족주의자들은 전쟁 동안 크로아티아인과 보스니아 이슬람교도가 상호 잔학행위를 자행했다고 지적한다. 이는 충분히 사실이지만, 그것이 세르비아인의 범죄행위를 면죄시켜주지는 못한다.

인도와 파키스탄은 카슈미르(Kashmir)에 대한 권리주장을 정당화하기 위해 상반된 판본의 역사를 활용한다. 1947년에 영국이 인도의 독립을 승인했을 때, 그 나라는 이슬람교도와 힌두교도 간의 공동체 투쟁으로 빠져들었다. 동파키스탄과 서파키스탄(현재는 파키스탄과 방글라데시)이라는 두 개의 새로운 이슬람 국가가 출현했으며, 수십만이 사망했고 수백만이 추방되었다. 이슬람교도가 다수인 카슈미르가 이들 이슬람 국가들에 속할 것인지, 아니면 인도의 일부가 될 것인지는 라자들(rajahs)이 60여 년 전에 새롭게 형성된 민족들에게 그들의 영토를 넘겨주는 복잡한 과정의 세부사항들에 달려있다.[2] 그 후로 파키스탄과 인도는 세 번의 전쟁을 치렀고 카슈미르를 둘러싼 저강도 전투는 계속되고 있다. 양국 모두 핵무기를 보유하고 있어서 이 지역은 지역적·세계적 평화에 대한 가장 위험한 위협들 중 하나가 되고 있다. 어느 쪽이 침략자였는지, 그리고 얼마나 많은 사람이

---

2) (역자 주) 라자(rajah)는 인도의 군주 또는 왕을 지칭하는 산스크리트어다. 영국이 인도를 식민통치하는 과정에서 영국 국왕이 인도의 여러 지역에 라자를 임명했고 이들이 각 주들에 대한 지배권을 행사했다.

자신의 공동체를 떠나야만 했는지를 둘러싸고 역사적 불화가 지속되고 있다.

민족의 방어는 민족적 신화의 방어와 동의어가 된다. 20세기 말에 인도 교육부 장관은 과거 인도의 이슬람교도 지배자들을 미개하고 야만적인 전제군주로 고쳐 쓰기 위해 인도 역사 교과서의 수정주의적 버전을 지시했다. 2003년에 어떤 미국 작가가 많은 찬사를 받은 책을 출간했는데, 일부 인도인은 그 책이 17세기 힌두 왕의 명예를 실추시켰다고 믿었다. 아탈 비하리 바즈파이(Atal Bihari Vajpayee) 전 수상은 외국 작가들에게 "우리의 민족적 자존심을 가지고 장난치지 말라. 우리는 그 나라 정부가 조치를 취하지 않을 경우 그런 외국 작가들에게 조치를 취할 준비가 되어 있다"고 경고했다(Darrymple 2005, 62).

제임스 조이스(James Joyce)의 『율리시스』(*Ulysses*)에 등장하는 인물인 아일랜드인 스테폰 데달루스(Stephen Dedalus)는 "역사는 내가 깨어나려고 노력하게 되는 악몽이다"라고 개탄했다. 조이스의 소설 속 영국인 하인즈(Haines)는 아일랜드 사람들의 역경을 이해했다. "나는 아일랜드 사람이 반드시 그렇게 생각해야 한다는 것을 깊이 이해할 수 있다고 감히 말할 수 있다. 우리는 잉글랜드에서 우리가 당신들을 다소 불공평하게 대했다고 느낀다. 역사는 비난하는 것과도 같아 보인다"(Joyce [1922] 1984, 38). 그것은 학자들이 자국민을 인류에 반하는 범죄로 비난할 자유를 누리는 성숙한 민주사회의 징후다. 독일인은 제3제국(the Third Reich)에 의해 그들의 이름으로 자행된 홀로코스트와 여타 잔혹행위에 대해 철저한 조사를 실시했다. 남아프리카공화국의 진실화해위원회는 인종관계와 민주주의를 진전시키기 위한 노력의 일환으로 남아프리카공화국 아파르트헤이트 체제의 범죄를 재구성하려고 노력했다. 1995년 스레브레니차(Srebrenica)에서 세르비아계에 의해 보스니아 이슬람교도가 대량으로 살해되었다는 것을 보여주는 물리적 증거는 산더미처럼 쌓여 있다. 이에 대해 베오그라드의 새로운 민주정부는 가해자를 추적하여 기소했다. 대조적으로 권위주의 체제들은 국가에 의해 자행된 과거의 범죄들에 대해 사과를 구하는 대신 그에 대해 비판하는 사람들을 투옥하거나 살해한다.

무엇이 좋은 역사인가?

만약 모든 역사가 주관적이라면, 우리는 어떻게 과거에 대한 특정한 해석을 신뢰할 수 있는가? 최근 전 세계적으로 확산되고 있는 문자 및 전자 매체들은 수천 개의 서로 다른 출처들을 손가락 끝에 두고 있다. 역사 교사들에게는 안 된 일이지만, 학생들은 신뢰성이 알려지지 않은 웹사이트들에서 자료를 뽑아낼 수 있다.

분명히 어떤 자료는 다른 자료보다 신뢰성이 더 높다. 의학이나 법학처럼 역사의 영역도 전문적인 역사학회와 전문적 학술지를 보유하고 있다. 예를 들어, 미국역사학회는 『미국역사학회보』(*American Historical Review*)를 발간하고 미국대외관계사협회는 『외교사』(*Diplomatic History*)를 발간한다. 논문들은 다른 역사학자들이 참조한다. 평판이 좋은 출판사와 대학 출판사는 유사한 심사과정을 거쳐서 전도유망한 책들을 내놓는다.

일부 대학 출판사는 어떤 연구가 일반 독자에게 시장성이 없다고 할지라도 그것이 새롭고 중요하다면 심지어 손해를 보더라도 그것을 출판하기 위해 노력할 것이다. 평판이 좋은 대학 출판사가 출간한 역사서는 일반적으로 민간 텔레비전 제작사, 대중 언론, 블로그, 또는 신뢰성이 의심스러운 여타 웹사이트보다 더 신뢰할 수 있다. 자유세계의 대학과 연구소는 그들의 전문적인 훈련과 과거의 출판기록에 근거하여 역사학자를 고용한다. 이 기관들은 학자에게 정치적 보복에 대한 공포나 이익 창출의 압력 없이 글을 쓸 수 있는 기회를 제공한다.

대중 역사(Popular histories)는 과거에 대한 상대적으로 덜 정확한 서사이지만 여론에 영향을 미치는 커다란 힘을 갖고 있다. 만약 저자들이 자신의 작업이 시장성이 있다고 편집자를 설득해야만 한다면, 그들은 이야기를 윤색하려는 유혹에 빠질 것이다. 역사 소설이나 영화와 관련되어 종종 그것들이 역사적으로 정확한가, 아니면 그렇지 않은가라는 질문이 제기된다. 만약 우리가 알려진 역사 기록과의 연관성과 무관하게 제작자들이 극적인 효과를 추가할 것이라는 점을 인식한다면, 그것은 공정한 질문이다. 『타이타닉』(*Titanic*), 『링컨』(*Lincoln*), 그리고 『노예 12년』(*Twelve Years a Slave*) 같은 영화나 『다빈치 코드』(*The Da Vinci Code*) 같은 소설은 완전히 정확하지는 않지만 과거의 사건들에 대한 매혹적인 버전과 사실주의를 결합하기 때문에 대규모 독자와 관객을 끌어모은다.

역사 이론

역사가는 인간적 조건을 설명하고 이해하기 위해 과거에 관한 이론을 구성한다. 이론은 역사가의 방법, 접근법, 자료 등의 지침이 된다. 예를 들어, 서양의 역사가는 최근 5세기 동안에 걸친 유럽의 세계적인 부상을 설명하려고 시도해왔다. 몇몇 역사가들은 핵심적 요인이 유럽의 유리한 지리적·기후적 위치, 강도 높은 과학적·기술적 경쟁을 야기한 유럽 국가들 사이의 **세력균형**(balance of power), 또는 유럽인의 항해술과 질병에 대한 저항력 등이라고 이론화한다. 다른 역사가들은 성서를 이해하고 세계를 정복하는 기독교와 특정한 성서 해석방식을 강조한다. 비록 이론이 종종 역사가의 연구 방향을 결정하더라도 그들은 이러한 가설을 검증하기 위해 가용한 증거를 활용해야 한다.

진화론자와 지적 설계를 신봉하는 사람들 사이에서 인류의 기원에 관한 역사 논쟁은 이들 각각의 접근의 검증가능성에 달려 있다. 진화는 관찰을 통해서 입증되거나 기각될 수 있지만 지적 설계는 역사적 방법의 엄격성에 종속될 수 없는 하나의 신념이다. 지적 설계는 증명 불가능하다.

몇몇 사람들은 역사를 **섭리적인**(providential) 것으로 생각한다(Benjamin 2007). 이런 관점에서 보면 생의 의미는 더 고차원적인 힘이 비록 언제나 납득할 수 있는 것은 아닐지라도 세계 속에서 작동하고 있다는 믿음에서 비롯된다. 신은 어떤 이유가 있어서 2005년 뉴올리언스를 초토화시킨 허리케인이나 루이지애나에서의 재앙적인 홍수 또는 2016년 중부 이탈리아의 지진을 풀어놓았음에 틀림이 없다. 일부 사람들은 신이 자신의 민족에게 악(종종 다른 민족)에 맞서 싸우고 세계적 자유를 증진시키거나 자신의 종교와 문화를 확산시키는 특별한 임무를 주었다고 믿는다. 이런 관점은 역사에 대한 여타의 결정론적 이론과 마찬가지로 개인의 자유의지와 책임의 중요성을 과소평가한다. 대다수 전문적 역사학자들은 신성의 개입이라는 문제와 생의 의미를 철학자와 신학자에게 넘겨주고, 대신 자신이 관찰할 수 있는 역사적 사건에 집중한다.

과거를 이해하는 또 다른 방법은 역사에 대한 **진보주의적**(progressive) 관점이다. 19세기 초에 독일 철학자 게오르크 헤겔은 새로운 관념이 낡은 전통에 도전하면서 새로운 종합(synthesis)이 더 좋은 정치적 · 경제적 · 사회적 구조를 발전시키는 결과를 낳는다고 적었다. 달리 말해, 사람들은 교육과 생활수준 향상을 통해 사회로부터 노예제, 전쟁, 불평등 같은 과거의 과오를 제거할 수 있으며, 평화와 조화 속에서 생활하는 법을 배울 수 있다. 이는 서양 사상의 본질적 요소이며, 보편 교육과 자유 민주주의를 위한 이론적 근거를 제공해준다. 마르크스주의도 역사에 관한 진보주의적 관점의 하나다. 역사의 종말은 유토피아적인 무계급 사회일 것이며, 거기서 모든 사람들은 "자신의 능력에 따라 일하고 필요에 따라 분배받을 것이다."

더 비관주의적인 **역사 이론**은 과거가 순환적이라는 것이다. 달리 말해, 과거 속에는 스스로 반복될 가능성이 높은 판별 가능한 유형들이 존재한다. 예를 들어, 자본주의의 역사 속에서 경제는 성장과 침체의 주기들을 갖는다. 몇몇 현실주의자들은 새롭게 부상하는 국가는 기존의 강대국에 도전할 것이고 군사적 충돌이 벌어질 가능성이 높다고 주장한다. 역사에 대해 이와 같은 관점을 고수하는 사람들은 아시아에서의 지배권을 둘러싸고 미-중 갈등이 불가피하다고 예견한다.

역사에 관한 이 같은 이론들은 우리의 일상생활에 일정한 **합리성**(rationality)과 의미를 제공한다. 우리는 역사적 사건의 무작위성에 대해 가장 불편해하는 경향이 있다. 우리는 신문에서 살인사건에 대해 읽을 때 가해자와 피해자가 아는 사이였다는 것을 발견하고 편안해질 수 있다. 어느 누구도 길을 걷고 있다가 모르는 사람에 의해 살해당하는 상황을 생각하고 싶어 하지 않는다. 무작위적인 폭력은 어떤 의미도 없으며 그것을 피할 방법도 없다. 비록 우리가 번개에 맞을 확률이 테러 행위로 죽는 확률보다 높지만, 테러리스트는 사람들 사이에 불균형적인 공포를 조성할 수 있다. 2001년 9월 11일, 3,000명이 넘는 사람이 출근했다가 테러리스트의 공격으로 사망했다. 전 세계적으로 고속도로 교통사고 사망자 수는 테러리스트에 의한 사망자 수를 크게 웃돌지만, 교통사고로 사망하는 것에 대한 사람들의 공포는 그것에 대해 많은 것을 하려고 하는 정치적 의지를 만들어낼 만큼 크지 않다.

카지노는 과거의 논리와 유형을 믿고 싶어 하는 사람들의 욕망을 이용해 왔다. 룰렛 바퀴는 이제 잠재적 플레이어에게 최근 몇 시간 동안 당첨된 숫자와 색깔을 알려주는 '역사

게시판'을 갖고 있다. 예를 들어, '붉은 색 7번'이 하루 종일 한 번도 당첨되지 않았다고 가정해보자. 수학자들이 *독립시행의 법칙(the law of independent trials)*이라고 부르는 것에 의하면, 다음번이나 그 이후의 회전에서 '붉은 색 7번'이 이미 수 차례 당첨되었던 다른 숫자들보다 더 높은 확률을 갖는 것은 아니다. 그럼에도 불구하고 역사 게시판을 지나가는 사람들은 그 숫자가 나올 것이라는 기대감에 충동적으로 '붉은 색 7번'에 돈을 걸게 된다.

역사가들은 과거에 대한 이해를 돕기 위해 과거에서 일정한 유형들을 판별하려고 노력하지만 어떤 변수가 사태를 야기하는지에 대해서는 합의가 어렵다. 인과관계는 과거에 관한 저술에서 가장 까다로운 문제 중 하나이며, 역사가의 결론이 미래 정책에 상당히 오래 지속되는 효과를 낳을 수도 있다. 만약 독일이 1차 세계대전이라는 대재앙에 주된 책임이 있다면, 독일인은 베르사유 조약보다 더 혹독한 조약에 따라 배상금을 지급해야 했을 것이다. 만약 우리가 소련의 국가수반 미하일 고르바초프의 대담하고 새로운 대외정책이 아니라 미국의 봉쇄 정책이 소비에트 공산주의의 몰락을 야기했다고 믿는다면, 미국 지도자들은 미국이 원하는 방식으로 세계정치에 영향을 미칠 수 있는 미국의 권력을 과장하게 될 수도 있다. 테러와의 전쟁에서 본질적 질문은 다음과 같다. 미국의 정책이 9/11을 야기했는가, 아니면 테러리스트들이 단지 미국이 자유 국가이기 때문에 미국을 증오했는가? 이런 질문들에 역사가가 어떻게 답하는가가 현재에 대한 우리의 사고방식에 직접적 영향을 미친다. 정책입안자의 딜레마는 역사가들이 동일한 질문에 매우 다양한 해답을 갖고 있다는 사실이다.

역사가들은 인과성에 대한 특정한 이론을 창조하기 위해 종종 과거에 대한 자신의 특수한 초점을 강화시킨다. 환경역사학자는 인류발전을 설명하기 위해 기후, 환경, 지리, 그리고 자연자원 등을 강조할 수 있다(Diamond 2003, 2005, 2019). 정치역사학자는 권력관계를 연구하고 지도자의 결정이 사회체계와 사람들의 생활에 미친 영향을 탐구한다. 마르크스주의자는 경제적 관계들이 인류 역사의 주요 결정인이라고 믿는 반면 지성역사학자는 변화를 야기하는 관념의 중요성을 강조한다. 국제학은 세계적 쟁점에 대해 학제적 접근을 채택할 뿐만 아니라 많은 독립적 또는 상호의존적 힘들이 인간행동에 영향을 미치고 역사적 사건을 야기할 수 있다는 점을 인정한다.

역사의 교훈은 존재하는가?

오랫동안 역사가들이 골몰해온 질문은 학자들에게 특정 사건들을 비교·대조할 것을 요구하는데, 이는 역사의 식별 가능한 유형이 있으며 우리는 그로부터 교훈을 이끌어 낼 수 있다는 것을 암시한다. 사람들은 종종 특정한 선택을 하기 위해 "역사는 우리에게 말한다"는 믿음을 표현하지만, 과거, 현재, 미래의 관계는 일종의 수수께끼, 즉 많은 누락된 조각들을 포함하고 있는 일종의 퍼즐이다. 지리학자는 우리가 어디에 서 있고 어디로 가고 있는지를 이해하도록 도와줄 수 있지만, 우리가 그 길 위에서나 아니면 어떤 곳에 도착했을 때 어떤 일이 벌어질지를 역사가 우리에게 항상 말해 줄 수는 없다. 인간 행위자는 예측하지 못한 방법으로 역사를 바꿀 수 있고, 사태는 무작위적 사건에 의존하는 우발적 변화를 겪기도 한다.

정책결정자는 역사가 우리에게 특정한 교훈을 일깨워준다는 믿음에 따라 의사결정을 수행하고 그런 결정을 정당화하기 위해 역사적 비유를 빈번하게 활용한다. 그러나 역사가와 철학자는 그만한 확신이 없다. 헤겔은 우리가 역사로부터 얻은 교훈은 우리가 역사로부터 배우지 않는다는 사실이라고 말한 바 있다. "역사는 반복된다"나 "과거를 기억하지 않는 자는 그것을 반복하도록 운명 지워져 있다"(Santayana 1905, 284) 같은 격언은 우리가 역사를 알 수 있으며 그로부터 예측 모형을 구축할 수 있을 것이라는 통념에 기반해 있다.

역사적 비유는 현재의 사태에 명료성, 합리성, 논리 등을 제공하며, 역사가는 종종 특정한 연구작업이 '결정적'이라거나 '최종적'이라고 선언함으로써 역사가 위대한 교훈을 가르치고 있다는 생각에 기여한다. 분명히 의사결정을 하려면 이전 정책의 성공과 실패를 비교할 필요가 있지만, 독특한 사건들로부터 도출된 역사적 비유는 정책 결정자를 어두운 골목으로 이끌 수 있다. 과거에 일어난 일에 대한 잘못된 가정은 현재에 대한 정확한 분석과 창조적인 사고를 제약한다.

역사의 결정적 교훈은 과거에 대한 상이한 평가와 해석으로부터 도출될 수 없다. 많은 학자들이 1차 세계대전의 원인에 대해 논쟁을 벌여왔지만, 어떻게 그리고 왜 전쟁이 시작되었는가에 관한 의견의 불일치가 존재한다면 정책결정자들이 어떤 교훈을 도출할 수

있겠는가? 만약 **경제사**(economic history)가 주식 거래의 부침을 예측할 수 있게 해준다
면, 경제학자들은 주식시장에서 큰돈을 벌 게 될지도 모르지만, 아직까지 그런 일은 일
어나지 않았다.

정책결정자는 종종 현재는 적용될 여지가 없을지도 모르는 과거에 대한 자신의 신념
에 눈이 멀기도 한다. 예를 들어 냉전시대 미국의 정책결정자들은 소련과의 화해를 반대
하기 위해 일관되게 제2차 세계대전 이전 히틀러에 대한 유화책이라는 사례를 활용했다.
그들은 소련이 히틀러 체제와 유사하게 공격적이고 **전체주의적인**(totalitarian) 독재체제
라고 몰아붙였다. 미국은 베트남이 공산주의자들에게 함락되면 1930년대 말 동유럽 국
가들이 나치에게 차례로 무너졌던 것처럼 아시아에서도 도미노가 쓰러질 것이라는 잘못
된 가정에 따라 행동했다. 베트남에서의 실패는 1990년대 유고슬라비아와 르완다 같은
곳에서 치명적인 결과를 낳은 내전에 대해 무력 개입을 삼가라고 경고하는 또 다른 ‘역사
의 교훈’을 만들어냈다. 2003년 미국의 이라크 전쟁을 앞두고 조지 W. 부시 행정부는 만
약 미국이 제2차 세계대전 이후 독일과 일본을 성공적으로 점령할 수 있었다면, 훨씬 작
은 나라인 이라크의 점령도 확실히 감당할 수 있을 것이라고 주장했다. 이 같은 역사적 비
유 역시 잘못된 것으로 드러났다.

역사적 사건들은 과학적 실험과 달리 결코 반복될 수 없다. 역사는 종종 의사결정자
에게 전혀 역사를 활용하지 않는 것보다 더 위험한 비유를 낳기도 한다. 역사학자 바바
라 터치먼(Barbara Tuchman)은 “문제는 인간 행동과 역사에서 주어진 어떤 특정 상황
만을 분리해내거나 반복하는 것이 불가능하다는 점이다”라고 경고한 바 있다(Tuchman
1981, 249).

하나의 사례

베트남의 역사를 공부하기 위해 역사학자는 베트남어, 영어, 프랑스어, 중국어로 된 다
양한 자료를 수집한다. 만약 당신이 베트남어나 프랑스어를 모른다면, 먼저 이 언어를 공
부해야 한다. ‘역사’에 해당하는 베트남어 단어는 릿수(lịch sử)다. 일차 자료를 얻으려고
한다면, 하노이에 위치한 외교부를 접촉해서 국가기록원을 방문해야 한다. 호치민에 있

는 베트남 국립대학교의 인문사회과학대학 역사학과와 관계를 구축하려고 할 수도 있다. 국가기록원은 하노이에 식민지 기록보관소와 베트남 민주공화국(북부) 기록보관소를 보유하고 있고, 호치민에 베트남 공화국(남부) 보관소를 보유하고 있다. 기록을 열람하기 위한 신청서는 반드시 베트남어로 작성되어야 한다. 주제에 따라 당신은 자신의 지도교수/기관장/상사의 소개서와 함께 베트남 감독기관(대학이나 연구센터가 될 수 있다)의 소개서가 필요할 것이다. 당신은 일부 기록에 접근할 수 있지만, 그 기록들의 주제, 장소, 시간 등에 대해 생각할 필요가 있다. 만약 당신이 프랑스 식민지 시기의 기록물을 원한다면, 그중 일부는 프랑스 엑상-프로방스(Aix-en-Province)의 국립 해외국가 기록보관소(www.archivesnationales.culture.gouv.fr/annom/en/Pre-sentation/Empire-coloniaux-francais-10.html)에서 이용할 수 있다. 그들은 통킹(북부)과 안남(중앙)의 프랑스인 거주지뿐만 사이공의 프랑스 고등판무관(1948-1954)의 기록물도 가지고 있다. 그들은 코친차이나(남부)(1859-1954)에 대한 기록보관소는 갖고 있지 않다. 그 기록보관소는 하노이에 있다. 만약 당신이 1859년에서 1954년 사이에 남부에서 무슨 일이 있었는지 알고 싶다면, 당신은 반드시 하노이로 가야 한다. 만약 당신이 1950년대-1970년대와 미국의 베트남 개입에 관심이 있다면, 당신은 메릴랜드 칼리지파크(College Park, Maryland)에 있는 미국 국립기록물보관소와 접촉해야 한다(www.archives.gov/research/vietnam-war).

미국에서 우리는 베트남전쟁에 대해 말하지만, 베트남에서 그 전쟁은 단순히 미국전쟁이다. 역사학자들은 그것을 2차 인도차이나 전쟁(1차 인도차이나 전쟁은 베트남인과 프랑스인 사이에서 벌어졌다)이라고 부를 수도 있다. 고샤(Goscha 2016)나 카르노우(Karnow 1983) 같은 이차 자료들을 읽어보라. 켄 번즈(Ken Burns)의 공영방송서비스(PBS) 다큐멘터리 『베트남 전쟁』(*The Vietnam War*, 2017)을 시청해보라. 퓰리처상 수상자인 비엣 탄 응우엔(Viet Thanh Nguyen 2015)의 『동조자』(*The Sympathizer*)를 읽어보라. 주인공은 남베트남 군대 내부의 공산당 스파이이다. 전쟁 당시 미국의 국방장관이었던 버트 맥나라마(McNarama 1995)의 『회고: 베트남의 비극과 교훈』(*In Retrospect: The Tragedy and Lessons of Vietnam*)을 읽어보라. 아마도 거기에는 몇몇 역사의 교훈들이 존재할 것이다. 이 시기부터 『뉴욕 타임즈』(*The New York Times*)나 『워싱턴 포스트』(*The Wash-*

〈그림 1.5〉 호치민시 전쟁박물관

출처: S. Toops.

〈그림 1.6〉 베트남 참전용사 추모공원, 워싱턴 DC

출처: S. Toops

ington Post)에 실린 베트남 관련 기사들을 읽어보라. 팀 오브라이언(Tim O'Brien)은 베트남에서의 미국에 관한 매혹적인 소설을 썼다. 그는 미군 병사였다. 그는 다음과 같이 말한다. "이 책도 진실이지만, 이야기들이 우리를 구원해줄 수 있다"(O'Brien 1990, 225). 당신은 미국 해군에 있던 나의 전우, 베트남 내 미국 육군에 있던 나의 친구, 또는 미국 공군에 있던 나의 삼촌과 대화할 수 있다. 만약 당신이 베트남에 간다면, 약간의 친구를 만들고 그들과도 이야기를 나누어 보라. 60세가 넘은 사람이라면 비록 당시에 그들이 어린이에 불과했을 지라도 누구나 전쟁을 기억하고 있을 것이다. 45세 미만은 전쟁에 대한 기억이 없고 그 여파만 있을 뿐이다. 당신의 생각을 정리하고 역사가와 기록보관소에 글을 써라. 기록보관소에 가서 연필, 종이, 공책, 노트북을 가져와라. 당신의 연구를 시작하라.

우리의 인식은 다양할 수 있다는 사실을 깨달아야 한다. 호치민에 위치한 전쟁박물관(http://waremnantsmuseum.com/)은 미국-베트남 갈등의 개요를 알려주는 자료들을 전시하고 있다. 거기에는 헬리콥터와 탱크, 사진과 유물, 재현물과 역사 등이 존재한다. 워싱턴 DC에는 베트남 참전용사 기념공원(www.nps.gov/vive/index.htm)이 있는데, 거기에는 전쟁 중에 사망한 미국 군사 인력 58,318명의 이름이 기록되어 있는 벽, 군에 봉사한 세 명을 기리는 '3인의 군인 동상', 주로 의료 인력으로 종사했던 여성들을 기리는 '베트남 여성 메모리얼' 등이 위치해 있다. 벽은 1955년부터 1975년까지 연대기 순서로 이어지며 초기에는 소수가 사망했지만 전쟁을 거치면서 그 숫자가 늘어났음을 보여준다. 두 개의 상이한 기념관에서 갈등에 대한 두 개의 상이한 관점을 비교해보라(그림 1.5와 1.6).

결론

과거의 역사가 미래를 위한 청사진을 제공할 수는 없지만, 현시대의 세계사에 확고하게 기초를 두는 것은 현재의 세계적 쟁점을 이해하는 데 본질적이며, 정직하고 정확한 역사는 인류 진보와 국제적 갈등의 화해에 필수불가결하다. 미래세대가 직면할 쟁점들은 너무나도 중요해서 과거 역사를 무시할 수 없다.

일본이 1930년대에 극동지역에 침략했던 것을 인정하는 것에서 2차 세계대전 이후 이스라엘이라는 국가가 만들어졌을 때 많은 팔레스타인 사람이 자신의 고향에서 쫓겨났음을 인정하는 것에 이르기까지 오늘날 많은 국제적 갈등은 과거에 일어났던 일에 대한 합의 없이는 해결될 수 없다. 전문 역사가들은 가능한 사실에 충실한 역사를 쓰고, 정치적 또는 경제적 이득을 얻기 위해 과거의 이야기를 왜곡하는 사람들에 대한 비판자로 행동해야 할 책임이 있다.

역사에 대한 철저한 이해는 오늘날 세계를 포괄적으로 이해하는 데 필수적인 부분이다. 국제학의 여타 사회과학들 모두는 과거에 대한 정확한 파악에 기초한다. 정치학자들은 정치 행동에 대한 이론을 발전시키기 위해 사례 연구를 활용한다. 마찬가지로 경제학자들은 현재를 분석하고 최상의 경제 정책에 대해 가설을 세우기 위해 이전의 추세들을 조사한다. 인류학자들은 본질적으로 사람과 그들의 사회적 행동에 대한 관찰자다. 마지막으로 지리학자들은 현재의 사태를 설명하기 위해 공간과 환경의 정확한 측정에 의존한다. "그러나 여기서부터는 역사가 당신을 주시한다는 것을 기억하라"(Miranda 2016).

참고문헌

Archives nationales d'outre-mer. 2020. www.archivesnationales.culture.gouv.fr/anom/en/Presentation/Empires-coloniaux-francais-10.html (Accessed July 1, 2020).

Arnold, John. 2000. *History: A Very Short Introduction*. New York: Oxford University Press.

Benjamin, Jules. 2007. *A Student's Guide to History*. 10th ed. New York: St. Martin's Press.

Burns, Ken and Lynn Novick. 2017. *The Vietnam War* (PBS) www.pbs.org/kenburns/the-vietnam-war/

Bryson, Bill. 2003. *A Short History of Nearly Everything*. New York: Broadway Books.

Dalrymple, William. 2005. "India: The War over History." *New York Review of Books*, April 7.

Diamond, Jared. 2003. *Guns, Germs, and Steel*. New York: Spark Publishers.

________. 2005. *Collapse: How Societies Choose to Fail or Succeed*. New York: Viking Press.

________. 2019. *Upheaval: Turning Points for Nations in Crisis*. New York: Little, Brown and Company.

Fujitani, James. 2016. "The Ming Rejection of the Portuguese Embassy of 1517." *Journal of World History* 27(1) 87-102.

Goscha, Christopher. 2016. *Vietnam: A New History*. New York: Basic Books.

Herodotus (Tom Holland trans.). 2015. *The Histories*. New York: Viking.

Joyce, James. [1922] 1984. *Ulysses*. New York: Garland Publishing.

Karnow, Stanley. 1983. *Vietnam: A History*. New York: Viking.

Levesque, Stephane. 2008. *Thinking Historically: Educating Students for the Twenty-first Century*. Toronto: University of Toronto Press.

Martin, Thomas, Herodotus, and Sima Qian. 2010. *Herodotus and Sima Qian: The First Great Historians of Greece and China*. Boston: Bedford /St. Martins.

McNamara, Robert. 1995. *In Retrospect: The Tragedy and Lessons of Vietnam*. New York: Times Books.

Miranda, Lin-Manuel. 2016. *Hamilton: An American Musical* (vocal score). Los Angeles: Warner.

National Archives. 2020. www.archives.gov/research/vietnam-war (accessed July 1, 2020).

Nguyen, Viet Thanh. 2015. *The Sympathizer*. New York: Grove Press.

O'Brien, Tim. [1990] 2009. *The Things They Carried*. Boston: Houghton Mifflin Harcourt.

Oxford English Dictionary. 2020. www.oed.com.

Presnell, Jenny. 2019. *The Information-Literate Historian*. 3rd ed. New York: Oxford University Press.

Public Broadcasting Service. 2020. *Wonders of the African World*. www.pbs.org/wonders/ (accessed July 1, 2020).

Santayana, George. 1905. *The Life of Reason*. Volume I. Reason in Common Sense. New York: Scribner.

Sima, Qian (B. Watson trans.). 1993. *Records of the Grand Historian*. New York: Columbia University Press.

Tuchman, Barbara W. 1981. *Practicing History: Selected Essays*. New York: Knopf.

Welles, Orson and Herman Mankiewicz. 1941. Citizen Kane (video). Warner Brothers.

Westfall, Richard S. 1993. *The Life of Isaac Newton*. New York: Cambridge University Press.

추가 읽을거리

도서

Anderson, Sheldon. 2008. *Condemned to Repeat It: "Lessons of History" and the Making of U.S. Cold War Containment Policy*. Lanham, MD: Lexington Books.

Burke Peter, ed. 2001. *New Perspectives on Historical Writing*. 2nd ed. University Park, PA: Pennsylvania State University Press.

Carr, Edward H. 1961. *What Is History?* New York: Vintage Books.

Collingwood, R. G. 1946. *The Idea of History*. Oxford: Oxford University Press.

Gardiner, Juliet. 1988. *What Is History?* London: Humanities Press International.

Green, Anna, and Kathleen Troup, eds. 2016. *Houses of History: A Critical Reader of Twentieth-Century History and Theory*. 2nd ed. Manchester, UK: Manchester University Press.

Hoffer, Charles, and William W. Stueck. 1994. *Reading and Writing American History: An Introduction to the Historian's Craft*. Lexington, MA: D. C. Heath.

Howard, Michael. 1991. *The Lessons of History*. New Haven, CT: Yale University Press.

Jordanova, Ludmilla. 2019. *History in Practice*. 3rd ed. New York: Bloomsbury Academic.

Storey, William Kelleher. 2020. *Writing History: A Guide for Students*. 6th ed. Oxford: Oxford University Press.

Winks, Robin W., ed. 1969. *The Historian as Detective: Essays on Evidence*. [1st ed.]. New York: Harper & Row.

학술지

American Historical Review. www.historians.org/publications-and-directories/american-historical-review

Cold War History. www.tandfonline.com/loi/fcwh20

Diplomacy and Statecraft. www.tandfonline.com/loi/fdps20

Diplomatic History. academic.oup.com/dh

Journal of Contemporary History. journals.sagepub.com/home/jch
Journal of World History. www.uhpress.hawaii.edu/t-journal-of-world-history.aspx

영화

Citizen Kane (1941). Orson Welles, director.
Judgment at Nuremberg (1961). Stanley Kramer, director.
Rashomon (1950). Akira Kurosawa, director.
The Thin Blue Line (1988). Erroll Morris, director.
Triumph of the Will (1934). Leni Riefenstahl, director.

웹사이트

American Historical Association. www.historians.org/teaching/links
International Interdisciplinary Organization of Scholars. networks.h-net.org/
Society for Historians of American Foreign Relations. www.shafr.org
World History Association. www.thewha.org
WWW Virtual Library: International Affairs. www2.etown.edu/vl/

2장

민족, 장소, 그리고 패턴:
국제학(International Studies)에서의
지리학

지리학이란

2012년 개최된 내셔널 지오그래픽 지오비[1](National Geographic GeoBee)에서 오바마 전(前)대통령은 "지리학 연구는 단순히 지도상의 여러 장소를 암기하는 것에 그치지 않는다. 전 세계에 존재하는 문화적 다양성을 이해하여 궁극적으로 복잡한 세계를 이해하는 것이다"라고 말했다. 국제학에서 핵심적인 학문 분과 중 하나인 지리학(Geography)은 지구상의 다양한 장소와 (그 문화적) 근원에 대해 다룬다. **지리학(γεωγραφία)** 이라는 단어의 어원은 그리스어이다. Geo는 "땅"을 의하고, graphy는 "쓰기"를 의미한다. 따라서 지리학은 땅에 대해 쓰거나 설명하는 것이다. 고대에 뿌리를 둔 또 다른 문화권인 중국에서 지리를 나타내는 단어는 地理(dili)이다. Di는 "땅"을 의미하고, li는 "패턴이나 배열"을 의미한다. 즉. 중국어로 地理(dili)는 땅 위의 혹은 땅의 패턴이나 배열을 의미한다. 따라서 지리학은 땅과 땅에서 나타나는 식별 가능한 패턴에 대해 상세하게 설명한다. 이러한 패턴을 이해하려면 땅에 대한 피상적인 묘사가 아닌 철저한 분석과 심도 깊은 이해가 필요하다.

---

1) (역자 주) National Geographic GeoBee는 미국 지리학 협회(National Geographic Society)가 후원하는 연례 지리학 대회이다.

"지리학은 지구(혹은 땅)의 표면을 구성하는 자연환경과 인간 활동이 존재하는 위치와 그 위치의 원인을 연구하는 학문이다"(Rubenstein et al. 2013, 2). 루벤스테인과 동료 학자들이 정의한 것처럼 지리학은 지구 자체 뿐 아니라 지구상에 살고 있는 인간의 활동에 관해 연구하는 학문이다. 역사학과 인류학도 사람을 연구하지만, 지리학은 전 지구에 걸쳐 이런 활동들의 다양한 방식에 관해 연구한다는 점에서 다른 학문 분과와 구별된다. 인간의 활동은 지구상의 어디에서 왜 발생하는가? 지리학의 핵심은 "어디에서"라는 질문에 답하는 것이다. 지리학적 탐구는 지구의 곳곳에서 사람들이 어디에 살고 어떤 활동을 하는지를 분석하고 그 분포의 이유에 대해 설명한다.

지리학은 크게 자연지리학과 인문지리학이라는 두 개의 하위분과로 나뉜다. 자연지리학은 토양, 기후, 식물, 동물과 같은 주제에 중점을 두면서 자연환경에 관해 연구한다. 자연 지리학의 하위 분야에는 기후학, 지형학, 자원 지리학이 포함된다. 인문지리학은 산업, 도시, 문화, 교통과 같은 주제를 중심으로 인간의 활동에 관해 연구한다. 인문지리학의 하위 분야에는 정치 지리학, 경제 지리학, 문화 지리학이 포함된다. 국제학 연구와 관련해서 특히 국가, 문화, 자원, 경제 등에 대한 연구는 지리학적 이해를 필요로 한다.

지리학의 발전

지리학은 고대의 학문 분야 중 하나이다. 고대 그리스인들과 중국인들은 각각 자신들에게 알려진 세계의 지리에 대해 연구했다. 이집트 알렉산드리아의 도서관 책임자였던 그리스인 에라토스테네스(Eratosthenes, c. 275-195BCE)는 『지리학』(*Geograhpy*)이라는 제목의 책을 썼다. 그리스의 이론에 따르면, 남쪽의 땅은 그리스의 온대 기후보다 더 뜨거워서 사람이 살 수 없다. 중국 지리학 연구의 가장 오래된 예는 기원전 500년경에 쓰인 『우왕에게 바치는 헌사』(*the Tribute of Yü*)이다. 이 책은 중국 제국을 조사해서 제국을 9개의 성(province)으로 나누고 각각의 민족과 자원에 관해 기록하고 있다. 서구에서는 서기 476년 로마 제국이 멸망한 후 지리학이 더 이상 발전하지 못했고, 오히려 아랍인들이 지리학의 전통을 이었다. 8세기 칼리프의 후원 아래 그리스와 로마의 지리학 저서들이 아랍어로 번역되었다. 르네상스 시대에 유럽인들은 이슬람교도들과의 만남을 통해 그리스의 지리학을 다시 배웠다. 1600년대 새로운 발견의 시대가 열리면서 유럽인들의 지리적 사고의 지평이 확장되었다(Short 2020; Martin 2005). 항해 시 위도상의 평행선은 잘 알려져 있었지만, 경도선은 적절하게 측정할 수 없었다. 1759년 존 해리슨(John Harrison)이 항해용 시계(Marine Chronometer)를 발명하면서 정확한 동서 경도 측정이 가능해졌다(Sobel 1995).

과학으로서 현대 지리학은 20세기에 발전했다. 1990년대에 이르러 미국의 지리학 교육자(대학 및 중등 교육)는 지리학의 여러 개념을 정립하여 지리학 분과를 개념화했다. 공간, 지역, 환경은 국제학과 연관해 지리학을 이해할 때 필수적인 요소인데, 이에 관해서는 다음 절에서 자세히 논의한다.

국제학 연구에 있어 지리학 이해가 유용하다는 것을 보여주는 예로서 전 세계 인구 패턴 구조 조사를 들 수 있다. 또한 세계 인구 추세가 지구 환경에 미치는 영향 분석도 있다. 중국은 미국보다 인구가 훨씬 많지만 생태적 영향은 비슷한 수준이다. 우리는 중국 문화와 세계화에 대한 중국 문화의 대응에 대해서도 살펴볼 수 있다. 현대의 과학적 지리학은 인문지리학과 자연지리학을 연결하는 과학적 추론에 기반한다(GESP 2012).

지리학의 구성 요소

지리학의 역사를 살펴봤을 때 지리학적 사고방식을 결정하는 3가지 주요 구성요소는 (1) 공간(space), (2) 지역(region), (3) 환경(environment)이다. 공간(space)은 사람들의 위치를 포함한다. 지역(region)은 사람들의 정체성을 형성하는 정신적 구성물이다. 환경(environment)은 인간과 자연환경의 상호작용으로 구성된다. 국제학에서 지리학의 역할은 공간적 위치, 지역 정체성, 인간-환경 관계에 관한 질문에 답하는 것이다(Johnston 2010). 그럼 공간, 지역, 환경의 개념에 관해 좀 더 자세히 살펴보자.

공간

지리학적 분석에서 공간 연구는 위치(location), 공간적 상호 작용(spatial interaction) 및 공간 조직(spatial organization)으로 구성된다. **위치(Location)**는 필수적인 요소로 "어디(where)?”에 대한 질문에 대한 답을 준다. 위치는 명목적(nominal), 상대적(relative), 절대적(absolute) 위치로 나뉜다. 명목적 위치(*nominal location*)는 옥스퍼드(Oxford), 오하이오(Ohio)와 같은 장소에 붙는 이름이다. 상대적 위치(*relative location*)는 북쪽이나 남쪽, 동쪽이나 서쪽과 같이 다른 위치에 대한 상대적 방향을 나타난다. 오하이오는 뉴욕의 서쪽, 캘리포니아의 동쪽에 위치하고 있다, 혹은 오하이오는 미국의 중서부에 위치하고 있다 등을 예로 들 수 있다. 마지막으로 절대적 위치(*absolute location*)는 수학적 좌표의 교차점인 위도 및 경도와 같은 수학적 정밀도를 보여준다(Rubenstein 2020). 일리노이주의 시카고는 북위 41 º 52’, 서경 87 º 37’에 위치한다. 동쪽(E) 또는 서쪽(W)과 같은 경도 지정은 필수적인데, 만일 시카고와 같은 위도인 북위 41 º 52’에 위치하더라도 경도가 동경 87 º 37’이면 중국 북서부의 보스텐(Bosten) 호수 근처를 가리킬 수 있기 때문이다. 마찬가지로 북쪽(N) 또는 남쪽(S)과 같은 위도의 지정도 각각 적도의 북쪽이나 남쪽을 가리키기 때문에 필수적이다.

공간적 상호작용(Spatial interaction) 연구는 이동(flows), 상호의존(interdependence), 기본구조(underlying structures)에 대한 분석을 포함한다. 즉 사람, 자원, 사고(ideas)가 왜, 어떻게 이동하는가에 대한 연구이다. 예를 들면, 국제적 맥락에서 에너지의 지리학은 각 지역의 에너지 자원에 대한 연구인데, 각 지역의 에너지 자원의 이동과 관련된 파이프라인, 해협, 생산 지역과 소비 지역 간의 거리 등을 다룬다. 전 세계적으로 석유 자원을 확보하는 것이 갈수록 어려워지고 있다. 석유 자원의 공간적 분포와 배열은 지리뿐만 아니라 문화, 경제, 정치 및 역사에 영향을 미친다(Rubernstein et al. 2013). 가령, 중앙아시아 카자흐스탄의 석유는 카스피해에 위치하고 있다. 석유는 카자흐스탄에서 중요한 자원이다. 카자흐스탄의 석유는 남쪽으로는 이란, 동쪽으로는 중국, 북쪽으로는 러시아, 서쪽으로는 아제르바이잔과 조지아의 항구 등을 통해 세계시장으로 판매된다. 현재의 정치 상황을 감안한다면 이러한 판매 경로 중 어떤 경로가 미국에게 더 유리할까? 당신은 어떻게 생각하는가?

공간조직(Spatial organization)에 관한 연구는 사람들이 어떻게 다양한 영토(territories)를 경계 짓고 사는지에 관해 밝히는 것이다. 국가 간의 경계는 공간 조직의 한 형태이다. 가령 태평양 지역의 작은 섬들은 해안에서 200마일 떨어진 곳까지 영유권을 주장한다. 국가 간의 경계와 국가의 관할권 문제는 공간조직의 연구대상이다. 기업은 특정 시장 영역에 관심을 가진다. 예를 들면, 미국기업들은 어떻게 그리고 왜 아시아 시장에 진출하려고 하고, 아시아 기업은 어떻게 그리고 왜 미국 시장에 진출하려고 하는가(de Blij 2012)?

공간 조직과 공간적 상호작용을 이해하기 위해 홍콩이 좋은 사례가 될 수 있다(그림 2.1). 홍콩은 중국어로 "향기로운 항구"를 의미한다. 홍콩은 1997년까지 영국의 식민지였으며 현재는 중화인민공화국의 특별행정구이다. 홍콩은 아시아 무역의 중심지이다. 공간적 상호작용은 홍콩이 존재하고 성공을 거둔 핵심적 요인이다. 현재의 지정학적 어려움은 미래의 홍콩에 대하여 지금과는 다른 상황을 의미할 수도 있는데, 홍콩의 실제 위치는 동일하다.

〈그림 2.1〉 홍콩. 항구는 홍콩의 존재이유이다

출처: S. Toops

국제학에서 공간은 중요한 관심사이다. 세계의 정치적 중심지는 어디인가? 석유는 어디에 매장되어 있는가? 국제 무역이나 이주의 핵심은 어디인가? 물론 이러한 현상이 나타나는 위치를 알아내는 것이 첫 번째 단계이다. 그런 다음에는 이러한 위치의 파급효과를 조사한다.

지역

지역(reion)은 특정 지역을 다른 지역과 구분하기 위해 사용하는 개념이다. 지리학자들은 지역을 공식적(formal) 지역과 기능적(functional) 지역으로 구분한다. 공식적 지역의 예는 언어 공동체, 농경지, 성경 벨트(the Bible Belt), 중서부, 남부, 유럽, 아시아, 중동, 우편 번호, 지역 번호 지역 등이 있다. 기능적 지역의 예는 사냥 지역, 제국의 영역, 방목지역, 무역 활동 지역, 신문 독자 지역, 강 유역, 통근 경로, 영공 등이 있다(Prince et al, 2020).

지리학자들은 이러한 지역을 어떻게 구분할까? **공식 지역(formal region)**은 **균일 지역(uniform region)**이라고도 불리는데, 특정한 물리적 혹은 인적 특성이 지역 전체에 균일하게 나타나는 공간을 의미한다. 가령 특정 기후, 특정 지형, 공유된 언어나 종교가 나타나는 공간 등이 공식적 지역이다. 지역의 특성은 기술적으로도 정의될 수 있는데, 1인당 소득, 문해율, 1인당 텔레비전 수 또는 1인당 병상(분포) 수 등이 있다. 지역은 또 국회의원 선거구, 구, 도 또는 특별 경제 구역과 같은 조직 공간을 의미하기도 한다. 또는 남부, 중서부, 중동과 같이 일상적으로 지역이라는 용어가 사용되기도 한다. 그리고 지역적 용어의 사용은 그 지역만큼이나 지역 관찰자에 관해서도 많은 것을 말해준다. 예를 들어 이라크에 대한 논의는 이라크 전역에서의 유사성을 전제한다. 그러나 지역적 분석에 따라 수니파 쿠르드족 인구가 대부분인 북부지역, 시아파 아랍 인구가 대부분인 남부 지역, 수니파 아랍인구가 대부분인 중부지역으로 나누기도 한다. 이라크의 지역적 문화 지리를 이해하는 것이 이라크라는 국가의 특성을 이해하는 첫 번째 단계이다(Sutton 2017).

기능 지역(functional region)이란 네트워크, 초점 또는 연결망의 접속점이 있는 활동이 있는 지역이다. 가령 하천 시스템 또는 무역 시스템은 지역을 특징짓는 활동 네트워크가 있다. 여기서 문제는 연결을 통한 일종의 역동성이다. 통근 지역과 신문 독자 지역 등이 기능적 지역의 예이다. 이러한 지역은 중심 지역과 소비자 또는 시장 사이가 어떻게 연결되는가에 따라 그 경계가 매일 바뀐다. 텔레비전 신호, 라디오 방송, 정치사상 또는 정부의 통제 범위 등의 요소가 모두 기능적 지역을 결정한다(Rubenstein 2020).

국제학에서는 (이 책에서 다루고 있듯이) 북미, 유럽, 동아시아, 남아시아, 아프리카, 중동, 라틴아메리카 등 전 세계 지역을 폭넓게 다룬다. 각 지역은 영역이 정해져 있지만, 그 경계가 겹치기도 한다. 각 지역은 언어, 문화, 역사, 경제와 같이 세계의 지역을 정의하는 데 도움이 되는 확립된 특성이 있다는 점에서 공식 지역이다. 동시에 각 지역에는 기능적 네트워크가 활성화되어 있다. 지역 간 연결고리는 선도적인 글로벌 도시이다. 동아시아의 글로벌 도시에는 베이징, 상하이, 싱가포르, 도쿄 등이 있다. 남아시아에서는 뭄바이와 델리, 중동에서는 두바이와 예루살렘, 라틴 아메리카에서는 멕시코시티와 상파울루, 북미에서는 뉴욕과 로스앤젤레스, 아프리카에서는 요하네스버그와 카이로, 유럽에서는 런던, 파리, 취리히와 모스크바 등이 주요 글로벌 도시이다(Short 2020).

그러나 세계의 각 지역 내에서도 강한 지역적 차이가 존재한다. 아프리카에는 다양한 문화적, 경제적, 정치적 정체성이 드러난다. 남아프리카 공화국의 경우 줄루(Zulu)어, 코사(Xhosa)어, 코이산(Khoi-san)어, 소토(Sotho)어, 아프리칸스어(Afrikaner) 등의 언어 사용 종족들이 다양한 문화 모자이크를 만들어낸다. 아시아는 그 규모만큼이나 지역 간의 특징이 다르게 나타난다. 우즈베키스탄, 중국, 인도, 인도네시아는 각각 중앙아시아, 동아시아, 남아시아, 동남아시아의 국가로 문화적 차이가 뚜렷하게 드러난다. 유럽의 정체성도 다양하지만 유럽연합으로 인해 어느 정도는 통합의 경향을 보이기도 한다. 중동 지역의 인구는 대부분 아랍인이지만 유대인, 터키인, 페르시아인은 정치, 경제, 문화적으로 꽤 중요한 영향을 미친다. 반면 북미와 라틴아메리카에서 지역 간 차이는 극명하게 드러나지는 않는다. 북미 지역에서는 영어를 주로 사용하고 라틴아메리카 지역에서는 스페인어나 포르투갈어를 주로 사용한다.

스위스의 취리히(그림 2.2)는 지역과 장소의 좋은 예이다. 취리히 메트로폴리탄 지역의 인구는 200만 명이다. 이 중 40만 명이 도심에 산다. 경제 지리학의 관점에 따르면 취리히가 스위스의 은행 정책과 낮은 법인세율 덕분에 글로벌 금융의 중심지가 되었다. 흥미

〈그림 2.2〉 취리히. 스위스의 대도시이자 금융 중심지. 우측의 그로스뮌스터 대성당과 좌측의
프라우뮌스터 교회와 같은 대형 교회는 취리히의 역사 문화적 자산이다.

출처: S. Toops.

롭게도 이 금융 중심지는 레닌이 망명해서 1916년에 『제국주의: 자본주의의 최고 단계』
(*Imperialism: The Highest Stage of Capitalism*)를 저술한 도시였다. 취리히는 스위스의
철도, 도로, 항공 교통의 중심지이다. 정치 지리학의 관점에서는 스위스의 수도는 취리히
가 아니라 베른(Bern)이다. 1300년대 즈음에 취리히가 다른 주들과 연합하여 스위스 연
방을 형성했다. 스위스는 1800년대 초부터 중립 국가의 지위를 유지해왔다. 문화 지리학
의 관점에서 가정에서 독일어를 사용하는 사람도 있지만 대부분의 스위스인은 프랑스어,
이탈리아어, 영어 등 다국어 구사자이다. 취리히는 1500년대 종교개혁의 중심지였지만,
여전히 많은 사람들이 가톨릭 신자이다. 그로스뮌스터 대성당 (Grossmünster Church)은
종교 개혁의 중심지였으며, 프라우뮌스트 교회(Fraumü nster Church)에는 마르크 샤갈
(Marc Chagall)의 스테인드 글라스 창문이 있다. 극장, 박물관, 교회는 취리히 도시 문화
의 기초이다. 자연 지리학 관점에서는 취리히가 리마트 강(the Limmat River) 유역에서
성장했고, 리마트 강에서 발원하여 취리히 호수가 형성되었다고 본다. 숲으로 덮인 산과
언덕이 취리히를 둘러싸고 있다. 요약하자면 취리히는 스위스의 문화 및 경제의 중심지
이자 세계의 금융 중심지이다.

　　지역 간의 경계 지역은 전이 지역(Transition zones)이라고 부르는 것이 더 적절하다.

북아메리카와 라틴 아메리카 사이의 전이 지역은 캘리포니아, 뉴멕시코, 텍사스 등이 있다. 튀르키예가 유럽연합에 가입하기 위해 노력하면서 유럽과 중동 지역 간의 경계가 흐려지고 있다. 이집트와 수단은 각각 중동과 아프리카에 강한 뿌리를 두고 있다. 남수단은 수단에서 분리되어 새로운 국가를 세웠다. 파키스탄과 인도네시아는 아시아에 있지만 문화적 정체성은 중동과 더 많이 공유한다. 러시아는 아시아와 유럽의 경계에 걸쳐져 있다(Short 2020).

이스탄불(그림 2.3)은 여러 지역이 교차하는 지점에 있다. 이스탄불은 튀르키예에서 가장 큰 도시로 아시아와 유럽이 만나는 지점에 있다. 흑해와 지중해를 연결하는 보스포러스(Bosporus) 해협은 이스탄불을 가로지른다. 사람들은 대부분 유럽 쪽 이스탄불에 정주하고 있다. 이 지역에는 히포드롬(Hippodrome, 서기 300년)과 하기아 소피아 대성당(Hagia Sophia, 서기 532년)과 같은 비잔틴 제국의 유적지, 톱카피 궁전(Topkapi Palace, 서기 1453년)과 술탄 아흐메트 모스크(Sultan Ahmet Mosque, 서기 1606년)와 같은 오스만 제국의 유적지가 위치한다. 보스포러스 해협의 아시아 쪽 지역에는 앙카라와 튀르키예의 다른 지역으로 연결되는 철도가 있다. 오늘날 튀르키예는 중동의 일부로 여겨지기도 하지만 튀르키예의 문화유산은 중앙아시아에 있다. 지역은 사실상 정신적 구성물이다.

〈그림 2.3〉 이스탄불. 뒤쪽은 아시아, 앞쪽은 유럽, 중간은 유럽과 아시아를 역사적으로 나누는 보스포러스 해협이 흐른다.

출처: S. Toops.

환경

국제학은 환경에 대한 이해도 포함한다. 인간은 자연환경에 변화를 주고, 자연환경에 대응하기도 한다. 지구 환경 프로세스는 기후, 토양, 생물 군집 (생물 군계), 광물, 지형 등에 영향을 미친다. 자연지리학자는 자연환경의 과정을 연구하고 인문 지리학자는 자연환경 과정보다는 인간 사회의 상호작용에 대해 더 관심이 있다.

국가에 따라 자원이 많은 나라, 인구가 많은 나라, 기후가 온화한 나라 등 환경적 특징이 다르게 나타난다. 국가별 특징은 자연환경 과정과 관련이 있다. 일반적으로 사람들은 담수를 쉽게 구할 수 있는 평지, 너무 덥지도 춥지도 않은 기후에서, 식물, 동물, 광물을 구할 수 있는 지역에 모여 사는 경향이 있는 것으로 관찰된다. 따라서 지구상의 인구 분포는 기후, 토양, 생물 군계, 광물, 지형 등과 관계가 있다. 단순히 평지이자 수자원이 풍부한 지역이 어디에 있는가와 같은 공간에 대한 질문을 던짐으로써 인구 밀도가 높은 지역을 알 수 있다. 인구밀도가 높은 주요 지역으로는 (1) 인도, 파키스탄, 방글라데시와 같은 남아시아(19억 7천만 명), (2) 중국, 대한민국, 일본과 같은 동아시아(16억 4천만 명) (3) 나이지리아와 에티오피아와 같은 사하라 이남 아프리카(10억 9천만 명) (4) 영국, 독일, 프랑스, 러시아와 같은 유럽(7억 4,700만 명) 등이 있다. 인구는 중국의 황하와 양쯔강, 인도의 갠지스강, 유럽의 라인강뿐만 아니라, 일본, 방글라데시, 영국의 해안지역에 집중적으로 분포한다. 위치(공간)은 국가의 지리적 속성의 일부이지만 환경도 마찬가지다(Rubenstein et al, 2013).

사람과 환경은 상호 작용하며 서로 영향을 미친다. 이러한 현대적 관점은 환경이 사람에게 지배적인 영향을 미친다고 보았던 고대 그리스의 전통적 개념을 대체했다. 고대 그리스의 관점에서 보면 추운 기후 지역 사람과 따뜻한 기후 지역 사람들의 행동 방식이 다르다. 이러한 **환경결정론**(environmental determinism)적 개념은 특정 그룹의 사람들의 행동 양식을 예측하는데 환경을 부정확하게 사용한다는 점 때문에 오늘날의 지리학자들이 반론을 제기한다. 러시아, 몽골, 미국 등지에는 초원이 있는 온대 기후의 평원이 있다. 하지만 러시아, 몽골, 미국의 평원지역에서의 문화, 경제, 정치의 인문 지리학은 각기 다르게 발전했다. 환경 결정론자들의 시각은 오늘날에도 여전히 영향을 미치고 있다. 로버트 카플란(Robert Kaplan)이 쓴 『지리학의 복수』(The Revenge of Geography, 2012)는 세계에 대한 다소 보수적인 시각에서 글로벌 정치를 분석하고 있다. 즉 세계 정치에서 유럽이 지배적인 위치를 가지는 것은 지리적 요인이 결정적이라고 본다. 하지만 사람들은 지리적 여건에 의하여 제한되지 않는 행위성을 가진다.

환경 결정론과 함께 환경을 해석하는 또 다른 근대적 시각으로는 인간이 환경을 통제할 수 있다는 시각이다. 인간은 댐을 만들고, 땅을 움직이고, 파도를 통제하고, 농작물을 재배하고, 동물을 기르고, 공장을 짓고, 도시를 건설할 수 있으며, 이 모든 것을 환경에 대한 우려 없이 할 수 있다고 본다. 그러나 이런 시각은 **인간결정론(human determinism)**이라고 한다. 인간 결정론의 시각에서 구소련, 중국, 미국은 거대한 강을 길들이기 위해 대규모 댐을 건설할 수 있었다. 미국은 콜로라도 강에 댐을 건설해서 로스앤젤레스에 물을 공급하고 라스베이거스에 전기를 공급했지만 이제 콜로라도 강은 더 이상 바다로 흐르지 않는다. 세계에서 가장 큰 댐인 양쯔강의 삼협댐(Three Gorges Dam)은 저수지에 쓰레기, 하수, 조류가 가득 쌓이는 문제를 발생시켰다. 이 거대한 댐은 2020년의 대홍수를 막지 못했고, 오히려 홍수 관리에는 더 작은 규모의 댐들이 유용할 수 있다. 2020년 댐 하류에서 대규모 폭우가 내려 양쯔강 중부 계곡 지역 대부분이 침수되었다(Gan 2020). 저수지의 물의 무게로 지진과 산사태의 위험도 높아졌다. 댐 건설로 인해 더 많은 전력이 생산되었지만, 그 대가는 무엇인가? 19세기에 등장한 또 다른 시각은 **환경가능론(environmental possibilism)**이다. 이 시각에 따르면, 인간의 행동에는 일부 물리적 한계가 있지만, 인간은 자연환경에 적응할 수 있는 다양한 선택지를 가지고 있다고 본다. 인간은 다양한 가능성을 선택할 수 있다. 자연 환경이 인간의 가능성을 결정하지는 않지만 인간의 성취를 제한할 수 있다. 가령 노르웨이 사람들이 온실에서 바나나를 키울 수는 있겠지만, 아프리카에서 바나나를 수입하는 것이 훨씬 쉽고 저렴한 방법이다. 인간은 기술을 이용해 환경을 변화시킬 수는 있겠지만 기술을 이용하는데 좀 더 주의를 기울일 필요가 있다. 그렇지 않으면, 지구가 미래 세대의 거주 공간으로 남아있지 못할 수도 있다(Rubenstein 2020).

파키스탄 북부의 훈자 계곡(Hunza Valley, 그림 2.4)은 인간과 환경이 상호작용하는 것을 보여주는 좋은 사례이다. 계곡의 정상에는 빙하가 있다. 지역 주민들은 농사를 위한 관개를 위해 빙하가 녹아 내려오는 물을 사용한다. 훈자쿠트(Hunzakuts)라고 불리는 지역 주민들은 험준한 산에 수로를 뚫어 밭으로 물을 끌어왔다. 강에서 물을 끌어올리는 것보다 훨씬 효율적이었기 때문이다. 이러한 관개 시스템은 계곡 지역에서 농사의 생산성을 유지하는 데 필수적이었다.

환경의 핵심적 요소 중 하나가 천연자원이다. 인류가 자신과 자신의 필요를 인식하게 되면서 인류는 천연자원을 식별할 수 있게 되었다. **자원**(resources)은 주로 물체 혹은 물질이 수행하는 기능을 의미한다. 바위는 누군가가 나타나 뿌리를 파거나 사냥을 위해 사용하기 전까지는 단순히 무생물이었다. 결국 물질계에서 인간의 필요와 창의성이 자원을 만들어냈다. 인간의 필요로 무생물의 가치를 평가하기 이전에는 바위는 그냥 바위였다. 인간의 문화와 기술이 특정 기능을 하는 자원을 만드는데 결정적인 역할을 한다. 인간은 석탄을 이용해 난방을 하기도 하고 염료나 섬유와 같은 석유 화학 제품을 만들기도 한다. 하지만 산업혁명 이전의 석탄은 여느 바위와 같은 암석에 지나지 않았다.

〈그림 2.4〉 파키스탄 훈자. 훈자 계곡은 주변 산에서 녹아내린 빙하수를 관개용수로 사용한다.

출처: S. Toops

자원은 재생불가능 자원과 재생 가능한 자원으로 구분된다. **재생불가능 자원(nonre-newable resources)**은 유한한 양을 가진 물질이나 에너지이다. 계속 사용하면 고갈된다. 일부 재생불가능 자원은 인류가 만들고 다시 사용한 폐기물 더미에서 이러한 물질(주요 광물)을 제거할 수 있다는 점에서 재활용이 가능하다. 지역 재활용 센터에서는 알루미늄, 플라스틱, 종이 등을 재활용한다. 화석연료와 같은 재생불가능 자원은 재활용할 수 없다. 이러한 자원은 한 번만 사용 가능하고 사용 이후 폐기된다(Rubenstein et al. 2013).

재생가능 자원(renewable resources)은 소비 이후 재생할 수 있다. 재생가능 자원의 두 가지 형태는 연속 흐름(continuous flow)과 단기 재생(short term renewable) 에너지이다. 연속 흐름 자원은 태양, 지구, 달이 직접적으로 작용한 산물이기 때문에 거의 무한대로 이용 가능하다. 조력, 태양열, 수력 및 지열 발전은 모두 연속 흐름 자원의 예이다. 강의 흐름은 터빈에 동력을 공급하여 전기를 생산할 수 있다. 단기 재생 에너지는 신중한 관리를 통해 지속적으로 사용할 수 있다. 여기에는 목재, 토양, 작물, 물 등이 포함되는데, 물은 가열이나 냉각 과정에서 재사용된다(Price et al. 2020).

국제학에서 우리는 지구상에 있는 자원의 목록을 조사하고 이러한 자원을 어떻게 이용할지에 대해 이해하고자 한다. 지구와 지구상의 자원을 인간이 어떻게 사용하는지에 대해 이해하는 데 지리학이 유용하다. 인류의 미래는 지구상의 자원을 어떻게 인간이 현명하게 사용하는지에 달려있다.

요약하자면, 오늘날 기본적인 지리적 질문에서 지리학의 기본 구성요소인 공간, 지역, 환경은 두드러지는 이슈이다. 우리가 공간을 규정하는 방식은 지리학의 핵심이슈이다. 가령 강과 같은 물리적 요소를 묘사하는 세계지도와 국가(정치적 영토)를 보여주는 세계지도는 인식의 기반이 다르다. 강의 오염 문제와 같은 실제 연구에서 우리는 우리의 분석틀을 국가의 관점에 두는가 아니면 강유역의 관점에 두는가? 사회 환경적으로 파편화된 세계에서 정책은 어떻게 시행되는가? 지리학의 핵심 과제는 이러한 변동성의 본질을 설명하는 것에 있다. 지구는 인간의 활동으로 인해 어떻게 변화해왔는가? 인류는 그동안 공기, 물과 같은 지구의 구성 요소들을 지구적 규모에서 지역적인 규모까지 변화시켜왔다. 지구적 규모에서는 산업화 발전으로 대기 중 이산화탄소 배출이 대규모로 늘어났다. 지역적 규모에서는 인간이 정주하고 노동하고 여가 활동을 하는 도시 환경을 새롭게 만들어냈다. 하지만 지역에서 발생하는 오염은 전 지구적 기후변화에 영향을 미쳤다. 공간, 지역, 환경은 지리학에서의 중요한 질문에 대한 연구를 위해 기본적인 개념이다(Cutter et al. 2002).

지리학의 구체적인 연구 사례를 살펴보자(그림 2.5). 나(Stanley Toops)는 아이오와에 있는 약 160 에이커의 농장에서 자랐고, 농장에서는 옥수수, 콩, 밀, 소, 돼지를 키웠다. 농장은 미주리 주에서 2마일 정도 떨어지고 미시시피 강 유역에 있는 일리노이 주에서 55마일 정도 떨어진 아이오와의 남동부에 위치한다. 연평균 강우량은 40 인치 정도이며 토양은 부식질이 풍부한 흑양토이다. 토착 식생은 키 큰 잔디로 이뤄진 초원이다. 부모와 다섯 명의 자료로 이뤄진 핵가족으로 트랙터와 콤바인을 이용해 땅을 일구었다. 농기계 브랜드로는 John Deere, Allis-Chalmers, International, Velarus 등이 있었다. 벨라루스 트랙터는 구소련에서 만들어졌다. 옥수수와 콩의 대부분은 소와 돼지의 사료로 사용되었다. 가축은 경매에서 팔렸고 스테이크와 찹스(chops)용으로 매매되었다. 옥수수, 콩, 밀은 곡물 엘리베이터 기계를 통해 트럭에 실려 미시시피 강으로 운송되었고, 다시 바지선에 실려 국내 혹은 해외로 운송되었다. 옥수수, 밀, 콩의 일부는 소련과 중국으로 수출된다.

〈그림 2.5〉 아이오와의 농장. 땅, 농장, 집, 장소, 지리.

출처: S.Toops.

중서부 지역의 이러한 지역에 관한 공간적이고 환경적인 지리학이 존재한다. 이러한 풍경은 중서부 전역에서 재현된다. 아이오와에 있는 일개 농장일지라도 옥수수, 밀, 트랙터 무역을 통해 중국과 소련의 농장과 국제적으로 연결된다. 저자는 이곳에서 성장했고, 이 장소는 식량 사슬의 연결 고리 중 하나에 국한되지 않고 저자의 기억과 의미가 가득한 장소이다. 하지만 이러한 가족농장은 더 이상 존재하지 않는다. 가족농장은 한동안 추억 속의 땅이었다.

지도: 국제학을 위한 도구

수치, 글, 연설, 음악, 그림과 마찬가지로 지도는 세계에 대한 생각을 표현하는 의사소통의 한 형태이다. 지도는 수학적 정밀도에 근거해 전문적으로 그린 그림의 일종으로 위치와 다른 위치가 갖는 관계에 대해 구체적으로 이해할 수 있게 하는 다면적인 도구이다. 지도를 다양하게 활용하면 세계를 보다 면밀하게 이해하는데 도움이 될 수 있다. 제퍼디(Jeopardy) 게임쇼의 우승자인 켄 제닝스(Ken Jennings)는 자신의 책 『지도 애호가』 (*Maphead*)에서 고대부터 21세기의 GIS와 GPS 포맷까지 지도의 역사를 추적했다(Jennings 2011). 지도는 국제학 연구를 위해 정말 유용한 도구이다.

지도의 기본원칙들

지도는 공간 관계를 나타낸다. 지도를 효과적으로 활용하려면 지도 제작의 기본원칙들에 관해 알아야 한다.

축척(scale). 축척은 실제 세계에서 사물의 길이와 지도상의 사물의 길이 간의 관계이다. 전 세계 대부분의 지도는 무수히 많은 세부사항 중 일부만을 표시할 수 있다. 그러한 세계 지도는 1:4,000,000(매우 작은 수)의 작은 축적이다. 이 비율에서 지도상의 1인치는 실제 4,000,000인치의 거리를 나타내며 현실 세계에서는 63마일 이상의 거리이다. 도시의 지도는 더 많은 정보를 제공할 수 있는데, 작은 영역을 다루고 있기 때문이다. 도시 지도는 보통 1:25,000의 축적을 가질 수 있으며, 이 경우는 큰 축척지도이다. 이 경우 지도상의 1인치는 현실 세계에서 25,000인치 혹은 약 0.4 마일을 나타낸다(de Blij 2012).

　　중심 및 방향(Centering and orientation). 지구상 어느 지점이든 지도의 중앙에 배치될 수 있다. 18세기에 제작된 지도는 파리나 런던을 중앙에 배치했다. 경도 0°의 본초자오선은 런던의 그리니치를 통과한다. 미국에서 제작된 세계지도는 아메리카 대륙을 중앙에 배치한 경우가 많다. 태평양이나 대서양을 중심으로 한 지도는 세계에 대한 다른 관점을 전달한다. 지도 2.1과 2.2는 태평양이 아닌 유럽과 아프리카를 중심으로 한다 (Sutton 2017).

　　투영(Projection). 모든 지도에는 지구 표면의 약간의 왜곡이 포함되어 있다. 세계는 3차원이다. 구형인 지구를 평면으로 평평하게 만든다는 것은 거리, 방향, 모양, 면적과 같은 일부 특성이 왜곡될 수 있음을 의미한다. 왜곡은 세계지도와 다른 소규모 지도에 항상 존재한다. 어떤 경우에 왜곡은 매우 심하게 나타난다. 일부 **투영**(projections)에는 길쭉한 모양이나 왜곡된 영역이 있다. 많은 지도책과 지도 제작물은 등면적(equal-area) 투사를 사용한다. 이러한 방식으로 지구 전역의 항목 분포는 모양이 변하더라도 정확하게 유지된다. 평면지도가 더 쉽게 이용할 수 있다는 점에서 실용성이 있지만 지구가 구형이라는 것을 유념해야 한다(Sutton 2017).

　　두 가지 형태의 지도 투사에 관해 살펴보자. 1569년 개발된 메르카도르 도법(The Mercator projection, 지도 2.1)은 모양과 방향을 보존하고 위도와 경도선은 직각이다. 메르카도르 투영법은 항해를 위해 개발되었으며, 항해에 최적화되었다. 그러나 메르카도르 도법에서 볼 수 있듯이 고위도 지역의 땅 덩어리의 크기는 심하게 왜곡되어 있다. 그린란드는 남아메리카와 크기가 비슷해 보인다. 실제 남아메리카의 크기는 그린란드의 8.6배에 달한다. 따라서 메르카도르는 공간의 분포를 나타낼 때는 사용되어서는 안 된다. 대조적으로 로빈슨 도법(Robinson projection, 지도 2.2.)의 경우 타원형이기 때문에 보다 글로벌한 (더 둥근) 심미성을 보여준다. 로빈슨 도법은 특히 중위도에서 저위도 사이의 공간적 관계를 잘 보여준다. 남아메리카는 로빈슨 도법에서 보이는 것처럼 그린란드보다 면적이 더 넓다. 전반적으로 로빈슨 도법은 세밀한 정확성을 보여주진 않지만 공간 분포를 더 잘 보여준다(Rubenstein et al. 2013).

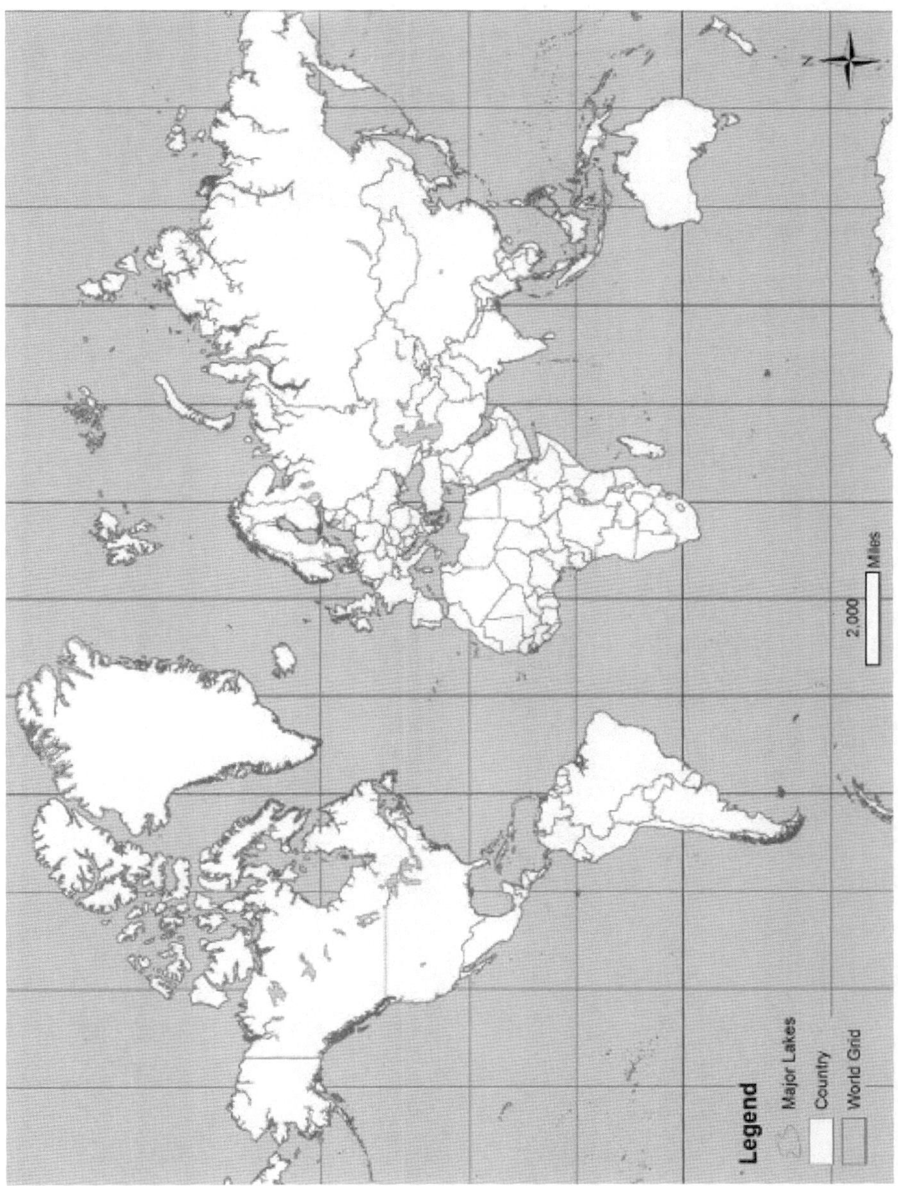

〈지도 2.1〉 메르카토르 도법

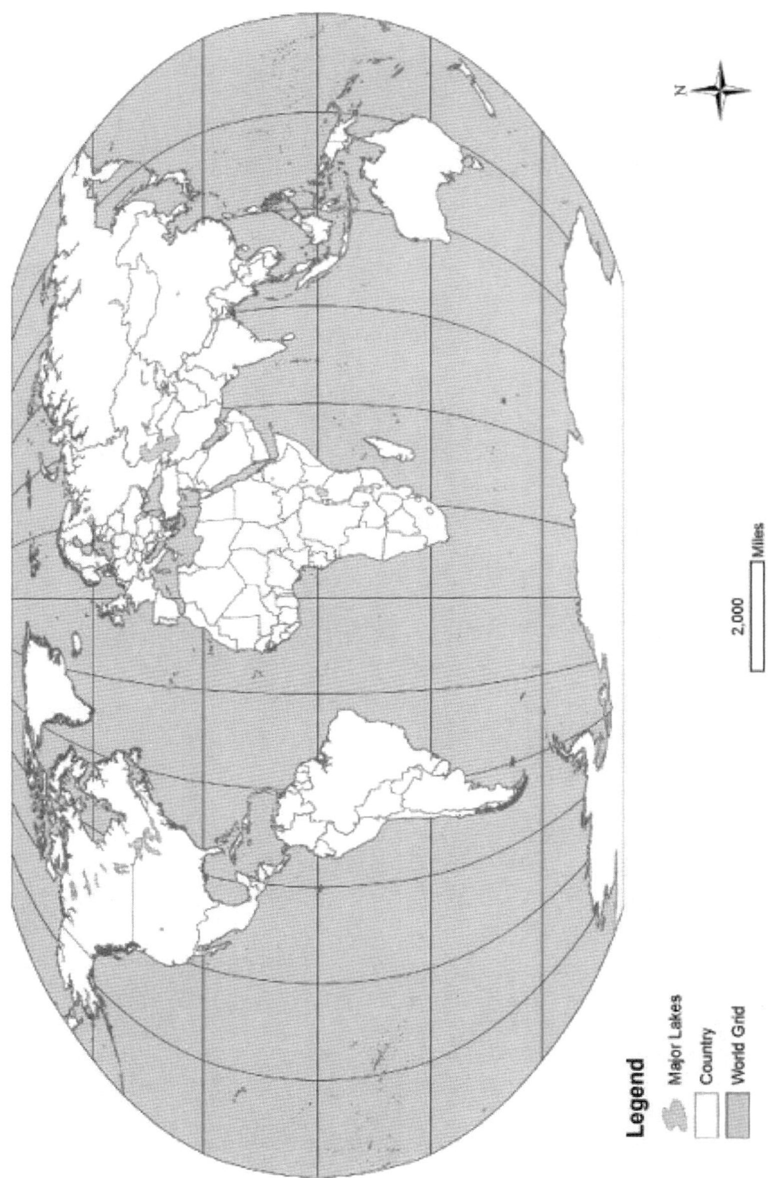

〈지도 2.2〉 로빈슨 도법

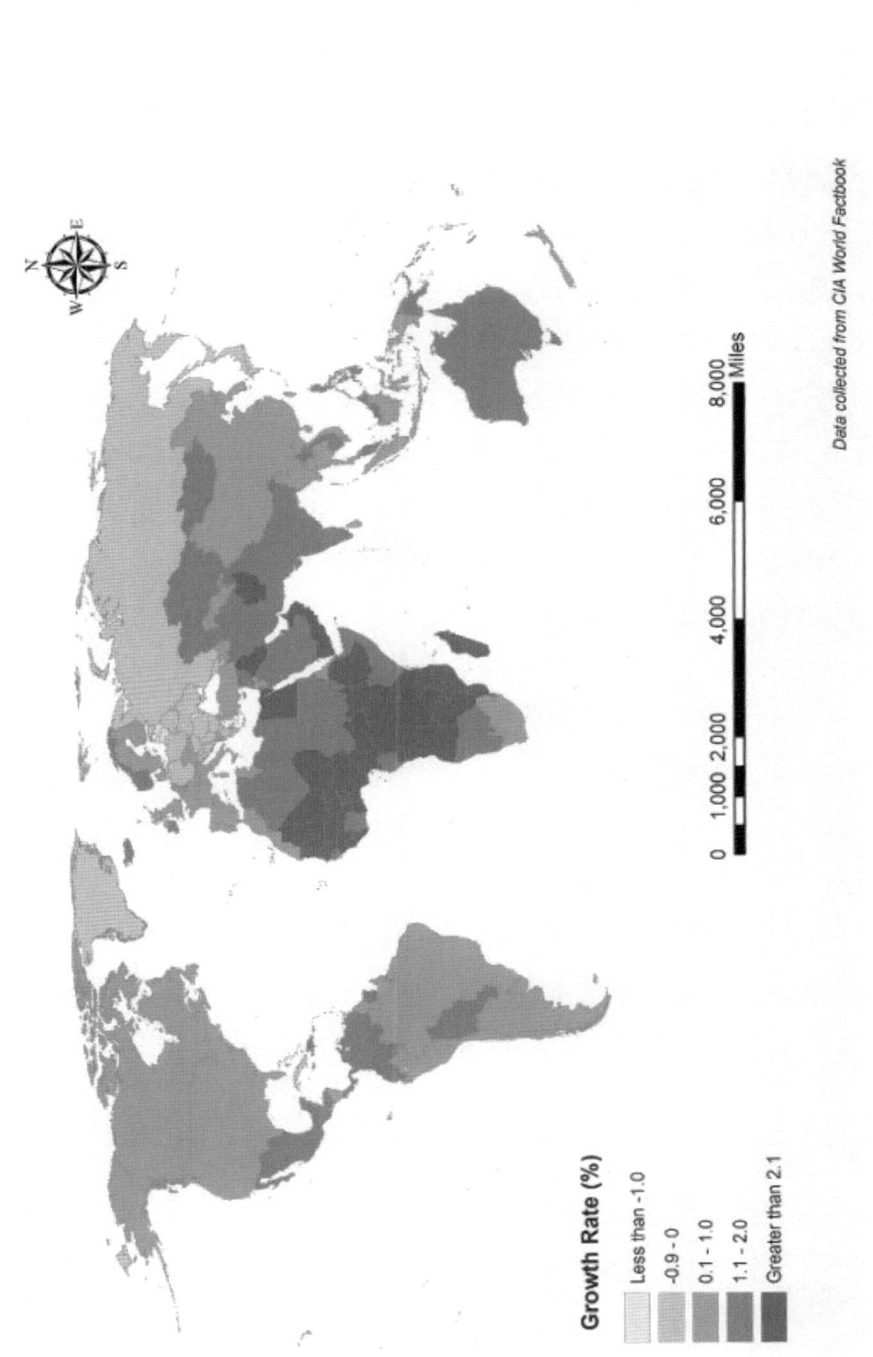

〈지도 2.3〉 인구 성장률 2016.

특수한 유형의 지리적 도구는 **지리정보시스템**(geographic information system, GIS)이다. 축척과 투영이 완전히 디지털화되어 각각의 위치에 대한 물리적 혹은 인적 속성과 같은 정보의 다양한 층위를 알려준다. 위성 및 컴퓨터 시설의 원격 탐사 이미지를 통해 GIS는 많은 세부적 정보를 제공한다. 오늘날 지리학의 많은 분석은 GIS와 원격 탐사를 활용한다(Gewin 2004). 위성 기술은 지구에 대한 복잡한 정보를 보여줄 수 있는 훌륭한 방법이다. 방글라데시의 홍수나 아마존의 산림 벌채와 같은 환경문제는 모두 원격 탐사 및 GIS를 사용해 분석할 수 있다(Sheehan 2000).

지도 2.3은 주제 지도의 예이다. 이 지도의 주제는 2016년 여러 국가의 인구 증가율이다. 이 주제 지도는 단계구분도 지도(Choropleth map)의 예이다. *Choro*는 그리스어로 "지역"을 의미하고 *pleth*는 "군중"을 의미한다. 단계구분도 지도에서 영역은 통계 변수에 비례해 음영 처리된다. 지도 2.3의 예시에서 인구 성장률이 높거나, 중간이거나, 낮거나, 마이너스 이하인 국가는 각기 다른 음영으로 표시된다. 공간 분석에 따르면 2.1% 이상의 고성장 지역이 대부분 사하라 사막 이남 아프리카에 모여 있음을 알 수 있다. 인구성장률이 낮은 국가는 대부분 유럽에 위치한다. 이 지도를 통해 전 세계 인구 증가의 지역적 또는 공간적 분포를 알 수 있다. 정책적 관점에서 볼 때, 가족계획 프로그램을 고려하고 있다면, 이 지도를 근거로 인구 고성장 국가의 위치를 강조하여 분석할 수 있다. 마찬가지로, 마이너스 성장을 기록한 국가를 식별한 다음에 해당 국가의 인구통계학적 상황을 조사할 수 있다. 국제학의 학제 간 접근방식은 지리학과 지도를 사용해서 인구 문제를 분석한다.

지도와 거짓말

사진 한 장이 천 마디 말보다 가치가 있을지 모르지만, 지도는 잘못된 정보를 제공하거나 선전하는데 사용될 수 있다. 선동가는 지도를 이용해서 정치적 견해를 조작하기도 한다(Monmonier 2014). 지도는 국가의 영토를 경계 짓는 아이콘으로 사용된다. 인도, 파키스탄, 중국은 모두 카슈미르에 대한 영유권을 주장한다. 각 나라의 지도는 카슈미르가 각 나라의 정당한 영토임을 보여준다. Goode's World Atlas와 같은 글로벌 지도책에서 카슈미르와 같은 지역은 각기 다른 주장을 보여주기 위해 표시된다(Sutton 2017).

지도의 조작과 잘못된 정보 제공 문제를 투사를 통해서도 이뤄진다. 메르카토르 도법은 방향을 정확하게 보여주기 때문에 항해에 유용하다. 하지만 극지방의 크기를 왜곡하여 상위 위도 지역이 매우 커보이게 한다. 우익 단체인 존 버치 소사이어티(John Birch Society)와 같은 선동 단체는 메르카토르 도법을 이용해 소련이 제기하는 공산주의의 위협에 대해 서방 세계에 경고하고자 했다.

지도 디자인은 선동가에게 유용한 또 다른 도구이다. 나치는 독일이 적국(영국, 프랑스, 소련)에 포위된 모습을 보여주기 위해 선전 지도를 제작했다. 한 예로, 독일의 영토 경계는 캐나다와 인도를 포함한 대영제국의 영토 경계와 비교해서 보여준다. 나치 독일은 대영제국이 세계 육지 면적의 1/4 이상을 차지하고 있음을 보여주는 지도를 가지고 대영제국이 더 큰 위협이라는 주장을 펼치려고 했다. 지도의 색상은 감정을 자극하고 의견을 조작하는 데 사용할 수 있다. 노란색은 경고를, 빨간색은 위험을, 녹색 또는 파란색은 우호적인 국가를 나타낼 수 있다. 빨간색은 러시아, 노란색은 중국, 녹색은 미국과 유럽이 냉전에 대한 서구의 시각을 표현했다. 물론 우주에서 지구는 푸른 바다색으로 보인다(Monmonier 2014).

지도의 색상은 정치적 견해 이상의 것을 설명할 수 있다. 『톰 소여의 모험』(*Tom Sawyer Abroad*)에서 톰(Tom)과 헉 핀(Huck Finn)은 미주리에서 열기구를 타고 유럽으로 향했다. 헉 핀은 그들이 아직 일리노이주에 있고 인디애나주에 도착하지 않았다고 말한다. 톰은 그 이유를 물었는데. 인디애나는 분홍색이고 일리노이는 녹색이기 때문이다.

헉: 지도는 어디에 쓰이는 거지? 사실을 알려주기 위해서가 아닐까?
톰: 물론이지.
헉: 그렇다면, 거짓말을 한다면 어떻게 할까? 그게 내가 알고 싶은 거야.

지도에 대해 더 유용한 지식은 헉과 톰의 해외여행에 도움이 될 수 있다(Twain 1894).

결론

공간, 지역, 환경은 국제학에서 자주 사용된다. 공간적 요소를 강조하는 정치지리학이나 경제지리학과 같은 인문지리학 과목은 국제학에서 중요하다. 또 다른 과목으로는 유럽, 라틴 아메리카, 아시아의 지리와 같은 특정 세계 지역의 지리이다. 세 번째 과정은 환경 및 천연자원, 생태학, 기후학과 같은 물리적 요소에 관한 과목이다. 또한 국제학 연구에 도움이 될 수 있는 지리 방법론, 지도, 지리정보시스템(GIS) 및 원격탐사 과정도 필요하다. 국제관계에 관한 연구는 지리적 개념에 대한 인식을 바탕으로 이루어져야 한다.

국제학에서 지리학은 많은 측면에서 중요하다. 국제학 졸업생은 종종 비즈니스, 정부, 교육 및 비정부기구(NGO)에서 일한다. 비즈니스 세계에서 소매업체, 은행 및 국제 비즈니스에 종사하는 회사는 새로운 시장, 공급업체, 인력 및 원자재를 찾기 위해 위치 분석에 의존한다. 운송 및 관광 부문도 지리적 분석을 활용한다. GIS 분석은 일반적인 경력 진입 경로이다. 지리학적 기술은 정부와 관련된 국제학의 많은 연구에 유용하다. 미국에서는 농업, 인구 조사, 상업, NASA, 주, 국방, 정보, 지도 제작 및 내무와 같은 부서 및 기관에서 공간, 환경 및 지역 분석을 활용한다. 유엔, 세계보건기구, 유네스코, 세계무역기구와 같은 국제기구는 지리학적 방법을 사용하여 공간, 지역, 환경 지식을 수집하고 분석한다. NGO는 지리학, 경제학, 언어, 정치학, 역사학, 인류학 분야의 기술을 갖춘 국제학 졸업생을 고용한다.

우리가 논의한 바와 같이 지리학의 주요 구성요소는 공간, 지역, 환경이다(Jonhston 2010). 이러한 구성요소를 결합한 지리학은 역사학, 정치학, 경제학, 인류학과 구분된다. 국제학에서 지리학의 역할은 지구의 공간, 지역, 환경을 분석하는 것이다. 지도는 지리학이 지구를 분석할 때 적용하는 특별한 도구이다. 사람들이 즉각적인 글로벌 커뮤니케이션, 변화하는 지정학적 관계, 환경 변화의 증거 증가로 특징지어지는 세상에서 자신의 역할을 이해하기 위해 고군분투하는 가운데 우리는 지리학을 재발견할 필요가 있음을 인식해야 한다(Murphy 1998). 지리가 없다면 우리는 어디에도 존재하지 않는다.

2016년 내셔널 지오그래픽 소사이어티(National Geographic Society)와 미국 외교협회(Council on Foreign Relations)가 후원하여 1,200명의 청년을 대상으로 한 지리 및 시

사 관련 설문조사에 따르면 응답자들은 기본적인 질문에는 답할 수 있었지만 75개 질문의 평균 점수는 55%였다. 2/3는 인도네시아를 이슬람교도가 다수인 국가로 인식하지 못했다. 대부분은 환경 문제에 대해 잘 이해하고 있었다. 국제정세에 대한 지식은 확실히 사람들의 정치적 또는 경제적 결정에 영향을 미친다(Little 2016). Murphy(2018)는 아프리카의 거대한 규모에서 우크라이나의 복잡한 지정학에 이르기까지 멀고 가까운 공간과 장소에 대해 논의하며 지리학이 필요한 이유를 설명한다.

2004년 12월 26일에 발생한 인도양 쓰나미는 지리학의 유용성을 잘 보여 준다. 한 영국 여학생은 태국 푸켓에서 부모님과 함께 휴가를 보내고 있었는데, 갑자기 저 멀리 바다가 물러나는 것을 보았다. 그녀는 지리 수업에서 얻은 교훈을 떠올렸다: 쓰나미는 수위가 눈에 띄게 떨어지거나 상승하기 전에 일어난다(de Blij 2012). 약 100명에게 임박한 파도를 알리고 더 높은 곳으로 이동할 수 있는 충분한 시간이 있었다. 그녀의 충고를 따랐던 사람들은 살아남았다. 뒤에 남은 사람들 중 살아남은 사람은 아무도 없었다. 지리학은 정말 중요하다.

참고문헌

Cutter, Susan L., Reginald Golledge, and William L. Graf. 2002 "The Big Questions in Geography." *The Professional Geographer* 54 : 305-17.

de Blij, Harm. 2012. *Why Geography Matters: More Than Ever*. 2nd ed. New York : Oxford University Press.

Gan, Nectar. July 31, 2020. "China's Three Gorges Dam Is One of the Largest Ever Created. Was It Worth It?" *CNN*. www.cnn.com/style/article/china-three-gorges-dam-intl-hnk-dst/index.html

GESP (Geography Education Standards Project), American Geographical Society of New York, Associationof American Geographers, National Council for Geographic Education, and National Geographic Society. 2012. *Geography for Life: National Geography Standards*. 2nd ed. Washington, DC : National Geographic Research and Exploration.

Gewin, V. 2004. "Mapping Opportunities." *Nature* 247 : 376-77.

Jennings , Ken. 2011. *Maphead: Charting the Wide, Weird World of Geography Wonks*. New York : Scribner.

Johnston, R. J. 2010. "Geography and International Studies." In *The International Studies Encyclopedia*, edited by Robert A. Denemark. Chichester, UK : Blackwell.

Kaplan, Robert D. 2012. *T he Revenge of Geography: What the Map Tells Us About the Coming Battle Against Fate*. New York : Random House.

Little, Becky. September 13, 2016. "Most Young Americans Can't Pass a Test on Global Affairs- Can You?" National Geographic.com. www.nationalgeographic.com/news/2016/09/survey-geography-foreignrelations-americans-students/

Martin, Geoffrey J. 2005. *All Possible Worlds: A History of Geographical Ideas*. New York : Oxford University Press.

Monmonier, Mark. 2014. *How to Lie with Maps*. 2nd ed. Chicago : University of Chicago Press.

Murphy, Alexander B. 1998. "Rediscovering the Importance of Geography." *The Chronicle of Higher Education*, October 30.

Murphy, Alexander B. 2018. *Geography: Why It Matters*. Medford, MA : Polity.

Obama, Barack . 2012. *National Geographic GeoBee*. Washington, DC : National Geographic Society. www.nationalgeographic.org/video/edu-obama-question/

Price, Marie, Martin Lewis, William Wyckoff and Lester Rowntree, 2020. *Globalization and Diversity: Geography of a Changing World*. 6th ed. Upper Saddle River, NJ : Prentice Hall.

Rubenstein, James M. 2020. *The Cultural Landscape: An Introduction to Human Geography*. 13th ed. Upper Saddle River, NJ : Pearson Education.

Rubenstein, James M., William H. Renwick, and Carl T. Dahlman. 2013. *Introduction to Contemporary Geography*. Upper Saddle River, NJ : Pearson Education.

Sheehan, Molly O'Meara. 2000. "Gaining Perspective." *World Watch* (March/ April) : 14-24.

Short , John Rennie. 2020. *World Regional Geography*. New York : Oxford University Press.

Sobel, Dava. 1995. *Longitude*. New York : Walker.

Sutton, Christopher, ed. 2017. *Goode's World Atlas*. 23rd ed. Skokie, IL : Rand McNally.

Twain, Mark. [1894] 1996. *Tom Sawyer Abroad*. New York : Oxford University Press.

추가 읽을거리

도서

Castree, Noel, Alisdair Rogers, and Douglas Sherman, eds. 2005. *Questioning Geography: Fundamental Debates*. Malden, MA : Blackwell.

Clifford, Nicholas J., Sarah L. Holloway, Stephen P. Rice, and Gill Valentine, eds. 2009. *Key Concepts in Geography*. 2nd ed. Thousand Oaks, CA : Sage.

de Blij, Harm. 2009. *The Power of Place: Geography, Destiny, and Globalization's Rough Landscape*. New York : Oxford University Press.

Dodds, Klaus. 2000. *Geopolitics in a Changing World*. Harlow, UK : Prentice Hall.

Haass , Richard. 2020. *The World: A Brief Introduction*. New York : Penguin Press.

Hite, Kristen A. and John L. Seitz. 2012. *Global Issues: An Introduction*. 6th ed. Malden, MA : Wiley-Blackwell.

Johnston, R. J., Peter J. Taylor, and Michael J. Watts , eds. 2002. *Geographies of Global Change: Remapping the World*. 2nd ed. Malden, MA : Blackwell.

Rogers, Alisdair, and Heather A. Viles, eds. 2003. *The Student's Companion to Geography*. 2nd ed. Malden, MA : Blackwell.

학술지

Annals of the Association of American Geographers. www.aag.org/cs/publications/journals/annals

Eurasian Geography and Economics. www.tandfonline.com/loi/rege20

Geographical Journal. onlinelibrary.wiley.com/journal/10.1111/(ISSN)1475-4959

Political Geography. www.journals.elsevier.com/political-geography/

Professional Geographer. www.tandfonline.com/loi/rtpg20

영화

Power of Place: World Regional Geography (1996). BBC and Annenberg/CPB Project.

Is Wal-Mart Good for America? (2004). Frontline: PBS Home Video.

Diarios de Motocicleta (Motorcycle Diaries) (2005). Walter Salles, director. United States : Universal.

The Story of the Weeping Camel (2003). Byambasuren Davaa, director. [München]: Hochschule für Fernsehen und Film München.

Whale Rider (2003). Tim Sanders, director. Culver City, CA : Columbia TriStar Home Entertainment.

웹사이트

American Association of Geographers. www.aag.org/

International Geographical Union. www.igu-net.org

Miami University, Department of Geography. miamioh.edu/cas/academics/departments/geography/

National Geographic Society. www.nationalgeographic.com/

Perry-Castañeda Library Map collection. www.lib.utexas.edu/maps/

3장

인류학과 다양한 문화들 간의 관계

전 세계 사회의 연결망을 이해하려면 환경과 역사적 변동, 경제, 권력 분야를 넘어선 그 이상의 연구가 필요하다. 이를 위해서는 이 과정을 이해할 수 있는 아이디어가 필요하다. 세계화를 통해 여러 공동체들이 많이 통합되었지만, 그래도 세상이 어떻게 작동하는 가에 대한 각 지역의 모델은 현재까지도 각기 다른 환경과 역사, 정치경제시스템, 이데올로기, 언어에 의해 형성되어 있다. 세상을 이해하는 방식이 서로 다르면 세상 속에서 행동하는 방식도 달라진다.

인간의 유사점과 차이점을 연구하는 인류학자들은 이러한 차이를 신념(belief)과 문화행위(behavior culture)의 차이라고 부른다. 문화는 사회적으로 매개된 인간의 능력을 통해 경험의 세계를 주목해야 할 것과 그렇지 않은 것으로 분류한다. 인간은 이렇게 만들어진 범주에 의미를 부여하는 것이다.

하버드대학교의 마이클 허츠필드(Michael Herzfeld 2001, 1)는 바로 이러한 상식에 대한 비교연구가 문화인류학이라고 말한다. **상식(Common sense)**이란 한 커뮤니티의 많은 사람들이 공유하는 명시되지 않은 일련의 가정들로서, 주변 세계를 이해하는데 가장 신뢰할 수 있는 수단이다. 상식은 우리가 의심하거나 분석하지 않고 그냥 사실로 받아들이는 것이다. 왜냐하면 상식은 설명이 필요 없으며, 상식이라는 말로 어떤 것의 진실을 보증하기 때문이다. 국제사회 관계의 문제는 모든 공동체가 각기 서로 다른 물리적, 사회적 환경에서 잘 작동하는 상식이 있다는 점에서 출발한다. 그러다 경제적, 정치적, 환경적 과정에서 서로 다른 상식을 가진 사람들이 접촉하면서 **문화적 오해**(Cultural misunderstanding)가 발생하기도 한다. 국제 사회를 잘 이해하기 위해서는 문화 간 관계를 배우고 대처할 수 있는 능력을 키워야 한다. 초국적 이주, 새로운 정보기술, 글로벌 시장으로 인해 촉진된 글로벌 환경은 창의성과 혁신을 가져올 수도 있지만, 동시에 오해와 갈등으로 이어질 수도 있다.

국제환경에서의 문화적 오해

글로벌 세상에서 한 공동체와 그 내부에서 형성된 상식은 점점 더 복잡해지고, 이로 인해 문화적 오해가 발생할 가능성도 더욱 높아진다. 예를 들어, 미국 출신 임원 로버트는 회사의 효율성을 높이기 위해 이집트 사무실로 파견되었다. 어느 날 그는 최고 관리자인 아흐마드에게 중요한 보고서가 언제 끝날지 물었다. 아흐마드는 "신의 뜻(insh'allah, if God wills)이 있다면 월요일에 보실 수 있을 겁니다."라고 대답했다.

이에 로버트는 "변명은 듣고 싶지 않다"면서, "신이 원하든 그렇지 않든 월요일 내 책상에서 그 보고서를 볼 수 있도록 하라"고 말했다. 충격을 받은 아흐마드는 이 일을 곧장 동료 직원들에게 말했고, 동료들도 똑같이 화를 냈다. 이러면서 직원들의 업무 속도가 느려져, 효율성을 개선하려는 로버트의 노력이 좌절되었다. 본사의 기업 관리자들이 로버트의 경영 상황이 어떻게 돌아가는지 보기 위해 도착했을 때, 한 직원 대표단이 그들을 만나 로버트의 '불경스러운' 태도에 대해 불평했다. 이 모든 것들을 바로잡는 데는 몇 주가 걸렸다.

문제의 핵심은 '인샬라(insh'allah)'라는 용어의 의미를 오해한 것이다. 로버트에게 아흐마드가 "신이 허락한다면' 월요일에 보고서를 주겠다고 한 것은 보고서를 제때 제출하지 못할 수 있음을 말한 것과 마찬가지였다. 로버트는 이것이 대해 책임을 지지 않으려는 이집트인들의 습성이라 생각했고, 이로 인해 비효율성이 높아지고 기업가정신이 발휘되지 못할 것이라고 보았다.

하지만 아흐마드에게 로버트의 발언은 인생의 모든 부분에서 하나님의 주권을 인정하는 사람들에게 미국식 세속주의를 강요하려는 시도였다. 인샬라라는 말은 기독교도와 이슬람교도를 포함한 모든 이집트인들에게 너무나 일상적 표현이기에, 대부분의 이집트인들은 이 문구를 사용해도 알아차리지 못한다. 아흐마드는 보고서를 열심히 작성하려고 했고, 자신이 잘못해 마감일을 놓친다면 비난을 받아 마땅하다는 것을 알고 있었다. 하지만 그는 자신이 통제할 수 없는 갑작스러운 일이 발생해, 예를 들어 교통사고를 당해 병원에 입원할 수도 있다는 것을 알고 있었다.

인샬라는 비즈니스 계약의 조항처럼 이집트인의 일상 언어에서 사용되는데, 만약 '하나님의 뜻대로' 된 상황이 발생한다면 회사의 책임을 면제시키는 역할을 한다. 이것은 개인의 책임을 부정하는 것이 아니라, 인간이 우주를 통제할 수 없음을 상기시키기 위한 것이다. 많은 직원들이 보기에 로버트의 명령은 하나님보다 자신이 더 큰 힘을 가진다는 의미였기에 더 불경스러운 것이었다.

논의가 계속되면서 이집트인들은 로버트가 하고자 했던 말의 의미를 알고 놀라움을 금치 못했다. 그러면서 그들은 로버트에게 다음과 같은 의문을 품게 되었다. 유럽이 봉건주의 치하에서 기사와 공주 이야기만 만들고 있을 때, 아랍인들이 상인들을 영웅으로 한 동화를 썼고, 이집트인들 또한 강한 기업가 정신을 가졌다는 것을 로버트는 몰랐다는 것인가? 성공한 기업가들은 기회를 잘 이용하는 영리함과 기술로 존경을 받을 수 있지만, 대부분의 이집트인들에게 성공과 실패는 신의 뜻에 달려 있다고 믿는다. 아무리 영리한 기업가라도 배가 난파하거나 비행기가 추락해 화물이나 중요한 계약서를 잃어버릴 수 있다.

로버트 역시 자신에 대한 이집트인들의 생각이 미국 드라마나 시트콤에 나오는 오만하고 원칙 없는 직장 상사의 고정된 이미지에서 나왔다는 사실에 혼란스러웠다. 로버트는 직원들에게 이러한 고정관념은 자신이 중동의 운명론에 대해 갖고 있던 생각, 즉 사람에게 일어나는 일이 개인의 의지가 아닌 운명의 문제라는 생각만큼이나 잘못되었다고 경고했다. 복음주의 기독교도인 로버트는 하나님이 모든 것을 주관하신다는 아흐마드의 생각에 실제 동의했다. 그는 이 사건을 계기로 이집트인들에게 자신이 교회에서 고백했던 원칙을 직장에서 얼마나 분명하게 실천하고 있는지 생각하게 되었다고 말했다. 로버트는 이집트인들을 이해하게 되자 그들이 '인샬라'를 사용하는 것을 존중하게 되었다. 그가 스스로 이 표현을 사용하고, 직원들의 책임과 직업적 행동에 대한 명확한 규정을 마련함으로써 그는 이집트 직원들에게 더 많은 신뢰를 얻었다.

로버트와 아흐마드 두 사람 모두는 자신들의 상식에 의존해 상황을 해석하고 있었다. 상식은 일종의 문화적 논리로 작용하여 특정 행동을 만들고 서로의 행동을 해석하는 기능을 한다. 하지만 로버트와 아흐마드는 각자 다른 세계관에 뿌리를 둔 다른 상식을 고수했기 때문에 처음에 서로를 이해하지 못했다.

문화적 오해는 개인 간의 관계에서만 발생하는 것이 아니다. 상식은 대규모 정치 프로젝트를 포함한 모든 수준의 사회생활에서 사람들의 행동을 지배한다. 정책 영역에서 문화적 오해는 너무도 흔히 발생한다. 카터 행정부의 자문을 맡았던 인류학자 윌리엄 비먼(William Beeman)은 정책결정자들이, 그들이 갖고 있는 상식이 경험적 현실과 일치하지 않아서 정책 목표를 달성하지 못하는 상황에서도, 세계정세를 분석함에 있어서 상식이라는 '신화'에 의존하는 경우가 많다고 지적한다. 예를 들어, 그는 미 국무부가 항상 세계에 관한 일관된 모형에 기반해 운영되고 있으며, 이것이 정책 결정의 상식적 근거가 된다고 말한다. 이 세계관에서 '일반적인 외교정책의 수행은 양극 투쟁의 상황(이전에는 냉전 상황이었지만, 현재는 '테러와의 전쟁'과 연관된)에서 권력과 경제문제를 논의하기 위해 각국의 엘리트 지도자들이 은밀하게 만나는 것'으로 구성된다고 비먼은 기술했다(Beeman 2003, 680). 그는 이러한 세계관이 미국의 역사적 경험과 일치하고 유럽 국가를 상대할 때 잘 작동하지만, 미국 외교정책의 많은 실패는 행정부가 민주당이든 공화당이든 상관없이 종종 정책입안자들이 현실과 동떨어진 세계관을 가졌거나 세계 다른 여러 지역의 독특한 세계관을 이해하지 못했을 때 발생한다고 주장한다. 세계 많은 지역에는 세상이 어떻게 작동하는가에 대한 다른 견해가 상당히 많다.

예를 들어, 이란 관리들은 이란이 악의를 품은 적들에 둘러싸인 정의롭고 도덕적인 국가라는 사뭇 다른 세계관을 가지고 일하는 경향이 있다. 이 적들은 군사적 위협뿐만 아니라 공산주의나 개방적인 시장자본주의와 같은 잘못된 이데올로기 유혹을 통해 이란의 문화적, 도덕적 순수성을 파괴하려고 한다. 이 세계관은 이란의 역사, 이슬람 이전 페르시아 신화, 현대 시아파 이슬람 교리와 일치하지만 항상 옳은 것은 아니며, 미국을 비롯한 외세를 상대하는 정책을 수립하는데 유용하지도 않다. 게다가 국제적 커뮤니케이션이 어떻게 진행되어야 하는가에 대한 이란의 생각은 미국의 생각과 정반대이다. 미국인들은 개인 간의 커뮤니케이션에서는 평등주의적이지만, 공식적인 국제 커뮤니케이션에서는 미국의 우월적 지위를 주장하는 경향이 있다. 이란 문화는 개인 간의 커뮤니케이션에서 위계질서를 중시하지만, 국제관계에서는 국가가 서로를 동등하게 대우하기를 바란다.

비먼은 미국과 이란의 관계에서 어느 쪽도 상대방이 원하는 외교 정책을 만들어 낼 수 없다고 주장한다(Beeman 2003). 왜냐하면 그들은 상대방의 관점에서 세상이 어떻게 보이는지 이해하지 못하고 서로의 커뮤니케이션 스타일을 이해하지 못하기 때문이다. 30년이 넘는 세월 동안 두 나라의 모든 협박이나 위협이 정치인들의 상식적인 기대와는 전혀 다른 결과를 낳자, 두 나라는 서로를 미쳤다거나 악하다고 비난하고 있다.

비즈니스에서 정치에 이르기까지 국제관계의 모든 영역에서 문화는 대단히 중요한 역할을 한다. 따라서 문화에 대한 관심은 국제정세를 이해하는데 필수적인 요소이다.

문화란 무엇인가?

인간이 된다는 것은 의미(meanings)의 세계에서 살아야 함을 말한다. 인간은 세상에서 효과적으로 살아가기 위해 세계가 어떻게 작동하는지에 대한 모델, 추구할 가치가 있는 목표를 설정하는데 도움이 되는 가치관, 목표 달성에 도움이 되는 행동 계획을 세워야 한다. 하지만 모든 인간은 같은 의미의 세계에 살고 있지 않다. 인간 집단들은 서로 다른 의미 체계를 생성하여 정교화하고, 이러한 체계가 공유되는 집단을 공동체로 정의한다. 공동체 내부의 개인들은 자신만의 독특한 행동 방식을 만들지만, 이것은 공동체가 규정한 의미 내에서만 만들 수 있다. 따라서 **문화(culture)**는 사람들이 세상에서 방향을 잡고 그 안에서 행동할 수 있도록 학습된 의미 체계이다. 이런 의미에서 문화는 상징적이고 공유되고, 학습되고, 적응하는 것이라 할 수 있다.

문화는 상징이다

인간은 물질세계에 살고 있고, 상징을 통해 세상을 이해하고 조작한다. 말(words)과 제스처, 옷, 주택, 복잡한 기술 등 인간이 만들어 낸 모든 것에는 상징적 측면이 있다. **상징**(**symbol**)은 '어떤 측면에서 누군가에게 다른 어떤 것을 가리키는 어떤 것'이다. 언어에서 단어를 사용하는 것이 좋은 예이다. 말(horse)과 같은 단어는 영어 사용자에게 어떤 것(이 경우 특정 동물)을 의미하는 '무엇인가'(전문 용어로 기표, signifier)이다.

상징이 무엇인가를 지칭하는 기표로 정의될 때, 우리는 상징체계가 가진 특별한 특징에 주목한다. 여기서 가장 중요한 것 중 하나는 일반적으로 어떤 기호와 이것이 가리키는 대상은 본질적으로 관계가 없다는 것이다. horse, hassan, equus, cheval 이라는 단어의 소리에는 이 모든 표시가 가리키는 특정 동물과의 아무런 연관성도 없다. 그것들의 관계는 자의적이다. 어떤 기표가 어떤 지시 대상을 가리키는지의 지식을 공유하는 커뮤니티에서 자란 사람만이 그 단어의 의미를 알 수 있다(그림 3.1).

〈그림 3.1〉 몰다비아에서 열린 이 장례식처럼 전 세계 사람들은 정교한 상징으로 죽은 자를 추모한다.

출처: Doug Rogers

어떤 상징이 특정인에게만 의미가 있다는 것은 문화가 '표현적'(expressive)이라는 것을 강조하는 것이다. 우리의 말과 행동, 인공물은 다른 사람들에게 우리에 대한 정보를 전달한다. 우리가 말하는 내용뿐만 아니라 억양, 음량, 높낮이 등의 말하는 방식도 우리의 중요한 정보와 우리가 생각하고 느끼고 하려고 하는 것을 전달한다. 우리가 입는 옷의 종류, 머리 자르는 방법, 사람들과 얼마나 가깝게 서 있는지, 음식을 먹는 방법 등도 마찬가지이다. 가장 실용적인 행동조차도 상징적이고 의사소통적인 요소를 가지고 있다. 왜냐하면 우리는 상징이 무엇을 의미하지에 대한 공통된 이해를 공유하기 때문에 서로의 행동을 이해하고 예측할 수 있으며, 이를 통해 하나의 공동체로서 협력할 수 있기 때문이다.

문화는 공유된다

문화는 상징과 그 의미를 공유함으로써 소통하고 협력하고 서로의 행동을 예측하면서 이해할 수 있게 해준다. 그러나 문화가 공유되긴 하지만, 한 사회의 모든 사람들에게 균등하게 분배되는 것은 아니다. 문화 지식의 불균등 분배는 성별, 인종, 카스트(caste), 계급과 같은 사회적 지위 차이를 만들고 유지하는 역할을 한다. 고도로 복잡하고 분화된 사회에서는 교육, 직업, 심지어 여가를 기준으로 사람들을 분류할 수 있다. 이렇듯 사회적 불평등을 창출하고 유지하거나 혹은 이에 저항하기 위해 문화적 상징을 동원하는 것을 **이념(ideology)**이라고 한다.

공유된 문화에는 역사 지식과 우리가 전통이라고 부르는 관습, 신념의 영역도 포함되어 있다. 노예제도는 미국에서 공유된 역사의 일부이지만, 사람들에게 노예제도가 의미하는 바는 사회적 지위나 신념 체계의 관점에 따라 다르다. 이러한 유사성과 차별성의 영역은 복잡한 방식으로 얽혀 있다. 이 때문에 특정 상징은 같은 문화권 내에서도 사람에 따라 매우 다른 의미를 가진다. '흑인의 생명도 소중하다'(BlackLivesMatter) 운동이 주도한 미국 남부 동맹 지도자 동상 및 벨기에 레오폴드(Leopold) 국왕 동상 철거 운동은 인종, 권력, 노예제도, 지속적 식민주의 유산의 의미를 사람들이 어떻게 각기 다르게 이해하고 있는가를 보여주는 것이다.

문화는 공유되지만 불평등하게 분배되기 때문에 모든 사회는 차이를 없애면서 유사성을 가질 수 있게 하는 메커니즘을 갖춰야 한다(Wallace 1961). 커뮤니티 구성원들 사이에 **유사성 생성**(generation of similarity)이 가능한 이유는 공통된 신념, 가치, 방향, 행동 모델을 가르치는 제도와 프로세스가 있기 때문이다. 가족, 학교, 또래 집단, 대중 매체는 일반적으로 한 사회의 구성원들을 해당 사회의 가장 깊고 널리 공유되는 문화적 상징에 적응시키는 핵심 기관의 역할을 한다. 하지만 많은 협동 활동에서 공유되고 통일된 신념과 가치가 반드시 필요한 것은 아니다. 다양한 배경을 가진 사람들일지라도 여러 민족이 모인 런던의 지하철역에서 이용 규칙만 알면 열차를 탈 수 있다. **차이의 관리**(organization of difference)에 관계된 기관들은 학교와 경찰에서부터 법제도 기구에 이르기까지 행동을 규제하거나 보상하고, 처벌할 권한을 가진 많은 정치 사회기관들을 포함한다.

유사성과 차이점, 허용되는 행동과 그렇지 않은 행동, 무엇이 누군가를 '우리'로 만들고, 무엇이 그들을 '타자'로 만드는지에 대한 신념은 여러 수준에서 문화 간 행동을 형성하고, 인간, 상품, 기술, 아이디어의 국제적 흐름과 연관된 법률 및 정치에 영향을 미친다.

문화는 학습된다

모든 문화적 지식이 전체 사회 구성원에게 똑같이 공유되는 것은 아니다. 이것은 우리가 단순히 한 사회에 태어났다고 해서 문화를 소유하는 것이 아니라, 살아가는 과정에 일하고 성장하면서 문화를 배워 나감을 의미한다. 우리 사회 전체 문화 레퍼토리 가운데 무엇을 배우느냐는 성장 과정의 독특한 경험에 따라 달라진다. 하지만 이러한 경험도 결국 사회에 의해 형성된다. 우리는 비슷한 방식으로 자랐고 비슷한 제도(병원, 학교, 결혼식, 장례식 등)를 거치면서 공통의 문화적 지식과 가치관, 가정을 공유하게 된다. 우리는 각기 다른 가족 구조와 부의 차이, 다른 사회적 영역에 거주하면서 서로 다른 경험을 하기에 문화적 지식도 달라진다.

한 사회의 구성원이 새로운 세대에게 문화를 전수하는 과정을 **문화화**(enculturation)라고 한다. 문화화의 한 가지 방법은 **공식적 학습**(formal learning), 즉 학교나 견습, 실무 교육 등 특별히 만들어진 기관에서 이루어지는 문화 지식 습득이다. 각 사회는 그 사회의 성인 구성원으로서 필요한 특정 지식과 기술을 어린이들에게 전수하는 기관이 존재한다.

하지만 공식적 학습은 문화화의 일부에 불과하다. 대부분의 문화화는 **비공식적 학습**(informal learning), 즉 일상적인 활동을 보고 듣고 접하면서 학습이 이루어진다. 여러분들이 말하는 것과 옷 입는 취향, 식습관 등을 어떻게 배웠는지 생각해보라. 이러한 것들은 대개 관찰, 모방, 주변 사람들의 반응을 통해 학습된다(그림 3.2).

한 사회의 가장 중요한 문화적 학습은 흔히 우리 신체와 무의식적 행동, 즉 말하는 방식과 움직이는 방식, 식사하는 방식, 사람들과 얼마나 가까운 거리에 서 있는 것이 편안한지 등을 만들어 낸다. 이러한 종류의 문화화를 **체화**(embodiment)라고 부른다. 체화의 한 사례는 억양(accent)이다. 우리는 한 커뮤니티의 언어를 배우면서 특정 범위의 소리를 쉽고 자동으로 낼 수 있도록 전체 발성 기관을 훈련한다. 하지만 나중에 제2외국어를 배우려고 할 때 외국어 발음 내는 것이 어렵다는 것을 느낄 것이다. 우리는 신체적으로 다른 사람과 똑같은 소리를 낼 수 있지만, 특정 소리를 다른 소리보다 우선시하도록 신체를 훈련해왔다. 근접성, 제스처, 걷거나 앉는 방식, 착용하는 것(또는 착용하지 않는 것), 그

〈그림 3.2〉 대부분의 문화화는 비공식적 학습, 즉 우리가 단순히 보고, 듣고, 일상적인 활동에 참여함으로써 학습된다.

출처: Cameron Hay

리고 일상생활의 여러 요소에서 유사하면서 체화된 패턴이 존재한다. 체화된 문화는 우리에게 너무 자연스럽게 느껴지기 때문에 특히 중요하다. 이 문화는 바뀌기가 어려울 뿐만 아니라 스스로 인식하는 것도 어렵다.

문화는 적응력이 있다

문화는 변화할 수 있을 뿐만 아니라 항상 변화의 과정에 있다. 문화화는 어린이가 사회적으로 성숙한 공동체의 구성원이 되는 과정만을 의미하지는 않는다. 문화 학습은 문화시스템이 변화하는 환경, 경제, 정치, 사회적 조건에 적응해야 하므로 평생에 걸친 과정이다. 모든 문화시스템은 상황과 시간이 지남에 따라 변화한다. 문화는 내부 또는 외부 압력에 적응하면서 변화한다. 그러나 모든 문화가 동일한 압력에 동일한 방식으로 적응하는 것은 아니며, 모든 문화가 통과해야 할 단계가 있는 것 같지도 않다.

문화는 다양한 방식으로 변화하는 환경에 적응한다. 창의성(creativity)은 인간의 근본적인 특성이며, 모든 사회는 내부에서 혁신을 창출하는 메커니즘을 가지고 있다. 그에 못지않게 중요한 것은 다른 사회의 문화적 혁신을 빌려와 각자의 필요에 맞게 적용할 수 있는 공동체의 역량이다. 아이디어, 기술, 관행의 **전파**(diffusion)는 이주나 정복과 같은 직접적 접촉뿐만 아니라 무역, 대중매체와 같은 간접적 접촉을 통해서도 이루어진다.

문화는 차용하고 적응하더라도 문화가 아닌 것으로 여겨지지 않아야 한다. 아메리카 평원 인디언들은 스페인 정복자와 상인, 유럽 정착민으로부터 말과 소총을 받아들인 후 사회를 완전히 변화시켰다. 하지만 그렇다고 해서 그들이 스페인 사람이 되지는 않았다. 오늘날 카이로나 뉴델리의 맥도날드 프랜차이즈를 보고 새로운 글로벌 문화, 즉 '맥도날드화'(McDonaldization)라고 불리는 세계화 과정이라고 해석하는 경우도 있다. 하지만 이집트의 맥도날드는 미국의 맥도날드와 다르다. 미국에서 맥도날드는 바쁜 라이프스타일, 저가격, 어린이들이 부모와 함께 갈 수 있도록 고안된 저렴하고 편리한 레스토랑이다. 하지만 이집트에서 맥도날드는 음식을 배달하고 파티를 여는 고가의 고급 레스토랑으로, 국제적인 감각을 지닌 젊은이들이 즐겨 찾는 장소이다. 레스토랑은 대부분 동일한 요소를 공유하지만, 위와 같은 특성은 각기 다른 맥락에서 다른 의미를 갖는 경우이다. 겉으로 보기에는 동일하지만, 다른 맥락에서 볼 때 다른 의미를 가질 수 있다는 것을 이해하는 것은 국제학에서 매우 중요하다.

문화의 단계

1989년 워싱턴 DC에서 열인 다문화 교육 프로그램의 포스터는 인류학자라면 누구나 공감할 수 있는 문화를 표현했다. 이 포스터에는 솜브레로(sombrero), 베레모(beret), 깃털머리 장식(feather headdress)과 같이 각기 다른 형식의 모자를 쓰고 있는 막대 인형들이 등장한다. 이것은 우리 모두가 근본적으로 인간이라는 동질성을 가지고 있지만, 다양한 모자의 유형처럼 여러 문화적 차이를 가지고 있음을 보여주는 것이다.

이러한 개념화에는 여러 문제가 있을 수 있다. 유사성을 지적하기 위해 동일한 신체를 사용하는 것은 결혼 규칙, 식습관, 일상적 신체 활동 등을 통해 문화가 신체를 형성하는 데 중요한 역할을 한다는 것을 의미한다. 문화적 차이를 단순히 입고 벗을 수 있는 것들의 문제로 축소하는 것은 가족, 신앙, 애국심, 인종 등 사람들이 가진 뿌리 깊고 복잡한 신념 등을 입고 벗기 어려운 것들로 무시하는 것이다.

하지만 이 묘사에는 무언가 모순이 있다. 왜냐하면 문화적 차이는 주로 복장이나 관용적 문구와 같은 명백한 행동을 통해 주로 표현되기 때문이다. 이러한 불일치를 해결하는 한 가지 방법은 문화를 다음과 같은 세 가지 단계를 통해 생각하는 것이다. (1) 일상적인 관습의 단계 (2) 그러한 관습에 대한 근본적인 이유와 논리적 설명 단계 (3) 세상이 어떻게 작동하는지에 대한 기본 가정 단계. 이 모든 것이 결합되어 우리가 일상생활에서 사용하는 상식을 구성한다.

문화적 관습

문화적 관습이란 특정 공동체의 사람들이 살아가면서 행하는 일상적 행동을 말한다. 이것은 우리가 하는 일, 우리가 하는 말, 우리가 사용하는 도구, 우리가 점유하는 물리적 공간과 그 안에서 생활하고 일하는 방식, 우리가 사는 물건, 우리가 다른 사람들 앞에서 행동하는 것, 우리가 즐기는 오락, 우리가 기도하면서 하는 말 등을 포함한다. 문화적 관습은 문화의 표면이고, 우리가 생산하고 사용하는 유물이자 일상생활의 행위이다. 관찰 가능한 관습에는 명함, 좌석 배치, 옷, 선물, 음식 종류 등 물질적 공간과 물건이 많이 포함되기 때문에, 문화 간 커뮤니케이션 전문가들은 문화적 관습이 문화적 인공물이라고 부르기도 한다. 이집트에서 인샬라를 외치고, 일본에서 절을 하며 명함을 건네고, 인도에서 남녀가 따로 식사를 하는 것은 모두 문화적 관습이라고 할 수 있다. 그러나 단지 이러한 문화적 관습을 알고 받아들이거나 따르는 것만으로는 이러한 관습을 생성하는 신앙, 존중, 또는 명예에 대한 보다 깊은 문제가 드러나지 않는다.

문화적 논리

문화적 논리는 앞서 설명한 일상적 문화관습을 포함한 의미 있는 인간 행동을 만들어내는 기본 메커니즘이다. 인류학자들은 여기에 일반적으로 두 가지 힘이 작용한다고 본다. 먼저 사람들은 머릿속에 있는 생각에 따라 행동하는 경향이 있다. 여기에는 목표와 그 목표를 빛나게 만드는 가치, 그리고 목표를 달성하기 위한 전략이 있다. 이것은 스크립트나 규칙의 형태가 아니라 일관된 행동을 만들어내는 논리 집합의 형태를 가진다고 볼 수 있다. 다른 한편으로, 사람들의 문화적 논리는 항상 부분적으로 현실 조건에 의해 구성된다. 만약 문화가 우리에게 의미 있는 현실 모델을 제공하려면, 일상적으로 작동할 수 있을 만큼 현실에 충실해야 한다. 자연과 그것에 적응하고자 하는 기술은 인간 행동의 형태를 가능하게 하기도 하고 제한하기도 한다.

이것은 마술과 같이 사람들의 상식에 위배되는 문화적 논리에도 동일하게 적용된다. 말리놉스키(Bronislaw Malinowski)는 트로브리안드(Trobriand) 섬 주민들이 배를 만들 때 사용하는 마법에 대한 글을 쓰면서 마법과 기술이 항상 상호보완적인 지식체계라고 지적했다. 바다를 가로질러 수백 마일을 항해하려면 정교한 선박 건조와 항해 기술이 필요한데 트로브리안드인들 사이에서는 뛰어난 조선업자와 선원들이 기술력을 인정받고 있었다. 하지만 아무리 잘 만들어진 배에 숙련된 선원이 타고 있다 할지라도, 갑작스러운 폭풍은 모두를 파괴할 수 있다. 이런 경우 트로브리안드인들은 그들을 지켜주는 것이 마법이라고 믿고 있다. 통제할 수 없는 자연의 힘에 맞서 성공을 거둔 트로브리안드인들은 특히 강력한 마법을 가진 사람들을 인정하고 존중한다(Malinowski 1992).

문화적 논리는 대개 일관성이 있기 때문에 어떤 관습이 실패하더라도 설명할 수 있는 방법이 있다. 하루 두 번 양치질을 하더라도 충치가 생길 수 있음을 치과의사가 설명하 듯, 마술사도 마술이 실패한 이유에 대해 설명할 수 있다. 이러한 설명에 대한 신뢰 여부 는 대개 문제의 객관적 진실에 있지 않고 문화적 논리에 대한 믿음과 이를 설명하는 사 람의 권위를 통해 결정된다.

세계관

어떤 문화 체계도 완전히 통합된 전체를 형성하지 않지만, 인류학자들은 논리를 결합 하는 깊고 체계적인 패턴이 있음을 뒷받침하는 많은 증거를 가지고 있다. 가장 포괄적 수 준의 문화적 통합을 일반적으로 세계관이라고 한다. 세계관은 우주의 구조에 관해 사람 들이 갖고 있는기본적인 생각을 일컫는다. 그것은 사람들이 세상에서 자신의 삶의 방향 을 정립하는데 사용하는 현실의 모형이다. 세계관은 일반적으로 문화적 논리를 구성하 고 생성하는 기본 원칙과 가치로 구성된다. 여기에는 다음과 같은 명제가 포함될 수 있다.

- 세상은 선택을 하는 개인들로 구성되어 있다.
- 대부분 사람들의 삶은 자신이 통제할 수 없는 상황에 의해 형성된다.
- 나의 기도나 요구에 응답할 수 있는 초자연적인 존재가 있다.
- 우주의 모든 것은 우주의 물질적 작용으로 설명할 수 있다.
- 모든 생명체에는 영혼이 있다.

이러한 명제는 다양한 사회적 행동의 근간이 되는 경우가 많지만, 이것을 공유하고 있 는 공동체 구성원들이 이에 대해 노골적으로 언급하는 경우는 거의 없다. 대부분의 사회 에서 세계관은 신화, 종교, 드라마, 예술 등을 통해 표현된다. 종합적으로 볼 때, 이것들은 **표현 문화(expressive culture)**의 영역, 즉 우리 자신을 우리 스스로에게 보여주는 제도로

〈그림 3.3〉 의례는 세계관을 상징체계를 통해 정교하게 표현하는 표현 문화의 한 부분이다.

출처: John Cinnamon

구성된다. 많은 사회에는 작가, 예술가, 시인, 신학자, 공연가, 의례 전문가 등 문화를 표현하는 전문가들이 있으며, 이들은 여러 상징체계를 사용해 그 사회의 **세계관**을 정교하게 표현한다(그림 3.3)

세계관은 흔히 현실을 내포하고 있는 그림으로 묘사된다. 이 용어는 문화적 통합 수준이 사람들의 세상을 바라보는 방식에 영향을 미친다는 것을 말한다. 이러한 시각적 은유는 우연이 아니다. 본다는 것(seeing)은 많은 문화권을 이해하기 위해 널리 사용되는 은유이며, 세계관은 종종 현실에 대한 우리의 인식에 색깔을 입히는 착색 렌즈로 묘사되기도 한다. 이 은유는 두 사람이 같은 현실에 있으면서도 어떻게 다르게 이해하고 대응하는지를 이해하는 데 도움이 된다. 인간의 삶이 개별적 선택으로 이루어진다고 믿는 사람은 인생이 사람의 통제를 벗어나 있다고 생각하는 사람들을 이해하기 위해 이 세계관을 적용한다. 악마의 영적 힘을 믿는 사람은 대개 일반인들이 불운이나 잘못된 선택으로 치부할 일들에서 악마의 힘이 존재한다는 것을 믿으려 할 것이다.

세계관은 인간이 주변 세계를 이해하는데 중요한 도구로 작동한다. 그러나 세계관이 세상을 한 방향에서만 보게 하는 감옥이 될 수 있는데, 이를 경계하는 것이 상당히 중요하다. 과거 많은 세계관이 그러했다. 일부 인류학자와 언어학자들은 사람들이 특정 언어와 세계관을 동시에 학습하며, 이 문화화 과정이 완료되면 사람들은 자신들의 세계관이 구축된다고 주장했다. 예를 들어 녹색이라는 단어가 없는 세상의 사람들은 문자 그대로 녹색을 보지 못하는 반면(대개 파란색과 노란색의 음영을 봄), 녹색 음영에 대한 풍부한 단어를 가진 사람들은 숲과 풀을 더 풍부히 묘사한다는 것을 알 수 있다.

언어와 지각에 대한 경험 연구를 통해 세계관에 대한 이해가 보다 명확해질 수 있다. 우리가 주변 세계를 접할 때, 우리의 세계관은 현실을 보고 대처하는 특정 방식을 다른 방식보다 더 쉽게 만들어준다. 예를 들어 컬러 칩(color chip)을 사용한 한 연구에 의하면, 어휘에 컬러 단어가 거의 없는 사람들은 색깔의 미묘한 차이를 분류하는데 전혀 어려움을 겪지 않았다(Brown and Lenneberg 1954). 녹색의 다양한 색조를 분류하기 위해 파란색과 노란색이라는 단어를 사용할 수 있지만, '활엽수의 색' 또는 '풀의 색'과 같은 은유적 설명을 할 수도 있다. 이 실험의 일반적 결론은 인간이 같은 현실을 보면서도 서로 다른 카테고리를 사용한다는 것이다. 사람들은 세상을 대할 때 이러한 카테고리를 일상적으로 사용하지만, 창의적이고 틀에서 벗어난 사고를 할 수도 있다. 이 연구들은 또한 사람들이 새로운 것을 마주했을 때 일상적으로 익숙한 용어로 세상을 이해하려 한다는 것을 말한다. 세상을 보는 익숙한 방식이 통하지 않을 때, 사람들은 경험 밖의 새로운 방법을 발견할 수 있다.

문화 간 관계(Intercultural Relations)

경험 밖의 새로운 방법 발견은 문화 간 관계와 문화변동에 중요한 함의를 갖는다. 문화를 상상하는 가장 쉬운 방법은 특정 지리적 위치 내에서 공통의 언어와 세계관, 공통의 문화 레퍼토리 등 문화적 논리와 관습을 공유하는 사람들을 상상하는 것이다. 하지만 불행하게도 사회 이론에서는 문화에 대해 이렇게 쉽게 생각하는 방식이 전 세계 많은 사람들에게 현실적인 것이 아니며 결코 있었던 적도 없었다는 것이다. 사람들은 무역, 이주,

전쟁뿐만 아니라 기술, 예술, 책, 영화의 유통과 같은 여러 형태의 커뮤니케이션 도구를 통해 만나게 된다. 이 과정을 문화전파(cultural diffusion)라고 한다. 문화 간 접촉은 사회 시스템과 개인 모두에게 강력한 영향을 미칠 수 있으며, 모든 문화 이론은 이것을 설명할 수 있어야 한다.

문화전파는 한 지역 사회가 자신들의 문화 레퍼토리를 혁신하고 확장하려고 할 때 작동할 수 있다. 예를 들어 수단의 누에르(Nuer)족은 원래 유일신을 믿었다. 하지만 이웃 부족인 실룩(Shilluk)족과 딩카(Dinka) 부족에서 아내를 데려왔고, 정착한 아내들은 자신들의 신화와 의식을 자식들에게 가르쳤다. 이러면서 점차 누에르 종교는 위대한 신의 권위 아래 활동하는 하급 신들의 존재를 받아들이게 되었다. 1930년대 유명한 인류학자 에반스 프리처드(E. E. Evans- Pritchard, 1940)가 연구를 시작했을 때 누에르 족에서 다신교를 받아들이는 것은 당연한 것으로 여겨졌다. 대부분의 사회는 이러한 전파 과정을 통해 발전한다. 랄프 린튼(Ralph Linton, 1936)은 미국인들이 일상생활에서 사용하는 거의 모든 유물과 문화적 관습이 외국에서 유래했다는 유명한 주장을 했다. 어떤 관습이 현재 전유되어 있지만 그 기원의 상징성과 연관성이 없는지(예를 들어 잠옷은 남아시아에서 전해졌지만 현재 북미에서의 잠옷 사용에서는 이 기원 의미가 없음), 혹은 어떤 행위의 기원이 현재 문화 관습에 남아 있는지(예를 들어 수입된 민족 예술 작품의 진위 여부와 같은 경우)를 아는 것은 세계화를 이해하는데 중요한 측면이다.

그러나 문화 간 관계는 결코 사회에만 국한된 것은 아니다. 이것은 또한 사람 간의 관계에서도 마찬가지이다. 현재 사람들은 자신들에게 익숙한 사회를 떠나 다른 관행과 논리, 세계관이 적용되는 곳으로 이동하는 경향이 높아지고 있다. 이것은 문화적 경계를 넘어서는 것으로서 노동이주와 관광객, 군인, **난민(refugees)** 등을 예로 들 수 있다. **문화충격(culture shock)**이라는 용어는 사람들이 자신의 삶을 구성하던 규칙과 이해가 더 이상 적용되지 않아 불쾌하고 충격적인 감정이 들 때 사용된다.

그렇다면 문화충격에 어떻게 대처해야 하나? 여기에는 몇 가지 방법이 있다. 어떤 사람들은 자신이 자란 지역의 세계관과 논리를 굳게 지키면서 다른 사람들이 틀렸거나 어리석고 부도덕하다고 생각할 수 있다. 흔히 그들은 자신이 자란 공동체의 유산과 사람들로 방어막을 형성한다. 그들은 새로운 집단 문화(host culture)에 대처하기 위해 현지 문화 관습에 관한 실용적 지식을 습득한다. 매년 2-4개월 동안 일본에서 사업을 하는 미국인 사업가 존(John)의 경우를 예로 들어보자. 존은 업무 수행을 위해 일본의 비즈니스 관습을 배우려고 의식적으로 노력했다. 그는 인사하는 법, 명함 건네는 법, 선물을 주고받는 법 등 일본에서 비즈니스를 하는 데 있어서 중요한 요소들을 배웠다. 하지만 존은 이러한 관행의 근간을 이루는 더 깊은 논리를 이해하려는 노력은 하지 않았다. 그는 인사말 몇 마디, 번역된 일본 소설을 읽거나 더빙된 영화를 보는 것 외에는 일본어를 배우려고 노력하지 않았다. 그는 미국의 신문과 TV를 통해서만 일본 소식을 접할 수 있었다. 존은 회사에서 일본 연락담당자로 5년을 근무한 후 다른 지역으로 옮겨갔고, 그 자리에 새로 채용된 영업담당자 그렉(Greg)이 왔을 때 큰 충격을 받았다. 존과 그렉의 가장 큰 차이점은 그렉이 일본 사회의 여러 측면을 더 잘 이해한다는 데 있었다. 그렉은 (말을 잘하지는 못했지만) 대학에서 일본어를 공부했고, '망가(manga)'라 불리는 일본 일러스트 소설을 읽었다. 그리고 일본의 아사히신문(Asahi Shimbun) 영문판을 통해 일본 뉴스를 꾸준히 접했다. 가장 중요한 것은 그렉이 단순히 규칙을 암기하는 것이 아니라 일본식 관행을 만들어내는 논리에 대한 감각을 익혔다는 것이다. 그 결과, 그렉은 존이 불편해하거나 당황했던 상황에서도 편안할 수 있었다. 마찬가지로 일본인 고객들도 그렉을 더욱 선호했다. 왜냐하면 그렉은 일본에서 공식적인 규칙을 따라야 할 때와 언제 규칙이 바뀌는지를 잘 알고 있었기 때문이다.

전 세계적으로 현지 공동체(host community)에서 장기간 거주하며 최소한 부분적으로 문화를 접하는 사람들이 점점 많아지고 있다. 이 경우 현지 공동체의 관행이 점점 더 정상화되고, 이러한 관행을 생성하는 문화적 논리를 엿볼 수 있게 된다. 이집트 사립학교에서 13년 동안 교사로 근무한 미국 출신 수잔(Susan)은 어깨를 가리고 무릎 아래로 내려오는 치마를 입는 등의 보수적 옷차림을 이집트에서 배웠다. 또한 학생들이 자신을 선생님으로 대하는 존경심에 익숙해졌다. 그녀는 자신의 행동이 가족의 얼굴이 되고, 선한 사람이 자신의 삶을 잘 다스려서 사회안정에 기여할 수 있다는 이집트인 삶의 기본 논리를 잘 알고 있었다. 보수적인 옷차림과 높은 지위의 사람에게 존댓말을 하는 것은 그녀의 감정과는 무관하며, 다른 사람의 감정을 존중하기 위한 것이었다. 이후 미국으로 돌아와 플로리다의 한 학교에서 교사 일을 시작했을 때, 그녀는 역문화 충격에 빠지고 말았다. 하지만 그녀는 곧 북미 세계관에서 개성이 중요함을 깨닫게 되었고, 플로리다 학생들의 관행과 복장이 각자의 감정과 개성을 표현하는 것임을 이해하게 되었다. 수잔은 점차 두 가지 세계관을 모두 이해하고 편안하게 받아들이게 되었다.

그러나 모두가 운이 좋은 것은 아니다. 베네수엘라 출신 오스카(Oscar)와 미국인 아내 페기(Peggy)는 석유 업계에서 일하던 오스카의 직장을 따라서 네 나라에서 세 자녀와 함께 살았다. 이들은 집에서 스페인어를 사용했고, 자녀들은 영국과 미국 학교에 다녔다. 대학 입학에 즈음하여 장남인 빅터(Victor)는 자신이 누구인지, 성인이 되어 어디로 갈 것인지에 대해 걱정하기 시작했다. 그는 미국의 라이프 스타일을 좋아했지만, 사람들이 '모든 것을 흑백으로만 보는 무지하고 편협한 사람들'이라 느꼈다. 그의 미국식 억양과 옷차림, 사람들의 행동 뉘앙스를 놓치지 않는 성향은 베네수엘라에서 그가 차별받는 주요 원인이었다. 그는 "제가 어디에 살든 저는 외국인이다'라고 말한다. 빅터의 난처함은 그가 성공할 수 있는 언어적, 교육적 기반을 가지고 있지만, 세상에서 그가 편안함을 느낄 수 있는 곳이 없음을 말한다. 문화의 중요한 부분은 한 개인이 신념과 느낌을 공유하여 집단의 일원이 되었다는 정체성을 형성하도록 하는 것이다. 많은 경우 커뮤니티의 일원이 되었다는 느낌을 주는 것은 표면적인 관행의 미묘함, 즉 자신과 비슷하게 말하고, 옷을 입고, 행동하는 사람들과 함께 있는 것이다.

문화연구: 인류학적 관점

위에서 설명한 간략한 개요에서도 알 수 있듯이, 문화는 우리 인간이 하는 모든 일에 지대한 영향을 미치는 요소라 할 수 있다. 미국에서는 특히 문화인류학자들이 인간 본성에 대한 탐구의 일환으로 문화를 연구한다. 넓게 보면 인류학은 인간이 된다는 것이 무엇을 의미하는지에 대한 경험적 연구라 할 수 있다. 대부분의 사회과학은 주제에 따라 구분되는 반면, 인류학은 그렇지 않다. 역사학은 사람들의 과거에 대한 기록을 연구한다. 정치학은 권력 관계를 조사한다. 지리학은 사람과 환경의 관계(또는 그 반대의 관계)를 연구한다. 경제학은 사람들이 상품과 서비스를 생산, 분배, 소비하는 방식을 연구한다. 이 모든 것이 인간의 활동이기 때문에, 인류학자는 이 중 일부 또는 전부를 연구할 수 있다.

한정된 주제가 없는 대신 인류학은 특정한 관점, 즉 인간 활동을 바라보는 특별한 방식으로 정의된다. 이러한 인류학적 관점은 비교적(comparative), 총체적(holistic), 경험적(empirical), 진화론적(evolutionary), 상대주의적(relativistic) 관점이라고 할 수 있다.

비교론적 관점

사람들은 보통 자신의 행동 방식이 자연스럽다고 생각한다. 이성애자 미국 남성은 일반적으로 서로에 대한 애정을 스킨십을 통해 표현하지 않는다. 이들은 남성들이 서로 손을 잡거나 토닥거리는 것, 서로의 무릎에서 자는 것이 우정의 표현이라 생각하지 않는다. 대부분의 유럽인과 북미인에게 개(dog)나 기니피그(guinea pig)로 만든 수프는 혐오감을 주지만, 아시아와 일부 남미 지역에서는 이러한 수프를 즐겨 먹는다. 또한 세계 곳곳에는 소고기나 돼지고기를 혐오하는 사람들도 있다.

모든 사람들은 자기 삶의 방식이 당연하다고 생각하기 때문에 문화를 연구할 수 있는 유일한 방법은 이러한 정상성을 뒤흔들면서 문화시스템을 비교(comparison)하는 것이다. 즉 우리가 자연스럽고 본질적이라고 생각했던 것이 사실은 문화적인 것이며 역사적인 우연의 산물이라는 것을 보여주는 것이다. 따라서 인류학은 문화시스템 간의 유사성과 차이점을 이해하는데 깊은 관심을 기울이고 있다.

총체론적 관점

인류학에서 두 번째 중요한 관점은 인간 사회를 여러 요소가 얽혀 있는 복합 시스템으로 이해하는 것이다. 인류학자들은 종교, 사회 기관, 언어, 예술, 드라마, 농업과 같은 인간 행동의 한 측면에만 집중하여 사회 행동의 복잡성을 줄이려고 시도하기보다는 인간 사회의 모든 측면이 서로 연결되어 있고 이러한 연결 고리를 발견하고 기술할 수 있다고 가정한다.

총체론적(holism) 연구의 사례는 발리를 연구한 J.스티븐 랜싱(J. Stephen Lansing)을 통해 볼 수 있다. 랜싱은 1983년 인도네시아에서 발리 사원 종교를 연구하였는데, 당시 인도네시아는 농업이 발전하던 시기였다. 인도네시아와 서구의 농업학자들은 아시아의 녹색 혁명의 일환으로 새로운 쌀 품종과 화학비료, 살충제 등을 도입했다. 이러한 기술 중 상당수는 아시아 다른 지역에서 큰 성공을 거둔 바 있다. 그러나 세계 최고의 쌀 생산지 중 하나인 발리에서는 이러한 기술이 도입된 후 오히려 작물 수확량이 감소했다.

랜싱은 이러한 문제가 부분적으로 발리 사회의 복잡성을 이해하지 못했기 때문이라는 것을 입증할 수 있었다. 화산섬 발리의 정상에는 거대한 분화구 호수와 섬의 창조 여신 데위 다누(Dewi Danu)의 사원이 있다. 연중 특정 시기에는 세부적인 의례력에 따라 사제들이 운하의 수문을 열어 범람이 일어나지만, 모든 운하가 범람하는 것은 아니다. 섬 전역의 운하 수문을 중심으로 농경 공동체가 조직되어 있고, 의례력에 따라 관개 방식이 결정된다. 섬의 여러 지역에 있는 농부들은 서로 다른 기간에 서로 다른 노동을 하게 된다. 이 주기는 효율적인 쌀 생산에 도움이 될 뿐만 아니라 곡물을 먹는 곤충을 잡아먹으면서 발리인들에게 중요한 단백질 공급원 역할을 하는 오리, 장어, 개구리의 생태주기와 함께 작동한다(Lansing 1991).

랜싱의 연구는 농업, 사회조직, 종교가 서로 얽혀 있을 뿐만 아니라 삶을 별개의 영역으로 분리하는 것이 항상 적절하거나 유용한 것이 아님을 보여준다. 발리 사람들에게 농업, 공동체, 종교의식은 모두 삶의 일부이며 쉽게 분리할 수 없다. 세계관이 상당히 다른 서양 농업 전문가들은 발리인의 관점으로 세상을 보는 데 어려움을 겪었고, 심지어 발리인의 관점이 더 나은 수확을 가져왔을 때도 마찬가지였다.

경험적 관점

총체적 관점을 이해하기 위해서는 인류학자가 자신이 연구하는 지역사회에 들어가 일상생활 정보를 수집해야 한다. 따라서 인류학은 인류학자가 연구대상과 함께 생활하면서 데이터를 수집하는 경험적 과학이라 할 수 있다. 인류학자들은 그들이 하는 일을 현장조사(field work)라고 부른다. 현장조사에는 인터뷰, 지도 제작, 인구조사, 족보 작성, 연구대상자들이 말하는 이야기와 미디어 수집 등 다양한 방법이 포함될 수 있다(그림 3.4).
대부분의 현장조사 방법은 참여관찰(participant observation)이라 부르는 인류학적 방법
안에 포함된다. 참여관찰은 인류학자가 현지 공동체와 장기적으로 관계를 맺는 것을 말
하며, 인류학자가 해당 공동체의 초청인이 허용하는 범위 내에서 일상생활에 참여한다.

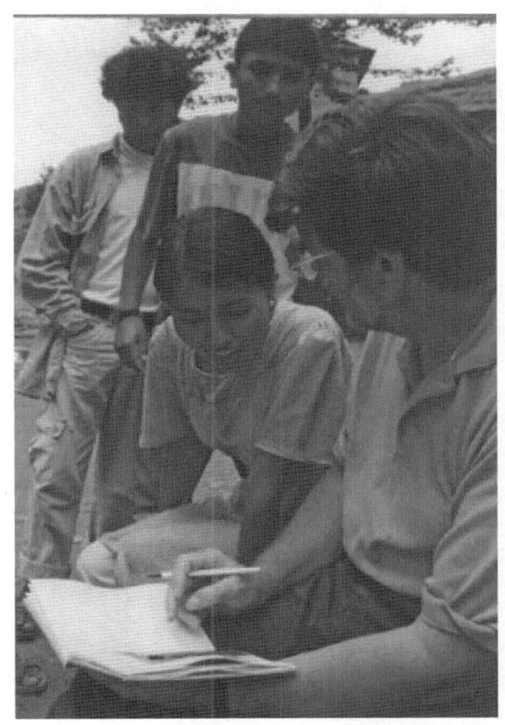

〈그림 3.4〉 현장조사: 인류학자 제임스 해밀(James Hamill)이 네팔에서 현지민으로부터 정보를
　　　　　수집하고 있다.

출처: H. Sidky.

진화적 관점

　한때 인류학자들은 사회 시스템이 외부의 힘에 영향을 받지 않는 한 안정적이라고 가
정하는 경향이 있었다. 그들은 마치 한 사회의 문화를 완전히 파악할 수 있다는 듯이 사
회를 영원한 현재형으로만 기술했다. 하지만 이후 경험적 연구에 따르면 사회 시스템의
안정성은 높지 않다는 사실이 입증되었다. 현대 인류학자들은 모든 공동체가 인구 압력,

환경변화, 전쟁, 기근, 신기술 및 기타 현상에 적응하면서 지속적으로 변화의 과정에 있다는 사실에 더욱 주목한다. 이것은 새로운 것이 아니라 사회 시스템에 내재되어 있는 문제이다.

모든 문화는 변화에 적응하면서 지속적으로 **진화**(evolution)한다는 주장은 '적자생존'의 사고방식에 대한 주장이 아니다. 많은 경우 사회는 전쟁, 기근, 전염병, 갑작스러운 경제변화 등 긴급한 압력에 대처하기 위해 장기적으로 실행 가능하지 않거나 나중에 다른 긴급한 위기로 이어지는 방식으로 변화한다. 이후 여러 문화변동에 대한 역사적 고찰이 가능해지면서 학자들은 한 사회가 특정한 적응을 통해 이익을 얻었는지 아니면 피해를 입었는지, 그리고 왜 적응이 그러한 형태를 취했는지에 대해 판단하는 것이 가능해졌다.

진화론적 관점에서 인류학자들은 안정성을 당연한 것으로 여기지 말라고 경고한다. 당연한 이야기 같지만, 전통의 관점에서 문화적 관습을 설명하는 뉴스 기사를 몇 번이나 들었는가? 탈레반 정권이 모든 아프가니스탄 여성들에게 **부르카**(burqa)라 불리는 전신 얼굴 가리개 착용을 의무화했을 때, 그것은 전통 복장 착용을 강요한 것이 아니었다. 탈레반 통치 이전 대부분의 파슈툰(Pashtun) 마을에서는 여자아이들이 생리를 시작할 때까지 머리를 가리지 않았으며, 이후에는 스카프를 두르고 다녔다. 그리고 그들은 결혼한 후에야 부르카를 착용했다. 탈레반은 아프가니스탄의 모든 여성들에게 계급, 연령, 결혼 여부에 관계없이 부르카를 강요하여 완전히 새로운 문화관습을 만들었고, 베일을 쓰지 않는 도시 여성뿐만 아니라 마을 주민들에게도 변화를 강요했다. 진화론적 가정은 인류학자들에게 전통에는 항상 역사가 있음을 상기시켜 준다. 호스트 사회가 전통적이라 말하는 관습을 인류학자들이 발견한다면 그 질문은 항상 '왜 지금 이 전통을 따르는가', '현대인에게 이것은 어떤 의미가 있으며 어떤 기능을 수행하는가'이다.

상대주의적 관점

인류학적 관점에서 가장 논란이 많고 오해를 받는 것이 아마도 **상대주의**(relativism) 개념일 것이다. 인류학자들은 다양한 사회의 비교를 통해 인간 행동에 대한 의미 있는 결론을 도출하고 여러 사회의 데이터를 공정하게 수집하기 위해 모든 인간 사회가 동일한 유

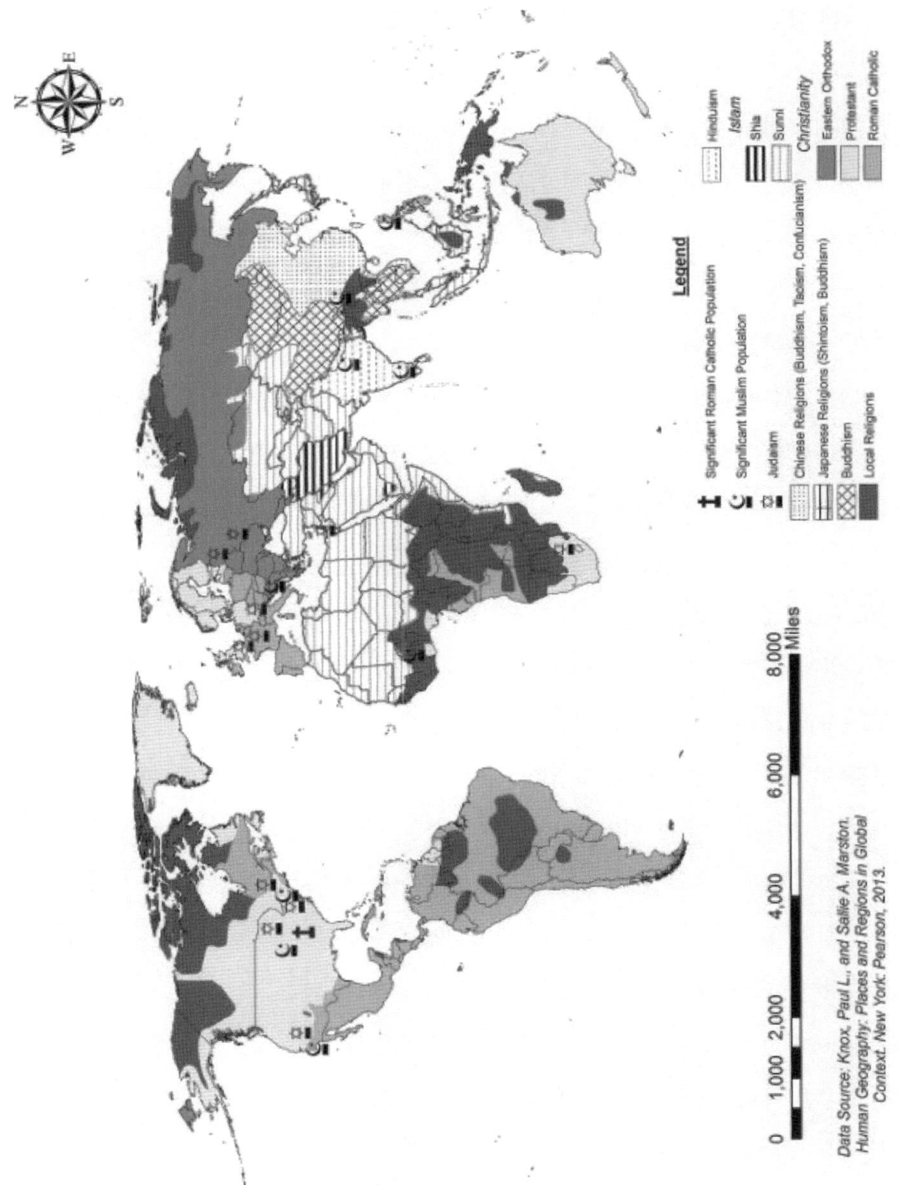

〈지도 3.1〉 주요 세계 종교 분포

형의 데이터를 제공한다고 가정한다. 이것은 인류학자들이 자신이 연구하는 사람들의 관습에 대해 선입관(사전 판단)을 가질 수 없음을 의미한다.

어떤 관점에서 보더라도 다른 사람들이 행하는 모든 행동은 혐오스러운 것으로 보일 수 있다. 대부분의 미국인들에게 개나 기니피그를 먹는 행위, 여성에게 베일을 씌우는 행위, 여성(남성 제외) 할례, 음경 절단, 정략결혼 등 전 세계의 수많은 관습은 역겹거나 부도덕하고, 억압적인 것으로 보일 수 있다. 하지만 반대로 혼전 성관계, 돼지고기 섭취, 토지의 사적 소유, 남성 할례, 개를 애완동물로 삼는 행위, 낯선 사람과 사적인 가족 문제에 대해 이야기 하는 행위(TV토크쇼를 통해 수백만 명의 낯선 사람과 이야기하는 행위 포함), 범죄자 사형과 같은 미국인들의 일반적 관행은 다른 세계의 많은 사람들 눈에 역겹거나 부도덕하고 억압적인 것으로 보일 수 있다. 흔히 인간을 종교 체계와 같은 더 큰 범주로 정의하기 위해 다양한 신념과 관습이 사용되기도 한다(예: 지도 3-1의 주요 종교 분포 참조). 인류학의 목표는 이러한 문화적 관습의 기능, 사회 시스템에서 수행하는 역할, 그리고 한 의미체계를 다른 체계보다 우월시하기보다는 그것들을 당연하게 여기는 사람들에게 그 문화적 관행이 의미하는 바를 이해하는 것이다.

이것은 인류학자들이 그들이 연구하는 많은 관습에 대해 강한 감정을 가지고 있지 않다는 것을 의미하는 것은 아니다. 또한 상대주의를 고수한다는 것은 도덕적, 윤리적 판단의 폐기를 말하는 것이 아니다. 이것은 오히려 인간이 자신들의 삶을 괴롭히는 문제에 대해 상당히 다양한 창의적 해결책을 생성할 수 있음을 말하는 것이고, 특정 시간과 장소에서 인간 사회가 작동하는 방식과 이유를 이해하려는 것이다. 이는 사람에 대해 배우는 것뿐만 아니라 사람으로부터 배우겠다는 것이다.

인류학에서는 상대주의를 이해하기 위해 이것을 세 가지 유형으로 나눈다. 먼저 **방법론적 상대주의(Methodological relativism)**는 비교를 위해 인류학자가 모든 사회 관습을 동일한 유형의 데이터, 즉 특정 시간과 장소에서 특정한 사회적 기능을 수행하는 복합적 의미 제도로 취급해야 한다는 원칙이다. 여기서 관습, 논리, 세계관은 평가나 판단하는 것이 아니라 기록하고 분석해야 할 사실일 뿐이다. **이론적 상대주의(Theoretical relativism)**는 대부분의 인류학자들이 많은 검증을 거쳐 주장하고 있는 가정으로서, 모든 인간의 행동은 각자의 맥락에서 이해될 때 가장 합리적으로 이해된다는 가정이다. 이것은 종종 **철학적 상대주의**(philosophical relativism)로 오인되기도 하는데, 이것은 본질적으로 사람들이 무엇을 하든 그것이 자신에게 옳다고 주장하는 입장이다. 철학적 상대주의 입장을 전적으로 고수하는 인류학자는 거의 없다. 어떤 인류학자도 영아 살해나 대량학살이 괜찮다고 생각하지 않으며, 다만 이해할 수 있다고 생각할 뿐이다. 그러나 인류학자들은 많은 사람들이 비난할 수 있는 문화적 관습에 대해 빠른 판단을 하지 않기 때문에 종종 철학적 상대주의 입장을 취한다는 비난을 받기도 한다.

결론

인류학적 관점은 국제학 연구를 위한 최소 5가지 핵심 통찰력을 제공한다. 첫째, 인류학은 개별 대면 관계에서부터 국제 사회에 이르기까지 사회의 모든 수준에서 인간의 행동을 설명하기 위해 문화의 중요성을 강조한다. 문화라는 개념은 사람들의 상징적 세계가 그들이 살고 있는 물질적 조건만큼이나 실재함을 상기시켜 준다. 사실 사람들은 학습된 현실 모형을 통해서만 경험적 세계를 이해한다. 모든 사람들이 경제적 압박과 군사력에 대응할 수 있지만, 그들의 문화적 현실에 대한 철저한 이해가 없다면 그들이 어떻게 대응할지에 대한 정확한 예측을 할 수 없다.

둘째. 인류학은 문화적 경계에 대해 보다 정교한 접근을 요구한다. 현대 국제학에서는 문화를 복잡한 세계를 이해하는데 필요한 실용적 자원의 집합으로 보는 대신, 종종 어떤 공동체나 사회를 논하면서 문화에 대해 언급한다. 즉 경계선으로 구분된 지도의 모든 국가들이 어떻게든 고유한 문화를 가지고 있다고 본다. 이에 인류학적 관점은 근대 국민국가를 유일한 문화 정체성의 원류로 상상하거나, 혹은 상징체계를 사회집단과 혼동하는 경향에 대해 중요한 교정 역할을 할 수 있다(그림 3.5).

셋째, 인류학은 일반적으로 두 가지 이상의 관점이 항상 존재한다는 사실을 우리에게 상기시킨다. 이분법적으로 세상을 상상하는 것은 미국과 서유럽의 문화유산에서 비롯되었다. 우리는 정치 세계를 좌파와 우파로, 경제 세계를 사회주의와 자유 시장으로 나누고,

<그림 3.5> 글로벌 경제가 확산되면서 많은 문화권들의 접촉이 많아졌지만 여러 문화권들이 세
계관을 공유하는 사례는 거의 발견되지 않고 있다. 오히려 다양성이 증가하고 있음
을 발견할 수 있다.

출처: Mark Allen Peterson

모든 이야기에서 양면성을 찾는다. 또한 우리는 어떤 문제의 다양한 관점을 접할 때, 종종 두 가지 상반된 견해로 묶어버리는 경우가 있다. 하지만 우리에게 사소해 보이는 관점의 차이가 그 관점을 가진 사람에게는 삶과 죽음의 문제일 수 있다.

넷째, 인류학은 우리에게 작게 생각할 것을 권고한다. 독재자, 대통령, 장관, 아야톨라[1](ayatollahs), 군 지휘관만이 세상에서 중요한 정치적 행위자는 아니다. 독재자를 무너뜨리기 위해 고안된 정치 정책은 국가 운영에 발언권이 없는 수십만 명의 사람들에게 영향을 미칠 수 있다. 국가 경제 성장을 위한 경제 계획은 결국 소수의 인구에게만 혜택을 주고 대다수의 빈곤을 증가시킬 수 있다. 무장 단체를 빠르게 제압하기 위해 고안된 군사전략은 방관자들을 참혹하게 만들어 더 많은 사람들이 무장단체에 가담하게 만들 수 있다.

---

1) (역자 주). 이란 시아파에서 학식과 신앙심이 깊은 인물을 가리킨다.

경험적 현장조사에 뿌리를 둔 인류학은 국제적 행동이 본디 목표했던 것 이외에 지역사회에 미칠 수 있는 의도치 않은 결과를 보고자 한다. 또한 이러한 결과가 해당 지역사회 구성원들의 세계관을 어떻게 변화시키는가에 대해서도 분석한다.

마지막으로 인류학은 국제학이 궁극적으로 사람에 관한 학문이라는 점을 강조한다. 인류학은 학생들에게 사람에 대해 배우는 것뿐만 아니라 사람으로부터 배우도록 촉구한다. 유사성과 차이의 발생이 인간 조건의 일부임을 인식하고, 차이를 두려워하거나 무시하지 말고 이해하기 위해 노력할 것을 주문한다.

현대 세계는 국가적, 사회적, 문화적 경계를 넘어 다양한 사람들이 만나는 세상이다. 문화를 이해하는 것은 점차 더 세계화되는 상황에서 개인부터 국민국가에 이르기까지 모든 수준의 인간 행동을 이해하는데 중요한 요소이다.

참고문헌

Beeman, William O. 2003. "Iran and the United States: Postmodern Culture Conflict in Action." *Anthropological Quarterly* 76 (4): 671-91.

Berlin, Brent, and Paul Kay. 1969. *Basic Color Terms: Their Universality and Evolution*. Berkeley: University of California Press.

Brown, Roger W., and Eric H. Lenneberg. 1954. "A Study in Language and Cognition." *Journal of American Social Psychology* 49: 454-62.

Evans-Pritchard, E. E. 1940. *The Nuer: A Description of the Modes of Livelihood and Political Institutions of a Nilotic People*. London: Clarendon Press.

Herzfeld, Michael. 2001. *Anthropology: Theoretical Practice in Culture and Society*. London: Blackwell.

Kay, Paul, and Chad K. McDaniel. 1978. "The Linguistic Significance of Basic Color Terms." *Language* 54: 610-46.

Lansing, J. Stephen. 1991. *Priests and Programmers: Technologies of Power in the Engineered Landscape of Bali*. Princeton, NJ: Princeton University Press.

Lenneberg, Eric H., and John M. Roberts. 1956. *The Language of Experience: A Study in Methodology*. Baltimore, MD: Waverly Press.

Linton, Ralph. 1936. "One Hundred Percent American." *The American Mercury* 40: 427-29.

Malinowski, Bronislaw. 1992. *Magic, Science and Religion and Other Essays*. Westport, CT: Greenwood Press.

Wallace, Anthony F. C. 1961. *Culture and Personality*. New York: Random House.

추가 읽을거리

도서

Agar, Michael. 1996. *Language Shock: Understanding the Culture of Conversation*. New York: Harper.

Besteman, Catherine, and Hugh Gusterson, eds. 2005. *Why America's Top Pundits Are Wrong: Anthropologists Talk Back*. Berkeley: University of California Press.

Farmer, Paul. 2004. *Pathologies of Power: Health, Human Rights, and the New War on the Poor*. Berkeley: University of California Press.

Gonzalez, Roberto J., ed. 2004. *Anthropologists in the Public Sphere: Speaking Out on War, Peace, and American Power*. Austin: University of Texas Press.

Greenhouse, Carol J., Elizabeth Mertz, and Kay B. Warren, eds. 2002. *Ethnography in Unstable Places: Everyday Lives in Contexts of Dramatic Political Change*. Durham, NC: Duke University Press.

Koga, Yukiko. 2016 *Inheritance of Loss: China, Japan and the Political Economy of Redemption after Empire*. Chicago: University of Chicago Press.

학술지

Anthropological Quarterly. aq.gwu.edu
Anthropology News. www.anthropology-news.org
Anthropology Today. onlinelibrary.wiley.com/journal/10.1111/(ISSN)1467-8322
Cultural Survival. www.culturalsurvival.org
Sapiens. www.sapiens.org

영화

First Contact (1984). Bob Connolly and Robin Anderson, directors. Filmaker's Library, https://video.alexander-street.com/channel/ethnographic-video-online-foundational-films.

The Goddess and the Computer (1988). J. Stephen Lansing and Andre Singer, directors. Documentary Educational Resources, www.der.org.

In and Out of Africa (1993). Ilisa Barbash and Lucien Taylor, producers. Berkeley Media, www.berkeleymedia.com.

Transnational Fiesta: 1992 (1993). Paul Gelles and Wilton Martinez, producers. Berkeley Media, www.berkeleymedia.com.

Trobriand Cricket: An Ingenious Response to Colonialism (1976). Gary Kildea and Jerry Leach, producers. Berkeley Media, www.berkeleymedia.com.

웹사이트

Anthropology. zeroanthropology.net

Cultural Survival. www.culturalsurvival.org

Human Relations Area Files. www.yale.edu/hraf/index.html

Public Anthropology. www.publicanthropology.org

Savage Minds: Notes and Queries in Anthropology. savageminds.org

4장

경제학과 국제 개발

세계에는 195개 국가가 있으며, 각 국가의 최우선 목표는 주로 경제적인 것이고 암묵적으로는 정치적인 것이다. 정치적 이슈는 대표성에서 그 존재의 근거를 찾을 수 있는데 반해, 경제적 우선순위는 자원을 어떻게 하면 가장 효율적으로 배분할 수 있는가에 초점을 맞추고 있다. 그리고 개인과 집단의 서로 다른 이해관계를 어떻게 조정하여 국가 및 민족 내에서 바람직한 결과를 가져다 줄 수 있을 것인가에 초점을 맞추고 있다. 글로벌 경제제도로 인해 국가 간 상호연결성이 강화됨에 따라 생산 수단이 개인 소유가 된 상황에서 일련의 경제 거래와 분수령이 되는 사건이 계속되면서 자유로운 경제성장과 발전에 대한 전망이 암울해졌다. 예를 들어, **세계경제위기(the Great Economic Crisis)**의 부정적 영향은 오늘날까지 계속되고 있다. 2008년 미국에서 시작된 세계 경제의 급격한 침체로 인해 주택 시장 위기가 발생하여 수백만 명이 평생 저축한 돈과 집을 잃는 등 세계경제위기는 전 세계에 엄청난 영향을 미쳐왔다. 10여 년이 지난 지금, 세계 곳곳에서 현재 진행 중인 갈등의 배경에는 이러한 격변으로 인한 경제적 불확실성이 자리 잡고 있으며, 이로 인해 국가 내 정치적, 사회경제적 분열이 발생하고 있다. 영국은 2019년 역사적인 '브렉시트(Brexit)' 투표를 통해 유럽연합 탈퇴를 결정했고, 이는 2020년 초에 공식적으로 발효되었습니다. 세계 최대 경제 대국인 미국은 2016년 노동자 계층의 일자리를 회복하겠다는 공약을 내세워 논란이 많았던 사업가 도널드 트럼프를 대통령으로 선출했다. 마찬가지로 폴란드, 헝가리, 프랑스, 브라질을 비롯한 많은 국가들이 포퓰리즘으로 방향을 선회하여 정치학자들을 놀라게 했다. 이러한 변화의 원인을 정체성의 정치, 인구통계학적 변화, 이주 운동 등으로 어느 정도는 설명할 수는 있지만, 과연 어떤 요인들이 이러한 변화를 설명할 수 일을까? 본 장에서는 세계 여러 지역의 사례를 통해 국제 발전의 궤적을 설명해줄 수 있는 경제학적 측면과 관점에 대해 살펴보고자 한다. 경제학이란 무엇인가에 대한 폭넓은 탐구로 시작하여 점점 더 상호의존성이 심화되어 가고 있는 세계에서 더욱 치열해지고 있는 개발, 세계화, 시장 중심의 역학 관계를 살펴보고자 한다. 이어서 경제학과 생태 개발과 관련된 지속 가능성과 새로운 도전 과제에 대해 논의해 보고자 한다.

경제학이란 무엇인가?

사회과학자들은 글로벌 경기 침체로 이어진 수년간 세계 무역과 금융에 어떤 일이 일어났는지 어떻게 설명하고 이해할까? 2008년 세계 경제 위기 이후 나타난 단층선의 윤곽을 드러내는 경제학의 기본 가정은 무엇인가? 정부는 경제위기의 영향을 줄이거나, 그 기간을 단축하거나, 그 영향을 반전시키기 위해 어떤 정책을 시행할지 어떻게 결정할까? 이러한 정책이 효과적인지 여부는 어떻게 측정할 수 있을까? **경제학**(Economics)은 상품과 서비스의 생산, 분배, 소비를 연구하고, 설명하고, 모델링하고, 예측하는 사회과학이다. 경제학은 희소한 자원의 사용이 개인과 사회의 필요와 욕구를 어떻게 충족시키는지, 그리고 수요와 공급을 지배하는 메커니즘이 어떻게 희소한 자원의 배분에 영향을 미치는지를 조사함으로써 그 역할을 수행한다.

대부분의 현대 경제학 정의에서 의미 있는 분석 단위는 기업, 기관 또는 국가일 수도 있지만, 욕구와 필요를 충족시켜 효용이나 쾌락을 추구하는 개인들이다. 인간의 욕구는 무한하지만 이를 충족시킬 수 있는 자원은 한정되어 있다. 현대의 주류 경제이론에 따르면, '합리적' 개인은 욕구를 얻기 위해 최소한의 자원(또는 비용)을 이용하여 효용을 극대화하려고 합니다. 국가는 더 이상 국제 시스템에서 주요 행위자가 아니지만, 각국의 거버넌스가 시장과 국가 간의 관계를 결정하는 방식에서 중요한 분석 단위로 남아 있으며, 각 국가가 직면하는 선택은 정부가 국가-시장 관계의 균형을 맞추는 방법, 즉 양자의 관계를 규제하거나 지시하는 규칙이나 제도에 따라 결정된다.

인간 활동을 바라보는 이러한 관점에는 인간 본성에 대한 암묵적인 정의가 있다. 첫째, 모든 인간은 무한한 욕망을 가지고 있으며, 둘째, 모든 인간은 제한된 자원을 가지고 있고, 셋째, 인간은 자신의 행동에 따른 비용과 편익을 평가한다는 좁은 의미에서 합리적이며, 마지막으로 인간은 본질적으로 이기적이라는 것이다. 이러한 가정은 경제학뿐만 아니라 다른 사회과학에서도 이의를 제기해 왔지만, 지지자들은 인간 본성이 이러한 원칙에 따라 엄격하게 작동하지는 않는다 하더라도 이러한 원칙에 기반한 모델은 여전히 통계적 수준에서 유의하게 작동한다고 주장한다.

이러한 관점은 미국의 경제학자들 사이에서 널리 받아들여지고 있지만, 세계 다른 많은 지역의 경제학자들 사이에서는 여전히 논쟁의 여지가 있다. 경제학자들이 인간 행동, 제도 운영, 부의 창출 및 기타 경제학 측면에 관한 가정은 크게 세 가지 경제 **패러다임**(paradigm)으로 분류할 수 있으며, 전 세계 경제학자와 정책입안자들도 이에 따르고 있다. 자유주의, 민족주의/중상주의, 마르크스주의 관점이 그것이다. 정치경제학의 모든 주요 이론의 기본을 이해하는 것은 국제학에서 중요한데, 그 이유는 이들 이론이 모두 여전히 영향력이 있고 대부분의 경제시스템에서 그 일부분을 찾아볼 수 있기 때문이다. 그러나 성별에 따른 불평등의 심화가 지배적인 모델과 불안하게 맞물리면서 경제학에 대한 현대적 이해를 알려주는 새로운 차원이 등장하고 있다. 예를 들어 페미니스트 경제학은 성별에 따른 노동 역학, 재생산 노동, 평등 등을 조명하기 위한 접근 방식과 방법론을 사용한다. 이 접근법을 따르는 학자들은 비판적 탐구 방식으로서 자유주의 세계 질서와 그 안에서 젠더의 위치, 노동의 상품화에 대한 일반적인 가정에 의문을 제기한다.

자유주의 경제학

자유주의 경제이론(liberal economic theory)은 계몽주의 시대 아담 스미스의 『국부론』(*The Wealth of Nation*)(1776)에서 처음으로 명확하게 제시된 이론이다. 스미스는 국가가 효율적인 노동 분업과 자원 이용을 통해 부를 창출한다고 생각했다(그림 4.1). 이러한

〈그림 4.1〉 아담 스미스(Adam Smith)(1723–1790)가 자유주의 경제
학을 처음 체계화하였다.

출처: 미국 의회도서관

뿌리를 바탕으로 경제학은 전 지구적 차원에서 자원의 효율적 생산, 분배, 소비를 위한 실용적 토대를 개발하는 유용한 프로젝트이자 경제학이라는 학문적 과제라는 두 가지 역할을 수행하게 되었다. 자유주의 경제학에서는 노동의 상대적 중요성, 특정 희소 자원의 가치, 수요 변화가 부의 창출에 미치는 영향 등을 중심으로 다양한 이론적 변형이 등장했다.

자유주의 경제학파는 모두 최소한의 정부 개입과 함께 **시장(market)**에 대한 일관된 신념을 가지고 있다. 자유주의 경제이론은 절대적인 형태로 인간을 '경제적 인간', 즉 호모 이코노미쿠스로서 가능한 최고의 행복, 즉 **효용(utility)**을 얻기 위해 행동하는 존재로 가정한다. 이러한 개인은 최소한의 비용으로 목표를 달성하고자 한다는 점에서 합리적이라고 할 수 있다. 그렇다고 해서 개인의 목표가 합리적이라거나 개인이 반드시 자신의 장기적인 최선의 이익이 무엇인지 완전히 알고 있다는 의미는 아니며, 단지 최소의 비용으로 필요와 욕망을 충족하려고 노력한다는 의미에서 합리적이라는 것이다. 이러한 **합리성(rationality)**의 개념은 합리적 선택 이론의 기초가 되는 개념으로, 기본적으로는 사회

시스템이 이기심에 의해 동기 부여된 개별 행 위자들의 행동과 상호작용의 결과로 발생한다고 가정합니다.

자유주의 경제학에서는 인간이 무한한 욕구와 욕망을 가지고 있어 **수요(demand)**를 창출하지만, 이를 충족시킬 수 있는 자원이 한정되어 있어 **희소성(scaricity)**이 발생한다고 가정한다. 따라서 균형(trade-off)은 경제적 의사 결정의 본질적인 측면이며, 한 가지 욕구를 충족시키기 위해서는 다른 욕구를 충족하지 못하게 된다. 대학생이 콘서트/이벤트 티켓과 예상치 못한 인턴십 기회를 위해 비즈니스 복장 중 하나를 선택해야 하는 상황을 상상해 보자. 둘 중 하나만 살 수 있다. 이 선택에는 객관적인 비용(콘서트 티켓 가격 또는 비즈니스 정장 가격)과 동료들의 인정과 곧 다가올 잠재적 기회라는 주관적인 가치가 모두 포함된다. 콘서트 티켓을 사면 정장을 포기하는 대가를 치르고, 정장을 사면 콘서트 티켓을 포기하는 대가를 치르고, 그 반대의 선택을 하면 충족되지 않은 욕구에 대한 비용도 발생하게 된다. 충족되지 않은 욕구의 가치를 **기회비용(opportunity cost)**이라고 한다. 자유주의 경제이론에 따르면 이러한 소비자 선택의 역학 관계는 정보의 자유로운 흐름이 있는 자유시장에서 한 개인이 이러한 비용과 편익을 평가할 수 있을 때 가장 잘 발휘된다. 이 이론을 비판하는 사람들은 이 단순한 예조차도 그 사회적, 역사적, 문화적, 개인적 복잡성은 훨씬 더 복잡하다고 주장한다.

자유주의 경제이론에 따르면, 부와 자원의 이용과 전달에 관한 최선의 결정은 강압 없이 이루어진다. 강압이 없다면 개인은 재화나 서비스에 대한 추가 비용 단위당 얼마나 많은 쾌락을 얻을 수 있는지에 대해 자동으로 합리적인 결정을 내릴 것이다. 개인은 만족을 얻기 위해 투자한 노동력이나 비용과 동일한 만족을 얻을 수 있도록 재화/서비스를 구매할 것이다. 비즈니스의 목표는 소비자 만족을 얻을 수 있는 지점을 높이는 것입니다. 이를 **한계효용(marginal utility)**이론이라고 하며, 이 이론에서 파생된 모델을 통해 시장 전략의 기반이 되는 정교한 모델을 구축할 수 있다.

구매자와 판매자는 모두 효용을 극대화하려고 노력한다. 구매자의 수요는 구매자가 특정 가격에 구매할 의향이 있는 상품이 나열된 **수요표(demand schedule)**로 나타낼 수 있다. 상품이나 서비스의 가격이 상승하면 해당 상품과 서비스의 수요량은 감소한다. **수요**

의 법칙(law of demand)은 재화의 가격과 해당 재화의 수요량 사이에는 반비례 관계가 있다고 주장한다. 물론 가격은 수요뿐만 아니라 화폐의 가용성과도 관련이 있다. 구매자의 소득이 증가하면 상품과 서비스에 대한 수요도 증가한다.

하지만 구매자의 상품 수요만이 시장에서 가격을 결정하는 유일한 요인은 아니다. 판매자의 상품 공급량도 시장 가격에 영향을 미친다. 재화의 가격이 상승하면 판매자는 해당 재화의 공급을 늘리려는 동기를 갖게 된다. 공급의 법칙(law of supply)에 따르면, 재화의 가격과 재화의 공급량 사이에는 정(+)의 관계가 존재한다. 시장에서는 구매자의 결정이 판매자의 결정과 동시에 상호작용하며, 수요가 재화와 서비스의 공급과 같아지는 경향이 있다. 재화에 대한 수요가 해당 재화의 공급과 같을 때, 해당 재화에 대한 시장은 균형상태(equilibrium)에 있다고 한다.

공급, 수요, 희소성, 효용, 및 기회비용의 평가에 대한 최적의 결정을 내릴 수 있는 곳이 바로 자유로운 시장이다. 자유로운 시장에서의 성공 사례는 점점 더 세계화되어가고 있는 경제에서 많이 있다. 높은 관세나 수입 쿼터의 제한을 받지 않는 자유로운 시장에서 일본 자동차 제조업체 도요타는 미국의 거대 자동차 제조업체인 제너럴 모터스와 포드를 능가하는 판매량을 기록했다. 국제시장에서 최적의 의사결정을 가로막는 장애물이 완화되면서 자유시장주의자 입장에서는 효과적인 경제 의사결정이 가능해졌고 판매자와 구매자 모두에게 이익이 되었다.

자유주의 경제학의 관점에서 볼 때, 글로벌 경기침체는 새로운 균열이 분명해 보이는 상황에서도 자유로운 시장 시스템이 작동한다는 증거가 된다. 10년에 걸친 주택 거품, 과도한 부채 증가, 터무니없이 복잡한 금융 상품의 탄생은 모두 실제 금융 상황에 반응하지 않는 '왜곡된' 시장을 만들어 냈다. 글로벌 경기침체와 계속되는 위기는 시장이 스스로 '조정'한 사례이다. 이러한 고통을 최소화하기 위한 은행의 구제금융, 인위적인 저금리, 정부의 신사업 투자 등의 개입은 시장의 균형과 정상화를 늦춘다는 점에서 실수가 될 수 있다.

경제 민족주의

국가 개입이 본질적으로 나쁘다는 개념으로 인해 자유주의 경제학은 **경제 민족주의** (economic nationalism)라는 용어로 포괄할 수 있는 접근 방식과 차별화된다. 경제 민족주의는 자국의 노동, 생산, 부의 축적을 보호하는 것을 목표로 하는 정책을 말한다. 경제 민족주의의 기본 원칙은 경제가 한 국가의 사회 및 정치 시스템과 독립적인 것이 아니라 국민 국가의 필수적인 부분이며, 국내 및 국제적으로 국가의 최선의 이익을 위해 수행되도록 유도해야 한다는 것이다. 최저임금 설정 및 주당 근로시간 제한, 제조 기준 규제, 식품에 허용되는 화학물질 정책, 공공용지로서의 자원 확보, 독점 제한, 외국의 투자 조건 설정, 관세 제정 및 기타 대외 무역에 대한 장벽은 경제 민족주의자들이 경제 활동을 국익에 종속시키려는 방법의 예이다. 이는 규제 없는 시장이 국익에 가장 부합한다고 보는 자유주의 경제학과는 대조적이다.

경제 민족주의는 식민지 시대에 유행했던 중상주의라는 초기 이론에 그 뿌리를 두고 있다. **중상주의**(mercantilism)는 한 국가의 경제적 번영이 전 세계 자본의 양에 대한 통제력과 직접적으로 관련되어 있다고 주장하는 정치경제학 이론이다. 초기 형태의 중상주의에서 세계 무역량은 일정하고 변하지 않는 것으로 간주되었으며, 국가가 보유한 귀금속의 가치로 계산되었다. 국가의 권력은 이 일정한 자본을 가능한 한 많이 배분하는 경제 시스템을 통해 가장 향상될 수 있다고 믿었다. 이를 위해서는 많은 양의 수출과 적은 양의 수입이 필요했다. 따라서 정부의 역할은 수입품에 **관세**(tariff)를 부과하고, 기업을 위험으로부터 보호하기 위해 **보조금**(subsidy)을 지급하며, 다른 국가가 자국 시장에 값싼 제품을 덤핑하는 것을 방지하기 위해 **수입 쿼터**(import quota)를 부과하는 등의 **보호주의** (protectionist) 정책을 시행하여 무역 수지를 개선하는 것이었다. 보호주의 정책은 한 국가의 이익을 얻기 위해서는 다른 국가의 손실을 감수해야 한다고 믿었기 때문에 다른 국가의 경쟁 우위를 제한하기 위해 시행되었다. "**제로섬**(zero sum)" 체계로 알려진 이 경제학 접근법은 16~18세기 유럽에서 민족국가가 출현하는 동안 지배적인 정치–경제적 패러다임이었다. 역사적으로 보호주의 정책은 산업계가 국가 간 시장에서 경쟁할 수 있을 때까지 생산 시스템을 개발하고 자본을 축적할 수 있는 시간을 주었다.

게다가 중상주의는 국가마다 다르게, 종종 임시방편적으로 표현되었으며, 자유주의 경제학이나 마르크스주의 패러다임에서 볼 수 있는 것과 같은 통일된 이론이나 모델이 없었다. 그럼에도 불구하고 경제 민족주의에는 국가의 이익이 본질적으로 경제 활동과 연계되어 있으며 경제 활동 자체가 국익에 종속되어 있다는 핵심 사상이 있다. 오늘날에도 이 사상은 여전히 영향력을 발휘하고 있으며, 모든 국가는 고용 안정과 경제적 이탈에 대한 불안감으로 인해 자국의 경제력을 강화하기 위한 수단으로 보호무역주의의 형태를 계속 유지하고 있다. 이러한 형태는 지역 기업에 대한 세금 감면이나 보조금 지급부터 산업에 대한 전면적인 **국유화(nationalization)**까지 다양하다. 예를 들어, 베네수엘라와 볼리비아는 최근 석유 및 천연가스산업을 국유화하고 다국적 석유화학 기업으로부터 더 많은 **로열티(royalty)**를 받는 조치를 취했다.

경제적 민족주의는 필연적으로 국가 재산 및 시민권의 이데올로기와 연관되어 있다. 국가주의 이데올로기는 민족국가를 배타적이고 필수적인 제도로 간주하며, 개인은 해당 국가에 대한 소속과 복종에 의하여 정의된다. 국가는 일반적으로 동질적인 정체성과 언어, 높은 수준의 자율성, 완전한 주권, 통일된 정체성을 가진 고정된 조국으로 표현된다. 따라서 정치엘리트들은 종종 외부의 영향으로부터 국가를 보호하려고 시도한다. 예를 들어, 2005년 중국해양석유총공사(CNOOC)는 미국에 본사를 둔 다국적 석유 회사인 유노칼(Unocal)을 인수하려다 실패했다. CNOOC는 미국 석유화학 대기업 셰브론의 강력한 로비에 부딪혔다. 결국 미국 의회는 이 거래를 저지했고, 낮은 입찰가를 제시한 미국 기업이 높은 입찰가를 제시한 외국 기업을 제치고 자유무역 의제에 대한 미국의 전반적인 의지에도 불구하고 인수에 성공했다.

중국이 석유 기업 인수에 큰 관심을 보이는 이유는 중국의 경제성장과 석유 매장량 부족으로 인해 필수적이고 전략적인 유한한 자원인 석유에 대한 전 지구적 수요가 증가하고 있기 때문이다. 중국의 생산력 증대를 위해 석유에 대한 접근을 완화하는 것은 국제무역을 자유화하려는 노력과 일치할 수 있지만, 중국을 잠재적인 정치적 위협이자 경제적 라이벌로 간주하는 미국의 외교 정책적 이해와 일치하지 않는 측면이 있다. 이러한 맥락에서 미국 의회가 수립한 정책은 미국의 유노칼 투자를 장려하고 외국인 투자를 억제하기 위한 것이었다. 이러한 노력은 미국의 민족주의적 우려에서 비롯된 것이 분명하다.

경제 민족주의는 국력과 국내 복지 사이에 상호보완적인 관계가 있다고 가정한다. 이는 군사화나 어떤 형태의 국가 개입을 통해 국가 복지를 추구하는 것은 모순이라고 보는 자유주의 경제이론과 상충된다. 자유주의 경제학자들은 또한 모든 국가가 보호주의나 국가정책이 아니라 오히려 정반대의 정책, 즉 제한이나 국가 개입 없이 국가 간 무역을 개방함으로써 가장 큰 이익을 얻을 수 있다고 주장한다. 경제 민족주의자들은 주권 국가들이 서로 경쟁 관계에 있으며 경제적 상호의존성을 형성하는 것이 도움이 되지 않는다고 본다.

국가의 경제적 이익 보호는 매우 빠르게 국가 안보의 이익이 될 수 있다. 이런 일이 발생하면 정치철학으로서의 민족주의는 점점 더 중요해지고 사법, 경찰, 군사력의 지원을 받게 된다. 민족주의의 중요한 쟁점은 국가 공동체 간의 상호 경제적 이익이 아니라 국가 간의 상대적 이익이다. 그러나 세계은행에서 맥도넬 더글러스사(McDonnell Douglas Corporation)[1]에 이르는 글로벌 자유주의 경제기관은 민족주의와 이해관계가 일치하는 동시에 상충하는 가장 강력하고 이기적인 자유주의 국민국가인 미국의 지원 없이는 지금처럼 발전할 수 없었을 것이다. 특히 희소하고 한정된 자원을 둘러싼 국가 간 갈등이 국제 사회에서 뚜렷해지면서 모든 국가가 자국의 경제적 이익을 보호하려는 노력은 국제학에서 반복되는 일반적인 주제이다.

따라서 경제 민족주의적 접근 방식을 지지하는 사람들은 경제적 어려움을 완화하고 은행과 기업의 도산을 최소화하며 고용을 강화하기 위해 고안된 국가 경제 제도와 프로세스에 대한 개입에 박수를 보낸다. 경제 민족주의자들은 글로벌 경기침체로 인해 가장 큰 피해를 입은 국가와 가장 적은 피해를 입은 국가를 비교하며, 서로 다른 속도로 회복하는 경쟁국가 간의 상대적 힘에 대해 우려를 표한다. 이러한 우려는 결국 시장 규제와 국가 투자에 대한 노력을 더욱 촉진할 수 있다.

---

1) (역자 주) 맥도넬 더글러스(McDonnell Douglas)는 미국의 항공우주 제조회사이자 방위 산업체였다. 여러 종류의 유명한 상업용, 군용 항공기를 생산했던 이 회사는 1967년 맥도널사와 더글러스사의 인수·합병으로 설립되었으나 만성적인 자금난으로 인해 1997년 경쟁사였던 보잉에 인수 합병되었다.

마르크스주의

마르크스주의는 상품과 서비스의 가치가 시장의 수요와 공급이 아니라 이를 생산하는 데 필요한 인간의 육체적, 정신적 노동에서 비롯된다는 개념에 기초한 다양한 경제 분석 체계를 말한다. 즉, 시장이 상품 가격을 상품 생산에 필요한 노동 비용보다 낮게 책정하면 상품이 사람들을 착취하는 수단이 될 수 있다는 것이다. 칼 마르크스와 프리드리히 엥겔스의 저작에 대한 다양한 해석을 바탕으로 마르크스주의 이론은 19세기 중반 기본 공식화된 이후 상당한 방식으로 발전해 왔다. 마르크스의 분석적 접근 방식인 **역사적 유물론**(historical materialism)은 역사적 변화의 원동력이 천연자원을 상품으로 전환하기 위해 노력한 사람들과 이러한 노동에 기여하지 않고 이익을 얻는 사람들 사이의 관계에 있다고 주장했다.

강-계곡 농경 문명의 등장부터 봉건제, 글로벌 자본주의에 이르기까지 노동자와 노동자가 생산한 재화를 향유하고 이익을 얻는 엘리트 사이에는 근본적인 경제적 모순이 존재해 왔다. 따라서 모든 시대에는 **계급투쟁**(class struggle)이 발생했고, 이는 결국 일련의 사회변혁으로 이어져 새로운 경제 체제가 등장하게 되었다. 마르크스는 세계 자본주의에 내재된 모순으로 인해 결국 자본주의가 붕괴하고 **공산주의**(communism)라는 유토피아적 계급이 없는 사회가 출현할 것이라고 믿었다.

이러한 이론은 19세기 중반 마르크스가 독일과 영국에서 관찰한 극단적인 형태의 노동착취, 뚜렷한 계급분열, 그리고 이러한 불평등을 만들어내고 있는 **정치경제**(political economy)를 기반으로 한다. 정치경제는 국가와 시장 간의 상호작용으로 이해할 수 있다. 마르크스는 체제가 구조적으로 불평등하게 된 것은 일부의 사람들이 **생산수단**(means of production)을 소유했기 때문이라고 말했다. 그들은 사업 수단, 사업에 필요한 자원, 그로부터 파생된 자본, 심지어 사업에 필요한 아이디어(저작권이나 상표권)까지 소유했다. 그들은 자신의 소유권을 합법화하기 위해 정치적, 법적, 군사적 시스템을 고안해 냈다. 그 소유주들은 실제 생산과정에 크게 기여하지 않고서도 **자본**(capital)을 축적할 수 있었다. 마르크스가 보기에 노동자는 자본을 거의 또는 전혀 소유하지 못했지만 자본가 계급이 전유한 자본을 실제로 창출했던 것이다. 이는 노동자 계급이 **노동의 가치**(value of its labor)를 결코 받지 못하기 때문에 발생하는 것이다.

마르크스는 사회 계급 간의 관계를 **생산관계**(relations of production)라고 불렀다. 생산관계는 사회가 물질적 삶을 생산하고 재생산하는 방식에 의해 형성되는 사회적 관계이다. 생산관계는 소득, 상품, 자산이 사회적으로 분배되는 방식을 결정하며, 사회의 사회적 구조를 구성한다. 마르크스에 따르면 자본주의에서 이러한 생산관계는 노동 착취와 대부분의 사람들에 대한 기본적 인권의 부정을 수반한다. 이러한 마르크스주의적 관점은 20세기에 라틴 아메리카, 아시아, 아프리카의 권위주의적이고 과두적인 자본주의 정권으로부터 경제적, 정치적 자유를 추구하는 농민 및 노동 단체들 사이에서 지지를 얻었다.

현대의 **마르크스주의**(Marxism)는 마르크스-레닌주의와 사회민주주의의 두 개의 개별 운동으로 나눌 수 있다(Gilpin 1987, 30). **마르크스-레닌주의**(Marxism-Leninism)는 소비에트 연방의 정치경제에서 특징지어졌다. 전체주의적 국영 경제의 한 형태로서 1989년 소련이 붕괴된 후 정당성을 잃었다. **사회민주주의**(social democracy)는 산업 생산과 시장 시스템을 일반적으로 수용하지만, 기업이나 산업의 부분적 또는 전체적 국가 소유를 포함하여 사회적 불평등을 악화시키는 시장 시스템의 경향을 완화하기 위한 정부 및 사회적 통제를 포함하는 다양한 평등주의 국가를 말한다. 대부분의 유럽 국가는 어떤 형태로든 사회민주주의를 채택하고 있다. 이러한 사회 개혁을 도입한 국가들은 대부분 다국적기업(예를 들어 스웨덴의 경우 싸브(Saab)와 이케아(Ikea))뿐만 아니라 개인 사업체를 포함하는 시장 기반 경제를 가지고 있다. 현대적 의미에서 이러한 국가들은 민간기업 활동을 장려하고 자본주의 산업을 육성하는 동시에 광범위한 사회 안전망, 보편적 의료 서비스, 충분한 재정을 갖춘 공교육도 제공한다. 그 결과, 이들 국가는 일반적으로 높은 기대수명, 낮은 실업률, 낮은 범죄율, 적은 국가 부채를 누리고 있다. 그 대신 경제 자유주의에 기반한 국가에 비해 세금이 높고 전반적인 경제성장률이 낮다는 단점이 있다.

마르크스주의 이론을 현대에 적용하는 대부분의 경우, 그 목표는 자본주의를 전복하는 것이 아니라 마르크스주의에서 말하는 자본주의 내재된 명백한 경제적 불평등과 사회적 불공정을 제거하는 것이다. 마르크스는 『공산당 선언』(*the Communist Manifesto*)에서 자본주의에서는 노동자가 하나의 상품이 된다고 주장했다. 또한 노동의 고단함이 증가할수록 임금은 감소한다고 주장했다. 이는 19세기에는 분명 사실이었지만, 시간이 지나면서 유럽과 미국에서는 기술 혁신으로 임금이 전반적으로 상승하고 노동의 고단함이 감소했다. 그러나 저개발국에서는 세계화로 인해 국제무역이 자유화되면서 노동이 다시 점점 더 상품화되고 있다. 더 많은 이윤을 추구하는 기업들은 선진국보다 인건비가 훨씬 저렴한 개발도상국과 신흥 경제국으로 생산기지를 이전했다. 그 결과 더 나은 임금과 근무 조건이 제공된다고 하더라도 이윤이 크게 낮아지지 않을 것이라는 연구 결과에도 불구하고 "착취노동(sweatshop labor)"이 증가했다 (Pollin et al. 2002). 특히 아베크롬비와 피치(Abercrombie and Fitch), 나이키(Nike), J. 크루(J. Crew)와 같은 미국 의류 제조업체들은 막대한 수익을 거두면서도 아시아 지역의 노동착취 업체에 하청을 준다는 비난을 받아 왔다. 이런 제조업체에 대한 전 세계적인 반발로 인해 고용 관행에 일부 변화가 있었지만, 일반적으로 이러한 상황은 지속되고 있어 많은 개발도상국에서 마르크스주의에서 영감을 받은 경제 개혁에 대한 관심이 계속되고 있다.

사회주의 개혁을 옹호하는 정치 운동은 많은 저개발 국가에서 인기를 얻었지만 일반적으로 마르크스주의 이론보다는 지역 조직가들로부터 더 많은 영감을 얻었다. 이러한 운동은 관심사, 조직, 목표가 상당히 다양하며 스스로를 사회주의라고 밝히지 않을 수도 있지만, 기본적인 투쟁은 자본주의 경제 체제의 정치적, 경제적 불평등에 반대하는 것으로 요약할 수 있다. 이러한 운동은 경제적 자원의 보다 공평한 분배, 임금 인상, 사회 정의, 자유를 추구한다. 월스트리트 점령운동(Occupy Wall Street movement)은 부의 재분배, 기업지배 구조개혁, 그리고 보호받는 1%의 엘리트층에 비해 99%의 대다수 사회 구성원들이 겪고 있는 전반적인 경제적 불평등에 대한 외침의 한 예이다.

볼리비아, 베네수엘라 및 기타 라틴 아메리카 국가에서는 마르크스주의에 영향을 받은 다른 종류의 정치 이데올로기가 다시 등장했다. 이들은 사회 서비스를 개선하고 지속적이고 심각한 수준의 빈곤을 완화하기 위해 국내 석유 자원과 주요 산업을 국유화하는 등 정치 경제 개혁을 단행했다. 멕시코 반군인 마르코스(Marcos) 부사령관은 멕시코 남부 치아파스(Chiapas)의 가난한 농민 집단 중 일부인 사파티스타(Zapatistas)를 대표했다.

그는 사회주의 정부와의 연계를 거부하고 농민이 자신의 땅을 경작할 권리, 합리적인 의료 서비스, 공교육, 정의를 요구했다. 이 농민들은 사회민주주의, 보편적 권리, 착취로부터의 자유 등 사회민주주의의 근본적인 이익으로 인식되는 것을 대표했다. 블랙맨이 지적했듯이, "사파티스타에 참여한 멕시코 농민들 중 마르크스나 엥겔스를 읽은 사람은 거의 없었다"(Blackman 2005, 106).

마르크스주의 경제학자들은 글로벌 금융위기는 세계 자본주의 체제의 근본적인 모순, 특히 전 세계 인구의 일부에게 부를 집중시키고 나머지 인구에게 비효율적으로 재분배하는 방식에서 비롯된 결과라고 생각한다. 은행과 기업의 구제금융은 부채를 부실 기관에서 국가로 이전함으로써 문제를 더욱 악화시킨다. 마르크스주의 경제학은 규제로 위기를 해결하려는 모든 노력이 궁극적으로 실패할 것이라고 주장하는데, 이는 시장이 글로벌화되었기 때문에 글로벌 금융규제시스템만이 문제를 해결할 수 있다는 또 다른 모순 때문이다. 그러나 핵심 주체는 국가이며, 어느 국가도 국제기구에 주권과 국익을 기꺼이 포기하지 않을 것이다(Beams 2008).

미시 및 거시경제학

현대 경제 분석은 주로 경제 행동 모델을 구축하는 방식으로 진행된다. 경제학 분야는 미시경제학과 거시경제학의 두 가지 큰 분야로 나뉜다.

미시경제학(Microeconomics)은 개인, 기업, 산업의 경제적 행동과 같은 소규모의 특정 시장 시스템을 연구하여 상품과 서비스의 상대 가격과 특정 시장 시스템에서 자원이 투입될 수 있는 대체 용도를 이해하는 데 관심이 있다. 미시경제학에서는 시장에 수많은 구매자와 판매자가 존재하며, 이들 중 어느 누구도 시장의 가격 구조를 효과적으로 통제할 수 없다고 가정한다. 물론 실제 시장 거래에는 가격에 영향을 미칠 수 있는 개인이나 집단이 존재하며, 이는 미시경제학적 분석을 복잡하게 만든다. 예를 들어, 석유수출국기구(OPEC)와 나이지리아, 이라크 등 많은 산유국의 혼란스러운 정치 환경은 석유 제품의 공급과 가격에 분명히 영향을 미친다. 이러한 제품 사용으로 인한 환경 비용도 증가하고 있다. 미시경제 분석의 정교한 모델은 이러한 정치적, 환경적, 경제적으로 복잡한 환경의 맥락에서 기업이나 산업의 운용 정책을 수립하는 데 사용된다.

거시경제학(Macroeconomics)은 특정 시장시스템에서 모든 시장의 종합적인 성과를 연구하는 학문이다. 거시경제학은 국가 또는 글로벌 지역을 분석 단위로 삼을 수 있으며, 한 국가의 경제에 대한 총체적인 정보를 수집한다. 이 분야에서 특히 중요한 경제 성과 지표는 한 해 동안 한 국가에서 생산된 모든 상품과 서비스의 총 가치로 정의되는 **국내총생산(GDP)**이다 (2015년 세계 GDP 성장률은 지도 4.1 참조). 거시경제 분석의 목표에는 정부 또는 기관의 정책을 알리기 위한 데이터 분석 및 모델링이 포함될 수 있다. 예를 들어, 미국의 연방준비제도이사회는 미국 경제에서 이용 가능한 자본과 신용의 양을 규제하기 위해 1913년에 설립되었다. 거시경제 분석은 연방준비위원회가 국가의 통화 공급을 규제하는 데 결정적인 정보를 제공한다. 연방준비제도이사회는 은행이 이용할 수 있는 연방 준비 은행 자금의 양에 영향을 미쳐 이자율을 통제한다. "연준"(the Fed)은 미국 정부 증권을 매입하고, 할인율(연방 정부가 은행이 정부로부터 돈을 빌릴 때 부과하는 이자)을 높이거나 낮추고, 은행이 대출을 하기 전에 보유해야 하는 통화 준비금의 비율을 규제하는 방식으로 이를 수행할 수 있다. 지급준비율이 높을수록 대출로 지급할 수 있는 자금이 줄어들고, 따라서 자본의 가용성을 조정할 수 있다.

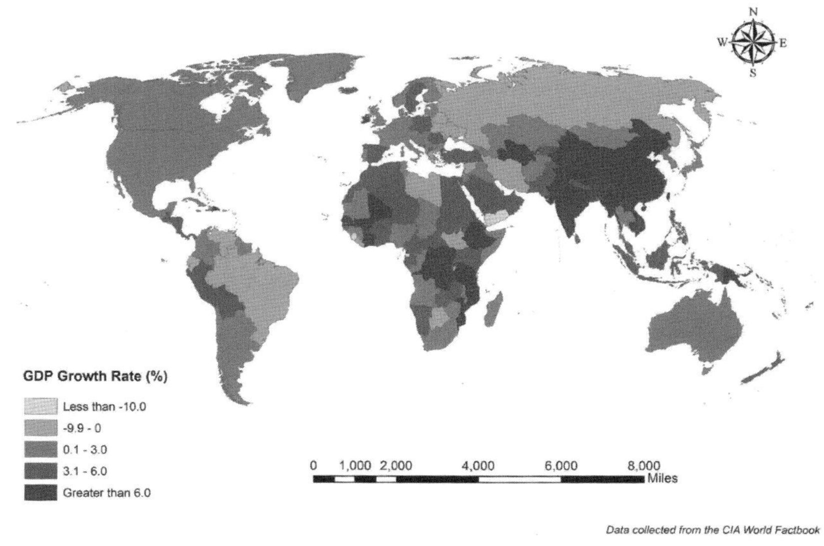

〈지도 4.1〉 2015년 GDP 성장률

발전론적 관점

발전론적 관점(developmentalist perspectives)은 저개발국의 경제성장을 연구한다. 개발도상국을 정의하는 것은 어렵지만, 유럽, 미국, 캐나다, 일본 등 소위 제1세계 경제에 비해 생활 수준이 지속적으로 낮은 국가를 말한다. 이러한 국가는 대부분 사하라 사막 이남의 아프리카, 남아시아, 라틴아메리카에 위치하지만 동아시아(예: 베트남), 중앙아시아(예: 카자흐스탄), 동유럽(예: 루마니아), 중동에도 빈곤 국가가 있다. 경제 발전의 목표는 사람들이 건강하고 창조적인 삶을 오래 누릴 수 있는 경제환경을 조성하는 것이다. 물론 경제발전에는 소득증가보다 더 많은 것이 있지만, 이 개념은 더 높은 생활 수준을 촉진하기 위해 경제 구조를 개발하는 것에서 시작된다. 제2차 세계대전 이후, 제3세계의 경제발전을 촉진하기 위한 여러 가지 정책 정보 모델이 등장했다. (제 2세계는 1980년대 말 소련이 붕괴되기 전까지 공산권 국가들로 구성되었다.) 이러한 모델은 1950년대와 1960년대에 W.W. 로스토우(Rostow)에 의해 처음 제시되었는데, 그는 『경제 성장의 단계: 비공산주의 선언』(*The Stages of Economic Growth: A Non-Communist Manifesto*)(1960)에서 진화적 패러다임을 제시했다. 로스토우는 국가가 5단계의 연속적인 단계를 거쳐 미국의 특징인 "대량 소비의 단계(stage of high mass consumption)"에 도달한다고 가정했다. 초기 발전 이론의 핵심적인 문제점은 미국과 서유럽 국가들이 어떻게 부유해졌는지를 (종종 노예제도, 식민주의, 원주민 토지 수탈의 기여를 배제한 이상주의적 방식으로) 살펴보고, 원조 대상 국가의 실제 생태적, 사회적, 역사적 조건에 거의 또는 전혀 관심을 기울이지 않는 이상주의적 "모든 것에 맞는"(one size fits all) 모델을 구축했다는 점이다. 국제 종속이론(international dependence theory)은 개발도상국에서 시작되었으며 구조적 변화 정책의 실패에 대한 반작용으로 등장했다.

임마누엘 월러스타인(Immanuel Wallerstein)과 안드레 건더 프랭크(Andre Gunder Frank)는 로스토우의 초기 발전 이론에 대한 비판을 제기한 사람들 중 한 명이다. 이들은 자본주의와 마르크스주의 경제이론은 모두 서유럽의 역사적 경험에서 파생된 것이기 때문에 제3세계의 경제 발전 모델링에 부적절하다고 주장했다. 비슷한 관점이 1960년대와

1970년대 범아랍 운동에 영향을 미쳤다. 또 다른 비평가인 아르투로 에스코바르(Arturo Escobar)(1995)는 유럽과 북미 경제에서 성공한 성장 중심의 자본주의 경제 모델에 기반한 개발 프로젝트와 경제 정책이 다른 문화적 논리에 따라 작동하는 사회에 적용될 때 종종 실패한다고 주장하면서 제3세계 많은 국가의 개발 실패의 원인을 서구 경제 강대국들의 책임으로 돌렸다.

이러한 비판의 근저에는 계획대로 진행되는 개발 프로젝트가 거의 없다는 경험적 사실이 있다. 많은 프로젝트가 생태계를 파괴하거나 전통적인 형태의 사회 및 정치 조직을 파괴하는 등 예상치 못한 지역적 결과를 초래한다. 많은 프로젝트가 예상했던 성과를 달성하지 못했다. 경제적 성과를 거두지 못하여 수혜자들이 대출금을 갚지 못해 더 큰 빚더미에 앉게 되는 결과를 초래한다. 또 다른 프로그램은 국가 GDP로 측정한 전체 부를 증가

〈그림 4.2〉 워싱턴 DC의 세계은행은 현대 경제 발전의 핵심적인 역할을 하는 기관 중 하나이다.

출처: 미국 의회도서관

시키지만, 새로운 부는 소수의 손에 집중되어 빈부 격차를 증가시킨다.

현대 경제발전 이론은 자유무역을 촉진하고 경제 활동에 대한 정부의 간섭을 제한하려는 노력과 관련이 있다. 1980년대 마거릿 대처(Margaret Thatcher)와 로널드 레이건(Ronald Reagan)에 의해 대중적인 인기를 얻은 이 이론은 **종속이론**(dependency theory)과 유사한 비판에 대한 급진적인 반응이었다. 이러한 신자유주의 이론에는 여러 가지 변형이 있지만, 모두 자유시장 접근 방식과 정부개입 축소를 주장한다. 세계은행과 관련된 지배적인 모델(그림 4.2)은 자유시장 개방을 옹호하지만, 많은 개발도상국의 정교하지 않은 금융 기관은 산업과 수출 시장의 적절한 발전을 위해 정부의 개입이 필요하다는 사실은 인정한다.

세계화와 증가하는 불만

18세기에 이미 경제학자 애덤 스미스는 유럽, 아메리카, 동인도 제도 간의 경제 관계의 잠재적 이익을 고려하고 있었다. 그는 "세계에서 가장 멀리 떨어져 있는 두 지역이 서로의 욕구를 해소하고, 서로의 즐거움을 증진하며, 서로의 산업을 장려함으로써 어느 정도 서로 협력한다면 상호 이득을 보게 될 것"이라고 예견했다(Smith 2000, 104). 오늘날 많은 경제학자들은 상품과 서비스의 원활한 글로벌 무역 시스템이 모든 국가에 이익을 가져다 주고 국제분쟁의 가능성을 줄여줄 것이라고 믿고 있다(Sachs 1998). 하지만 이것이 사실일까? 세계화의 이점이 비용보다 더 클까? 경제학자들은 이에 대해 계속해서 논쟁을 벌이고 있다.

세계화는 일반적으로 글로벌 커뮤니케이션 및 시장 연결의 확대, 전 지구적 규모의 사회적, 정치적 상호의존성 증가, 전 세계 많은 사람들 사이에서 국가적 인식이 아닌 지구적 인식의 발달을 의미한다. 어떤 관점에서는 세계화를 글로벌 사회관계의 통합과 동질화를 의미하기도 한다. 세계화의 가장 위대한 옹호자 중 한 명인 토머스 L. 프리드먼(Thomas L. Friedman)은 『렉서스와 올리브 나무』: 세계화의 이해(*The Lexus and the Olive Tree: Understanding Globalization*)에서 세계화를 "개인, 기업, 국가가 그 어느 때보다 더 멀리, 더 빠르게, 더 깊게, 더 저렴하게 전 세계에 도달할 수 있는 방식으로, 그리고 이전에는 볼 수 없었던 수준으로 시장, 국가, 기술을 가차없이 통합하는 것"으로 이해했다(Friedman 1999, 7). 물론 세계화에는 많은 프로세스, 금융 거래, 시장 확장, 전자 통신, 상호 연결의 증가 등이 포함되지만, 이러한 요소 중 어떤 것이 세계화를 이해하는 데 가장 중요한지 는 논쟁의 여지가 있다.

세계화가 언제 시작되었는지에 대한 논쟁이 계속되고 있는데, 일부에서는 세계화가 수 백 년 전 제국과 국가가 전쟁, 무역, 정치를 통해 등장하면서 시작되었다는 견해를 내놓고 있다. 정치-경제적 변화의 한 형태인 세계화는 매우 빠르게 진행되었기 때문에 경제 성 장, 무역 패턴, 세계 및 국가 간 통화 이동, 세계 경제에서 부의 분배에 대한 결과와 의미 는 여전히 제대로 이해되지 않고 있다. 분명한 것은 무역 증가, 외국인 직접 투자, 국제 생 산, 그리고 시스템을 규제하는 국제 조약과 법적 제도를 통해 국가 경제가 여러 가지 방 식으로 더욱 통합되고 상호의존하고 있다는 사실이다. 그러나 2차 세계대전 이후 세계 무 역이 꾸준히 증가한 것은 사실이지만, 그 대부분은 대규모 다국적 기업을 통해 이루어지 고 있다. 즉, 국가 간 무역과 투자의 상당 부분이 동일한 다국적 기업 내에서 거래되고 있 다(Sachs 1998). 투자 및 그에 따른 상품 교역의 3분의 1 정도가 실제로는 여러 국가에서 생산 공정을 수행하는 동일한 기업의 여러 생산 공장으로 부품 제품을 배송하는 것이다.

경제, 정치, 사회, 기술, 환경 등 다양한 형태의 세계화는 국제개발에 상당한 영향을 미 친다. 이러한 모든 형태는 서로 교차하여 국가 및 민간 행위자 모두에게 복잡한 도전과 기 회를 만들어 낸다. 정치적 세계화는 자유, 표현의 자유 등 민주주의 원칙의 보급을 의미하 며, 자유무역 및 시장과 함께 작동하는 이상적인 정부형태이다. 사회적 세계화는 트위터, 페이스북, 왓츠앱과 같은 소셜 미디어 플랫폼의 폭발적인 증가로 촉발된 정보 혁명을 의 미하며, 이는 시민 선호도에 대한 정부의 이상적인 대응을 포함하여 개인에게 바람직한 것에 대한 태도를 형성한다. 이처럼 전 세계적으로 전례 없이 빠른 정보 흐름이 특히 억압 적인 정책을 펼치는 국가에서 사회운동과 시위를 조장하는 Facebook의 힘으로 인해 사람 들의 태도에 극적인 변화가 일어났다. 무아마드 부아지(Mouamad Bouazzi)의 분신자살 로 시작된 아랍의 봄은 경제난, 보조금 삭감/폐지, 생활수준 저하, 그리고 더 큰 환경 문제 의 일환인 가뭄에 대한 지역 내 여러 나라의 전반적인 불만이 소셜 미디어 플랫폼의 도움으로 확산되었다. 또 다른 예로 2018년 말의 수단을 들 수 있다. 아동 결혼을 합법화하고 여성의 바지 착용을 금지하는 법안이 통과되자 여성들이 거리로 쏟아져 나왔고, 일시적이지만 시위가 성과를 거두는 듯 보였다. 수 십 년 동안 대통령을 지낸 오마르 바시르(Omar Bashir)는 2019년 4월 여성 시위대가 주도한 대대적인 시위로 인해 강제 퇴진 당했다. 이후 정치적 균형은 다시 남성 중심의 정치로 돌아갔지만, 오랫동안 전 세계적으로 논란의 대상이 되었던 대통령이 무너진 것은 소셜 미디어의 놀라운 힘을 보여주는 것이다.

기술은 오랫동안 발전에 중요한 역할을 해왔으며, 간소화된 무선통신, 더 빠른 여행 등을 제공하는 기술의 세계화는 경제적, 정치적, 사회적 세계화의 공통분모이다. 라틴 아메리카나 아프리카의 중소기업에게 WhatsApp은 중요한 도구이며, 휴대폰의 앱으로 온라인 뱅킹을 할 수 있고, 암호화폐는 우리가 알고 있는 세상을 변화시키고 있으며, Facetime과 수많은 제품은 우리를 친구, 가족 및 다른 사람들과 즉시 연결시켜 준다. 위에서 언급하였듯이 세계가 점점 더 작아지고 상호 연결되면서 시장은 더욱 커졌고, 그 결과 새로운 제품이 빛의 속도로 출시되고 있다. 패스트 패션, 과일, 채소 등 세계 곳곳의 오지에서 생산되는 '슈퍼푸드'는 천연자원의 채취와 추출을 통해 가능해졌다. 이 과정은 우리가 환경적 세계화라고 부르는 과정의 일부이며, 기술 발전으로 인해 **채굴주의(extractivism)**와 소비주의가 더욱 확대되고 있다. 이러한 목적을 위해 공장이나 대형 농장을 운영하는 다국적 기업들은 더 작고 가난하며 경제적으로 취약한 국가가 느슨한 환경 기준을 채택하고 있다는 사실은 이용하고 있으며, 시장의 논리와 확장 및 개발에 대한 전 세계적인 욕구는 그러한 다국적 기업에 의해 충족되고 있다. 따라서 세계화의 이점을 극대화하고 '지속가능한' 개발 또는 미래세대의 번영을 보장하면서 지속되는 개발에 대한 해로운 도전으로 인식되는 것을 최소화하는 방법에 대한 논쟁이 치열하게 전개되고 있다.

신자유주의(neoliberalism)는 일반적으로 세계화라고 불리는 것의 주요 배경이 된 경제이론이자 이데올로기이다. 신자유주의는 자유주의 경제이론을 세계 경제에 적용한 것으로, 초기 자유주의 학파에서 받아들인 "공동의 선"으로서의 자원(예: 예비비, 공공 토지, 공립학교, 병원)을 관리하는 데 있어 국가와 지역사회가 항상 더 효율적인 시장이 될 것이라는 관념에 의구심을 품고 있다. 신자유주의는 명시적이지는 않더라도 암묵적으로 시

장의 효율성과 생태적 완전성 사이의 갈등은 시장의 효율성에 유리한 쪽으로 해소되어야
한다고 주장한다(Scholte 2005, 12).

신자유주의의 목표는 일반적으로 국가 간 무역에 대한 제한을 완화하고, 상품과 서비
스의 이동을 자유롭게 하며, 경제적 효율성과 이윤을 극대화하는 것이다. 관세, 규제, 투
자제한과 같은 통제를 철폐하고 정부 서비스를 시장 지향적인 민간기업에 맡겨 서비스
제공의 효율성을 높힘으로써 그러한 목표는 달성될 수 있다. 20세기 후반에 산업 규제 완
화와 정부서비스의 민영화로 인해 기업들이 선진국보다 더 저렴한 노동력과 새로운 시
장을 찾으면서 경제는 상품 수입에 개방되었다. 통신과 상품 운송의 발전은 비용을 절감
하고 무역과 외국인 투자의 확대를 촉진했다. 또한 통신의 발전으로 국제 금융 시스템이
훨씬 더 통합되어 통화를 신속하게 교환할 수 있게 되었다. 금융 유동성이나 금융 거래의
속도가 금융 이체, 거래, 투자가 백만분의 1초 단위로 이루어지는 것과 같은 급격한 변화
는 전례가 없는 일이다. 1986년부터 2006년까지 연방준비제도이사회 의장이었던 앨런
그린스펀(Alan Greenspan)은 금리를 인하했고, 이는 이후 1929년 대공황 이후 볼 수 없
었던 주택 거품과 그에 따른 시장붕괴 및 경기침체를 촉발하는 중요한 전환점이 되었다.
특히 은행 부문의 상업은행 분리라는 프리즘을 통해 바라본 금융 세계화는 어떤 면에서
2008년 글로벌 경제 위기의 여건을 조성하는 데 도움이 되었다.

2008년 글로벌 경제 위기

글로벌 경제 위기는 미국에서 은행 **유동성**(liquidity)의 급격한 하락, 즉 만기가 도래한
채무를 갚을 수 있는 금융회사의 능력이 급격히 하락하면서 시작되었다. 미국은 글로벌
금융허브이기 때문에 위기는 빠르게 확산되면서 거대 투자회사의 붕괴, 각국 정부의 은
행 구제금융, 전 세계 주식시장 침체로 이어졌다. 많은 지역에서 주택시장도 타격을 입어
퇴거, 압류, 장기 공실이 급격히 증가했다. 이 위기는 수조 달러에 달하는 소비자 자산의
급격한 감소로 이어졌고, 결국 2008년 심각한 글로벌 경제불황으로 이어졌다.

왜 그렇게 많은 미국 은행들이 갑자기 빚을 갚지 못하게 되었을까? 그 해답은 2007년
미국의 장기적인 부동산 버블 붕괴에 있다. 10년 이상 미국의 토지와 주택 가격이 꾸준히

상승하면서 대출 기관은 점점 더 높은 위험을 감수하고 주택담보대출을 해주었고, 대출자가 주택을 압류당하면 은행은 부동산을 매각하여 손실을 만회할 수 있다는 논리가 통했다. 주택 거품이 꺼지면서 많은 대출기관은 감당할 수 없을 만큼 많은 부채를 떠안게 되었다. 아르헨티나, 호주, 뉴질랜드, 레바논, 남아프리카공화국, 아일랜드, 이스라엘, 한국, 인도, 러시아, 우크라이나, 중국뿐만 아니라 여러 유럽 국가에서도 비슷한 거품이 터졌다.

이 문제는 1980년대 이후 대공황 이후 시행된 많은 보호조치를 철회한 미국의 은행 규제 완화로 인해 더욱 악화되었다. 이러한 개혁으로 인해 은행과 투자회사는 복잡하고 위험성이 높으며 이해도가 낮은 새로운 금융상품을 만들 수 있었다. 따라서 2011년 미국 상원 보고서에 따르면 이번 위기는 "자연재해가 아니라 고위험 복합 금융 상품, 공개되지 않은 이해 상충, 규제 당국, 신용평가사, 시장 자체가 월스트리트의 과잉을 억제하지 못한 결과"였다(United States Senate 2011, 1).

그 즉각적인 결과 중 하나는 2007년 10월 14,000포인트에 달했던 미국 주식시장이 2009년 3월 6,600포인트까지 급락한 것이었다. 미국 시장의 변동성은 아시아와 유럽의 주식시장에 빠르게 반영되었다. 2008년에는 미국 역사상 최대 규모의 은행 파산인 워싱턴 뮤추얼 은행을 포함해 25개의 은행이 파산하여 연방예금보험공사(FDIC)에 의해 인수되었다. 2009년에는 140개, 2010년에는 158개, 2011년에는 92개, 2012년에는 51개의 은행이 파산했다.

위기는 글로벌 경제충격으로 빠르게 확산되어 수많은 유럽 은행이 파산하고 주가지수가 하락했으며 원자재와 주식의 시장가치가 크게 하락했다. 영국을 시작으로 각국 정부는 시중은행과 대기업에 대한 구제금융을 통해 시중에 더 많은 자금을 공급하고 대출자를 돕기 위해 이자율을 인하하는 등 대응에 나섰다.

미국의 지속적인 재정위기는 전 세계 다른 많은 국가에 영향을 미쳤다. 미국 경제는 수년 동안 매우 높은 비율로 지출과 차입을 해왔고, 전 세계 대부분이 미국 소비자에 의존하고 있었다. 미국의 차입과 지출이 둔화되면 다른 지역의 경제성장도 영향을 받게 된다. 예를 들어 2009년에는 대만 수출이 42%, 한국이 30%, 일본이 27% 감소하는 등 경기 침체의 최악의 영향을 피한 국가들도 글로벌 무역 감소로 인해 타격을 입었다.

유럽에서는 국가별로 상황이 달랐다. 2000년 재정 문제로 인해 엄격한 긴축 정책을 시행했던 폴란드는 유럽연합 회원국 중 유일하게 경기 침체를 피했고, 심지어 이 기간 동안 완만한 성장세를 보였다. 반면 아이슬란드에서는 국제 금융 시스템 전체가 붕괴되어 현대 역사 상 가장 큰 금융 재앙을 겪었다. 이후 이어진 시위로 집권 보수당 전체가 사임하고 좌파 정부로 교체되었다.

일반적으로 경제 활동이 감소하는 시기를 가리키는 **불황(recession)**이라는 단어는 두 가지 의미로 사용될 수 있다. 공식적인 경제적 의미에서 불황은 특히 2분기 연속 경제성장률이 하락하는 것을 의미한다. 이 정의에 따르면 미국에서는 2009년 여름에 경기침체가 끝났고, 대부분의 다른 국가에서는 6개월 정도 앞당겨지거나 늦게 끝났다. 그러나 사람들은 여전히 높은 실업률, 연방 부채 문제, 인플레이션, 유가 및 식료품 가격 상승, 주택 가치의 지속적인 하락, 이로 인한 압류 및 개인 파산 증가를 지칭하는 보다 일반적인 의미로 이 단어를 사용하고 있는 경우가 많다. 이러한 상황은 경기침체가 기술적으로 끝난 후에도 대부분의 국가에서 계속되었다.

이러한 경기 침체는 **유로존(Eurozone)** (유로화(€)가 공통 통화로 사용되는 유럽 지역)에서 특히 극적으로 나타났다. 2009년 말, 한 국가가 빚을 갚지 못하는 **국가부채 위기(sovereign debt crisis)**의 가능성에 대한 우려가 커졌다. 유럽 은행 구제금융의 결과로 유럽 전역에서 국가 부채가 급격히 증가했으며, 특히 그리스, 아일랜드, 포르투갈이 취약한 것으로 여겨졌다. 이러한 국가들이 채무불이행에 빠지면 이탈리아와 스페인처럼 채무를 보유하고 있는 국가들이 무너질 수 있다는 우려가 있었다. 이러한 경제 규모가 큰 국가들의 붕괴는 결국 유럽의 경제 강국, 특히 독일의 경제를 위협할 터였다.

2010년 5월, **국제통화기금(IMF)**과 유로존 국가들은 그리스가 세금 인상, 공공 혜택 축소, 연금 삭감 등 가혹한 긴축 조치를 취하는 대가로 1,100억 유로를 대출하는 데 합의했다. 그 후 6개월 뒤 아일랜드와 6개월 뒤 포르투갈에도 유사한 구제금융 패키지가 제공되었다. 이러한 긴축 조치는 대규모 대중 시위로 이어졌고, 그리스 정부도 아이슬란드처럼 몰락할 지 여부는 불투명했다. 더 큰 문제는 긴축재정이 문제를 해결하지 못했고, 그것이 1년 후 그리스 공공부채 재조정을 둘러싸고 다시 불거졌다는 것이다. 2012년에도 그리스 정부는 새로운 긴축안을 통과시켰고, **유럽연합**(EU) 지도자들은 그리스에 대한 구제금융 패키지를 통과시켰지만, 많은 경제학자들은 유럽 공동 금융시스템의 실행 가능성에 의문을 제기하기 시작했다. 2016년까지 유럽은 여전히 2천만 명의 실직자와 1% 미만의 경제성장률을 기록했다. 그해 영국은 유럽연합 탈퇴를 투표로 결정하면서 불확실성과 불안정성이 더욱 커졌다.

라틴아메리카 국가들은 위기의 첫 단계에서 어려움을 겪었지만 2010년에는 완전히 회복하는 데 성공하는 듯 보였다. 위기 초반에 주식시장은 극심한 변동성을 보였고 통화는 급격히 하락했다. 페루를 제외하고는 산업성장률이 하락했다. 실업률이 증가하면서 많은 국가에서 행진과 시위가 벌어졌다. 그러나 라틴아메리카에 대한 외국인 투자가 감소하면서 브라질을 중심으로 국내 은행들이 그 공백을 메우기 위해 뛰어들었다. 또한 미국과 유럽의 투자 감소로 인해 많은 국가들이 중국과의 경제 관계를 강화했다. 그러나 2016년이 되자 라틴아메리카는 미국 달러 강세, 중국 투자 둔화, 높은 인플레이션(베네수엘라의 경우 거의 100%), 브라질의 경기 침체 등으로 인해 지역 전체가 경제 침체를 겪고 있었다. 이러한 상황은 예상대로 라틴아메리카 전역에서 정치적 시위와 변화를 요구하는 목소리로 이어졌다.

주요 아시아 국가들은 다른 국가들과 마찬가지로 주식시장 변동성과 실업률 상승을 경험했지만, 중국, 인도, 한국은 성장 둔화와 이에 따른 사회적, 정치적 불안을 겪으면서도 기술적 불황은 피할 수 있었다. 다른 아시아 국가들은 매우 부진했다. 캄보디아는 경제 성장률이 10%에서 거의 0%로 떨어졌고, 방글라데시는 빈곤선 이하의 가구 수가 급격히 증가했다. 많은 아시아 국가들은 더 이상의 경제적 문제를 피하기 위해 엄격한 긴축조치를 시행했다. 수당 및 연금 삭감, 실업률 증가, 공공부문 노동자 해고, 임금 삭감으로 인해 캄보디아, 한국, 대만, 일본, 홍콩 등 아시아 전역에서 파업, 시위, 폭동이 발생했다.

중동의 산유국들은 국제 투자에서 막대한 손실을 입었지만, 국제 유가가 계속 상승했기 때문에 다른 지역보다 위기의 영향을 덜 받았다. 미국의 제재로 인해 글로벌 금융시장과 거의 단절된 이란은 경기 침체에 빠지지도 않은 것으로 보인다. 그러나 이후 유가가 하락하면서 이들 국가는 국민에게 제공하던 많은 무료 사회 프로그램을 삭감하기 시작했고, 이로 인해 사회불안이 고조되기도 했다.

석유가 적은 국가일수록 상황이 더 나빴다. 이집트, 시리아, 튀니지 등 석유 매장량이 적은 국가와 리비아, 예멘 등 국민들이 석유 판매 수익에 의존하는 비중이 적은 국가가 이른바 **아랍의 봄(Arab Spring)**이 발발한 국가라는 것은 우연이 아니다. 이미 높은 실업률과 만연한 정부 부패에 직면해 있던 이 아랍 국가들에서 시위는 세계 다른 지역처럼 줄어들지 않고 극적으로 확대하여 튀니지의 벤 알리(Ben Ali), 이집트의 호스니 무바라크(Hosni Mubarak)와 같은 강력한 정부를 무너뜨렸다. 리비아에서는 무아마르 카다피(Muammar Qaddaf)를 축출하는 본격적인 무장 혁명이 일어났고, 시리아에서는 시위가 내전으로 확대되었다.

아프리카에서는 글로벌 경제위기가 "기업, 광산, 일자리, 수입, 생계"를 휩쓸면서 아프리카 대륙을 "본격적인 개발 위기"에 빠뜨렸다 (AfDB 2009, 1). 지난 10여 년 동안 아프리카 국가들과 국제 개발 기관들은 아프리카를 국제 금융 시장에 통합함으로써 상대적으로 강력한 경제성장을 추구했다. 그러나 이러한 노력은 경제성장을 가져왔지만 대부분의 아프리카 국가들을 세계 경제 침체에 더욱 취약하게 만들었다. 세계 무역의 감소는 다이아몬드, 커피, 고무 등 많은 아프리카 상품에 대한 수요 감소로 이어졌고, 이는 곧 실업률 상승으로 이어졌다. 예를 들어, 한때 번영을 누렸던 콩고민주공화국의 카탕가주에서는 2009년에 60%의 기업이 문을 닫고 30만 명 이상이 해고되었다. 개발도상국에 거주하는 아프리카인들의 송금 수입도 이들 국가의 근로자들이 글로벌 위기의 여파에 직면하면서 감소했다. 예를 들어, 케냐의 경우 2008년 말 송금액이 2007년 같은 기간에 비해 13.3% 감소했다. 국내 투자도 급격히 감소했다. 예를 들어, 나이지리아 증권거래소는 2009년에 66%의 가치 손실을 보았다.

세계무역기구(WTO)는 세계화를 대표하는 기구로서 찬사와 비판을 동시에 받아왔다. WTO는 전후 관세 인하를 위한 **관세 및 무역에 관한 일반 협정(GATT)**의 일환으로 1995년에 창설되었다. WTO는 국가 간 무역 협정을 협상, 모니터링 및 규제하는 국제기구이다. WTO의 목표는 상품 및 서비스 생산자가 무역 제한과 정부 개입에 대한 두려움 없이 비즈니스를 할 수 있도록 지원하는 것이다. 소비자와 생산자는 저렴한 가격에 상

<〈그림 4.3〉 북아프리카의 이 산꼭대기 스낵바에서 미국, 영국, 현지 상품을 구할 수 있다는 것은 시장 상품 유통에 있어 글로벌 자유무역의 효과를 보여주는 것이다.

출처: Mark Allen Peterson.

품을 안정적으로 공급받고 제품, 원자재, 서비스에 대한 선택의 폭이 넓어짐으로써 이익을 얻는다(그림 4.3). 생산자와 수출업자는 세계무역기구(WTO) 웹사이트에 명시된 바와 같이 "번영하고 평화로우며 책임감 있는 경제 세계"가 될 것이라는 예측을 할 수 있다(WTO 2011).

풍부한 천연자원과 열악한 거버넌스를 가진 국가나 부패와 경제적 불평등이 만연한 국가에 대한 세계화의 다양하고 때로는 모호한 결과 대신에, 세계화 지지자, 회의론자, 세계화 찬성론자 사이의 분열이 점점 더 커지는 것이 분명하다. 저명한 경제학자 조세프 스티글리츠(Joseph E. Stiglitz)는 『세계화와 그 불만』(*Globalization and Its Discontents*)(2002)에서 세계화가 개발도상국의 생활 수준을 개선하기는커녕 오히려 생활 수준을 떨어뜨리고 불평등을 심화시켰다고 주장한다. 저렴한 상품과 제품을 놀라운 수준으로 끌어올린 시장의 힘을 찬양하는 관점과는 대조적으로, 스티글리츠는 경제 세계화가 부유한 국가와 가난한 국가 간의 격차를 확대했다는 사실을 발견했다. 그의 평가에 따르면, WTO

와 같은 글로벌 경제 기구는 통화 및 금융 기관에서 비교 우위를 점하고 있는 부유한 국가에 의해 설계된 원칙과 규칙으로 인해 관리 권한이 거의 없기 때문에 이들 국가는 강대국의 명령에 따라 움직일 수밖에 없다. 스티글리츠는 국제통화기금과 세계은행과 같은 신자유주의 금융 기관들이 구조 조정과 같은 정책으로 개발도상국의 취약 계층을 위한 보건, 교육 및 기타 서비스에 대한 사회적 지출을 감소시켰다고 지적한다.

세계화, 신자유주의, WTO에 대한 비판자들은 이러한 협정이 자유무역에 부정적인 영향을 미치고 기업보다 시민에게 혜택을 줄 수 있는 모든 보호주의 정책을 타겟으로 하는 기업 중심의 의제의 일부라고 주장한다. 법이 기업의 자유로운 무역 능력을 제한하는 것으로 볼 수 있는 경우, WTO는 노동자나 환경을 보호하기 위한 어떤 법도 본질적으로 무효화할 수 있다는 주장도 제기되고 있다. 스티글리츠는 1990년대에 전 세계 소득이 2.5% 증가하는 동안 빈곤층 인구는 1억 명 증가했으며, 전 세계 인구의 43%가 하루 2달러 미만으로 생활하고 있다고 지적했다. 스티글리츠는 이러한 경제적 불평등의 증가에 대해 **세계은행(World Bank)**과 국제통화기금(IMF)을 비롯한 글로벌 금융 기관의 정책을 비판한다. 그의 주요 주장 중 하나는 미국과 같은 부유한 국가들이 더 큰 글로벌 수준에서 경쟁하기에는 너무 미성숙했을 때 자국 산업을 보호함으로써 부분적으로 부유해졌다는 것이다. 하지만 현재 IMF와 세계은행의 정책은 차관을 받는 국가가 자국 산업을 보호하는 대신 시장을 자유화하고 대외 무역을 늘리도록 요구하는 대출을 승인할 때 이러한 발전 문제를 고려하지 않는다. 이러한 정책의 영향은 현재 진행 중이며, 콰메 아코노르(Kwame Akonor)와 같은 학자들은 가나(Ghana)처럼 괄목할 만한 성장을 이룬 것으로 선전된 아프리카 국가들이 주기적으로 IMF 정책을 준수하지 않는 것은 긴축 조치를 지속하기 위한 유일한 방법이었으며, 이로 인하여 국민들은 무수한 방법으로 그 피해를 고스란히 떠안았다고 주장한다. 스티글리츠에 따르면, 최근 경제 이론의 발전은 사람들이 합리적인 선택을 할 수 있는 정보가 많은 곳에서만 시장이 최적으로 기능한다는 것을 보여주지만, 개발도상국에서는 거의 사실이 아니다.

신자유주의 정책에 대한 이러한 비판은 이론적으로만 중요한 것이 아니라 다양한 수준에서 정치 활동에 영향을 미친다. 이는 라틴 아메리카에서 쉽게 확인할 수 있다. 2005년 미주 정상회의는 미주자유무역지대(FTAA: Free Trade Area of the Americas)에 대한 협정 체결에 실패했다. **미주 정상회의(Summit of the Americas)**는 북미, 남미, 중미, 카리브해 지역 국가 정상들이 경제 문제를 논의하기 위해 2년마다 개최하는 회의이다. **미주기구(OAS: Organization of American States)** 지도자들이 서반구 전체에 자유 시장을 도입하기 위한 일련의 정책인 **워싱턴 합의(Washington Consensus)** 원칙의 이행에 대해 논의하기 위해 1990년대 초에 설립되었다. 이 원칙에는 재정 규율, 인플레이션 방지 정책, 공기업 민영화, 경제에 대한 국가 간섭 철폐, 민간 부문 규제 완화, 투자 정책의 자유화 등이 포함되었다. 1994년 제1차 미주 정상회의에서 라틴아메리카 지도자들은 워싱턴 컨센서스에 명시된 경제 원칙을 지지하고 정책 기조에 부합하도록 경제를 개혁하기 시작했다. 그러나 이러한 개혁은 기대했던 경제 성장을 이루지 못했고, 빈곤에 시달리는 라틴아메리카 인구의 50%의 생활 수준을 높이는 데도 실패했다. 라틴 아메리카 전역에서 사람들은 이러한 신자유주의 정책을 변경하거나 포기하고 증가하는 빈곤을 완화하기 위해 사회 프로그램을 복원하겠다고 약속한 정부를 선출하기 시작했다.

1998년 베네주엘라에서 우고 차베스(Hugo Chavez)가 당선된 것은 그의 독재에 대한 미국의 강력한 반대에도 불구하고 워싱턴 컨센서스 정책에 대한 위협의 상징이 되었다. 차베스는 이러한 정책을 경쟁이 아닌 협력에 기반한 라틴아메리카 경제 공동체로 대체하고 경제적, 사회적 평등 증진이라는 역내 목표를 달성하기 위해 볼리바리안 혁명(Bolivarian Revolution)을 시작했다. 2005년에 이르러 북미자유무역협정(FTAA) 정책이 부결되면서 라틴아메리카와 미국 사이의 긴장이 분명해졌다. 이 논쟁에서 더 열렬한 목소리를 내는 사람들은 신자유주의 정책이 본질적으로 제국주의적이라고 주장하며 차베스와 함께 새로운 '21세기를 위한 사회주의'를 요구했다.

인류학, 사회학, 사회심리학, 지리학 및 기타 인문과학 분야에서 경제적 합리성의 보편타당한 형태가 있다는 주장에 관해 고전파 경제학에 대한 매우 다양한 비판이 제기되고 있다. 20세기 후반부터 독립한 국가들의 경우 경제발전이 국가 간에 차이가 많이 나고 있다. 전후에 경제 시스템이 등장한 이 국가들은 흔히 탈식민지 국가라고 불리며 아시아와 아프리카에 위치해 있지만 주로 아프리카에 있다. 사실상 모든 아프리카 55개 국가는 수입된 경제 및 정치 제도의 결과로 인해 불구가 되었다. 이 광활한 영토를 '**최소한의 투자로 통치하는 초라한 헤게모니**(hegemony on a shoestring)'로 인해 영국, 프랑스, 독일, 스페인, 포르투갈, 벨기에 등 과거 식민지 제국들의 잔인한 정복으로 인해 자치는 중단되었다. 이러한 탈식민지 국가들의 종속성을 낳은 메커니즘은 주로 원자재, 천연자원, 광물을 추출하여 선진국 및 산업화 국가에 수출하는 경제 발전의 형태를 더욱 강화시켰다. 1차 상품 수출에만 집중한 결과, 산업화는 거의 이루어지지 않았고 국가 주도의 개발은 비대해진 관료 조직, 석유 또는 에너지/공공시설과 같은 부문의 국유화 등 많은 약점을 노출시켰다. 석유 또는 에너지/공공시설에 대한 투자로 인해 대외 부채는 3배로 늘었고 지속적인 결함은 더욱 악화되었다. 결국 1990년대 초에 이들 정부는 무너졌다. 법치와 책임있는 정부를 뒷받침하는 핵심 기관의 부재함에 따라 사실상 정부관리들이 국가를 개인적 축재의 수단으로 사용하는 족벌주의가 판을 치게 되었다(Oloruntoba & Falola 2020, 2). 후쿠야마(Fukuyama)(2010)는 비인격적인 현대 국가의 어려움을 지적하며, 아프리카 국가의 경우 유지가 어렵다고 말한다. 『시민과 주체』(*Citizen and Subject*)(2018)에서 마흐무드 맘다니(Mahmood Mamdani)와 같은 이들은 니콜라스 반 드 왈레(Nicolas Van de Walle), 크로포드 영(Crawford Young) 등이 지적한 것처럼 정치적 호의와 혈연 또는 개인적 호혜의 대가로 형성되는 '후원자'와의 개인적 관계를 기반으로 하는 족벌주의와 신족벌주의의 메커니즘이 깊이 내재되어 있기 때문에 이러한 국가들이 결코 해방되지 못했다고 주장한다.

거시경제 안정을 지원하고 경제에서 국가의 역할을 축소하기 위해 최후의 수단으로 대출 기관 역할을 한 두 국제 금융기관인 세**계은행**과 **국제통화기금**(IMF)이 개입하여 대출 패키지를 채택하였으나, 이러한 지원에는 수많은 조건이 붙어 있었다. 지역 주민들을 도와주기 위해서 만들어진 프로그램이지만 논란의 여지가 있었고, 이러한 논란의 여지가 있는 프로그램을 채택하기로 결정할 때 정부가 사실상 아무런 의견을 제시하지 않았으며, 일부에서는 "대륙이 직면한 문제를 해결하기에는 시기적으로 적절하지 않고 심하게 부적절하다"고 지적했다 (Mkandawire와 Soudo, Oluruntoba & Falola 2019에서 인용). 가장 먼저 몰락한 국가는 세**계은행**과 IMF의 대출을 갚지 못한 멕시코였지만, 곧 아프리카 국가들이 그 뒤를 따랐다. 수십 년이 지난 지금, 구조조정 프로그램(SAPS: structural adjustment programs)은 그 결과가 모호하고 전 세계적으로 성공 사례가 거의 없어 더 이상 유행하지는 않지만, 민영화, 수출 지향적 성장, 최소한의 국가 보조금, 자유무역을 지지하는 시장 중심 정책을 지원하는 **워싱턴 합의**(the Washington Consensus)의 형태로 여전히 존재하고 있다. 제2의 경제 대국이었던 일본과 제1의 경제대국이었던 미국을 대체한 중국과 같은 주요 경제 대국의 등장으로 '**베이징 합의**(the Beijing Consensus)'가 형성되었다. 논쟁의 여지가 있지만 베이징 합의는 세계은행, IMF, 미국이 주도하는 힘의 구도를 의미하는 워싱턴 합의의 대항마 역할을 한다. 베이징 합의는 일부의 주장처럼 미국을 대체하는 패권국으로서 중국의 성장과 놀라운 힘에 근거하여 명명된 것으로, 중국은 성장하는 힘으로 "떠오르는 용"이라는 별명을 얻게 되었다.

지속가능성

경제 발전의 지속 가능성에 대한 전 세계적인 우려가 제기되면서 경제적 가정에 대한 경험적 비판이 주목을 받았다. **지속가능성**이란 미래 세대가 자신의 필요를 충족시킬 수 있는 능력을 감소시키지 않으면서 현재 공동체의 필요를 충족시킬 수 있는 정치경제시스템의 능력을 말한다.

공식적 합리성이론의 보편적 적용 가능성에 대한 논쟁은 천연자원의 기반을 보전하는 듯이 보이는 가정(household)과 지역사회 차원에서의 경제 활동 및 농업활동에 대한 수많은 연구로 이어졌다. 예를 들어, 로버트 네팅(Robert Netting)은 나이지리아와 스위스 알프스 계곡과 같이 다양한 지역에서 비교적 자급자족하는 농부들이 경제활동이 의존하는 환경을 보존하는 방식으로 자원을 관리한다는 사실을 발견했다. 이러한 자원 관리활동은 합리적 효용의 한 형태일 뿐만 아니라 미래의 지속가능한 생산형태에 대한 모델을 제시하기도 한다. 이러한 연구는 인간과 환경의 상호작용의 복잡성에 대한 중요한 정보를 제공하고, 점점 더 인구가 밀집되고 자원이 부족한 세상에서 보다 지속가능한 식량 생산 및 유통 시스템을 구축하는 데 유용한 지속가능한 경제활동의 형태를 설명해준다. 그것의 기저를 이루는 주장은 영속적인 성장과 순수한 경제적 효율성은 지속 가능하지 않다는 것이다. 자원이 한정된 세상에서 이러한 성장은 오래 지속될 수 없는 것이다.

이 연구는 규제되지 않은 자유주의적 경제적 의사 결정의 환경적 결과에 대한 심각한 비판과 잘 맞아떨어진다. 이러한 초기의 비판적 목소리 중 가장 유명한 것은 과학자들이 컴퓨터 모델을 개발하여 경제성장이 천연자원, 특히 석유의 제한된 가용성과 고갈되는 속도만큼 지구시스템이 이를 보충할 수 없기 때문에 무한정 지속될 수 없다고 예측한 '성장의 한계 모델'(Meadows el al. 1972)에서 나왔다. 이들은 **수용능력(carrying capacity)**과 같은 당시의 새로운 개념을 사용하여 제한적이고 유한한 지구 자원의 맥락에서 인간의 경제성장 시스템의 결과를 설명했다. 이들은 성장 위주의 경제발전을 지속하면 지구 자원이 고갈되고 그에 따라 세계 경제 및 환경 시스템이 붕괴될 것이라고 주장했다. 이러한 논쟁을 계기로 경제학자들은 천연자원의 가치에 대한 개념을 더 잘 이해하기 위해 경제모델을 재구성하기 시작했다.

산업자본주의가 야기한 환경 문제가 잘 알려지면서 자본주의 진영 내에서도 강력한 논쟁이 촉발되었다. 경제학자 로버트 코스탄자(Robert Costanza), 케네스 볼딩(Kenneth Boulding), 허먼 데일리(Herman E. Daley) 등은 1990년대 초에 **생태경제학(ecological economics)** 분야를 발전시켰다(Costanza 1991). 기존의 경제 조직 형태로는 지속 가능한 생산이나 건강한 생태계를 보장할 수 없다고 확신한 이 경제학자들은 깨끗한 물, 활기찬 환경시스템, 미래 자원 수요 등의 가치를 설명할 수 있는 합리적인 방법을 모색했다. 2015년 유엔 총회에서 최종적으로 채택된 지속 가능한 개발 목표는 여전히 진행 중이다. 그러나 핵심 과제는 자금 조달이다. 그들은 "전 세계 개인과 회원국의 의견을 수렴하여 유엔이 제시한 주요 목표를 달성하는 데 필요한 수십억 달러를 어떻게 동원할 것인가. 이는 일부에서 주장하는 것처럼 미국뿐만 아니라 경제 및 글로벌 강국인 중국의 리더십을 필요로 할 것이다"라고 말한다(Morris & Haibing, 2017, 74).

예를 들어, 소비자를 위한 새로운 시장과 제품이 확산되면서 슈퍼푸드와 패스트 패션에 대한 수요로 인해 장기적인 결과를 초래할 수 있는 추출 공정이 확대되고 있다. 이러한 회계 방식은 미래 세대의 복지를 저해한다. 생태학적 관점에서는 이러한 협소한 형태의 회계를 다시 생각하기 시작했고, 경제 모델링에서 환경적 제약을 더 잘 공식화하기 위해 환경 영향의 미래 가치를 오늘날의 화폐 단위로 환산하는 회계 방법을 제시했다. 1987년 브룬트란트 위원회(Brundtland Commission)의 보고서로 인해 지속가능한 개발은 유엔이 공식적으로 승인한 원칙이 되었다. 선진국과 개발도상국에서 점점 더 많은 국가가 유한한 자원의 변화하는 세계에서 복원력과 적응력을 갖추기 위해서는 혁신적이고 변화하는 솔루션이 필요하다는 점을 인식하면서 지속가능한 개발은 계속 힘을 얻고 있다(Bousquet el al. 2016). 전 세계 도시에서 해수면 상승은 여러 가지 도전을 의미하며, 도시 인구가 증가함에 따라 서비스 수요와 자원 사용은 경제발전과 생계 방식에 다양한 영향을 미치는 변화를 요구할 가능성이 높다(Rademaker et al. 2018). 가뭄과 물 안보에 대한 우려가 커지고 있으며, 세계에서 가장 인구가 많은 인도 자르칸드(Jharkhand)와 같은 곳에서는 복원력 전략에 대한 필요성이 대두되고 있다고 많은 학자들이 지적하고 있다. 유엔 경제 및 사회국 인구 부서(United Nations Department of Economic and Social Affairs Population division)에 따르면 2050년까지 전 세계 인구가 100억 명에 육박할 것으로 예상됨에 따라 식량 안보, 에너지 접근성, 농업 개발도 지속 가능한 개발의 핵심 분야가 되었다. 피손(Pison 2019)은 금세기 말까지 전 세계 인구가 110억 명에 달할 것으로 예측했는데, 이는 역사상 유례가 없는 기록적인 수치이다.

결론

글로벌 경제위기는 많은 국가의 국민들이 정부에 대한 신뢰를 잃으면서 극적인 사회적, 정치적 격변으로 이어졌다. 이미 언급한 것 외에도 여러 가지 시위의 물결이 전 세계를 휩쓸었다. 2009년 4월, 세계 경제 정책, 구제금융에 뒤이어 나타난 은행 경영진의 연봉과 보너스, 기후 변화, 테러와의 전쟁에 대한 런던 시위는 **주요 20개국(G-20)** 정상회의가 열리는 시기와 맞물려 있었다. 대부분의 시위는 평화적으로 진행되었지만, 많은 시위대가 강제로 구금되었고 한 시위자가 경찰의 손에 사망하는 등 경찰의 폭력에 대한 비난이 확산되었다. 한 달 뒤 5월 1일 국제 노동절을 맞아 국제적인 시위가 잇따라 열렸다. 독일과 베네주엘라에서는 전통적인 행진이 폭력적으로 변했고, 튀르키예에서는 은행과 상점이 공격당했다. 쿠바, 홍콩, 이탈리아, 일본, 필리핀, 러시아, 스페인에서도 노동절 시위가 발생했다. 2011년에는 미국 전역에서 시위의 물결이 휩쓸었다. 봄에 오하이오주와 위스콘신주에서 공공 근로자에 대한 노조 보호를 무력화하려는 주 정부의 노력에 반대하는 시위가 있었다. 그해 말에는 뉴욕에서 수천 명이 모여 몇 주 동안 '월스트리트 점령'(Occupy Wall Street) 시위를 벌였고, 보스턴, 시카고, 앨버커키, 뉴멕시코, 스포케인, 워싱턴, 로스앤젤레스에서도 이에 동조하는 시위가 이어졌다. 〈그림 4.4〉는 워싱턴 DC의 '점령'(Occupy) 캠프를 보여줍니다. 이러한 불안의 여파로 아베 신조 일본 신임 총리의 '아베노믹스' 프로그램과 같은 새로운 정당과 프로젝트가 등장했다. 공무원 임금 삭감, 세금 인상, 사회 지출 삭감 등 대중적 인기가 낮은 긴축 조치에 대응하기 위한 새로운 사회운동이 전 세계적으로 나타나고 있다. 이러한 혼란은 국제적으로 새로운 경제 안정이 이루어질 때까지 가까운 미래에 더욱 커질 것으로 보인다.

글로벌 시장의 통합으로 인해 한 국가의 시장 붕괴나 금융 위기가 다른 수많은 국가에 경제 문제를 야기할 수 있다는 점은 경제학이 국제학의 학제 간 연구에서 왜 중요한지를

〈그림 4.4〉 글로벌 경기 침체의 여파로 2011년 워싱턴 DC에서 벌어진 것과 같은 반체제 '점령'(Occupy) 운동이 전 세계 주요 도시의 공공장소를 점령했다.

출처: Mark Allen Peterson

잘 보여주는 예이다.

경제학은 또한 사람들이 자원을 사용하는 방식에 대한 통찰력을 제공하고 토지, 물, 노동력, 폐기물 처리의 지속 불가능한 사용을 야기하는 요인이 무엇인지를 잘 보여준다. 경제학은 자본, 기술, **이주 노동(migrant labor)**의 글로벌 흐름과 함께 일어나고 있는 거래의 그물망을 잘 보여준다. 또한 자유주의 경제 질서 및 부와 관련된 고조되고 불균등한 역학 관계가 어떻게 파업, 시위, 혁명을 일으키는 경제적 격차를 만들 수 있는지를 보여준다. 경제 현실에 대한 세심한 관심은 상호 연결된 세상에서 인간의 삶을 개선하기 위한 정책을 수립하는 모든 노력에 매우 중요한 것이다.

참고문헌

AfDB (African Development Bank Group). 2009. "Impact of the Crisis on African Economies—Sustaining Growth and Poverty Reduction: African Perspectives and Recommendations to the G20." *Report from the Committee of African Finance Ministers and Central Bank Governors.* www.afdb.org/fileadmin/uploads/afdb/Documents/Generic-Documents/impact%20of%20the%20crisis%20and%20recommendations%20to%20the%20G20%20-%20March%2021.pdf

Beams, Nick. 2008. "The World Economic Crisis: A Marxist Analysis." The World Socialist Web Site.www.wsws.org/en/articles/2008/12/nbe1-d19.html

Blackman, Andrew. 2005. "What Is the Soul of Socialism?" *Monthly Review* 57 (3): 104–13.

Bousquet, F., A. Botta, L. Alinovi, O. Barreteau, D. Bossio, K. Brown, P. Caron, P. Cury, M. D'Errico, F. DeClerck, H. Dessard, E. Enfors Kautsky, C. Fabricius, C. Folke, L. Fortmann, B. Hubert, D. Magda, R. Mathevet, R. B. Norgaard, A. Quinlan, and C. Staver. 2016. "Resilience and Development: Mobilizing for Transformation." *Ecology and Society* 21 (3): 40.

Costanza, Robert, ed. 1991. *Ecological Economics: The Science and Management of Sustainability.* New York : Columbia University Press.

Elyachar, Julia . 2005. *Markets of Dispossession: NGOs, Economic Development and the State in Cairo.* Durham, NC : Duke University Press.

Escobar , Arturo. 1995. *Encountering Development: The Making and Unmaking of the Third World.* Princeton, NJ : Princeton University Press.

Evans, Mike. 2001. *Persistence of the Gift: Tongan Tradition in Transnational Context.* Waterloo, ON : Wilfred Laurier University Press.

Friedman, Thomas L. 1999. *The Lexus and the Olive Tree: Understanding Globalization*. New York : Farrar, Straus and Giroux.

Fukuyama , F. 2010. "Democracy's Past and Future: Transitions to the Rule of Law." *Journal of Democracy* 21 (1), 33 – 44.

Gilpin, Robert. 1987. *Political Economy of International Relations*. New Haven, CT : Princeton University Press.

Halperin, Rhoda H. 1994. *Cultural Economies: Past and Present*. Austin : University of Texas Press.

Hermann, Gretchen M. 1997. "Gift or Commodity: What Changes Hands in the U.S. Garage Sale?" *American Ethnologist* 24 (4): 910 – 30.

Kaur, N., Steinbach, D., Agarwal, A. and Manuel, C. 2017. "Building resilience to climate change: MGN-REGS and climate– induced droughts in Sikkim." iied. https://pubs.iied.org/sites/default/files/pdfs/migrate/10188IIED.pdf

Mamdani, Mahmood. 2018. *Citizen and Subject: Contemporary Africa and the Legacy of Late Colonialism*. Princeton, NJ : Princeton University Press.

Meadows, Donella H., Denise L. Meadows, J ø rgen Randers, and William W. Behrens III. 1972. *The Limits to Growth*. New York : Universe Books.

Mkandawire, P. Thandika, and Charles Chukwuma Soludo. 1999. *Our Continent, Our Future: African Perspectives on Structural Adjustment*. IDRC.

Morris, S., Haibing, Z., Goodman, M., Celico, A., Elliott, D., Jin , F., ⋯ Xijun, Z. 2017. *Parallel Perspectives on the Global Economic Order: A U.S.– China Essay Collection* (pp. 74 – 83, Rep.) (Remler D. & Yu Y., eds.). Center for Strategic and International Studies (CSIS). doi:10.2307/resrep23187.13

Oloruntoba, Samuel Ojo. and Falola, Toyin, eds. 2020. *The Palgrave Handbook of African Political Economy*. New York : Palgrave Macmillan.

Pison, G. 2019. "Tous les pays du monde (2019)." *Population & Societies* 569 (8), 1 – 8.

Pollin, Robert, Justine Burns, and James Heintz. 2002. "Global Apparel Production and Sweatshop Labor: Can Raising Retail Prices Finance Living Wages?" Political Economy Research Institute. Working Papers Series. Number 19.

Rademaker, M., Jans, K. and Verhagen, P. 2018. *Making Cities in Confl ict Areas More Resilient, a Conceptual Iteration: Using the Climate Resilience and Security Monitor for Policies in Practice*. Hague : Netherlands Institute of International Relations 'Clingendael' and Center for Climate and Security.

Rostow, W. W. 1960. *The Stages of Economic Growth: A Non-Communist Manifesto*. Cambridge : Cambridge University Press.

Sachs, Jeffery. 1998. "International Economics: Unlocking the Mysteries of Globalization." *Foreign Policy* 110 : 97 – 111.

Sahlins, Marshall. 1972. *Stone Age Economics*. Chicago : Aldine-Atherton.

Scholte, Jan Art. 2005. *Globalization: A Critical Introduction*. New York : Macmillan.

Smith, Adam. [1776] 2000. *An Inquiry Into the Nature and Causes of the Wealth of Nations*. New York : Modern Library.

Stiglitz, Joseph E. 2002. *Globalization and Its Discontents*. New York : W. W. Norton.

United States Senate. 2011. "Wall Street and the Financial Crisis: Anatomy of a Financial Collapse." http://hsgac.senate.gov/public/_files/Financial_Crisis/FinancialCrisisReport.pdf WTO (World Trade Organization). 2011. www.wto.org

추가 읽을거리

도서

Akonor, Kwame. 2013. *Africa and IMF Conditionality: The Unevenness of Compliance, 1983 – 2000*. London : Routledge.

Frieden, Jeffrey. 2007. *Global Capitalism: Its Fall and Rise in the Twentieth Century*. New York: W. W. Norton.

Gilpin, Robert. 2001. *Global Political Economy: Understanding the International Economic Order*. Princeton, NJ : Princeton University Press.

Gilpin, Robert. 1978. *The Political Economy of International Relations*. Princeton: NJ : Princeton University Press.

Marx, Karl, and Friedrich Engels. 1967. *The Communist Manifesto*. New York : Penguin Books.

Tett, Gillian. 2009. *Fool's Gold: How Unrestrained Greed Corrupted a Dream, Shattered Global Markets and Unleashed a Catastrophe*. New York : Free Press.

Varoufakis, Yanis. 1998. *Foundations of Economics: A Beginner's Companion*. London : Routledge.

학술지

Economic Affairs. onlinelibrary.wiley.com/journal/10.1111/(ISSN)1468-0270

The Economist. www.economist.com

The Financial Times. www.ft.com

International Economics and Economic Policy. link.springer.com/journal/10368

Wall Street Journal. www.wsj.com

영화

B.A.T.A.M. (2005). Liam Dalzell, Per Erik Eriksson, Johan Lindquist, directors.

Life & Debt (2001). Stephanie Black, director.

The Golf War (2000). Jen Schradie and Matt DeVries, directors.

King for a Day (2001). Alex Gabbay, director.

The Perfect Famine (2002). Steve Bradshaw and Chris Walker, directors. Economics 87.

웹사이트

Economic Policy Institute. www.epi.org
History of Economic Thought. www.hetwebsite.net/ het
Political Economy Research Institute. www.peri.umass.edu
The world's first and only stand-up economist. www.standupeconomist.com
Independent: www.independent.co.uk/news/world/africa/sudan-revolution-women-uprising- democratictransi-
　　tion-army-bashir-a9038786.html/
https://population.un.org/wpp/Graphs/DemographicProfiles/Line/900

5장

정치학과 국제학

정치학(Political Science)을 다른 학문과 구별짓는 것은 무엇인가? 많은 사회과학들이 '정치(Political)'라는 용어를 사용하는 하위 분야를 갖고 있다. 정치경제학, 정치지리학, 정치인류학, 정치심리학 등은 과목이면서 교과서의 제목들이기도 하다. 정치학자만이 정치적인 무엇을 연구하는 독점권을 갖고 있는 것은 아니다. 다른 학문들과 구분하기 위해 '과학'이라는 용어에 초점을 맞추려는 유혹도 있을 수 있지만, 위에 열거한 학문 분야들 모두 '사회과학'이며, 따라서 심리학자들이 정치학자들보다 덜 과학적이라는 것을 심리학자들에게 납득시키는 것은 아주 어려울 것이다. 심지어 어떤 이들은 '과학'이라는 용어를 사용하는 것이 약간은 허세의 느낌이 있다고 생각한다. 또한, 프린스턴대학교의 정치학과(department of politics)와 하버드대학교의 정부학과(department of government)처럼 유수의 대학에서 학과 이름에 '과학'이라는 단어를 뺀 곳도 있는데, 그렇게 해도 별 문제는 없어 보인다.

대학의 학과에 어떤 이름이 붙여져 있는지와는 상관없이 정치학자들은 권력이라는 개념을 중점적으로 연구한다. 누가 권력을 갖고 있고, 그 권력의 기반은 무엇이며, 그것을 어떻게 행사하고, 그것에 어떻게 저항하고, 어떻게 권력을 잃는가? 많은 학생들이 그들의 정치학 수업이 대체적으로 정부에 관한 것일 것이라고 생각한다. 그리고 권력(power)이 중심 개념이기는 하지만, 가장 중요한 것은 선거에 의해서 선출되었거나 또는 그외 정부 관리들이 보유한 정치권력이라고 생각한다. 정치학에서 정치와 권력에 관한 연구가 지역의 수준에서부터 글로벌 수준에 이르기까지 공적인 영역의 제도와 거버넌스의 이론과 실제에 관련되어 있는 것은 사실이지만, 정치학자들은 공식적인 정치로부터 배제된 '발전'에 관해서도 통찰을 제공한다.

전통적으로 정치학의 가장 주된 분야는 미국정치, 비교정치, 국제관계, 그리고 정치이론 및 정치철학이다. 어떤 곳에서는 행정학(public administration)과 공법(public law)도 미국정치의 하위 분야가 아닌 독자적인 분야로 다루어지기도 한다. 정치경제(political economy)도 독자적인 분야가 될 수도 있고, 미국정치 또는 비교정치의 하위 분야가 될 수도 있으며, 국제정치경제(international political economy)는 국제관계의 한 하위 분야가 될 수 있다. 정치학자들은 정치학의 서로 다른 분야를 관통하는 다양한 방법론과 이론적 틀을 사용한다.

어떤 대학에서는 국제학이 한 학과 내에서 정치학과 결합되어 있다. 많은 학생들이 심지어 국제학 전공을 정치학 전공과 결합하는 것을 선택한다. 정치학의 여러 분야 중에서 국제학을 전공하는 학생들이 가장 많은 관심을 갖는 분야는 비교정치와 국제관계이다. 비교정치학자들은 미국을 제외한 다른 나라의 국내정치에 관심이 있다. 비교정치 학자들은 하나의 사례를 심층연구 하기도 하고, 신중하게 선택한 두 개의 사례를 비교하기도 하고, 많은 수의 국가 또는 몇 개의 국가 사례를 비교하기도 한다. 비교정치의 연구는 대통령제와 의원내각제의 결과를 비교하는 것처럼 단순한 것일 수도 있고 여러 국가들의 서로 다른 정치경제의 발전에 관한 인과관계를 밝히는 것이 될 수도 있다.

과거에는 정치학에서의 많은 비교연구들이 지역학 전문가들에 의해서 이루어졌다. 라틴아메리카 전문가와 아프리카 전문가들이 세계의 특정 지역에 관한 지식을 축적하고, 그것을 기반으로 브라질과 멕시코, 그리고 케냐와 나이지리아의 정치경제 발전을 비교하고, 칠레와 아르헨티나의 공공정책을 비교할 수 있게 되었다. 통상적으로 이런 연구들은 인류학자들이 하는 것과 별반 다르지 않은 장기간에 걸친 현지조사의 결과물이다. 어떤 비교정치학자들은 다수의 국가들의 정치에 관한 결론을 도출하기 위하여 아주 복잡한 통계 기법을 활용하기도 한다. 그들이 사용하는 수학적 접근법은 경제학자들의 연구와 많은 공통점이 있다.

정치 '과학자들'(scientists)에게 양적 방법론은 수학 기반의 모델과 통계 기법을 활용할 수 있는 기회를 제공하고, 그리하여 자연과학 또는 '경성'(hard) 과학의 엄밀성을 정치학에서도 보여줄 수 있게 되었다. 양적 연구의 우세는 질적 연구를 하는 학자들의 반발을 불러왔다. 2000년도에 자칭 '미스터 페레스트로이카'(Mr. Perestroika)라는 한 정치학자가 미국 정치학회(American Political Science Association, APSA)와 학회지『미국정치학회보』(*American Political Science Review*, APSR)에 대한 도전을 이끌었다. 그들의 주장은 현재의 정치학이 과거에 정치학의 아주 중요한 통찰을 생산해 냈던 깊이 있는 문헌연구나 현지조사를 잃어 버리는 위험에 처했다는 것이다. 아직 논쟁이 끝난 것은 아니지만『신정치학』(*New Political Science*)나『정치의 시각』(*Perspectives on Politics*) 같은 학술지들은 기존에『미국정치학회보』에 실릴 수 없다고 생각되는 질적 연구를 발표할 수 있는 창구를 제공한다는 취지에서 신설되었다. 미스터 페레스트로이카(Mr. Perestroika)의 등장 이후 20년이 지난 지금 대부분의 정치학과들은 훌륭한 연구는 양적 방법과 질적 방법 등 다양한 접근법을 통해서 가능하다는 생각을 받아들이는 것으로 보인다.

정치학의 한 분야로서의 국제관계는 글로벌 차원에서 벌어지는 사건과 관계를 이해하는 데 주된 관심이 있다. 민족국가들 간의 정치적·경제적 관계, 글로벌 차원의 질서를 구축하려는 국제기구들, 국경을 넘어 활약하는 단체들의 활동, 민족국가의 대외정책 결정 등이 국제관계 연구의 주요 이슈들이다. 국제학과 국제관계는 유사한 면이 많아서 학생들에게는 그다지 큰 차이가 없는 것으로 보일 수도 있다. 학문 분야로서 국제관계학과 국제학의 가장 큰 차이는 국제관계 연구는 정치학의 한 분야 내에서 이루어지고, 국제학 연구는 글로벌 발전을 이해하기 위한 학제 간 접근법을 취한다는 것이다. 정치학은 그 다양한 접근법 중의 하나에 불과하며, 그것이 다른 여러 학문들보다 더 중요한 것이 아니다. 심지어 국가들 간의 정치·외교적 관계에 대한 탐구도 국제학 교실에서는 학제적일 수밖에 없다.

비교정치학의 질문

비교정치학에는 일반적인 정치학에 존재하는 경향이 똑같이 존재하는데 그것은 정치적 행동주의, 동원, 저항 등에 반대되는 의미에서 제도와 정치행태 등을 연구하는 것이다. 민주화, 정치적·경제적 발전, 그리고 정부의 효율성 등은 이 분야의 주된 주제들이다. 역사적으로, 아주 다양한 형태의 정부와 그 정부가 정당화되는(혹은 정당화되지 못하는) 다양한 수단들이 존재해 왔다. 아주 오랫동안 왕실에서 태어나는 것 자체가 정치권력과 거버넌스의 근거가 되었다. 우리는 선출되지 않은 왕실의 구성원들이 선출된 공직자들과 대체로 헌법의 테두리 안에서 권력을 공유하는 **입헌군주제**(constitutional monarchies)로의 진화를 보았다. 흥미로운 것은 영국의 입헌군주제는 아직도 성문헌법이 없다는 것이다. 어떤 경우에는 왕실의 신성한 권한이 국가의 문제를 다루는 데 필요한 신의 지침을 부여받은 종교지도자가 **신정정치**(theocracy)의 형태로 국가를 통치해야 한다는 생각으로까지 확대되기도 했다. 신정이나 왕정이 아니더라도 귀족정(oligarchy)이나 소수에 의한 지배(governing by the few)가 전 세계에서 나타났다. **군정**(military rule)이 그 한 예

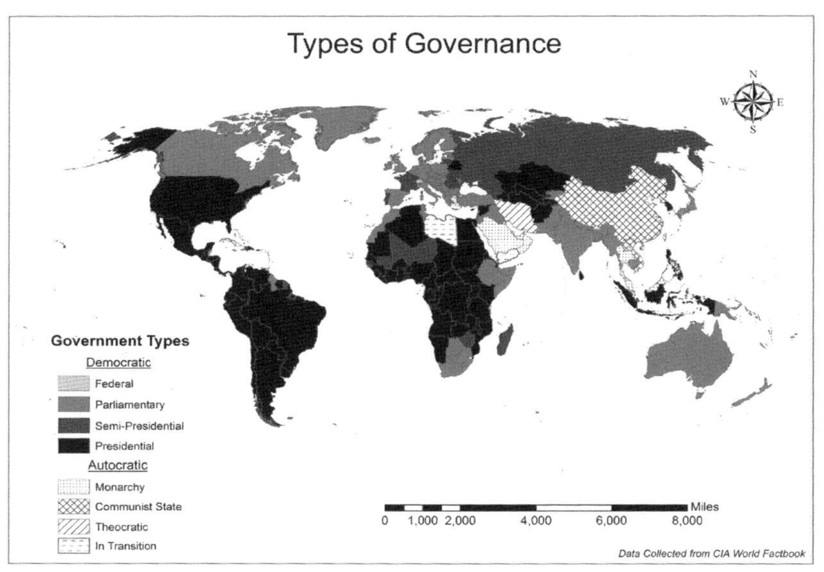

〈지도 5.1〉 거버넌스의 유형

이다. 군정은 한 명의 또는 아주 소수의 군부 지도자들이 정부에 대한 통제권을 갖고 민간인들을 정책결정에서 배제시키는 통치형태이다. 〈지도5.1〉은 거버넌스의 여러 가지 형태를 보여준다.

왕실, 종교지도자, 군부가 정부에 대한 불균형적인 영향력을 행사하지 않는 경우에도 여전히 다양한 형태의 정부가 가능하다. 20세기에는 선거에 의한 정통성을 주장하는 지도자들이 세계인구 중 많은 사람들을 통치한다. 물론, 선거를 치른다는 것 자체가 공정한 선거를 보장하는 것은 아니다. **단일정당국가**(one-party states) 또는 유일정당이 정치권력을 독점하는 체제도 (가끔은 선거를 치러서 이겨야 하지만) 있다. 뿐만 아니라 민주주의 국가들 사이에도 상당한 차이가 있다. 가장 일반적인 두 개의 체제는 대통령제와 의원내각제이다. 미국인들에게는 **대통령제**(presidential system)가 익숙한데, 이는 행정부가 입법부의 선거 결과와는 별도로 선출되고, 한 번 선출되면 입법부와 사법부에 의해서만 그것의 권한이 일정 정도 제한된다. **의원내각제**(parliamentary system)에는 대통령제에서와 같은 행정부와 입법부 간의 권력 분립이 존재하지 않는다. 통상 총리가 맡는 정부의 수반은 의회 구성원들의 투표에 의해서만 그 지위를 유지한다. 양 체제의 장점과 단점에 관해서는 무수히 많은 비교정치 문헌이 존재한다. 정치적 교착상태가 있을 수 없다는 것은 의원내각제의 정치적 효율성을 보여주고, 또한 많은 경우에 의회에서의 불신임 투표 한 번으로 내각을 해산할 수 있는 기회가 있다는 것은 총리의 책임정치가 더욱 용이하다는 것을 보여준다. 미국과 같은 대통령제에서는 삼권분립이 행정부에 의한 과격한 변화에 제동을 걸 수 있다는 장점이 있는 반면에 '분점 정부'(divided government)에서는 필요한 입법을 실행하기가 무척 어렵다는 단점이 있다. 라틴아메리카의 경우에 그랬던 것처럼 몇몇 '강한' 대통령제 국가에는, 미국에서와 같은 행정부에 대한 견제가 없다. 이런 국가에서는 선출된 지도자가 책임정치의 제한이 거의 없이 임기동안 정부를 운영한다.

민주주의 체제의 다양한 형태를 넘어서, 민주화의 과정도 정치학자들에 의해서 폭넓게 연구되는 주제이다. 민주화에 대한 연구는 필연적으로 민주주의 자체의 정의에서 시작한다. 민주주의는 논쟁적인 개념이고, 이것은 곧 정치학자들이 최소한 부분적으로 그들의 이념적 선호에 따라서 민주주의에 대한 서로 다른 정의를 제시한다는 것을 의미한다. 민주주의의 최소주의적 정의는 일반적으로 공정하고(fair), 자유롭고(free), 자주 있는(fre-quent) 선거의 필요성으로 시작하는 공식적인 민주적 절차에 초점을 맞춘다. 운률을 맞춘 이 형용사들은 더 많은 질문들을 제기한다. 4년 혹은 6년에 한 번 있는 선거는 충분히 자주 있는 것인가? 수천만 달러의 선거자금을 모금할 수 있는 후보만이 선거를 이길 수 있는 기회가 있다면 그 선거는 공정하다고 할 수 있는가? 물론, 세계의 수많은 나라에 존재하는 비민주적인 체제를 본다면, 이런 질문들은 사소해 보일지도 모른다. 많은 사람들에게 있어 비록 결함이 있는 선거일지라도 선거로 그들의 지도자를 선택한다는 것은 민주주의를 향한 바람직한 움직임이다. 선거에 더해서 투명성과 책임성을 민주주의의 요건으로 추가할 수 있을 것이다. 미국의 많은 학생들에게 민주주의는 적절하게 정의되어 왔다.

그러나 다른 정치학자들은 민주주의의 정의에 관해서 그들의 지분을 높일 수도 있다. 그들은 선거의 절차 또는 선출된 공직자들이 책임을 질 수 있는 과정이 존재한다고 말하는 것만으로는 충분하지 않으며 민주적 참여를 측정하기를 원한다. 어떤 그룹의 사람들이 다른 그룹보다 투표 참여율이 더 높은가? 다시 말해서, 시골에 사는 과테말라 원주민들로 하여금 투표하지 못하도록 하는 법은 없지만, 그들의 투표율이 도시에 사는, 부유한 백인들보다 아주 낮다면, 그것이 비민주적으로 보이는가? 또는 미국의 경우에 라티노와 아프리카계 미국인들이 인구의 30%가 넘는데, 상원의원은 100명 중 9명밖에 없다면 미국의 민주주의의 정도에 의문을 제기해야 하는가? 1920년 이후 여성이 투표권을 보유하고 있는데 여성 대통령이 한 명도 없었다는 것이 미국의 민주주의의 질에 의문을 제기하는가?

미국에서 민주사회주의자들(democratic socialists)이 두각을 나타낼 때 사회민주주의(social democracy) 개념을 생각해 볼 수 있다. 정치적 민주주의와 양립 불가능한 경제적 불평등의 정도가 있을까? 다시 말해, 사회민주주의자들(민주사회주의자들이 아닌)은 민주주의는 정치과정의 결과로서 어느 정도의 경제적·사회적 불평등을 필요로 한다고 주장할 수 있다. 미국/캐나다, 서유럽, 일본에서 볼 수 있는 경제발전의 수준에서 국민국가의 목표로서 개념화할 수 있는 사회민주주의에 대한 정의가 있는가?

지금까지 민주주의를 개념화하는 것이 얼마나 복잡한지에 대해서 생각해 보았는데, 이제 왜 국가가 권위주의 정부에서 민주주의 체제로 이행하는지에 관한 비교정치학자들의 질문으로 넘어가 보자. 전통적으로 많은 비교정치학자들이 민주주의 이행은 정치문화의 문제라고 주장했다. 민주적 정치문화를 가진 국가는 민주주의 국가이고, 권위주의적 정치문화를 가진 국가는 민주주의 국가가 될 수 없다는 것이다. 이러한 설명의 문제점은 정치문화의 기원에 관한 문제가 해결되지 못한 채 남아 있으며, 민주적인 정치문화로의 변화를 상상하기 어려운 일종의 블랙홀로 남겨 두었다는 것이다. 어떤 정치학자들은 근대화이론을 제시하면서, 자본주의 경제발전의 과정에서 중산층이 민주적인 가치를 받아들였다고 주장하였고, 또 어떤 학자들은 권위주의가 민주주의로 변화할 때 "중산층"이 어떻게 권위주의 정부를 지지할 가능성이 높았는지에 관한 예를 제시하기도 했다. 경제발전과 정치발전에 관한 그런 '낙관적인 방정식'은 글로벌 차원의 경험적인 테스트에 실패했다.

민주화를 정치문화를 통해서 설명할 수 없다면, 그 다음으로 고려할 수 있는 것은 아마도 좀 더 구조적인 변수들일 것이다. 비교정치학은 권력으로 초점을 돌렸고, 그 결과 민주화는 기존의 권위주의 정부를 지지함으로써 이익을 보았던 사람들과 민주주의를 지지하는 세력들 간의 투쟁의 문제가 되었다. 그렇게 됨으로써 민주주의의 주인공들이 중산층 혹은 심지어 계몽된 엘리트들에서 더 많은 집단과 계층에 개방된 새로운 정치체제로부터 가장 많은 이득을 얻는 사람들에게로 이동하게 되었다. 권위주의 국가에서는 그것은 농민, 가난한 노동계급, 좀 더 일반적으로 노동계급, 또는 권위주의 정부로부터 배제된 중산층들일 수 있었을 것이다. 그런 경우, 민주주의는 엘리트로부터 나머지 국민들에게 권력을 재분배하는 것으로 보였다. 학생들은 20세기 말에 폴란드와 같은 동유럽의 사례들과 21세기 초에 권위주의 정권을 타도하려 했던 아랍의 봄을 생각할 수 있을지 모른다. 아래로부터의 친민주적 압력의 힘 대 반민주주의 체제의 힘 중 어떤 것이 민주주의로의 이행 가능성을 설명하는가? 친민주주의 운동의 힘은 조직, 리더쉽, 다양한 정체성과 자원을 아우르는 동맹, 그리고 운동에 참여하는 사람의 수에 의해서 영향을 받는다.

국제학을 공부하는 학생들에게 정치학은 결과를 설명하기 위해 시민사회와 정치사회의 상대적인 힘에 관한 질문들을 소개한다. 여기에서 확실히 해 두어야 할 다른 변수들이 있다. 국제적인 변수들이 민주화의 가능성에 영향을 줄까? 민주화의 '파도'를 관찰해 보면 시위나 전염 효과가 나타날 가능성이 있고, 민주화에 기여하는 외부의 힘이 압력을 행사하는 경우도 있을 수 있다. 아마도 교황이 폴란드의 연대운동(Solidarity Movement)을 지지한 것은 긍정적인 사례이고, 아랍의 봄에 효과적으로 대응하지 못한 전 세계의 실패는 부정적인 사례가 될 것이다. 국제학 전공자들은 민주화를 설명하는 변수들에 대해 나름대로의 결론을 내리면서 다른 비교사례들을 고려해 볼 수도 있을 것이다. 1980년대 말에서 1990년대 초, 권위주의적인 소련은 선거와 그밖의 민주적으로 보이는 과정들로 나아갔던 반면, 중국 공산당은 독재적인 통치를 계속했다. 우리가 러시아를 민주주의 국가라고 주장하는 것이 아니라는 것을 염두에 둔다며, 소련, 그리고 러시아가 "민주화"의 방향으로 움직인 반면에 중국은 그런 중요한 이행을 하지 못한 것을 어떻게 설명할 수 있을까? 물론, 중국만 그런 것은 아니다. 북한이나 사우디아라비아를 보고도 똑같은 질문을 할 수 있다. 왜 권위주의에서 더 민주적인 과정으로 이행하지 않는가? 어떤 변수들이 민주주의가 되지 못하는 이유를 설명할 수 있는가?

비교적 공정하고 빈번한 선거를 실시하는 여러 국가에서 포퓰리스트(populist)로 묘사되는 지도자들은 21세기의 첫 20년 동안 많은 표를 얻었다. 포퓰리즘은 정치학자들에게는 정의하기 어려운 개념인데, 그 이유 중 하나는 그것이 베네수엘라의 전 대통령 우고 차베스(Hugo Chavez)와 같은 좌파 정치인뿐만 아니라 헝가리의 총리 빅토르 오르반(Viktor Orbán)과 같은 우파 지도자를 묘사하는 데도 사용되기 때문이다. 미국에서는 버몬트 상원의원이자 전 대통령 후보인 버니 샌더스나 도널드 트럼프 전 미국 대통령 모두(정치적 스펙트럼에서 꽤 멀리 떨어져 있음에도) 불구하고 포퓰리스트로 묘사된다. 주로, 포퓰리즘 사상은 사람들 혹은 '대중' 집단과 계층, 그리고 '엘리트' 사이의 분열을 전제로 한다. 엘리트들은 경제적, 정치적, 그리고 심지어는 지적인 영역에서도 발견된다. 그 연합된 엘리트들은 부패하고, 이기적이고, 일반 대중으로부터 떨어져 있는 것으로 보인다. 공직 후보자들은 엘리트들을 공격하고, 전체 국민들을 위해서 통치할 것을 약속한다. 그 공격들은 외국인 투자자들, 국제통화기금, 심지어 외국 정부와 같이 나라 밖의 엘리트들에게도 마찬가지다. 포퓰리즘과 관련된 민족주의는 엘리트는 아니지만 그 나라의 토착민들이 경험하는 문제에 기여하는 이민자들에 대한 비판을 포함할 수 있다. 유럽에서의 포퓰리즘 운동은 호소의 일환으로 종족·종교적 민족주의와 함께 정치적 우파의 경향을 보여

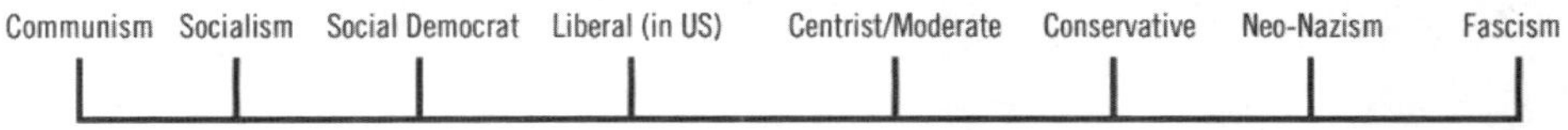

〈그림 5.1〉 정치적 스펙트럼.

왔다. 라틴 아메리카에서의 포퓰리즘 운동은 국내 엘리트와 심지어 미국 제국주의에 대한 비판을 주요한 주장으로 내세우면서 정치적인 좌파의 경향을 보여왔다. 2019년 1월 1일 취임한 브라질의 자이르 보우소나루(Jair Bolsonaro) 대통령은 정치적 우파의 중남미 포퓰리즘의 현주소를 보여주고 있다. 포퓰리즘의 정치적 스펙트럼은 좌, 우, 중앙을 포괄하고 있다(그림 5.1 참조).

영국은 2010년대에 좌파와 우파의 포퓰리즘을 모두 경험했다. 2015년에 노동당은 토니 블레어(Tony Blaire)파의 중도주의를 외면하고 자칭 민주사회주의자인 제레미 코빈(Jeremy Corbyn)을 그들의 지도자로 선출했다. 같은 해 데이비드 캐머런(David Cameron) 총리가 이끄는 보수당은 2016년 6월로 예정된 영국의 유럽연합 참여에 대한 국민투표를 실시하겠다는 약속을 이행했다. 영국이 유럽연합이 회원국으로 남아 있어야 하는지 아니면 유럽연합을 떠나야 하는지에 대한 간단한 질문을 놓고, 등록된 유권자의 72% 이상이 투표에 참여했고, 그들 중 51.9%는 '포퓰리즘' 운동으로 보이는 곳에서 떠나는 것에 표를 던졌다. 그 투표 이후에 영국의 정치시스템은 브렉시트(Brexit)의 문제를 다루는 것이 매우 어렵다는 것을 알았다. 2019년 캐머런의 후임자인 테레사 메이(Theresa May) 총리의 사임은 EU 탈퇴를 바라는 국민투표 유권자 대다수의 바램을 향하여 앞으로 나아가는 데 걸림돌이 있다는 하나의 증거가 되었다. 브렉시트 투표와 같은 국민투표의 역할, 유권자의 행태와 포퓰리즘, 의회제도의 실효성, 정당이 수행하는 역할, 정치적 리더십의 중요성 등은 비교정치학자들의 전통적인 연구 주제들이다. 회원국들이 유럽연합과 맺고 있는 다양한 정치 · 안보 · 경제적 관계는 국제관계 학자들에게 큰 관심사이다. 국제학 전공자들이 정치학의 이론과 방법을 참조하지 않고 브렉시트 현상을 이해하고자 하는 것은 상상하기 어렵다.

국제학을 전공하는 학생들에게 브렉시트로부터, 아랍의 봄, 월스트리트 점령(Occupy Wall Street), 노란 조끼(*gilests jaunes*, yellow vests)에 의한 2019년 프랑스 유류세 시위에 이르기까지 일련의 사건들은 포퓰리즘 운동으로 이해된다. 그 나라의 정치·경제 엘리트들은 이 운동들을 현실을 잘 모르는 일부 국민들에 의한 감성적이고 비이성적인 반응으로 치부한다. 그러나 21세기의 세계를 이해하려고 한다면, 세계화, 민족주의, 경제적 불안 그리고 포퓰리즘으로 묘사되는 운동에서 나타나는 더 큰 정치적 힘에 대한 열망이 어떤 역할을 하는지 살펴볼 필요가 있다. 포퓰리즘으로 묘사되는 운동에 동조적인 사람들에게는 왜 누군가를 포퓰리스트라고 부르는 것이 비난이라고 자동적으로 생각하는지가 흥미롭다. 포퓰리즘은 정의하기 어렵고, 경쟁적인 개념으로서, 정치학자들이 실질적인 분석에서 사용하기가 어렵다. 전 세계의 다양한 운동은 다양한 국가적 맥락에서 비엘리트 인구가 정치적·경제적 현실에 대한 광범위한 불만을 나타내는 것으로 보인다.

포퓰리즘은 비교정치학자들이 잘 설명할 수 있는 주제이다. 하지만 포퓰리즘의 과거 사례들을 설명해 줄 역사학자들이나, 포퓰리즘의 매력에 대한 통찰을 제공해줄 수 있는 개인에 대한 더 깊은 연구를 할 수 있는 사회학자들의 기여로부터 이익을 얻지 못할 것이라고 상상하기는 어렵다. 그런 점에서 서구의 포퓰리즘 운동의 성장을 이해하기 위해서는 저소득 국가에서 고소득 국가로의 사람과 상품의 이동과 관련된 국제관계 분야의 통찰이 필요할 수 있다.

국제관계의 접근법

정치학에서 국제관계(IR) 분야는 국가의 국경을 가로지르는 사람들의 상호작용에 관한 것이다. 가장 전통적인 의미에서 그 관계들은 국가의 수준에서 이루어졌다. **국가(state)**는 주어진 영토에 대한 중앙의 정치적 권위와 그 물리적인 공간 내에서 사는 사람들을 말한다. 간단히 말하면, 국가는 행정부, 관료제, 법원, 군대 그리고 국세청 등을 포함하지만 이에 국한되지 않는 정부의 모든 기관으로 개념화할 수 있다. 국가는 특정한 시간에 이들 기관에서 공직을 맡거나 일할 수 있는 사람들 이상이라는 것을 강조하는 것이 중요하다. **민족(nation)**은 정치학에서 또 하나의 중요한 개념이며, 국가의 개념과는 구별될 필요가 있다. 민족은 공통의 역사, 언어, 문화, 또는 심지어 일련의 믿음을 포함할 수 있는 어떤 특성에 기초하여 함께 식별되는 주어진 인구를 말한다. 사람들은 또한 공유된 종족적(ethnic) 또는 종교적 정체성으로 인해 특정한 민족적 정체성을 가질 수 있다. 대부분의 경우, 민족의 일부로서의 정체성은 한 민족의 구성원들이 그들만의 통치 체계를 가져야 한다는 믿음과 일치한다. 학생들은 주권국가가 오직 단일한 민족의 구성원들만을 포함한다는 **민족국가(Nation-state)**라는 단어를 가끔 보게 될 것이다. 물론 현실 세계에는 여러 민족들을 영토 경계 안에 포함시키는 많은 국가들이 존재한다. 미국에서는 500개 이상의 원주민 집단이 연방정부에 의해서 인디언 민족(Indian Nation)으로 인정받는다. 북쪽으로는, 퀘벡의 프랑스어를 사용하는 사람들은 자신들을 별개의 민족을 인정할까? 어떤 이들은 캐나다에 남기를 원하고, 또 어떤 이들은 독립된 주권국가를 추구하기를 원하는 것과 상관없이? 세계를 둘러보면, 쿠르드족, 팔레스타인 사람들, 로힝야족 등 그들만의 (합법적인) 국가가 없는 민족들이 많이 존재한다.

민족과 민족주의가 기존 국가들 간의 외교, 조약, 합의에 영향을 미칠 수 있지만, 국제관계의 초점은 국가들 사이의 관계에 있다. 국제관계 분야는 또한 테러와 전쟁과 같은 분쟁과 관련이 있다. 그러나 그것들은 국제관계에서의 상호작용의 일부분일 뿐이다. 상품과 서비스의 무역, 그리고 외국인 투자는 국제관계 학자들이 관심을 갖는 경제적 상호작용 중 하나이다. 연구의 영역으로서 국경을 넘는 사람들의 움직임은 (이주민이든 관광객이든) 상호작용이 정부와 외부 모두에서 개인의 수준일 수도 있다는 것을 상기시킨다.

국제관계학자들은 다양한 분석 수준을 말하는데, 이는 연구자들이 개별 행위자들이 어떻게 행동하는지를 보고 싶어할 수도 있고, 글로벌 시스템 수준의 분석을 시작하고 싶어할 수도 있고, 그 사이에 있는 무엇인가를 선호할 수도 있다는 것이다. 개인과 시스템 사이에서의 분석은 사회운동, 비영리기구, 노동조합, 농민단체, 또는 고용주협회와 같은 단체와 계층을 살펴볼 수 있다. 또는 더 전형적으로 국제관계 연구는 국가의 수준이나 정부기관의 수준에서 이루어질 수 있다.

전통적으로, 현실주의와 이상주의(또는 오늘날 더 잘 알려진 자유주의)라는 두 개의 이론적 틀이 국제관계학 분야를 지배했다. 이론적 접근법으로서 **현실주의**는 가능한 결과들에 대한 순진한 낙관주의가 아닌 실용주의를 묘사하기 위해 그 단어가 일반적으로 쓰이는 것과는 다른 것을 의미한다. 현실주의자에게 가장 중요한 행위자는 국가인데, 국가는 자신의 이익을 증진시키는 것을 목표로 한다. 현실주의자들은 또한 세계를 무정부적인 것으로 보고, 모든 국가들은 가능한 한 많은 권력과 영향력을 확보하기 위해 지속적으로 경쟁한다고 본다. 글로벌 거버넌스 또는 관련된 모든 국가들의 이익을 극대화하지 않는 어떤 종류의 국가 간의 협력은 비현실적인 목표로 간주된다. 단일행위자인 국가는 상대적인 힘에 대한 인식을 바탕으로 행동의 방향을 정하고, 주권을 유지하기 위해 힘을 키우는 것이 국가들의 주요 관심사가 된다. 이러한 관점에서 제국주의, 냉전 갈등, 국가의 국가안보에 대한 강조 등이 모두 예상할 수 있는 것들이 된다. 현실주의자들은 특정 국가의 안보와 번영에 초점을 두고 있으며, 따라서 외국의 개입, 특히 무력 사용과 관련된 개입은 중대한 국익을 방어하는 데 국한되어야 한다.

현실주의자들은 중대한 국익이 걸려있지 않은 상황에서는 무력 사용을 주저한다는 것 외에도 또한 세계체제의 **무정부상태(Anarchy)**가 다양한 시기와 장소에서 서로 다른 정도의 안정을 만들어내는 세력균형(balance of power)을 유도한다고 주장한다. 군사력이나 경제력이 약한 국가들은 강대국, 즉 **패권국(hegemon)**과의 동맹을 추구할 것이다. 미국과 소련이 지배하는 양극체제가 많은 국가들로 하여금 패권 동맹국을 선택하도록 이끌었던 냉전 시기가 그 전형적인 예이다. 그 시기에 미국과 소련 모두 핵무기를 포함한 군비에 엄청난 돈을 썼지만, 그 두 나라는 서로를 향해서 그 무기들을 직접적으로 사용하지는 않았다. 한국, 베트남, 아프가니스탄 등 냉전 시기에 패권국과 동맹을 맺은 나라들은 내전과 혁명, 그리고 대리전을 겪었다. 이 시기에 공산혁명에 성공한 국가들은 패권국과 동맹을 맺고 군사적, 경제적 지원을 받을 수도 있었고 (소련의 지원을 받은 쿠바), 또는 패권국의 강력한 반대에 부딪힐 수도 있었다 (미국으로부터의 반대에 부딪힌 니카라과).

자유주의(이상주의)는 세계체제의 무정부상태를 필연적인 것으로 보지 않고, 주권국가들 간의 규칙, 법, 협력이 집단적 이익을 위해 협력이 집단적 이익을 위해 협력하는 국제공동체를 만들어낼 수 있다고 생각한다. 즉 무정부상태는 잠재적으로 극복될 수 있거나, 또는 적어도 상당 부분 완화될 수 있다. 자유주의 이론가들은 전쟁을 초래하는 것은 민족주의와 연관된 생각과 행동을 조장하는 국가의 제도라고 주장한다. 집단적인 혹은 다자 간의 노력은 국가들이 전쟁 또는 다른 형태의 국가 대 국가의 갈등의 가능성을 줄이기 위해 주권의 일부를 양보하는 유엔 혹은 유럽연합과 같은 제도적인 장치를 만들어낼 수 있다. 그런 제도적 장치가 아니더라도, 국가들은 무역, 군비통제, 인권, 또는 환경에 대한 국제협약을 맺기 위해 그들의 주권적인 권한의 일부를 포기할 수 있다. 국가의 국경 밖의 위기에 대한 인도주의적 대응이나 심지어 국제법을 존중하기 위한 국가들의 헌신도 이상주의의 틀을 뒷받침한다. 냉전 이후 미국의 경우, 자유민주주의를 촉진하고 세계시장을 확산시키거나 일반적인 의미에서 자유주의적 가치를 지지하기 위한 외국의 개입은 '자유주의적 헤게모니'로 묘사되는 거대한 전략의 일부였다. 인간의 본성이 이기적이고 폭력적이라는 현실주의적 가정과는 달리 자유주의는 인간의 본성에 대해 보다 낙관적인 시각을 견지한다.

20세기 초에 우드로 윌슨 미국 대통령과 같은 이상주의자들은 국제연맹(the League of Nations)을 창설할 동기가 있었다. 그런 국제기구가 제1차 세계대전이 초래한 대재앙의 재발을 막을 수 있다는 것이 그들의 주장이었다. 국제연맹의 붕괴와 제2차 세계대전의 발발로 이상주의는 심각한 타격을 입었지만, 전후에도 국제관계에서 이상주의적 접근은 계속되었다. 수십 년 후, 유럽연합, **북미 자유무역협정(North America Free Trade Agreement, NAFTA)**, 그리고 세계무역기구(World Trade Organization, WTO)를 만든 협정들은 제2차 세계대전에도 불구하고 자유주의가 건재하다는 것을 보여주었다. 유엔(the United Nations, UN)은 다국적 협력의 또 다른 예이다. 물론 미국은 유엔의 활동이 미국이 상당한 영향력을 보유하는 안전보장이사회에 의해서 제약되도록 만들어 놓았다. 마찬가지로, 북미 자유무역협정은 미국 정부의 권한에 큰 제약을 가하지 않는 방식으로 작성되어 시행되어 왔다. 유엔세계인권선언(The United National Universal Declaration of Human Rights)은 국제관계에서의 자유주의의 하나의 예가 될 수 있다 (그림 5.2).

유럽연합(the European Union, EU)은 국가가 일부 주권의 상실을 의미하더라도 초국가적 수준에서 경제적 및 정치적 협력을 생산할 주체를 선택할 수 있다는 자유주의 주장에 대한 최고의 증거를 제시하는 것처럼 보였다. 영국을 초국가적 기구에서 탈퇴하는 협상으로 이끌었던 2016년 브렉시트 투표는 유럽연합의 경제적, 정치적, 및 외교적 업적의

<그림 5.2> 엘러노어 루즈벨트와 유엔세계인권선언

영구성에 대한 의문을 제기했다. 비록 영국이 그들의 탈퇴 조건을 협상하는 데 어려움을 겪었고, 유럽연합은 유럽연합의 다른 회원국들이 탈퇴를 매력적인 선택으로 보지 않도록 하기 위해 열심히 노력했지만, 브렉시트 투표와 그 여파는 국가 이익이 21세기에도 집단 이익을 중심으로 한 초국가적 협력이라는 자유주의적 목표를 여전히 넘어설 수 있음을 보여주었다. 미국에서는 트럼프 대통령이 '미국우선주의'(America First)를 사용하여 대서양 건너편의 브렉시트 주장에 더 많은 증거를 추가했다.

국제관계의 다른 접근법들

사회구성주의자들은 국제규범이 국제무대에서 국가 행동에 영향을 미친다고 주장한다. 세계는 사회적으로 구성되며, 구조가 대리인을 형성할 수도 있지만, 대리인도 구조에 영향을 미친다. 이런 의미에서 대리인은 개인이나 집단이 행동할 수 있는 능력을 말한다. 구성주의는 국가마다 다른 정체성과 서로 다른 국가 정체성과 연관된 규범의 중요성을 주장한다.

국가를 국제무대의 기본 행위자로 보는 데 있어서 구성주의는 현실주의, 자유주의와 함께 하며, 그 틀에서 국제관계에 대한 연구는 어느 시점에서 다른 행위자를 고려하더라도 일반적으로는 국가에서 시작하고 끝난다. 마르크스주의와 페미니스트 분석을 포함한 대안적 접근은 국가 중심주의에 대한 유용한 교정책을 제시한다. 마르크스주의의 분석에서는 국가적 수준은 물론 국제적 수준에서도 계급투쟁이 역사의 핵심 동인이다. 전통적인 국제관계의 접근법은 국가 주권에 대한 가장 큰 위협은 다른 국가들이라고 가정한다. 마르크스주의의 관점에 의하면 국가에 대한 도전이 글로벌 경제체제 내의 행위자들로 확대된다. 통화 거래자들, 외국인 투자자들, 그리고 국제금융기구들이 모두 국가 주권에 도전을 제기할 수 있다. 마르크스주의자들은 국가가 어떻게 경제 엘리트들의 이익을 증진시키고 그 엘리트들이 노동자들을 착취하는 데 기여할 수 있는지에 대해서도 관심이 있다. 자유주의가 글로벌 협정의 중요한 측면이 협력을 증진시키고 국가들 간의 갈등의 가능성을 줄이는 것이라고 주장하는 반면, 마르크스주의자들은 이러한 협정의 본질에 대한 초국적 기업들의 영향력과 글로벌 금융구조가 이러한 기업 이익에 대한 힘과 이익을 어떻게 심화시키는지를 지적한다. 전쟁과 같은 갈등이 발생했을 때, 마르크스주의자들의 분석은 그것의 원인을 찾는 데 있어서 경제적 이익을 특히 중요시한다. 2003년 미국의 이라크 침공은 현실주의적 관점에서 보는 것과 같이 단순히 대량살상무기의 안보 문제나 중동의 세력균형을 형성하려는 시도가 아니었다. 또 사담 후세인을 제거하고 민주주의를 도입하려는 자유주의적 이익이 마르크스주의자들의 주된 동기도 아니었다. 마르크스주의의 틀은 석유에 대한 접근이든 중요한 무역로에 대한 통제든 경제적 요인을 찾으려고 한다. 마르크스주의의 접근법이 국가 대 국가의 갈등에 대한 설명을 경제학으로 환원하지 않는다는 점을 강조하는 것이 중요하지만, 주류 국제관계 접근법은 상대적으로 경제적 변수가 없기 때문에 어려움을 겪는다고 주장한다.

페미니즘은 주류 국제관계 이론의 국가 중심주의에 대한 추가적인 비판을 제공한다. 넓은 의미의 정치학에서와 같이 페미니스트들의 연구는 국제관계 연구를 개인과 집단 수준에서의 권력관계에 더 포괄적이고 민감하도록 만든다. 페미니스트 이론은 젠더 분석을 통해 전통적인 연구 영역에 도전하고 새로운 연구 질문을 도입한다. 페미니스트들은 또한 젠더 변수를 국제관계에 도입한 것으로 인정받고 있으며, 그렇게 함으로써 IR 학자들이 다룰 필요가 있는 권력관계의 범위를 확장했다. 예를 들어, 페미니스트 국제관계가 도입된 이후 일부 학자들은 세계 경제에서 여성 노동자에 대한 대우, 군사기지에 매춘부의 존재, UN 평화 유지군에 의한 현지 여성에 대한 대우, 심지어 정치지도자 자리에서의 여성의 과소 대표 등을 다루었다. 페미니스트들은 또한 전쟁과 안보의 젠더 차원을 밝히는 작업을 수행했다(Sjoberg 2013).

신시아 엔로(Cynthia Enloe 2014)는 다양한 여성들의 활동이 **국제정치**(international politics)의 실제 작동을 어떻게 밝혀주는지를 보여줌으로써 국제관계 분야에 특히 중요한 기여를 했다. 정치학에서의 젠더 분석은 그 여성들이 어디에 있는지 뿐만 아니라 인종, 민족 및 계층이 남성성 및 여성성 개념과 상호작용하는 방식에 대한 질문을 던짐으로써 큰 영향력을 행사하지 않는 것으로 보이는 사람들, 즉 여성들에게 관심을 두었다. 많은 페미니스트 학자들은 다른 접근법들과는 다른 질문을 하는 것 외에도 과학적 객관성을 주장하는 주류적 방법론을 넘어선다. 더 나아가, 페미니스트 연구는 젠더에 대한 논의가 문화적 전통, 가치관, 신념에 대한 질문으로 환원되는 것을 허용하지 않는다. 오히려 페미니스트 분석에 있어서의 젠더 관계와 여성의 역할에 대한 질문은 권력의 측면에서 다루어진다.

완전한 이해를 달성하기 위해서 젠더 역학과 성 문제(sexuality)를 통합하는 것으로부터 이익을 얻을 수 있는 정치학에서의 질문들은 국제관계에 국한되지 않는다. 비교정치학자들은 권위주의적인 정부에 대한 아래로부터의 압력을 생산하는 데 있어 여성 운동의 역할을 보고 싶을 수도 있다. 미국정치를 연구하는 사람들은 의회에서 여성의 대표성이나 여성의 권리 영역에서의 정책결과를 볼 수도 있다. 사회운동과 이익집단을 연구하는 학자들은 조직의 리더쉽 차원에서 젠더 역학에 관심을 가져야 한다. 대통령학을 연구하는 학자들은 젠더가 선거와 성과를 알려주는 방식을 고려하는 최고경영자의 예를 점점 더 많이 가지고 있다(미국 제외). 동성결혼이나 다른 성소수자의 권리 문제를 넘어, 2020년 민주당 예비선거 캠페인에는 동성애자로 출마한 진지한 후보가 처음 등장하기도 했다.

세계화, 민족주의, 그리고 정치학

세계화는 여러 가지 다른 의미를 내포하고 있다. 어떤 차원에서는 세계화란 전 세계적으로 시간과 공간을 효과적으로 압축한 세계의 변화를 묘사하는 것이다. 즉, 정보는 즉각적으로 국경을 넘어 이동하며, 상품은 보다 더 쉽고 빠르게 운송될 수 있다. 사람들은 수천 마일 떨어진 곳에서 일어나는 일들에 즉각적으로 영향을 받을 수 있다. 세계화는 이념적인 요소도 가지고 있다. 즉, 세계화를 호의적으로 또는 심지어 '자연적'이고 불가피하다고 생각하는 사람들도 있다. 미국이나 유럽에서는 이들을 민족주의자(또는 국가주의자, nationalist)와 반대되는 의미에서 세계화론자(globalist)라고 부르기도 한다. 세계화론자들은 경제 거래에 있어서 국경을 없앰으로써 경제 거래가 투자자, 생산자, 소비자 모두에게 이익이 된다는 점을 지적한다. 좌파 비판자들은 경제 세계화가 노동자들을 희생시키면서 기업의 이익을 강화하는 경향이 있었고, 그것이 국가 내부 및 국가 간 부의 불평등한 분배로 이어졌다고 주장한다.

세계화가 국가에 영향을 미치는 방식을 이해하는 것은 우리가 세계를 이해하는 데 도움을 준다. 세계화가 국가의 자율성을 제한하는가? 국가주의자들은 유럽연합의 이민정책이나 세계무역기구의 경제정책을 주권의 상실이라고 본다. 다른 분석가들은 세계화가 국가의 역할을 약화시키기 보다는 이동시켰다고 말하는 것이 더 정확하다고 주장한다. 경제적 세계화는 환경보호에 대한 요구나 현지 상품 구매 선호를 둘러싸고 노동조합이나 사회운동 동원을 견제할 수 있는 국가를 필요로 한다. 정치적 좌파로부터의 그 비판은 국가와 기업 동맹에 의하여 추진되는 일종의 경제적 세계화에 의해서 발생된 "밑바닥을 향한 경주"(Race to the Bottom)가 존재하는가에 대한 질문을 제기했다. "밑바닥을 향한 경주"는 외국인 투자자들과 생산자들의 증가하는 이동성과 영향력이 호의적인 투자 환경을 만들기 위해 노동자들을 위한 임금과 혜택을 포함한 사회적, 경제적 정책들에 대한 하향 압력으로 이어질 것이라는 주장을 가리킨다. 정부가 호의적인 투자 환경을 만드는 조건들을 집행하는 책임을 지게 될 것이다.

영국에서 '브렉시트'를 지지한 유권자들이나 미국에서 "미국을 다시 위대하게 만들겠다"(make America great again)고 약속한 대통령 후보를 지지한 유권자들은 세계주의(globalism)에 대한 민족주의의 맞대응을 대표한다. 정치학적 개념으로서의 민족주의는 민족과 국가가 일치해야 한다는 생각에 기초하고 있다. 이미 논의한 바와 같이 국가는 영토에 대한 주권적 통제를 갖는 정부 기관과 제도들의 총합이다. 앞서 언급한 바와 같이, 민족은 더 정의하기 어려운 개념이며, 역사와 신념에서부터 종족성(ethnicity)과 종교에 이르기까지 공통된 특징을 가지고 있다. 결국, 중요한 것은 사람들은 자신들을 이 "상상된 공동체"(imagined community)의 일부로 인식한다는 것이다(Anderson, 1991). 민족의 모든 구성원들은 같은 국가에 의해 통치되어야 하며, 다른 국가의 구성원들은 그 국가의 기관들에 의해 통치되어서는 안 된다. 여기서 우리는 국경을 넘는 사람들의 이동에 의해서 제기된 이슈가 민족주의자들의 반대로 이어질 수 있다는 것을 알 수 있다. 만약 이주자들이 그 "상상된" 민족의 역사, 문화, 언어, 또는 가치관과 신념을 공유하지 않는다면, 민족주의자들은 그들의 존재에 부정적으로 반응할 수 있다. 국경을 넘은 사람들의 이동이 세계화의 필수요소는 아니지만, 상품과 정보의 이동과 함께 사람의 이동이 이주도 동시에 증가했다.

전 세계적인 코로나 팬데믹 기간 동안 민족주의의 문제가 전면에 등장했다. 주민들이 EU 여권을 소지하고 있는 유럽연합에서도 국가들은 다른 나라의 시민들이 국경을 넘는 것을 허용하지 않았다. 일부 정부가 기업들이 필수 의료용품을 다른 나라에 수출하는 것을 제한하기로 함에 따라 개인보호장비의 거래는 논쟁거리가 되었다. 백신이 사용 가능해졌을 때 일부 국가들의 사재기는 전 세계적으로 백신에 대한 접근성에 있어서 엄청난 불균형을 초래했다. 아마도 학생들은 그것을 '자연스러운' 것으로 볼 수도 있겠지만, 만일의 경우를 대비하여 부유한 나라들이 비축량을 유지하기로 결정하기 때문에, 남반구의 상대적으로 가난한 나라들이 마스크, 약, 인공호흡기, 또는 백신에 대한 접근이 거부된다면 그것은 무엇을 의미하는가? 면역에 대한 접근이 출생지와 주거지의 우연에 의해서 결정되어야 하는가? 유엔의 세계보건기구와 같은 국제기구의 국제협력을 촉진하려는 노력은 중국 혹은 미국의 민족주의 세력에 의해서 방해를 받을 수 있다.

국가와 시장

정치학자들은 시장과 국가의 관계에 오랫동안 관심을 가져왔다. 1920년대의 세계대공황 이후 미국의 정치학자들은 국가가 시장에 의해서 야기될 수 있는 고통을 완화시킬 필요성을 제시한 뉴딜 사회정책의 발전을 설명하고자 했다. 사회보장제도로 정부는 노인들에게 필요한 도움을 제공하고자 노력했고, 노동진보청(the Works Progress Administration, WPA)으로 정부는 시장에서 밀려난 수백만 명의 사람들을 고용했다. 같은 시기 남반구의 정부들은 시장을 통제하고, 가난한 사람들과 노동자들의 생필품 가격을 보조하며, **수입대체산업화(Import Subsitution Industrialization, ISI)**라고 불리는 정책을 통해 국내 산업을 외국 제품으로부터 보호하려는 움직임을 보였다. 정치학자들은 누가 왜 정부로부터 혜택을 받는지에 관심이 있다. 미국의 뉴딜정책의 경우 가난한 사람들 혹은 노동자 계층의 아래로부터의 저항이나 압력의 결과였을까? 아니면 경제위기에 비추어 국가의 역할이 무엇이어야 하는지에 대한 이념적 변화에 대한 대응이었을까?

뉴딜 정책 이후 수십 년 동안 미국 정치경제에서는 정부가 필요하다면 자본주의 경제를 규제하거나 부양하고, 실직자들에게 필요한 지원을 제공해야 한다는 케인스(John M. Keynes)적 공감대가 일반적으로 형성되어 있었다. 1970년대 후반 미국의 경제난은 정부의 시장 개입이 과연 현명한 것인지 의문을 제기했다. 미국의 로널드 레이건 대통령과 영국의 마거릿 대처 총리의 등장은 정부의 개입이 위기에 대한 적절한 대응이 아니라 경제 문제의 원인이라는 정치경제 엘리트의 공감대로 전환하는 계기가 되었다. 경제의 영역에서는 국가보다 시장이 더 나은 결정을 내린다고 주장하는 신자유주의 이념이 전 세계적으로 확산되었다.

정치학자들의 의견은 대체로 일치했다. 적어도 미국에서는 정치학자들은 자유시장경제가 정치적 민주주의와 조응한다는 주장에 역사적으로 동조해 왔다. 신자유주의 정책이 남반구의 국가들로 확산(또는 강요)되면서, 많은 정치학자들이 신자유주의 정책이 경제적 효율성과 정치적 민주화의 가능성을 높일 것이라고 주장을 이용하여 국가 계획으로부터 시장 의사결정으로의 전환을 지지했다. 국제통화기금(IMF)나 세계은행(World Bank)

과 같은 국제금융기구가 그랬듯이, 냉전이 그 선택을 더욱 쉽게 만들었다. 구체적으로 말하면, 신자유주의는 정부의 규제 완화, 시장을 왜곡하는 정부 보조금 축소, 민영화(정부 소유 사업체를 민간 부문에 매각), 그리고 국제 무역이나 외국 투자에 대한 장벽을 줄이기 위한 전 세계적인 추진으로 이어졌다.

신자유주의 하에서 국가의 역할은 시장자본주의에 의해 피해를 입은 사람들에 대한 지원에서 자본 자체에 대한 지원으로 전환된 만큼 줄어들지는 않았다. 신자유주의의 시대에 국가는 가장 유리한 투자 환경을 만들기 위해 노력했다. 그 새로운 역할 중 하나는 기업이 본국에서 활동할 수 있는 '자유'를 제약하고, 상품 거래에 장벽을 두며, 외국 투자자들에게 기회를 제한했던 규제에서 손을 떼는 것이었다. 중요한 점은 국가가 경제 영역에서 새로운 역할을 맡은 만큼 옆으로 밀려나지는 않았다는 것이다. 연방정부가 자본과 상품의 흐름을 촉진하는 협정을 이행하는 동안, 모든 수준의 정부들은 투자자들에게 경제적 보조금을 제공하는 것을 기대할 수 있다.

사회운동, 시위, 그리고 저항

국가와 시장의 관계에 대한 위의 논의가 시사하듯이, 부유한 사람들의 이익이 어떻게 정치인들의 이익이 되고 정치 시스템의 이익이 되는지에 대한 정치학자들의 흥미로운 질문이 있다. 우리는 부유한 사람들이 정치 분야에서 더 활동적인 경향이 있다는 것을 알고 있다. 그들은 수입과 재산이 적은 사람들보다 더 높은 비율로 투표할 뿐만 아니라 (허용되는 경우) 정당과 선거 운동에 자금을 대는 데 도움을 주고, 공무원들에게 로비를 하고, 그리고 일반적으로 지방에서 연방의 수준에 이르기까지 정부 내의 정치인들과 더 자주 교류한다. 일부 정치학자들은 공식적인 정치시스템에 쉽게 접근할 수 없고 그래서 사회운동이나 시위를 통해서 활동하기를 선택하는 사람들의 집단을 연구해 왔다. 아랍의 봄과 같은 일부의 사례에서 대중 집회와 시위는 그 나라들의 폐쇄적인 정치제도의 결과물이다. 그러나 유럽이나 미국과 같은 개방적인 정치시스템도 사회운동 활동주의로부터 완전히 자유로운 것은 아니다.

정치학자들은 투표행태, 행정부의 의사결정, 사법시스템, 엘리트 행위자들 간의 국제 외교와 같은 공식적인 정치에 더 많은 연구를 집중하는 경향이 있다. 정치학은 권력의 문제에 초점을 두고 있는 만큼 대중 동원에 대한 연구도 중요하게 취급한다. 미국의 코로나 19 대피 지침(the Covid-19 shelter-in-place directives) 기간 동안 경제 재개를 요구하면서 미국의 주 수도에 모이는 소규모 시위든 유럽에서 열리는 반이민 집회든, 민주주의 국가에 사는 사람들은 그들이 원하는 정치적 결과를 얻는 가장 좋은 방법은 대중의 시위일 수도 있다는 결정을 내린다. 이런 행동과 운동들을 연구함으로써, 우리는 다른 나라에서 정치가 어떻게 작동하는지에 대한 새로운 통찰을 얻을 수 있을 지도 모른다. 왜 화석연료 산업이 그들의 정치적 활동의 대부분을 공식적인 영역에 국한시키는 반면에, 기후변화를 걱정하는 환경주의자들이 집회나 시위에 참여할 가능성이 더 큰가? 라틴 아메리카에서 활동하는 토착민들, 여성들, 또는 학생들의 운동에 대한 정치학자들의 연구는 그곳의 정치 시스템이 누구를 배제하는지에 대한 통찰로 이어질 수 있다.

사회운동 활동은 초국가적일 수도 있다. 스웨덴의 10대 환경운동가인 그레타 쏜버그(Greta Thunberg)는 2019년 타임지(*Time*) 올해의 인물로 선정되었다. 정치학자들은 이 단체들을 분석하기에 좋은 위치에 있다. 민주주의 국가 내의 이익집단을 연구하는 아주 오랜 역사가 있다. 이익집단은 정부의 정책 결정에 영향을 미칠 목적으로 함께 모인 사람들의 다양한 자발적인 연합을 포함한다. 미국에서는 전미총기협회(National Rifle Association, NRA), 미국은퇴자협회(American Association of Retired People, AARP), 또는 전미제조업자협회(National Association of Manufacturers)와 같은 단체들을 포함한다. 사회운동도 자발적이지만, 그 목표는 단일정책을 넘어서는 경향이 있으며, 전술은 이익집단이 사용하는 것처럼 제한되지 않는다.

사회운동의 성공은 일반 대중들 사이에서 신뢰와 공감을 얻는 능력에 달려 있다. 일부의 사람들이 더 많은 자원을 가지고 있고 정치기관과 공무원들에 접근할 수 있는 반대자들에 대항하기 때문에 도덕적 권위를 얻는 것이다. 특히 행동의 선택이 일부 사람들에게 논란이 될 수 있기 때문에 미디어에서의 대표성은 중요하다. 파업, 보이콧, 행진, 그리고 시위는 반발의 위험을 무릅쓴다. 쏜버그와 환경운동의 경우, 그 스웨덴 사람은 2019

년과 2020년에 유엔 기후변화회의와 세계 경제포럼에서 광범위하게 다루어진 공개 연설을 하는 동안 전 세계의 또래 학생들의 학교 기후 파업을 촉구했다. 2019년 가을의 전 세계적인 기후 파업은 전 세계의 수백만 명의 사람들을 거리로 끌어모았다. 그녀는 새로운 총기규제법을 지지하며 교실 밖으로 나온 플로리다주 파크랜드의 학생들에게서 영감을 얻었다고 밝혔다.

누가 그리고 어떻게 권력을 휘두르는지에 대한 정치학의 관심은 이 학문이 볼리비아의 토착민들, 전 세계의 학생 기후 운동가들, 유럽의 반이민 운동가들 같은 사회운동가들의 잠재적인 영향을 설명할 필요가 있다는 것을 의미한다. 언제 이 단체들이 변화를 촉진하는가-아마도 미국의 1960년대 민권 운동? 언제 이 단체들이 실패하는가-1989년 천안문 광장 사태? 그리고 왜 실패하는가? 혁명에서부터 개혁에 이르기까지, 정치학은 공식적인 정치의 제도 밖의 발전을 관찰할 준비가 되어 있어야 한다.

국제학과 미국정치 분야

학생들은 다른 나라의 정치보다 미국의 정치제도에 더 익숙할 가능성이 분명히 있다. 다른 나라의 제도와 절차, 결과를 보면, 우리는 우리나라의 실제를 새롭게 조명할 기회가 있다. 가장 위에서 시작하면, 대통령을 선출하기 위해 선거인단 같은 제도를 활용하는 나라가 또 있는가? 상대보다 적은 표를 받은 사람이 대통령직을 차지할 수 있도록 하는 제도를 어떻게 설명하고 옹호하겠는가? 미국의 상원은 50개의 주에서 각각 선출된 2명의 대표들로 구성되어 있다. 와이오밍주에 사는 60만명 미만의 사람들에게 캘리포니아에 사는 약 4천만 명의 사람들과 같은 수의 상원의원 부여하는 불균형적인 입법 대표권을 가진 나라가 또 있는가? 와이오밍주의 사람들은 캘리포니아주의 사람들보다 70배나 영향력이 커야 하는가? 이것이 당파적 주장으로 오해되지 않도록 하기 위해, 자칭 민주사회주의자 버니 샌더스를 선출한 60만 명 조금 넘는 버몬트주 주민들이 3천 만명에 가까운 텍사스주의 사람들과 같은 영향력을 상원에서 행사해야 하는가? 전체 인구의 총합이 캘리포니아주의 인구와 거의 같은 20개의 주가 40명의 상원의원을 보유하고 캘리포니아는 2명밖에 보유하지 못하는 것이 과연 정당한가? 일단 인준을 받으면 대법관은 종신임기를 받아야 하는가? 아니면 더 합리적인 다른 나라의 접근법이 있을까? 국제학을 공부하는 학생들은 미국의 정치제도와 과정들이 다른 나라보다 더 바람직하다고 결론지을 수 있지만, 그 관점은 미국과 다른 나라의 정치제도들에 대한 깊은 지식에 기초해야 한다. 정치학의 학문적 도구들은 미국의 경험과 다른 나라의 경험을 비교할 때 그들에게 더 유용할 것이다.

정치학자들에게 코로나19 팬데믹은 미국정치가 어떻게 작동하는지에 대한 이론과 아이디어를 시험할 수 있는 상당한 기회를 제공했다. 미국에서는 재택명령 기간동안 지방, 주 및 연방 등 다양한 수준의 정부 간 관계가 시험대에 올랐다. 연방주의의 문제는 정치에서 중요하며, 우리는 연방주의가 해변이 시민들에게 개방되어야 하는지 여부와 같은 단순한 문제를 다루는 것을 보았다. 시장, 주지사, 또는 대통령이 플로리다 잭슨빌의 해변을 개방해야 하는지 결정해야 하는가? 국가적 위기의 시기에 입법부와 행정부는 당파성을 제쳐놓을 수 있는가? 마지막으로, 어떤 사회 및 경제 단체가 정부 관계자들을 설득하여 위기의 결과로부터 그들을 보호할 공공 자원을 제공할 것인가?

21세기 초에 정치학을 공부한다는 것

2020년, 세계의 민주주의와 자유의 현황에 대한 연례보고서를 제공하는 프리덤하우스는 2019년에 14년 연속으로 자유로운 국가보다 억압적인 국가가 더 많고 민주주의와 다원주의가 공격을 받고 있다고 주장했다(Freedom House 2020). 미국의 보수 단체인 프리덤하우스는 인도, 미얀마, 세네갈, 베냉, 엘살바도르의 후퇴에 주목했을 뿐만 아니라 지난 10년에 걸친 미국 민주주의의 질의 저하도 보았다. 이러한 국제적인 추세는 정치학의 분석을 필요로 한다. 민주주의가 어떻게 죽는가를 설명하면서, 두 명의 정치학자는 튀르키예의 에르도안이나 헝가리의 오르반과 같은 독재적인 성향을 지닌 지도자들의 선출에 초점을 맞추고 있다(Levitsky and Ziblatt 2018). 또 다른 정치학자는 그의 책 제목에서 "러시아의 분노, 중국의 야망, 그리고 미국의 안일함"을 비난하고 민주주의에 대한 위협이 외부 국가로부터 올 수도 있다고 주장한다(Diamond 2019).

코로나19 팬데믹은 전 세계의 정치에 또 다른 빛을 주었다. 이러한 위기상황에서는 심지어 민주적인 정부도 투명성, 책임감, 그리고 대응력에 있어서 전통적인 기대에서 후퇴할 수 있다. 통제하는 것을 주저하는 것은 장기적으로 정당성을 훼손할 수 있지만, 시민들의 행동을 통제하려는 시도 또한 반발을 부를 위험이 있다. 지지율과 재선 전망에 대해 걱정하는 공직자들은 정치에 공중보건 문제와 동등한 비중을 부여할 수 있다. 더 권위적인 정권이 국민들을 통제하는 것이 더 쉽다고 생각할 수 있지만, 이러한 공공에 대한 통제는 정치적 반대를 더욱 억압하는 데 사용될 수도 있다. 바이러스의 확산을 추적하기 위한 정당한 필요성은 국민에 대한 영구적이고 체계적인 감시로 발전할 수 있다. 권위주의적인 정부는 또한 효과적이고 독립적인 언론이 없는 상황에서 부정적인 발전을 은폐하고 대중들로 하여금 정부 대응의 효율성을 믿도록 할 수도 있다.

결국, 팬데믹이든 국제학 교실에서 논의되는 다른 세계적인 이슈이든 간에, 정치학은 발전을 설명하는 데 도움이 될 수 있지만, 종합적인 분석은 다른 학문 분야의 통찰력도 포함할 것이다. 정치학자의 영역에서 국내외 정책을 만드는 것조차 경제학, 지리학, 인류학, 및 기타 학문분야의 연구를 참조하지 않고서는 이해할 수 없다.

참고문헌

Anderson, Benedict. 1991. *Imagined Communities: Reflections on the origin and spread of Nationalism*. London : Verso Press.

Diamond, Larry. 2019. *Ill Winds: Saving Democracy from Russian Rage, Chinese Ambition, and American Complacency*. New York : Penguin Press.

Enloe, Cynthia. 2014. *Bananas, Beaches and Bases: Making Feminist Sense of International Politics*. 2nd ed. Berkeley : University of California Press.

Freedom House Report. 2020. *Freedom in the World*: https://freedomhouse.org/sites/default/fi les/2020-02/FIW_2020_REPORT_BOOKLET_Final.pdf

Levitsky, Steven and Daniel Ziblatt. 2018. *How Democracies Die*. New York : Crown Publishers.

Sjoberg, Laura. 2013. *Gendering Global Conflict: Toward a Feminist Theory of War*. New York: Columbia University Press.

추가 읽을거리

도서

Aronoff, Kate, Peter Dreier, and Michael Kazin, eds. 2020. *We Own the Future: Democratic Socialism-American Style*. The New Press.

Hudson, Valerie M., Donna Lee Bowen, and Perpetua Lynne Nielsen. 2020. *The First Political Order: How Sex Shapes Governance and National Security Worldwide*, Columbia University Press.

Judis, John. 2016. *The Populist Explosion: How the Great Recession Transformed American and European Politics*, Columbia Global Reports.

Keck, Margaret and Kathryn Sikkink. 1998. *Activists Beyond Borders: Advocacy Networks in International Politics*. [Cornell University Press reprint, 2014].

Klein, Naomi. 2019. *On Fire: The (Burning) Case for a New Deal*, Simon & Schuster.

Marx, Karl and Friedrich Engels. 1848. *The Communist Manifesto*. [Vintage Classics reprint, 2018].

Steinbeck, John. 1939. *The Grapes of Wrath*. [Penguin Classics reprint, 2006].

Walt, Stephen. 2018. *The Hell of Good Intentions: America's Foreign Policy Elite and the Decline of U.S. Primacy*. [Farrar, Straus, and Giroux].

학술지

Foreign Affairs. www.foreignaffairs.com

International Studies Quarterly. https:// academic.oup.com/isq

New Political Science. www.tandfonline.com/toc/cnps20/current

Perspectives on Politics. www.cambridge.org/core/journals/perspectives-on-politics

World Policy Journal. https://read.dukeupress.edu/world-policy-journal

영화

All the President's Men (1976). Director Alan J. Pakula.

Bulworth (1998). Director Warren Beatty.

Hotel Rwanda (2004). Director Terry George.

Malcolm X (1992). Director Spike Lee.

Suffragette (2015). Director Sara Gavron.

The Ides of March (2011). Director George Clooney.

V for Vendetta (2005). Director James McTeigue.

Wag the Dog (1997). Director Barry Levinson.

Zero Dark Thirty (2012). Director Kathryn Bigelow.

웹사이트

Congressional Quarterly Researcher: https://library.cqpress.com/cqresearcher

Fivethirtyeight: https://fivethirtyeight.com/politics/

Institute for Policy Studies: https://ips-dc.org/

International Affairs at the London School of Economics: https:/blogs.lse.ac.uk

2부

국제적 · 지역적 주제에 대한 학제 간 접근

6장

북아메리카와 국제학

    21세기 초 북아메리카(북미)는 미국과 캐나다의 본거지이기 때문에 세계의 정치와 경제 시스템을 지배하고 있다. 본 장은 미국과 캐나다에 초점을 맞추고 있다(멕시코는 라틴 아메리카에 관한 장에서 다룬다). 미국은 국제문제에서 주요한 역할을 하고 있으며, 세계에서 미국이 차지하는 위치에 대한 간략한 논의는 미국을 세계의 다른 지역들과 비교해볼 수 있는 단초를 제공해 줄 수 있다. 북미는 사람들의 특성, 권력관계, 장소, 생산, 및 과거, 즉 인류학, 정치학, 지리학, 경제학 및 역사학 등 다양한 학문 분야에 의해서 정의된다(지도 6.1 참조).

North America
Canada
Canada
United States
United States
Miles
0 250 500 1,000 1,500 2,000
N

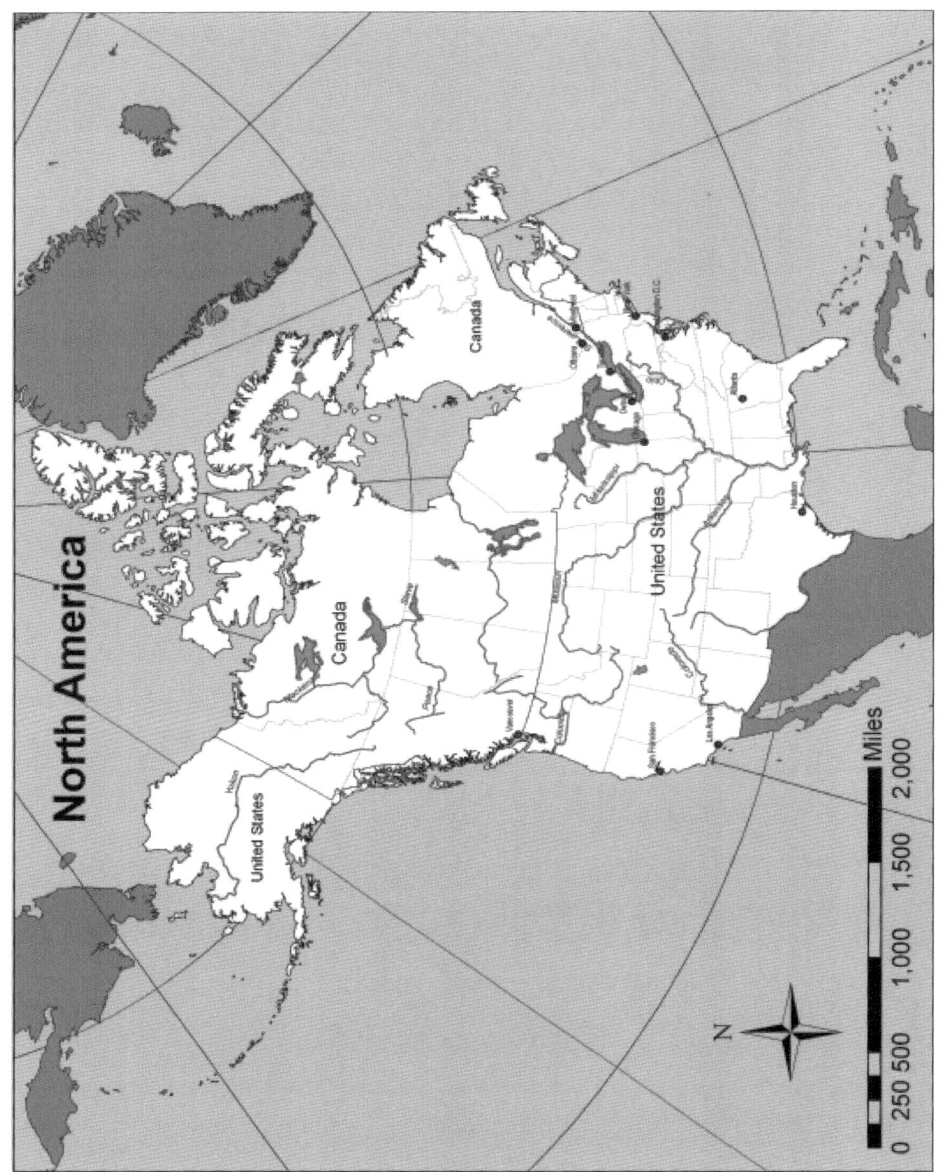

〈지도 6.1〉 북아메리카

세계에서의 미국의 짧은 역사

1796년 미국 대통령 조지 워싱턴은 고별사에서 유럽의 정치 문제에 개입하지 말 것을 이 신생국에게 경고했다.

"우리의 동떨어진, 그리고 멀리 떨어진 상황은 우리로 하여금 다른 길을 추구하도록 하고 그것을 가능하게 합니다..... 왜, 우리의 운명을 유럽 어느 지역의 운명과 엮음으로써, 우리의 평화와 번영 을 유럽의 야망, 경쟁, 이익, 유머와 변덕의 수고 속에 얽히게 하는 것일까요?..... 세계의 어느 지역 과도 영원한 동맹관계를 멀리하는 것이 진정한 우리의 정책입니다."

18세기 말에 미국은 어느 방향으로든 그 힘을 투사할 수 있는 위치에 있지 않았다. 토 마스 제퍼슨(Thomas Jefferson) 통치 하에 미국은 루이지애나 매입으로 영토를 확장했다. 1812년부터 1815년까지 영국과의 값비싼 전쟁 이후, 미국은 서쪽으로의 확장에 집중했 고, 미국의 무자비한 숫자와 군사기술에 의해서 학살된 원주민들의 저항을 빠르게 극복 해 나갔다. 19세기 후반까지 미국은 북미 문제에 집중하여, 18세기 중반 무렵 태평양까지 영토를 확장했고, 1861–1865에는 내전을 치렀고, 멕시코(1846–1848)와 스페인(1898) 과 두 번의 영토 전쟁을 치렀다. 자유인의 권리에 대한 근본적인 주장에도 불구하고, 미 국의 번영의 많은 부분은 처음에는 원주민들로부터의 강압적인 토지 수용과, 노예무역과 노예가 된 사람들의 무급노동 위에 세워졌다(그림 6.1).

산업화는 18세기 후반에 시작되었고, 1900년까지 미국은 영국을 제치고 세계 최대의 산업 강국이 되었다. 1911년 미국은 2,400만 톤 이상의 철강을 생산하여 독일의 1400만 톤과 영국의 650만 톤을 능가했다(Hause and Maltby 1999, 57)

미국은 해외에서 새로운 힘을 행사하기 시작했다. 1907~1908년 테디 루즈벨트(Teddy Roosevelt) 대통령은 미국이 이제 강대국이라는 것을 보여주기 위해서 화려한 흰색으로 칠해진 군함인 '대백함대'(the Great White Fleet)를 전 세계에 파견했다. 미국은 태평양 과 대서양의 해군이 통과할 수 있도록 하고 서반구와 아시아에서의 무역을 용이하게 하 기 위해 파나마운하(1904~1914)를 건설하고 운영했다.

〈그림 6.1〉 마운트 러쉬모어. 라코타 수(Lakota Sioux) 족으로부터 수용된 사우스다코타 주
의 땅에 KKK단 (Ku Klux Klan)과 연결된 미국 이민자에 의해서 설계된 이 기념
비는 미국 역사의 근본적인 모순을 표현한 것이다.

출처: S. Toops

처음부터 미국은 스스로를 예외적인 나라, 즉 자유민주공화국, 끊임없는 전쟁, **군주제
(monarchy)**, 귀족제, 그리고 중상주의의 유럽으로부터 멀리 떨어진 정의의 등불로 여겨
왔다. 우드로 윌슨 대통령은 세계에 민주주의를 더 확장시키기 위해 위해 미국이 제1차
세계대전에 참전했다고 말하면서 이 개념을 더욱 발전시켰다. 미국은 그 전쟁에서 중심
국가들을 무찌르고, 제2차 세계대전에서도 주축국들을 무찌르는 데 도움을 주었는데, 이
는 미국인의 마음 속에 미국이 자유와 평화, 번영에 없어서는 안 될 중요한 요소임을 확인
시켜 주었다. 비록 소련이 40년 동안 강력한 군사적, 이념적 라이벌이었지만, 미국은 그
전쟁으로부터 세계 최강의 국가로 부상했다.

미국은 미국을 중심으로 자유롭고, 경제적이며, 민주적인 전후 질서를 확립하려고 노
력했다. 이러한 전후 노력은 전쟁으로 초토화된 세계를 재건하기 위한 **세계은행(World
Bank)**, 화폐 교환을 규제하고 파산한 경제를 구제하기 위한 **국제통화기금(International**

Monetary Fund, IMF), 그리고 점진적으로 관세를 낮추고 무역을 장력하기 위한 자본주의 국가들 사이의 주기적인 회담인 **관세 및 무역에 관한 일반협정**(General Agreement on Tariffs and Trade, GATT)과 같은 자유시장 제도를 탄생시켰다. GATT는 1995년에 **세계무역기구**(World Trade Organization, WTO)로 발전했다.

1991년 소련의 붕괴는 이러한 자유주의 경제 패러다임과 미국의 정치력에 더 이상 큰 도전이 없을 것임을 확인시켜주는 듯했다. 국내총생산을 기준으로 미국은 세계 1위의 경제대국이고, EU가 2위, 중국이 3위이다. 구매력 기준으로는 중국이 1위, 미국이 2위이다. 전 세계 수출의 8.5%, 수입의 17%를 미국이 차지하고 있다. 무역에 대한 의존도뿐만 아니라, 경제규모도 미국이 자유시장 글로벌 시스템의 안정성을 지킬 것을 요구하고 있다.

많은 미국인들은 미국이 대부분의 경제 및 사회적 순위에서 세계 1위라고 굳게 믿고 있다. 미국에 오기를 원하는 이민자의 수가 많다는 것은 사람들이 미국을 여전히 기회의 땅으로 여기고 있다는 것을 보여준다. 그러나 "살기 좋음"(livability)에 대한 한 연구에 따르면, 미국은 163개국 중 28위를 차지하고 있다. 미국의 유아사망률은 쿠바나 캐나다보다 더 높다. 사회진보지수는 미국을 건강관리 분야에서 42위, 기초지식 분야에서 44위, 깨끗한 물과 위생에 대한 접근 분야에서 24위, 그리고 개인 안전 분야에서 54위로 평가했다. 미국은 세계에서 가장 높은 수감률을 가지고 있는데, 이는 프랑스의 7배, 일본의 14배, 그리고 인도의 24배이다 (New York Times), May 18, 2014). 그리고 유색인종의 수감률이 불균형적으로 높다.

미국이 직면한 글로벌 도전

비록 미국이 어떤 심각한 실존적 위협에 직면해 있지는 않지만, 냉전 시대의 소련이 그랬던 것처럼, 점점 세계화되는 세계는 새로운 도전을 만들어냈다. "필수불가결한" 강대국으로서, 미국은 정면으로 부딪히든 또는 "뒤에서 잡아끌든" 그 도전들을 해결해야 할 책임이 있다고 느낀다. 미국은 세계에서 가장 부유한 나라이고, 그러므로 종종 자연재해와 다른 인도주주의적인 위기의 시기에 도움을 필요로 하는 사람들을 도와야 할 도덕적 의무가 있다고 여겨진다. 미국은 세계 어디든지 즉각적으로 개입하기 위해 필요한 수단을 제공하면서, 다른 15개국을 합친 것보다 더 많은 돈을 군사력에 쓰고 있다. 중국이 2위이다. 가장 규모가 큰 미군은 일본, 독일, 중동, 그리고 한국에 주둔하고 있다. 미국은 자국의 이익을 지키기 위해 전 세계 70개국 이상에 800개 이상의 군사기지를 보유하고 있다(Vine 2019).

현재 중동에서 벌어지고 있는 혼란스런 상황은 미국을 대규모 전쟁으로 끌어들일 가능성이 있다. 아시아에 더 많은 관심을 집중하기를 바라는 버락 오바마 전 대통령의 열망에도 불구하고, 그의 전임자(George W. Bush)에 의해서 시작된 이라크와 아프가니스탄 전쟁은 그가 이 지역에 더 많은 자원을 쏟아붓게 만들었다. 2011년에 미군은 이라크를 떠났지만, 그 전쟁과 그 땅을 미군이 점령함으로써 거의 4,500명의 미국인들과 수만 명의 이라크인들이 목숨을 잃었다. 미군 철수로 인하여 이라크는 불안한 안보 상황에 놓이게 되었다. 새로 들어선 이라크 정권은 남부의 시아파의 편을 들고 중부와 북부의 수니파를 박해했다. 바샤르 알 아사드(Bashar al-Assad)의 알라위트(Alawite) 정권에 대항한 시리아의 아랍의 봄 봉기는 그 나라의 북부 지역에 권력의 공백을 남겼을 뿐만 아니라 종종 유럽과 미국의 목표물들에 대한 테러리스트 공격의 형태로 서양의 역사적인 식민주의와 현대의 중동 개입에 대한 복수를 추구해 온 급진적인 수니파 이슬람국가(Islamic State, IS)의 부상을 가능하게 했다.

시리아 반군, IS 그리고 알 아사드 정권 간의 6년 동안의 잔혹한 갈등으로 인하여 수십만 명의 시리아인과 이라크인들이 목숨을 잃었고 수백만 명이 난민이 되었다. 미국은 시리아 반군을 지원하기 위해 공습을 단행하고, IS 지도자들을 목표물로 삼았다. 2016년에는 미군 특수부대가 IS가 통제하는 주요 도시인 모술에 대한 이라크군의 공격을 도왔다. 러시아는 시리아 반군이 장악한 도시 지역에 대한 무차별적인 공습으로 알 아사드 정권을 계속 지원하여 대학살을 가중시켰다. 오바마 행정부의 국무장관 존 케리(John Kerry)는 필사적으로 휴전을 중재하고 평화회담을 시작하려고 노력했지만, 러시아는 다마스쿠스(Damascus)의 정권 교체와 관련된 어떠한 거래도 거부했다 2016년 말 알레포(Aleppo)는 아사드의 군대에 함락되어 반군들이 심각하게 손상을 입었다.

시리아 내전과 IS의 부상은 이 지역에서 가장 다루기 힘든 반세기 동안 지속된 이스라엘-팔레스타인 분쟁을 해결하기 위한 미국의 외교적 노력을 흐트러뜨려 놓았다. 2013년 케리는 최종적인 평화 정착을 위하여 새로운 외교적 노력을 시작했지만, 벤야민 네타냐후(Benjamin Netanyahu) 이스라엘 총리와 오바마는 요르단강 서안의 이스라엘 정착촌과 이란 핵무기 프로그램을 제한하기로 한 오바마의 협상을 놓고 갈등을 빚었다. 케리의 외교적 공세는 효과가 없었다.

중동에는 바레인, 이라크, 이스라엘, 요르단, 쿠웨이트, 오만, 카타르, 사우디아라비아, 시리아, 아랍에미리트 등에 미군이 주둔하고 있다. 인도양의 디에고 가르시아에 있는 해군기지도 중동에 있는 미군을 지원하고 있다. 튀르키예, 독일, 이탈리아에 있는 기지도 페르시아만 지역에 있는 미군을 지원하고 있다. 아프가니스탄에도 군대가 있지만 바이든 행정부는 2021년에 아프가니스탄의 전투병력을 철수시켰다.

중동의 혼란은 미국의 아시아로의 "회귀"(pivot), 즉 세계에서 가장 인구가 많은 지역에서 외교적·경제적 이익의 방향을 재조정하려는 미국의 노력을 방해했다. 일본은 이 지역에서 미국의 주요 동맹국으로 남아 있다. 미국은 일본과 한국에 군대와 기지를 보유하고 있다. 이 병력의 대부분은 북한의 위협에 대응하기 위해 그곳에 주둔하고 있다. 한국과 일본은 미국의 핵우산에 의해 보호를 받고 있다. 하와이와 괌에 있는 미군기지의 선박, 잠수함, 항공기는 태평양을 순찰한다. 어떤 사람들은 중국의 군사비 지출을 위협으로 보지만, 중국의 급속한 경제성장은 미국의 무역과 투자에 새로운 기회를 만들어냈다. 한반도 비핵화를 위한 미국의 노력에 중국은 중요한 파트너이다. 중국의 시각에서 볼 때, 한국, 일본, 아프가니스탄에 주둔하고 있는 미군과 대만과의 군사 협정은 별로 반갑지 않다. 미국은 또한 빠르게 성장하고 있는 인도와 협력할 기회를 엿보고 있다.

미국은 아프리카에 대해서 경제발전이나 인도주의적 이슈뿐만 아니라 새로운 주제에 대해 관심을 갖게 되었다. 소말리아와 나이지리아에서는 이들 국가의 국민뿐만 아니라 인근 국가, 유럽, 미국을 위협하는 극단주의 이슬람 테러집단이 부상하고 있다. 2009년 알 카에다와 연계된 나이지리아 국적자가 미국 여객기를 폭파하려 했고, 테러집단 보코하람(Boko Haram)은 나이지리아 북부를 계속 위협하고 있다. 2013년 소말리아 테러집단 알 샤밥(Al-Shabaab))은 케냐 나이로비의 한 쇼핑몰을 공격하여 최소 70명이 사망했다. 미군 특수부대와 드론 공격이 알 샤밥이 접근하지 못하도록 하는데 관여하고 있다.

2001년 조지 W. 부시 대통령은 취임하면서 미국과 라틴아메리카의 관계를 개선하기 위해서 노력하겠다고 약속했다. 2001년 9월 11일 미국에 대한 테러 이후 라틴아메리카는 뒷전으로 밀려났다. 부시 대통령은 미주자유무역협정(Free Trade Agreement of America, FTAA)을 추진하려 했지만, 이 지역에서 신자유주의를 거부하면서 별 성과를 거두지 못했다.

오바마 대통령은 중남미 3개국(멕시코, 페루, 칠레)을 포함하는 환태평양경제동반자협정(the Trans-Pacific Partnership, TPP)을 성사시켰다. 그러나 TPP는 트럼프 대통령에 의해서 무효화되었다. 2020년 아세안 국가들과 호주, 중국, 뉴질랜드, 한국은 새로운 자유무역협정인 역내포괄적무역동반자협정(Regional Comprehensive Trade Partnership)을 체결했다. 그러나 미국은 포함되지 않았다. 이는 지속적으로 더 많은 시장개방을 추구해온 미국의 대외정책에 있어서 엄청난 변화였다.

세계경제에서의 미국: 너무 커서 실패할 수가 없다

미국 경제는 국내총생산(GDP) 기준으로 세계에서 가장 크다. GDP 구매력 평가(PPP) 기준으로는 중국이 1위이고 미국이 2위이다. GDP PPP는 일반적으로 경제를 비교할 때 사용된다. 미국의 GDP PPP는 전 세계 GDP(1년 동안 세계에서 생산된 모든 재화와 서비스 총합 가치)의 15%를 차지한다. 미국은 세계 상품의 18%를 제조하는 반면 중국은 20%, 일본은 10%를 제조한다. 미국은 (중국 다음으로) 세계에서 가장 큰 상품 수입국이자 두 번째로 큰 수출국이다. 미국은 세계에서 가장 크고 영향력 있는 금융시장을 보유하고 있으며, 외국인 투자는 다른 나라의 두 배 이상이다. 세계 통화준비금의 약 61%가 미국 달러에 투자되고 있으며, 일본 엔화, 유로화, 중국 위안화도 외환보유고 비중이 점점 증가하고 있다. 뉴욕증권거래소는 거래 주식의 수에서 세계 선두를 달리고 있다. 포춘지 선정 500대 기업의 본사 수는 중국(124개)과 미국(121개)이 상당히 근접해 있다(*CIA*

World Factbook 2020).

미국의 부는 풍부한 천연자원, 잘 개발된 인프라, 높은 생산성, 그리고 광범위한 혼합경제에서 비롯된다. 미국은 세계 최대의 석탄 매장량을 보유하고 있으며, 세계 최대의 석유 생산국이자 최대의 천연가스 생산국이다. 또한 미국은 구리, 납, 몰리브덴, 인산염, 우라늄, 보크사이트, 금, 철, 수은, 니켈, 탄산칼륨, 은, 텅스텐, 아연, 목재 등도 상당량 보유하고 있다. 특히 제2차 세계대전 이후 정부와 민간 부문에 의한 인프라에 대한 대대적인 투자는 정교한 물, 철도, 고속도로 운송 시스템, 매우 효과적인 전력망, 그리고 비즈니스 성장과 높은 삶의 질을 함께 가능하게 하는 배수 시스템을 만들어냈다. 미국은 석유, 철강, 자동차, 항공우주, 통신, 화학, 전자, 식품 가공, 소비재, 목재, 그리고 광업 분야에서 세계적인 선두주자이다. 이러한 고도로 다양화된 경제는 소수의 산업만 가지고 있는 다른 많은 국가들에 비해 어느 한 분야 시장에서의 세계적인 침체가 미국 경제 전반에 미치는 영향은 미미하다는 것을 의미한다.

미국 경제는 민간기업과 개인이 정부와는 거의 독립적으로 활동하는 시장지향적 시스템이다. 미국의 기업들은 심지어 독일이나 일본 같은 강한 시장지향적 경제를 가진 대부분의 다른 나라 기업들보다 사업을 확장하거나 폐쇄하고, 노동자를 해고하고, 신제품을 개발하는 데 더 큰 유연성을 갖고 있다. 또한 해외기업이 미국 시장에 진출할 때 미 기업이 해외 시장에 진출할 때보다 장벽이 더 낮다. 미국은 사업을 하는 데 제한을 두고 있는 국가들 중에서 꾸준히 상위 10% 안에 든다(World Bank Group 2020).

우정사업본부, 보훈보건청, 공영방송공사, 그리고 연방예금보험회사 등 몇몇 예외를 제외하고는 연방정부와 주정부가 소유하고 운영하는 회사는 거의 없고, 필요한 서비스와 재화를 위해서 민간회사와 계약을 한다. 오바마 전 대통령 시절의 국가 의료개혁이 그 한 예라고 할 수 있다. 대부분의 국가처럼 민간 헬스케어와 경쟁하기 위한 정부 헬스케어 시스템을 만드는 대신, 부담가능의료법(the Affordable Care Act)은 모든 의료보험에 일정한 기본 요건을 의무화하면서 국민이 민간 보험회사의 보험에 가입하도록 하고 있다.

미국은 세계에서 군사력이 가장 강한 나라이기도 하다. 미국 국방부는 해외에 800개 이상의 군사기지와 다른 군사시설을 보유하고 있으며, 300만 명 이상의 직원을 고용하고 있는 세계 최대의 고용주이다. 국방부, 보훈처, 국토안보부 등 군과 정보기관에 대한 지출을 합치면 재량 예산의 53%를 차지하며, 다른 모든 정부 기관에 대한 지출을 합친 것보다 많다. 사회보장, 메디케어, 메디케이드는 개인의 기여금에서 파생되기 때문에 별도의 의무 예산에 포함되어 있다 (OMB 2020). 군사비 지출은 메디케어 및 사회보장 비용과 함께 미국 정부 지출의 3/4 이상을 차지하며, 그 결과 미국은 막대한 부에도 불구하고 예산의 균형을 거의 맞출 수 없으며, 매년 그 돈을 지불하기 위하여 중국, 일본, 영국과 같은 외국에서 돈을 꾸어야 한다.

미국은 기술 혁신에 탁월하여 컴퓨터, 의료장비, 항공우주 제품 및 군사무기 분야에서 세계적인 선두주자가 됨에 따라, 전문 노동자와 숙련 노동자와 기타 노동자 간의 "2단계 노동시장"(two-tier labor market)을 발전시켰다(Saint-Paul 1996). 1970년대 중반 이후 실질적으로 가계 소득의 증가는 상위 20%의 사람들에게 돌아갔고, 전문 기술이 없는 사람들은 비슷한 정도의 급여 인상, 의료보험 보장 및 기타 혜택을 얻지 못했다. 이로 인해 이른바 "중산층의 쇠퇴"라고 불리는 현상이 발생했다(Gunderson 2013; Reich 2010). 2019년 미국인의 거의 10%가 빈곤 수준 이하로 살았다. 코로나19와 그로 인한 경기 침체로 인해 빈곤 수치가 증가할 수 있다. 21세기까지 미국의 빈부 격차는 많은 개발도상국의 그것을 넘어섰다 (*CIA World Factbook* 2020).

부채 증가와 노동자 및 중산층의 약화는 2008년의 세계적인 경기침체를 특히 더욱더 심각하게 만들었다. 2006-2008년 기간 동안 유가 상승으로 인해 많은 가정이 주택 담보 대출금을 갚지 못한 채 휘발유를 구입해야 했기 때문에 주택 압류는 두 배로 증가했다. 유가 급등은 또 달러 가치 하락을 초래했고 미국의 무역 적자를 증가시켰다. 총 9천억 달러의 직접 비용과 참전용사 급여, 군인 연금, 국토 안보 및 국제 원조와 같은 4조 달러 이상의 간접 비용이 들어간 아프가니스탄과 이라크에서의 전쟁은 국가 자원을 더욱 압박하고, 예산 적자를 가중시켰으며, 공공부채를 증가시켰다(Crawford 2016). 미국의 세금 수입은 GDP 대비 비율로 대부분의 다른 나라들보다 낮기 때문에 전쟁 지출의 상당 부분을 빌려야 했다. 이러한 압력의 결과로 2008년 미국은 1930년대 대공황 이후 가장 길고 심각한 경기 침체에 빠졌다.

미국 정부는 경기 침체의 지속 기간과 영향을 줄이기 위해 신속하게 조치를 취했다. 2008년, 미국 정부는 지역 개발 프로젝트에 7천억 달러를 투자했고, "**실패하기에는 너무 크다**"(그들의 실패가 경제가 감당할 수 있는 것보다 더 큰 재정적 결과를 가져올 것이라는 것을 의미하는)고 생각되는 미국 은행과 기업의 관심을 돈으로 샀다. 의회는 일자리 창출을 위한 투자와 감세에 사용될 7,870억 달러의 추가적인 재정 부양책을 승인했다. 이러한 조치들 이후, 실업률은 감소했고, 정부의 지출은 둔화되었으며, 적자는 GDP의 9%에서 7.6%로 축소되었다. 미국의 전반적인 부, 투자 및 신용 가용성은 세계적인 경기 침체의 영향을 받은 다른 나라들보다 빠르게 증가했지만, 새로운 일자리를 창출하기에는 회복이 너무 더뎠고, 새로 창출된 많은 일자리들은 고도의 숙련과 교육이 필요한 자리들이어서 결과적으로 수백만 명의 사람들이 일자리를 잃고 점점 미국 경제의 관리에 점점 더 불만을 품고 있다.

"실패하기에는 너무 크다"(too big to fail)는 구호는 일본이나 중국과 같이 막대한 미국 통화 보유고를 유지하는 다른 나라들이 미국의 경기 침체 국면에서도 그들의 차입 습관을 바꾸지 않는 이유를 설명하기 위해 미국 전체에도 적용된다. 그 주장은 이 나라들이 이미 미국의 부채를 너무 많이 보유하고 있어서 미국 통화가 자국 경제에 미칠 영향을 우려하여 미국 통화를 더 평가절하할 수 있는 어떠한 조치도 취할 수 없다는 것이다.

아메리칸 드림

미국 문화의 독특한 점 중 많은 부분이 노력을 통해 모든 사람이 태어난 삶보다 더 나은 삶을 살 수 있 수 있는 기회가 있다는 북미의 정신에서 찾을 수 있다. 비록 "**아메리칸 드림**"이라는 용어가 1931년(Adams 1931)에서야 만들어졌지만, 이런 문화 체계의 뿌리는 이미 미국 헌법에 표현되어 있었다:

"우리는 이러한 진리를 자명하게 여긴다. 모든 사람은 평등하게 창조되고, 그들은 그들의 창조자에 의해 양도할 수 없는 권리를 부여받고, 이 중에는 생명, 자유, 및 행복 추구가 포함된다."

능력주의(카스트, 계급, 종교, 인종, 종족, 성, 나이 또는 친족 네트워크 등과 같은 사회적 차이에 대한 고려 없이 사람들이 자신이 가진 기술과 능력에 따라 성공하는 시스템)로 표현되는 이 정신은 영화, 게임, 소설, 정치 연설에 이르기까지 미국의 표현 문화에 많이 숨겨져 있다. 현대 북미 문화를 연구한 인류학자들은 아메리칸 드림이 인간의 삶을 기회와 장애물을 직면했을 때 그들이 내리는 선택의 산물인 자유의지적인 개인들로 구성된 것으로 보는 세계관을 수반한다고 언급한 바 있다.

이러한 개인주의적이고 능력주의적인 관점은 세 가지 중요한 방식으로 세계에서의 미국의 행동을 형성한다. 첫째, 그것은 미국에서 권력을 통제하는 정치 진영 간의 분열을 형성한다. 둘째, 그것은 세계의 다른 곳에서 미국으로 건너오는 이주민과 그들이 가져오는 문화적 차이를 관리하는 것에 대한 정치적, 법적, 사회적 논쟁에 중요한 역할을 한다. 셋째, 그것은 미국이 경제적 지원과 군사력 행사를 통해 세계와 더 폭넓게 거래를 할 수 있도록 해준다.

인종차별, 이민 통제, 성별 불균형, 교육비용 상승과 같은 미국 사회의 많은 내부 문제들은 아메리칸 드림의 문화적 모순과 연결되어 있다. 본질적으로 미국의 보드게임 모노폴리(*Monopoly*)는 아메리칸 드림의 가치를 표현한다. 공평한 경기장에서 시작하여, 운, 전략, 그리고 기회를 포착하는 기술 등을 통해, 선수들은 부를 얻는다. 그러나 현실에서 모든 사람들은 동등한 기회를 가지고 시작하지 않는다. 어떤 사람들은 파크 플레이스와 보드워크를 이미 갖고 시작하는가 하면, 다른 사람들은 단지 한 주먹만큼의 달러만 갖고 있다. 사람들은 'Go'를 통과할 때 매우 다른 양의 현금을 얻는다. 그리고 같은 규칙도 종종 모든 사람에게 똑같이 적용되지 않는다.

한편으로 개인의 능력주의의 중요성을 강조하는 세계관과 다른 한편으로 미국의 많은 사람들에게 존재하는 일상생활의 불평등 사이의 모순이 미국 정치를 중요하게 형성한다. 미국의 정치문화는 아메리칸 드림이 어떻게 성취되느냐에 따라 크게 다른 두 개의 경쟁적인 이념을 중심으로 양극화되었다. 미국의 정치문화는 크게 자유주의와 시민공화주의의 두 갈래로 나눌 수 있다(Sarat and Berkowitz 1998). 자유주의는 모든 개인이 자유롭게 자신을 표현하고 자신의 길을 가며, 주가 법률을 통해 시민질서를 유지할 것을 제안한다(Fitzpatrick 1992). 시민공화주의는 주에 대해서 의구심을 갖고, 사람들 간의 차이를 관통하는 공통의 핵심 가치를 공유하는 사람들의 집단으로서의 미국이라는 국가를 강조한다(Michelman 1988).

이러한 차이를 강조하는 핵심적인 문화적 문제는 누구를 "미국인"으로 간주할지와 관련이 있다. 비록 미국의 기원 신화들이 "이민자들의 땅"으로서의 그것의 중요성을 강조하지만, 토착주의적인 담론들도 또한 항상 존재해 왔다. 비록 이민자들이 "'귀화"의 과정을 통해서 시민권을 얻을 수 있지만, "토종" 시민권은 미국의 시민에 의한 출생 또는 국경 내에서의 출생에서 유래하므로, 우리는 전 세계의 다른 곳에서 평생을 살았던 미국 시민들과 미국에서 자랐고 그들의 부모가 원래 살았던 나라에 대해 아무것도 모르는 비시민들을 모두 발견할 수 있다. 누가 진정으로 미국인인가? 그 나라에서 태어난 사람인가 아니면 그곳에서 살기로 선택한 사람인가? 이러한 논쟁들은 핵심적인 문화적인 문제로 바뀐다. '미국인'이 되는 것은 공동의 문화적인 정체성을 공유하는 것을 의미하는가 아니면 시민권과 미국에 대한 충성심에 관한 것인가?

이러한 이슈들은 종종 차이가 공통의 규범적인 국가적 성격으로 동화되는 "용광로"(melting pot)와 같은 강력한 문화적 은유를 통해 시민공화주의적인 용어로 표현된다. 20세기 초 많은 자유주의적인 종교적, 정치적, 지적 지도자들은 사회 내의 차이가 가치 있고 보존되어야 한다고 제안한 문화적 다원주의 모델(후에 다문화주의로 이름이 바뀜)이라고 불리는 동화주의(assimilationist) 모델을 제안하기 시작했다. 문화적 다원주의자들은 미국의 차이를 이해하는 대안적인 방법을 포착하기 위해 "모자이크"(Gibbon 1938), "만화경"(kaleidoscope) (Fuchs 1990) 또는 "샐러드"(Chua 2007)와 같은 미국의 이질성에 대한 대안적인 은유를 제공했다. 이런 아이디어 중 많은 것들이 캐나다에서 미국으로 확산되었다.

미국의 많은 현대 정치적 논쟁은 인종, 언어, 종교 및 문화적 차이의 문제를 중심으로 하는데, 그 속에서는 규범적 기준(열심히 일하고, 영어를 말하고, 자신과 가족을 위해 더 나은 삶을 만들기 위해 고군분투하는 사람들(전통적으로 백인))이 미국인들을 판단하는 모델이 된다. 이것은 2016년 대선 캠페인에서 예시되었는데, 승리한 후보인 도널드 트럼프는 언어, 문화 및 종교적 차이를 미국인 이민 및 안보 문제의 중심으로 강조하면서 동시에 열심히 일하는 미국인들이 가족을 지원할 수 있는 일자리를 찾을 수 있도록 경제를 변화시키겠다고 약속했다.

경제 원조, 외교, 군사력 등을 통해서 전 세계적, 사회적 진보를 위한 비전의 일환으로 아메리칸 드림을 전 세계로 전파하겠다는 열망이 미국이 전 세계에서 힘을 행사하는 동기의 일부가 되었다(Rosenberg 1982). 모든 나라가 민주주의와 자유주의 경제 개혁을 통해서 미국처럼 될 수 있다는 생각도 오랫동안 미국의 발전 프로그램을 형성해 왔다(Escobar 1995). 편의주의와 국익이 미국의 가치와 상충되는 것처럼 보일 수 있는 관계를 형성할 때도-예를 들면, 군주와 독재자 간의 긴밀한 관계-미국은 그들에게 적어도 미국의 가치에 맞는 사회정치적 개혁을 보여줄 것을 요구했다.

이런 경향은 변화하고 있을지 모른다. "미국 우선주의"(America First)라는 반대의 흐름이 미국의 대외정책에 항상 존재해 왔다. 이 관점에서, 미국은 항상 미국인들의 요구가 다른 나라 사람들의 요구보다 먼저 해결되도록 노력해야 한다. 이 관점에서, 미국은 미국 내에 도움이 필요한 가난한 사람들이 있는 한, 다른 나라의 가난한 사람들을 도와주어서는 안 되며, (좁게 정의되는) 미국의 이익이 위험에 처하지 않는 한 국제문제에 개입해서는 안 되며, 너무 가난해서 미국과의 동맹에서 정한 재정적 의무를 이행할 수 없는 국가들을 지원해서는 안 된다. 비록 세계 자유무역에 대한 선호와 안정적인 시장을 창출하려는 노력 때문에 오랫동안 외면 받았지만, 이러한 관점은 도널드 트럼프 대통령 재임기간 동안 부활했다. 트럼프의 외교정책은 대체적으로 거래주의적이어서, 동맹이 미국에 비용보다 더 많은 이익을 주는지에 대한 현재의 평가를 기초로 나토(NATO)와 같은 장기적인 동맹의 경우에도 즉각적인 이익과 동맹 확언 회피의 측면에서 외교정책을 검토했다. 이로 인해 유럽 국가의 지도자들이 한국과 일본으로 건너가 미국의 신뢰성과 장기적인 약속에 의문을 제기하기에 이르렀다.

캐나다와 세계

1961년 존 F. 케네디 미국 대통령은 캐나다 의회에서 이렇게 말했다.

"미국과 캐나다는 이웃입니다. 역사적으로 우리는 친구입니다. 경제적으로 우리는 파트너입니다. 그리고 필요에 의해서 동맹이 되었습니다."

캐나다는 남쪽의 더 큰 이웃나라에 의해 가려지는 경우가 많지만, 세계에서 가장 발전된 나라 중의 하나이며, 그 광대한 크기로 인해 21세기의 지속적인 성장과 세계 문제에서 더 큰 역할을 할 수 있는 유리한 위치에 있다. 캐나다는 북극권에 근접해 있기 때문에 경작할 수 있는 땅은 국토의 5% 미만에 불과하지만, 세계에서 두 번째로(러시아 다음) 큰 땅을 보유하고 있다. 3,770만 인구의 90%가 미국과의 국경에서 100마일 이내에 살고 있다. 세계의 많은 건조한 지역에서 강, 호수, 대수층에서 물이 빠져 나가고 있기 때문에 담수에 대한 접근은 21세기에 심각한 문제가 될 것이다. 캐나다는 세계에서 가장 많은 담수를 보유하고 있다 (*CIA World Factbook* 2020).

캐나다는 살기 좋은 곳이다. US 뉴스는 세계에서 가장 좋은 나라로 스위스를 1위로, 캐나다를 2위로 꼽았다. 미국은 7위이다. 캐나다는 1인당 GDP에서 세계 34위를 차지하고 있다. 남쪽의 이웃과 달리 캐나다는 공적 자금을 지원받는 의료시스템을 갖고 있다. 비록 의료 전달의 비효율과 질에 대한 논쟁이 있지만, 캐나다인들은 전체적으로 미국인들보다 건강하다. 캐나다의 기대수명은 83.4세로 세계 6위이며, 유아사망률은 세계에서 가장 낮다(*CIA World Factbook* 2020).

캐나다는 세계에서 11번째로 큰 경제대국이며, G-7의 파트너이다. 대부분의 선진국과 마찬가지로 캐나다 경제도 2008년 경제위기 이후 침체되었다. 하지만 캐나다 은행들은 비교적 보수적인 금융정책을 따랐고, 경제는 2010년부터 2020년까지 평균 1.25~2.5%의 성장률로 반등했다. 코로나19 팬데믹은 경제에 큰 타격을 주었지만, 코로나 바이러스 확산을 통제하는 데 더 큰 성공을 거둔 덕분인지, 미국보다 빠르게 회복되었다. 캐나다는 세계에서 세 번째로 큰 석유 매장량을 보유하고 있으며, 캐나다 수출의 3/4 이상이 미국으로 가는데, 그중에 큰 부분이 천연가스와 석유다. 캐나다의 군사비 지출은 세계 80위로 상대적으로 낮다 (*CIA World Factbook*).

민주주의가 진행되면서 캐나다의 정당들은 미국 공화당과 민주당 사이에 큰 분열을 야기한 문제들인 연방 재정 정책, 환경 규제, 의료, 군비지출 및 사회 정책에 대해 어느 정도 합의에 도달했다. 많은 면에서 캐나다는 미국보다 유럽의 사회민주주의 국가들과 공통점이 더 많다. 캐나다는 사형제도는 없지만, 미국보다 더 엄격한 총기법, 더 높은 학생 시험 점수, 더 건강한 인구, 더 높은 1인당 GDP를 갖고 있다.

캐나다의 방대한 크기, 풍부한 자원, 그리고 발전된 경제는 캐나다가 21세기에 국제문제에서 중요한 역할을 할 것임을 보장한다.

지리, 무역, 그리고 북미의 세계화

세계화는 북미 사람들의 일상생활에서 쉽게 드러난다. 토론토, 몬트리올, 뉴욕, 로스앤젤레스, 시카고 또는 오하이오나 온타리오의 작은 마을에서도 누구나 시장과 생산, 문화, 그리고 정치의 세계적인 연결을 맛보고, 보고, 들을 수 있다(그림 6.2). 북미 사람들은 라틴 아메리카(브라질산 오렌지로 만든 오렌지주스), 아프리카(가나산 카카오로 만든 초콜릿), 아시아(중국산 사과로 만든 사과주스), 유럽(이탈리아산 밀로 만든 파스타) 음식을 먹는다. 타코, 브리또, 피자, 스파게티의 북미 버전은 대부분의 마을에서 발견할 수 있다. 더 큰 도시들은 그들 나름의 제너럴 티소 치킨(General Tso's chicken)[1]과 알루 고비(Aloo gobi)[2]를 갖고 있다. 라틴아메리카의 살사와 아프리카에서 영감을 얻은 째즈 비트와 같은 음악적인 영향이 전파와 인터넷을 채운다. 전 세계의 영화들이 헐리우드의 문화적 힘에 도전하고 있다.

---

1) (역자 주) 미국식 중국 요리의 하나로, 닭고기를 튀겨서 매콤달콤한 양념을 한 것.
2) (역자 주) 인도의 북부 가정식으로 감자와 콜리플라워가 들어간 요리.

〈그림 6.2〉 시카고. 밀레니엄 파크의 클라우드 게이트 조각품.

출처: S. Toops

미국과 캐나다를 합치면 약 3억 7천만 명의 주민이 살고 있다. 하지만 그들의 구매력과 무역 때문에 북미는 세계 경제에서 그들의 인구 규모를 훨씬 뛰어넘는 역할을 한다. 북미산 소비재, 음식, 그리고 대중문화는 전 세계로 퍼져 나가고 있다. 미국과 캐나다의 풍요로움은 그들의 후기산업 경제에서 기인한다. 기술과 문화가 합쳐져서 미국과 캐나다에서 높은 수준의 자원 소비를 생산한다. 북미산 농산물, 제조업자, 그리고 기술은 그 지역을 세계와 연결한다. 캐나다는 서스캐처원(Saskatchewan)[3]에서 중국으로 밀을 수출한다. 닛산은 테네시에서 중동으로 알티마를 수출한다. 애플 아이폰은 캘리포니아에서 디자인되었지만, 중국에서 제조된다. 글로벌 수출에는 소프트웨어, 특허, 영화, 그리고 TV쇼에 대한 라이센스가 포함된다. 미국과 캐나다로의 여행은 다른 나라에서 온 여행자들이 상품과 서비스를 사기 위해 돈을 쓸 때 미국과 캐나다의 수출로 계산된다.

---

3) (역자 주) 캐나다 중부의 주.

북미는 2020년에 체결된 미국-멕시코-캐나다(USMCA) 무역협정으로 연결된다. 이 협정은 유콘에서 유카탄으로 이어지는 무역 블록인 북미자유무역협정(NAFTA)를 대체한다. 미국은 캐나다에 자동차를, 멕시코에 기계류를, 중국에 콩을, 일본에 석유를, 영국에 금을, EU에 항공기를 수출한다. 캐나다는 미국에 석유를, 중국에 광석을, 영국에 보석과 귀금속을, 일본에 석유를, 멕시코에 식물성 유지종자를 수출한다. 미국의 수입품에는 중국의 전자제품, 캐나다의 석유, 멕시코의 자동차, 일본의 자동차, 영국의 기계, 독일의 의약품이 포함된다.

환경의 변화

500년 전, 미국과 캐나다 동부의 대부분의 지역은 숲이 우거져 있었지만, 오늘날은 대부분 경작지이다. 유럽의 정착민들은 숲을 베어내고 새로운 작물을 심음으로써 환경을 변화시켰다. 그들은 중서부와 대평원의 초원을 경작하여 오늘날 옥수수, 콩, 또는 밀의 넓은 들판을 개척했는데, 그 중 어떤 것도 그 지역이나 대평원이 원산지는 아니다. 도시화는 뉴욕, 로스앤젤레스, 토론토와 같은 대도시에 사람들이 집중되는 것을 의미했다. 교외지역에서는 사람들이 쇼핑몰과 푸른 잔디의 새로운 풍경을 만들어냈는데, 심지어 그렇게 할 수 있는 물이나 땅이 충분하지 않은 남부 캘리포니아와 애리조나와 같은 지역에서도 그러했다.

물

인도와 중국은 미국의 총 물 소비량을 능가하지만, 1인당 소비량은 미국이 훨씬 더 많다. 중국의 평균 소비자는 연간 775갤런의 물발자국(water footprint)을 가지고 있는 반면, 미국의 평균 소비자는 2,200갤런의 물발자국을 가지고 있다. 세계 평균은 1인당 1,002갤런이다(Water Calculator).

로스앤젤레스의 상수원인 콜로라도강은 멕시코의 캘리포니아만에 거의 도달하지 못한다. 강유역의 모든 주들(콜로라도, 유타, 와이오밍, 뉴멕시코, 애리조나, 네바다, 캘리포니아)은 관개, 주거 및 산업 목적으로 물을 사용한다. 미국 남서부의 1인당 소비량뿐만 아니라 인구 증가 또한 강의 흐름을 고갈시킨다. 미국에는 멕시코에 도달하기 전에 콜로라도강을 청소하기 위한 담수화 시설이 있다(Berg and Hager 2009; Rogers 2008).

콜로라도강 유역은 건조한 기후이지만 물 문제는 습한 지역에도 영향을 미친다. 오대호의 수질 오염은 미국과 캐나다에게 심각한 문제이다. 다섯 개의 거대한 호수(슈피리어, 미시건, 휴런, 이리, 온타리오)를 합치면 세계 담수의 1/5을 차지한다. 거의 4천 만 명의 사람들이 오대호 주변에 살고 그 물을 사용한다(그림 6.3). 1960년대까지 하수, 비료 유출 및 산업 폐기물을 포함한 많은 오염 물질이 오대호를 오염시켰다. 1070년대에 캐나다와 미국은 호수를 정화하기 위해 협력하기 시작했다. 오늘날 그 호수들은 훨씬 깨끗하지만, 도시 주변의 해안선의 끊임없는 개발로 인해 주거지는 계속 줄어들고 있다(Berg and Hager 2009; Folger 2020).

〈그림 6.3〉 나이애가라 폭포. 이리호에서 온타리오호로 흐르는 물. 나이애가라 폭포는 세계에서 가장 많은 유량을 보유하고 있다.

출처: S. Toops.

기후변화

대부분의 과학자들은 인간의 활동이 기후에 극적인 영향을 미치고 있다는 점에 동의한다. 석탄과 석유와 같은 탄소 기반 연료를 태우는 것은 대기에 더 많은 이산화탄소를 발생시킨다. 온실의 반투명한 지붕이 태양열을 건물 안에 가두는 것처럼 이산화탄소는 지구 표면에서 반사되는 태양 복사열을 유지하는 담요 역할을 한다.

전반적인 지구의 기온이 상승하고 있다. 북미에 미칠 수 있는 영향은 무엇일까? 일부 모델들은 2100년까지 오대호 지역이 더 습해지고 미국 남서부가 더 건조해져 콜로라도강 유역에 더 큰 부담을 줄 것이라고 예측한다. 기후변화는 미국과 캐나다 국경을 따라 작물들의 더 긴 성장기를 초래할지 모른다. 더 많은 열은 또한 내부의 더 건조한 기후를 의미할 수 있다. 캐나다 북부와 알래스카는 얼음이 녹고 툰드라가 변형되며, 우리에게 알려지지 않은 생태학적 영향이 있을 수도 있다(Fouberg and Murphy 2020).

남극과 그린란드의 얼음 표면과 빙하가 녹는 것은 해수면을 상승시켜 인구가 밀집된 북미 해안선을 위태롭게 할 것이다(Price et al. 2020). 마이애미와 탬파와 같은 플로리다의 저지대는 침수될 것이다. 2070년까지 3.5조 달러가 넘는 마이애미의 자산이 위험에 처하게 될 것이다. 해수면 상승은 또한 소금물이 유입되어 플로리다의 수계에 영향을 미칠 것이라는 것을 의미한다. 마찬가지로, 2.1조 달러가 넘는 뉴욕시의 자산이 위험에 처하게 될 것이다. 뉴욕은 서쪽의 베니스가 될 수도 있다(Folger 2013).

북미 인구의 변화

일반적으로 북미에는 매우 이동성이 뛰어나고 부유한 인구가 살고 있는데, 그 주 많은 수가 거대한 도시 지역에 살고 있다. 보스턴에서 뉴욕과 워싱턴 DC까지의 거대 도시들은 보스니워시(BosNyWash)로 알려진 도시 회랑을 형성한다. 시카고에서 피츠버그, 샌프란시스코에서 로스앤젤레스까지도 훌륭한 대도시 지역이다. 캐나다의 '메인 스트리트'는 몬트리올에서 오타와와 토론토까지 이어진다 (그림 6-4). 캐나다에는 3,770만 명의 인

〈그림 6.4〉 캐나다 토론토. 토론토는 캐나다에서 가장 인구가 많은 도시이다. CN타워는 서반구
에서 가장 높은 독립 건물이다.

출처: S. Toops.

구가 있고, 그중 82%가 도시 지역에 살고 있다. 미국에는 3억 3,260만 명의 인구가 있고, 83%가 도시에 살고 있다(*CIA World Factbook* 2020).

남북전쟁 이전까지 대부분의 이민자들은 북유럽과 아프리카에서 노예무역을 통해 미국에 왔다. 남북전쟁과 제2차 세계대전 사이에는 남유럽과 동유럽에서 이민자들이 왔다. 제2차 세계대전 이후 이민자의 대부분은 라틴 아메리카와 아시아에서 왔다(Price et al. 2020).

미국은 인종별로 거주인구를 측정한다. 2010년 인구조사에서 백인은 79.5%, 흑인은 12.9%, 아시아 및 태평양 섬 주민은 4.9%, 다인종 1.8%, 북미 원주민은 1%를 차지했으며, 6.2%는 '기타'라고 보고했다. 모든 인종이 될 수 있는 히스패닉계는 16.3%를 차지한다(Humes, Jones and Ramirez 2011). 미국은 세계에서 다섯 번째로 스페인어를 사용하는 인구가 많다. 오늘날 미국 인구의 거의 13%가 외국 태생이다. 인구 예측에 따르면 2060년까지 미국은 비히스패닉계 백인 44.3%, 흑인 15%, 아시아 및 태평양 섬 주민 9%, 북미 원주민 1.7%가 될 것이며 (다인종은 인구의 6%를 차지할 것으로 예측된다), 모든 인종 중 27.5%가 히스패닉계가 될 것이다. 외국 태생은 17%가 될 것이다(Vespa, Medina and Armstrong 2020). 세계화와 이민자의 지속적인 미국으로의 유입, 그리고 비백인 인구의 더 높은 출산율 때문에 미국은 2060년에 훨씬 더 다양한 사회가 될 것이다(U.S. Census Bureau 2020).

캐나다는 상당히 개방적인 이민법을 갖고 있다. 2016년 인구총조사는 인구의 22%가 외국에서 태어났다는 것을 보여준다. 최근 이민자들의 가장 큰 부분은 아시아(중동 포함)에서 왔다. 캐나다는 사람들의 조상의 종족적 기원을 기록하는데, 42%는 하나 이상의 종족적 기원을 보고한다. 가장 흔한 것은 캐나다인, 잉글랜드인, 프랑스인, 스코틀랜드인, 아일랜드인, 독일인, 이탈리아인, 중국인, 아메리카 인디언, 우크라이나인, 동인도인, 네덜란드인, 폴란드인이다. 캐나다인의 기원은 유럽 57%, 북미 34%, 아시아 18%, 북미 원주민 6%, 아프리카 3%, 카리브해 2%, 라틴 아메리카 2%, 오세아니아 0.2%를 포함한다(Statistics Cananda 2020). 캐나다는 2021년에 새로운 인구총조사를 실시했다. 캐나다와 미국은 무역뿐만 아니라 인구의 측면에서도 전 세계와 연결되어 있다.

비록 미국과 캐나다의 문화적, 경제적, 정치적, 역사적 유대가 유럽과 더 크지만, 중국과 북미의 연결은 점점 더 중요해지고 있다. 예를 들어, 1982년에 저자 중 한 명(Toops)이 미들베리대학교에서 중국어 공부를 계속하기 위해 시애틀에서 버몬트로 여행했다. 그 120일 동안 캐나다의 항공 여행이 더 저렴했기 때문에, 그는 브리티시 콜럼비아주의 밴쿠버에서 퀘벡주의 몬트리올로 가는 비행기를 탔다. 그는 몬트리올 시내로 가는 공항버스를 탔고, 버몬트의 미들베리로 가는 버스를 찾기 위해 버스 정류장을 찾았지만 헛수고였다. 불어를 몰랐는 그는 중국 식당을 우연히 발견하고 중국어로 길을 물었다. 북미는 정말로 완전히 세계화되어 있다.

북미의 중요성

코로나바이러스인 코로나19는 2019년 12월 중국 우한에서 발견되었다. 그후 이 질병은 전 세계로 퍼졌다. 동아시아는 마스크 사용을 통해 바이러스를 통제할 수 있었다. 미국이 가장 많은 환자와 사망자를 기록하고 있는데, 이는 부분적으로 마스크와 사회적 거리두기가 엄격하게 시행되지 않았기 때문이다. 미국은 충분한 백신을 생산하고 보급할 수 있지만 마스크 착용과 거리두기는 여전히 따를 필요가 있다. 미국은 브라질이나 인도만큼 가난하지 않기 때문에(둘 다 엄청난 수의 환자와 사망자가 있다), 미국의 경제력으로 질병의 피해를 완화할 수 있다(Patterson et al.2020).

미국은 세계에서 가장 큰 군대를 보유하고 있지만, 구매력 평가에서는 중국이 미국을 추월했다. 미국은 캐나다와 함께 풍부한 경작지와 수자원, 광물자원을 보유한 거대한 지역이다. 정치적으로 두 나라는 지난 2세기 동안 안정적인 민주주의 체제를 유지해왔다.

미국은 민주주의 헌법에서부터 세계무역기구가 추진하는 세계 자유무역 체제에 이르기까지 세계의 많은 정치·경제 시스템에 영감을 주었다. 미국 달러는 세계에서 가장 중요한 기축통화이며, 세계 경제의 건전성은 미국 경제의 부침과 불가분의 관계에 있다.

국제학은 주로 북미의 국경 너머의 문제에 초점을 맞추고 있지만, 이 책에서 논의된 다른 지역과 비교하기 위해 미국과 캐나다의 정치, 경제, 지리, 인류학, 역사를 이해하는 것은 도움이 된다. 북미는 여전히 경제적 기회와 정치적 자유를 위해 전 세계 이민자들이 많이 찾는 목적지이다.

북아메리카 현대사 연대표

1821년	멕시코의 스페인으로부터의 독립
1867년	캐나다의 영국으로부터의 독립
1898년	스페인-미국 전쟁. 미국이 푸에르토 리코를 획득하고 쿠바를 장악
1903년	미국 파나마 운하 지역 점령

1914년	파나마 운하 개통
1914, 1916년	미국의 멕시코 혁명 개입
1917년	미국의 제1차 세계대전 참전
1941년	일본, 하와이 진주만 폭격, 미국 제2차 세계대전 참전
1945년	미국 일본에 핵무기 사용
1959년	쿠바 혁명, 카스트로 정권 장악
1961년	미국 쿠바에 대한 피그만 침공 실패, 미국 쿠바와의 관계 단절
1962년	쿠바 미사일 위기
1978년	미국 캠프 데이비드 협약 주최
1983년	레이건 산디니스타 정부에 대항하여 콘트라스를 지원하기 위해 니카라과 항구에 지뢰 공격, 미국 그레나다 침공
1986년	미국 불법이민자 사면
1989년	미국 파나마 침공
1990-1991년	제1차 걸프전쟁
1994년	북미자유무역협정
1996년	미국 헬름스-버튼 법 쿠바금수조치를 법으로 규정
1999년	미국 파나마운하를 파나마에 양도
1999-2013년	반미 성향의 우고 차베스 베네수엘라 대통령 당선
2000년	멕시코 변화동맹 빈센트 폭스 당선, PRI의 수십년 통치 종식
2001년	알 카에다 테러범들이 뉴욕과 워싱턴 DC 공격, 미국과 동맹들이 아프가니스탄 침공
2003년	미국 이라크 침공, 2차 걸프전 개시
2008년	버락 오바마, 첫 아프리카계 미국인 대통령으로 선출
2015년	저스틴 트뤼도 캐나다 총리로 임명
2016년	도널드 트럼프 미국 대통령으로 선출
2017년	도널드 트럼프 미국-멕시코 장벽 건설 약속

| 2020년 | 미국 멕시코 캐나다 협정(USMCA)이 NAFTA 대체 |
| 2020년 | 조셉 바이든 미국 대통령으로 선출 |

참고문헌

Adams, James Truslow. 1931. *The Epic of America*. Boston : Little, Brown and Co.

Berg, Linda R., and Mary Catherine Hager. 2009. "Freshwater Resources and Water Pollution." In *Visualizing Environmental Science*, 242 – 68. 2nd ed. Hoboken, NJ : Wiley.

Chua, Amy. 2007. *Day of Empire: How Hyperpowers Rise to Global Dominance – and Why They Fall*. New York : Anchor Books.

CIA World Factbook. 2020. www.cia.gov/the-world-factbook/

Crawford, Neta C. 2013. "*U.S. Costs of Wars through 2013: $3.1 Trillion and Counting. Summary of Costs for the U.S. Wars in Iraq, Afghanistan and Pakistan*." Brown University and Boston University: Costs of War Project. https://watson.brown.edu/costsofwar/files/cow/imce/papers/2016/Costs%20of%20War%20 through%202016%20FINAL%20fi nal%20v2.pdf (accessed June 23, 2013).

Escobar, Arturo. 1995. *Encountering Development: The Making and the Unmaking of the Third World*. Princeton, NJ : Princeton University Press.

Fitzpatrick, Peter. 1992. *The Mythology of Modern Law*. London : Routledge.

Folger, Tim. 2013. "Rising Seas." *National Geographic*. September. 224 (3): 30 – 57.

__________. 2020. "North America's Greatest Resource is at Risk." *National Geographic*. December. www.nation-algeographic.com/magazine/2020/12/north-americas-most-valuable-resource-is-at-risk-feature/

Fouberg, Erin H. and Alexander B. Murphy. 2020. "The Humanized Environment." In *Human Geography: People, Place, and Culture*. 12th ed. Hoboken, NJ : Wiley.

Fuchs, Lawrence H. 1990. *The American Kaleidoscope: Race, Ethnicity, and the Civic Culture*. Middleton, CT : Wesleyan University Press.

Gibbon, John Murray. 1938. *Canadian Mosaic: The Making of a Northern Nation*. Toronto : McClelland & Stewart.

Gunderson, Steven. 2013. *The New Middle Class: Creating Wages, Wealth, and Opportunity in the 21st Century*. Austin, TX : Greenleaf Books.

Hause, Steven, and William Maltby. 1999. *Western Civilization: A History of European Society*. Belmont, CA : West/ Wadsworth.

Hoekstra, Arjen Y., and Mesfi n M. Mekonnen. 2012. "The Water Footprint of Humanity." *Proceedings of the National Academy of Science* 109 (9): 3232 – 37.

Humes, Karen, Nicholas A. Jones, and Roberto R. Ramirez. 2011. "Overview of Race and Hispanic Origin: 2010."

U.S. Census Bureau. www.census.gov/prod/cen2010/briefs/c2010br-02.pdf.

Michelman, Frank. 1988. "Law's Republic." *Yale Law Journal* 97 : 493–537.

OMB (Office of Management and Budget). 2020. "Outlays by Function and Subfunction: 1962–2018." www.whitehouse.gov/wp-content/uploads/2021/05/hist03z2_fy22.xlsx (accessed June 23, 2021).

Pettersson, Henrik, Byron Manley, and Sergio Hernandez. 2020. "Tracking Coronavirus Global Spread." *CNN*. www.cnn.com/interactive/2020/health/coronavirus-maps-and-cases/North America 123

Price, Marie, Martin Lewis, Wyckoff and Lester Rowntree. 2020. *Globalization and Diversity: Geography of a Changing World*. 6th ed. Upper Saddle River, NJ : Pearson Prentice Hall.

Reich, Robert B. 2010. *Aftershock: The Next Economy and America's Future*. New York : Vintage Books.

Roberts, Alasdair. 2020. "The Pandemic Exposes an Ailing US Governance Model." *Current History* 119 (820): 310–16.

Rogers, Peter. 2008. "Facing the Freshwater Crisis." *Scientific American* (August): 46–53.

Rosenberg, Emily S. 1982. *Spreading the American Dream: American Economic and Cultural Expansion 1890–1945*. New York : Hill and Wang.

Saint-Paul, Gilles. 1996. *Dual Labor Markets: A Macroeconomic Perspective*. Cambridge, MA : MIT Books.

Sarat, Austin, and Roger Berkowitz. 1998. "Disorderly Differences: Recognition, Accommodation, and American Law." In *Democracy and Ethnography: Constructing Identities in Multicultural Liberal States*, edited by Carol Greenhouse, 81–102. Albany : State University of New York Press.

Statistics Canada. 2020. www.statcan.gc.ca/eng/start

United States Census Bureau. 2020. www.census.gov/

Vespa, Jonathan, Lauren Medina, and David M. Armstrong. 2020. "Demographic Turning Points for the United States: Population Projections for 2020 to 2060." US Census Bureau. www.census.gov/content/dam/Census/library/publications/2020/demo/p25-1144.pdf

Vine, David. 2015. *Base Nation: How U.S. Military Bases Abroad Harm America and the World*. New York : Metropolitan/Henry Holt.

World Bank Group. 2020. *Doing Business 2020: Comparing Business Regulation in 190 Economies*. Washington, DC : International Bank for Reconstruction and Development.

World Integrated Trade Solutions (WITS). 2019. https://wits.worldbank.org/CountryProfile/en/Country/WLD/Year/LTST/TradeFlow/Export/Partner/by-country (accessed June 24, 2019).

World Trade Organization. www.wto.org

추가 읽을거리

도서

Agnew, John A., and Jonathan M. Smith, eds. 2002. *American Space/American Place: Geographies of the Contemporary United States*. New York : Routledge.

Hofstadter, Richard. 1948. *The American Political Tradition: And the Men Who Made It*. New York : Knopf.

Morton, Desmond. 2001. *A Short History of Canada*. Toronto : McClelland and Stewart.

Steinbeck, John. 1939. *The Grapes of Wrath*. New York : Viking.

Williams, William Appleman. 1961. *The Contours of American History*. Cleveland, OH : World.

학술지

American Studies. https://journals.ku.edu/amsj/index

American Review of Canadian Studies. https://canam.wwu.edu/american-review-of-canadian-studies/

Canadian Review of American Studies. www.utpjournals.press/loi/cras

New York Review of Books. www.nybooks.com

영화

America: the Story of US (2010). US miniseries.

American Exceptionalism: Monopoly on Democracy (2013). Anissa Naouai, producer.

Black Robe (1991). Bruce Beresford, director.

The Canary Effect (2006). Fobin Davey, director.

Monsieur Lazhar (2011). Philippe Falardeau, director.

웹사이트

American Studies Association. www.theasa.net

The Atlantic. www.theatlantic.com

The Globe and Mail. www.theglobeandmail.com

Government of Canada. www.canada.ca

International Council for Canadian Studies. www.iccs-ciec.ca

The New York Times. www.nytimes.com

United States Government web portal. www.usa.gov

7장

유럽과 현대 세계

1900년 당시 유럽인과 그 문화적 후손(예를 들어 미국인, 캐나다인, 호주인)은 지구 면적의 거의 85%를 점유하고 있었다. 현대 세계에서 유럽의 지배력은 결코 500년 전에 결정된 것이 아니었지만, 지리적, 역사적, 정치적, 문화적, 경제적 이점의 강력한 조합을 통해 유럽은 오늘날까지 세계 발전을 견인할 수 있었다. 유럽인들은 농업 생산의 급격한 증가, 화폐 기반의 무역, 장거리 상품과 서비스의 교환, 산업과 기술의 급속한 발전, 기대수명의 증가, 출산율의 감소, 보편적 초등 교육, 도시화 등을 포함하는 현대라는 용어의 의미를 정의했다. 19세기 후반의 **세계화(Globalization)**는 주로 서구에서 일어난 현상이었다.

유럽의 사상가들은 오늘날 전 세계적인 논쟁의 틀이 되는 중요한 사상을 발전시켰다. 민주주의와 인권은 민족, 문화, 성별, 전통에 관계없이 모든 사람에게 보편적으로 적용될 수 있을까? 자본주의 자유시장 경제체제는 모든 곳에서 경제 발전과 인류 행복을 위한 모델일까? 자유무역이 전 세계 빈곤 국가와 가난한 사람들의 이익에 가장 부합할까? 유럽의 **민족국가(nation-state)** 개념은 세계 다른 지역의 국가 건설 노력과 관련이 있는가?

유럽의 정치 및 경제 발전에 대한 이해는 오늘날 국제문제를 연구하는 데 필수적이다. 유럽의 식민주의자들은 그들의 정치, 경제, 사회, 문화를 서반구, 아프리카, 아시아에 전파했다. 서구인들은 글로벌 거버넌스를 위한 국제기구의 대부분을 만들었다. 제1차 세계대전 후 서방 동맹국들은 전쟁을 막기 위해 최초의 국제정치 기구를 결성했다. 국제연맹(the League of Nations)은 실패했지만, 2차 세계대전 이후 미국과 영국은 새로운 국제연합(the United Nations)을 부활시키려는 노력을 주도했고, 1947년 세계인권선언을 성문화했다. 세계 최대의 경제 대국인 미국은 안정적인 글로벌 자본주의 체제를 촉진하기 위해 **국제통화기금(IMF)**과 **세계무역기구(WTO)**와 같은 금융 및 무역 기관을 설립했다. **유럽연합(EU)**의 27개 회원국은 2020년 영국이 탈퇴한 이후에도 세계에서 가장 큰 자유무역 지대을 형성하고 있다.

유럽이란 무엇인가?

유럽에 대한 지리적, 역사적, 정치적, 민족적, 문화적 정의는 다양하고 종종 상충되기도 한다. 유럽 대륙에 대한 전통적인 **지리적 정의(geographical definition)**(지도 7.1)는 북쪽의 노르웨이 끝에서 남서쪽의 지브롤터와 남동쪽의 보스포러스 해협, 대서양의 아이슬란드에서 러시아 중부의 우랄 산맥에 이르는 것으로 설명한다. 따라서 러시아의 절반 이상이 아시아에 속하고 튀르키예 최대 도시인 이스탄불의 일부가 유럽에 속하게 된다.

유럽은 온화한 기후, 풍부한 강우량, 긴 성장기, 항해 가능한 수로, 접근 가능한 바다와 바다 등 자연의 축복을 받았다. 유럽의 산업화와 현대화에는 여러 가지 원인이 있었지만 지리적 이점이 크게 작용했다. 유럽의 풍부한 목재와 석탄 자원은 초기 산업화에 필요한 에너지를 제공했지만, 현재 유럽은 역외의 석유 제품에 크게 의존하고 있다.

유럽은 뚜렷한 **역사적 정의(historical definition)**를 가지고 있다. 로마 제국은 기원 전 1세기 초에 유대교와 기독교 전통을 유럽의 중심부로 가져왔다. 15세기와 16세기 이탈리아의 르네상스와 독일의 종교개혁은 오스만 제국과 중국 제국을 넘어 유럽 대륙의 정치 및 경제 발전을 촉진하는 계몽주의 시대를 열었다. 1492년, 강력한 스페인 군주제는 크리스토퍼 콜럼버스(Christopher Columbus)를 신대륙으로 파견하여 유럽 최대의 유대인 공동체를 파괴하고 서유럽의 마지막 이슬람 국가였던 그라나다(Granada)를 격파했다.

유럽의 근대화는 다양한 종교적, 정치적, 과학적, 기술적 사상이 번성했다는 특징이 있다. 유럽의 힘의 균형은 최고의 발명가, 과학자, 사업가, 상인, 지성인들을 위한 국가 간의 경쟁을 보장했다. 예를 들어, 1697년 러시아가 기술적으로 한참 뒤처져 있다고 판단

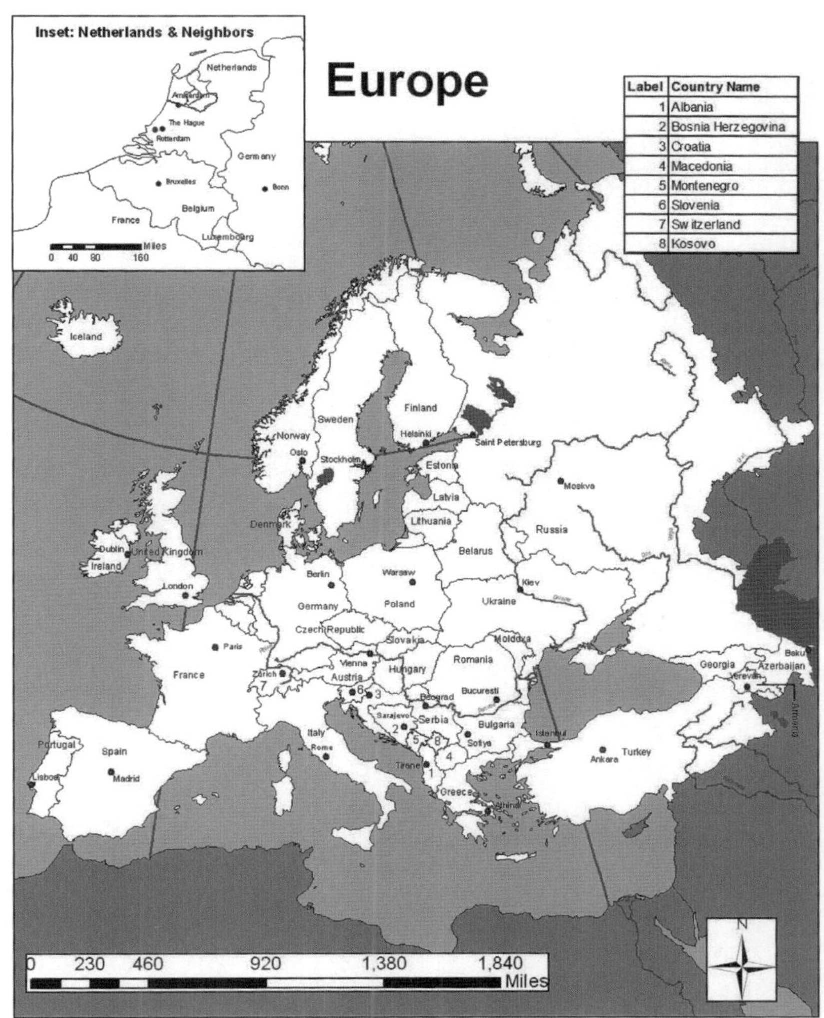

〈지도 7.1〉 유럽.

한 차르 피터 대제(Tsar Peter the Great)는 항해와 무기의 혁신 기술을 수집하기 위해 서유럽을 비밀리에 순방했다.

유럽은 점차 군사력, 해양 기술, 과학 지식을 습득하여 전례 없는 세계 지배를 시작했다. 이는 유럽인들에게 자신과 타인에게 큰 해악을 끼칠 수 있는 힘을 부여한 독약과도 같았다. 17세기와 18세기에 유럽인들은 비교적 안정적인 정치 및 법적 구조, 상비군, 지적 교류, 진보적인 사회정책, 산업화, 기술, 도시화, 자본화 등 근대적 발전 측면에서 다른 국가를 능가했다.

　제2차 세계대전 이후 유럽의 정치적 정의가 바뀌었다. 전쟁 후 유럽 대륙은 두 개의 진영으로 나뉘어졌다. 대부분의 서유럽 국가는 민주 정부, 자본주의 경제, 미국 및 캐나다와 군사동맹을 맺어 **북대서양조약기구(NATO)**를 구성했다. 서유럽 6개국이 1957년 **유럽 공동시장(European Common Market)**을 창설했으며, 이는 유럽연합(European Union)으로 발전했다. 동유럽의 소련 위성 국가들은 1955년 **바르샤바 조약기구(Warsaw Pact)**를 결성하여 유럽의 분단을 완성했다. 그리스와 같은 동남유럽 국가들은 서방권으로 편입되었고, 유고슬라비아는 공산주의 체제임에도 불구하고 비동맹 상태를 유지했다. 핀란드, 스웨덴, 오스트리아는 대부분 바르샤바 조약기구의 경계선 동쪽에 위치했지만, 중립국 지위와 민주주의 체제로 인해 동구권이라기보다는 서구권으로 분류되었다.

　1989년 **철의 장막(Iron Curtain)**이 무너진 후, 유럽의 경제적 정의는 EU 회원국과 거의 동의어가 되었다. 2004년, 15개국이었던 EU 회원국은 25개국으로 확대되었다. 핀란드, 발트 3국(에스토니아, 라트비아, 리투아니아), 폴란드, 체코, 슬로바키아, 헝가리, 슬로베니아, 키프로스, 몰타가 가입하면서 일부 관측통들은 유럽의 정치 및 경제가 동서로 나뉘는 새로운 구도가 형성되었다고 주장했다. 2007년에는 불가리아와 루마니아가, 2013년에는 크로아티아가 EU에 가입하면서 러시아, 벨라루스, 우크라이나는 외부에 남게 되었다.

　유럽에 대한 문화적 정의는 아마도 가장 논란이 많은 부분일 것이다. 유럽은 이집트, 팔레스타인, 그리스, 로마의 고대 문명으로부터 지중해 지역에 많은 문화적 영향을 받았다. 유럽은 주로 기독교 국가이며, 홀로코스트(나치의 유대인 대학살) 이전에는 유대인 인구도 적지 않았다. 발칸 슬라브족은 주로 정교회이고, 북쪽의 슬라브와 헝가리 이웃 국가들은 대부분 로마 가톨릭을 믿는다. 종교개혁 기간 동안 프로이센과 작센(오늘날 독일 북부와 동부), 영국, 스칸디나비아에서 개신교가 자리 잡았다. 서구의 주요 가톨릭 국가는 이탈리아, 스페인, 프랑스, 아일랜드이다.

　그러나 조직화된 종교는 더 이상 대부분의 서유럽인의 삶에서 중요한 역할을 하지 않는다. 피임에 대한 가톨릭 교회의 보수적인 태도에도 불구하고 이탈리아와 스페인은 유럽에서 출산율이 가장 낮은 국가 중 하나이다. 폴란드(가톨릭)와 발칸 민족(가톨릭 및 정교회)은 더 독실한 경향이 있으며, 종교는 국가 정체성의 중심 요소로 남아 있다. 예를 들어, 세르비아인은 정교회 신앙으로 인해 다른 유고슬라브인(남슬라브인)과 부분적으로 구별된다.

언어는 유럽에서 더 깊은 국가적 단층선이다. 주요 인도유럽어는 크게 세 가지 그룹으로 나뉜다: 게르만어(영어, 독일어, 스칸디나비아어), 로맨스어(스페인어, 프랑스어, 이탈리아어, 루마니아어), 슬라브어(러시아어, 우크라이나어, 폴란드어, 체코어, 슬로바키아어, 세르비아어, 슬로베니아어, 크로아티아어, 불가리아어, 마케도니아어). 핀란드어와 헝가리어는 다른 유럽 언어와는 무관한 별개의 핀란드어-우그리아어 그룹에 속한다. 영어가 유럽의 공용어가 되어가고 있지만, 가까운 미래에 영어가 모국어로서의 자국어를 대체하지는 못할 것이다.

자유민주주의를 향한 유럽의 더딘 진전

오늘날 가장 정의롭고 공정한 정치 체제에 대한 철학적 담론은 고대 그리스 도시 국가와 로마 제국의 법과 관행에서 18세기 후반의 미국 및 프랑스 혁명에 이르기까지 **민주주의(democracy)**를 향한 유럽의 오랜 진화에 의해 영향을 받았다. 세계 최초의 현대 민주주의는 유럽과 북미에서 형성되었다.

자유민주주의(liberal democracy)는 다수결 원칙과 법에 따른 평등을 제도화하는 정부 체제이다. 자유 선거, 독립적인 사법부, 헌법 또는 법률 기관, 군대에 대한 문민 통제, 언론, 종교, 집회, 재판의 자유와 같은 기본 시민권을 특징으로 하는 민주적 제도가 자유 민주주의의 특징이다. 이론적으로 자유 민주주의는 모든 집단에 동등하게 법을 적용하고 선거권을 가진 소수의 권리를 보장한다.

민주주의는 다양한 정도의 자유를 보장한다. 선거 자체가 자유민주주의를 정의하는 것은 아니다. 러시아와 벨라루스 등 많은 국가에서 선거를 실시하지만, 출마가 허용된 후보자를 선별하고, 언론을 독점하고, 선거를 조작하고, 야당을 괴롭히고 심지어 투옥하는 방식으로 선거 결과를 통제하고 있다. 헌법은 여성과 소수 민족의 권리를 제한하고 시민의 권리를 제한할 수 있다. 신정 국가는 종교법을 민법에 새겨 넣는다. 고질적인 부정부패도 자유 민주주의 통치의 폐해이다.

지금은 유명한 저서 『역사의 종말과 최후의 인간』(*The End of History and the Last Man*)(1992)에서 프랜시스 후쿠야마(Francis Fukuyama)는 1989~1991년 동유럽과 소련에서 공산주의가 몰락한 것이 역사의 종말을 의미한다고 이론화했다. 그는 공산주의의 몰락과 마르크스주의의 이데올로기적 붕괴로 서구의 자유민주주의와 그 이념인 자유로운 정치 및 경제 사상, 관용, 법에 따른 평등에 필적할 만한 다른 정치 철학은 더 이상 존재하지 않는다고 주장했다. 중앙 계획식 공산주의 경제가 자유주의 경제 시스템과 경쟁할 수 없다는 것은 경제사의 종말을 의미하기도 했다. 오늘날 빈부 격차와 부유한 국가와 가난한 국가 간의 격차가 커지고 있음에도 불구하고 **자유주의 경제학(Liberal economics)**이 대세를 이루고 있다.

현재 대부분의 유럽 국가는 자유 민주주의 국가이지만, 현대 유럽 역사를 잠깐만 살펴보면 자신들의 문화와 진보적인 정치 및 경제 발전의 우월성을 찬양하는 서양인들을 잠시 멈추게 할 것이다. 유럽인과 그 문화적 후예들은 자유 민주주의 사상에 큰 공헌을 했지만, 지난 3세기 동안 독보적인 경제력과 기술력을 바탕으로 다른 어떤 민족보다 더 큰 이익을 가져왔고 세계에 큰 혼란을 일으켰다. 한편으로는 전 세계에 철도, 자동차, 비행기, 컴퓨터, 헌법, 인권 보호를 가져다주었고, 다른 한편으로는 비교할 수 없는 살상력을 가진 무기를 만들어 전쟁과 전쟁을 거듭하며 전쟁에 사용했다. 나폴레옹 전쟁에서 500만 명, 미국 남북전쟁에서 60만 명, 두 차례의 세계 대전에서 5천만 명이 사망했다. 서양 과학은 핵폭탄을 만들어냈고, 미국은 2차 세계대전을 종식시키기 위해 일본의 두 도시를 파괴하는 데 사용했다 (그림 7.1). 유럽인과 미국인은 수백만 명의 아프리카인을 죽이고 노예로 삼았으며, 서구 제국주의자들은 민족을 파괴하고 외국 문화를 뒤섞었다. 약 2,500만 명의 제3세계 사람들이 냉전 분쟁으로 사망했다.

〈그림 7.1〉 원폭 투하 후의 나가사키.

출처: 미국 국립 문서보관소

자유민주주의의 발전과 민족주의의 위협

존 로크(John Locke), 몽테스키외(Montesquieu), 장 자크 루소(Jean-Jacques Rousseau), 볼테르(Voltaire), 토머스 제퍼슨(Thomas Jefferson)과 같은 계몽주의 정치 철학자들은 18세기 말 미국과 프랑스 혁명에서 나타난 자유민주주의 사상의 많은 부분을 발전시켰다. 두 혁명 모두 의회가 행정부(윌리엄 3세)에 권력 공유를 요구했던 1688년 영국의 영광스러운 혁명에서 많은 것을 차용했다. 신권 군주제, 귀족 특권, 법에 따른 불평등의 낡은 체제는 19세기에 중산층과 노동계급, 억압받는 민족이 현상 유지에 도전하면서 무너지게 되었다.

18세기 후반 프로이센의 위대한 철학자 임마누엘 칸트(Immanuel Kant)([1788]/1997)는 "보편적이고 지속적인 평화의 확립은 단지 일부가 아니라 이성의 한계 내에서 볼 때 권리 과학의 최종 목적이자 목적 전체를 구성한다"고 썼다. 현재 테러, 대량살상무기, 지구 온난화, 대량학살의 위협은 인간의 궁극적인 이성과 합리성에 대한 칸트의 낙관적인 비전과 그의 진보적인 역사관을 조롱하는 것처럼 보인다. 그러나 지난 2세기 동안 전 세계 민주주의를 향한 진군은 많은 장애물과 좌절이 있었음에도 불구하고 거침없이 진행되었다. 1848년 자유주의와 민주주의 혁명이 유럽의 자유주의 제국 대부분을 뒤흔들었지만, 반동 세력도 만만치 않았다. 유럽의 주요 국가들에서 민주주의 자유의 불씨는 오랫동안 꺼지지 않았다. 영국과 프랑스는 점차 참정권을 확대했고, 독일과 오스트리아 제국에는 국회(독일 의회)가 있었으며, 극보수주의자였던 러시아 차르도 1906년에 의회(두마)의 설립에 동의했다.

민족주의(nationalism)는 유럽에서 자유민주주의의 역사적 적이었다. 미국인들은 종종 국가(state)와 민족(nation)이라는 용어를 혼용하여 사용한다. **국가**(state)는 통치하는 정치 구조인 반면, **민족**(nation)은 상상 속 사람들의 집단이다. 민족은 하나의 민족이 자체적인 국가를 가져야 한다는 것을 암시하기 때문에 함의가 많은 용어이다. 민족의 정의는 국가와 거의 동일하지만, 국제사회에서는 일반적으로 다른 민족이 지배하는 국가 내에서 소수 민족의 지위를 인정한다. 튀르키예의 쿠르드족(Kurds), 중국의 티베트족(Tibetans), 스페인의 **바스크족**(Basques)이 그 예이다.

민족(national groups)은 언어, 혈연, 문화, 합의된 역사, 특정 영토에 대한 연관성 등 몇 가지 공통된 특징으로 구별된다. 대부분의 국가는 외래 민족으로부터 국가를 방어하거나 국가의 생활 방식을 전파하는 등의 역사적 사명을 가지고 있다.

국가 정체성(national identity)을 가지고 태어나는 사람은 없다. 민족주의(nationalism)는 가족, 지역사회, 학교, 미디어를 통해 학습된다. 19세기 말, 새로 형성된 독일 제국은 보편적 초등 교육을 의무화한 최초의 국가 중 하나였다. 베를린은 범독일적 애국심을 바탕으로 지역과 지방의 정체성(local and regional identity)을 극복하고자 했다. 제1차 세계대전 후 미국은 다양한 이민자 집단에 미국이라는 국가 정체성을 심어주기 위해 사회과목을 개발했다. 국사는 건국의 아버지와 영웅적인 국가 수호자를 미화하고 미국의 문화적, 기술적 업적을 다른 나라보다 우월하게 평가하기 위해 진실을 왜곡하는 경우가 많다.

18세기 말 프랑스혁명 기간 동안 민족주의는 공동의 목표를 향해 대중을 동원하는 강력한 수단이 되었다. 혁명가들은 프랑스 왕정을 무너뜨리고 귀족과 교회의 권력을 약화시켰으며, 프랑스 군대는 민중들의 혁명을 유럽 전역으로 확산시켰다. 1804년 나폴레옹은 자신을 황제로 선포하며 해방자라기보다는 독재자이자 정복자가 되었다. 프랑스 제국주의와 우월주의로 인해 독일과 러시아의 민족 감정이 각성되었고, 1812년 나폴레옹의 중앙 유럽과 러시아로의 원정대는 러시아의 겨울 혹한속에 실패로 끝났다.

국가 신화(National myths)는 이성보다는 감정에 호소한다. 영국의 시인 바이런 경(Lord Byron)은 19세기 초 튀르키예로부터 독립을 위해 싸우다 순교한 그리스인들을 기리는 찬사에서 낭만적 민족주의의 정수를 포착했다:

대의를 위해 죽는 자는 결코 실패하지 않으니, 블록이 그들의 피를 적시고, 그들의 머리가 햇볕에 젖고, 그들의 사지가 성문과 성벽에 묶일지라도-.
그러나 여전히 그들의 영혼은 해외를 걷는다. (Byron 1821)

테니슨 경(Lord Tennyson)은 러시아와의 크림전쟁(1854-1856년) 당시 영국의 변변찮은 '경기병여단의 돌격'(Charge of the Light Brigade)을 비슷한 낭만적인 스타일로 불멸의 작품으로 남겼다. 명령이 떨어지면 군인은 자신의 의무를 다하고 전장에서 고귀하고 영웅적인 죽음을 받아들여야 했다:

대꾸하지 않는 그들 이유를 물어보지 않는 그들
추론하지 않는 그들 죽음의 음침한 골짜기로 행하고 죽는다
육백을 타고. (Tennyson [1854] 1964)

19세기에 유럽의 민족주의는 산업화, 도시화, 계급 분열, 문맹률 증가와 함께 발전했다. 유럽인들은 과학과 기술 분야에서 더욱 앞서나갔고, 때로는 인종주의, 반유대주의, 제국주의를 합리적으로 설명하기 위해 과학을 왜곡하기도 했다. 한 인종이 다른 인종보다 우월하다는 것을 정당화하기 위해 뇌의 크기와 얼굴의 특징에 대한 생리학 및 검사와 같은 사이비 과학이 사용되었다.

〈그림 7.2〉 경기병여단의 돌격

출처: 미국 의회도서관

분단된 독일과 이탈리아의 민족주의자들은 각각 공통의 언어, 문화, 역사를 바탕으로 국민을 하나의 국가로 통합하기를 원했다. 하지만 이는 두 국가 모두에 반드시 자연스러운 현상은 아니었다. 독일인들은 개신교, 가톨릭, 유대교를 믿었고, 서로 다른 방언을 사용했으며, 매우 다른 역사를 가진 39개 주로 나뉘어 있었다. 북쪽의 개신교 프로이센과 남쪽의 가톨릭 바이에른과 오스트리아는 가장 큰 독일 국가(largest German states)를 이루고 있었지만, 비엔나는 비독일인이 대다수인 제국을 통치하고 있었다.

독일의 국가 신화는 표면적으로 뛰어난 문학적, 예술적, 과학적, 철학적, 산업적 성취를 바탕으로 발전해야 했다. 독일 민족주의는 프랑스의 정치적, 문화적 제국주의와 동쪽의 저개발 슬라브족, 주로 폴란드와 러시아인에 대한 독일의 우월성에 대한 반작용으로서 부정적인 성향을 띠기도 했다. 많은 독일 민족주의자들은 유대인을 독일 민족 공동체

(*das Volk*) 외부에 있는 존재로 간주했다. 1960년대 튀르키예 노동자의 유입과 오늘날 전쟁으로 폐허가 된 중동 지역에서 온 새로운 이민자들은 독일의 민족적 통합 의식을 시험하고 있다.

이탈리아반도에도 문화적, 경제적, 역사적으로 깊은 균열이 있었고, 그 균열은 오늘날까지도 지속되고 있다. 이탈리아 민족주의자들은 로마 제국의 전성기, 진보적인 이탈리아 도시 국가, 르네상스 문화의 아름다움과 우아함을 회상하며 국민적 열정을 불러일으켰다. 이탈리아의 통일은 이탈리아 북부의 두 주요 주, 롬바르디아(Lombardy)와 베네치아(Venice)를 지배하고 있던 오스트리아 제국의 희생을 감수해야 했다.

다민족 국가였던 오스트리아 제국은 민족주의의 부상으로 가장 큰 피해를 입었다. 오스트리아 제국에는 11개의 다른 민족의 사람들이 살고 있었다. 오스트리아 독일인, 이탈리아인, 체코인, 슬로바키아인, 우크라이나인, 헝가리인, 슬로베니아인, 크로아티아인, 세르비아인, 루마니아인, 폴란드인이 그들이다. 러시아와 프로이센은 18세기 후반 동구 제국 3국(오스트리아, 러시아, 프로이센)에 의해 분할된 옛 폴란드의 상당 부분도 소유하고 있었다. 러시아는 튀르키예 오스만 제국으로부터 해방을 갈망하는 발칸 반도의 정교회 슬라브 민족인 불가리아인과 세르비아인을 지원했다. 오늘날 이들 민족은 모두 독립된 국가를 이루고 있다.

이탈리아 피에몬테-사르데냐(Piedmont-Sardinia) 주와 독일 프로이센(Prussia) 주의 보수주의자들은 제국의 정복과 군주제에 대한 충성을 특징으로 하는 **보수적 민족주의**(conservative nationalism)를 홍보함으로써 대중에 대한 민족주의적 호소를 주입했다. 피에몬테-사르데냐와 프랑스는 1859년 오스트리아를 물리치고 통일과정을 시작했는데, 그것은 1870년에 완성되었다. 프로이센은 덴마크(1864년), 오스트리아(1866년), 프랑스(1870년)와 전쟁을 벌여 독일 국가들을 제2독일제국으로 통합했다. 전쟁을 통한 이러한 통일의 성공은 한 역사가가 '무력 행위'(the armed deed)(Wandycz 1988)라고 부르는 것을 바탕으로 이탈리아와 독일 모두에 국가적 신화를 만들어냈다. 불행히도 프로이센 총리 오토 폰 비스마르크(Otto von Bismarck)는 새로운 독일 국가에 군사주의적, 보수적, 민족주의적, 비자유주의의 낙인을 찍었다.

민족적 자긍심은 인종적 우월성에 대한 무력 신학으로 전이되어 파시스트 이데올로기의 필수 요소가 되기도 했다. 찰스 다윈(Charles Darwin)의 자연계 적자생존 이론이 사회로 전이된 것이다. ‘우월한’ 유럽 문화, 인종적 특성, 기술적 성취는 다른 인종에 대한 전쟁을 정당화했다. 영국의 제국주의자 세실 로즈(Cecil Rhodes)는 저명한 학자라는 이름을 가진 채 “우리는 세계에서 가장 우수한 인종이며, 우리가 더 많이 거주할수록 인류에게 더 좋다”고 선언했다(Flint 1976, 27-28). 1895년, 테디 루즈벨트(Teddy Roosevelt)는 전쟁이 국가에 가져다주는 활력에 대한 확고한 다윈주의적 믿음을 드러냈다. 그는 “[영국과의] 싸움이 꼭 필요하다면 싸우게 두자. 나는 오히려 그 싸움이 빨리 오기를 바란다. 평화파의 외침은 이 나라에 전쟁이 필요하다는 것을 나에게 확신시켜 주었다”라고 말했다(Miller 1992, 235). 1898년 스페인-미국 전쟁이 발발했을 때 워싱턴 포스트는 미국의 기세를 증명할 수 있는 기회에 환호성을 질렀다. 신문은 “야망, 관심, 땅의 굶주림, 자부심, 싸움의 단순한 기쁨, 그것이 무엇이든, 우리는 새로운 감각에 의해 움직인다... 제국의 맛은 정글의 피의 맛과 마찬가지로 사람들의 입맛을 사로잡았다”라고 썼다(*Washington Post* 1898).

19세기 중반, 칼 마르크스(Karl Marx)는 자유민주주의와 민족주의 이데올로기에 가장 위협적인 혁명적 사상을 도입했다. 마르크스는 자본주의 체제에서 노동자는 기계의 소유자로부터 노동의 가치를 결코 받을 수 없다는 이론을 세웠다. 마르크스는 자본주의 체제를 보호하고 조장하는 정치 체제를 폭력적으로 전복해야 한다고 주장했다. 초기 산업 유럽에서 노동계급의 끔찍한 삶의 조건은 공산당에게 비옥한 당원 모집의 근거를 제공했다.

마르크스는 민족주의, 종교, 인종주의가 노동계급을 수동적이고 순종적으로 만들기 위한 상류층의 이데올로기적 무기라고 말했다. 마르크스는 기독교가 내세에 대해 약속하는 것은 노동자들이 이 땅의 불의한 질서에 맞서 싸우지 못하도록 하기 위한 헛소리일 뿐이라고 주장했다.

민족적 자긍심은 노동자들이 공장 현장에서 동료 노동자와 연대해야 한다는 마르크스의 호소를 능가하는 가장 강력한 집단 정체성임이 입증되었다. 아프리카와 아시아의 **제국주의(Imperialism)**는 유럽 국가 간의 국가 경쟁을 부추기고 상류층, 중산층, 노동계급을 국가적 목표 뒤에 결집시켰다. 영국의 제국 건설자 세실 로즈(Cecil Rhodes)는 "[국내에서] 내전을 피하려면 제국주의자가 되어야 한다"고 선언했다 (Lenin 1974, 256-57). 1914년 제1차 세계대전이 발발하자 노동계급과 그 정당은 다시 국가적 대의를 지지했다. 독일, 영국, 프랑스 노동자들 중 참호 근무를 거부하거나 무모한 공세에 '무리한 행동' 하는 것을 거부한 사람은 거의 없었다.

정치 변화와 세계대전

민족정체성의 힘은 1989년 동유럽 공산주의의 궁극적 붕괴와 마르크스주의 이데올로기 전반의 실패에 중요한 요인이었지만, 민족주의는 정치 체제나 경제 프로그램이 아니라 배제(exclusion)의 권위주의적 이데올로기이다. 20세기 초 유럽 정부는 더 큰 자유주의의 방향으로 나아가고 있었지만, 민족주의의 힘은 제1차 세계대전(1914~1918)의 대학살을 불러일으키고 전쟁을 장기화하는데 일조했다. 제1차 세계대전이 시작될 무렵 많은 유럽인들은 자국의 국가적 우월성을 증명할 수 있는 전쟁의 전망에 흥분했다. 그 전쟁에서 900만 명이 넘는 유럽인이 사망했다.

제1차 세계대전은 유럽에서 급격하고 급진적인 정치 변화의 촉매제가 되었다. 전쟁이 끝나자 독일, 오스트리아, 러시아, 튀르키예 등 동유럽의 4대 제국은 붕괴했다. 독일, 오스트리아, 튀르키예는 다양한 수준의 자유민주주의 정부를 갖춘 공화국을 세웠다. 핀란드, 에스토니아, 라트비아, 리투아니아, 헝가리, 폴란드, 체코슬로바키아, 유고슬라비아의 새로운 독립 국가들은 옛 제국의 폐허를 딛고 일어섰다. 이들 모두 민주 정부를 수립했지만 대부분 단명했다.

그러나 자유민주주의는 제1차 세계대전으로 인한 경제적, 사회적, 심리적 피해를 극복하지 못했고 극좌와 극우로부터 위협을 받았다. 1917년 러시아의 **볼셰비키 혁명**(Bolshevik Revolution)은 최초의 공산주의 국가를 탄생시켰고, 이탈리아의 **파시즘**(Fascism)과 독일의 **나치즘**(Nazism)은 종교, 민족주의, 자본주의에 대한 공산주의의 도전에 대응하기 위해 등장했다. 경제 위기와 공산주의 선동에 대한 자유민주주의의 미온적인 대응과 달리 극우 파시스트들은 국익을 지키기 위한 행동을 약속했다.

이탈리아는 1922년 최초의 파시스트 국가를 세웠다. 이탈리아는 제1차 세계대전에서 영국, 프랑스와 동맹을 맺고 전쟁에서 승리했지만 파리 평화회의에서 어떠한 의미있는 영토 전리품도 거부되면서 굴욕을 당했다. 파시스트 지도자 베니토 무솔리니(Benito Mussolini)는 상처입은 이탈리아 국민들의 자존심을 이용해 이탈리아 민주주의를 전복시켰다. 무솔리니의 파시스트 이데올로기는 이탈리아의 경제난과 정치적 내분에 대한 역동적이고 활기찬 해답이었다. 그는 정치, 경제, 사회, 심리적으로 극심한 혼란에 빠진 이탈리아에 법과 질서를 가져올 것을 약속했다. 파시즘은 이탈리아의 민주주의와 시민권을 희생하더라도 이탈리아를 발전시키겠다고 약속했다. 파시스트들은 이탈리아의 과거를 미화하고 언론을 검열했으며, 노동자들을 국책 사업에 고용하고 노사 관계에 대한 통제를 시행함으로써 마르크스주의의 호소력을 약화시켰다. 무솔리니는 이탈리아의 힘을 해외에 투사하기 위해 수백만 명의 남성을 무기로 삼겠다고 약속했다.

이탈리아 국민들은 무솔리니가 경제를 안정시키고 내전을 종식시킨다면 1인 통치를 기꺼이 받아들일 의향이 있었다. 정치, 경제, 사회적 혼란에서 질서를 가져올 수 있다는 권위주의적 통치의 약속에 대한 이러한 대중적 매력은 오늘날에도 자유민주주의에 대한 끊임없는 위협으로 남아 있다. 민주주의 국가의 시민들은 더 나은 안보와 정치적, 경제적 안정을 위해 많은 시민권을 희생하는 위험한 경향을 보여 왔다. 예를 들어, 2013년 미국 국가 안보 기관이 운영하는 광범위한 개인 데이터 수집 프로그램이 폭로되었지만 테러 공격을 두려워하는 미국인들의 항의는 거의 없었다.

아돌프 히틀러(Adolf Hitler)는 이탈리아 파시즘을 모델로 독일에서 대중 운동을 일으켰다. 나치즘은 자유민주주의의 정반대 개념이었다. 나치는 **반유대주의(anti-Semitism)**, 민족주의, 인종주의, 군국주의에 대한 호소를 통해 독일의 심각한 사회적, 경제적 분열을 덮었다. 노래, 대중 집회, 상징, 신조, 행진, 독일을 세계 제1의 국가로 되돌리겠다는 메시아적 약속은 나치 운동에 광신적인 종교적, 영적 분위기를 더했다. 다른 집단을 악마화하는 것은 오늘날 이란, 시리아, 북한과 같은 독재 정권의 주요 선전 수단이며, 선동은 항상 민주적 통치에 위협이 된다. 히틀러의 집권이 대표적인 사례이다. 나치당은 1929년 현대 자본주의 역사상 가장 심각한 공황이 닥치기 전까지 독일에서 3% 미만의 득표율을 기록했다. 수백만 명이 실직한 상황에서 민주적 중도파가 신생 바이마르 공화국을 구하기에는 스트레스가 너무 컸다. 1932년 나치당은 득표율의 3분의 1을 차지하며 독일에서 가장 큰 정당이 되었다. 1933년 1월 총리에 취임한 히틀러는 나치 통치에 반대하는 모든 세력을 빠르게 진압했다.

히틀러의 초기 경제 및 외교적 성공에 회의적인 독일인과 유럽인들은 그의 비민주적 방식과 극심한 반유대주의를 무시하게 되었다. 일부 학자들이 주장하듯이 나치즘은 우연이 아니라 독일과 유럽의 근대 정치 문화가 낳은 논리적인 산물이다. 19세기 독일의 마르크스주의자 아우구스트 베벨(August Bebel)은 반유대주의를 "바보들의 사회주의"라고 불렀다. 당시 정치 및 경제 권력 브로커들은 노동계급의 적대감을 자신들에게서 유대인으로 돌릴 수 있다는 것을 알고 있었으며, 유대인이 기독교 노동계급을 착취하려고 한다는 음모론이 퍼져나갔다. 히틀러는 인종 우월주의 이론을 빌려 유대인이 독일 혈통의 순결성을 위협한다고 주장했다. 2차 세계대전 중 550만 명의 유대인을 대량 학살한 것은 이러한 광신적 민족주의와 인종차별주의의 끔찍한 결과였다. 그 이후 어떤 지도자도 파시스트나 나치로 분류되기를 원치 않았지만, 1970년대 캄보디아의 폴 포트(Pol Pot)와 1990년대 르완다의 후투족(Hutu) 지도자처럼 파시스트 독재 정권을 수립하고 대량학살을 저지른 지도자는 많았다.

나치의 민족주의와 인종차별주의 선전은 제2차 세계대전에서 독일군이 유럽 대부분을 공격하고 정복하도록 효과적으로 설득했으며, 독일이 패배할 것이 뻔한 상황에서도 계속 싸울 수 있도록 했다. 독일의 국가주의 광풍으로 인해 3,500만 명 이상의 유럽인이 사망했다. 소련의 공산주의자들도 러시아 민족주의가 계급적 연대보다 사람들의 마음을 더 움직인다는 사실을 인정해야 했다. 1941년 히틀러의 침공 이후 소련을 구하기 위해 필사적이었던 스탈린(Stalin)은 마르크스주의 선전에 종속되어 조국 러시아를 방어하는 것을 '위대한 애국 전쟁'이라고 불렀다. 스탈린의 민족주의와의 타협은 1991년 소련의 멸망을 예고했다. 러시아 공화국의 수장 보리스 옐친(Boris Yeltsin)은 1991년 강경파의 쿠데타 시도에서 소련 지도자 미하일 고르바초프(Mikhail Gorbachev)를 구출하기 위해 러시아 민족주의에 호소했다. 그러나 이 사건에서 러시아 민족주의의 강세와 소비에트 이데올로기의 붕괴는 공산주의 국가의 종말을 의미했다. 오늘날 블라디미르 푸틴(Vladimir Putin) 대통령은 서방이 러시아의 정치적, 경제적 이익을 훼손하려 한다고 주장하며 전통적인 러시아 민족주의에 호소하고 있으며, 이는 일부 시민의 권리가 짓밟히는 것과 상관없이 러시아를 통합하기 위한 러시아의 정치적 전략으로 시도되고 있다.

동유럽과 스페인의 자유민주주의는 제1차 세계대전과 제2차 세계대전 사이에 더 나은 성과를 거두지 못했다. **권위주의적**(authoritarian) 민족주의 독재 정권은 상류층, 대지주, 교회, 군대 내 보수 세력의 지지에 의존했다. 30년대 초반까지 체코슬로바키아를 제외한 모든 동유럽 국가에서는 권위주의 정권이 집권했다. 스페인 반군 카우디요 프란시스코 프랑코(*caudillo* Francisco Franco)는 피비린내 나는 스페인 내전(1936~1939)에서 스페인 공화국을 타도했다. 1939년 제2차 세계대전이 시작될 무렵에는 프랑스, 벨기에, 네덜란드, 룩셈부르크, 핀란드, 노르웨이, 덴마크, 스웨덴, 스위스만이 유럽 대륙에 민주주의 정부가 남아 있었고, 독일군은 전쟁 첫 해에 중립국인 스웨덴과 스위스을 제외한 모든 국가를 물리쳤다. 1940년 중반에는 미국, 영국, 캐나다, 호주만이 주요 자유민주주의 국가로 남게 되었다. 1945년 나치 독일에 대한 연합국의 승리로 인해 유럽은 서유럽에 자유민주주의 국가를 건설할 기회를 얻었고, 소련은 동유럽에 공산주의 체제를 구축하게 되었다.

국가 분쟁의 재앙에서 유럽연합까지

유럽의 이야기를 보면 세계가 점점 더 다혈질적이고 불안정하며 폭력적으로 변해가고 있다고만 주장할 수 없다. 유럽은 20세기 내내 그런 모습을 보여 왔지만, 동시에 세계에서 가장 평화롭고 번영하는 지역 중 하나로 부상했다. 유럽은 파시즘, 나치의 지배, 냉전이라는 암울한 시절을 지나면서 정말 극적인 전환을 경험했다. 세계대전을 거치면서 독일이라는 단어는 군국주의, 극단적인 민족주의, 맹목적인 복종, 잔인함의 대명사가 되었다. 그러나 오늘날 독일과 프랑스는 빠른 속도로 동맹국이 되었다.

유럽연합(EU)은 유럽의 오랜 국가 갈등 전통에 대한 자유주의적 해답이다. 1900년에는 자유민주주의 국가가 없었고, 제2차 세계대전 이후에는 약 20개 국가만이 자유민주주의 국가로 남았다 (미국은 1960년대 중반까지만 해도 민권법에 따라 짐 크로우 남부(Jim Crow South)에서 아프리카계 미국인에게 투표권을 주지 않는 등 자유민주주의 국가가 아니었다).[1] 러시아와 우크라이나는 아직 자유민주주의 국가임을 증명하지 못했지만, 벨라루스를 제외한 모든 유럽 국가는 오늘날 일종의 민주주의 체제를 갖추고 있다.

제2차 세계대전 이후 유럽이 피폐해지자 아프리카와 아시아의 식민지 국민들은 서구 자유주의 정치사상의 이론적 특징인 **민족자결권**(national self-determination)을 요구할 수 있었다. 베트남의 호치민(Ho Chi Minh), 인도의 모하메드 간디(Mohandas Gandhi), 남아프리카공화국의 넬슨 만델라(Nelson Mandela) 등은 서구의 정치사상을 도입하여 유럽 통치자들로부터 자국의 독립을 요구한 수많은 독립 지도자들 중 대표적인 사람들이었다.

미국은 전후 서유럽의 통합에 중요한 역할을 했다. 미국은 제2차 세계대전 이후 세계 최고의 경제 및 군사 강국으로 부상했다. 초강대국 대결의 역학 관계와 1949년부터 1989년까지 철의 장막에 의한 유럽 분단으로 인해 서유럽 국가들은 자유민주주의 패러다임에 따라 미국과 협력 할 수밖에 없었다. 소련의 위협과 함께 미국 민주주의 및 경제 체제의 성공은 대서양 횡단 협력을 촉진했다 (그림 7-3). 파시즘은 명백히 불신을 받았고, 소련 지도자 조셉 스탈린(Joseph Stalin)의 끔찍한 정권의 범죄가 드러났다. **스탈린주의**(Stalinism)는 서유럽인들에게 아무런 매력을 주지 못했다. 스페인과 포르투갈을 제외한 모든 서유럽 국가는 자유민주주의 정치체제를 발전시키 나갔다.

2차 세계대전 후 미국은 1차, 2차 세계대전 기간의 실패한 경제 정책을 되풀이하지 않기로 결심하고 **고전적 자유주의**(classical liberal) 경제 프로그램을 시작했다.

---

1) (역자 주) Jim Crow는 미국의 흑인 차별의 대명사로서, 남북전쟁 후 남부에서는 노예 해방을 사실상 무효화하기 위하여 일련의 인종차별법을 제정하는데 이 법들을 Jim Crow 법으로 불렀다.

유럽통합

비극적인 세계대전, 대공황 (많은 학자들이 히틀러의 등장에 대한 책임으로 지목하는), 전후 공산주의의 위협에 대한 기억은 2차 세계대전 이후 유럽 통합의 강력한 동기가 되었다. **비교우위(comparative advantage)** 이론은 또한 유럽인들이 더 큰 경제적 자유주의로 나아가게 했다. 미국은 자유시장과 국제경제협력을 촉진하기 위한 제도를 만들어 전후 경기 침체를 막으려 했다. **세계은행(World Bank)**은 경제 발전을 촉진하기 위해 대출을 제공했고, 국제통화기금(IMF)는 통화를 안정적으로 유지하기 위해 노력했으며, **관세 및 무역에 관한 일반 협정(GATT)**은 국가 간 무역 장벽을 점진적으로 낮추기 위한 틀을 제공했다. 1995년 GATT는 국제 무역분쟁을 중재하고 무역장벽을 더욱 낮추는데 전념하는 세계무역기구(WTO)로 발전했다. 오늘날 세계는 그 어느 때보다 국제 무역을 위한 자유주의 경제 모델에 가까워졌다. 스탈린이 동독과 동유럽 경제를 착취한 것과는 대조적으로 미국은 서유럽 경제의 도약을 위해 **마셜플랜(Marshall Plan)**(1948~1952)이라는 130억 달러 규모의 원조 프로그램에 자금을 지원했다.

〈그림 7.3〉 2010년 에스토니아에서 열린 NATO 회의.

출처: 미국 국무부 사진.

1950년대 서유럽의 급속한 경제 회복은 공산주의 통일운동의 실질적인 위협을 종식시켰다. 서유럽의 자유민주주의는 냉전 상황에서 번성했다.

마셜플랜은 서유럽 경제통합을 위한 첫걸음이었다. 미국은 서유럽과의 경제 협력을 통해 소비에트 연방 블록에 대항하는 자유시장경제와 자유민주주의의 공동체를 강화할 수 있다고 생각했다. 서유럽의 경제적, 정치적 안정은 전략적 필수 요건이 되었다.

공식적인 유럽 경제통합은 1951년 프랑스, 독일, 이탈리아, 베네룩스 국가(벨기에, 네덜란드, 룩셈부르크) 간의 관세를 낮추고 생산을 통제한 **유럽석탄철강공동체(European Coal and Steel Community, ECSC)**에서 시작되었다. ECSC는 자유무역이 아닌 관리 무역을 위한 협정이었고, 실제로 효과가 있었다. '6개국'은 1957년 **유럽경제공동체(European Economic Community, EEC)**, 즉 공동시장을 결성하여 경제 협력의 범위를 넓혀 전체 무역에 대한 관세를 낮추고 공동의 대외 관세를 만들었다. 영국은 대영제국과의 경제적 관계를 유지하고 미국과의 특별한 관계를 발전시키는 것을 선호하여 참여하지 않았다. 공동시장 국가들의 급속한 경제 성장과 대영제국의 해체는 영국의 마음을 바꾸게 했다. 영국, 아일랜드, 덴마크는 1973년 EEC에 가입했다.

공동시장은 자유주의 경제 원칙에 기반을 두었지만 중요한 정치적, 외교적 목표도 가지고 있었다. 가장 중요한 두 대륙의 경제 대국이자 과거 적대국이었던 프랑스와 서독의 긴밀한 협력은 평화를 유지하기로 약속했다. 미국은 경제적 경쟁자였음에도 불구하고 공동시장을 지지했다. 미국은 동유럽에 있는 소련과 그 위성 국가들에 대항하는 보루로서 강력한 서유럽을 원했다.

1790년 조지 워싱턴(George Washington) 미국 대통령은 언젠가 '유럽합중국'(United States of Europe)이 탄생할 것이라고 예언했다. 1992년, 유럽경제공동체는 회원국들이 유럽연합을 결성하고 국경 통제를 철폐하고, 공동 통화를 발행하고, 공동 외교정책과 국방정책을 수립하기로 결정하면서 그 목표를 달성하기 위한 중요한 발걸음을 내디뎠다. **유로화(euro)**는 1999년에 출시되어 달러와 엔화와 함께 세계 주요 통화 중 하나로 자리 잡았다. 유로존(Eurozone)은 EU 27개국 중 17개국으로 확대되었다. 유로화는 유로존 회원국 간 거래와 여행객의 거래를 더욱 쉽게 만들어주며, 하나의 통화로 각 유럽 국경에서 지폐와 동전을 교환하고 매번 환전 수수료를 지불해야 하는 번거로움을 덜어준다. EU의 개방된 국경으로 인해 시간이 많이 걸리는 여권 검사도 사라졌다. 로마 제국의 전성기 이후 유럽이 이렇게 단합된 적은 없었다. 하지만 제국과는 달리 EU는 자유민주주의 원칙에 기반한 자발적 연합이다.

유럽연합에 대한 도전

유로존의 장점에도 불구하고 2010년대 그리스 부채 위기로 인하여 유로존, 나아가 EU 전체가 정치적 정당성을 확보하지 못한 채 경제 연합을 추진했다는 사실이 드러났다. 서류상으로는 유로존이 잘 운영되는 것처럼 보였지만 모든 회원국이 금융 규칙을 준수하는 것은 아니었고, 방만한 정부를 처벌할 수 있는 실질적인 수단도 없었다. 그리스 정부가 디폴트에 직면했을 때, EU에서 가장 강력한 경제력을 자랑하는 독일은 유로존의 붕괴를 막기 위해 그리스에 구제금융을 제공하지 않을 수 없었다. 독일 유권자들은 독일과 달리 가진 돈도 없는 그리스를 구하기 위해 세금을 내야 하는 이유를 이해하지 못했다. 게다가 세금을 내지 않으려는 그리스인들의 성향은 세금을 내는 나머지 유로존 국가들의 불만을 사고 있다. 유로화의 미래가 불투명해지면서 전체 EU 프로젝트가 위험에 처할 수 있다.

2016년 영국의 유럽연합 탈퇴 결정(브렉시트)은 유럽연합의 위상을 약화시켰지만 영국에도 문제를 야기하고 있다. 일부 경제학자들은 브렉시트로 인해 영국이 연간 800억 달러 이상의 손실을 입을 수 있다고 예측한다(*USA Today*, October 12, 2016). 또한 영국 과학자들은 EU 연구 보조금을 더 이상 받을 수 없게 되어 최고 인재를 잃을 것을 우려하고 있다 (*New York Times*, October 18, 2016). 더 나쁜 것은 영국의 탈퇴로 인해 스코틀랜드가 영국을 완전히 떠날 수도 있다는 것이다.

EU는 공동의 경제 문화를 조성해 왔다. 대부분의 유럽 국가는 자유주의 경제와 계획 경제의 중간 정도에 해당하는 시스템을 가지고 있다. 유럽의 **사회민주주의**(social democracy)는 자유시장 경제와 광범위한 사회적 혜택 및 정부의 강력한 규제를 결합한 제도이다. EU의 모든 정부는 보편적 의료서비스, 넉넉한 실업 수당 및 연금 혜택, 거의 무료에 가까운 고등 교육, 선거 캠페인에 대한 보조금을 제공한다. 일부 국가 정부는 항공사, 철도 및 기타 주요 산업을 소유하고 있다.

그러나 프랑스와 이탈리아 등 일부 주요 유럽 국가들은 이러한 관대한 사회적 혜택을 유지하기 위해 고군분투하고 있으며, 만성적인 고실업률로 어려움을 겪고 있다. 인구 고령화는 대부분의 EU 국가에서 연금 및 건강보험 프로그램에 부담을 주고 있다. 민간 기업에서 근무하는 직원들은 일자리를 잃어도 의지할 곳이 거의 없다. 그러나 정치인들은 공무원 수를 줄이려고 하면 자신의 입지가 위태로워지고, 일부 유럽 국가에서는 사회복지 지출을 줄이려는 시도가 대중의 항의에 부딪혔으며, 민간 기업의 근무규칙도 변경되었다. 그리스의 재정 위기로 인해 아테네는 정부지출을 대폭 삭감할 수밖에 없었고, 이로 인해 대중 시위가 반복적으로 발생했다. 이러한 긴축 조치는 경제를 불황에서 벗어나게 하는 데 거의 효과가 없었다.

유럽 국가들은 노동력 부족을 완화하기 위한 이민 노동자의 역할과 경제성장을 촉진하기 위한 복지 국가 개편에 대해 어려운 선택에 직면해 있다. 최근 유럽연합에 유입된 난민들은 사회복지 시스템에 더 많은 부담을 주고 있으며, 이들은 종종 유럽연합 시민의 일자리를 빼앗는다는 부당한 비난을 받기도 한다. 유럽의 오래된 재앙인 극단적 민족주의는 이민 중단을 요구하는 새로운 정당의 형태로 다시금 그 추악한 모습을 드러내고 있다.

EU는 아직 조지 워싱턴의 예언을 실현하지 못하고 있다. EU 회원국들은 국방 및 외교 정책 문제에 대한 국가 주권을 포기하기를 꺼려하고 있다. EU는 6만 명 규모의 신속대응군을 창설하기로 결정했지만 필요한 자금을 마련하는 데 더디게 움직이고 있다. 1990년대 유고슬라비아 내전 종식을 위해 단호하게 행동하지 못한 EU의 실패, 2003년 이라크 전쟁 참전을 둘러 싼 공동체 내부의 분열, 시리아 분쟁에 대한 해법을 찾지 못한 것은 EU 공동 외교 및 국방정책의 취약성을 드러냈다. 2013년 시리아 정부의 자국민에 대한 화학무기 사용에 대해 주도적으로 대응한 유럽 국가는 없었다. 2011년 리비아 독재자 무아마르 카다피(Muammar Qaddafi) 축출 작전에서 나토(NATO)가 미국 무기에 의존한 것에서 알 수 있듯이 미국의 정책결정자들은 EU의 국방비 지출 부족에 대해 점점 더 비판적인 태도를 보이고 있다.

일부에서 지적하는 것처럼 EU는 여전히 '**국가들이 연합한 유럽**'(United Europe of States)이다. 대부분의 유럽인은 자신을 먼저 국민으로, 그 다음에 EU 시민으로 인식한다. 유럽적 이념이 아래에 위치해 있는 것이다. 일부 유럽인들은 EU의 수도인 브뤼셀을 차갑고 기술주의적이며 관료주의적인 독재, 즉 '이방인의 정부'(government of strangers)를 대표한다고 묘사한다. 2005년 프랑스와 네덜란드 유권자들은 유럽 헌법을 거부했다. 네덜란드의 한 반 유럽연합 슬로건에는 "우리는 네덜란드인으로 남고 싶다"라는 문구가 적혀 있었다(Pfaff 2005, 26). 영국 정치인들은 EU에 대한 영국의 금전적 기여가 영국 경제에 미치는 이익보다 크며, 영국이 영국으로 들어오는 이민자들에 대한 통제권을 되찾고 싶다는 이유로 EU 탈퇴를 위한 로비를 성공적으로 수행했다. 영국의 EU 탈퇴는 유럽통합을 위한 전체 프로젝트를 위험에 빠뜨렸다. EU가 더 높은 경제 성장률과 더 낮은 실업률을 달성하지 못한다면, 점점 더 많은 사람들이 EU 지도자들에게 통합이 그들에게 정말 도움이 되는지 묻게 될 것이다. 2016년 앙겔라 메르켈(Angela Merkel) 독일 총리의 기독교민주당은 상대적으로 관대한 이민 및 난민 정책에 대한 대가를 치르며 여러 지역 선거에서 패배했다.

유럽연합의 국경이 개방되면서 각국의 문화가 희석되는 것에 대한 의문이 제기되었다. 2005년 가을, 프랑스의 여러 도시에서 프랑스의 정치, 경제, 문화 생활에 통합되지 않은 이민자 공동체들 주도의 광범위한 폭동이 발생했다. 2006년 초, 많은 유럽 무슬림들은 덴마크 신문이 예언자 무함마드(Muhammad)를 경멸하는 방식으로 묘사한 만화를 게재한 것에 대해 항의했다. 중동의 시위대는 덴마크 기업을 보이콧하고 유럽 대사관을 공격했다. 2015년과 2016년에 파리와 브뤼셀에서 발생한 테러 공격으로 인해 무슬림 이민자들이 실질적인 안보 위협이 될 수 있다는 우려가 커졌다.

그 결과 유럽에서 반이민, 민족주의 우파 정당이 더 많이 생겨났고 세력을 넓혀가고 있다. 2016년 중동에서 수만 명의 난민이 도착하면서 유럽연합의 국경 정책을 더욱 엄격하게 해야 한다는 목소리가 다시 높아졌다. 프랑스의 전진국민당(Front National Party)은 전국 선거에서 약 20%의 득표율을 기록했으며, 여러 명의 시장과 국회의원을 선출했다. 전진 국민당은 북아프리카로부터의 이민에 대한 반작용으로 지중해 남동부 지역에서 특히 강세를 보이고 있다. 독일의 주류 정당들은 극우적이고 외국인 혐오적인 국민민주당(National Democratic Party)을 금지하는 방안을 논의하고 있다. 2013년에는 이탈리아 북부 동맹의 한 지도자가 흑인 정부 장관이 오랑우탄을 연상시킨다고 발언해 논란이 일었다. 2013년 가을, 그리스 정부는 인기 반파시스트 가수 파블로스 피사스(Pavlos Fyssas)를 살해한 배후로 지목된 황금새벽당(Golden Dawn Party)의 지도부를 체포했다. 그럼에도 불구하고 그의 정당은 2015년 선거에서 3위를 차지했다. 이러한 신파시스트 선동은 국력 약화에 대해 외국인과 유럽연합을 비난하기 쉬운 유럽연합 일부 지역의 높은 실업률에 기인한다. 이것이 2016년 많은 영국인이 EU 탈퇴에 투표한 동기가 되었다. 푸틴은 이 투표를 칭찬했고, EU 회원국의 많은 우파 지도자들이 그 뒤를 따랐다. 네덜란드 자유당의 게르트 빌더스(Geert Wilders)는 "이제 우리 차례다"라고 선언했다(Chrisafis 2016).

그럼에도 불구하고 유럽이 자유민주주의 발전에 기여한 것은 부인할 수 없는 사실이다. 유엔의 모든 회원국은 인권 선언(Declaration on Human Rights)에 서명했다. 국가적 위기 상황에서도 다음과 같이 선언에 반하는 정부 원칙을 공개적으로 추진하는 지도자는 거의 없다. 즉, 소수에 의한, 소수를 위한 정부 신적 또는 세습적 통치권 선거가 아닌 자의적 권력 기반 행정, 입법, 사법 권력의 통합 정부의 시민권 제한 정부의 종교 통제 언론, 출판, 집회의 자유 제한 경제적 선택의 제한 여성과 소수자에 대한 불평등한 대우 자의적 투옥 등을 들 수 있다. 벨라루스나 러시아처럼 이러한 비민주적 원칙에 따라 운영되는 권위주의 국가들도 비자유주의적 정책을 공개적으로 내세우지는 않는다.

유럽의 테러리스트 위협

오늘날 **테러리즘**은 주로 중동과 관련이 있지만, 유럽도 정치적 권리를 요구하기 위한 테러 활동에 관해 오랜 역사를 갖고 있다. 19세기 러시아 혁명가들은 차르의 통치에 반대하기 위해 테러 전술을 사용했으며, 1881년 알렉산드르 2세(Alexander II) 암살 사건으로 정점을 찍었다. 1914년 세르비아의 가브릴로 프린치(Gavrilo Princip)가 오스트리아 대공(Archduke)을 암살하여 제1차 세계대전을 일으킨 사건은 억압적인 국가의 상징과 기관을 공격하기 위해 테러 전술을 사용한 19세기 민족주의 전통에 속하는 사건이다. 강력한 군대와 경찰을 상대로 한 재래식 전쟁이 불가능할 때 민족주의자들은 종종 비대칭 게릴라전, 즉 취약한 국가 기관에 대한 테러 공격으로 눈을 돌린다.

극단주의 이슬람주의자들은 2004년 마드리드와 2005년 런던에서 교통 시스템에 대한 테러를 감행하여 100명 이상의 사망자를 냈다. 하지만 스페인과 영국은 훨씬 더 가까운 곳에서 테러 공격을 경험했다. 수십 년 동안 바스크 테러 단체인 **바스크조국해방**(Euskadi **Ta Askatasuna, ETA**)은 스페인으로부터 북부 바스크(Basque) 지역의 독립을 추구했다. **아일랜드공화군**(Irish Republican Army, IRA)은 거의 한 세기 동안 북아일랜드에서 영국의 통치를 종식시키고 아일랜드 공화국과 통일을 이루기 위해 싸웠다.

바스크 지역은 스페인 내전(1936~1939) 이전까지 스페인에서 상당한 자치권을 누렸다. 프란시스코 프랑코(Francisco Franco) 정권은 바스크 민족주의자들을 처형하고 수천 명의 바스크인을 감옥에 가두었으며, 바스크 문화 표현을 억압하고 바스크어인 에우스케라(Euskera) 사용을 제한했다. 1975년 프랑코(Franco)의 독재가 종식된 후 후안 카를로스(Juan Carlos) 국왕의 새로운 입헌군주제는 1979년 바스크인들에게 1939년 공화정 종식 이후 누리지 못했던 자치권을 부여했다. 이러한 움직임은 결국 ETA를 바스크 정치의 주변부로 밀려나게 했다. 지난 몇 년 동안 공격은 거의 없었고 바스크인들 사이에서는 ETA의 테러리스트에 대한 지지가 거의 없다.

20세기 초 아일랜드는 영국으로부터 독립하기 위해 투쟁했다. 1914년 영국 정부는 아일랜드 국내 통치 법안을 통과시켰지만 제1차 세계대전이 끝날 때까지 이를 유예했다. 아일랜드 공화국은 분리 독립한 아일랜드 정부를 방어하기 위해 IRA(아일랜드 공화군)를 창설하고 영국군에 대한 게릴라 공격을 감행하기 시작했다. 마침내 1921년 영국 의회는 아일랜드 자유 국가를 인정하는 데 동의했다. 그러나 주로 개신교를 신봉하는 북아일랜드 6개 주는 영국에 남았고, 아일랜드 민족주의자들은 그 후로도 아일랜드 섬을 통합하기 위해 노력해 왔다.

이 지역들은 1960년대에 시작된 이른바 '**트러블**(the Troubles)'의 발원지로, 한쪽에는 IRA와 아일랜드 가톨릭 민족주의 공동체가, 다른 한쪽에는 개신교 충성파와 왕립 얼스터

(Ulster) 경찰대, 영국군, 여러 얼스터 준군사 단체가 자리 잡고 있었다.

1990년대에 이르러 북아일랜드 문제에 대한 아일랜드와 영국의 정책에서 현실주의가 민족주의를 극복했다. 아일랜드의 유럽경제공동체 가입과 1980년대 후반과 1990년대의 급속한 경제 성장은 북아일랜드의 경제 침체와 내전과 맞물려 아일랜드와 영국 정부 모두에게 북아일랜드는 부담스러운 존재가 되었다. 아일랜드는 트러블을 물려받아 얻을 것이 없었고, 런던은 테러 위협과 북아일랜드의 영국 재무부(국고) 유출을 없애고 싶었다.

2005년 7월, IRA는 마침내 해체하기로 합의했고, 폭력 사태의 종식에 대한 희망이 다시 고개를 들었다. 2007년 5월, 신페인(Sinn Fein)²⁾과 북아일랜드 충성파는 정치적 화해와 자치에 다시 합의했다.

21세기 급진적 이슬람 테러리즘의 부상으로 인해 ETA와 IRA 모두 영향을 받았다. 1960년대와 1970년대에 ETA와 IRA는 팔레스타인, 라틴 아메리카, 아프리카의 다른 민족 해방 단체에 동조했다. 테러단체는 종종 군대, 경찰, 정부 관리 및 기관과 같이 합법적인 표적으로 간주되는 대상을 공격한다. 예를 들어 2001년 9월 11일, 알 카에다(al Qaeda)는 미국의 경제력과 군사력을 상징하는 세계무역센터 타워와 펜타곤을 공격했다. IRA는 부수적인 피해를 막기 위해 폭탄 테러가 임박했다는 경고를 자주 보냈다. 물론 어쨌든 무고한 희생자가 발생했다. 자살 폭탄 테러의 출현과 무고한 민간인을 무자비하고 고의적으로 살해하는 행위는 테러를 이용해 정치 변화에 영향을 미치려는 모든 단체의 신뢰를 떨어뜨렸다. 2005년 여름 영국 무슬림 조직이 지하철과 버스에서 50명이 넘는 사람들을 살해한 후, IRA는 목표 달성을 위해 폭력을 사용하는 것을 포기했다. 또한 자국 정부에 불만이 있는 소수 민족은 이제 EU에 의지할 수 있게 되었다. EU는 회원국 간의 시민권을 표준화했으며, 회원국들이 이러한 권리를 존중하도록 막대한 외교적 압력을 행사할 수 있다.

알 카에다는 1980년대 소련의 아프가니스탄 점령에 맞서 싸우던 무자헤딘(mujahideen) 출신 게릴라 저항 전사들이 결성한 국제 테러 네트워크이다. 이 단체는 사우디의

---

2) (역자 주) 아일랜드의 독립을 지지하는 신페인당이다.

부유한 가문 출신인 고인이 된 지도자 오사마 빈 라덴(Osama bin Laden)이 처음에 자금을 지원했다. 빈 라덴의 목표는 아랍 땅에서 외국 군대를 몰아내고, 이슬람 세계를 서구의 영향력으로부터 해방시키며, 이슬람 근본주의 정권을 세우는 것이었다. 미국에서 발생한 9월 11일 테러와 2004년과 2005년에 스페인과 영국에서 발생한 열차 및 버스 폭탄 테러는 이슬람 근본주의에 대한 공포를 고조시켰다. 이후 시리아 북부와 이라크의 이슬람 국가(Islamic State, IS)는 유럽에서 국내 테러를 더욱 부추겼고, 2015년 11월에는 파리에서 테러범들이 130명을 살해했으며, 2016년 3월에는 브뤼셀에서 테러로 32명이 추가로 사망했다. 이러한 테러 위협은 유럽에서 반이민 민족주의 정당이 부상하는 데 기여했다.

유럽에는 프랑스에 최소 500만 명, 독일에 300만 명, 영국에 200만 명, 이탈리아에 100만 명 이상 등 약 2,500만 명의 무슬림이 거주하고 있다. 이슬람 및 기타 비유럽 문화의 도전과 2009년 금융 위기 이후 높은 실업률로 인해 EU에서는 이민, 언론의 자유, 보안 조치, 선동법, 외국인 추방에 관한 심각한 논쟁이 벌어지고 있다. 프랑스는 단호하게 세속적인 입장을 견지해 왔으며, 프랑스인들은 독실한 종교와 고립된 이슬람 공동체에 의해 자국 문화가 훼손되고 있다고 우려하고 있다. 프랑스는 2004년 3월 공립학교에서 모든 종교적 표현을 금지하는 법안을 통과시켰다. 이 법안은 북아프리카의 전통 머리 스카프인 **히잡(hijab)**을 착용하는 이슬람 여학생들을 직접적으로 겨냥했다. 최근에는 프랑스가 공공장소에서 얼굴을 가리는 **니캅(niqab)** 착용을 금지했다. 더 놀라운 것은 과거에 이례적으로 이민자에 관대했던 스웨덴에서도 이민자에 대한 반발이 일어나고 있다는 점이다. 한 트럭 운전사의 아내는 이 새로운 반이민 태도의 본질을 이렇게 말했다. "그들은 스웨덴 사람들을 존중하지 않는다. 그들이 스웨덴어를 배우고 스웨덴인처럼 행동한다면 환영할 수 있다. 하지만 그들은 그렇지 않다. 지금과 같은 이민은 중단되어야 한다"(Daley 2011).

그럼에도 불구하고 유럽 대륙과 식민지에서 테러를 경험한 유럽은 극단주의 이슬람 테러리스트의 새로운 위협에 대한 신중한 대응을 촉구하고 있다. EU는 테러리즘과 싸우기 위한 미국의 군사적 접근 방식과 선제공격에 대해 비판적인 입장을 취해 왔다. 유럽은 테러리즘을 정보기관과 경찰이 처리해야 할 범죄행위로 간주하는 경향이 있다. 또한 테러의 원인을 제거하기 위한 진지한 논쟁을 벌이고 있으며, 이는 중동에 대한 서방의 정책에 대한 비판으로 이어질 수 있다.

세계 속 유럽의 역할

유럽은 세계에서 가장 건강하고 교육 수준이 높으며 부유한 지역 중 하나이다. 가난한 지역의 이민자들이 유럽에 살고 싶어 하는 것은 당연한 일이다. 2014년 기준, 유럽연합 인구의 6.8%가 유럽연합 역외 국가 출신이다. EU의 기대수명은 세계에서 가장 높은 수준(80세 이상)이며, 1인당 국민총생산도 세계에서 가장 높다(Eurostat 2016).

EU는 5억 1,000만 명이 넘는 인구를 보유한 세계 최대의 자유무역지대이다. EU는 전 세계 인구의 6.9%(중국은 20%에 육박)를 차지하지만, 전 세계 GDP(국내총생산)의 23.8%, 전 세계 무역의 약 20%를 차지한다. EU는 공동의 내부 관세를 적용하므로 나폴리나 함부르크에서 하역된 수입품에 동일한 관세가 부과된다(Eurostat 2016).

EU는 저개발 국가와의 무역을 늘리기 위해 많은 노력을 기울여 왔다. 2001년 EU는 최빈국 49개국(대부분 아프리카 국가)의 수입품에 대한 관세를 모두 철폐하는 일반특혜관세제도 (General System of Preference)라는 프로그램을 도입했다. EU는 또한 카리브해, 아프리카, 아시아, 중동 및 라틴 아메리카의 많은 국가들과 무역 및 개발 전략을 시작했다.

EU는 2000년대 후반의 금융 위기에서 회복하기 위해 고군분투하고 있다. 실업률은 약 9%에 달하며 그리스와 스페인 같은 일부 국가에서는 20%에 육박한다. 인구 고령화(일본만 중위 연령이 더 높음)로 인해 유럽인들이 기대하는 복지 국가가 장기적으로 지속가능하지 않을 것이라는 우려도 있다.

유럽은 해외 에너지원에 의존하고 있다. 러시아는 유럽 석유 및 가스 공급량의 3분의 2 이상을 공급하고 있으며, EU는 러시아의 민주주의 훼손, 푸틴의 시리아 지도자 바샤르 알 아사 드(Bashar al-Assad) 지원, 2014년 푸틴의 크림반도 병합에 대해 비판하는 것을 꺼려왔다. 크림반도 병합과 우크라이나 동부에 대한 군사적 개입으로 인해 러시아에 대한 제재가 가해졌음에도 불구하고 러시아는 여전히 EU의 세 번째로 큰 무역 파트너이다(Eurostat 2016).

미국은 항상 EU에 관세 인하와 무역 자유화를 요구해 왔다. 2007년 미국 무역대표부는 유럽에 5% 이하의 관세를 모두 철폐할 것을 요구했다. EU는 주저했지만 미국과 EU가 교환하는 상품에 대한 관세는 여전히 평균 3% 미만이며 무역 분쟁은 전체 교역량의 2% 미만이다. 미국과 EU는 긴밀한 무역 관계를 유지해 왔다. 미국은 EU에 수출을 가장 많이 하는 국가이며, EU 수입은 미국이 2위를 차지하고 있다(European Commission Directorate General on Trade 2016).

유럽연합과 미국은 주요 산업과 농업에 대한 보조금, 세금 및 환경 문제를 둘러싸고 갈등을 빚어 왔다. 미국은 수년 동안 EU가 유럽의 항공기 제조업체인 에어버스(Airbus)에 불법적인 부채 탕감 및 연구 개발 자금을 제공했다고 비난해 왔다. 2011년 WTO는 EU에 에어버스에 대한 불법 보조금 지급을 중단하라고 명령했지만 관행은 계속되었다. 미국은 보조금 지급이 계속되고 있다고 주장했고, 2016년 WTO는 미국의 손을 들어주었다(*Washington Post* September 23, 2016). 이에 대해 EU는 미국에 본사를 둔 보잉(Boeing)이 미군 계약을 통해 간접적인 정부 보조금을 받고 있다고 반박했다. EU는 또한 일부 유럽 정보 기술 수입품에 대한 미국의 관세에 대해 소송을 제기했다. WTO는 이 분쟁을 심의하고 있다. 환경을 중시하는 EU 국가들은 호르몬을 주입한 가축의 육류 제품을 금지하고 미국의 유전자 변형 식품 수입을 거부하고 있다(WTO 2011). 2016년에는 불만을 품은 미국인과 유럽인들 사이에서 반무역 및 반이민 정서가 높아지면서 새로운 자유무역협정인 대서양 횡단 무역투자동반자협정(Transatlantic Trade Investment Partnership, TTIP)이 실패로 돌아갔다.

사회적 이슈에 대해서도 유럽과 미국의 가치관은 서로 다르다. 유럽연합은 국가가 죄인을 사형에 처하는 것을 야만적인 행위로 간주하여 사형제를 금지하고 있다. 2016년 도널드 트럼프(Donald Trump)가 미국 대통령으로 당선되자 대부분의 유럽인들은 국가주의가 다시 부상할 수 있다는 우려를 표명하였는데, 이는 민족주의와 외국인 혐오증이 미국 정치의 주류가 되었다는 것을 시사한다. 유럽인들은 또한 미국 정치시스템에서 돈이 차지하는 역할과 우익 기독교 근본주의자들의 선거 권력에 대해 매우 비판적이다. 서유럽 주류 정치에서 조직화된 종교의 역할은 거의 없다. 서유럽인의 약 3분의 1이 한 달에

한 번 교회에 간다. 영국에서는 그 수치가 훨씬 더 낮다. 여론조사는 다양하지만, 미국인의 3분의 1 이상이 매주 종교 행사에 참석한다.

버락 오바마(Barack Obama) 전 대통령의 건강보험개혁법(Affordable Care Act) 덕분에 수백만 명의 미국인이 건강보험에 가입할 수 있게 되었지만, 유럽인들은 미국의 보편적인 의료 시스템이 부족하고 부유한 미국인에게 유리한 고등 교육 비용이 엄청나게 비싸다는 점에 대해 의아하게 생각한다. 또한 일부 유럽인들은 빅맥부터 할리우드 액션 영화에 이르기까지 미국의 저급한 문화가 전 세계에 미치는 영향력을 비난하기도 한다.

유럽인들은 전반적으로 미국인보다 환경에 대한 의식이 훨씬 더 높다. 녹색당은 여러 EU 국가에서 강력한 정치세력을 형성하고 있다. 유럽인들은 환경친화적인 대중교통 시스템에 대한 보조금을 기꺼이 지지하며, 가스를 많이 배출하는 미국인들의 자동차에 대해 비판적이다. 유럽은 전 세계 이산화탄소 배출량의 약 25%를 배출하고 있다. 미국은 인구는 더 적지만 전 세계 이산화탄소 배출량의 약 25퍼센트를 배출하고 있다. 2007년 3월, EU는 2020년까지 온실가스 배출량을 1990년 수준 대비 20% 감축하기로 합의했다. 비 EU 국가들이 배출량을 대폭 감축하는 데 동의할 경우, EU는 최대 20%까지 감축하겠다고 약속했다('Europe to Cut' 2007). 중국과 미국의 기후 변화에 대한 무관심으로 인해 이러한 목표가 달성될 가능성은 희박하다. 그럼에도 불구하고 유럽은 지구 온난화를 막기 위한 노력의 최전선에 서 있다.

이러한 논란에도 불구하고 대서양 파트너십은 북대서양조약기구, G7 및 기타 여러 다자 기구에 의해 굳건히 유지되고 있다. 유럽과 미국은 세계 문제에서 지배적인 역할을 하고 있다. 미국과 EU 국가들은 세계 최대의 경제 규모와 가장 크고 정교한 군대를 보유하고 있다. 서구의 사상은 여전히 현대 정치 및 경제 발전에 대한 전 세계적인 논쟁을 지배하고 있다.

EU는 민족 분쟁, 잔인한 폭정, 참혹한 전쟁을 경험한 전 세계 다른 지역에 영감을 주는 이야기이다. 제1차 세계대전 당시 프랑스 북부와 플랑드르(Flanders)의 참호, 제2차 세계대전 당시 폭격으로 폐허가 된 유럽 도시와 홀로코스트(유대인 대학살)의 공포를 딛고 유럽은 이념적, 국가적 차이를 극복하고 화해하였고 전례 없는 평화와 번영을 누리고 있다. 일부 인종 문제와 테러 위협은 여전히 존재하지만, 오늘날 27개 EU 회원국 간의 전쟁은 거의 상상할 수 없다. 한 학자의 표현에 따르면 EU는 '우리 시대의 가장 진보적인 정치적 발전'이라고 할 수 있다(Cohen-Tanugi 2005, 67).

현대 유럽 역사의 연대표

1914-1918	제1차 세계 대전. 핵심 강대국: 독일, 오스트리아-헝가리, 튀르키예, 불가리아. 협상국: 영국, 프랑스, 러시아, 이탈리아(1915년 가입).
1917	러시아의 볼셰비키 혁명.
1918	독일, 오스트리아, 튀르키예 제국이 붕괴. 독일이 바이마르 공화국(1918-1933) 건설. 새로운 독립 국가가 형성: 핀란드, 에스토니아, 라트비아, 리투아니아, 폴란드, 체코슬로바키아, 헝가리 및 유고슬라비아.
1919	파리 평화 협정. 독일과의 베르사유 조약은 이 조약의 일부임.
1921	아일랜드 가정 규칙(Home Rule)
1922	이탈리아 무솔리니(Mussolini)의 파시스트 쿠데타
1929	전 세계적인 경제 불황
1933	아돌프 히틀러의 나치가 정권 장악. 바이마르 공화국 종식. 3제국 수립
1939-1945	제2차 세계 대전. 추축국 세력: 독일, 이탈리아, 일본. 동맹국: 프랑스, 영국, 소련(1941년 참전), 미국(1941년 참전).
1945	유럽에서의 승리(5월).
1945	미국, 일본에 원자폭탄 2발 투하; 아시아 전쟁 종전(8월)
1945	세계은행과 국제통화기금 설립.
1945-1949	소련이 발트해 연안 국가들을 합병. 폴란드, 불가리아, 루마니아, 헝가리, 체코슬로바키아, 동독에 공산주의 정권

1948-1952   유럽 복구 프로그램(마샬 플랜).

1949   북대서양 조약 기구 창설. 서독(자유민주주의)과 동독(공산주의) 탄생.
              제2차 세계대전 후 유럽의 분단 완성

1955   서독이 나토에 가입. 소련 주도의 바르샤바 조약 성립

1957   유럽경제 공동체(EEC 또는 공동시장) 설립.

1972   런던에서 피의 일요일 학살 사건 발생

1973   영국, 아일랜드, 덴마크가 EEC에 가입

1981   아일랜드 공화군 포로 바비 샌즈(Bobby Sands)가 감옥에서 굶어 죽다.

1985   미하일 고르바초프, 소련 공산당 서기장이 됨.

1989   고르바초프가 동유럽의 공산주의 정권 붕괴를 허용함.

1990   독일 통일: 동독이 서독 연방 공화국에 통합됨.

1991   소련 강경파의 고르바초프 축출 시도가 실패로 돌아가면서 소련이 해
              체됨.

1991-1995   유고슬라비아 내전

1992   마스트리히트 조약으로 유럽연합 탄생.

1993   체코공화국과 슬로바키아가 독립 선언

1998   북아일랜드 선금요일 협정(Good Friday Agreement)

2002   유럽 통화연합, 유로화가 새로운 통화로 채택

2004   마드리드 열차에 대한 테러 공격

2005   런던 교통 시스템에 대한 테러 공격

2007   불가리아와 루마니아가 유럽연합에 가입. 글래스고 공항 테러 공격.

2011   그리스 부채 위기가 유로존의 통합을 위협. 시리아 내전으로 인한 난민
              탈출이 시작됨.

2014   러시아, 크림반도 병합, 러시아 민병대가 우크라이나 동부 반란 지원,
              미국과 유럽연합이 크림반도 병합과 우크라이나 내전 개입에 대해 러
              시아에 제재

| 2015 | 그리스 부채 위기. 파리 테러 공격. |
| 2016 | 브뤼셀 자살 폭탄 테러, 니스 테러 트럭 공격. 영국, 유럽연합 탈퇴 투표. 베를린 크리스마스 시장에서 테러 트럭 공격. |

참고문헌

Byron, George Lord. 1821. *Marino Faliero, Doge of Venice*. London : John Murray.

Chrisafis, Angelique. 2016. "European far-right hails Brexit vote." *The Guardian*, June 24.www.theguardian.com/world/2016/jun/24/european-far-right-hails-britains-brexit-vote- marine-le-pen.

Cohen-Tanugi, Laurent. 2005. "The End of Europe?" *Foreign Affairs* (November – December): 55-67.

Daley, Suzanne. 2011. "Swedes Begin to Question Liberal Migration Tenets." *New York Times*, February 26. www.nytimes.com/2011/02/27/world/europe/27sweden.html?_r=1&ref=sweden

"Europe to Cut Greenhouse Gases 20 Percent by 2020." 2007. *Environmental News Service*. March 8. www.ens-newswire.com

Eurostat. 2016. http://ec.europa.eu/eurostat/ http://epp.eurostat.ec.europa.eu/statistics

Flint, John. 1976. *Cecil Rhodes*. London : Hutchinson.

Fukuyama, Francis. 1992. *The End of History and the Last Man*. New York : Penguin Books.

Kant, Immanuel. [1788] 1997. *Critique of Practical Reason*. Translated and edited by Mary Gregor. Cambridge, UK : Cambridge University Press.

Klapper, Bradley S. 2007. "WTO to Give Glimpse into Boeing- Airbus Subsidy Dispute." *Seattle PostIntelligencer*, March 19.

Lenin, Vladimir Ilyich. 1974. "Imperialism, the Highest Stage of Capitalism." In *Collected Works*, vol. 2. Moscow : Progress Publishers.

Miller, Nathan. 1992. *Theodore Roosevelt: A Life*. New York : Morrow.

New York Times. 2016. October 18.

Pfaff, William. 2005. "What's Left of the Union?" *New York Review of Books*, July 14: 26-29.

Reuters. 2007. "EU's Mandelson Tells Russia: No Politics in Energy." *Reuters*, June 10. www.reuters.com

Rich, Norman. 1992. *Great Power Diplomacy: 1814-1914*. New York : McGraw-Hill.

Sheehan, James J. 1989. *German History: 1770-1866*. New York : Oxford University Press.

Stromberg, Roland N. 1994. *European Intellectual History since 1789*. 6th ed. Englewood Cliffs, NJ : Prentice Hall.

Tennyson, Alfred Lord. [1854] 1964. *The Charge of the Light Brigade*. New York : Golden Press.

USA Today. 2016. October 12.

USTR (Offi ce of the U.S. Trade Representative). 2011. www.ustr.gov

Wandycz, Piotr S. 1988. "East Central Europe 1918: War and Peace, Czechoslovakia and Poland." In *Revolution and Intervention in Hungary and Its Neighboring States: 1918-1919*, edited by Peter Pastor, 397-408. Boulder, CO : Social Sciences Monograph.

Washington Post. 1898. Editorial. April 25.

Washington Post. 2016. September 23.

WTO (World Trade Organization). 2011. www.wto.org

추가 읽을거리

도서

Bomberg, Elizabeth, John Peterson, and Alexander Stubb. 2008. *The European Union: How Does it Work?* 2nd ed. New York : Oxford.

Coogan, Tim Pat. 2002. *The IRA*. Revised ed. New York : Palgrave.

Gellner, Ernest. 1983. *Nations and Nationalism*. Ithaca, NY : Cornell University Press.

Gilbert, Felix, and David Clay Large. 2009. *The End of the European Era: 1890 to the Present*. 6th ed. New York : Norton.

Hobsbawm, Eric. 1990. *Nations and Nationalism since 1870: Programme, Myths, Reality*. Cambridge, UK : Cambridge University Press.

Hunter, Shireen T. 2002. *Islam, Europe's Second Religion: The New Social, Cultural, and Political Landscape*. Westport, CT : Praeger.

Jolly, Mette. 2007. *The European Union and the People*. New York : Oxford.

Judt, Tony. 2005. *Postwar: A History of Europe since 1945*. New York : Penguin.

Kurlansky, Mark. 2001. *The Basques in History*. New York : Penguin. Europe 145.

Mazower, Mark. 2000. *Dark Continent: Europe's Twentieth Century*. New York : Vintage.

Milward, Alan. 2005. *Politics and Economics in the History of the EU*. New York : Routledge.

Unwin, Tim. 1998. *A European Geography*. New York : Prentice Hall.

Wilkinson, James, and H. Stuart Hughes. 2004. *Contemporary Europe: A History*. Upper Saddle River, NJ : Pearson Prentice Hall.

학술지

Central European History. www.cambridge.org/core/journals/central-european-history

Contemporary European History. www.cambridge.org/core/journals/contemporary-european-history

European History Quarterly. journals.sagepub.com/home/ehq

Journal of European Studies. journals.sagepub.com/home/jes

Journal of Modern History. www.press.uchicago.edu/ucp/journals/journal/jmh

영화

Ashes and Diamonds (1958). Andrej Wajda, director.

Battle of Algiers (1965). Gillo Pontecorvo, director.

Bloody Sunday (2002). Paul Greengrass, director.

The Lives of Others [Das Leben der Anderen] (2006). Florian Henckel von Donners-marck , director.

No Man's Land (2001). Danis Tanovic, director.

웹 사이트

British Broadcasting Company (BBC). www.bbc.co.uk

EU. www.europa.eu

The Financial Times. www.ft.com

NATO. www.nato.int

The Times. www.timesonline.co.uk

8장

동아시아, 태평양, 그리고 국제학:
인구학과 발전

서론: 왜 동아시아와 태평양을 연구하는가?

동아시아(East Asia)와 태평양의 중요성이 커지는 데에는 몇 가지 요인이 있다. 첫 번째 요인은 거대한 지리적 규모다. 동아시아는 두 개의 지역, 즉 **동북아시아(Northeast Asia)** 와 **동남아시아(Southeast Asia)** 로 구성된다. 동아시아는 세계에서 가장 인구가 많은 대륙이자 지역이다. 특히 가장 인구가 많은 나라들에 속하는 세 나라가 동아시아에 위치해 있다. 중국은 14억 명을 보유했으며, 인도네시아는 2억 7200만 명을 보유했고, 일본은 1억 2600만 명을 보유했다. 환경이라는 측면에서도 동아시아는 티베트 고원에서부터 방대한 하천 유역, 그리고 열대 우림에 이르기까지 상당히 다양한 양상을 보이며, **몬순(monsoon)** 은 동아시아 기후의 상당 부분에 영향을 미친다. 태평양은 그 지역에 4300만 명이 살고 있을 뿐이지만 매우 넓은 공간의 영토를 포괄하고 있다.

두 번째 요인은 아시아 문명과 연관된 오랜 역사다. 4-5천 년 전에 중국 문명이 황하 유역에서 꽃을 피웠다. 만리장성은 중국 역사와 황제 권력의 상징이다(그림 8.1). 메콩, 차오프라야, 그리고 이라와디 주변의 문명들은 오늘날 태국, 미얀마, 캄보디아, 베트남 등의 기초를 이룬다. 일본, 필리핀, 인도네시아 같은 섬나라들은 역사 발전에서 독특한 궤적을 보인다. 이들 문명이 현재까지 지속되고 있다는 것은 놀라운 일이다. 유럽의 식민주의는 아시아 국가들의 힘을 해체시켰지만 21세기는 아시아가 중요한 지위를 가질 세계를

〈그림 8.1〉 중국의 만리장성은 우주에서는 보이지 않지만 중국의 중요한 상징이다.

출처: S. Toops.

가리키고 있다. 오스트레일리아에는 매우 초기인 5만 년 전에 정착이 시작되었지만 폴리네시아의 섬들은 기원후 400–800년경 지구상에서 가장 늦게 사람들이 정착한 곳이었다.

세 번째 요인은 동아시아의 문화적 다양성이다. 불교와 유가 철학의 신념체계가 아시아에서 유래했다. 이슬람과 기독교는 중세에 이 지역에 들어왔다. 언어적 다양성은 훨씬 더 복잡하다. 예를 들어, 인도네시아어와 중국어는 글자체, 문법, 단어 등에서 확연히 구별된다. 그것들은 다양하고 수많은 아시아 언어들 중에서 단 두 가지에 불과하다. 태평양의 섬들은 오스트레일리아의 원주민 거주자와 유럽계 정착민들에서 하와이의 폴리네시아 문화에 이르기까지 다문화적 모자이크를 보유하고 있다. **세계화(globalization)**라는 현대적 힘은 동아시아와 태평양 문화의 다양성에 도전한다.

네 번째 요인은 아시아의 성장하는 경제적 권력이다. 구매력 평가기준 국내총생산의 관점에서 중국은 미국, 인도, 일본을 뒤이어 세계 네 번째다. 일본은 경제적으로 발전된 강국인 반면, 중국은 떠오르는 스타다. 한국, 대만, 싱가포르라는 **신흥공업국(Newly Industrialized Countries, NICs)**은 아시아 경제에서 강력한 역할을 수행한다. 일인당 국민소득 수준이라는 관점에서 중국의 소득수준은 낮지만, 일본의 소득수준은 상당히 높다. 많은 상품과 서비스가 아시아에서 생산된다. 일본 기업들은 세계경제에서 주요 역할을 수행한다. 중국의 기업들은 점차 강력해지고 있다. 태평양에는 더 발전된 오스트레일리아와 뉴질랜드에서 덜 발전된 파푸아뉴기니와 솔로몬 군도에 이르기까지 다양한 수준의 경제들이 존재한다.

마지막으로 다섯 번째 요인은 아시아의 정치적 권력과 힘이 세계에 큰 의미를 갖는다는 사실이다. 아시아는 2차 세계대전의 주요 전장이었고 한국과 베트남은 냉전에서 전쟁지대였다. 아시아에는 다양한 정치체제가 어렵게 공존하고 있다. 일본, 한국, 인도네시아, 그리고 필리핀 등과 같은 민주주의 체제는 중국과 북한의 권위주의 체제와 대비를 이룬다. 미얀마는 권위주의 체제에서 민주주의 체제로 이행 중이었지만, 2021년의 군사쿠데타는 미얀마를 권위주의 국가로 복귀시켰다. 비록 중국이 국제연합 안보위원회의 유일한 아시아 상임이사국이지만, 일본도 상임이사국 자리를 확보하려고 노력하고 있다. 경제력과 정치력의 측면에서 동아시아는 이미 세계무대에서 주요한 역할을 하고 있다. 태평양의 정치 상황은 다른 지역과 강한 유대를 보유한 많은 나라들을 포괄한다. 프랑스는 여전히 태평양에 식민지(뉴칼레도니아와 프랑스령 폴리네시아)를 보유하고 있다. 이전의 많은 영국령 태평양 식민지(오스트레일리아, 피지, 뉴질랜드, 파푸아뉴기니 등)는 영연방에 속해 있다. 미국은 태평양에 하나의 주(하와이)와 여러 개의 영토(괌, 아메리칸 사모아, 북마리아나)를 보유하고 있다.

본 장은 동아시아와 태평양의 지역적 성격에 대한 논의로 시작한 후에 동아시아의 인구와 개발 문제에 초점을 맞추어 신흥강국인 중국을 부각시킨다. 그리고 21세기 세계에서 동아시아의 역할에 대한 논의로 종결한다.

지리적 차원

지역(region)은 우리가 세계를 지리적으로 조직하는 것을 돕기 위해 활용하는 정신적 구성물이다(2장을 보라). *아시아*라는 단어는 페니키아인(고대 지중해의 해양무역상인들)의 언어에서 유래했다. 그들은 동쪽의 일출과 관련된 지역에 대해 말했다. 반면 유럽은 서쪽의 일몰과 연관되었다. 이와 같은 동-서 구별은 여전히 세계에 대한 일반적 사고 방식이지만, 역사의 복잡성으로 인해 아시아를 다양한 지역들로 고려하는 것이 더 합리적이다. 아시아라는 거대한 대륙은 일반적으로 네 개의 지역들, 즉 동북아시아, 동남아시아, 남아시아, 그리고 중앙아시아로 나뉘어진다. 다음 장은 남아시아와 중앙아시아를 다룰 것이다. 아시아의 지도(지도 8.1)는 여러 나라들의 상대적 위치를 보여준다. 태평양은 오스트레일리아와 뉴질랜드 같은 더 큰 섬나라들뿐만 아니라 파푸아뉴기니에서 프랑스령 폴리네시아에 이르는 더 작은 섬나라들도 포함한다.

동북아시아는 중국, 일본, 대만, 그리고 남북한을 포괄한다. 이 곳에는 대승불교와 유가철학을 포함해서 일정한 문화적 유사성이 존재한다. 언어들 사이의 상호연관성이 낮고 종족집단도 역사와 정치적 정체성의 관점에서 구별된다. 중국과 일본은 모두 세계적으로 강력한 경제적·정치적 세력이지만 매우 상이한 경제 및 정치 체계를 갖고 있다. 지리적으로 볼 때, 한국은 중국과 일본 사이의 가교로 기능한다. 중국 서부는 대체로 산맥이나 사막이며, 중국 동부는 대체로 평원, 유역, 구릉이다. 한반도의 동쪽 산줄기에도 산과 구릉이 이어지는데, 한국은 북한보다 더 많은 평원을 보유하고 있다. 일본은 대체로 습하다. 중국 북부는 남부보다 더 춥다. 한국과 일본은 습윤기후를 보이지만 북한과 일본 북부는 더 추운 기후대다. 인구의 관점에서 보면, 중국은 세계에서 가장 인구가 많은 나라이며, 정착지의 90%가 나라의 동쪽 지역에 위치한다. 한국, 일본, 중국 동부는 인구밀도가 높은 정착지다. 이들 나라의 정체성은 그들의 상대적 위치와 긴밀하게 연결되어 있다. 중국은 대륙적 세력을 가지며, 한국은 반도국의 성격을 띠는 반면 일본은 섬나라의 특성을 띤다 (Desnoyer 2020; Reischauer and Jansen 1995; Karan 2005).

동남아시아는 미얀마(버마), 태국, 베트남, 캄보디아, 라오스 등의 대륙부 국가들, 말레이시아와 싱가포르 같은 반도 국가들, 그리고 인도네시아, 필리핀, 브루나이, 동티모르 같은 도서 국가들을 포함한다. 이 지역은 중국과 인도의 영향의 교차로다. 이슬람은 남아시아에서 특히 말레이시아와 인도네시아로 전파되었다. 불교는 남아시아에서 태국, 미얀마, 라오스, 베트남 등으로 전파되었다. 많은 중국인들이 말레이시아와 싱가포르뿐만 아니라 인도네시아, 태국, 베트남, 그리고 필리핀에도 정착했다. 미얀마, 베트남, 태국 등에 위치한 동남아시아 고지대 아래로 평원과 계곡이 펼쳐지고 그 사이로 메콩(Mekong), 차오프라야(Chao Praya), 이라와디(Irrawaddy), 살윈(Salween) 등의 주요 하천 체계가 형성되어 있다. 동남아시아 섬들의 다수는 화산 분화구가 있는 산지를 보유하고 있다. 전반적으로 동남아시아는 대체로 열대습윤 기후로 사철 내내 상당히 덥다. 대륙부는 대부분 열대 사바나이지만 베트남과 라오스의 북부는 중국 남부처럼 습한 아열대 기후다. 동북아시아와 대조적으로 동남아시아는 특히 고지대의 경우 인구밀도가 낮다. 해안 지역과 강유역은 인구밀도가 높다. 인도네시아의 자바섬은 비옥한 토양으로 인해 가장 인구밀도가 높다. 인도네시아는 세계에서 네 번째로 인구밀도가 높은 나라다.

태평양(Pacific) 국가들도 몇몇 구성요소로 나뉠 수 있다(지도 8.2). 오스트레일리아와 뉴질랜드는 인구의 다수가 유럽계 선조를 가진다는 점에서 몇몇 공통적인 특성을 갖고 있다. **멜라네시아(Melanesia)**는 파푸아뉴기니, 솔로몬 제도, 바누아투, 피지, 그리고 프랑스령 뉴칼레도니아 등을 포함한다. **미크로네시아(Micronesia)**는 나우루(Nauru), 마샬 군도(Marshalls), 키리바시(Kiribati), 미크로네시아 연방국(Federated States of Micronesia), 그리고 미국령 괌(Guam)과 북마리아나 제도(Northern Marianas) 등과 같은 나라를 포함한다. **폴리네시아(Polynesia)**는 통가(Tonga)와 사모아(Samoa)와 같은 나라들, 프랑스령 폴리네시아(Frenchy Polynesia)와 미국령 아메리칸 사모아(American Samoa), 그리고 하와이주(Hawaii)를 포함한다(McKnight 1995).

태평양에는 서로 대비되는 많은 지형들이 존재한다. 오스트레일리아는 대부분 평지이고 저지대다. 뉴질랜드는 산맥과 피요르드를 포함한 더 험준한 지형을 갖고 있다. 하와이, 통가, 뉴질랜드, 뉴기니 등과 같은 일부 태평양 섬들은 화산폭발에 의해 형성된 고도가 높은 섬들이다. 투발루, 키리바시, 마셜제도 등과 같은 다른 태평양 섬들은 산호에 의해 형성된 산호섬으로 고도가 낮은 섬이다. 이 지역에 영향이 큰 한 가지 중요한 환경 쟁점이 지구 기후변화다. 특히 투발루, 키리바시, 마셜제도를 비롯해서 많은 저지대의 섬이 해수면 상승에 취약하다. 기후의 관점에서 볼 때, 오스트레일리아는 광대한 사막 지역을 갖고 있지만 해안지역은 대체로 습하다. 뉴질랜드는 습한 아열대 기후를 갖고 있다. 태평양의 대다수 섬은 열대우림 기후를 갖고 있다. 고도가 높은 섬은 상대적으로 강수량이 많고, 고도가 낮은 섬은 상대적으로 강수량이 적다.

이 지역은 지진, 해일, 홍수, 허리케인 등과 같은 자연환경적 위험에 노출되어 있다. 태평양의 서쪽 끝자락은 불의 고리(Ring of Fire)의 일부다. 불의 고리에서는 지질판들이 일본, 필리핀, 인도네시아 연안 등에서 충돌하고 있다. 2004년 인도양 쓰나미(tsnami) 해

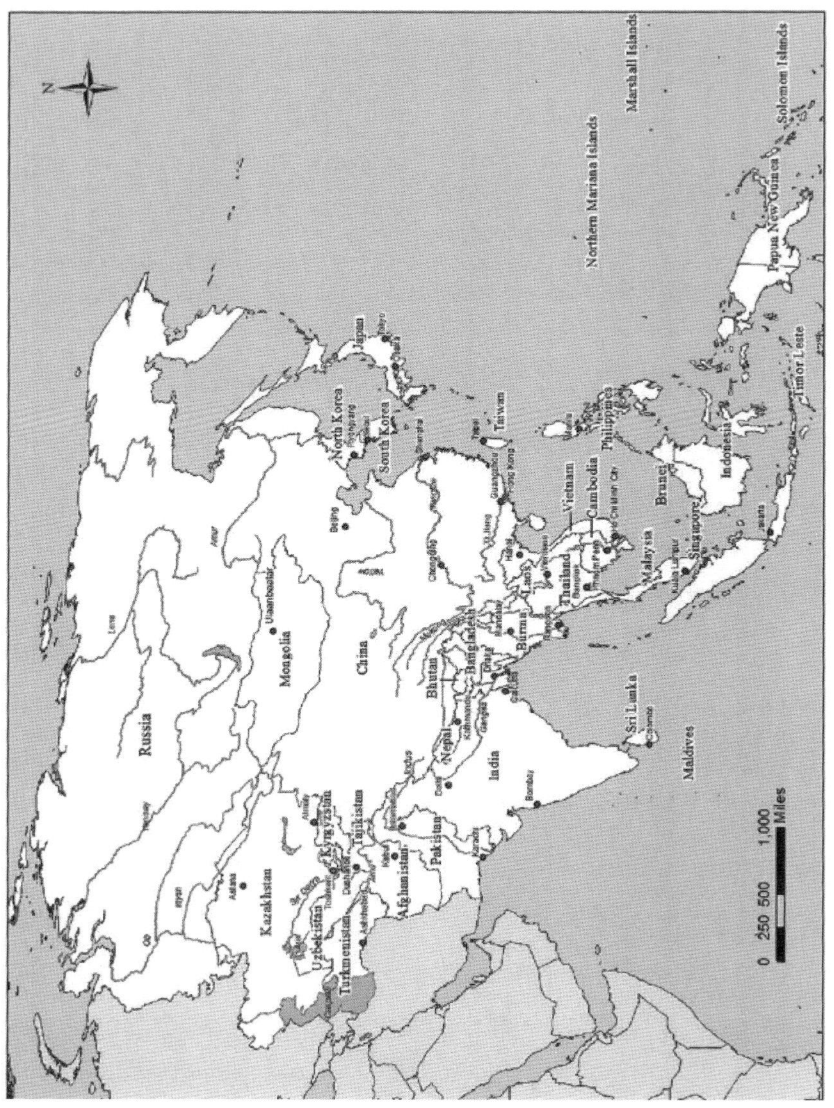

〈지도 8.1〉 아시아

일은 태국과 인도네시아에 영향을 미쳤다. 2008년에는 대규모 지진이 중국을 덮쳤다. 지진은 또한 2010-2012년에 뉴질랜드를 강타했다. 2011년에는 주요 지진과 쓰나미가 일본을 강타해서 후쿠시마에서 핵 참사를 낳았다. 2013년에는 허리케인 하이얀(Haiyan)이 필리핀을 폐허로 만들었다. 아시아 태평양 국가들은 이와 같은 치명적인 자연재해에 대처해야 한다.

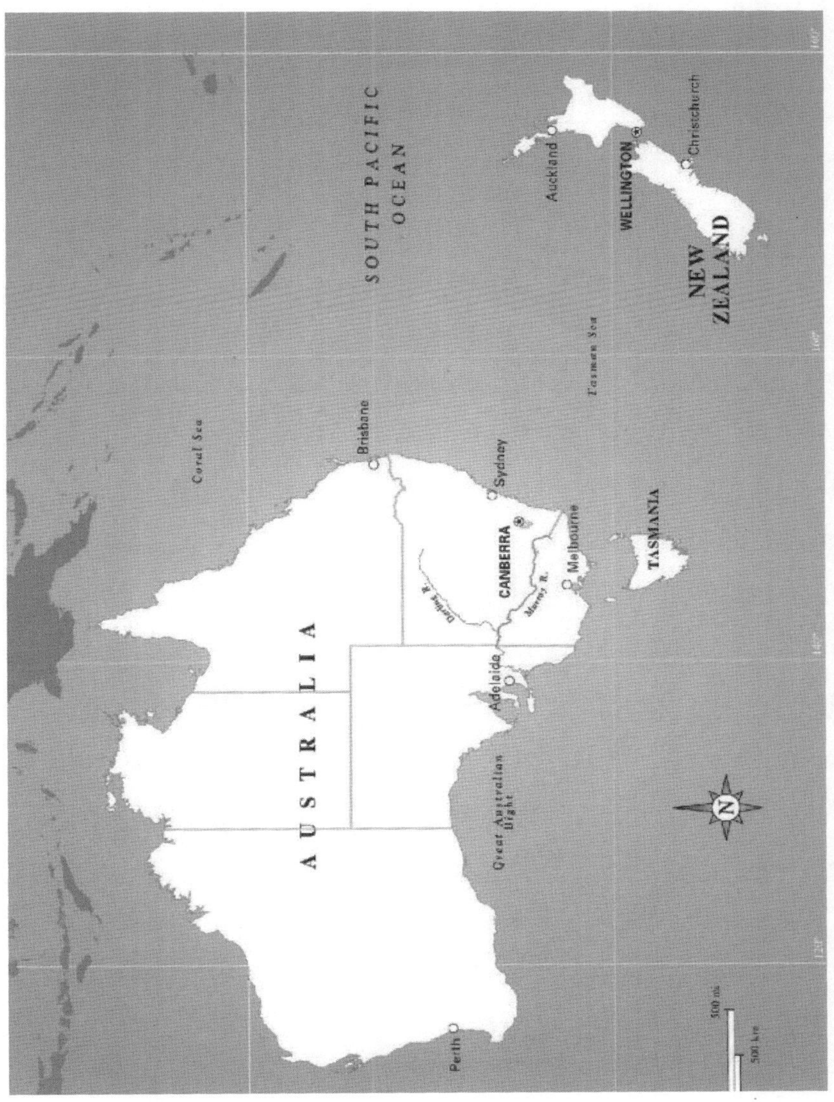

〈지도 8.2〉 오스트레일리아와 뉴질랜드

역사적 추세

오랜 역사 동안 원주민 왕국과 제국이 동아시아를 지배해왔다. 중국의 제국들을 이끈 사상들은 기원전 2000년경 황하 유역에서 확립되었다. 중국의 정치구성체는 기원전 200년부터 기원후 1911년까지 본질적으로 동일한 상태를 유지했다. 즉 제국은 2,000년 전에 확립된 유교의 기본적인 통치법을 중심으로 세워졌다. 일본 제국의 역사는 기원전 50년경으로 거슬러 올라간다. 현재의 천황의 혈통은 일본의 고대로까지 소급된다. 크메르(Khmer), 타이(Thai), 비엣(Viet), 스리비자야(Sri-vijaya) 왕국들은 모두 한때 동남아시아를 지배했다. 이들 초기 문명들은 농업 식량 잉여를 생산할 수 있었기 때문에 발전했다. 초기 제국들은 문화적으로 상당히 정교했으며 잘 발전된 기술을 소유하고 있었다(Desnoyer 2020; Mackerras 1995; Karan 2005).

유럽 식민주의자들은 동남아시아에서는 매우 강력했지만 동북아시아에서는 그만큼 강력하지 않았다. 네덜란드인들은 인도네시아를 획득했고, 프랑스인들은 인도차이나를 식민화했으며, 영국인들은 말라야를 식민화했고, 스페인인들은 필리핀을 포획했다. 유럽 강국들 모두는 중국에서 일정한 영토적 통제력을 획득했다. 일본과 태국만이 식민 통제를 벗어났다. 미국은 애초에는 특정한 영토를 보유하지 않은 채 많은 지역에서 영향력과 교역을 추구했지만, 1898년에 이르러 스페인으로부터 필리핀을 넘겨받았다(Borthwick 2014).

유럽 식민주의에 대한 저항은 1900년대에 민족주의의 형태를 취했다. 베트남의 호치민(Ho Chi Minh), 인도네시아의 수카르노(Sukarno), 중국의 **마오쩌둥(Mao Zedong)**은 그들의 정치철학과 무관하게 모두 민족적 지도자였다. 1949년에 인도와 인도네시아가 **식민지배(colonial rule)**로부터 해방되었고 잔혹한 내전 이후 중국은 공산주의 국가가 되었다. 프랑스는 1954년에 베트남에서 철수하기 시작했다. 공산주의자들이 베트남 전역을 장악하는 것을 두려워했던 미국은 1960년대 초부터 1973년까지 남베트남을 방어했다. 1975년에 베트남은 호치민의 공산주의 체제 수중에 놓이게 되었다.

일본은 1880년대에 전통주의적 국가에서 현대적 국가로의 이행을 시작했다. 일본은 서구 제국주의 열강을 모방하면서 중국으로부터 대만과 만주를 취하고 한반도를 식민화했다. 1937년에 일본은 중국을 침략해서 상하이와 난징을 점령했다. 1945년 8월 6일 미국은 핵무기로 히로시마를 폭격해서 10-15만 명을 살해했다(그림 8.2). 이후 1945년 8월 15일 일본은 항복했다. 2차 세계대전의 종결과 함께 일본의 제국주의 시대는 종말을 고했다(Brower 2005).

〈그림 8.2〉 히로시마, 시청 건물의 폐허가 폭격의 기념물로 남아 있다.

출처: S. Toops.

2차 세계대전 이후 동아시아에서 새로운 민족주의는 중국, 한국, 베트남, 인도네시아, 말레이시아, 필리핀 등에서 새로운 국가의 창설을 의미했다. 냉전은 중국, 한국, 베트남을 경쟁하는 국가들로 분열시켰다. 베트남은 1970년대에 통일되었지만, 중국은 대만과 본토 중국으로 여전히 분할되어 있고, 비무장지대는 여전히 북한과 남한을 분리시키고 있다.

태평양의 정착지들은 5만 년 전에 원주민 거주자들과 함께 시작되었다. 파푸아뉴기니에는 기원전 2500년 이전에 사람들이 정착했다. 미크로네시아와 멜라네시아의 나머지 지역에는 기원전 1200년경에 사람들이 정착했다. 폴리네시아에는 기원 후 400-800년에 사람들이 정착했다. 프랑스인, 영국인, 독일인, 미국인 등은 모두 태평양에 식민지를 보유했다. 오스트레일리아는 1901년에 독립 국가가 되었고, 1970년대에 이르러 많은 태평양 섬들이 독립 국가가 되었다. 미국과 프랑스는 태평양에 여전히 별도의 영토들을 보유하고 있다.

문화적 복잡성

아시아는 상당한 정도의 문화적 다양성을 갖는다. 모든 나라들이 대부분 그들 자신의 언어체계를 보유하고 있다. 현재의 신념체계는 불교, 이슬람교, 기독교, 도교 그리고 유교와 같은 철학 등을 포함한다. 동남아시아는 불교, 이슬람, 기독교를 믿고 있고 동북아시아는 불교, 유교, 도교, 신도, 기독교 등을 신봉한다(지도 3.1 참조).

중국과 일본은 모두 종교적 관점과 철학적 관점을 결합하고 있다. 중국에서 이 같은 혼성주의적 조합은 도교, 유학, 대승불교를 포함한다. 중국에서 가장 오래된 신념체계는 도교인데, 그것은 이후 여타의 철학적 관점들과 융합되었다. 도교는 자연숭배에 뿌리를 두며 영적 조화를 강조한다. 공자는 기원전 500년에 중국에서 적극적으로 가르침을 행했다. 유학은 오늘날 중국, 한국, 일본에 널리 퍼져 있다. 공자는 일련의 종교적 신념보다는 인간관계에 기반을 둔 사회안정을 가르치는 철학을 확립했다. 기원후 600-700년에 불교가 동북아시아로 전파되었다. 중국, 일본, 한국에서 지배적인 불교관행은 대승불교다. 대승불교는 종교적 의무를 실행하는 남녀 승려가 크게 강조되지 않으며 신도가 여타의 신념체계를 따를 수도 있다. 중국에서 대다수 개인은 조직된 종교가 아니라 일종의 혼합적 편집물로서 불교, 도교, 유교를 실천했다. 일본에서 혼성주의는 불교와 유교 그리고 일본인의 전통적 신념체계인 신도를 조합한다. 중국에서 실천되는 여타의 종교로는 이슬람교, 티베트불교, 기독교 등을 들 수 있다. 1950년에 이르러 마르크스주의적 무신론이 중국과 북한(그리고 다소 정도는 덜 하지만 베트남)에서 전통적 종교를 압도했다. 오늘날 중국의 지도자들, 특히 공산당원들은 여전히 무신론을 요구받는다. 중국에는 형식적으로 종교의 자유가 있지만 종교적 관행에 대한 국가통제가 여전히 존재한다. 세속주의는 오늘날 일본에서도 문화적 풍경의 특징을 이루고 있다. 대다수 일본인은 세속적 태도를 보이며 이따금 불교 의례에 참여할 뿐이다. 한국과 대만에는 다수의 기독교 신자들이 존재한다.

동남아시아에서 **불교**(Buddhism)가 기원후 1200년경에 지역 전역으로 확산되었다. 오늘날 스리랑카, 미얀마, 태국, 캄보디아, 라오스에서 불교 신자들이 테라바다(Theravada) 불교를 따르고 있다. 테라바다 불교의 구조적 특징 중 하나는 다수의 남녀 승려다. 그들은 자신의 삶을 종교적 헌신에 집중한다. 베트남에서는 중국의 영향으로 사람들이 대승 불교의 변형된 형태를 따르고 있다. 기원후 1200년경에 무역상인들이 이슬람을 말레이시아와 인도네시아에 들여왔다. 인도네시아는 현재 세계에서 가장 많은 이슬람교도를 보유한 나라다. 동아시아에서의 불교, 도교, 유교의 혼성주의와 달리 동남아시아 사람들은 이슬람이나 불교를 배타적으로 따른다. 유럽의 기독교 선교사들은 식민행정 당국의 권력을 등에 업고 아시아 각지에서 개종자들을 만들었는데, 특히 필리핀과 인도네시아의 일부 지역에서 큰 성공을 거두었다.

종교적 혁신과 확산은 동아시아 사람들의 복잡한 다양성을 형성시켰다. 오늘날의 도전은 세계화된 문화적 힘들 속에서 아시아 각양각색의 문화적 정체성을 어떻게 유지하는가라는 것이다. 일본, 남한, 홍콩, 대만은 모두 세계적인 것을 지방적인 것으로 만들어냄으로써 세계적 영향에 대응하는 자본주의 문화를 가지고 있다. 맥도날드 식당은 모든 곳에 있지만, 이 지역에서는 수프와 차를 제공하며 현지의 풍미를 취한다. 특히 중국이 자신의 경제를 자유화하면서 패스트푸드, 가라오케, 테마파크 등과 결합된 도시 대중문화가 꽃을 피우고 있다. 세계적 문화에 대한 이런 중국적 변종은 미국적 유사물보다는 한국적이거나 일본적인 유사물에 더 가깝다. 한국과 일본은 핸드폰, 인터넷, 컴퓨터 기술의 거대 혁신자들이다. 인터넷에 대한 접근성은 중국에서도 발전했지만, 인터넷 접근은 국가에 의해 통제되고 있다.

동아시아 문화는 또한 세계의 여타 부분들로 확산되어 왔다. 심지어 우리는 오하이오의 소도시에서도 중국 식당과 가라오케를 찾을 수 있다. 중국어와 일본어 영화도 더빙이나 자막으로 대여가 가능하다. 홍콩은 미국에서 세계적인 영화 생산 및 배급 업체 중 하나가 되었다. 미국인은 영화와 음식을 통해 중국과 일본의 문화를 즐기기 시작했다(Kristof and WuDunn 2000).

태평양에서도 호주의 원주민에서부터 뉴질랜드의 마오리 문화까지 문화적 복잡성이 다양한 양상을 보인다. 파푸아뉴기니에서는 멜라네시아어 문법에 따라 영어 어휘를 사용하는 피진(Pijin)(피진 영어) 뿐만 아니라 매우 다양한 지역 언어가 사용된다. 피지(Fiji) 인구의 거의 절반이 남아시아 출신이며, 힌두교가 그곳에 널리 퍼져 있다. 전통적인 폴리네시아 문화는 엘리트와 여타 주민들 사이에서 계급-기반 관계를 발전시켰다.

현지 문화는 세계 문화와 어떻게 상호작용하는가? 나라에 따라 문화적 편차가 심하다. 외부 문화에 저항해온 북한이나 미얀마는 하나의 모형일 수 있다. 그들 자신의 관점에 따라 세계 문화에 적응한 일본은 또 하나의 모형이다. 또다른 사례는 뚜렷한 세계적인 영향이 있지만 그들 자신의 영향이 세계의 나머지 나라들로 확산된 중국의 경우다. 세계적인 문화적 영향은 미국에서 중국으로 갔다가 다시 미국으로 돌아간다(Borthwick 2014).

경제적 영향

아시아 경제의 영향은 전 세계적으로 감지된다. 비록 중국이 이제는 일본의 규모를 능가했지만, 일본은 경제규모 면에서 여전히 경제적 지도국이다. 아시아의 발전에 관한 일반적인 비유는 한 마리의 기러기가 선두에 있고 여타의 기러기들이 그 선두를 따라 이동하는 기러기 떼라는 것이다. 일본이 그 경제적 선도국가였다. 그 바로 뒤를 종종 신흥공업국(NIC)이라 불리는 싱가포르, 대만, 홍콩, 그리고 한국이 따라붙고 있다. 세 번째 집단은 태국, 말레이시아, 그리고 중국과 같은 나라들이며 인도네시아는 네 번째 집단에 속해 있다. 중국계 디아스포라는 상업계급의 상당 부분을 구성하면서 동남아시아 경제의 중요한 부분을 차지한다. 싱가포르는 가장 발전된 경제를 가지고 있다. 말레이시아, 태국, 그리고 필리핀은 뒤처졌지만 지난 몇 년 동안 견고한 성장률을 경험했다. 캄보디아처럼 상대적으로 빈곤한 나라들에서는 갈등과 같은 다양한 요인들이 경제성장의 가능성들을 심각하게 제한해 왔다(Frank 1998)(지도 4.1 참조).

아시아는 비즈니스의 중심지이지만, 많은 사람들이 여전히 농업 부문(그림 8.3 참조)

〈그림 8.3〉 동남아시아에서 농업활동은 여기 베트남에서
드러나는 것처럼 쌀 생산에 집중되어 있다.

출처: S. Toops.

이나 서비스 부문에서 일하고 있다. 일본, 한국 및 중국의 기업체를 포함하여 산업 생산은 호조를 보여왔다. 보다 최근, 즉 2차 세계대전 이후에 금융과 첨단기술 부문이 발전했다.

각 국가들은 경제성장을 위해 다양한 방법을 시도해 왔다. 일본, 한국, 중국 등 아시아 각국 정부는 일종의 발전전략으로 수출 주도 산업화를 촉진하는 데 적극적으로 관여해 왔다. 즉 아시아는 수입뿐만 아니라 수많은 수출품을 제공하면서 세계 경제에서 중요한 역할을 수행하고 있다. 수출에서 세계 상위 15개국 중 6개가 동아시아에 위치한다. 중국, 일본, 한국, 싱가포르, 대만, 홍콩 등이다. 중국의 일부인 홍콩은 프랑스와 같은 규모로 수출을 하고 있다. 모든 아시아인이 경제적 만족을 얻기에는 아직 어려움이 많다. 예를 들어 중국의 지방 수준에서는 여전히 빈곤한 지구가 첨단기술 지구 옆에 병존하고 있다. 일본과 최근 중국 같은 세계적인 경제적 성공은 캄보디아의 경제적 난맥상과도 대조를 이룬다.

태평양에서 호주와 뉴질랜드는 1차 생산품 가공을 기반으로 하는 경제를 발전시켰

다. 태평양의 다른 많은 국가들은 경작과 어로를 교대로 진행하는 것을 포함하는 일종
의 생존경제를 유지하고 있다. 수출품으로는 뉴칼레도니아에서 생산되는 니켈, 나우루
에서 생산되는 인산염, 솔로몬 제도에서 생산되는 코코넛과 생선 등이 있다. 하와이와 프
랑스령 폴리네시아에서는 관광업이 경제의 중요한 부분을 차지하고 있다(Patterson and
Macintyre 2011).

정치적 긴장

1927년에 농민 생활에 대한 조사에서 마오쩌둥은 다음과 같이 말했다.

> "혁명은 저녁 만찬이나 수필 쓰기나 그림 그리기나 자수 뜨기가 아니다. 그렇게 세련되고, 여유롭
> 고, 온화하고, 온화하고, 친절하고, 예의 바르고, 절제되고, 관대할 수 없다. 혁명은 반역, 즉 한 계
> 급이 다른 계급을 전복시키는 폭력 행위다."

이것이 동아시아 국가형성의 한 가지 모형이다. 만찬이 아닌 혁명으로 탄생한 권위주
의 체제가 바로 그것이다. 2차 세계대전과 내전의 여파로 중국은 마오 주석 체제하의 공
산주의 국가가 되었다(그림 8.4). 21세기에 이르러 중국이 세계적 권력으로 부상한 것
은 20세기에 일본이 부상한 것의 거울 쌍일 수 있다. 지역적 차원에서 정치적 자유와 인
권은 권위주의 체제와 함께 여전히 중국 같은 국가들의 쟁점으로 남아 있다. 홍콩은 중
화인민공화국의 통치에 반대하는 민주주의 시위를 벌여왔다. 중화인민공화국은 중국 북
서부의 이슬람 소수민족인 위구르족을 대상으로 하는 수용소를 가지고 있다(Gamer and
Toops 2017).

또 다른 모형은 참여 민주주의다. 일본은 2차 세계대전의 여파로 비록 자유주의보다는
보수주의에 가깝지만 민주주의 국가가 되었다. 대만, 한국, 그리고 일본은 그들의 민주주
의 체제를 발전시키기 전에 모두 강력한 권위주의 정권을 가지고 있었다. 사람들은 입법
자와 대통령에게 투표한다. 수상은 입법자에 의해 결정된다. 이들 민주주의 국가의 정부
는 혁명적이지는 않지만, 그들이 만찬회에 불과한 것도 아니다. 민주주의 국가들에는 국

〈그림 8.4〉 북경의 천안문 광장. 마오의 초상화가 중앙에 걸려 있다. 왼쪽으로는 '중화인민공화국 만세'라는 구호가 걸려 있고 오른쪽으로는 '세계 인민 대단결 만세'라는 구호가 걸려 있다.

출처: S. Toops.

민을 대표하는 정당들이 있다.

동남아시아에서 현재의 정치적 긴장은 식민지적 과거와 강하게 연결되어 있다. 태국과 필리핀은 자유민주주의적 정치구조를 갖고 있다. 태국은 입헌군주정이지만 2014년에 군부가 수상을 몰아냈다. 오랫동안 군림해온 태국 국왕은 2016년에 서거했고 왕자가 왕위를 이었다. 태국에서는 민주주의 시위가 지속되고 있다. 필리핀의 현 대통령은 권위주의로 기우는 경향이 있다. 말레이시아, 싱가포르, 인도네시아는 자유주의적 지도자들이 상대적으로 부족한 민주 정부를 갖고 있다. 싱가포르는 민주주의 국가이지만 가부장적 지배의 기미가 강하다. 인도네시아도 민주주의 국가이지만 나라의 서부와 동부 지역에 지역적 쟁점이 상존하고 있다. 2021년 군사쿠데타로 인해 미얀마는 민주주의를 향한 짧은 전환 이후 다시 권위주의 체제로 복귀했다. 미얀마 정부는 방글라데시와의 국경 근처에 거주하는 소수민족인 로힝야족을 억압하는 방향으로 나아갔다. 베트남과 라오스는 공산주의 독재체제다. 정치의 세계적 차원은 지역 내 정치협력을 용이하게 하는 초민족적 기구로서 동남아시아국가연합(ASEAN, the Association of Southeast Asian Nations)의 발전을 포괄한다. ASEAN은 한때 베트남에 대항하기 위해 조직되었지만 현재는 베트남과 미얀마가 연합의 주요 구성원이다(Mackerras 1995; Friend 2003; Dixon 1991).

태평양 역시 정치적으로 다양한 면을 갖고 있다. 다수의 태평양 섬나라들이 1960년대와 1970년대에 독립했다. 많은 섬들이 자치적이고 독립적인 반면, 뉴질랜드뿐만 아니라 미국과 프랑스가 상당한 영토를 지배한다. 호주, 뉴질랜드, 하와이에서 원주민들의 토지에 대한 권리는 여전히 문제가 되고 있다. 입헌군주정을 유지하고 있는 통가를 제외하면 통치 방식은 민주주의다. 유엔(UN) 해양법협약에 따르면, 영토 통제는 배타적 경제수역에서 200마일에 이른다. 따라서 모든 섬들은 그들의 지상영토 너머의 넓은 영토인 해양에 대해 어업과 광물을 포함한 경제적 권리를 가지고 있다. 그 나라들 중 다수가 지역의 정치적 거버넌스와 안보 강화를 위한 태평양 도서국 포럼 사무국(Pacific Islands Forum Secretariat)의 회원이다.

아시아에서 정치적 긴장은 이중적 경향, 즉 권위주의와 국민의 열망에 관심을 기울이는 정부라는 경향을 보여준다. 현대 세계에서 이러한 긴장은 독재와 민주주의 사이의 긴장이다. 아시아는 두 경향을 모두 갖고 있지만, 시류는 민주주의 체제를 향해 흐르고 있다(Brower 2005; Kaup 2021).

인구학적 이슈

21세기 아시아가 직면한 과제는 두 가지 지역적 과제로 요약될 수 있다. 본 절에서는 아시아의 인구학적 딜레마에 초점을 맞추고, 다음 절에서는 중국을 중심으로 아시아 경제발전에 대해 논의한다.

인구학적 딜레마의 한 가지 요인은 인구 증가의 수준이다. 동북아시아의 인구는 약 16억 명이지만 성장률은 상대적으로 낮다(0.3%). 동남아시아의 인구는 6억 6천만 명이 조금 넘으며 1.1%의 성장률을 보이는 반면, 태평양 제도의 인구는 약 4천 3백만 명으로 1%의 성장률을 보이고 있다(지도 2.3 참조).

아시아는 세계 인구의 60%를 가지고 있고, 중국에만 14억 명 이상의 인구가 있다. 동아시아에서는 특히 중국 양쯔강 주변의 농촌 및 도시 지구의 인구밀도가 높다. 정부들은 인구 증가에 대처하기 위해 다양한 선택을 해왔다. 중국은 엄격한 가족계획의 실시 이후 인구 증가율이 낮아졌다. 중국은 한때 법으로 인구 증가율을 제한하기로 결정하고 가족당 한 명의 자녀만 허용했지만 최근에는 이런 정책을 변경했다. 중국은 현재 세 자녀 정책을 취하고 있다. 한국은 현대적 경제발전과 도시화의 결과로 낮은 인구증가율을 기록하고 있다. 일본은 마이너스 인구증가율을 보이며 나라가 점점 작아지고 있다. 정부는 아동 보조금 같은 출산장려 정책을 시도해 왔지만, 생활비가 너무 비싸서 미온적인 경제적 유인책은 아무런 영향을 미치지 않는다.

동남아시아에서 태국은 가족계획이라는 정부 프로그램이 비중있게 추진되어 인구 증가율이 낮다. 인도네시아는 중간 수준의 인구증가를 보이고 있는데, 여기서 문제는 사람들이 중심부 섬에서 주변부로 이동함에 따라 발생하는 이주라는 쟁점이다. 싱가포르는 인구증가율이 낮아서 정부가 사람들에게 더 많은 자녀를 갖도록 장려하는 출산장려 정책에 착수했다(Population Reference Bureau 2020).

태평양에는 두 개의 인구학적 군집이 있다. 오스트레일리아와 뉴질랜드는 인구 증가율이 낮고 도시화율이 높으며 65세 이상 인구 비율이 높다는 특징이 있다. 이에 반해 태평양의 다른 국가들은 대부분 인구 증가율이 높고 도시화 수준이 다양하며 65세 이상 인구 비율이 낮다.

또 다른 인구학적인 쟁점은 도시화 수준이다. 아시아의 많은 사람들은 농촌에서 도시로 이동하고 있다. 베이징, 상하이, 충칭, 도쿄, 자카르타, 마닐라 등을 포함한 도시들은 상당히 커지고 있다. 전반적으로 도시화 수준은 동남아시아(49%)가 동북아시아(64%)보다 낮다. 백만 명 이상의 인구를 가진 거대도시도 흔하다. 인구 200,000명의 도시는 소도시에 속한다. 일본(92%의 도시화율)과 한국(81%의 도시화율)은 고도로 도시화되어 있고, 농업에 종사하는 사람은 소수에 불과하다. 동남아시아의 대다수 나라들은 종주도시, 즉 다른 모든 도시를 압도하는 하나의 대규모 도시 정착지를 보유하고 있다. 태국, 필리핀, 인도네시아 같은 나라들은 제2도시의 성장을 장려하고 있다. 베트남에는 두 개의 거대 도

〈그림 8.5〉 호치민시. 과거 사이공은 오랫동안 베트남의 경제적 중심이었다.

출처: S. Toops.

시가 있는데, 하나는 수도인 하노이고 다른 하나는 경제중심지인 호치민시(그림 8.5)다. 싱가포르는 본질적으로 도시국가다. 대다수 아시아 도시들에서 주거계획은 주요 쟁점이 되고 있다(Karan 2004).

중국의 인구구조는 동아시아 나머지 국가들의 인구구조를 왜소하게 만든다. 인구문제를 해결하는 한 가지 방법은 식량을 더 많이 생산하는 것인데, 마오도 그 방법을 선호했다. 마오에 따르면, 각각의 위에는 두 개의 손이 붙어 있다. 즉 사람은 많을수록 좋다는 것이다. 이에 따라 생계가 인구보다 더 빠르게 증가하는 상태를 유지하는 정부 정책이 취해졌다. 1957년에 인구증가율은 2.5%에 육박했다. 중국에서 가장 큰 인구학적 재앙은 1958-1960년의 대약진운동에서 기인한 기근이었다. 당시 2000-3000만 명의 사람이 흉작과 빈약한 식량배분 계획으로 인해 사망했다. 기근 이후에는 출산율이 치솟았고 1960년대 중반의 베이비붐으로 인구가 급증했다(Gamer and Troops 2017).

1949년에서 1976년 사이에 중국 인구는 거의 두 배가 되었다. 중국은 만혼과 저출산

정책을 시작했다. **덩 샤오핑(Deng Xioping)** 치하의 개혁 중국에서는 실용주의가 자리를 잡았다. 정부의 인구통제 정책은 부부 한 쌍에 자녀를 1명으로 제한했다. 이런 정책은 도시에서 매우 효과적이었지만, 농촌에서는 그 효과가 제한적이었다. 2000년에 중국의 인구성장률은 1%에 불과했는데 개발도상국에서는 놀라운 실적이었다. 중앙집중화된 권위주의적 정부를 통해서만 그와 같은 정책이 작동할 수 있었다(Veeck et al. 2016).

인구통제는 중국 경제개혁의 중요한 요소였다. 인구에 대한 제한이 없었다면, 경제에서의 성과가 두드러지지 않았을 것이다. 인구통제가 사회에 미치는 영향은 매우 강력하다. 한 세대 내에 중국은 가족의 규모를 축소시켰다. 이제 도시에서는 아이가 한 명이고 농촌에서는 두 명인 경우가 표준이 되었다. 이것은 두 가지 사회적 쟁점을 야기했다. 첫째, 중국 가족은 어떻게 한 명 혹은 두 명의 아이만 가지는 것에 적응하는가? 모든 고모, 이모, 삼촌, 할머니, 그리고 할아버지가 그 어린 소녀나 소년에게 정성을 쏟는다. 어떤 아이들은 매우 버릇이 없어져서 '소황제'로 불린다. 둘째, 누가 노인을 부양할 것인가? 전통적인 중국에서는 자녀와 손자가 노인을 부양했다(그림 8.6 참조). 마오주의 중국에서 국가는 은퇴

〈그림 8.6〉 상해에 거주하는 이 가족은 자신들의 미래 희망을 손녀의 성공에 걸고 있다.

출처: S. Toops.

자들을 돌보았다. 개혁 중국에서 국가는 공공부문 은퇴자를 돌보는 반면 민간부문 은퇴자는 자신을 스스로 돌봐야 한다.

한 자녀 정책은 몇 가지 문제를 야기했다. 무엇보다 자녀의 비율이 낮은 반면 노인의 비율은 높으며, 젊은 여성보다 젊은 남성의 비율이 높다. 이런 문제를 완화하기 위해 2016년의 새로운 정책은 모든 부부가 두 자녀를 가지는 것을 허용했다. 도시 지역의 많은 사람들은 아마도 자녀를 한 명으로 제한할 것이지만 다른 사람들은 두 명의 자녀를 가질 것이다. 노인돌봄 문제를 해결하기 위해 일하는 인구의 비율도 더 높아질 것이다. 정책결정자들은 또한 남성과 여성의 비율이 균형을 이룰 것으로 희망한다(Veek et al. 2016). 2021년에 중국은 더 많은 출산을 장려하기 위해 세 자녀 정책으로 전환했다.

인구학적 문제는 아시아에 주요한 도전을 제기하지만, 경제적 개선에 대한 욕구도 강력하다. 일반적으로 말해서, 농업에서 산업과 서비스에 이르기까지 경제구조의 변화는 더 큰 도시화로 이어진다. 농촌보다 도시에 더 많은 사람이 있을 때 인구학적 전환이 발생한다. 그러나 인구가 많은 국가는 농촌의 농업체계에서 도시의 산업체계로 이동할 때 체계 내에서 더 큰 스트레스에 직면한다. 이 점에서 중국은 좋은 사례인데, 이는 이후에 상세하게 논의된다.

아시아의 경제발전

아시아 경제성장의 가장 일반적인 유형은 수출주도형이었다. 대부분의 아시아 경제는 자본주의적 시장중심 경제다. 일본은 시장의 압력에 순응하는 경제의 좋은 사례로 아시아에서 가장 발전된 국가다(그림 8.7 참조). 일본과 한국의 초점은 대기업이었다. 대기업과 대다수 인구가 그런 발전의 혜택을 얻었다. 일본과 인도네시아가 민주주의의 변종들을 보유하고 있는 것처럼, 그들은 자본주의의 변종도 보유하고 있다. 대조적인 사례는 중국이다. 중국은 국가가 운영하는 부문의 여러 요소를 포함하는 혼합된 시장경제의 특징을 갖는다.

〈그림 8.7 도쿄의 시부야 교차로. 일본 경제발전의 상징이다.

출처: S. Toops

동아시아에서 경제성장의 일반적 모형은 국가가 경제를 위한 목표와 목적을 설정하는 데 깊게 관여하는 (미국적 버전의 자본주의와는 매우 다른) 방식이었다. 일본에서 정부 관료기구는 경제를 건설하기 위해 통합된 기업(계열)과 협력해서 활동했다. 한국은 스스로 일본적 체계를 모형으로 해서 거대한 산업 복합기업(재벌)을 구축했다. 일본과 한국은 모두 산업화되고 도시화된 경제를 건설했다(Borthwick 2014).

중국은 또다른 경제상황을 특징으로 한다. 여기서는 1980년대까지 국가가 경제를 완전히 통제했고, 대규모의 인구가 농업에 종사했으며, 산업활동은 중공업에 집중되었다. 1980년대 이후 경제개혁과 함께 국가는 시장경제와 결합되면서도 광범위한 계획 요소를 갖는 새로운 형태의 경제를 장려했다. 혼합된 시장경제는 경공업에 초점을 맞추면서 높은 수준의 경제성장을 유지했다. 노동은 여전히 상대적으로 저렴하기 때문에 중국은 수출을 위해 많은 소비재를 생산할 수 있었다. 전반적으로 농업에서 공업과 서비스로의 이행은 일본과 남한에서 확립된 유형과 유사하다. 물론 중국에서는 국가 계획이 여전히 깊게 뿌리내리고 있다.

동남아시아는 여러 경제가 혼합되어 있다. 영국, 네덜란드, 스페인, 프랑스 등의 식민지배 유산이 동남아시아 경제발전의 발목을 잡았다. 싱가포르, 태국, 말레이시아처럼 경제적으로 성공한 국가들은 동북아시아와 마찬가지로 소비재를 수출하면서 수출 주도 발전 프로그램을 따랐다. 싱가포르는 동남아시아의 금융 중심지다. 원자재, 석유, 목재에 중점을 두었던 인도네시아는 덜 성공적이었다. 석유와 목재 같은 1차 생산품은 수입 원자재로부터 이익을 얻는 일본 같은 다른 나라로 수출된다. 내전에서 경제적으로 회복된 베트남은 최근 혼합 시장경제라는 중국 모형을 활용하고 있다. 미얀마뿐만 아니라 캄보디아와 라오스에서도 정치적 갈등과 인프라 부족 등으로 경제적 어려움이 만연하다. 동남아시아를 기반으로 하는 세계화된 산업 생산—예를 들어 DVD 플레이어나 스포츠화 제조—은 저임금의 노동집약적 생산을 의미해 왔다. 이러한 세계화의 외부에 남은 국가들은 경제성장 측면에서 그다지 좋은 성과를 거두지 못하고 있다. 그러나 세계화된 산업 생산에 참여하는 나라에서도 산업 일자리의 저임금 성격이 현지 발전에 크게 기여하지 못한다는 사실이 우려를 낳고 있다(Dixon 1991; Dayley and Neher 2013).

1인당 국내총생산(GDP)의 측면에서 선도국은 싱가포르, 홍콩, 대만, 일본, 그리고 한국이다. 일본 경제는 1868년에 시작된 메이지 시대에 최초로 산업화되었다. 일본은 1900년대 초에 대만과 한국을 식민화했다. 영국은 홍콩과 싱가포르를 식민지로 보유했다. 2차 세계대전 이후 일본은 잿더미에서 다시 일어섰다. 싱가포르, 홍콩, 대만, 그리고 한국은 1960년대에 경제적으로 상승했고 신흥공업국가로 지칭되었다. 이들 모두는 사업 부문에 대한 강력한 정부개입을 특징으로 했고, 정부 관료기구가 경제 개발을 계획했다. 일본, 싱가포르, 남한, 그리고 대만은 또한 평균수명과 식자율 측면에서도 선도국이다. 태국과 말레이시아의 부상하는 경제가 그다음 수준에 위치해 있다. 태국과 말레이시아는 세계 소비재 시장에 공급하는 생산 중심지를 가지고 있다. 그 아래 단계에 있는 국가들, 즉 중국과 인도네시아는 인구가 가장 많다. 그들의 대규모 인구는 모두에게 어떻게 식량을 공급해야 하는가의 문제를 낳는다. 또 다른 쟁점은 지역 개발이라는 문제다. 이들 대국은 경제

성장 지역과 함께 경제침체 지역도 가지고 있다. 북한과 미얀마에는 실질적 빈곤이 고착화되어 있지만, 이는 자원의 가용성보다는 과거와 현재의 정치체제나 정치갈등과 더 크게 관련되어 있다(Potter et al. 1999).

1인당 국내총생산(GDP)에 덧붙여 발전에 대한 여타의 척도들은 더 많은 사회적 변수들을 포괄한다. 인구의 문해능력과 전반적인 보건상태는 사회발전의 두 가지 지표다. 기대수명과 문자해독율에서 일본은 선도국이다. 동북아시아와 일부 동남아시아 나라들에서는 90% 이상의 문자해독 수준이 일반적이다. 현재의 사회주의 국가들은 문자해독능력을 강조해왔다. 동북아시아와 싱가포르나 태국 같은 일부 동남아시아 국가들에서 높은 기대수명은 더 좋은 생활을 보여주는 좋은 지표다. 라오스와 캄보디아 같은 나라들은 기대수명이 여전히 낮다.

지역적으로 아시아와 아메리카에 위치한 다수의 태평양 연안 국가들이 1989년에 아시아-태평양경제협력기구(APEC) 포럼을 구성했다. 그 이후로 APEC은 역내 자유무역을 촉진하려고 노력했다. 아시아 회원국으로는 중국, 홍콩, 일본, 대만, 한국, 브루나이, 인도네시아, 말레이시아, 필리핀, 싱가포르, 태국, 베트남을 들 수 있다. 태평양 회원국은 오스트레일리아, 뉴질랜드, 파푸아뉴기니를 포괄한다. 아메리카 회원국은 캐나다, 칠레, 멕시코, 페루, 미국 등이다. 러시아도 회원국이다. 인도와 여타 아시아 국가들, 나아가 코스타리카와 콜롬비아 등이 회원 가입에 관심을 보여왔지만, 기구는 1995년부터 가입을 제한하고 있다.

요컨대, 일본, 싱가포르, 대만, 한국 등과 같은 아시아 나라들은 경제발전으로 측정하건, 사회발전으로 측정하건 높은 순위에 있다. 브루나이도 그들의 석유경제 덕택으로 높은 순위에 위치한다. 말레이시아, 중국, 태국은 그 아래 수준에 위치한다. 중국은 최대 규모의 경제를 보유하고 있다. 인도네시아와 베트남은 더 낮은 수준에 위치한다. 라오스, 캄보디아, 미얀마가 발전 지표에서 가장 낮은 수준에 위치한다는 것은 그들의 많은 난점을 보여준다.

발전과 중국

아시아에서 경제발전의 한 가지 유형을 도해하기 위해서 왜 중국을 분석해야 하는가? 중국경제의 규모가 한 가지 이유다. 중국은 미국 크기의 영토 내에 14억 인구를 보유하고 있다. 또 인구의 90% 이상이 동부에 집중되어 있다. 중국은 다문화사회이지만 인구의 8%만이 한족이 아니다. 중국의 영토는 세계에서 세 번째로 크고 인류의 1/5이 중국어를 말한다.

중국을 고려하는 두 번째 이유는 최근의 급속한 경제성장에 있다. 신중국은 1978년 12월의 개혁기에 시작되었다. 정부는 이를 '중국적 특색의 사회주의'라고 부른다(Gamer and Toops 2017). 중국경제는 1980년대 이후 매년 8-10%의 성장률을 기록했으며, 2020년에도 6-7% 정도의 성장률을 유지했다. 중국은 (구매력 평가 국민총생산으로 측정된) 최대규모의 경제를 보유하고 있으며, 그 경제가 급속하게 성장하고 있다(Veeck et al. 2016).

세 번째 이유는 세계에서 중국이 차지하는 정치적 · 문화적 역할과 관련된다. 중국은 국제문제에 대해 주요한 목소리를 내고 있으며 국제연합(UN) 안전보장이사회의 상임이사국이다. 그러나 국가는 중국 공산당에 의해 통제되는 권위주의 체제다. 중국 문화는 세계화의 힘에 대응해 왔다. 중국의 문화, 음식, 영화는 중국 외부에서 쉽게 접할 수 있고, 외국 문화는 중국의 도심에서 쉽게 찾아볼 수 있다(Gamer and Tops 2017).

중국의 12지신 중에서 용은 시작의 상징이다. 그것은 사업의 개시 시점에 의례의 일부를 이룬다. 용의 눈에 점이 찍히면 용이 깨어나고, 새로운 사업이 시작된다. 외부 사람들도 중국과 용의 이미지를 연결시켰다. 나폴레옹은 "용이 잠들어 있다. 잠들어 있게 하라. 잠이 깨면 세계가 흔들릴 것이다"(Croll 2006, 9)라고 말했다. 중국은 일부 사람들이 태평양의 세기가 될 것이라고 암시하는 새로운 시대의 여명기에 있다. 경제적 현실뿐만 아니라 정치적 사건도 세계의 관심을 태평양의 핵심 연결고리로서 중국으로 이끈다(Borthwick 2014).

중화인민공화국은 애초에 농민을 기반으로 성립되었다. 농업은 여전히 경제의 핵심 부분으로 남아 있는데, 특히 국민의 다수가 농민이기 때문이다. 마오 치하에서 중국의 농업 체계는 급격하게 변화했다. 먼저 1950년대 초에 토지개혁을 통해 지주로부터 몰수한 토지가 농민에게 제공되었다. 그후 1950년대 중반에 토지는 집단적으로 경작되었다. 1958년 마오쩌둥은 대약진의 일환으로 코뮌체계를 수립했다. 8,000명에서 8만 명 규모의 코뮌이 농지의 많은 부분을 포괄하면서 이 같은 마오주의적 풍경을 구조화했다. 생산의 초점은 다른 모든 것을 배제한 채 쌀과 밀 생산에 집중되었다. 일반적인 구호는 "곡물을 주요 연결고리로 삼자"였다. 정부는 산업활동을 활성화하기 위해 농민들에 의해 생산된 잉여를 활용했다. 그러나 1950년대 후반 곡물생산이 감소하기 시작했을 때, 코뮌체계는 해체되었고 그로 인한 대기근 동안 많은 사람이 아사했다(Spence 1999).

농촌 지역에서 마오의 정책으로부터의 변화는 1979년 초에 시작되었고 신속하게 효과를 발휘했다. 개혁중국에서 가족농으로의 복귀는 덩샤오핑 개혁정책의 핵심적 특징이었다. 농촌 가족은 토지를 소유하지는 않았지만 토지를 경작할 권리를 유지했다. 20,000명 집체 대신에 개개의 가족으로, 수천 대신에 1에이커로 생산 단위도 변화했다. 개혁과 함께 대다수 작물의 생산이 극적으로 증가했다. 곡물은 더 이상 핵심적 연관고리가 아니다. 농민이 다변화되면서 채소, 과일, 그리고 여타 환금작물 재배가 선호되었고 기계도 더 많이 활용되었다. 잉여 농업노동자는 농촌산업, 건설, 운송 등으로 향했다. 동부 연안의 농민들은 개혁으로부터 가장 많은 혜택을 받았다.

마오 치하의 중국은 또한 중공업을 강조했다. 마오쩌둥이 이끄는 공산당은 도시보다 농촌에 대한 경험이 더 많았기 때문에, 산업 프로그램은 소련을 따랐다. 산업 팽창을 강화하기 위해, 정부는 석탄, 철강, 그리고 석유 생산의 증대를 목표로 삼았는데, 철강이 핵심 연결고리였다. 1950년대에 중국은 자신의 산업 구조를 건설하기로 계획했고 대약진(the Great Leap)은 산업화의 격랑이었다. 정부는 모든 규모의 발전에서 산업과 농업을 장려했다. 노동자들은 부서질 수 없는 '철밥통'을 가지고 있었고, 국가는 일자리를 보장했다. 마오쩌둥 시대 말기에 중국은 국가에 의해 통제되는 중공업과 대규모 산업에 집중했다. 이론적으로 모든 지역은 동등하게 발전해야 했지만, 북부와 북동부는 가장 발전된 산업 체계를 가지고 있었다(Borthwick 2014).

1970년대 말의 개혁은 산업에 많은 변화를 의미했다. 중공업에 대한 이전의 강조는 자전거나 라디오와 같은 소비재의 부족을 의미했다. 오늘날에는 경공업이 더 선호된다. 도시들은 현재 지방, 국내 및 해외 시장을 위해 많은 상품을 생산하는 다양한 공장을 보유하고 있다. 국가는 여전히 중공업 공장의 많은 부분을 운영하지만 경공업은 종종 개인 기업가 또는 외국계 기업에 의해 운영된다. 경공업은 큰 국내 시장과 강한 수출 시장을 갖고 있다. 의류와 섬유는 미국의 상점에서도 자주 눈에 띄는 중요한 생산물이다. 개혁 이후 해안지역이 좋은 실적을 내면서 소매 무역도 상당히 증가했다.

개혁의 중요한 부분은 무역과 서비스의 호황이었다. 중국은 초기에는 소련에 무역을 의존했지만 1960년경에 이르러서는 자강 정책을 따랐다. 덩 샤오핑(Deng Xioping) 치하의 개혁과 함께 중국은 개방 정책에 착수했고, 이제는 외국인 투자와 무역을 추구한다. 수출과 수입 모두가 중국경제에 중요하다. 무역과 투자는 1989년에 감소했지만, 1990년대에는 강력하게 부활했다. 중국 경제풍경의 새로운 요소로는 최근의 정보통신과 관광산업의 붐을 들 수 있다. 경제성장과 개혁 이전에는 대부분의 중국인이 전화기를 갖고 있지 않았다. 특히 연해 도시들에서 전화, 팩스, 전자레인지, 위성연계나 광섬유 케이블에 대한 접근은 이제 완전히 새로운 방식으로 중국을 세계 경제에 연계시켰다. 1970년대 말에 중국은 국제 관광객들에게도 문호를 개방했다. 중국 관광은 1989년 천안문 광장 시위가 널리 알려지며 감소를 겪었지만 2000년대를 거치면서 회복되었다(Gamer and Toops 2017).

경제는 중국 개혁의 핵심에 위치한다. 새로운 철도, 새로운 기술, 새로운 사업, 새로운 농작체계 등이 중국 경제개혁의 그림을 완성했다. 홍콩을 포함한 해안지역은 개혁의 혜택을 누렸다. 홍콩은 활기찬 시장경제를 유지하면서 1997년에 중국에 반환되었다. 그러나 2014년 이후 홍콩의 주민들은 홍콩 내에서의 선거체계와 관련된 시위를 전개했다. 다음 단계는 경제성장을 내륙으로 전파하는 것이다.

중국에게 개혁기의 발전 노력은 주목할만한 것이다. 수백만이 빈곤에서 벗어났고, 발전에 대한 기본적 정의에 부합하면서 강력한 경제성장이 이루어졌다(Seers 1977). 그러나 중국의 변화하는 경제개혁이 지속되면서 국가부문이 구조조정되며 많은 사람이 실업상태에 빠져들었다. 불평등도 증가하고 있다(공산주의 치하에서 만인은 평등하지만, 일부는 다른 사람들보다 더 평등하다). 중국에서 인민의 기본 욕구는 충족되어왔지만, 빈민에게는 생계유지가 여전히 중요한 문제다. 미국의 빈민들(블랙힐즈, 애팔레치아, 딥사우스 등)과 마찬가지로 중국의 빈민도 주로 농업에 종사하며 시장에서 멀리 떨어져서 척박한 땅을 갈고 있다. 물론 미국과 지금의 중국에는 도시 빈민도 있다. 미국에서처럼 중국에서도 소수 종족집단은 사회에서 가장 수가 많고 강력한 종족집단에 비해 상대적으로 가난하다. 생계를 넘어서 더 광범위한 발전 개념의 두 가지 요소, 즉 자기-존중과 자유는 훨씬 더 달성이 어렵다(Goulet 1985; Sen 2000). 자기-존중과 자유는 비단 중국이나 아시아에서뿐만 아니라 세계 모든 곳에서 주요 목표가 된다.

21세기 중국의 가장 큰 도전은 이념이 파산하고 정당성이 의심받는 권위주의 체제와 급속한 경제발전을 조화시키는 일일 것이다. 동시대 개혁중국에서 기술과 경영의 '전문가'가 정치의 '홍색'을 대체했다. 1920년대 이후부터 당의 핵심 구성원이었던 덩샤오핑은 오랫동안 중국을 인도하는 전문가를 옹호해왔다. 개혁중국의 새로운 목표는 공산주의와 자본주의의 좋은 요소들을 결합한 사회주의 시장경제로의 전환이다. 덩 샤오핑은 1962년 농업 관련 당대회에서 "쥐만 잡으면 검은 고양이든 흰 고양이든 상관없다"는 쓰촨성 속담을 인용했다. 덩 샤오핑의 이러한 실용주의는 중국 개혁의 이정표가 되어왔다. 덩 샤오핑 이후의 지도자들도 그의 족적을 따랐다. 1989년 초 학생, 지식인, 노동자 등이 보편적인 자유를 요구하며 중국의 정치적 문제들을 해결하기 위해 친민주주의 운동에 참여했다. 친민주주의 운동은 1989년 4월 톈안먼 광장을 점령했다. 1989년 6월 3일 밤 정부는 계엄령 하의 폭력적 억압으로 대응했다. 6월 4일 새벽에 탱크와 군대에 의해 수천 명이 사망했다. 톈안먼 광장은 대학살의 장소였다. 당의 지도 하에 있던 군대가 중국인들을 죽였다. 그 후로 30년이 넘는 세월이 흘렀지만 그 기억은 아직도 남아 있다(Gamer and Tops 2017).

중국의 현 지도자인 시진핑은 2012년 공산당 지도부에 참여했고 2013년 중화인민공화국 주석에 올랐다. 그는 경제를 부양하고 부패를 억제하며 정치적 통제를 강화하기 위한 새로운 노력을 촉구했다. 새로운 구호는 "중국몽(中國夢)을 이루자"는 것이다. 그것은 개인의 자기 개선과 민족의 부흥을 모두 암시한다. 2013년부터 중국 정부는 남중국해와 동중국해에 대한 해상력과 공군력을 다시 한번 활성화했다. 중국은 동중국해에서 일본 및 대만과 섬들에 대한 영유권 분쟁을 벌이고 있다. 남중국해 분쟁은 베트남, 필리핀, 말레이시아, 브루나이, 인도네시아 등과 스프래틀리(Spratly) 제도 및 파라셀(Paracel) 제도를 둘러싼 분쟁이다. 주변 국가들과의 이러한 지정학적 분쟁은 아시아에서 부상하고 있는 중국을 보여준다. 중국은 '중국몽'을 추구하기 위해 2013년에 무인탐사 로봇을 달 표면에 착륙시켰다. 중국의 신화 속 인물의 이름을 따서 달토끼(玉兎)로 명명된 무인탐사 로봇은 미래의 유인 달 탐사 임무를 위한 길을 닦는다. 2020년에 중국은 또 다른 무인탐사 로봇을 착륙시켜서 4파운드의 연구용 달 암석을 가지고 돌아왔다. 이 탐사 로봇은 달에 중국의 오성홍기를 꽂았는데, 달에 꽂힌 유일한 다른 나라 국기는 미국의 국기다(Elleman et al. 2013; Huang and Patman 2013; Myers and Chang 2020).

중국의 개발 계획은 국제적인 차원도 가지고 있다. 2013년 중국의 지도자들은 '일대일로'(一帶一路)라는 구호 아래 아시아를 가로지르는 경제적 · 지정학적 연계를 제안했다. 일대일로에는 두 가지 부분이 있다. 실크로드 경제벨트는 육로로 중국과 중앙아시아, 중동, 유럽을 연결하고 21세기 해양 실크로드는 바다를 통해 중국, 동남아시아, 남아시아를 연결한다. 이런 정책은 아시아와 유럽을 가로질러 주변국가들과 중국의 연계를 확립하며, 철도와 항구 같은 기반시설 연계망의 건설뿐만 아니라 여타 나라들에 대한 중국의 기관, 은행, 기업의 금융적 투자를 의미했다. 2015년 시 주석은 아시아 국가들 내에서 경제 개발을 촉진하는 방법으로 일대일로를 언급한 바 있다. 그것은 또한 아시아와 그것을 넘어서는 지역에서 동맹을 촉진하는 방안이기도 하다(Tops 2016).

중국의 만리장성은 중국 권력의 상징이다. 그러나 만리장성은 또한 중국인들의 정신과 노동을 상징한다. 만리장성이 중국에서 이제 신용카드 위에 있다는 사실은 인민의 경제적 · 정치적 권력이 성장하면서 현재의 중국 정부가 자신의 지위를 유지하기 위해 직면해야 하는 심각한 도전의 상징이 되고 있다(Gamer and Toops 2017). 중국은 21세기의 중요한 참가자다.

세계 속 동아시아의 역할

아시아는 21세기에 세계질서에서 중요한 역할을 할 것으로 보인다. 1500년대에 유럽이 부상하기 전까지는 아시아가 경제적으로 세계의 중심이었다. 2차 세계대전 이후에는 미국과 소련이 세계의 패권을 다투었다. 현재 미국이 가장 강력한 국가이지만, 유럽과 아시아는 특정 국가가 주도하는 하나의 대륙이 아니기 때문에 오히려 강력한 별도의 실체이기도 하다. 중국은 동아시아에서 가장 강력한 국가다. 오랜 역사, 성장하는 경제, 많은 인구, 다양한 문화, 강력한 정치를 가진 중국은 개발도상국의 모델이며 선진국 진입을 목전에 두고 있다. 아시아의 미래는 동북아시아의 정치적 비중과 동남아시아의 경제성장에 달려 있다.

아시아와 아메리카, 아프리카, 유럽, 중동의 역사적 연계는 21세기의 발전도 예고한다. 고대에 아시아는 무역과 이주를 통해 유럽과 중동으로 연결되었다. (유럽과 중동이 아시아의 역사적 분파라고 말할 수도 있다.) 실크로드의 육상 무역로는 중국과 인도를 지중해로 연결했다. 실크로드는 동양과 서양 사이의 문화적 · 경제적 소통의 교차로였다. 중국으로부터의 무역은 중세 시대에 아프리카에 도달했다. 유럽의 식민주의와 함께 흐름의 방향도 바뀌기 시작했다. 흐름에 대한 통제력도 아시아에서 유럽의 손으로 넘어갔다. 1500년대의 스페인 무역선들은 아시아와 아메리카를 연결했다. 노동의 흐름은 아시아인(특히 중국인과 일본인)을 아메리카 대륙으로 데려가기도 했다. 식민주의가 해제되는 20세기 동안 아시아는 유럽 제국의 통제에서 새로운 민족국가들로 이동했다.

21세기 초엽에 동아시아의 세계적 연계성은 더욱 공고화되었다. 아시아 이주민의 후손들은 이미 세계 각지의 이주민 공동체—오스트레일리아, 미국, 캐나다의 중국인, 미국의 필리핀인, 프랑스의 베트남인, 네덜란드의 인도네시아인 등—의 사활적인 구성요소다. 이런 공동체가 형성되는 과정의 일부는 식민주의를 포함하지만, 그것은 또한 숙련된 공학자와 과학자가 세계의 첨단기술 중심지에 취업하기 위해 노력하는 세계화도 포괄한다. 아시아 이주민의 등장으로 캘리포니아와 뉴욕은 모두 용광로가 되었다.

종교, 영화, 음식 등을 포함해서 이주자들과 함께 아시아 문화가 글로벌 미디어로 유입되었다. 중국, 일본, 남한, 홍콩의 영화들이 세계 전역에서 즐거움을 선사한다. 앙리의 『웅크린 호랑이, 숨겨진 용』(*Crouching Tiger, Hidden Dragon*)(2000)은 홍콩, 말레이시아, 중국, 대만 출신의 배우, 대만 출신의 감독, 대만, 중국, 미국 출신의 작가 등을 대동하고 세계적 시장을 대상으로 삼아 중국에서 촬영을 진행하며 21세기를 시작했다. 2019년 한국 영화인 봉준호의 『기생충』은 2020년 아카데미 작품상과 감독상을 수상했다. 기생충은 영어 자막이 있는 한국어로 되어 있었지만 오스카상을 수상했다. 중국의 타이치와 한국의 태권도는 모두 서양에서 인기가 있다. 미국의 대다수 소도시들에는 중국식당이 있고 많은 곳에는 일본, 한국, 태국 식당이 있다. 동아시아 문화의 요소는 세계적으로 알려져 있고 인정도 받고 있다.

경제 네트워크는 국가들과 기업들을 연결한다. 도요타, 산요, 닛산과 같은 일본 기업과 현대, 삼성, LG, 기아와 같은 한국 기업은 서양 사람들이 쉽게 알아볼 수 있다. 레노버, 하이얼, 알리바바와 같은 중국의 대기업과 에이서, 자이언트, 텅이 같은 대만 기업도 세계 시장에 진출하고 있다. 그들이 제공한 제품은 전자제품, 소프트웨어, IT, 자동차, 그리고 자전거부터 국수에 이르기까지 다양하다. 라틴아메리카와 아프리카를 향한 중국의 진격을 포함해서 아시아 기업들은 세계적으로 시장을 가지고 있다. 글로벌 초민족 기업들도 동아시아에 대규모로 투자를 진행하고 있다. 동아시아는 그들에게 거대한 시장뿐만 아니라 대규모의 숙련된 노동력도 제공한다. 그래서 동아시아에서의 생산과 소비는 모두 세계 경제를 유인한다. 일대일로 구상은 중국과 많은 아시아 및 유럽 국가들을 연결한다.

정치권력과 안보쟁점도 아시아 연계성을 시사한다. 중국은 유엔(UN) 안전보장이사회의 상임이사국이며, 그렇기 때문에 러시아, 영국, 프랑스, 미국 등과 마찬가지로 거부권을 갖고 있다. 유엔 안전보장이사회를 확대하는 것을 둘러싼 토론은 인도와 일본을 가능한 후보로 고려하고 있다. 유엔 사무총장은 2016년에 한국 출신의 반기문에게로 돌아갔고, 그 결과 아시아는 유엔에서 중요한 지위를 차지하는 것처럼 보이게 되었다. 중국은 핵무기를 보유하고 있으며 북한은 핵무기 실험을 실행했다. 정치와 안보의 관점에서 동아시아는 세계적 체계의 중요한 구성요소다.

코로나 바이러스인 COVID-19가 2019년 12월 중국 우한에서 발견되었다. 초기에 이 질병은 일본, 한국, 태국, 대만, 베트남으로 퍼졌다. 이들 나라는 모두 이 질병을 관리할 수 있었다. 아마도 동아시아에서는 오염, 감기, 독감으로부터 자신을 보호하기 위한 마스크 착용이 널리 퍼져 있었던 것이 도움이 되었을 것이다. 대만과 뉴질랜드는 발병 사례가 더 적었다. 이 질병은 이후 전 세계로 퍼져나갔다. 동남아시아 국가인 인도네시아와 필리핀에서는 2020년에도 여전히 많은 수의 감염자와 사망자가 발생하고 있다(Krisna 2020; Pettersson et al. 2020).

동아시아는 세계적으로 연계되어 있다. 아시아인은 비즈니스의 세계적 언어에서뿐만 아니라 외교에서도 박식하다. 아시아의 정치적 연계성은 특히 태평양 연안의 모든 국가를 포함하는 아시아태평양경제협력체 포럼을 통해 아시아 국가들을 아메리카 대륙에 연결한다. 2020년에 ASEAN 국가들은 오스트레일리아, 중국, 일본, 뉴질랜드, 남한 등과 함께 역내포괄적경제동반자협정(RCEP)을 체결했다. 이 자유무역협정은 북한과 대만을 제외한 동아시아의 모든 국가를 포함한다. 아시아 국가들은 1955년 비동맹 국가들의 반둥 회의를 통해 아프리카와 연결되었다. 77그룹은 현재 국제연합에서 자신들의 이익을 증진하기 위해 공동으로 노력하는 약 130개국의 아시아, 아프리카, 중남미, 중동 국가들을 포함하고 있다. 남-남 교류와 개발 협력은 77그룹의 임무에서 핵심적인 부분이다.

하나의 분과 학문으로서 국제학은 동아시아의 세계적 연계성을 검토한다. 예를 들어, 동아시아의 무역 연계성은 당연히 세계적인 경제적 거래의 일부분이다. 국제학의 관점에서 동아시아의 무역은 정치적 · 역사적 · 지리적 · 사회학적 · 인류학적 요소들을 가지고 있다. 기업에게 아시아에서 상품을 어떻게 가장 잘 판매하는가는 그들이 어떤 국가, 어떤 문화와 연계하는가에 달려 있다. 미국의 정치적 관계는 일본 및 중국과의 무역에 영향을 미친다. 무역의 공간적 · 시간적 리듬은 지리적 · 역사적 요소들을 도입시킨다.

서울과 도쿄가 각각 1988년과 1964년에 올림픽을 치렀듯이, 베이징은 2008년 올림픽을 개최하고 세계에 이름을 알렸다. 한국은 2018년에 동계 올림픽을 개최했고, 도쿄의 2020년 하계 올림픽은 2021년으로 연기되었으며, 베이징은 2022년에 동계 올림픽을 개최할 것이다. 시장경제 개혁, 법에 근거한 정부, 기술에 대한 개방적 접근, 환경친화적인 사회, 그리고 문화적 다원성은 아시아 태평양의 긍정적 미래를 위한 요소다. 또 유연성과 규율 그리고 추진력이 그런 미래를 위한 열쇠다.

현대 동아시아와 태평양의 연대표

1900	중국 태평천국의 난
1901	오스트레일리아 독립
1905	일본의 한국 병합
1911	중국 제국의 몰락
1912	중국 국민당 창당
1921	중국 공산당 창당
1931	일본의 만주 침략
1932	일본의 국제연맹 탈퇴
1934	중국공산당의 '대장정'
1937-1945	중일전쟁(아시아에서의 2차 세계대전)
1940	일본의 인도차이나 점령
1941	미국(하와이, 필리핀)과 영국령(말라야, 싱가포르)에 대한 일본의 공격
1945	히로시마와 나가사키 원폭투하, 일본항복, 한반도 분할
1946	필리핀 독립
1945-1949	중국에서 내전
1946-1954	인도차이나에서 프랑스 식민지 전쟁
1946-1949	동인도네시아에서 네덜란드 식민지 전쟁
1949	본토의 중화인민공화국과 대만의 중화민국 수립
1950	베트남·캄보디아·라오스의 형성, 수카르노가 인도네시아 대통령에 취임
1950-1953	한국전쟁
1950	중국의 티베트 점령

1954	인도차이나로부터 프랑스의 철수
1955	남북 베트남의 건설, 반둥 비동맹국회의
1956	일본의 경제호황
1959-1971	티베트 반란
1959	달라이라마가 인도로 도피
1958-1960	중국의 대약진운동
1963	미국의 남베트남 군사원조
1964	도쿄 올림픽
1965	베트남에 대한 미국의 군사개입, 싱가포르의 독립국가 형성
1966	수하르토가 인도네시아 통치
1966-1975	중국의 문화혁명
1973	미군의 베트남 철수
1975	마오 주석 사망. 공산당의 남베트남과 캄보디아 점령
1978	중국에서 집단농장 종결
1980	덩샤오핑이 이끈 중국의 경제호황
1981	중국에서 한자녀 정책의 채택
1988	서울 올림픽
1989	중국 천안문 사태, 민주주의 운동 억압
1997	덩샤오핑 사망. 아시아 금융위기, 영국의 홍콩 반환
2004	인도양 해일
2008	베이징 올림픽
2011	일본 지진과 해일. 미얀마에서 새로운 민간정부 수립
2013	허리케인 하이얀의 필리핀 강타. 시진핑이 중국 주석에 취임
2014	홍콩 시위
2016	중국의 두자녀 정책. 태국 국왕 서거와 새로운 국왕 취임
2019	중국에서 Covid-19의 시작

참고문헌

Borthwick, Mark. 2014. *Pacific Century: The Emergence of Modern Pacific Asia*. Boulder, CO: Westview Press .

Brower, Daniel R. 2005. *The World in the Twentieth-Century: From Empires to Nations*. 6th ed. Upper Saddle River, NJ: Prentice Hall.

Clayre, Alasdair. 1986. *The Heart of the Dragon*. New York: Houghton-Mifflin.

Croll, Elisabeth. 2006. *China's New Consumers: Social Development and Domestic Demand*. London: Routledge.

Dayley, Robert, and Clark D. Neher. 2013. *Southeast Asia in the New International Era*. 6th ed. Boulder, CO: Westview Press.

Deng Xiaoping. 1962. "Restore Agricultural Production." in *Selected Works of Deng Xiaoping*. Vol.1 www.people. com.cn/english/dengxp/contents1.html

Desnoyers, Charles. 2020. *Patterns of East Asian History*. New York: Oxford University Press.

Dixon, Chris. 1991. *Southeast Asia in the World Economy: A Regional Geography*. Cambridge: Cambridge University Press.

Elleman, Bruce A., Stephen Kotkin, and Clive Schofield, eds. 2013. *Beijing's Power and China's Borders: Twenty Neighbors in Asia*. Armonk, NY: M. E. Sharpe.

Frank, Andre Gunder. 1998. *ReORIENT: Global Economy in the Asian Age*. Berkeley: University of California Press.

Friend, Theodore. 2003. *Indonesian Destinies*. Cambridge, MA: Harvard.

Gamer, Robert E., and Stanley Toops, eds. 2017. *Understanding Contemporary China*. Boulder, CO: Lynne Rienner.

Goscha, Christopher. 2016. *Vietnam: A New History*. New York: Basic Books.

Goulet, Denis. 1985. *The Cruel Choice: A New Concept in the Theory of Development*. Lanham, MD: University Press of America.

Huang, Xiaoming, and Robert G. Patman, eds. 2013. *China and the International System: Becoming a World Power*. New York : Routledge.

Karan, Pradyumna P. 2004. *The Non-Western World: Environment, Development, and Human Rights*. New York : Routledge.

__________________________. 2005. *Japan in the 21st Century: Environment, Economy, and Societies*. Lexington: University of Kentucky Press.

Kaup, Katherine ed. 2021. *Understanding Contemporary Asia Pacific*. Boulder, CO: Lynne Rienner.

Krishna, Anirudh. 2020. "The Poorest After the Pandemic." *Current History* 119 (820): 291-96.

Kristof, Nicholas D., and Sheryl WuDunn. 2000. *Thunder from the East: Portrait of a Rising Asia*. New York: Knopf.

Mackerras, Colin, ed. 1995. *East and Southeast Asia: A Multidisciplinary Survey*. Boulder, CO: Lynne Reinner.

Mao Zedong. 1927. "Report on an Investigation of the Peasant Movement in Hunan." In *Selected Works of Mao Zedong*. Vol 1, p. 28. Beijing: Foreign Languages Press.

McKnight, Tom L. 1995. *Oceania: The Geography of Australia, New Zealand, and the Pacific Islands*. Upper Saddle River, NJ: Prentice Hall.

Myers, Steven and Kenneth Chang. December 16, 2020. "China Brings Moon Rocks to Earth." *New York Times*, www.nytimes.com/2020/12/16/science/china-moon-mission-rocks.html

Patterson, Mary, and Martha Macintyre, eds. 2011. *Managing Modernity in the Western Pacific*. St Lucia, Australia: University of Queensland Press.

Pettersson, Henrik, Byron Manley, and Sergio Hernandez. 2020. "Tracking Coronavirus Global Spread." *CNN*. www.cnn.com/interactive/2020/health/coronavirus-maps-and-cases/

Population Reference Bureau. 2020. *World Population Data Sheet 2020*. Washington, DC. www.prb.org/data/

Potter, Robert B, Tony Binns, Jennifer A. Elliott, and David Smith 1999. *Geographies of Development: An Introduction to Development Studies*. Harlow, UK : Pearson Education.

Price, Marie, Martin Lewis, William Wyckoff and Lester Rowntree, 2020. *Globalization and Diversity: Geography of a Changing World*. 6th ed. Upper Saddle River, NJ: Prentice Hall.

Reischauer, Edwin O., and Marius B. Jansen. 1995. *The Japanese Today: Change and Continuing*. Cambridge, MA: Harvard.

Sen, Amartya. 2000. *Development as Freedom*. New York: Anchor Books.

Seers, Dudley. 1969. "The Meaning of Development." *International Development Review*, 9(4): 2-6.

__________. 1977. "The Meaning of Development." *International Development Review*, 17(3): 2-7.

Spence, Jonathan D. 1999. *The Search for Modern China*. New York: Norton.

Toops, Stanley. 2016. "Reflections on China's Belt and Road Initiative." *Area Development and Policy* 1(3): 352-60. doi:10.1080/23792949.2016.1233072

Veeck, Gregory, Clifton W. Pannell, Christopher J. Smith, Youqin Huang. 2016. *China's Geography: Globalization and the Dynamics of Political, Economic, and Social Change*. 3rd ed. Lanham, MD: Rowman and Littlefield.

추가 읽을거리

도서

Barr, Michael D. 2019. *Singapore: A Modern History*. London: I.B. Tauris.

Chang, Jung, 1991. *Wild Swans: Three Daughters of China*. New York: Simon & Schuster.

Diamond, Jared M. 2019. *Upheaval: Turning Points for Nations in Crisis*. New York: Little, Brown and Company.

Gifford, Rob. 2007. *China Road: A Journey into the Future of a Rising Power*. New York: Random House.

Hayton, Bill. 2010. *Vietnam: Rising Dragon*. New Haven, CT: Yale University Press.

Kingston, Jeff. 2019. *Japan*. Newark, NJ: Polity Press .

Rickard, John. 2017. *Australia: A Cultural History*. Clayton, Victoria: Monash University Publishing.

Schell, Orville, and John Delury. 2013. *Wealth and Power: China's Long March to the Twenty-First Century*. New

York: Random House.

Wasserstrom, Jeffrey N. 2010. *China in the 21st Century: What Everyone Needs to Know.* New York: Oxford University Press.

Zha, Jianying. 2011. *Tide Players: The Movers and Shakers of a Rising China.* New York: New Press.

학술지

Asian Affairs. www.tandfonline.com/loi/raaf20

China Quarterly. www.cambridge.org/core/journals/china-quarterly

East Asia: An International Quarterly. link.springer.com/journal/12140

Journal of Southeast Asian Studies. www.cambridge.org/core/journals/journal-of-southeast-asian-studies

The Pacific Review. www.tandfonline.com/loi/rpre20

영화

Crouching Tiger, Hidden Dragon(2000). Ang Lee, Director. Sony Pictures Classics and Columbia Pictures Film Production Asia (China).

Infernal Affairs(2002). Andrew Lau, producer. Andrew Lau & Alan Max, directors. Miramax Films, Media Asia Films presents a Basic Pictures production (Hong Kong).

Parasite(2019) Bong Joon-ho, Director. Barunson (South Korea).

Pacific Century(1992). Written and produced by Alex Gibney, directed by Christopher Ralling. A coproduction of PBI/Jigsaw Productions in association with NHK-Japan, KCTS/Seattle, and Antelope Films, Ltd. S. Burlington, VT: Annenberg/CPB Project.

Sunset at Chaophraya(1996). Euthana Mukdasanit, director (Thailand).

웹사이트

Asia Society. asiasociety.org

Asia-Pacific Economic Cooperation. www.apec.org

Association of Southeast Asian Nations. https://asean.org

UN Economic and Social Commission for Asia and the Pacific. www.unescap.org

Virtual Library Asian Studies. vlib.org/AsianStudies

9장

남아시아와 중앙아시아 그리고 국제학:
환경과 인구

2020년 미국은 중앙아시아와 남아시아 및 유럽 시장을 연결하는 경제 및 무역 관계를 구축하기 위한 경제 계획을 발표했다. 이는 2011년 미군이 침공한 아프가니스탄의 평화 전망을 개선하려는 미국 계획의 일환이기도 하지만 중국, 남아시아, 중앙아시아, 이란을 중세 실크로드처럼 하나의 경제 무역로로 연결하려는 중국의 야심찬 일대일로 구상에 대한 대응책이기도 했다. 현재 **남아시아(South Asia)** 및 **중앙아시아(Central Asia)**는 이 책에서 다루는 지역 중 통합이 가장 덜 진행된 지역 중 하나다. 중국, 유럽, 미국은 모두 이 지역이 경제적으로 연결될 수 있다면 경제적으로 큰 발전을 이룰 수 있을 것으로 전망하고 있다. 이러한 관측에는 현재 진행 중인 아프가니스탄 전쟁, 파키스탄과 인도 간의 수십 년에 걸친 불신, 인도와 중국 간의 폭력적인 국경 분쟁이 걸림돌이 되고 있다.

인도와 파키스탄은 1947년에, 중앙아시아 국가들은 1991년 소련 붕괴 이후 독립한 비교적 신생 국가들이지만, 이 지역은 유구한 역사를 가지고 있다. 5천 년 전, 인더스 강 유역을 따라 하라판(Harappan) 문명이 번성했다. 중국, 메소포타미아, 이집트와 함께 일반적으로 문명의 시초로 여겨지는 곳이기도 하다. 오늘날 남아시아 사회의 뿌리는 바로 이 인더스 계곡 문명에 있다.

남아시아와 중앙아시아는 오랜 역사에 걸맞게 광활한 지리적 규모를 자랑한다(지도 8.1 참조). 이 지역은 전 세계 인구의 26%를 차지한다. 이 지역에는 매우 큰 세 나라가 있다. 인도는 14억 명, 파키스탄은 2억 2,100만 명, 방글라데시는 1억 7,000만 명의 인구를 보유하고 있다. 2030년에는 인도의 인구가 15억 명에 달해 중국을 제치고 세계에서 가장 인구가 많은 국가가 될 것이라는 예측이 있다. 환경적 측면에서 이 지역은 세계에서 가장 높은 히말라야 산맥부터 스리랑카의 열대 지방, 우즈베키스탄의 내륙 사막까지 다양하다. 여름 몬순은 남아시아의 많은 지역에 생명을 주는 비를 가져다준다.

이 지역은 문화적으로 매우 복잡한 지역 중 하나다. **힌두교(Hinduism)**와 **불교(Buddhism)**는 남아시아에서 시작되었고, 이슬람교는 중세 시대에 이 지역에 전파되었다. 오늘날 이슬람교는 중앙아시아, 파키스탄, 방글라데시에서 우세한 반면, 힌두교는 인도에서, 불교는 스리랑카와 몽골에서 가장 흔히 찾아볼 수 있다. 언어의 경우 힌디어와 기타 북인도 언어는 남인도의 드라비다어와 상당히 다르다. 투르크어에는 카자흐어, 우즈벡어, 키르기스어가 있다. 타직어는 페르시아어와 관련이 있다. 파키스탄의 우르두어는 힌디어와 비슷하지만 페르시아어를 변형한 문자로 쓰인다. 글로벌 세력은 고대부터 남아시아 및 중앙아시아의 문화를 변화시켜 왔으며, 인터넷과 위성 TV를 통해 계속해서 문화를 변화시키고 있다.

남아시아의 경제력은 성장 중이다. 1990년대 경제 개혁 이후 인도는 떠오르는 경제 대국이 되었지만, 새롭게 창출된 부는 대부분 도시 중산층이 차지하고 있으며 농촌의 빈곤은 인도와 지역 전체를 여전히 괴롭히고 있다. 많은 상품과 서비스가 남아시아에서 생산, 소비, 이전되고 있다. 인도 기업은 세계 경제에서 중요한 역할을 담당하고 있다. 인도는 경제가 급성장한 BRICS(브라질, 러시아, 인도, 중국, 남아프리카공화국) 국가 중 하나다. 중앙아시아는 카자흐스탄과 석유 경제를 제외하고는 상대적으로 가난하다.

정치력 면에서는 아직 동아시아 수준에 미치지 못하지만, 세계 최대의 민주주의 국가(인도), 인도와 파키스탄의 핵 보유, 아프가니스탄과 파키스탄의 알카에다와 탈레반의 지속적인 존재, 1991년 소련으로부터 독립한 이후 중앙아시아 국가들의 정치적 투쟁 등으로 인해 중앙아시아는 정치적으로 불안정한 지역으로 여겨진다. 이 지역의 많은 국가들은 지역 및 글로벌 리더십에 대한 야망을 가지고 있다.

서방과 인도의 관계는 기원전 326년 인더스 강과 갠지스 강까지 정복 범위를 넓힌 알렉산더 대왕으로 거슬러 올라간다. 수많은 이민자들이 인도에 기독교, 유대교, 조로아스터교를 전파하고 불교와 힌두교를 수출했다. 영국의 식민지배로 인해 아시아의 이 지역은 특히 영어권 세계에 친숙한 지역이 되었다. *파자마(pajama)*, *침대(cot)*, *방갈로(bungalow)*, *전리품(loot)*, *카키색(khaki)*, *샴푸(shampoo)*, *구루(guru)*, *카레(curry)*, *커머번드(cummerbund)* 등 인도에서 유래한 영어 단어가 많이 있다. 마틴 루터 킹 주니어 박사와 같은 비폭력 운동의 지도자들은 인도의 독립 지도자 모하메드 간디의 전술을 연구했다. 간디의 철학은 사티아그라하(satyagraha), 즉 '진리를 파악하는 것'이었다. 1919년 간디는 "폭력으로 얻은 승리는 순간적인 것이기 때문에 패배와 같다"고 말했다. 인도는 비폭력적인 방법으로 영국으로부터 국가를 되찾았고, 인도는 세계 최대의 민주주의 국가가 되었다. 마지막으로 기술은 과학과 공학, 콜센터와 통신 연결을 통해 인도와 서구를 연결한다.

이 장은 지리적, 정치적, 역사적, 문화적, 경제적 관계를 고려하여 남아시아 및 중앙아시아의 지역적 특성에 대한 논의로 시작한다. 실크로드에 대한 막간극(interlude)을 통해 역사와 현대의 현실을 연결한다. 다음 절에서는 남아시아에서 떠오르는 강대국 인도를 중심으로 이 지역의 인구와 환경을 살펴본다. 21세기 남아시아와 중앙아시아의 글로벌 연결에 대한 논의로 이 장을 마무리할 것이다.

지리적 현실

아시아 지역에는 이전 장에서 소개한 동북아시아와 동남아시아, 그리고 이 장에서 소개한 남아시아 및 중앙아시아가 포함된다. 예를 들어 중앙아시아는 종종 중동과 함께 분류되기도 한다. 이 두 지역에 걸쳐 있는 아프가니스탄은 때로는 중앙아시아의 일부로, 때로는 남아시아의 일부로 간주되기도 한다. 파키스탄은 미국이 후원하는 '테러와의 전쟁'에서 중요한 역할을 하는 무슬림이 다수인 국가이기 때문에 중앙아시아의 정의에 포함되기도 한다(Karan 2004; Weightman 2011).

남아시아에는 인도, 파키스탄, 방글라데시, 네팔, 스리랑카, 그리고 부탄과 몰디브의 두 작은 국가가 포함된다. 지형적으로는 파키스탄 북부와 인도 북부, 네팔 전역에 걸쳐 세계에서 가장 높은 산들이 뻗어 있다. 히말라야 산맥에서 거대한 강이 솟아나며 인더스강과 갠지스강이 합류하여 광활한 평원을 형성한다. 역사적 중심은 인더스강이며(그림 9.1), 오늘날의 활동 중심은 갠지스강이다. 브라마푸트라강은 티베트에서 흘러나와 갠지스강과 합류하여 거대한 삼각주 시스템을 형성한다. 비옥한 토양 덕분에 이 강 유역에 엄청난 인구가 살게 되었다. 인도 남부의 데칸고원은 안정적인 물 공급이나 비옥한 토양을 가지고 있지 않다. 스리랑카와 몰디브의 섬나라들은 인도 남쪽에 위치하고 있다.

몬순은 남아시아의 기후 패턴을 지배한다. 몬순은 아랍어로 '계절'을 뜻하는 단어에서 유래했다. 겨울에는 아시아 상공에 고기압이 형성되어 인도에 건조한 공기를 가져온다. 여름에는 남아시아와 서쪽 지역 상공에 열이 쌓이면서 저기압이 형성된다. 6월이 되면 여름 몬순이 벵골만과 인도양에서 습기를 가져와 6월, 7월, 8월에 70인치에 달하는 비가 내린다. 그러나 그 패턴이 규칙적이지 않아 여름 몬순의 비가 늦어지면 농작물 피해가 발생할 수 있다. 남부 지역은 대부분 열대 사바나로 여름은 습하고 겨울은 건조하다. 갠지스강의 충적 저지대는 플로리다와 같은 아열대성 기후로 여름이 덥다. 파키스탄 근처의 서쪽 지역은 사막과 대초원이다. 북쪽은 고도가 높기 때문에 기후가 더 춥다(Karan 2004; Price 외. 2020).

〈그림 9.1〉 파키스탄. 길지트강은 인더스강으로 흘러든다. 필자가 전면에 있다.

출처: S. Toops

중앙아시아(Central Asia)는 1991년 소련 해체 이후 소련의 통제에서 벗어난 내륙 지역이다. 우즈베키스탄, 투르크메니스탄, 카자흐스탄, 키르기스스탄, 타지키스탄은 옛 소련 공화국이었다. 소련의 영향력은 몽골에서도 강했고 아프가니스탄에도 소련군이 주둔하기도 했다. 중국 서부(티베트와 신장)도 이 지역의 일부다. 이 지역의 종교는 몽골(불교)을 제외한 모든 국가에서 900년대 이후부터 이슬람교가 널리 퍼져 있었다. 인종적으로 보면 대부분의 민족은 오늘날 튀르키예의 튀르키예인과 친척 관계에 있는 투르크족이다. 몽골인, 타지크인, 티베트인, 일부 아프가니스탄 민족은 별개의 민족이다(Brunn et al. 2012; Hanks 2013).

지형 측면에서 파미르고원(Pamir Knot)은 중국, 파키스탄, 아프가니스탄, 타지키스탄, 키르기스스탄 국경에 있으며 힌두 쿠시(Hindu Kush), 카라코람(KaraKoram), 티안 샨(Tian Shan)과 같은 산맥이 교차하는 지점에 있다. 타림(Tarim)강, 헬만드(Helmand)강, 아무 다리야(Amu Darya)강, 시르 다리야(Syr Darya)강과 같은 내륙의 강은 바다에 닿지 않는다. 아프가니스탄, 타지키스탄, 키르기스스탄은 대부분 산악 지대이고 투르크메니스탄, 우즈베키스탄, 서카자흐스탄은 분지 지대이며 몽골과 동카자흐스탄은 고원 지대다. 기후 측면에서 카라 쿰(Kara Kum), 키질 쿰 타클라마칸(Kizil Kum Taklamakan), 고비(Gobi)와 같은 사막이 산맥 북쪽에 벨트를 형성하고 있다. 카자흐스탄과 몽골에는 광활한 대초원이 있다. 중앙아시아는 큰 대륙의 내륙에 중위도에 위치하기 때문에 여름은 건조하고 덥고 겨울은 건조하고 춥다(Price 외. 2020; Lewis 1992).

갠지스-브라마푸트라강과 같은 주요 강계, 히말라야 산맥과 같은 산계, 고비 사막과 같은 사막은 이 지역의 지리적 현실을 특징짓는 요소다.

역사적 도전

토착 왕국과 제국은 오랜 역사를 통해 아시아를 지배했다. 인더스 문명은 기원전 3000년 전으로 거슬러 올라간다. 마우리아 제국부터 무굴 제국에 이르기까지 여러 제국이 1700년대까지 아시아대륙을 통치했다. 파르티아(Parthia)와 쿠샨(Kushan)이 중앙아시아 땅을 지배한 후 페르시아, 아랍이 그 뒤를 이었다. 1200년에는 몽골이 중앙아시아 전역을 통치했다. 중세에는 몽골과 티무르 두 세계 제국이 중앙아시아를 지배했다. 이 초기 문명들은 중앙아시아를 제외한 대부분 농경지에서 잉여 식량을 생산할 수 있었기 때문에 발전할 수 있었다. 이 초기 제국들은 문화적으로 상당히 정교했고 고도로 발달된 기술을 보유하고 있었다.

1500년대에 들어서면서 서양 제국이 남아시아에 이어 동남아시아와 동북아시아로 진출하면서 아시아 세력의 흐름이 바뀌었다. 인도와 중국의 내부 갈등은 유럽 확장의 발판이 되었다. 17세기에 오늘날 인도와 파키스탄의 대부분을 차지했던 무굴 제국은 세계에서 가장 부유한 국가로 네덜란드, 포르투갈, 프랑스, 영국의 상인들을 끌어들였다. 다국적 기업인 영국 동인도회사는 결국 인도를 경제적으로 지배했고, 19세기에는 영국 왕실이 인도를 직접 정치적으로 통치하게 되었다. 차르 러시아는 1800년대에 중앙아시아를 정복했고, 한 세기 동안 두 서구 제국은 아프가니스탄과 그 주변의 지역 정치 행위자들을 위해 외교, 첩보, 군사적 지원을 아끼지 않았다. 영국 작가들은 '위대한 게임', 러시아인들은 '그림자의 토너먼트'라고 불렸던 이 두 제국 간의 냉전은 세 차례에 걸쳐 대리전으로 폭발했다(Meyer and Brysac 1999). 20세기에는 소련의 영향력이 이 지역을 지배했다. 1991년 소련이 해체되면서 중앙아시아에서 러시아의 지배는 끝났다(Meyer 2003).

서구 제국주의는 아시아 민족 운동을 일으켰다. 서구의 지배로부터 아시아 땅을 해방시키기 위한 수십 개의 저항 운동이 19세기 말과 20세기 초에 일어났다. 가장 성공적인 운동은 마하트마 간디가 주도한 비폭력 인도 독립운동이었다. 간디의 리더십은 1948년 암살자에 의해 단절되었지만, 그는 인도에 매우 중요한 유산을 남겼다(그림 9.2). 1949년 인도는 식민 통치로부터 자유로워졌다(Brower 2005). 인도의 대규모 무슬림 인구를 새로운 국가에서 어떻게 대표해야 하는지에 대한 논쟁은 인도의 폭력적인 분열로 이어졌다. 1949년의 분할은 인도와 파키스탄이라는 두 개의 새로운 국가가 탄생하는 것을 의미했다. 파키스탄은 1971년 방글라데시가 탄생하면서 더욱 세분화되었다.

자와할랄 네루(Jawaharlal Nehru)의 말처럼 서구 식민주의 이전에는 아시아가 운명의 주인이었다. 서구의 등장은 아시아 민족을 정복했다. 제2차 세계대전 이후 민족주의

<그림 9.2> 간디 기념탑은 그의 운동의 상징인 회전하는 바퀴를 보여준다.

출처: S. Andrus

가 부상하면서 아시아는 다시 한 번 자유로워질 수 있었다. 오늘날 세계에서 아시아, 특히 인도의 위상이 높아지면서 아시아는 유럽의 오랜 지배를 끝내고 더욱 강력한 역할을 하고 있다.

문화적 복잡성

중앙아시아 및 남아시아의 다양성 수준은 상당히 높다. 중동이나 라틴 아메리카, 심지어 유럽과는 달리 이 지역을 문화적으로 하나로 묶어줄 만한 것이 없다. 현재 남아시아에는 힌두교, 이슬람교, 기독교, 불교, 시크교, 자이나교, 조로아스터교가 있으며, 중앙아시아에는 이슬람교, 기독교, 라마교가 있다(지도 3.1 참조). 두 지역 모두 지역 샤머니즘 전통이 남아 있다.

힌두교는 인도와 네팔에서 가장 흔한 종교다. 힌두교는 기원전 1500년경 갠지스 계곡에서 베다와 같은 경전이 쓰이면서 시작되었다. 힌두교는 다양성 속의 통일성, 즉 신의 다양한 표현에 대한 믿음을 핵심으로 하고 있다. 또 다른 일반적인 믿음은 영혼의 이동인

윤회이며, 힌두교에는 많은 신비로운 요소가 있다. 가정, 사원, 축제에서 행해지는 의식은 힌두교의 문화적 풍경을 가득 채우고 있다.

불교는 힌두교의 종교 개혁 운동으로 시작되었다. 붓다는 기원전 500년경 인도 북부에서 가르침을 시작했고, 250년 후 불교도들은 인도 대륙의 대부분을 지배하게 되었다. 불교는 남아시아 전역으로 확산되었지만 아이러니하게도 불교의 발상지에서는 쇠퇴했다. 오늘날 중앙아시아에서는 티베트인과 몽골인이 여전히 티베트 불교를 신봉하고 있다. 스리랑카에서는 상좌부 불교도가 인구의 대부분을 차지한다. 상좌부(Theravada) 불교는 스리랑카에서 발전하여 동남아시아로 퍼졌다. 상좌부 불교에서는 많은 사람들이 승려나 비구니가 되어 신심에 집중한다.

이슬람교는 파키스탄과 방글라데시뿐만 아니라 중앙아시아에서 흔히 볼 수 있다. 일신교인 이슬람교는 기원전 1000년에 이 지역에 전파되었다(그림 9.3 참조). 중앙아시아의 투르크 민족이 남아시아에 이슬람을 전파했다. 무굴(1500~1800년대)과 같은 인도의 무슬림 통치자들이 중앙아시아를 지배했다(이전에는 불교 통치자들이 이 지역을 지배했었다). 북서쪽과 북동쪽에서는 많은 남아시아인들이 이슬람교로 개종했다. 오늘날 이 지역은 파키스탄과 방글라데시에 해당하는 지역이다. 무슬림과 힌두교도는 천 년 동안 우호적으로 나란히 살았다. 남아시아 사람들은 이슬람교나 힌두교만 믿었다. 인도 남서부, 케랄라 주와 인도 동북부, 특히 나가랜드 주에서는 선교활동으로 인해 기독교가 흔하다. 시리아 기독교인들이 기원전 200년경에 인도에 도착했지만, 남아시아의 작은 영토 밖에서는 기독교가 자리 잡지 못했다. 유럽의 식민주의는 이 지역에 기독교를 유입시켰다. 1800년대 러시아 식민주의가 도래하면서 동방 정교회 기독교를 따르던 많은 러시아인들이 중앙아시아에 정착했다. 러시아 정교회 기독교는 중앙아시아 국가 인구의 10~25%에 달한다. 카자흐스탄은 러시아계 러시아인이 많이 거주하기 때문에 그 비율이 가장 높다.

1930년에서 1991년 사이에 중앙아시아에서는 마르크스주의 무신론이 큰 영향력을 행사하며 모스크와 몽골의 사원이 문을 닫았다. 일부 모스크는 무신론 박물관으로 다시 문을 열었다. 이러한 세속주의는 여전히 중앙아시아에 일부 영향을 미치고 있다. 세속적 마르크스주의는 인도의 많은 지식인과 정치 지도자들에게도 영향을 미쳤지만, 일반 대중에

〈그림 9.3〉 우즈베키스탄 키바에서의 무슬림 결혼식은 지역의 모스크와
소원을 비는 우물을 방문하는 것으로 마무리된다.

출처: S. Toops

게 영향을 미치지는 못했다.

언어의 다양성이 높다. 중앙아시아에서는 우즈베크어, 키르기스어, 카자흐어, 투르크어 등 투르크어가 지배적이다. 이들 투르크어는 모두 키릴 문자를 사용하지만, 1992년부터 우즈베키스탄은 튀르키예어와 유사한 라틴 문자로 전환하고 있다. 수년간의 러시아 식민 지배를 겪은 후 러시아어는 중앙아시아에서 공통적으로 사용되는 언어다. 타직어는 아프가니스탄의 다리어와 마찬가지로 페르시아어와 관련된 언어다. 남아시아 북부 지역에서는 인도유럽어가 우세하다. 인도의 힌디어와 파키스탄의 우르두어는 서로 알아들을 수 있지만 각각 데바나가르어와 페르시아 문자를 변형한 문자로 표기된다. 방글라데시의 벵골어와 스리랑카의 싱할리어도 인도유럽어 계열에 속한다. 인도 남부에서는 타밀어와 텔루구어 같은 언어가 드라비다어 계열에 속한다. 영국의 식민지배로 인해 남아시아의 많은 지역에서 영어가 공용어로 사용되고 있다.

종교적 혁신과 확산의 물결은 남아시아 및 중앙아시아의 복잡한 문화 지형을 만들어 냈다. 다양한 전통의 요소들은 시간이 지남에 따라 서로 영향을 주고받았고, 관용과 공존에 대한 다양한 정치적, 문화적 이론이 등장했다. 남아시아의 맥락에서 세계화의 도전은 사람들이 자원을 둘러싼 정치적, 경제적 투쟁의 일환으로 종교적 차이를 동원할 가능성을 높인다는 것이다. 이슬람교, 힌두교, 시크교, 기독교 간의 갈등은 식민통치 기간에 발생하기 시작했으며, 세계화의 압력으로 인해 때로는 대규모로 계속되고 있다. 오늘날 중앙아시아에서는 세계화의 흐름 속에서 이슬람, 투르크, 러시아 문화에서 파생된 새로운 문화적 정체성을 어떻게 결합, 유지 또는 창조할 것인지가 과제다.

문화 혁신과 확산의 물결은 정체성의 복잡한 층위를 형성하고 있다. 휴대폰, 컴퓨터, 위성 텔레비전은 남아시아와 중앙아시아에 새로운 세상을 가져다 주었다. 식민지 시대에 영국 정부는 교육을 받은 인도인들을 아시아, 아프리카, 남미, 카리브해의 다른 식민지로 이주하도록 장려했다. 독립 후 인도는 중동, 유럽, 북미의 교육받은 노동력 공급원이 되기도 했다. 남아시아 디아스포라는 발리우드에서 남아시아 영화를, 영국과 미국으로 인도 식당을, 실리콘 밸리로 인도 기술 기업가를 배출하며 전 세계에 이름을 알렸다. 중앙아시아는 세계에 그다지 큰 족적을 남기지 못했다. 예를 들어 우즈베키스탄이나 아프가니스탄 식당은 인도 식당만큼 흔하지 않다.

인도의 현지 문화는 서구 문화의 많은 부분을 독자적으로 받아들일 수 있었다. 인도는 영어를 자국어로 사용하는 것부터 언론, 영화, 컴퓨터와 같은 커뮤니케이션 기술을 조기에 도입하는 등 전 세계의 영향을 받았지만, 디아스포라로 인해 남아시아의 영향도 분명하게 존재한다. 중앙아시아의 경우 1800년대부터 이어진 식민지배로 인해 러시아어를 사용하는 등 문화적 다양성이 두드러진다. 중앙아시아 커뮤니티는 러시아에 대한 오랜 경험으로 인해 유럽에 잘 적응하고 있다. 타슈켄트에는 러시아와 우즈베키스탄 식당뿐만 아니라 한국, 튀르키예 식당도 있어 세계화가 진행되고 있다.

경제적 기회

아시아 경제의 영향은 전 세계적으로 나타나고 있다. 아시아 국가들은 경제 성장을 위해 다양한 방법을 시도해 왔다. 일부 아시아 정부는 개발 전략으로 수출주도형 산업화를 적극적으로 추진했다. 대부분의 남아시아 국가는 2단계 경제구조를 가지고 있다. 잘 발달되고 기술적으로 정교한 경제가 생계형 농업과 함께 존재한다(French 1997; Wolpert 2004). 중앙아시아의 경제 발전은 소련식 명령 경제에서 시장 지향적 체제로의 전환이라는 어려운 과제를 안고 있다. 중앙아시아는 또한 농업에서 목화의 중요성 감소, 카자흐스탄과 같은 곳에서 석유 산업의 역할 증대, 목축 유목의 소멸로 인해 어려움을 겪고 있다(Shaw 1995; Megoran and Sharapova 2013). 중앙아시아 내에서 카자흐스탄은 석유 생산 덕분에 1인당 GDP가 높지만, **신흥공업국(NICs)**의 인프라 개발이 부족하다. 인도와 스리랑카는 그보다 낮은 수준이다. 빈곤은 동아시아에 비해 남아시아 및 중앙아시아에서 큰 문제다. 아프가니스탄과 타지키스탄과 같은 가난한 국가들에서는 분쟁과 같은 다양한 요인으로 인해 경제 성장의 가능성이 심각하게 제한되고 있다(Frank 1998; Sievers 2003; Engelmann과 Pavlaković 2001)(지도 4.1 참조).

인도는 1990년대 산업 규제를 완화하기 시작한 이후 폭발적인 경제 발전을 이룩했다. 인도는 중국과 마찬가지로 BRICS(브라질, 러시아, 인도, 중국, 남아프리카공화국) 그룹에 속하는 국가 중 하나로, 이는 인도 경제가 발전 규모를 높여가고 있음을 나타낸다. 인도 시장을 겨냥한 자동차나 전 세계 소비를 위한 의약품과 같은 제품을 생산하는 인도 기업을 포함하여 산업 생산은 아시아에서 강력한 부문이다. 인도의 교육 시스템은 많은 과학자와 엔지니어를 배출했다. 1990년대에 개발된 새로운 분야로는 방갈로르(인도의 실리콘 밸리에 해당)와 같은 곳의 첨단기술이 있다. 국제통신기술의 발달로 인도에는 미국이나 영국에 있는 사람들에게 기술자문이나 고객서비스를 제공하는 콜센터가 생겨났다. 이러한 혁신의 배경에는 과학과 기술도 있지만, 영어능력을 강조하는 인도의 강력한 국가교육시스템도 있다.

경제 발전은 인간의 삶의 질을 향상시키는 과정으로 정의된다. 반면 저개발은 그 반대 방향으로 진행되어 사람들의 삶이 이전보다 더 나빠지는 결과를 초래한다. 개발 경제학의 미래는 경제 성장에 대한 검토를 넘어서야 한다. 새로운 관점은 개발을 인권과 관련된 자유로 간주하는 것이다. 그런 의미에서 인도의 1인당 GDP는 중국보다 낮지만 인도가 중국보다 더 발전했다고 말할 수 있다(Todaro and Smith 2012; Sen 2000). 인도의 경제적 성공은 아프가니스탄과 방글라데시의 경제적 어려움과 대조적이며, 중국과 러시아와도 잘 비교된다(Nadkarni and Noonan 2013).

정치적 위험

아시아에서 작동하는 정치 시스템은 역사적, 지리적, 문화적, 경제적 문제와 서로 연결되어 있다. 역사적으로 인도의 마우리아 제국이나 무굴 제국 등 아시아의 국가는 국민에 대한 책임이 있다고 생각했다. 이러한 통제와 리더십의 문제는 오늘날 경제 발전의 필요성과 상호 작용한다. 지리적인 측면에서 인도의 인구를 고려할 때, 하나의 주가 10억 명의 인구를 어떻게 통치할 수 있을까? 아시아 정치는 종종 '아시아적 가치'라는 용어로 표현되는데, 이는 대개 국가의 강력한 가부장주의(paternalism)를 의미한다. 인도의 네루나 카자흐스탄의 나자르바예프가 표방한 아시아 민족주의는 아시아 대륙에서 다양한 정권을 탄생시켰다. 다양한 정부 체제는 지도 5.1에 나와 있다.

남아시아에서는 영국의 식민지 철수 이후 인도와 파키스탄의 분할은 이 지역의 정치적 긴장의 원인이 되었다. 분할의 공포 이후에도 인도, 파키스탄, 방글라데시에서는 민주적 통치가 일반화되었다. 인도는 세계 최대의 민주주의 국가로, 외교와 경제 문제를 다루는 중앙 정부와 함께 지방 정부가 있는 연방제를 채택하고 있다. 전반적으로 인도는 이 지역에서 군사적으로나 정치적으로 가장 강력한 국가다. 카슈미르를 둘러싼 인도와 파키스탄 간의 긴장은 중국, 미국, 러시아와의 복잡하고 변화하는 관계로 이어졌다. 인도와 파키스탄은 모두 핵 능력을 개발했다. 마지막으로 9/11 테러 이후 파키스탄은 아프가니스탄의 탈레반과 알카에다에 맞서 미국과 동맹을 맺었다. 2011년 파키스탄 모르게 미군이 파키스탄에서 오사마 빈 라덴을 사살한 사건은 미국과 파키스탄 관계의 복잡성을 보여준다(DeVotta 2010; Ganguly 2016).

중앙아시아에서는 소련의 정치적 지배가 종식되면서 새로 수립된 국가들이 다양한 정치적 이슈와 경쟁하고 있다. 정치적으로 이 지역은 공산주의 독재에서 벗어나고 있다. 몽골을 제외한 대부분 다른 국가의 정부는 권위주의 정부다. 특히 아프가니스탄은 소련의 침략, 내전, 탈레반 분쟁, 미국의 침공으로 엄청난 정치적 어려움을 겪었다(Shaw 1995; Megoran과 Sharapova 2013). 새로 독립한 국가들은 1940년대 파키스탄을 탄생시킨 분할과 유사한 내부 문화적 갈등을 겪고 있기 때문에 국가 형성과 정체성이 공통의 문제라고 할 수 있다. 타지키스탄과 아프가니스탄은 내전으로 고통 받고 있다. 2001년 9월 11일 이후 미국과 영국은 아프가니스탄의 탈레반을 상대로 대대적인 공세를 펼쳤다. 탈레반과 알카에다의 잔당이 여전히 남아 있었지만 아프가니스탄은 2004년 대통령 선거를 성공적으로 치렀다. 아프가니스탄에서 미군이 철수한 가운데 아프가니스탄과 파키스탄의 국경지대에서 탈레반과 알카에다가 여전히 활동하고 있다(그림 9-4 참조). 중앙아시아의 다른 국가들의 정치적 전환은 그다지 복잡하지 않을 수 있지만 문제는 여전히 존재한다. 우즈베키스탄, 투르크메니스탄, 카자흐스탄에는 권위주의 정권이 있다. 키르기스스탄은 민주주의를 향해 나아가고 있다. 반면 몽골은 민주주의 체제를 유지하고 있다. 소련 붕괴로 인한 정치적 공백으로 인해 중국, 이란, 튀르키예, 파키스탄은 물론 미국도 이 지역에 영향력을 행사하기 위해 노력하고 있다. 소련 제국은 더 이상 존재하지 않지만 러시아는 아직 중앙아시아에 대한 열망을 포기하지 않고 있다(Meyer 2003; Davis and Azizian 2007).

남아시아 및 중앙아시아의 대부분의 정치 체제는 민주주의다(지도 5.1 참조). 몇몇 정부는 권위주의 정부다. 우즈베키스탄과 카자흐스탄은 권위주의 대통령제의 대표적인 예다. 반면 인도는 세계 최대의 민주주의 국가로, 인도에서 총선이 치러질 때마다 세계 최대 선거 기록을 세운다. 민주주의는 확실히 중앙아시아보다 남아시아에서 더 강력하게 작동하고 있다(Adeney and Wyatt 2010).

〈그림 9.4〉 카이버 고개는 파키스탄과 아프가니스탄의 경계에 있다.

출처: S. Toops

실크로드

2013년 시진핑 중국 국가주석은 중국과 아시아 국가들을 육로와 해상으로 연결하는 실크로드 경제벨트와 해상 실크로드를 제안했다. 이는 옛 실크로드와 유사하다. 중국은 실크로드의 은유를 사용하여 아시아 국가들을 연결하고 있다. 유럽까지. 중국은 아시아 전역에 걸쳐 인프라 및 투자 프로젝트를 개발하여 실크로드를 재현하고자 한다. 중국의 일대일로 이니셔티브는 불교와 이슬람교가 확산된 무역로를 따라 카자흐스탄, 키르기스스탄, 파키스탄과 같은 국가와의 연결을 강조하고 있다(Toops 2016).

유명한 **실크로드(Silk Road)**는 역사적인 무역로를 따라 현대적으로 연결되는 모습을 보여준다. 서양인들의 이국적인 것에 대한 탐구는 700여 년 전 고대 실크로드에서 시작되었으며, 여행가 마르코 폴로의 연대기에는 이상한 관습과 상품이 있는 먼 나라 이야기로 서구를 매료시켰다. 1991년 소련 공산주의의 몰락과 1980년대 중국이 서구에 문호를 개방하면서 실크로드는 다시 전 세계로 연결되었다. 실크로드에는 아프가니스탄인, 튀르키예인, 위구르인, 중국인, 키르기스인, 우즈벡인, 러시아인 등 다양한 문화적 전통이 혼재되어 있다. 산과 대초원, 사막과 오아시스를 아우르는 풍경이 펼쳐진다(Millward 2013).

역사적인 실크로드는 동서양의 종교, 문화, 경제적 소통이 교차하는 교차로였다. 라반 바사우마(Raban Bar Sauma), 이븐 바투타(Ibn Battuta), 클라비조(Clavijo), 바부르(Babur), 티무르(Timur), 마르코 폴로(Marco Polo), 파시안(Fa Xian), 쑤안 장(Xuan Zang)이 걸었던 실크로드는 중국과 인도, 페르시아, 그리고 유럽을 연결했다. 오랫동안 잊혀진 우즈베키스탄, 키르기스스탄, 위구르, 이란, 투르크, 몽골, 중국, 러시아 왕국, 제국, 왕조의 수많은 유적, 기념물, 고대 도시, 불교 동굴, 사원, 무덤, 주둔지 등이 풍경 속에 고스란히 남아 있다. 이러한 유적은 이 지역 사람들의 유산에서 중요한 부분을 차지한다. 고대에는 불교가 실크로드를 따라 남아시아에서 중앙아시아로 전파되었다. 이후 이슬람교는 실크로드를 따라 중동에서 중앙아시아와 남아시아로 전파되었다(Boulnois 2004).

우즈베키스탄은 실크로드의 유산을 잘 보여준다. 우즈베키스탄인들은 아무다리야강(Amu Darya)과 시르다리야강(Sir Darya)을 따라 농업 활동과 상업 활동을 영위하고 있다. 러시아인들은 19세기에 이 지역에 들어와 우즈벡과 키르기즈 민족의 칸국(왕국)을 정복했다. 러시아 차르는 이 지역에서 정교회 기독교를 발전시켰다. 1917년 볼셰비키 혁명 이후 공산주의는 이 지역에 새로운 정치 이데올로기를 가져왔다. 소련이 붕괴된 후 독립한 우즈베키스탄의 관리들은 새로운 국가 정체성을 만들기 위해 노력했으며, 그중 일부는 실크로드와 관련이 있다. 우즈베키스탄의 새로운 국가적 영웅은 실크로드를 통해 교역이 이루어지던 1370년부터 1405년까지 사마르칸트를 통치한 티무르다. 티무르 왕조는 1370년부터 1507년까지 지금의 우즈베키스탄, 이란, 이라크를 포함한 중앙아시아 지역을 정복하고 델리, 이즈미르, 앙카라, 모스크바까지 군사 작전을 수행했다. 현재 우즈베키스탄 정부는 티무르의 동상을 새로 세우고 티무르 시대의 기념비적인 사마르칸트 건축물을 새롭게 단장했다(Millward 2013)(그림 9-5 참조).

실크로드는 이제 중앙아시아 및 남아시아의 세계화와 무역 연결에 대한 은유로 사용되고 있다. 1998년 요요마가 시작한 실크로드 프로젝트는 동아시아, 중앙아시아, 남아시아, 중동, 유럽의 음악가들을 한데 모은 프로젝트다. 이 프로젝트는 실크로드에서 영감을 받

〈그림 9.5〉 사마르칸트. 우즈베키스탄 사마르칸트의 레기스탄은 티무르 제국의 중심이었다.

출처: S. Toops.

은 현대예술을 장려한다(Ma 2013).

2014년 미국과 나토가 아프가니스탄에서의 군사 활동을 축소하기 시작하면서 미군과 물자는 파키스탄을 거쳐 인도양으로, 또는 북방 루트를 통해 우즈베키스탄, 키르기스스탄, 카자흐스탄을 거쳐 러시아로 빠져나갔다. 아프가니스탄 주둔 미군은 2016년에 약 8,400명이었다. 2001년에 문을 연 키르기스스탄의 미군 공군 기지는 2014년에 폐쇄되었다. 미군이 4,500 명이었던 2020 년에 트럼프 행정부는 바이든 행정부가 시작되기 전에 2,000명을 더 철수할 계획이었다(BBC, 2020.11.18). 바이든 행정부는 2021년 9월 11일 이전에 아프가니스탄에서 모든 병력을 철수할 계획이다(Cooper et al, *The New York Times*, 2021.4.13). 그러나 아프가니스탄에서 공격 병력을 철수하고 키르기스스탄 공군 기지를 폐쇄한다고 해서 이 지역에서 미국의 존재가 끝나는 것은 아니다. 2011년 힐러리 클린턴 국무장관은 남아시아 및 중앙아시아 전역에 현대적 무역 네트워크를 확장하기 위한 방안으로 신실크로드에 대해 언급했다. 미 국무부는 아프가니스탄과 중앙 및 남아시아를 연결하는 경제 연결을 통해 "신실크로드 비전"을 제시했다. 이 신실크로드를 따라 군사적 모험에 이어 경제적 모험이 뒤따를 수 있다(Millward 2013).

중국은 중앙아시아와 남아시아의 실크로드에도 큰 관심을 가지고 있다. 1996년 처음 시작된 상하이협력기구(Shanghai Cooperation Organization, SCO)는 중국, 러시아, 카자흐스탄, 키르기스스탄, 타지키스탄, 우즈베키스탄으로 구성되어 있다. 최근 몇 년 동안 SCO는 대마약 및 대테러 합동 훈련과 경제 및 문화 문제에 대한 논의를 진행했다(Albert 2015). 중국의 일대일로 이니셔티브는 아시아와 유럽 국가들을 연결하고 있으며, 실크로드는 여전히 중앙아시아를 통과하고 있다(Toops 2016).

인구통계학적 이슈

두 가지 이슈는 21세기 남아시아 및 중앙아시아가 직면한 몇 가지 도전 과제를 보여준다. 이 절에서는 이 지역의 인구통계학적 문제에 초점을 맞춘다. 다음 절에서는 남아시아 및 중앙아시아가 직면한 환경 문제의 예로서 인도를 소개하고, 그 다음 절에서는 지역 전반의 정치 생태를 살펴본다.

인구학적 딜레마의 한 가지 요인은 인구 증가 수준이다. 남아시아에는 19억 명이 넘는 인구가 살고 있다. 2020년 남아시아의 인구 증가율은 스리랑카 0.9%, 인도 1.4%, 방글라데시 1.6%, 파키스탄 2.2%로 남아시아에 인구 압박이 분명히 존재한다. 인도는 14억 명, 파키스탄은 2억 2,100만 명, 방글라데시는 1억 7,000만 명으로 남아시아의 인구 절대 증가율이 다른 지역보다 더 높다. 이러한 인구 증가는 지역적, 세계적 영향을 미친다. 중앙아시아의 인구는 더 적지만 성장률은 1.4~2.7%로 비슷하다. 아프가니스탄의 인구 증가율은 2.7%로 가장 높다(지도 2.3 참조). 남아시아의 기대 수명은 파키스탄에서 69세, 스리랑카에서 77세이다. 중앙아시아의 기대 수명은 아프가니스탄에서 65세, 우즈베키스탄에서 75세이다. 전 세계적으로 기대 수명은 평균 73세이다. 일반적으로 여성이 남성보다 더 오래 산다(Population Reference Bureau 2020).

넓게 보면 아시아는 전 세계 인구의 60%를 차지한다. 인도는 14억 명의 인구를 보유하고 있으며, 1.4%의 인구 증가율로 곧 중국을 제치고 세계에서 가장 인구가 많은 국가가 될 것이다. 남아시아의 인구는 동아시아의 인구보다 빠르게 증가하고 있다. 인도와 방글라데시는 가족계획에 어느 정도 성공했지만, 파키스탄과 같은 다른 국가들은 그렇지 못했다. 인도와 방글라데시의 갠지스강-브라흐마푸트라 저지대에는 오랜 세월 동안 정착 생활을 하면서 인구가 매우 밀집되어 있으며, 대부분의 지역에 인구가 밀집되어 있다. 파키스탄에서 인구 밀도가 가장 높은 곳은 펀자브 주와 인더스강변이다. 이와 대조적으로 중앙아시아는 텅 빈 대초원, 산, 사막의 오아시아에 인구가 밀집되어 있다. 대부분의 국가에 비해 중앙아시아의 국가들은 인구 밀도가 낮다. 소비에트 시대에는 피임이 매우 일반적이었기 때문에 중앙아시아 사람들은 가족 규모가 작았다. 구소련 이후 중앙아시아의 인구 증가율은 평균 1.8%인 반면, 아프가니스탄은 2.7%다(Population Reference Bureau 2020).

인도는 민주주의 국가로서 중국과 같은 엄격한 가족법을 통과시킬 수 없었기 때문에 가족계획의 성공률이 중간 정도에 불과했다. 집중적인 가족계획을 위한 어려운 정책이 이 딜레마에서 벗어날 수 있는 유일한 방법일 수 있다. 문화적으로 수용 가능한 저비용 피임법(피임약, 콘돔, 불임 치료가 아닌 IUD)은 피임 사용률을 높이는 데 핵심적인 역할을 한다(Bradnock and Williams 2002). 피임을 삶의 선택으로 판매하는 광고 캠페인은 사회적 선을 강조하는 국가 캠페인보다 더 성공적이었다(Mazzarella 2003).

또 다른 인구통계학적 문제는 도시화 수준이다. 남아시아의 도시화 수준은 스리랑카의 19%에서 파키스탄의 37%까지 다양하다. 중앙아시아의 도시화 수준은 아프가니스탄의 26%에서 몽골의 68%까지 다양하다(Population Reference Bureau 2020). 남아시아의 많은 사람들이 시골에서 도시로 이주하고 있다. 델리 2,500만 명, 뭄바이(봄베이) 2,200만 명, 다카 2,100만 명, 콜카타(캘커타) 1,500만 명, 카라치 2,000만 명 등 대도시가 상당히 커지고 있다(그림 9.6 참조). 도쿄만이 델리-뉴델리 대도시보다 규모가 크지만, 2028년에는 델리-뉴델리가 예상 인구 3,700만 명 이상으로 대도시 중 가장 큰 도시가 될 것으로 예상된다(Price et al. 2020). 전반적으로 남아시아의 도시화 수준은 동아시아보다 낮다. 남아시아의 도시에서는 주택과 불법 거주지의 문화 차이가 뚜렷하게 드러난다. 남아시아 도시에서는 깨끗한 물, 위생, 주택이 주요 문제로 손꼽힌다(Karan 2004). 중앙아시아에서는 타지키스탄과 아프가니스탄(아마도 내전으로 인해)을 제외하고는 도시화 정도가 더 높다. 소련의 계획은 더 많은 도시화 국가를 만들었다.

〈그림 9.6〉 콜카타(캘커타)는 인도의 가장 큰 도시 중 하나이다.

출처: S. Andrus.

인도의 환경 문제

국토 면적과 인구 면에서 남아시아 및 중앙아시아에서 가장 큰 국가인 인도는 이 지역이 직면한 문제와 가능성을 보여주는 예시다. 인도는 쌀을 생산하는 중부와 남부 고지대, 비옥한 갠지스강과 브라마푸트라 계곡의 충적 저지대, 북부의 히말라야 산맥 등 세 가지 환경으로 나뉜다.

인도 남부는 데칸고원의 중심부에 열대 사바나기후가 펼쳐져 있다. 험준한 서부 가트산맥이 좁은 해안과 고원을 구분한다. 동쪽과 서쪽 해안 평원 모두 비옥한 토양과 풍부한 물이 높은 인구 밀도를 뒷받침한다. 데칸고원의 토양은 그다지 좋지 않지만, 가장 큰 문제는 물이다. 웨스턴 가츠는 서쪽에서 오는 비를 차단하여 이 지역에 반건조기후를 제공한다. 사람들은 쌀, 수수, 면화의 관개를 위해 습한 몬순의 작은 저수지나 물탱크에 의존한다.

갠지스강-브라마푸트라강-인더스강 저지대는 비옥한 충적토를 가진 거대한 강줄기에 의해 형성되어 밀집된 인구를 지탱하고 있다. 어머니 강인 갠지스강은 힌두교도와 인도인들에게 힌두교도들에게 신성한 강이 되어 벵골만으로 흘러 들어간다. 브라마푸트라강은 티베트에서 내려와 갠지스강과 합쳐진다. 파키스탄과 접한 서쪽 지역은 더 건조하며 이곳의 강은 인더스강으로 흘러들어간다. 사람들은 관개를 위해 이 강과 습한 몬순의 비에 의존한다. 농작물로는 서쪽의 밀과 콩류, 동쪽의 쌀이 재배된다.

히말라야산맥의 북부 지역은 인도판이 유라시아판 아래로 섭입하면서 형성되었다. 이 북부 지역은 지각 활동이 활발하여 지진이 자주 발생한다. 2005년 카슈미르의 파키스탄 쪽에서 발생한 강진으로 10만 명이 사망했다. 네팔에서는 2015년 강진으로 9,000명이 사망하고 막대한 경제적 손실이 발생했다. 비옥한 계곡에 마을이 형성되어 있기는 하지만 산이 너무 험준하여 정착하기는 어렵다. 이 산맥에 자리 잡은 카슈미르 계곡은 인구 밀도가 높다(Short 2020).

인도에서는 환경 문제를 흔히 찾아볼 수 있다. 갠지스강 계곡의 홍수, 서부 및 동부 가츠의 삼림 벌채, 뭄바이(봄베이)와 콜카타(캘커타)와 같은 도시의 수질 및 대기 오염은 단 몇 가지 문제들일 뿐이다. 과도한 관개와 더불어 녹색 혁명의 강화로 인해 인도 북서부 지역의 토양이 염류화되었다(Price 외. 2020).

기후와 지형의 조합으로 인해 남아시아는 전 세계 기후 변화에 취약한 지역이다. 인도는 이산화탄소 배출량에서 미국과 중국에 이어 3, 4위를 차지하고 있다. 인도의 경제 성장은 에너지 사용에 의존하고 있으며, 그중 상당 부분이 석탄 화력발전소에 의존하고 있어 이산화탄소 배출량이 더 증가할 수도 있다. 인도는 또한 태양 에너지 생산량을 늘리고 있다. 인도 벵골만 연안의 저지대에는 많은 사람들이 살고 있다. 지구가 온난화되기 시작하면 극지방의 해빙이 녹아 해수면이 1m 상승하면서 인도, 방글라데시, 스리랑카 연안에서 500만~1,000만 명의 이재민이 발생할 수 있다. 몰디브 전체가 바다 밑으로 사라질 수도 있다. 지구 기후변화로 인해 히말라야 빙하도 후퇴할 것이다. 이 빙하는 인더스강, 갠지스강, 브라마푸트라강의 원천이므로 물 공급에 차질이 생길 수 있다. 겨울철 기온 상승은 인도와 파키스탄의 밀 농사에 재앙이 될 것이며, 여름 몬순으로 인해 강우량이 증가하여 홍수를 일으킬 것이다(Short 2020).

산업, 특히 화학 물질을 기반으로 한 인도의 경제 변화 또한 오염을 증가시켰다. 데칸 고원의 하이데라바드 인근의 산업 발전으로 산업 폐기물이 발생하여 지역 상수도를 오염시키고 있다. 델리의 산업이 발전하면서 이산화황과 아산화질소가 대기 중으로 배출되고 있다. 자동차 배기가스는 대기 오염의 또 다른 원인이다. 2014년 세계보건기구(WHO)에 따르면 세계에서 가장 대기 오염이 심한 상위 20개 도시 중 13개 도시가 인도에 있는 것으로 나타났다. 인도에는 오염도가 높은 상위 30개 도시 중 21개 도시가 있기 때문에 계속해서 우려의 대상이 되고 있다(Regan 2020). 델리 남쪽의 대기 오염은 타지마할을 위협하고 있으며, 산성비로 인해 샤 자한(Shah Jahan) 황제와 그의 아내의 흰색 대리석 기념비가 변색되고 있다. 갠지스강 유역에 거주하는 5억 명의 인구는 고형 폐기물의 원천이기도 하며, 이 중 상당수가 처리되지 않은 채 강으로 흘러 들어간다. 산업 폐기물뿐만 아니라 인분과 생분해되지 않는 플라스틱이 힌두교도들에게 신성한 강인 갠지스강을 오염시키고 있다. 1985년부터 2000년까지 진행된 강가 행동계획(Ganga Action Plan)은 강을 정화하기 위한 것으로, 정화 비용이 매우 높았지만 정화하지 않았을 때의 비용은 훨씬 더 높을 것이다. 세계은행은 이미 인도에 정화 작업을 위해 10억 달러를 빌려줄 계획이다. 역대 행정부가 정화 작업에 예산을 책정했지만 아직 성공하지 못했다(Karan 2004; Price 외. 2020).

인도가 환경 보호에 투자한 금액만으로는 충분하지 않다. 인도 정부는 비즈니스, 교육, 과학적 확장을 포함한 경제 발전에 높은 우선순위를 두고 있다. 많은 국가와 마찬가지로 환경 보호에 대한 요구는 경제 성장과 국가 안보에 대한 관심보다 우선순위가 뒤떨어져 있다. 최근 몇 년 동안 인도에서는 환경을 보호하기 위해 비폭력적인 행동을 취하는 사람들이 늘어나고 있다. 이러한 운동은 간디와 영국 식민주의에 대항한 그의 활동을 모방한다. 이들은 서구에서 영감을 받은 자원 집약적인 개발 모델에서 벗어나 지속 가능성을 포함하는 개발 모델로 전환해야 한다고 주장한다. 이러한 환경 운동의 예로는 나르마다(Narmada) 구하기 운동과 칩코(Chipco) 운동이 있다. 인도 중부의 나르마다강을 살리기 위한 캠페인은 여러 개의 대형 댐을 건설하여 강을 개발하려는 계획에 대항하기 위한 것이다. 인도 북부의 칩코 운동은 1970년대에 삼림 벌채를 막기 위해 시작되었다. 이 운동에서는 마을 주민들의 생계를 보호하기 위해 많은 여성들이 벌목꾼들이 나무를 벌목하지 못하도록 나무를 둘러싸는 운동을 벌였다. 이 간디식(Gandhian)의 '나무 안아주기(tree-hugging)' 운동은 도시 시장용 상품에 초점을 맞춘 관료주의로부터 숲에 대한 통제권을 빼앗아 왔다(Rangan 2000).

생물다양성과 지속가능성은 기후 변화의 영향을 완화하는 데 필수적인 도구다. 인도의 물리학자이자 활동가인 반다나 시바 박사가 설립한 과학, 기술 및 생태 연구재단은 인도에 종자 은행을 설립하여 다양한 종자 재고를 유지하고 농부들에게 지속가능한 농업 관행을 교육하고 있다(Shiva 2005; 2008; Jahanbegloo and Shiva 2013).

남아시아와 중앙아시아의 정치생태학

환경은 개발과 어떤 관련이 있을까? **정치생태학(Political Ecology)**은 지리학, 인류학, 사회학, 정치학의 측면을 결합하여 환경 문제를 조사한다(Robbins 2012; Rocheleau et al. 1996). 정치 생태학은 위험과 불확실성에 대한 인간의 적응을 고려한다. 남아시아 몬순의 경우, 몬순의 불확실성이 가장 큰 위험요소다. 마을 사람들은 몬순의 자연적 주기와 지역 생태를 잘 알고 있다. 마을 사람들은 건기 동안 위험을 분산시켜 대비하고, 작은 집수통과 물탱크로 물을 모으는 연습을 하며, 수자원 보존을 위해 공동의 노력을 기울인다. 따라서 마을 주민들은 자연의 자비에 맡겨지는 것이 아니라 자연의 패턴에 통합되어 위험을 줄인다.(Robbins and Moritz 1999).

중앙아시아는 물 문제로 큰 갈등을 겪고 있다. 지리적 환경은 키르기스스스탄, 타지키스탄, 몽골, 중국 서부의 고원과 산, 카자흐스탄의 대초원, 우즈베키스탄과 투르크메니스탄의 사막 유역으로 구성되어 있다. 투르크메니스탄과 우즈베키스탄, 카자흐스탄 남부의 카스피해와 아랄해 유역은 여름은 덥고 겨울은 추운 광활한 건조 지대다(Price et al. 2020; Brunn et al. 2012).

현대까지 아랄해는 키르기스스스탄의 티안샨(천산)에서 발원한 시르 다리야와 아무 다리야(다리야는 "강"을 뜻함)에 의해 공급되었지만 오늘날 아랄해는 점점 작아지고 있다.

우즈베키스탄의 땅에는 차르와 소비에트 시대에 면화를 생산하기 위해 관개 시설이 설치되었다. 면화는 우즈베키스탄의 차르였으며, 새로 독립한 우즈베키스탄은 여전히 수출을 위해 면화 생산에 의존하고 있다. 면화 생산에는 관개 시설 외에도 상당한 양의 비료와 살충제가 사용된다. 이 건조한 지형에서는 면화와 벼 관개에도 더 많은 물이 필요했다. 이는 더 많은 운하와 그에 따른 더 많은 물의 증발을 의미했다. 운하에서 물이 새고 밑바닥 토양이 모래이기 때문에 많은 물이 낭비되었다. 더 많은 관개 시설은 토양의 더 큰 염류화를 의미했다. 소련의 전문가들은 우즈베키스탄에서 면화 생산을 장려했지만 면화는 많은 양의 물을 사용한다. 대부분의 강물이 관개 시설이 설치된 곳으로 우회되면서 아랄해에는 더 이상 물이 남지 않았고, 아랄해는 현재 사막화의 위협을 받고 있다(Bissell 2003; Sievers 2003; Brunn et al. 2012).

방글라데시의 깨끗한 물 공급과 중앙아시아 전역의 사막화 등 남아시아 및 중앙아시아에는 다른 환경 문제도 산적해 있다. 의도적이든 의도적이지 않든 인간의 활동은 이러한 환경 문제의 주된 원인으로 작용한다. 방글라데시는 저지대 갠지스 삼각주 위에 세워졌다. 방글라데시의 홍수는 갠지스 상류의 삼림 벌채로 인해 더욱 악화되는 환경 문제다. 방글라데시의 경제 성장과 인구 증가로 인해 델타 지역에 사람들이 정착하게 되었다. 비소를 포함한 금속은 식수로 사용되는 많은 대수층을 오염시킨다(Price et al. 2020).

이러한 사례와 다른 많은 사례에서 국가는 생태적 결과를 고려하지 않고 경제 성장에 집중하고 있었다. 다른 모든 것을 배제한 채 경제 성장에만 몰두하다 보니 심각한 환경 문제, 특히 대기 및 수질 문제가 발생했다. 하지만 정부가 어떻게 국민의 경제적 필요를 무시할 수 있을까? 경제적 필요는 생태적 현실과 균형을 이루어야 한다. 이러한 환경 재앙을 해결하는 데 드는 비용은 생산과 소비로 인한 경제적 이익보다 더 크다. 아시아와 같이 인구 밀도가 높은 지역의 환경 스트레스는 전 세계에 영향을 미친다.

인도의 미래

인도는 아시아 태평양 지역에서 인구가 가장 많고 경제 규모가 가장 큰 국가이므로 인도의 미래 전망을 자세히 살펴보는 것은 당연한 일이다. 인도의 미래를 가장 밝게 하는 요소는 (1) 인도의 문화적 다양성을 하나로 묶는 거대한 민주주의와 (2) 인도의 경제적 부상에 있다. 인도의 민주주의는 힌두교도, 무슬림, 시크교도, 기독교도 등 많은 인도인을 하나로 묶어주었다. 인도에는 힌디어 외에도 영어와 산스크리트어 등 다양한 공식 언어가 있다. 연방제 덕분에 중앙 정부뿐만 아니라 지방 정부도 정치적 권력을 행사할 수 있다. 개인은 공동의 인도에 기여하고 공유한다. 서로 다른 종교, 민족, 언어 집단 간에 폭력적인 충돌이 일어나기도 하지만, 전체 공동체는 인도라는 하나의 정체성으로 통합되어 있다. 다양성 속에서 단결이 이루어진다(Kux 2007; Ganguly 2006).

인도의 경제적 부상은 과학적 전문성과 교육을 중시하는 글로벌 디아스포라에 의존해 왔다. 그러나 이러한 경제적 부상은 경제를 제약하는 면허와 허가의 세세한 관리를 없애기 위해 1991년에 새롭게 발표된 경제 정책 덕택이기도 하다. 새로운 경제 체제는 시장을 포용하고 인도를 자생적인 성장으로 이끌었다. 대규모 내수 시장, 성장하는 국제 시장, 낮은 임금, 대규모 과학계, 유창한 영어 실력 덕분에 인도는 2008년 경제 불황으로 인해 다소 주춤했지만 최근 몇 년 간 상당한 성장을 이뤘다(Rothermund 2008).

인도가 앞으로 해결해야 할 과제는 많다. 개발 측면에서 인도는 델리, 뭄바이, 방갈로르를 중심으로 한 고성장 지역과 콜카타 및 인도 중부를 중심으로 한 저성장 지역으로 나뉘어져 있다. 빈곤한 마을 주민과 첨단 기술이 발달한 인도는 극명한 대조를 이룬다. 시골의 실업은 사람들을 도시로 몰아넣고, 운이 좋으면 일자리를 찾지만 그렇지 못하면 빈민 대열에 합류하여 길거리나 광활한 빈민가에서 잠을 청한다. 실업과 불완전 고용은 인구 증가와 관련이 있다. 앞서 설명한 것처럼 환경 문제는 경제 성장과 인구 증가와 관련이 있다. 인구 증가는 불충분한 자원의 소비 증가로 이어진다. 인도에는 환경 보호법이 있지만 대기업과 부패한 정치인의 힘으로 인해 이러한 법은 종종 실효성이 없다. 남성과 여성의 불평등은 불평등한 대우, 특히 인도 여성에 대한 의료 및 교육 부족으로 나타난다. 여성을 위한 교육 및 경제적 기회에 대한 새로운 강조가 필요하다. 마지막으로, 힌두교든 무슬림이든 종교적 근본주의를 문화적, 정치적 통합보다 우선시하는 공동체간의 분쟁은 인도가 따라야 할 위험한 길이다(Kristof and WuDunn 2009; Karan 2004; Thussu 2013).

아시아의 중요성: 글로벌 연결

중앙아시아의 역사적 과제와 남아시아의 문화적 복잡성은 모두 아시아의 미래와 관련이 있다. 남아시아에서는 인도가 지역적으로 우위를 점하고 있다. 중앙아시아에서는 카자흐스탄이 석유 산업으로 인해 더 많은 힘을 가지고 있다. 문화적 다양성과 인구 문제에도 불구하고 남아시아는 경제가 성장하고 있으며 세계의 중요한 구성 요소다.

남아시아는 전 세계적으로 연결되어 있다. 인도 요가나 미국 도시의 인도 레스토랑 등 남아시아 문화의 요소는 전 세계적으로 알려져 있고 인정받고 있다. 발리우드 영화는 아시아, 아프리카, 중동 전역의 영화관에서 상영되고 있으며 유럽과 북미에도 진출하고 있다. 또한 글로벌 미디어 파트너십을 통해 하이브리드 영화가 등장하고 있다. 2008년 인도 뭄바이의 빈민가에서 영국인 감독과 영국 및 인도 배우들이 함께 만든 영화 '슬럼독 밀리어네어'는 미국에서 아카데미상(작품상 포함)을 수상했다. 스코틀랜드에서 맛있는 패스트푸드는 맥도날드보다는 케밥(아프가니스탄이나 파키스탄 음식일 가능성이 높음)이나 맛있는 커리일 가능성이 높다. 간디는 영국의 탄압에 맞서 남아프리카에서 비폭력 운동을 시작했지만, 그의 사상은 미국의 시민권 운동과 아랍의 봄에 영향을 미쳤다. 남아시아의 인도, 파키스탄, 방글라데시 사람들이 영연방의 경로를 따라 캐나다, 남아프리카공화국, 케냐는 물론 영국으로 이주해 세계 곳곳으로 퍼져나갔다. 영국의 파키스탄인, 미국의 인도인, 트리니다드, 케냐, 가이아나는 모두 남아시아 디아스포라의 이주 사례다(Luce 2007).

중앙아시아도 전 세계적으로 연결되어 있지만, 이는 과거의 역사와 현대 지리적 연결성을 통해 가능하다. 우즈베키스탄, 키르기스스탄, 카자흐스탄은 러시아 제국에 이어 소련에 오랫동안 속해 있었기 때문에 러시아어가 중앙아시아의 다양한 민족 집단 사이에서 공통의 언어가 되었다. 중앙아시아의 연결은 러시아를 거쳐 유럽으로 이어진다. 중앙아시아의 또 다른 글로벌 연결은 이슬람과 튀르키예를 통해 중동으로 연결되는 것이다. 중앙아시아 언어의 대부분은 다양한 키릴 문자로 쓰인 아랍어, 페르시아어, 러시아어 어휘가 많지만 튀르키예어의 한 종류다(Sengupta 2009).

글로벌 다국적 기업들은 남아시아에 생산 센터를 두고 있다. 인포시스(Infosys), 타타(Tata), 위프로(Wipro)와 같은 인도 기업들은 아시아에서 새로운 기업가 정신을 대표하는 기업이다. 인도의 정보 기술 부문은 인도의 대규모 과학 기술 커뮤니티 덕분에 빠르게 성장했다. 소프트웨어, 의료 기술, 국제 영화 분야의 혁신이 성장 분야다. 1991년 인도 경제의 자유화는 글로벌 생산국으로서의 인도를 지향하고 있다. 반면 중앙아시아는 석유(카자흐스탄), 천연가스(우즈베키스탄, 투르크메니스탄), 면화(우즈베키스탄)와 같은 1차 생산품에 자원을 집중해 왔다. 2015년 카자흐스탄, 러시아, 벨라루스는 유라시아 경제연합을 출범시켜 카자흐스탄과 러시아의 경제 관계를 더욱 공고히 했다.

코로나바이러스인 코로나19는 2019년 12월 중국 우한에서 발견되었다. 이후 이 질병은 전 세계로 확산되었다. 인도에서는 코로나 19로 인해 세계에서 두 번째로 많은 확진자와 세 번째로 많은 사망자가 발생했다. 확진자와 사망자 수가 가장 많은 나라는 미국이다. 인도의 사망자 수는 많지만 1인당 사망률은 그리 높지 않다. 인도의 일부 코로나19 사망자는 반드시 코로나19로 인한 사망으로 확인되지는 않았다. 남아시아, 방글라데시, 파키스탄의 사람들도 영향을 받고 있다. 인도에서는 봄철 봉쇄기간동안 수백만 명의 노동자들이 도시에서 일하던 직장에서 시골 고향으로 보내지면서 바이러스가 전국으로 퍼졌을 수 있다. 인도는 코로나19에 대처하기 위해 세계은행으로부터 대출을 받았다. 델리, 뭄바이, 콜카타, 첸나이, 아메다바드, 푸네와 같은 대도시의 확진자가 전체 확진자의 절반을 차지한다. 인도는 코로나19로 인해 2020년에 경기 침체를 겪을 것으로 예상하고 있다. 하지만 인도는 다른 국가에 비해 가난하지 않고 과학계가 발달해 있어 이번 사태를 잘 극복할 수 있을 것으로 보인다. 아프가니스탄은 빈곤과 의료 서비스 부족으로 인해 코로나19가 확산되면 훨씬 더 취약할 것이다. 인도와 방글라데시 모두에서 가장 위험에 처한 사람들은 극빈층과 비공식적으로 고용된 사람들이다(Krishna 2020; Pettersson et al. 2020; Gettleman et al. 2020).

정치 권력과 안보 이슈도 세계에서 남아시아의 역할을 가리킨다. 인도는 안보리 상임이사국 후보로 거론되고 있다. 1990년대 초 냉전이 종식된 후 인도와 파키스탄은 1998년 핵무기 실험을 했다. 아프가니스탄과 파키스탄에서 탈레반이 부상하고 파키스탄에서 오사마 빈 라덴이 사망하면서 남아시아에 대한 세계의 관심은 계속 높아졌다. 정치적으로나 경제적으로 인도는 아시아의 지역 강대국, 더 나아가 글로벌 강대국이 되었다. 일부 관측통들은 인도의 상대적 정치 자유로 인해 인도가 금세기에 중국의 경제 발전을 능가할 것이라고 예측한다(Sen 2000).

2012년 파키스탄 스와트에서 탈레반이 어린 소녀 말랄라 유사프자이를 총으로 쏴 살해한 사건은 국제적인 반응과 인식을 불러왔다. 말랄라는 단순히 학교에 갈 수 있는 권리를 포함해 파키스탄 소녀들의 권리 개선을 위한 캠페인을 벌였다는 이유로 총에 맞았다. 파키스탄의 일부 지역은 여전히 탈레반의 지배하에 있다. 다행히도 그녀는 치료를 받을 수 있었고 현재 영국으로 이주했다. 이후 그녀는 『나는 말랄라입니다』(*I Am Malala*)라는 책을 공동 집필했으며, 유럽연합의 사하로프 상과 2014년 노벨 평화상을 비롯한 여러 상을 수상했다. 말랄라의 경험은 오늘날 파키스탄의 정치, 경제, 문화적 문제의 복잡성을 보여준다(Yousafzai and Lamb 2013).

자와할랄 네루는 1947년 인도 독립에 관한 연설에서 다음과 같이 말했다.

> "오래 전에 우리는 운명에 맞서 싸웠고, 이제 우리의 약속을 지킬 때가 왔다.... 한 시대가 끝나고 낡은 것에서 새로운 시대로 나아갈 때, 오랫동안 억눌려 있던 한 민족의 영혼이 발언권을 찾을 때..." (Kristof and WuDunn 2000)

남아시아 및 중앙아시아의 경우, 그러한 운명이 빠르게 다가오고 있다. 인도는 엄청난 문화적 복잡성을 관리할 수 있는 민주주의의 역량을 보여주고 있으며, 곧 세계에서 가장 인구가 많은 국가이자 떠오르는 경제 대국이 될 것이다. 이와 대조적으로 아프가니스탄은 분쟁의 한가운데 있다. 전반적인 추세는 중앙아시아보다 남아시아의 전망이 더 밝다. 영화 '와호장룡'(2000)의 은유를 빌리자면, 인도는 호랑이이고 중국은 용이다. 하지만 호랑이는 도약했고 용은 더 이상 숨어 있지 않을 것이다.

현대 남아시아 및 중앙아시아 연대표

1876	차르 중앙아시아 합병
1880	영-아프간 전쟁
1906	인도에서 무슬림 연맹 결성
1917	러시아 혁명; 공산주의자들이 중앙아시아로 지배권 확대
1918	중앙아시아의 세속화 운동
1919	간디, 인도 국민회의 주도; 인도 암리차르 학살
1921	인도 지방 자치령
1929	인도 독립을 위한 국민회의
1930s	스탈린의 우즈베키스탄 지도자들 숙청
1933	자히르 샤 아프간 국왕
1935	인도 정부법
1947	인도 독립과 분할, 네루 인도 총리
1947-1948	인도-파키스탄 전쟁
1950s	중앙아시아의 면화 생산 캠페인
1951	인도 연방 헌법
1954	카자흐스탄의 처녀지 캠페인, 러시아 이주
1955	비동맹 국가들의 반둥 회의; 카자흐스탄 바이코누르 소련 우주센터 건설
1959	달라이 라마 인도 망명
1962	중국-인도 전쟁
1964	네루 사망
1966	타슈켄트 지진
1967	인도에서 '녹색 혁명' 작물 재배
1971	인도-파키스탄 전쟁, 방글라데시 독립
1977	파키스탄 군사 쿠데타

1979-1989	소련의 아프가니스탄 침공
1981-1989	아프간 반군에 대한 파키스탄 지원
1982	시크교도들의 인도 반란
1984	인디라 간디 암살
1988	베나지르 부토 파키스탄 총리
1989	카슈미르 무슬림의 인도에 대한 반기; 우즈베키스탄에서 카리모프 집권; 카자흐스탄에서 나자르바예프 집권
1990	인도 경제 개혁
1991	소련 붕괴, 중앙아시아 국가 형성
1995	탈레반, 아프가니스탄 장악
1998	인도와 파키스탄 모두 핵실험
1999	파키스탄 군사 쿠데타
2001	9월 11일 뉴욕과 워싱턴 DC에서 알카에다 폭탄 테러 발생; 미국과 동맹국들의 아프가니스탄 침공; 카자흐스탄에서 러시아로 이어지는 송유관 개통; 중국, 러시아, 카자흐스탄, 키르기스스탄, 타지키스탄, 우즈베키스탄의 상하이 협력기구 발족
2004	하미드 카르자이 아프가니스탄 대통령 당선; 인도양 쓰나미
2005	카슈미르 지진; 우즈베키스탄에서 안디잔 살해
2007	파키스탄에서 베나지르 부토 암살
2008	아시프 알리 자르다리(B. 부토의 남편) 파키스탄 대통령 당선; 뭄바이 테러 공격.
2011	파키스탄에서 오사마 빈 라덴 사살; 미국 국무부, '신 실크로드' 구상 발표
2012	말랄라 유사프자이 부상
2013	중국의 실크로드 경제벨트 구상
2014	나토, 아프가니스탄에서 철수; 인도 힌두 민족주의 정당 바라티야자나타당 의회 선거 승리

2015	네팔 지진; 러시아, 카자흐스탄, 벨라루스의 유라시아경제연합 출범
2016	우즈베키스탄 지도자 카리모프 서거
2019	중국에서 코로나 19 발생; 인도가 직접 통제하는 카슈미르
2020	코로나 19 인도 강타

참고문헌

Adeney, Katharine, and Andrew Wyatt. 2010. *Contemporary India*. Houndsmills, UK : Palgrave Macmillan.

Albert, Eleanor. 2015. "The Shanghai Cooperation Organization." *Council of Foreign Relations*, October 14.

BBC. November 18, 2020. "US Troops in Afghanistan: Allies and Republicans Alarmed at Withdrawal Plan." www. bbc.com/news/world-us-canada-54980141

Bissell, Tom. 2003. *Chasing the Sea: Lost Among the Ghosts of Empire in Central Asia*. New York : Pantheon Books.

Boulnois, Luce. 2004. *Silk Road: Monks, Warriors, and Merchants on the Silk Road*. Translated by Helen Loveday. Hong Kong : Odyssey Guide.

Bradnock, Robert, and Glyn Williams. 2002. *South Asia in a Globalising World: A Reconstructed Regional Geography*. Harlow, UK : Prentice Hall.

Brower, Daniel R. 2005. *The World in the Twentieth Century: From Empires to Nations*. 6th ed. Upper Saddle River, NJ : Prentice Hall.

Brunn, Stanley D., Stanley W. Toops, and Richard Gilbreath. 2012. *The Routledge Atlas of Central Eurasian Affairs*. London : Routledge.

Chadda, Maya. 2014. *Why India Matters*. Boulder, CO : Lynne Rienner.

Cooper, Helene, Thomas Gibbons-Neff and Eric Schmitt. 2021. "Biden to Withdraw All Combat Troops from Afghanistan by Sept. 11." *New York Times*. April 13, www.nytimes.com/2021/04/13/us/politics/biden-afghanistan-withdrawal.html 190 Interdisciplinary Approaches to Regions

Davis, Elizabeth Van Wie, and Rouben Azizian. 2007. *Islam, Oil, and Geopolitics: Central Asia After September 11*. Lanham, MD : Rowman & Littlefi eld.

DeVotta, Neil. 2010. *Understanding Contemporary India*. 2nd ed. Boulder, CO : Lynne Rienner.

Engelmann, Kurt E., and Vjeran Pavlakovi ć, eds. 2001. *Rural Development in Eurasia and the Middle East: Land Reform, Demographic Change, and Environmental Constraints*. Seattle : University of Washington.

Frank, Andre Gunder. 1998. *ReORIENT: Global Economy in the Asian Age*. Berkeley : University of California Press.

French, Patrick. 1997. *Liberty or Death: India's Journey to Independence and Division*. London : Harper Collins.

Gandhi, Mohandas, May 3, 1919. Satyagraha Leafl et, No. 13.

Ganguly, Sumit, ed. 2006. *South Asia*. New York : New York University Press.

——————————————————————. 2016. *Deadly Impasse: Indo-Pakistani Relations at the Dawn of a New Century*. New York : Cambridge University Press.

Gettleman, Jeffrey, Suhasini Raj, Sameer Yasir and Karan Deep Singh. December 15, 2020. "The Virus Trains: How Lockdown Chaos Spread COVID-19 Across India." *New York Times*. www.nytimes.com/2020/12/15/world/asia/india-coronavirus-shramik-specials.html

Hanks, Reuel. 2013. "A Global Crossroads Reemerges in the Twenty-fi rst Century: An Introduction to Central Asia." *Education About Asia* 18 (3): 5 –11.

Jahanbegloo, Ramin, and Vandana Shiva. 2013. *Talking Environment: Vandana Shiva in Conversation with Ramin Jahanbegloo*. New Delhi : Oxford University Press.

Karan, Pradyumna P. 2004. *The Non-Western World: Environment, Development, and Human Rights*. New York : Routledge.

Krishna, Anirudh. 2020. "The Poorest After the Pandemic." *Current History* 119 (820): 291 –96.

Kristof, Nicholas D., and Sheryl WuDunn. 2000. *Thunder from the East: Portrait of a Rising Asia*. New York : Knopf.

——————————————————————. 2009. *Half the Sky: Turning Oppression into Opportunity for Women Worldwide*. New York : Knopf.

Kux, Dennis. 2007. *India at Sixty: A Positive Balance Sheet*. New York : Foreign Policy Association.

Lewis, Robert A., ed. 1992. *Geographical Perspectives on Soviet Central Asia*. London : Routledge.

Luce, Edward. 2007. *In Spite of the Gods: The Strange Rise of Modern India*. New York : Doubleday.

Ma, Yo-Yo. 2013. *The Silk Road Project*. www.silkroadproject.org. (Accessed November 10, 2013).

Mazzarella, William. 2003. *Shoveling Smoke: Advertising and Globalization in Contemporary India*. Durham, NC : Duke University Press.

Megoran, Nick, and Sevara Sharapova, eds. 2013. *Central Asia in International Relations: The Legacies of Halford Mackinder*. New York : Columbia University Press.

Meyer, Karl E. 2003. *The Dust of Empire: The Race for Mastery in the Asian Heartland*. New York : PublicAffairs.

Meyer, Karl E., and Shareen Brysac. 1999. *Tournament of Shadows: The Great Game and Race for Empire in Central Asia*. Washington, DC : Counterpoint.

Millward, James A. 2013. *The Silk Road: A Very Short Introduction*. New York : Oxford University Press.

Nadkarni, Vidya, and Norma C. Noonan, eds. 2013. *Emerging Powers in a Comparative Perspective: The Political and Economic Rise of the BRIC Countries*. New York : Bloomsbury.

Pettersson, Henrik, Byron Manley, and Sergio Hernandez. 2020. "Tracking Coronavirus Global Spread." CNN. www.cnn.com/interactive/2020/health/coronavirus-maps-and-cases/

Population Reference Bureau. 2020. *World Population Data Sheet 2020*. Washington, DC.

Price, Marie, Martin Lewis, William Wyckoff and Lester Rowntree, 2020. *Globalization and Diversity: Geography of a Changing World*. 6th ed. Upper Saddle River, NJ : Prentice Hall.

Rangan, Haripriya. 2000. *Of Myths and Movements: Rewriting Chipko into Himalayan History*. London : VERSO.

Regan, Helen. 2020. "21 of the World's 30 Cities with the Worst Air Pollution Are in India." *CNN*. www.cnn.com/2020/02/25/health/most-polluted-cities-india-pakistan-intl-hnk/index.html

Robbins, Paul. 2012. *Political Ecology*. 2nd ed. Oxford : Blackwell.

Robbins, Paul, and Jason Moritz. 1999. "Resourceful People and People's Resources: Teaching the Cultural Ecology of South Asia." *Education about Asia* 4 (2): 12 – 16.

Rocheleau, Dianne, Barbara Thomas-Slayter, and Esther Wangari. 1996. *Feminist Political Ecology: Global Issues and Local Experiences*. London : Routledge.

Rothermund, Dietmar. 2008. *India: The Rise of an Asian Giant*. New Haven, CT : Yale University Press.

Sen, Amartya. 2000. *Development as Freedom*. New York : Anchor Books.

Sengupta, Anita. 2009. *Heartlands of Eurasia: The Geopolitics of Political Space*. Lanham, MD : Lexington Books.

Shaw, D. J. B. 1995. *The Post-Soviet Republics: A Systematic Geography*. New York : Wiley.

Shiva, Vandana. 2005. *Earth Democracy: Justice, Sustainability, and Peace*. Cambridge, MA : South End Press.

_____________. 2008. *Soil not oil*. Cambridge, MA : South End Press.

Short, John Rennie. 2020. *World Regional Geography*. New York : Oxford University Press.

Sievers, Eric W. 2003. *The Post-Soviet Decline of Central Asia: Sustainable Development and Comprehensive Capital*. London : Routledge Curzon.

Thussu, Daya Kishan. 2013. *Communicating India's Soft Power: Buddha to Bollywood*. New York : Palgrave Macmillan.

Todaro, Michael P., and Stephen C. Smith. 2012. *Economic Development*. 11th ed. Boston : Addison Wesley.

Toops, Stanley. 2016. "Reflections on China's Belt and Road Initiative." *Area Development and Policy* 1 (3): 352 – 60. doi:10.1080/23792949.2016.1233072

Weightman, Barbara A. 2011. *Dragons and Tigers, A Geography of South, East and Southeast Asia*. Hoboken, NJ : John Wiley.

Wolpert, Stanley. 2004. *A New History of India*. 7th ed. New York : Oxford University Press.

Yousafzai, Malala, and Christina Lamb. 2013. *I Am Malala: The Girl Who Stood Up for Education and Was Shot by the Taliban*. New York : Little, Brown.

추가 읽을거리

도서

Dutt, Ashok K. 1987. *An Atlas of South Asia: Fully Annotated*. Boulder, CO : Westview.

Ganguly, Sumit. 2015. *The Oxford Short Introduction to Indian Foreign Policy*. New Delhi : Oxford University Press.

Ganguly, Sumit and William R. Thompson. 2017. *Ascending India and Its State Capacity: Extraction, Violence, and Legitimacy*. New Haven, CT : Yale University Press.

Potter, Robert, Tony Binns, Jennifer A. Elliott, and David Smith. 1999. *Geographies of Development*. 2nd ed.

Harlow, UK : Pearson Education Limited.

Walcott, Susan M., and Corey Johnson, eds. 2014. *Eurasian Corridors of Interconnection: From South China to the Caspian Sea*. London : Routledge.

학술지

Central Asian Survey. www.tandfonline.com/loi/ccas20

Contemporary South Asia. www.tandfonline.com/loi/ccsa20

Eurasian Geography and Economics. www.tandfonline.com/loi/rege20

Journal of Asian Studies. www.cambridge.org/core/journals/journal-of-asian-studies

영화

Earth (2000). Deepa Mehta, director. New York : New Yorker Video.

Fire (1998). Deepa Mehta, director. New York : New Yorker Video.

Monsoon Wedding (2001). Mira Nair, director (India).

Osama (2004). Siddiq Barmak, director. Santa Monica, CA : MGM Home Entertainment.

Slumdog Millionaire (2008). Danny Boyle and Loveleen Tandan, directors (India/UK). 192 Interdisciplinary Approaches to Regions

웹사이트

Association for Asian Studies. www.asian-studies.org

International Institute for Asian Studies. iias.asia

Silk Road Seattle. depts.washington.edu/uwch/silkroad/index.html

South Asia Resource Access on the Internet. library.columbia.edu/locations/global/virtual-libraries/ sarai.html

10장

사하라 이남 아프리카

  55개 국가로 이루어진 광활한 대륙인 아프리카는 국제학과 글로벌연구에서 주목할만한 수많은 논쟁을 불러일으키고 있다. 아프리카는 비공식부문의 참여 증가와 부분적으로는 대륙의 폭발적 성장에서 비롯된 여타 경제적 도전 속에서 상당한 진전을 이루었다. 폴 젤레자(Paul T. Zeleza)가 언급하고 2017년 UN 자료가 보여주는 바와 같이 아프리카의 인구는 12억 6천만명으로 전 세계 인구의 16.64%에 달한다. 동일한 보고서의 자료에 따르면 아프리카의 인구는 2030년까지 17억명, 2050년 25억 3천만명, 2100년에는 44억 7천만 명으로 증가할 것으로 예상된다. 아프리카 인구 중 9억명이 사하라 이남 지역에 거주하고 있다.

  아프리카 국가들은 오랫동안 세계적 사안에 있어 독립적 역할을 개척하기 위해 고군분투해왔다. 다른 어떤 대륙보다도 아프리카는 불법적이고 부패한 통치, 경제적 착취, 문화적 침략을 대규모로 경험해왔다. 냉전시기 아프리카 국가들은 미국과 소련에게 있어 단지 지정학적 이유와 전략적 원자재의 공급처로서만 중요했다. 어느 쪽도 아프리카의 민주주의, 평화, 번영을 우선 순위에 두지 않았다. 아프리카는 여전히 **식민주의(colonialism)**의 유산, 초강대국간의 경쟁, 통치구조의 문제로 어려움을 겪고 있지만 적극적인 정치·경제적 발전과 세계공동체로의 보다 큰 통합이라는 새로운 시대를 맞이할 준비가 되어 있다.

  아프리카의 방대한 경제적·인적 잠재력은 세계 시장에서 확인할 수 있다. 아프리카는 전세계 1차상품의 약 1/3을 생산하고 있다. 2010년대 중반 성장이 둔화되기는 했지만 아프리카 국가들은 21세기 강력한 경제성장을 경험했으며 세계는 아프리카 대륙과 새로운 상업적, 정치적 관계를 구축해나가고 있다.

지리적 특징

아프리카는 이 책에서 다룬 어떤 지역보다도 다양하다. 서구인들은 종종 아프리카를 대륙이 아닌 하나의 나라로 생각하여 아프리카의 55개 국가와 지역 간의 엄청난 차이를 무시한다(지도 10.1 참조). 유럽인들은 아프리카를 북쪽 해안의 지중해, 서쪽의 대서양, 동쪽의 인도양이라는 세 개의 거대한 바다에 둘러싸인 대륙으로 정의했다. 아프리카는 두 번째로 큰 대륙으로 남북으로 5,000마일,[1] 동서로는 서아프리카에서 동쪽의 아프리카뿔(Horn of Africa)까지 비슷한 거리로 뻗어 있다. 이는 미국의 3배가 넘는 크기이다.

서구의 지리학자들은 우랄산맥을 기준으로 유럽과 아시아를 임의로 구분했지만, 그보다 훨씬 더 큰 물리적 장벽인 사하라 사막을 대륙적 구분의 기준으로 규정하지는 않았다. 사하라 이남 아프리카에 대한 명확한 설명은 없다. 말리, 니제르, 차드 등 많은 아프리카 국가들은 사하라 사막에 걸쳐 있고 아랍과 비아랍 민족이 혼재되어 있다.

그러나 사하라 사막의 북쪽 지역과 남쪽 지역 사이에는 역사적, 정치적, 기후적, 문화적 차이가 상당히 크다. 북아프리카는 서쪽의 모로코로부터 동쪽의 이집트까지 뻗어 있으며 대부분 아랍의 영향을 받은 이슬람 지역으로 사하라 이남 아프리카만큼이나 지중해지역 및 중동지역과도 많이 연계되어 있다(11장 중동지역 참조). 아프리카의 55개국이 UN과 **아프리카연합(African Union, AU)**의 회원국이며 이 중 45개국이 사하라 이남 아프리카를 형성한다. 차드, 수단, 에티오피아, 나이지라아는 양 지역 사이의 중간지대에 위치한 대표적 국가들이다.

역사적으로 아프리카 대륙의 인구밀도는 낮았는데 이는 지난 수 세기 동안 다양한 형태의 정치권력이 존재하면서 대륙내 통치형태가 연속적이지 않았던 것에 기인한다. 대부

---

1) (역자 주) 약 8,046.7km.

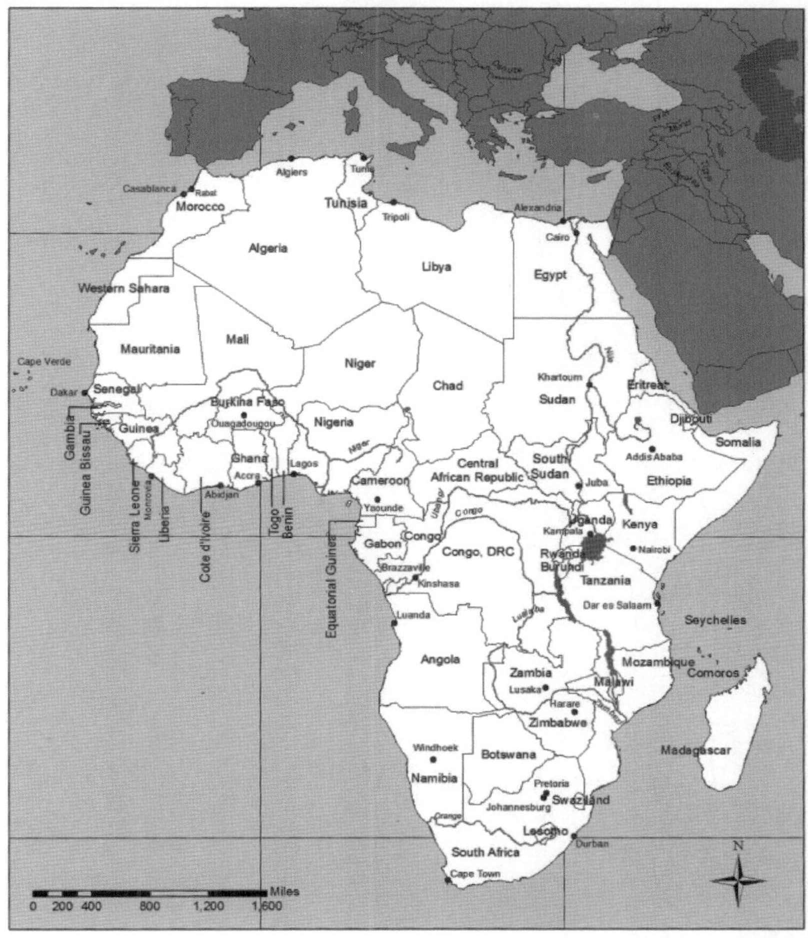

〈지도 10.1〉 아프리카

분의 인구는 수도, 해안선, 경작지 주변에 밀집되어 있는 경향이 있다. 예를 들어 니제르 영토의 12%만이 경작 가능하지만 1,800만명의 인구 중 90%가 농업으로 생계를 유지한다. 세계은행은 아프리카 인구의 2/3가 농업부문에 종사하고 있다고 추정한다. 선진국에서는 인구의 단지 1-2%만이 농업에 종사한다. 하지만 UN에 따르면 2025년까지 아프리카 인구의 대다수가 도시에 거주할 것으로 예상된다. 영아사망률이 높고 기대수명이 낮음에도 불구하고 대부분 아프리카의 출산율은 매우 높아 미국의 약 3배에 달한다. 기대수명의 전세계 평균이 71.5세인 반면 사하라 이남 아프리카는 58.6세다. 전 세계 1인당 GNP

가 10,400달러인데 비해 이 지역은 1,630달러이다(World Bank 2016).

국가와 민족 건설

UN은 모든 회원국의 국경을 현재 존재하는 그대로 인정한다. 그러나 아프리카 국가의 경계에 대한 정당성 여부는 논쟁적인데, 이는 아프리카인이 국경선을 그리는데 거의 역할을 하지 않았기 때문이다. 1884-1885년 역사적인 베를린 회의에서 독일, 영국, 포르투갈, 프랑스, 스페인 등을 포함하는 유럽 제국주의 열강은 저명한 역사학자인 바질 데이비슨(Basil Davison)이 '장대한 아프리카 케이크'(1985)라고 언급한 형태로 아프리카 대륙을 분할했다. 사실상 경계선은 기존의 인접한 단위와 종족 집단과는 동떨어진 자의적 방식으로 그어졌다. 미래의 국가를 나타낼 분할선은 각종 마찰과 폭발적인 역학관계를 조장하는 방식으로 여러 종족 집단을 한데 묶었으며 이는 향후 분쟁의 단초를 형성하게 되었다. 영국총리 솔즈베리 경(Lord Salisbury)은 다음과 같이 재치있게 말했다.

"우리는 어떤 백인도 한 번도 밟아보지 못한 지도 위에 선을 긋는데 몰두하였다. 우리는 산맥, 강, 호수를 서로에게 넘겨주었으며 단지 그 산맥과 강과 호수가 어디 있는지 결코 정확히 알 수 없다는 작은 장애물에만 방해받았다."

솔즈베리가 어쩌면 아프리카 사람들을 그의 목록에 더했을지도 모른다. 옛 속담에 있듯이 유럽인에게 지리학은 '사람보다는 지도'에 대한 것이었다(Hargreaves 2004, 100-101). 다른 어떤 지역보다도 아프리카는 상이한 종족성, 종교, 문화, 그리고 역사의 모자이크이다.

당시 최고의 제국주의 국가였던 대영제국을 뒤따라 19세기 후반 여타 유럽국가들이 제국건설을 위해 미친 듯이 경쟁하기 시작했다(그림 10.1). 다윈의 자연선택 혹은 적자생존이론이 이제 민족들에 적용되었다. 일부 지역의 경우 비록 수익성이 없더라도 유럽국가들은 다른 국가가 선점하기 이전에 아프리카 영토에 대한 권리를 내세웠다. 20세기 초까지 영국, 프랑스, 포르투갈, 이탈리아, 스페인, 독일, 벨기에는 라이베리아와 에티오피

〈그림 10.1〉 아프리카인 영국군

출처: 미국 의회도서관

아를 제외한 아프리카 대륙 전체에 대한 공식적인 지배를 확립하였다. 1884-1885년 베를린 회의는 대부분 오늘날까지도 존재하는 아프리카의 제국주의적 국경을 확정지었다.

식민지 열강으로부터 독립한 이후 아프리카의 민족국가 건설은 난항을 겪었는데 국경이 종족적 또는 물리적 경계를 따르지 않았기 때문이다. 서아프리카의 아샨티(Ashanti)나 콩고분지의 바콩고(Bakongo)와 같은 전통적 국가는 수많은 상이한 종족과 언어집단을 포함하였으며 이는 **제국주의적 국경**에 의해 형성된 국가들도 마찬가지였다.

탈식민주의와 독립

식민통치의 종식은 1950년대 후반에 시작되었다. 1957년 가나는 영국의 지배로부터 벗어난 최초의 사하라 이남 국가가 되었다. 1975년 포르투갈 식민지였던 모잠비크와 앙골라가 독립하면서 마침내 아프리카에서 유럽의 통치 시대가 막을 내렸다. 남로디지아(Southern Rhodesia)는 백인 지배를 유지하기 위해 1965년 영국으로부터 독립을 선언했지만 아프리카인의 반대 운동으로 인해 1980년 이안 스미스(Ian Smith) 총리는 짐바브웨로 개칭하고 흑인 다수의 통치를 허용하였다. 남아프리카공화국은 **아파르트헤이트**(apartheid)를 폐기하였고 나미비아(이전의 남서아프리카)의 독립을 인정하였다.

1950년대초 영국군은 1,000명 이상의 마우마우(Mau Mau)[2]를 처형했다. 1952년부터 1959년까지 케냐의 **마우마우 반란**(Mau Mau rebellion)은 특히나 잔인한 충돌이었다. 반란은 20세기 초 영국에 의해 토지를 몰수당한 키쿠유(Kikuyu)족의 불만에 뿌리를 두고 있었다. 키쿠유족은 작은 토지보호구역으로 밀려났고 인구과밀과 빈곤에 시달렸다. 마우마우는 전투적 키쿠유 성원들로, 이들 중 다수는 2차 세계대전 참전용사였다. 그들은 토지개혁과 키쿠유족의 자유를 요구하였다. 전원이 백인이었던 케냐 경찰예비군의 한 대원은 골치아픈 재판을 피하기 위해 마우마우 포로를 즉시 사살했다고 기억한다. "포로를 죽여요? 글쎄요, 정말로 그게 똑같은 것은 아니예요, 그렇지 않나요? 무슨 말인고 하니, 만일 내가 포로를 죽였다고 생각하면 빌어먹을 기분이 들거예요"(Ascherson 2005, 26). 마우마우는 백인 정착민을 잔인하게 살해하고 테러를 가하는 것으로 대응했다. 마우마우는 일반 키쿠유인들도 반란에 가담하도록 강요했다. 영국언론은 백인들에 대한 공격을 담은 사진과 기사를 보도했지만, 단지 32명이 사망했다. 마우마우는 최소 1,800명의 동료 아프리카인을 학살했다. 영국은 '충성스런' 키쿠유족을 키쿠유 조국수비대(Kikuyu Home Guard)에 모집하여 종족 간 갈등을 조장했다. 키쿠유 사회의 1/3이 수용소를 거쳐 갔고, 여기서 영국은 이들을 다시 교화하려 하였다. 영국보안군은 약 200명이 죽은 반면 마우마우로 추정되는 케냐인 약 15,000명이 사망했다. 수용소에서는 수 천명 이상이 사망했다. 1963년 케냐가 독립하였을 때, 키쿠유족 온건파인 조모 케냐타(Jomo Kenyatta)가 대통령이 되었다. 비록 영국이 반란 당시 케냐타를 투옥하였지만 그는 마우마우를

---

2) 역자 주. 1950년대 케냐의 반(反)백인 비밀 결사이다.

'이미 박멸된 질병으로 다시는 기억되어서는 안되는 질병'이라고 불렀다(Elkins 2004; Anderson 2004).

케냐, 알제리, 짐바브웨, 남아프리카공화국과 같이 유럽인이 많이 정착했던 국가를 제외하면 아프리카 통치로의 이행은 평화롭게 진행되었다. 그럼에도 불구하고 초기 탈식민지 시기 이후 정치적 지배구조는 여러모로 문제가 많았다. 급조된 제도, 근시안적인 정책, 불안정한 내부 경제적 역학은 군사정권을 낳았으며 **군부쿠데타(military coup)**는 '아프리카의 혁명적 일상'이었다. 독립이후 아프리카 민족국가는 200건이 넘는 쿠데타를 경험했으며 약 45%가 성공하였다(*New Africa*, 2015.11.11). 이러한 쿠데타 시도의 약 10건 중 9건은 쿠데타를 통해 집권한 군사정권을 전복하려는 노력이었다(Collier 2004, 469).

범아프리카주의 지도자이자 초대 가나 대통령으로 다른 아프리카 국가 원수에게 영감을 준 콰메 은크루마(Kwame Nkrumah)는 문화적·종족적 차이를 극복하고 세계의 나머지 강대국들에 강력하게 대항할 수 있는 모두의 아프리카 국가를 꿈꿨다. 부분적으로는 콩고에서 루뭄바(Lumumba)를 전복하려는 미국과 벨기에의 음모를 계기로 32개 아프리카 국가가 **아프리카통일기구(Organization of African Unity, OAU)**를 1963년 결성하였다. OAU는 냉전시대 진영을 선택하라는 소련과 미국의 막대한 압력에 맞서 아프리카 국가들의 독립을 유지하기를 원했다. 또한 자유, 정의, 평등이라는 아프리카 공통의 유대를 찾으려는 시도이기도 하였다. 헌장 초안에는 "모든 아프리카 국가들은 국민의 복지와 안녕을 보장하기 위해 향후 단결해야 함이 마땅하다"는 내용이 담겨져 있다(Duiker and Spielvogel 2001, 914).

OAU는 궁극적으로 냉전의 경쟁 관계로 인해 악화된 경쟁적인 민족적·지역적 이해를 극복하기 위해 고군분투하던 아프리카 국가들의 모임이었다. 냉전 종식 이후 아프리카는 보다 큰 대륙공동체를 만들기 위한 노력을 다시 시작했다. 1991년 OAU는 역내 무역을 촉진하기 위해 아프리카경제공동체(African Economic Community)를 결성하였다. 그러나 경제성장의 부재와 보호주의 정책은 더 큰 통합에 장애가 되었다. 어느 나라의 지도자든 많은 자국민이 일자리를 잃을 상황에서 관세장벽을 낮추거나 수입품에 대해 국경을 개방하는 것을 꺼려한다. 비록 경제 상황의 침체가 종종 세계경제적 요인과 현지 정치의 불안정성에 어느 정도 연유하기도 했지만 정치인들에게는 경제통합을 진전시킬 동기가 없었다.

유럽인들이 자신의 이전 식민지들과의 유리한 경제적 관계를 유지하는 한, 이들 국가는 더 큰 민주적 통치나 공평한 경제발전을 추진하지 않았다. 제국주의자들에 의해 서구 기술과 현대적 인프라가 도입되었지만 이는 대부분 도시지역에만 국한되었고 대다수 아프리카인에게는 거의 다다르지 못했다. 아프리카 경제는 여전히 1차 자원의 수출과 서구의 기술 및 공산품 수입에 의존하고 있다.

유럽의 민족국가 모델은 아프리카의 역사적, 정치적, 문화적 현실에 맞지 않았다. 아프리카의 정치 엘리트들은 **신족벌주의(neo-patrimonial)** 체제를 구축하는 경향이 있었는데 이들은 정부 보조금을 자신의 지역구로 몰아주었으며 이는 종종 민족국가의 정치·경제발전을 손상시켰다. 일부 서구인들은 이를 부패로 규정하기도 하지만 때때로 아프리카 지도자들은 단지 자신이 속한 공동체나 종족집단을 돌보는 것일뿐이라고 주장한다. 이러한 공동체적 성격의 정치적 정체성은 투명하고 규칙에 입각한 공식적인 민주적 제도와 공동의 민족적 목표의 발전과는 상충한다. 아프리카학자 패트릭 샤발(Patrick Chabal)이 말했듯이 아프리카 정치엘리트들은 "자신의 고객에 대한 비공식적 의무를 이행하고 통치자로서의 권력과 지위를 유지하기 위한 요구를 충족시키기 위해 자신의 공식적 지위를 활용한다"(Chabal 2005, 22-24).

새로운 아프리카 지도자들은 서구의 진보적 정치 가치에 정통했음에도 불구하고 식민주의에서 독립으로 급격히 이행한 탓에 대부분의 아프리카 국가에는 제대로 된 정당이 존재하지 않았다. 식민통치의 강요로 인해 아프리카 국가들은 서구 국가가 표방하고 있는 민주적 관행과 경제적 자급자족에 대한 경험 자체가 전무하였고 이는 독립 이후 아프리카 국가들에게 심각한 결과를 초래하였다. 1960년 벨기에가 콩고의 독립을 어쩔 수 없이 승인하였을 때 콩고인은 약 5,000개의 고위행정직 중 단 3개만 차지하고 있었다. 나머지 자리를 채울 자격을 갖춘 콩고 대학졸업자는 30명에 불과했다(Judt 2000, 66-69; Hochschild 2005, 40). 1961년 독립 초기 탄자니아는 인구 천 만명의 나라에 숙련된 엔지니어가 2명, 의사가 9명이었다(Best et al. 2004, 397). 지난 수 십년 동안 아프리카 국

가의 대학졸업자 수는 비약적으로 증가했지만 세계 다른 지역에 비해 아프리카는 훨씬
뒤쳐져 있다.

일부 아프리카 지도자들은 집권 연장을 정당화하기 위해 선거를 조작하거나 헌법을 개
정하는 쪽으로 눈을 돌렸다. 2007년 케냐의 대통령 선거 이후 결과에 항의하는 과정에서
종족간 폭력이 발생했다. 2013년 봄에 치러진 우후루 케냐타(Uhuru Kenyatta) 대통령의
당선은 공정한 선거로 간주되었지만 케냐타는 이전 선거의 폭력 사태를 지원한 혐의로
국제형사재판소(ICC: International Criminal Court)에 기소되었다(2015년 기소가 취하
됨). 2013년 봄 중앙아프리카공화국에서 또 다른 쿠데타가 발생하여 이러한 권위주의적
정치 전통을 이어갔다. 반군지도자 지첼 조토디아(Jichel Djotodia)의 지지자들은 축출된
프랑소와 보지즈(Francois Bozize)를 지지하는 마을 주민을 공격하여 수 십명을 살해하였
다. 2015년 부룬디와 부르키나파소의 쿠데타 시도는 실패했는데 이는 부분적으로 **아프
리카연합(African Union, AU)**의 제재 위협 때문이었다.

냉전은 아프리카가 여전히 강대국들의 관심을 받을 수 있도록 보장했지만 주로 자유
세계 또는 공산주의 세계에 대한 충성의 전장으로서, 그리고 가치있는 원자재의 공급원
으로서 여겨졌다. 1961년 서방이 콩고의 지도자 파트리스 루뭄바(Patrice Lumumba)를
좌파 성향이라는 이유로 암살하려고 획책하였을 때 아프리카 대륙은 냉전에 뛰어들었
다. 범아프리카 운동의 지도자 중 한 명인 가나의 콰메 은쿠루마(Kwame Nkrumah)는 이
지역의 다른 친서방 정부를 약화시키는데 관여하였다. 아프리카가 공산주의 장악의 비
옥한 토양이 될 것을 우려한 미국은 외국 자산을 국유화하지 않거나 소련과 협력하지 않
는 어떤 지도자든 지지했다. 대부분의 서방경제 원조는 정치적 충성심에 대한 보상이었
고 이는 부패한 엘리트와 측근의 금고로 바로 들어갔다. 이를 묘사하는 용어가 **도둑정치
(Kleptocracy)**로 자이르의 모부투 세세 세코(Mobutu Sese Seko)와 같은 체제를 가리킨
다. 1980년대 자이르, 라이베리아, 수단, 소말리아와 같은 반공주의 정부는 사하라 이남
아프리카에 대한 미국 원조의 80%를 가져갔다. 부패한 정권은 원조금을 빼돌렸고 인프
라를 구축하거나 경제를 성장시키는 데 실패했다. 심지어 미국은 백인으로만 구성된 정
부가 흑인 아프리카인의 기본적 인권과 시민권을 박탈한 아파르트헤이트 제도를 운영한

남아프리카공화국을 지원하기도 하였다.

일부 서구 학자들은 강대국 사이에 전쟁이 일어나지 않았기에 냉전을 '긴 평화'라고 불렀지만 아프리카의 오래된 격언이 말해주듯 "코끼리가 싸우면 풀이 고통받는다." 아프리카를 비롯한 개발도상국에서 벌어진 대리전쟁은 무기의 유입으로 이어졌고 내부 투쟁의 비옥한 토양을 양산했다. 냉전기간 동안 개발도상국 분쟁으로 2,500만 명이 넘는 사람들이 사망했다. 이 모든 사상자가 전적으로 냉전 때문이라고 단정할 수는 없지만 서방과 소련 블록은 에티오피아, 수단, 소말리아, 앙골라, 모잠비크에서 내전의 기간과 치사율을 높인 정교한 무기를 고객들에게 공급했다. 게다가 강대국들은 아프리카의 권위주의 지도자들에게 자국민을 억압하는 데 필요한 군사적 수단을 제공했다.

아프리카 정치 및 경제 발전의 당면과제

식민통치 기간 동안 아프리카의 무역은 제국의 본거지인 유럽으로 향했고 지역적 차원의 상업적 연계는 약화되었다. 아프리카 국가들은 주로 원자재 수출국이자 공산품 및 기

〈그림 10.2〉 클린턴 국무장관과 모건 창기라이 짐바브웨의 총리

출처: 미국 국무부

술의 수입국이었다. 이러한 추세는 지속되고 있다. 유럽연합, 아시아, 미국은 아프리카의 최대 무역상대국이다(그림 10.2). 원자재와 상품이 여전히 아프리카 수출의 90% 이상을 차지한다. 아프리카는 전 세계 코발트의 54%, 보크사이트의 32%, 망간의 52%, 크롬의 81%를 보유하고 있다. 배금의 84%는 남아프리카공화국에 있다. 이러한 풍부한 광물자원은 일부 아프리카 국가에게는 저주가 되어왔다. 광업은 보다 많은 일자리를 만들지 못했고 서아프리카와 남아프리카에서는 금과 다이아몬드를 둘러싼 잔인한 전쟁이 벌어졌다. 특히 시에라리온은 다이아몬드를 둘러싼 끔찍한 내전을 경험하였는데 거기서는 소년병들이 전투에 투입되기도 하였다. 이 잔인한 분쟁에서 라이벌 민병대는 포로로 잡힌 이들의 손을 자르기도 했다(Beah 2006).

1980년대 많은 아프리카 국가들은 더 자유로운 민주정부와 번영하고 성장하는 경제로 나아가는 것처럼 보였다. 군부정권은 무너지고 냉전이 종식되었다. 그러나 많은 아프리카 국가들, 예를 들어 동아프리카의 에티오피아, 소말리아, 수단, 중앙아프리카의 부룬디, 우간다, 르완다, 콩고, 남부아프리카의 모잠비크, 앙골라, 그리고 시에라리온, 아이보리코스트, 라이베리아 등이 종족갈등과 내전 상태로 되돌아갔다. 코트디부아르, 잠비아 등의 국가에서는 정치적 상황이 개선되었지만 감비아, 우간다, 콩고민주공화국, 에티오피아 등에서는 악화되었다(Freedom House 2016).

불안정한 정부와 내전으로 인해 많은 희생자가 발생했다. 특히 사회적 세계화로 인해 높아진 'CNN' 효과는 테러리스트나 극단주의 단체에게 자신들의 메시지를 방송하고 새로운 조직원을 모집할 수 있는 수단을 제공하였다. 알샤바브(Al-Shabaab)는 소말리아에 근거를 둔 테러 조직이며 나이지리아 북부 반군 단체인 보코하람(Boko Haram)은 니제르, 차드, 카메룬 등지로 테러를 확산하고 이슬람국가에 충성을 맹세하고 있다.

42개 아프리카 국가가 WTO에 가입되어 있지만 아프리카는 다른 어떤 대륙에 비해 세계 경제와의 연계성이 낮다. 2015년 세계 무역에서 아프리카가 차지하는 비중은 2% 미만이다. 최대수출국은 남아프리카공화국으로 세계 38위이며 나이지리아가 52위이다. 주요 수입국 중 남아공은 35위, 나이지리아는 51위이다. 2010년대 중반 세계 원자재 가격의 하락은 이 지역에 큰 타격을 주었고, 외국인직접투자(FDI)는 2014년 442억 달러에서 2015

년 310억 달러로 감소했다(*CIA World Factbook* 2016; World Bank 2016).

  몇몇 경제학자들은 아프리카 국가 사이의 무역장벽이 경제성장 둔화의 가장 큰 원인이라고 주장한다. 아프리카 대륙 내의 관세가 역외 관세보다 높다. 예를 들어 WTO는 아프리카 국가가 동남아시아에서 컨테이너를 수입하는 900 달러의 비용이 들지만 다른 아프리카 국가로부터는 2,500 달러가 든다고 추정한다. 아프리카 역내 무역은 EU, 미국, 일본으로의 수출에 대한 의존을 낮출 수 있다. 아프리카 수출의 2/3는 연료와 광물이다. 2008년 경제위기가 이들 선진국을 강타하고 수요가 감소하자 아프리카 경제 또한 어려움을 겪었다(WTO 2016).

  석유 시추와 같은 채굴산업은 고용 기회가 적고 원자재 수출에 기반한 경제성장은 가격 변동에 영향을 받는다. 아프리카에 대한 외국인 직접투자의 대부분은 다이아몬드, 백금, 금 등의 채굴과 석유 시추에 사용된다. 21세기 초 일자리 성장은 이와 같은 상품과 기타 원자재 상품의 가격 상승에 의존했다(UNECA 2020). 2010년대 원자재 상품 가격의 급격한 하락은 이들 수익에 타격을 주었다. 유가와 상관없이 전 세계 산유국 중 석유 수익을 광범위한 경제적 번영으로 전환시킬 수 있었던 국가는 거의 없다. 대부분의 아프리카 정부는 광물자원의 부를 소득불평등을 시정하거나 지속적인 경제 성장을 촉진하는 데 사용하지 않았다. 중동의 많은 석유수출국의 대규모 실업자와 빈곤층은 석유 매장량이 장기적인 경제 번영을 보장하지는 않는다는 충분한 증거를 제시한다. 사하라 이남 아프리카의 최대 석유 수출국인 나이지리아의 1인당 GDP는 6,100달러로 세계 159위이다(CIA *World Factbook* 2016).

  최근까지 아프리카의 경제 전망이 개선된 것은 부분적으로는 세계은행과 IMF가 아프리카 부채의 상당 부분을 탕감해 주었기 때문이다. 2013년 브라질은 아프리카 12개국에 대한 9억 달러의 부채 부담을 완화한다고 발표하면서 이러한 추세를 이어갔다. 그럼에도 불구하고 아프리카의 성장률은 기초 원자재 가격의 폭락과 중국 경제의 둔화로 인해 정체되었다(OECD 2016; USAID 2016). 가나는 부채탕감의 혜택을 받아 2011년 GDP가 14.4%라는 엄청난 증가율을 기록했지만, 2015년에는 성장률이 3.5%로 떨어졌다(*Time*, 2012.13.3; *CIA World Factbook* 2016).

아프리카 국가 건설과 글로벌 경제통합 :
나이지리아와 콩고민주공화국의 사례

이 절에서는 국가 건설, 경제 개발, 국제사회로의 통합과정에서 이 지역이 직면한 역사적, 지리적, 정치적, 문화적 도전의 일부를 2개의 사하라 이남 아프리카 국가를 중심으로 설명한다. 나이지리아는 석유부국이지만 정치적 부패, 정치적 불안정, 종족 분쟁으로 인해 성장이 저해되고 있다. 콩고민주공화국은 자원이 풍부한 또 다른 아프리카 국가이지만 취약한 지도력, 내전, 미흡한 인프라 및 교육 예산 그리고 특히 부담스러운 식민지 유산 등으로 인해 경제발전이 둔화되었다. 이러한 요인들의 기저에는 일부 정치학자들이 **경로의존성**이라고 부르는 것이 있는데 이는 제도에 깊이 배태되어 있어 시간을 견뎌내는 피드백 회로(feedback loop) 또는 기제로 이해될 수 있다.

나이지리아

석유부국임에도 불구하고 나이지리아는 정치적 갈등과 경제 침체에 빠져있다. 나이지리아는 세계에서 6번째로 큰 산유국이지만 석유 수출에 의존하는 국가로서 숱한 박탈감을 겪고 있다. 인구는 1억8,600만명으로 사하라 이남 국가 중 가장 인구가 많다. 영국은 1906년 라고스와 남부 나이지리아를 병합하고 1914년 북부 지역을 추가하는 것을 통해 이 거대하고 통제하기 힘든 국가를 형성했다. 나이지리아에는 약 250개의 상이한 종족집단이 존재한다. 남서부(라고스)의 대다수 기독교를 믿는 요루바족, 남동부의 이그보족, 북부의 무슬림 하우사족과 폴라니족 등이 가장 큰 네 개의 종족집단으로 이들이 나이지리아 인구의 약 2/3를 차지한다. 여타 종족집단은 대체로 이들의 하위집단으로 포함된다. 한 아프리카 학자는 "사람들이 실제로 북부 지역을 하우사–풀라니라고 부르는 것은 북부에 하우사–풀라니외의 사람들이 살고 있다는 사실을 잊은 것"이라고 지적한다.

1960년 나이지리아가 독립을 성취한 이후 이러한 종족의 불안한 공존과 취약한 평화는 정치적, 파벌적 갈등으로 분출되었다. 영국 행정관들은 북부지역을 우대하였는데 북부지역은 보통 단일한 블록으로 투표하는 것을 통해 라고스의 정부를 지배했기 때문이다. 북부에 위치한 하우사족과 풀라니족은 전체 인구의 약 30%를 차지하고 남부의 요루바족과 이그보족이 약 40%를 차지한다. 인구의 약 절반은 무슬림이고 40%는 기독교인이다. 이그보족은 무슬림이 운영하는 정부에서 2등 시민이 되었으며 이들에 대한 정부군의 학살은 1967년 비아프라 독립국가 형성의 계기가 되었다. 이 전투에서 적어도 백만명의 비아프라인이 사망했다.

나이지리아는 1960년 독립 이후 군사 쿠데타가 반복되었다. 나이지리아 정부는 웨스트민스터(Westminster)식 정부 혹은 의회주의를 채택하고 있기 때문에 약 5년마다 정부가 교체되었다. 종족 분열은 분명 정치적 불안정성에 일조하였으며, 다당제 민주주의는 민족국가 건설에 실패함에 따라 권위주의적 지도자가 일당체제로 운영하는 구실이 되었다. 나이지리아 지도자들은 1963년, 1979년, 1989년, 1999년 헌법을 통해 국가의 인종적 차이를 조정하려고 노력하였으나 정당들이 여전히 종족집단과 연계되어 있어 합의와 타협이 어려웠으며 의회는 교착상태를 벗어나지 못했다(Bah 2005, 48-49). 생활수준의 저하, 부족한 자원을 둘러싼 갈등, 종족적 편애, 북부의 지배, 북부지방에서 이슬람 율법을 강요하려는 북부 무슬림 지도자들의 위협 등으로 인해 시민 불안이 지속되고 있다. 이슬람 테러단체 보코하람(Boko Haram)의 공격으로 북부에서 수 백명이 사망하고 나이지리아군의 잔인한 보복이 이어지면서 민간인까지 교전 중에 희생되었다. 보르노주의 주지사는 "상점을 불태우고 민간인을 학살하는 것은, 이들을 보코하람 진영에 가담하게 만드는 일이다"라고 말했다(*New York Times*, 2013.4.30). 납치된 학생들 중 일부는 구출되었다.

그러나 최근 몇 년 동안 정치적 전망은 개선되었다. 국제사회는 2007년 4월의 새 대통령 선거를 신뢰할만 것이라고 간주하지는 않았으나 나이지리아 역사상 최초로 비폭력 권력 이양이 이루어졌다. 2011년 봄 굿럭 조나단(Goodluck Jonathan)은 북부 출신의 무슬림 무함마두 부하리(Muhammadu Buhari)를 물리쳤는데 이는 800명이 사망하는 폭동을 촉발시켰다.

5년 후의 기념비적 선거에서 부하리는 자유롭고 공정한 선거를 통해 대통령에 당선되었다. 나이지리아는 역사상 처음 진정으로 평화로운 선거와 정권승계를 이루었다. 그러나 여전히 일부에서는 나라의 미래를 염려하고 있는데, 이는 부하리가 군사쿠데타를 통해 1984-1985년 나라를 이끌었고 그가 남부의 비무슬림보다는 북부에 특혜를 줄 것을 우려했기 때문이다. 부패, 경제, 안보 문제를 해결하겠다고 약속하며 무함마두 부하리는 2019년에 두 번째 임기를 위한 재선에 성공하였다(BBC News, 2019.2.27).

나이지리아와 중국의 경제적 관계는 사하라 이남 아프리카에 대한 중국의 최근 투자를 여실히 보여준다. 나이지리아와의 무역을 촉진하기 위해 중국은 나이지리아 기반시설 프로젝트에 수 십억 달러를 쏟아붓고 있다. 하지만 양국 관계는 문제에 직면해 있다. 섬유·의류와 같은 나이지리아의 일부 산업은 값싼 중국산 수입품으로 인해 고용이 급속히 감소하였다. 중국산 수입품 중 상당수는 조잡한 솜씨로 제조되었다. 나이지리아 정부는 또한 중국기업과 맺은 거래에 있어서의 부패에 대한 조사를 진행하고 있다(*New York Times*, 2015.12.6).

세계은행에 따르면 현재 나이지리아 국민의 40%가 빈곤선 아래에 살고 있다. 세계은행은 또한 석유 수입의 80%가 인구 1%에게 돌아가고 부패가 만연해 있다고 추정한다. 정제 능력의 감소로 인해 나이지리아는 실제로는 휘발유를 수입해야 한다. 나이지리아 최대 도시인 라고스에 서비스를 제공하는 기반시설은 보다 나은 방향으로 변화하고 있지만 여전히 더 많은 투자가 요구된다. 도로는 곳곳이 패여 있고 정전이 잦으며 범죄가 만연해 있다. 유엔인간개발지수 순위에서 나이지리아의 생활 수준은 방글라데시보다 낮으며, 기대수명은 52.8세에 불과하여 세계 213위이다(World Bank 2016; *CIA World Factbook* 2016).

지속적인 통치구조의 문제와 빈부 격차의 확대는 북부 무슬림과 남부의 다른 종족 간의 분열을 악화시키고 있다. 식민지 시기 '수입된 제도'에 해당하는 추출의 정치(the politics of extraction)와 더불어 어떠한 현대 국가에게도 난제인 250개 이상의 종족 집단을 대표해야 하는 나라라는 점은 현재 진행 중인 국가적 대실패의 역학을 설명한다. 석유를 생산하는 남부와 니제르 삼각주에 사는 사람은 나이지리아 석유 수익의 혜택을 누리지 못하는데 이는 전 세계에 걸친 원유 또는 자원 부국을 괴롭히는, 익히 알려진 **자원의 저주** 때문이다. 근본적으로 석유의 발견은 지대추구 경향을 낳게 되는데 이는 수익성이 좋은 여타 경제 분야나 활동에 대한 개발을 소홀히 하거나 결여한 채 석유 자원에만 지나치게 집중하는 결과를 낳을 수 있다. 그 결과 1990년대 이후 니제르 삼각주 지역에서는 주기적인 불안으로 인해 폭동이 일어났는데, 환경운동가 켄 사로위와(Ken Saro-Wiwa) 등은 정부가 환경을 방치하는 데 대해 항의하다 자신들의 목숨으로 값비싼 댓가를 치렀다.

콩고민주공화국

콩고민주공화국(DRC, 이전 자이르)의 역사는 아프리카의 발전 경로와 세계 경제로의 보다 큰 통합의 경로를 가로막는 많은 장애물을 보여준다. DRC는 아프리카의 광대한 땅의 1/13을 차지하며 석유, 고무, 금, 다이아몬드, 구리, 아연과 같은 아프리카에서 가장 귀중한 천연자원을 보유하고 있다. 벨기에 국왕 레오폴드 2세는 19세기 후반 콩고를 개인 소유로 삼고 상아, 고무, 광물 등을 판매하여 막대한 부를 축적했다. 벨기에인들은 아프리카인의 삶은 전혀 고려하지 않고 무자비하게 이들을 착취하였다. 강제노동, 질병, 살인 등으로 인해 벨기에의 식민통치 기간동안 콩고 인구의 거의 50%, 약 1,000만 명이 목숨을 잃었다고 학자들은 추정하고 있다(Hochschild 2005, 42).

콩고는 안정적이고, 합법적이며, 통합된 통치구조에 대한 엄청난 장애에 직면해 있다. 콩고의 인구는 7,730만 명이며 이들은 75개 이상의 상이한 언어를 사용한다. 국민의 대다수는 반투족이지만 콩고에는 200개가 넘는 종족집단이 있다. 기대수명은 58.7세로 세계 206위이다. 여성 1인당 출산율은 세계적으로는 2.4명인데 비해 콩고는 6.1명이다. 1인당 총 수입은 800달러로 세계 226위에 해당한다(World Bank 2016; CIA World Factbook 2016).

파트리스 루뭄바(Patrice Lumumba)는 1960년 콩고가 독립을 성취한 이후 초대총리를 지냈다. 그러나 그의 사회주의적 성향과 콩고가 소련의 영향권에 들어갈 것이라는 서방의 두려움으로 인해 미국과 벨기에 정부는 정치적 반대파들이 그를 암살하는 것을 지원하였다.(De Witte 2001 참고).

그의 후계자 모부투 세세 세코(Mobutu Sese Seko)는 아프리카에서 가장 부패한 독재정권 중 하나를 세웠다(그림 10.3). 콩고의 국호를 자이르로 바꾼 모부투는 냉전기간 동안 확고한 반공주의로 미국과 유럽의 지지를 받았다. 모부투의 도둑질은 벨기에인을 모

〈그림 10.3〉 1973.10.10. 백악관 대통령 집무실에서의 닉슨과 자이르의 모부투 세세 세코 대통령의 만남

출처: 미국 국립문서보관소

방했다. 1997년 정권에서 축출될 당시 모부투는 스위스와 프랑스에 집을 소유하고 있었고 외국은행계좌에 수억 달러를 은닉하고 있었다.

오랫동안 야당의 지도자였던 로랑 카빌라(Laurent Kabila)는 콩고 동부에서 반군을 동원하여 1997년 모부투 정부를 전복시켰다. 콩고는 혹자가 아프리카의 1차 세계대전이라 부른 상황으로 빠져들었다. 이 지역의 8개국이 분쟁에 개입했다. 르완다, 부룬디, 우간다는 카빌라의 반대파를 지지했고 앙골라, 짐바브웨, 나미비아, 차드, 수단은 수세에 몰린 카빌라정권을 지원하고 콩고의 풍부한 광물자원을 탈취하기 위해 군대를 파견하였다. 이 전쟁으로 약 600만 명이 사망하였고 2010년 이후 300만 명이 넘는 콩고인이 난민이 되었다. 이는 2차세계대전 이후 가장 치명적 전쟁이었다(French 2009, 44; BBC News, August 10, 2016; World Bank 2016).

2001년 카빌라는 암살당했고 이후 그의 아들 조셉 카빌라(Joseph Kabila)가 집권하고 있다. 2002년 말 젊은 카빌라는 콩고 동부에서 르완다 군대의 철수를 협상할 수 있었고 콩고의 교전 당사자들은 국민통합 정부 구성에 합의하였다. 2006년 11월 콩고는 40년 만에 처음으로 다당제 선거를 실시하였고 국제사회는 이 선거가 공정하고 공평하게 치러졌다고 간주했다. 카빌라는 거의 60%의 득표율을 얻었다. 카빌라는 2011년 연임에 성공했지만 2016년 말 카빌라가 헌법의 임기제한을 뒤집고 권력을 유지하려는 명백한 움직임을 보이자 킨샤사(Kinshasa)에서 폭동이 일어났다. 2015년 갤럽여론조사에서 DRC 콩고인의 28%만이 자국 정부에 대해 긍정적으로 생각하는 것으로 나타났다(Gallup 2015).

콩고의 내전, 취약한 중앙정부, 만연한 부정부패는 기반시설을 완전히 황폐하게 만들었다. 콩고 현지의 한 공무원은 뉴욕타임즈 기자에게 "시장에 어떻게 물건을 가져가려고 합니까? 머리에 이고 다닐 수 있는 만큼만 옮길 수 있어요"라고 물었다. 콩고는 빈부 격차가 심하다. 광물부존량이 24조 달러로 추정되는 이 나라에서 70% 이상이 빈곤선 아래에 살고 있다.

아프리카 대륙에 대한 세계화의 영향 : 미국, 유럽, 아시아와의 관계

아프리카의 경제적 잠재력은 방대하며 아프리카개발은행은 기반시설 개선이 경제적 기회를 향상시키는 핵심요소라고 꼽고 있다. 아프리카개발은행은 아프리카가 매년 기반시설 프로젝트에 필요한 비용의 절반만 지출하고 있다고 추정한다(WTO 2016).

아프리카는 전 세계 석유 매장량의 9%를 보유하고 있으며 중요한 원유 수출국들이다. 아시아의 수요와 리비아, 이라크, 이란 등과 같은 아프리카 및 중동 공급국의 안정성에 대한 우려로 인해 나이지리아, 차드, 앙골라, 수단, 적도 기니, 콩고, 가봉 등의 석유부국에 대한 중요성이 커지고 있다. 중국, 미국, 캐나다는 사하라 이남의 원유를 가장 많이 수입하는 국가들이다. 중국은 석유 수입의 거의 1/4을 사하라 이남 아프리카에서 들여온다. 2010년대 중반 이 지역은 세계 석유 공급 과잉과 가격 하락으로 어려움을 겪었다. 2014년 사하라 이남 지역의 수출에서 석유가 차지하는 비중은 53.6%로 전년 대비 13% 감소했다(WTO 2016).

아프리카—미국 관계

미국은 2000년 아프리카 성장 및 기회법(Africa Growth and Opportunity Act, AGOA)

을 통해 아프리카 국가에 대해 미국시장에 대한 무관세 접근권을 부여함으로써 무역을 꾸준히 확대하고 있다. AGOA의 제3국 직물조항을 통해 아프리카 대륙외부에서 가져온 재료를 사용하는 아프리카 섬유제조업체는 미국에 무관세로 섬유제품을 수출할 수 있다. 현재 약 6,400개 품목에 관세가 부과되지 않고 있다. 사하라 이남 아프리카로부터의 미국 수입은 2002년부터 2012년까지 177% 급증하였지만 그 중 석유가 대부분을 차지했다. 이 지역에 대한 미국의 수출은 2011년에서 2012년까지 6.3% 증가하였고 그 중 1/3이 남아프리카공화국으로의 수출이다. 북미에서의 석유 생산이 증가함에 따라 미국의 대(對)아프리카 수입은 2013년 501억달러에서 2015년 254억달러로 감소했다. 대아프리카 수출은 2013년 350억달러에서 2015년 254억달러로 감소했다(US Census Bureau 2016; Office of the US Trade Representative 2016).

2000년대 미국은 에이즈 구호를 위한 긴급 계획에 150억 달러를 약속했고, 2003년에는 여성인권 증진 등 확고한 민주적 실천을 보여준 국가의 장기적인 발전을 위해 새천년 도전협력(Milennium Challenge Corportation, MCC)을 출범시켰다. 아프리카 20개국이 MCC협약에 서명했으며 2016년까지 깨끗한 물, 농부 교육 법률 지원 등의 프로젝트에 거의 80억 달러를 지원받았다. 2013년 오바마 대통령의 아프리카 방문과 함께 미국은 사하라 이남 아프리카의 전기공급을 두 배로 늘리겠다는 야심찬 계획에 70억 달러를 약속했다(www.mcc.gov; Star Tribune, Minneapolis, July 2, 2013).

1998년 8월 테러조직 알 카에다(Al Qaeda)는 탄자니아 다르에스살람(Dar es Salaam)과 케냐 나이로비의 미국대사관 두 곳을 폭파하여 250여명 이상의 사망자와 4,000명의 부상자가 발생한 사건에 대해 자신들의 소행이라고 주장했다. 새로운 미국 아프리카사령부(AFRICOM)은 이러한 테러리스트와 해적 행위를 막고, 미국의 경제적 이익을 보호하며 이 지역에서의 중국 영향력에 대응하기 위한 노력의 일환이다. 2013년 가을, 소말리아 이슬람단체 알 샤바브(Al Shabab)는 2011년 케냐가 반이슬람정부를 지원하기 위해 소말리아를 급습한 데 대한 보복으로 나이로비의 고급쇼핑몰에 치명적인 테러공격을 감행했고, 60명 이상이 사망했다. 2015년 해당 단체는 케냐의 가리싸(Garissa) 대학에서 150명을 살해하였고 소말리아의 아프리카연합 평화유지군을 공격했다.

아프리카의 유럽과의 경제관계

유럽은 아프리카에서 20마일(약 32.17km) 떨어져 있으며 이들의 현대사는 뗄레야 뗄 수 없이 연결되어 있다. 2007년 영국은 노예무역 폐지 200주년을 기념하였다. 영국은 노예무역을 종식시킨 최초의 주요한 식민지국가(비록 영국 식민지에서의 노예제도는 지속되었지만)였으며, 토니 블레어 영국총리는 아프리카의 빈곤, 질병 부채를 근절하기 위해 유럽연합과 나머지 선진국에 촉구하는 방식의 하나로서 2세기 전 영국의 도덕적 입장을 환기시켰다.

아프리카와의 무역을 늘리기 위한 EU의 노력은 계속되고 있다. EU는 현재 거의 모든 아프리카 수도에 영사관과 무역사무소를 두고 있다. 2007년 EU는 아프리카 상품에 대해 무관세로 EU 시장을 개방한 잠정적인 경제동반자협정(EPA)을 몇몇 아프리카 국가와 체결하였다. 예를 들면 케냐와 탄자니아의 섬유제품과 보츠와나의 쇠고기가 EPA에 따라 EU에서 판매되고 있다. 아프리카와 EU의 무역은 2004년부터 2008년까지 꾸준히 증가했지만 2009년 세계 경제 침체로 인해 10% 감소했다. 유럽연합은 미국과 마찬가지로 주로 아프리카 석유를 수입한다. 2011년 리비아 독재자 무아마르 카다피(Muammar Qaddafi)에 대항한 반란으로 리비아의 석유공급이 차질을 빚은 이후 나이지리아와 앙골라가 유럽으로의 석유 수출을 늘렸다(Eurostat 2011).

아프리카와 아시아: 남남 협력

이 지역은 아시아, 특히 인도와 중국의 중요한 무역파트너로 급부상하고 있다. 인도와 동부 및 남부 아프리카는 수 세기 동안 이어져 온 관계를 오늘날 되살리고 있다. 인도 혈통의 많은 이들이 동아프리카국가에 살고 있는데 이들 중 일부는 19세기 후반 케냐-우간다 철도 등과 같은 건설 프로젝트에 일하기 위해 건너왔다. 인도 독립의 아버지 모한다 간디(Mohandas Gandhi)는 남아프리카공화국에서 어린 시절의 대부분을 보냈다.

2006년 가을 델리에서 열린 인도-아프리카 파트너십 회의에서 인도 외무부 관계자는 "현대 인도는 새로운 국제질서의 발전에 기여하기 위해 부활하는 아프리카와의 관계를 강화하고자 하며 이에 대한 새로운 기대와 낙관주의가 있다"고 선언했다. 이 회의에 참석한 수백 명의 아프리카와 인도의 기업인들은 대략 170억 달러에 달하는 300개 이상의 프로젝트를 논의했다. 인도의 대아프리카 무역은 2010년 375억 달러에서 2014년 620억 달러로 급증했다. 인도는 미국을 제치고 나이지리아산 석유의 최대 수입국이 되었다. 나이지리아, 남아프리카공화국, 앙골라는 사하라 이남 아프리카에서 인도의 3대 교역국이다(www.business-standard.com; Bloomberg Report, October 26, 2015).

새로운 인도 수출입은행과 인도의 아프리카 기금은 이러한 무역을 촉진하였으며, 인도는 많은 아프리카 국가들에게 기술이전, 제조공장, 이동식 식수 시설과 여타 개발프로젝트에 신용을 부여하였다. 인도는 또한 아프리카의 에너지 자원을 활용하고 있다. 2003년 인도 최대기업인 석유천연가스유한책임회사(Oil and Natural Gas Corporation LTd., ONGC)는 수단의 그레이터 나일 석유회사(Greater Nile Petroleum Oil Company)의 지분 45%를 인수했다. ONGC는 또한 아이보리코스트,[3] 가봉, 이집트 등에서 석유 및 천연가스 거래에 참여해 왔다.

2009년 중국은 미국을 제치고 아프리카 최대의 무역파트너가 되었다. 중국의 대 아프리카 무역은 2010년부터 2014년까지 두 배로 증가하여 2014년에는 1840억 달러에 달했다. 중국은 필수불가결한 아프리카의 원자재들, 특히 석유를 원하고 필요로 한다. 중국은 아프리카 기반시설에 상당한 투자를 해왔지만 FDI의 2/3가 손실을 입었다. 세계적 평균은 약 50%이다(Forbes, July 8, 2015). 중국이 아프리카로부터 수입하는 상품의 90%는 1차 상품이며, 연료가 그 중 2/3이상을 차지한다(African Center for Economic Transformation 2010). 지난 10년 동안 중국 기업들은 잠비아, 가봉, 콩고민주공화국과 같은 국가들과 대규모 채굴계약을 체결하였다. 콩고는 구리 및 코발트 광산, 철도와 도로, 진료소, 학교, 대학, 병원 등에 수십억 달러를 지원받았다. 중국은 아프리카대륙 내부로부터 석유와 광물을 추출하기 위한 기반시설에 막대한 투자를 해왔다. 중국은 또한 아프리카의 25개 이상 최빈 개발도상국으로부터 수입되는 수많은 수입품에 대해 무관세 혜택을 부여하였다. 2015년 시진핑 중국국가주석은 600억 달러의 추가적 개발원조를 약속했다(French

---

3) (역자 주) 다른 이름은 코트디부아르이다.

2009, 60－68; *New York Times*, 2015.12.6).

　서방 국가들은 중국의 아프리카 진출에 대해 다소 우려를 표명하고 있지만 중국의 FDI 규모는 전체 중국 투자의 3%에 불과하다. 그리고 중국노동력을 활용하는 경향을 고려할 때 중국의 장기적 투자성격에 대한 의구심도 일부 존재한다. 한 콩고 법학자는 중국인들이 관리직과 기술직에 현지 인재를 활용하지 않는다고 불평했다. "그들은 노동자를 고용하고 그게 다이다…. 그들이 짐을 싸서 떠나면 콩고에는 아무것도 남지 않을 것이다. 심지어 우리 인적 자원의 향상조차 없이 우리의 땅은 파헤쳐지고, 비워지고, 그대로 방치될 것이다"(French 2009, 60-68). 2013년 니제르 정부는 중국과의 석유 계약 중 일부 조항을 포기하고 중국 측에 환경훼손의 책임을 물었다. 가봉은 중국인들로부터 유전지역을 몰수하여 국영기업에 넘겼다. 니제르의 푸마코예 가도(Foumakoye Gado) 석유장관은 지속가능발전에 대한 아프리카의 이러한 새로운 관심을 반영한다. "이것은 우리가 가진 전부이다…. 우리는 이러한 자원에 대한 완전한 가치를 얻기 위해 … 우리 국민에게 무언가를 가져다 주기 위해 싸워야 한다." 이웃한 차드에서는 석유장관이 중국기업의 작업을 중단시켰는데 이들이 도랑에 대량으로 투기한 기름 제거 작업에 무방비의 차드 노동자를 동원하였기 때문이다. 석유장관은 해당 회사의 현지 책임자와 보좌관을 국외로 추방하였다(*New York Times*, 2013.9.18).

　2013년 가나 당국은 중국인이 운영하는 금광을 폐쇄하고 현지에서 '갈람시(galamsey)'라고 부르는 불법채굴을 이유로 200명 이상을 수감했다. 이들은 오염과 가나 노동자에 대한 학대 혐의로 기소되었다. 약 20억 달러에 달하는 중국의 상당한 투자와 차관이 들어온 이후 중국인 이주민의 유입으로 인해 광업이 증가하고, 많은 경우 불법 채굴 관행과 관련된 정치적으로 우려스러운 관계가 형성되었다.

　국부를 구성하는 토지의 매입은 당연히 민감한 문제임에도 불구하고 중국은 또한 아프리카농업의 수확물에도 관심을 보이고 있다. 중국은 삼협댐(Three Gorges Dam) 프로젝트로 인해 갈 곳을 잃은 1,200만 명의 농부들에게 이주를 장려하고 있다. 그러나 한 학자가 지적했듯이 "많은 이들에게 토지는 국가 정체성의 핵심이며, 토지와 관련이 있을 때 외부인에 대한 감정을 자극하기가 특히 쉽다"(French 2009, 64; *New York Times*,

2016.1.26).

한편 식민지배와 관련이 없다는 이유에서 아프리카 국가와의 연대를 주장해 온 나라인 중국과의 심화된 관계는 1955년 중국과 아프리카 국가를 결집시킨 역사적인 1955년의 반둥회의 이래 남남 동반자관계로 선전되어 왔다. 그럼에도 불구하고 조건없는 합의를 강조하는 중국의 정치적 책략에 대한 모든 관심에 대하여 베이징 합의(Beijing consensus)의 핵심 측면이 정치적 지배를 최소화하는 것으로 보이는 워싱턴 합의(Washington consensus)와는 상당한 거리가 있다는 주장도 있다. 그러나 중국의 무역 규모는 미국과 비교할 때 미미한 수준이다. 제레자(Zeleza)가 지적한 바와 같이 2015년 중국의 대아프리카 무역은 1,788억 달러에 불과한 반면, 세계 다른 지역의 경우 중국의 세계무역 비중은 유럽이 6,963억 달러, 북미가 6131억달러이다(Zeleza 2019). 일부 분석가들이 관찰한 바와 같이 중국이 아프리카대륙과 맺는 무역규모는 원자재상품, 그리고 일부 사람들이 상당한 정도의 종속과 식민통치의 유산이라 간주하는 것으로부터 비롯된다(Mshomba 2019). 코코아, 커피, 면화 등의 농작물 생산에 적합한 광활한 땅과 열대 기후, 그리고 이에 못지 않은 방대한 천연자원을 고려할 때 여러 측면에서 이는 놀라운 일이 아니다. 베이징 합의가 나이지리아, 콩고민주공화국, 앙골라 및 기타 국가와 같이 자원의 저주를 겪고 있는 국가들의 좋은 통치(good governance) 규범을 약화시키고 있는 것처럼 보이지만, 일부에서는 WTO 규제 체계의 일부인 선진국이 아프리카국가들에게 제공하는 특혜무역협정이 내부적으로는 1차 생산품의 생산과 수출을 위한 특별한 역할을 수행하도록 아프리카 국가를 길들여 온 것처럼 보인다고 주장한다(Mshomba 2019, 3).

아프리카의 변화에 대한 전망

아프리카 대륙에서 가장 빠르게 성장하는 일부 국가들은 많은 이들이 아프리카 국가들에게 지속적인 문제라고 주장하는 원조 의존(aid dependency)의 역학을 바꿀 수 있는 잠재력을 가진 국가들이다. 예를 들어 담비사 모요(Dambisa Moyo)(2009)는 그녀의 저서 '죽은 원조(*Dead Aid*)'에서 수 십 년에 걸친 해외 원조가 아프리카 경제를 발전시키거나 빈곤을 줄이기는 커녕 오히려 악화시켰다고 주장했다. 윌리엄 이스털리(William Easterly)도 모요와 마찬가지로 해외 원조가 유익하다는 통념에 의문을 제기한다. 그러나 21세기에는 아프리카의 성장과 발전 경향에 대한 새로운 관점이 등장하면서 '아프리카의 부상'이라는 전망이 제시되고 있다. 이러한 새로운 사고방식에서 테일러(Taylor)(2014)와 피오라몬티(Fioramonti)와 같은 학자들은 투자 증가, 새로운 사업기회, 아프리카 대륙의 자원에 대한 관심이 열악한 통치구조와 다루기 힘든 분쟁에 대한 이야기를 어떻게 대체하고 있는지 언급한다. 2000년과 2010년 사이 아프리카의 실질 연간 GDP 성장률은 5.4%였는데 2010년과 2015년사이에는 3.3%로 둔화되었다. 그러나 여타 세계 지역과 비교한다면 양호하였고 글로벌 금융위기와 원자재상품 가격의 하락에도 불구하고 성장이 계속되었다(Zeleza 2019, 156). 에티오피아, 가나, 케냐, 모잠비크, 나이지리아, 남아프리카공화국이 대륙에서 가장 빨리 성장하는 경제이며 신설되거나 개보수된 철도와 교통체제, 새로운 제조공장의 형태 면에서 인상적인 변화를 볼 수 있다. 중국기업이 설립한 경제특구 덕분에 에티오피아에는 신발공장이 만들어졌다. 이러한 변화는 아프리카 국가가 세계화되는 세계에서 활동하는 것이 무엇을 의미하는지를 빠르게 변화시키고 있다. 이러한 중추적 경제 변모 중 하나는 나이지리아와 남아프리카공화국이 서아프리카의 주요 정치적, 경제적 행위자로 부상했다는 것이다. 최근 에티오피아의 종족정치적 분열에도 불구하고 2018년 이래 총리를 맡고 있는 이 나라의 주목할만한 새 지도자 아비 아흐메드(Abiy Ahmed)는 에티오피아의 상승하는 위상으로 인해 에티오피아를 주목해야 할 국가로 재편하고 있다. 다른 한편, 가나는 10년 전 석유 수출국이 되었고 철도, 고속도로, 건물 개보수, 광업 등과 같은 기반시설 프로젝트에 대규모로 투입된 기록적인 투자를 중국으로부터 유치하였음에도 불구하고 '모범 민주주의'로서의 지위를 계속해서 유지하고 있다.

　다른 지표들은 아프리카의 경제발전, 정치적 안정성, 그리고 세계정치 및 경제공동체로의 완전한 통합에 대한 우호적 전망을 보여준다. 20년간 성장을 저해했던 부채 부담도 완화되었다. 생산성 향상과 지방적 차원과 지역적 차원의 시장 확대가 증가하고 있다. 오늘날 아프리카에는 그 어느 때보다 더 많은 민주적 정권이 있다. 1990년 이후 대다수 아프리카 지도자가 자진하여 퇴임하였다. 2018년에 사망하였고 짐바브웨의 경제를 땅바닥까지 떨어뜨린, 짐바브웨의 독재자 로버트 무가베(Robert Mugabe) 대통령은 눈에 띄는 예외적 경우이다. 칭찬할 만한 점은 점점 더 많은 아프리카 국가들이 투명하고 공정한 정치와 사법시스템을 구축함으로써 비민주적인 지도자들에게 책임을 묻고 있다는 것이다. 시에라리온과 잠비아 등 12개 국가가 전직 지도자를 부패와 반인도적 범죄 혐의로 기소했다. 2016년 아프리카연합(AU)은 전 차드 독재자 히세네 하브레(Hissene Habre)의 반인도적 범죄에 대한 재판과 유죄 선고를 감독했다. 아프리카 지도자가 다른 아프리카 국가에서 법의 심판을 받은 것은 이번이 처음이었다.

가장 큰 성공사례는 기록적인 수의 여성이 공직에 진출했다는 점이다. 르완다에서는 여성이 의회/공직 의석의 약 61%를 차지하고 있다. 시에라리온은 두 명의 여성 대통령이 국가를 이끌었으며 말라위와 여타 국가들도 여성 지도자가 방향키를 쥐고 있다.

1994년 남아프리카공화국의 아파르트헤이트 종식은 백인에서 흑인 다수의 지배로 비교적 평화로운 전환의 이정표를 찍었다. 1989년부터 1991년까지 유럽에서 공산주의가 붕괴되면서 이 기념비적인 정치적 발전은 빛을 바랬다. 표면적으로 비타협적인 백인 정부가 수십 년 동안 아파르트헤이트를 운영한 이후 아파르트헤이트의 종식이나 다수에 의한 통치로의 평화적 전환을 예측한 학자는 거의 없었다.

넬슨 만델라와 아프리카민족회의의 감동적 이야기는 인류의 진보에 있어 계몽된 지도력이 얼마나 중요한지를 증명한다(그림 10.4). 만델라의 용기있고 평화적인 아파르트헤이트 반대운동은 결국 남아공 백인 지도부가 옳은 일을 하도록 설득하였다. 1990년 드 클레르크(F.W. de Klerk) 대통령은 만델라를 27년 만에 석방하고 아파르트헤이트의 종식과 모든 남아공인에게 완전한 시민권을 부여하는 데 동의하였다.

남아공은 사하라 이남 아프리카에서 가장 부유하고 가장 산업화된 나라이다. 1994년 남아공 민주주의가 시작된 이래 문자해독률은 82%에서 오늘날 93.7%로 급증하였다. 경제규모는 세계에서 31번째로 크며 이 지역 경제 확장의 원동력이 되고 있다(World Bank 2016).

2001년 기존에 아프리카단결기구로 알려져 있던 정부간 기구를 새롭게 재구성한 아프리카연합(African Union, AU)이 출범하면서 아프리카 대륙의 발전을 위한 경제 청사진

〈그림 10.4〉 클린턴 대통령과 넬슨 만델라. 필라델피아. 1993.7.4.

출처: 미국 국립문서보관소

이 마련되었다. 2002년 **아프리카발전을 위한 새로운 파트너십**(New Partnership for African Development, NEPAD)은 거의 20여년 동안 실패로 끝난 구조조정프로그램(structural adjustment programs, SAPS)으로 인해 대륙 전역에 퍼져있던 거시경제적 경제적 불안정을 역전시키고자 하였다. NEPAD는 현금이 부족한 국가에 엄격한 경제 규율을 부과하였지만 그럼에도 불구하고 개별 국가의 대부분을 차지하는 취약계층을 보호하기 위한 사회적 지출을 요구하였다. 이 포괄적인 틀은 경제적 불안과 저조한 진전, 그리고 일부 논자가 주장하는 것처럼 지속적 위기들로 인해 어려움을 겪던 회원국 내부와 회원국 간의 성장을 위한 기준점을 설정하고자 하였다. 이 틀은 빈곤을 줄이고 민주화를 촉진하여 이를 통해 경제개혁을 지원하고 대륙 전체에서 평균 5%의 성장을 달성하고자 하였다(Aderemi and Agaigbe 2018). 그러나 여러 가지 이유로 NEPAD는 큰 성과를 거두지 못했는데, 가장 주목할 만한 이유는 사람들이 NEPAD를 단순히 '재포장된 SAP(구조조정프로그램)'로 보았다는 점이다. 그럼에도 NEPAD는 정부의 실행을 감독하기 위한 아프리카동료검토기제(African Peer Review Mechanism)를 시행하였다. 25개 아프리카 국가들이 이 구상에 서명하였으며 정부 실행을 감독하고 개선점을 제안하기 위해 지역기구를 활용하였다. 지속적인 정치·경제적 진전은 자유로운 언론, 부패하지 않은 공무원, 강력한 감시기관으로서의 입법부 및 사법부에 달려 있다(van de Walle 2005, 82). 또한 AU의 평화안보이사회는 분쟁을 해결하고 예방하는 데 핵심적 역할을 해왔다.

아프리카 발전의 많은 부분이 질병, 부패, 저개발, 성장 정체 및 기타 등등의 단일 서사로 얼룩져 있지만, 21세기에는 아프리카 대륙과 그것의 증대되는 전략적 중요성 모두에 대한 인식에 있어 변화의 긍정적 조짐이 보인다. 아프리카의 전 세계와의 관련성은 서유럽과 북미와의 배타적인 유대에서 BRICs(브라질, 러시아, 인도, 중국)와의 경제적 동반자관계로 부분적으로 전환되었다(Zeleza 2019, 156). 예를 들어 중국의 투자 증가는 사실상 아프리카의 55개국 모두에 대한 양자 간 투자를 창출했다. 그리고 거대한 기반시설개발프로젝트는 세계내 자신의 위치의 본질에 대한 인식에서 벗어나기를 열망해 온 대륙의 풍경을 바꾸어 가고 있다. 그러나 선진적인 탈산업화 경제 중에서 아프리카의 가장 큰 경제적 동반자는 유럽연합, 미국, 일본이다(Zeleza 2019). 유럽위원회(2017)에 따르면 아프리카 수출의 35%가 EU로 향하며, 그 뒤를 이어 '아프리카 자체'가 18%, 중국이 11%, 미국이 8%를 차지한다.

현재 진행 중인 아프리카의 세계화에 대한 다른 지표들 또한 명백하다. 아프리카의 확장된 관여는 디아스포라적 연결에 반영되어 있다. 폴 젤레자(Paul T. Zeleza, 2019)는 디아스포라가 아프리카 대륙의 최대 공여자이며, 세계은행에 따르면 2017년 디아스포라의 송금액이 695억 달러에 달했고 몇몇 나라에서는 GDP의 상당 부분을 차지했다고 지적한다. 이러한 투자의 성격은 자원쟁탈전 또는 신식민주의로 알려진 논쟁을 불러일으켰고, 동시에 특히 광물, 석유 및 원자재를 포함한 자원 추출을 늘리면서 얻는 중국의 장기적 이해관계에 대한 아프리카 사람들의 우려를 불러일으켰다. 중국의 이해관계는 전문가, 비국가 행위자, 공동체 자체가 지적하는 몇몇 프로젝트에서 지속적으로 나타나고 있는데, 이러한 일부 프로젝트는 예를 들어 가나, 앙골라와 같은 국가에서의 채굴 활동의 환경적 영향, 혹은 보다 두드러진 것으로 중국인의 진출로 인한 제조업 및 섬유 산업의 대체 등으로 인한 더 큰 문제를 야기한다. 세계경제의 거인이 다종다양한 프리즘을 가진 아프리카 국가들에 끼치는 영향에 대한 논쟁은, '조건없는' 특혜(금전적 이외의 투자

특혜와 자원에 대한 권리를 대상으로 다양한 형태로 막대한 원조를 제공하는 것)와 이것
이 신종속과 관련하여 가지는 의미 등에 대한 것으로 수없이 많다. 그러나 많은 국가들이
불안정한 상태 또는 정체된 발전으로부터 선회하고 있음을 시사하는 뚜렷한 경향을 보
여주며 부상하고 있다.

아프리카 정부는 새롭고 보다 개방적인 환경에서 운영되고 있다. 흔히 있는 선전지구
혹은 특별경제구역(관세, 면세 등에 국한되지 않고 특혜 조건이나 협정에 따라 현지인을
고용하는 한 국가 내 지역)이 이제 아프리카에도 나타나고 있다. 이들 지역은 개발도상
국이나 빈곤국의 낮은 인건비를 요인으로 하여 촉발된 자본의 유출입 증가 및 아웃소싱
과 관련된 보다 큰 역학 관계의 일부이다. 이러한 관행은 빈곤층과 노동자계급에 대한 보
장 장치가 약화됨에 따라 빈곤을 악화시킨다는 세계화에 대한 현재진행중인 논란의 많
은 본질을 극명하게 드러낸다. 또한 이러한 논란에는 공장과 가까운 도시 주변 또는 심
지어 빈민가 주거지 근처에 위치한 상수원의 오염을 심화시킬 수 있는 환경기준의 침해
도 포함된다.

경제적 관점 특히 지속가능발전의 측면에서 재활성화를 위한 보다 야심찬 청사진인 아
젠다2063은 여러 측면에서 성장의 주춧돌인 원자재상품 의존도를 역전시키는 것을 목
표로 하고 있다. 이 협정은 2001년 아프리카연합의 출범 이후 반복된 초기 구상을 구체
화한 것으로, 이는 외부행위자로부터 독립하여 자신의 고유한 권리를 행사하고 자신들
의 문제를 관리함에 있어 대륙의 관할권을 강조하는 것처럼 보인다. 중요한 발전 가운데,
2015년 아프리카연합은 대륙을 글로벌 강국으로 탈바꿈시키기 위한 청사진으로 아젠다
2063을 출범시켰다. 가장 중요한 주제 중 하나는 50년동안 달성해야 할 목표를 수반한
지속가능발전이었다. 이는 세기전환기에 형성된 아프리카연합을 기리는 2013년 기념행
사에서 등장하였다.

경쟁력 있는 산업, 더 높은 생활 수준, 현지 주민에 대한 투자를 목표로 하는 이 광범
위한 계획의 전단계로서 **새천년개발목표(Millennium development goals)**와 일부 목표를
달성하는 데 따른 과제들이 아젠다 2063의 수립에 영향을 끼쳤다. 극심한 기아와 빈곤
퇴치, 보편적 초등교육 달성, 양성평등과 여성역량강화 등을 포함하는 8가지 목표의 구

체적인 집합인 새천년개발목표는 예를 들어 2015년까지 완수한다는 목표 마감일이 있었다. 이 목표들은 191개 유엔회원국이 채택하고 지지했다. 부분적인 진전에 대한 대응으로 아프리카 국가들은 아프리카연합을 통해 후일 아젠다 2063으로 불릴 미래 목표가 필요하다고 결정하였다(African Commission 2015 참조). 그리하여 아프리카 국가들이 목표에 도달하지는 못하였지만 진전을 이루었다. 실제로 빈곤율은 1990년 57%에서 2015년 41%로 감소했다(Mshomba 2019).

아프리카연합이 직면한 가장 큰 도전 과제 중 하나는 아프리카 대륙의 사회경제적, 정치적 변화에 필수적인 경제통합을 달성하는 것이다. 경제통합은 여전히 20% 미만이지만 방대한 자원, 12억 6천만 명의 인구를 바탕으로 한 주목할 만한 인적 자원, 증대되는 경제적 규모를 가진 대륙으로서는 놀라운 수치이다. 실제로 아프리카 역내 수출 비중은 1995년 약 10%에서 2017년 17% 정도로 증가했는데 이는 다른 지역의 무역에 비해서는 상대적으로 낮은 수준이다(Songwe 2019). 좋은 통치는 오랫동안 지속된 도전과제로 여겨져 왔지만, 아직도 지속되는 탈식민주의 국가의 식민지제도의 역학을 인식하는 것이 중요하다. 이들 제도는 원자재 추출과 폭력적인 국가장치의 잔재들로서 식민지 시기 오직 유럽에게만 혜택을 주었던 옛 유럽제국으로부터 도입된 것들이다. 이러한 요인들은 민주적 통합과 경제적으로 강고한 국가 건설의 어려움을 설명하는 데 도움이 된다.

탈구된 경제정책, 부패와 신족벌주의(neo-patrimonialism)에 대한 식민지 시대의 유산을 청산하는 한 가지 방법은 아마도 새로이 아프리카대륙자유무역지대(African Continental Free Trade Area, AfCFTA)를 구성하는 것일 수 있다. 이는 경제통합을 촉진하고 개선하는 것을 목표로 한 일종의 통화연합이다. 이 기구는 2018년 르완다 키갈리(Kigali)에서 44개국이 광범위한 통합을 약속하며 출범하였다. 이는 지역주의에 한걸음 더 가까워진 것으로 환영할 만한 발전인데, 이는 아프리카의 새로운 '산업' 시대에 대한 예측을 고려할 때 잠재적으로 환영할 만한 발전이다.

참고문헌

Aderemi, Adewale, and Faeren Agaigbe. 2018. "Challenges of Economic Development in Africa: The Dichotomy of a Debate and the Africanist View." In *The Palgrave Handbook of African Politics, Governance and Development*, edited by Samuel Ojo Oloruntoba and Toyin Falola. New York : Palgrave Macmillan.

African Center for Economic Transformation. 2010. "Looking East: China's Engagement with Africa." https://acetforafrica.org/publications/country-reports/broken-promises-a-g20- summit-reportby-global-trade-alert/

Agonafer, Mulugeta, ed. 1996. *Africa in the Contemporary International Disorder: Crises and Possibilities*. New York : University Press of America.

Anderson, David. 2004. *Histories of the Hanged: The Dirty War in Kenya and the End of Empire*.New York : Norton.

Ascherson, Neal. 2005. "The Breaking of the Mau Mau." *New York Review of Books*. April 7.

Bah, Abu Bakarr. 2005. *Breakdown and Reconstitution: Democracy, the Nation-State, and Ethnicity in Nigeria*. Lanham, MD : Lexington Books.

BBC News. 2016. August 10.

BBC News. 2019. February 27: www.bbc.com/news/world-africa-12890807

Beah, Ishmael. 2006. *A Long Way Gone: Memoirs of a Boy Soldier*. New York : Farrar, Straus and Giroux.

Best, Antony, Jussi M. Hanhim ä ki, Joseph A. Maiolo, and Kirsten E. Schulze. 2004. *International History of the Twentieth Century*. New York : Routledge.

Bloomberg Report. 2015. October 26.

Chabal, Patrick. 2005. "Power in Africa Reconsidered." In *The African Exception*, edited by Ulf Engel and Gorm Olsen, 17-34. Burlington, VT : Ashgate.

Christiaensen, Luc, and Shantayanan Devarajan. 2013. "Making the Most of Africa's Growth." *Current History* 112 (754): 181-87.

CIA (Central Intelligence Agency). 2016. *World Factbook*. www.cia.gov.

Collier, Paul. 2004. "Africa's Revolutionary Routine." *Foreign Policy* (May-June): 82-83.

Davidson, Basil. 1985. *The Magnificent African Cake* [Documentary Film]. London : ABC.

Devarajan, Shantayanan, and Wolfgang Fengler. 2013. "Africa's Economic Boom." *Foreign Affairs* 92 (3): 68-81.

De Witte, Ludo. 2001. *The Assassination of Lumumba*. Translated by Ann Wright and Renee Fenby. New York : Verso.

Diamond, Jared. 1999. *Guns, Germs, and Steel: The Fates of Human Societies*. New York : Norton.

Duiker, William J., and Jackson J. Spielvogel. 2001. *World History*. Belmont, CA : Wadsworth.

Easterly, William . 2010. "Foreign Aid for Scoundrels." *New York Review of Books*, November 25 : 37-38.

Elkins, Caroline. 2004. *Imperial Reckoning: The Untold Story of Britain's Gulag in Kenya*. New York : Henry Holt.

Eurostat. 2011. "Africa-EU-Economic Indicators, Trade and Investment." European Union. https://ec.europa.

eu/eurostat.

Fernández-Armesto, Felipe. 1995. *Millennium: A History of the Last Thousand Years*. New York : Scribner.

Forbes. 2015. July 8.

Freedom House. 2016. www.freedomhouse.org.

French, Howard W. 2009. "Kagame's Hidden War in the Congo." *New York Review of Books*, September 24: 44–47.

Gallup Poll. 2015. www.gallup.com.

__________. 2010. "The Next Empire?" *The Atlantic* (May): 59–69.

__________. 2010. "Africa's Forever Wars." *Foreign Policy* (March–April): 178.

Hanson, John H. 1995. "Islam and African Societies." In *Africa*, edited by Phyllis M. Martin and Patrick O'Meara, 97–114. Bloomington : Indiana University Press.

Hargreaves, J. D. 2004. "West African Boundary Making." In *Borders and Border Politics in a Globalizing World*, edited by Paul Ganster and David E. Lorey, 97–106. Wilmington, DE : Scholarly Resources.

Hochschild, Adam. 2005. "In the Heart of Darkness." *New York Review of Books* (October 6): 39–42.

__________. 2010. "The Trial of Thomas Lubanga." *The Atlantic* (December): 77–82.

Houngnikpo, Mathurin. 2000. "Stuck at the Runway: Africa's Distress Call." *Africa Insight* (May): 5–12.

Judt, Tony. 2000. "The Story of Everything." *New York Review of Books*. September 21.

Karl, T.L. 1999. "The Perils of the Petro-state: Reflections on the Paradox of Plenty." *Journal of International Affairs*, 31–48.

Kennedy, Paul. 1993. *Preparing for the Twenty-first Century*. New York : Random House.

Khare, Vineet. 2013. "China and India: The Scramble for Business in Africa." *BBC News*, August 4. www.bbc.com/news/business-23225998

Lacey, Mark. 2003. "New Name, Similar Struggles for Group of African Nations." *New York Times*, February 5.

Lutulala, Bernard. 2012. "Brain Drain in Africa: State of the Issue and Possible Solutions." *Wilson Center*. www.wilsoncenter.org/publication/brain-drain-africa-state-the-issue-and-possible-solutions

Mbaye, S. 2002. "NEPAD. The Wrong Plan?" *In West Africa* Issue 4333, July 8–14, 29–31.

Moyo, Dambisa. 2009. "Why Foreign Aid Is Hurting Africa." *Wall Street Journal–Africa*, March 21. http://online.wsj.com/article/SB123758895999200083.html.

Mshomba, Richard E. 2019. "Development Trajectories in Africa." In *Oxford Encyclopedia of African Politics*, edited by Nic Cheeseman et al. Oxford : Oxford University Press.

New Africa. 2015. November 11.

New York Times. 2012. December 15.

New York Times, 2013. April 14.

New York Times, 2013. September 18.

New York Times. 2013. April 30.

New York Times. 2013. June 30.

New York Times. 2015. December 6.

New York Times. 2016 . June 26.

New York Times. 2013. October 27.

New York Times. 2016. September 13.

OECD (Organisation for Economic Co-operation and Development). 2016. www.oecd.org.

Office of the U.S. Trade Representative. 2016. www.ustr.gov.

Oloruntoba, Samuel Ojo, and Falola, Toyin, eds. 2020. *The Palgrave Handbook of African Political Economy*. New
York: Palgrave Macmillan.

Palgreen, Linda. 2007. "In Niger, Trees and Crops Turn Back the Desert." *New York Times*, February 11.

Pew Research Center, September 16, 2014, www.pewglobal.org.

Rush, Norman. 2006. "Exile's Return." *New York Review of Books*, April 23.

Time, 2012. December 3.

UNECA (United Nations Economic Commission for Africa). 2020. "Economic Report on Africa." https:// uneca.
org/era2020.

United Nations. 2016. "Millennium Development Goals Report 2016." www.un.org United States Agency for
International Development (USAID). 2016. www.usaid.gov.

United States Census Bureau. 2016. www.census.gov.

Van de Walle, Nicholas. 2005. "The Donors and the State in Africa: How Much Has Changed?" In *The African
Exception*, edited by Ulf Engel and Gorm Olsen, 69 – 86. Burlington, VT: Ashgate.

Von Laue, Theodore H. 1987. *The World Revolution of Westernization: The Twentieth Century in Global Perspec-
tive*. New York : Oxford University Press.

World Bank (WB). 2016. www.worldbank.org/en/home .

World Trade Organization (WTO). 2016. www.wto.org.

Zartman, I. William. 2001. "Bordering on War." *Foreign Policy* (May – June): 66 – 67.

Zeleza, Paul, T. 2019. Africa, Internationalization and the Global Context: Making It Work. ANIE Conference.

Zeleza, P.T., 2019. "Leveraging Africa's Global Diasporas for the Continent's Development." *African Diaspora*, 11
(1 – 2), pp. 144 – 61.

추가 읽을거리

도서

Fage, J. D. 2002. *A History of Africa*. London : Routledge.

Hartman, Saidiya. 2006. *Lose Your Mother: A Journey Along the Atlantic Slave Route*. New York : Farrar, Straus,
and Giroux.

Kristof, Nicholas D. 2006. "Genocide in Slow Motion." *New York Review of Books* (February 9): 14 – 17.

Meredith, Martin. 2005. *The Fate of Africa: From the Hopes of Freedom to the Heart of Despair*. New York :
Public Affairs.

Milan, William B., and Jennifer G. Jones. 2011. "Ivory Coast: Another Asterisk for Africa's Democratization." *Current History* (May): 177 – 83.

Murithi, Timothy. 2005. *The African Union: Pan-Africanism, Peacebuilding and Development*. Burlington, VT : Ashgate.

Nugent, Paul. 2004. *Africa Since Independence: A Comparative History*. New York : Palgrave.

Songwe, V. 2019. "Intra-African trade: A Path to Economic Diversification and Inclusion." In *Foresight Africa: Top Priorities for the Continent 2019*, edited by Brahima S. Coulibaly. Washington, DC : Brookings Institution.

학술지

Africa Today. muse.jhu.edu/journals/at

African Affairs. afraf.oxfordjournals.org

African Studies Review. www.cambridge.org/core/journals/african-studies-review

Journal of African History. www.cambridge.org/core/journals/journal-of-african-history

Journal of Contemporary African Studies. www.tandfonline.com/loi/cjca20

영화

Blood Diamond (2006). Edward Zwick, director.

Hotel Rwanda (2004). Terry George, director.

The Last King of Scotland (2006). Kevin MacDonald, director.

Lumumba (2000). Raoul Peck, director.

A World Apart (1988). Chris Menges, director.

웹사이트

African News Network. allafrica.com

African Studies Association. www.africanstudies.org

African Union. www.au.int

Poverty Data, World Bank. http://povertydata.worldbank.org/poverty/country/NGA

United Nations Economic Commission for Africa. www.uneca.org

UN Women. www.unwomen.org/en/news/stories/2018/8/feature-rwanda-women-in-parliament

World Health Organization. www.who.int/topics/millennium_development_goals/about/en/.

11장

중동과 북아프리카

2020년 아랍에미리트는 과학적 임무를 수행하기 위해 궤도 우주선 아말('희망')을 화성으로 발사했다. 아랍인 과학자들로 구성된 팀이 주도하고 미국 대학과 일본의 우주 발사 시설의 도움을 받은 이 프로젝트는 아이디어에서 성공적인 발사에 이르기까지 6년밖에 걸리지 않았다. 이 프로젝트의 목표는 아랍 세계가 기술과 과학 분야에서도 세계를 선도할 수 있다는 사실을 중동의 다른 국가들을 포함한 전 세계에 알리는 것이었다. 또한 글로벌 비즈니스 허브에서 지식 기반 경제로 확장하려는 UAE의 노력에 시동을 걸기 위한 것이기도 했다. 전 세계 유가가 하락하면서 중동 지역의 많은 부유한 국가들은 세계 경제에서 자신들의 입지를 다각화할 방법을 모색하고 있었다. 이번 우주선 발사는 중동이 단지 석유, 테러리즘, 안보국가, 내전만으로 정의되는 지역이 아님을 강력하게 일깨워 주는 계기가 되었다. 실제로 중동 및 북아프리카(the Middle East and North Africa, MENA) 지역세계 체제 내에서 복잡하고도 영향력 있는 역할을 수행하는 지역이다.

아프리카와 아시아, 유럽을 연결하고 지중해의 절반을 둘러싸고 있는 중동은 수천 년 동안 아프리카의 금과 노예, 아시아의 향신료와 직물, 유럽의 유리 및 기타 공산품 무역을 주도하며 세 대륙 모두에서 중요한 경제적 역할을 담당해 왔다. 20세기에는 엘살바도르의 바나나나 중국의 공산품이 놀랍도록 저렴한 가격으로 유럽과 미국의 상점 진열대에 오를 수 있도록 하는 선박, 비행기, 기차, 트럭에 동력을 공급하는 주요 석유 공급원이었다. 말 그대로 세계화의 동력이었던 것이다.

농업이 발명된 이래 중동은 6천여년전 파라오 이집트의 발흥부터 20세기 오스만 제국의 몰락에 이르기까지 위대한 제국의 터전이 되었다. 유대교, 기독교, 이슬람교부터 바하이교(Bahai), 드루즈교(Druze), 조로아스터교(Zoroastrianism)에 이르기까지 적어도 6개의 세계적인 영향력을 가진 종교가 탄생한 곳이며, 수 세기 또는 수천 년 동안 번성했지만, 지금은 사라진 종교도 수십 개에 달한다. 지리적으로 중동은 서아시아, 북아프리카, 남아시아 및 중앙아시아 일부 지역이 뒤섞여 있는, 자의적이고 변화무쌍한 지역으로 인식되는 경우가 많다. 그러나 역사적으로 이 지역의 문화적, 경제적, 지정학적 중요성을 고려할 때 중동은 글로벌 중요성의 뚜렷한 중심지로 간주되어야 한다(지도 11.1).

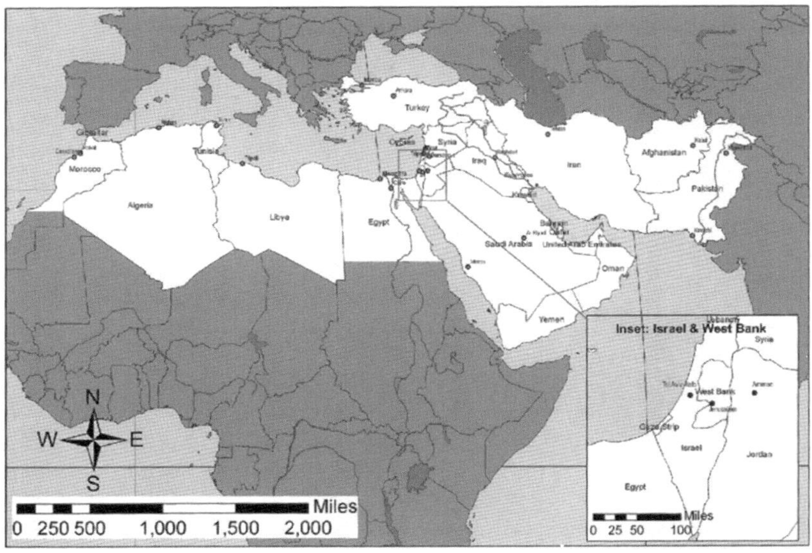

〈지도 11.1〉 중동

중동은 어디에 위치하며, 무엇의 중심에 있다고 할 수 있을까?

중동은 어디에 위치하는가? 중동은 무엇의 한가운데에 있다고 정의할 수 있는가? 유럽인과 미국인이 중동이라고 부르는 지역은 북아프리카의 대서양 연안에서 이란과 아프가니스탄 국경에 이르는 광범위한 지역이다. 하지만 이 지역을 가리키는 고유의 아랍어, 페르시아어, 파슈툰어 명칭은 존재하지 않는다. 이 지역을 부르는 아랍어, 페르시아어, 파슈툰어(Pashtun)의 고유한 용어는 따로 없다. 북아프리카, 특히 서쪽 절반은 **마그레브(Maghreb)**이다. 이란과 이라크는 페르시아, 그보다 더 동쪽에 있는 지역은 여러 가지 다른 이름으로 불렸었다. 중동이라는 용어는 20세기 초 미국의 군역사학자가 페르시아만을 중심으로 한 유럽과 미국의 지정학적 관심사를 분류하고 논의하기 위해 영국의 군사 저널에 기고한 글에서 처음 등장했다. 이 때문에 중동이라는 용어가 구성하는 지리적 영역은 서방 언론인, 학자, 정치인들의 관심사 변화에 따라 변화했다(Scheffler 2003). 2001년 9월 11일 이전까지만 해도 아프가니스탄과 파키스탄은 일반적으로 남아시아 국가로 간주되어 중동 지도에 거의 포함되지 않았다. 하지만, 9.11 이후 대부분의 미국 교과서와 중동 지도에는 이들 국가가 포함되었다. 이후 대부분의 미국 교과서 및 중동 지도에 포함되었다. 2004년 G8 국가(캐나다, 프랑스, 독일, 이탈리아, 일본, 러시아, 영국, 미국)는 페르시아만 주변의 아랍 및 페르시아 국가와 북아프리카에서 남아시아 및 중앙아시아에 이르는 광범위한 국가를 구분하기 위해 중동 및 대중동이라는 용어를 채택했다.

대부분의 현대 중동 국가의 국경은 제1차 세계대전 이후 유럽 열강이 설정한 경계선을 그대로 따르고 있다. 의 국경은 반세기 전에 유럽 국가들이 정한 경계선을 그대로 따르고 있다. 제1차 세계대전이 끝나고 오스만 제국이 멸망하면서 유럽의 식민 세력들은 중동을 분할하고 이전에는 존재하지 않았던 국경을 임의로 긋기 시작했다. 유럽이 설정한 국경 개념은 전통적으로 중동 지리학자들이 공간과 권력을 이해했던 방식과는 매우 달랐다. 유럽의 관심은 역사적으로 중동 지리학자들이 가지고 있던 공간과 권력에 대한 개념과는 다른 모습을 보여줬다. 아랍과 페르시아의 지도 제작자들이 그린 식민지 이전 지도에는 국경이나 경계가 거의 표시되지 않고 대신 권력의 중심지, 영향력 있는 지역을 표시했다. 따라서 문화적으로 다른 민족이 지리적으로 배타적인 공간에 거주한다는 개념은 식민 통치자들이 도입하기 전까지는 이 지역에 널리 퍼지지 않았다.

오늘날 지리적 공간에 대한 유럽의 개념은 개념은 아랍 및 페르시아의 전통 공간 인식을 상당 부분 대체하였다. 이 지역에 사는 사람들은 글을 쓰거나 국제 사회와 소통할 때 중동(알 샤르크-알 와삿, al-Sharq al-Awsat)이라는 유럽식 용어를 일상적으로 사용한다.

다양한 종류의 민족주의는 지방 및 지역 정치에서 매우 중요해졌다. 현대의 모든 민족 국가는 국기와 국가를 가지고 있으며, 유엔에 한 자리씩 차지하고 있다.

그러나 국경을 초월한 언어적, 문화적, 민족적, 종교적 유사성과 관련된 강력한 초국가적 유대감(affinities)도 존재한다. 1960년대와 1970년대에 이집트의 가멜 압델 나세르(Gamel Abdel Nasser)와 같은 정치 지도자들은 아랍어를 사용하는 많은 중요한 국가를 하나의 정치 및 경제 단위로 연결하는 초국가적 존재의 아랍에 관해 말한 바가 있다(Dawisha 2005). 현대 중동에서 이 꿈은 현실적인 정치적 목표로는 사라졌지만, 아랍 민족주의는 대중의 상상 속에서 계속 살아 숨 쉬고 있다. 아랍 연맹(Arab League)은 아랍어권 국가들 사이에서 공통의 경제적, 문화적, 정치적 목표를 지속적으로 강조하고 구축하는 여러 지역 기구 중 하나이다. **아랍 세계(Arab World)**라는 용어는 종종 전 세계 22개 아랍어권 국가를 하나의 지정학적 단위로 설명할 때 사용된다. 모로코에서 이라크까지, 그리고 사하라 사막 이남의 여러 아프리카 국가를 포함하는 이 아랍 세계의 총인구는 3억 2,500만 명에 이른다.

국경을 맞대고 있는 다른 인접 국가들도 존재한다. 1979년 혁명 이후 이란은 두 세대에 걸친 정치적 무슬림에게 영감을 주었고 시아파(Shia) 이슬람의 위상을 크게 높였다. 시아파는 전 세계 무슬림의 약 12%에 불과하지만, 이란과 이라크에서는 다수를 차지하고 있으며, 많은 국가에 상당한 규모의 소수 시아파 공동체가 존재한다. 이란의 부상, 2002년 이라크의 사담 후세인 수니파 정부 몰락, 2006년 레바논의 시아파 무슬림 무장단체인 헤즈볼라(Hezbollah)의 이스라엘에 대한 공격 성공으로 인해 일부 사람들은 세계에서 시아파가 부활할 것이라고 말하기도 했다(Nasr 2006). 특히, 사우디아라비아와 같은 나라에 살면서 정치적, 경제적 소외를 겪고 있는 소수의 시아파는 이들 동료 종교인의 성공을 자국에 대한 자부심과 친밀감보다 더 중요하게 여길 수 도 있다.

중동을 중심으로 한 초국가적 정체성 중 가장 크고 포괄적인 것은 이슬람의 정체성이다. 무슬림이 종교를 실천하는 방식은 아프리카에서 아라비아반도, 아시아에 이르기까지 크게 다를 수 있지만, 대부분 이슬람교도는 자신을 전 세계 신자 공동체, 즉 움마(ummah)의 일원이라는 강한 의식을 가지고 있다. **이슬람 세계(Islamic World)**라는 용어는 일반적으로 아시아, 아프리카, 중동, 유럽에 있는 전 세계 무슬림 다수 국가의 총합을 지칭하는 데 사용된다. 그러나 일부에서는 이보다 더 포괄적인 개념을 생각하기도 한다. 세계에서 가장 빠르게 성장하는 종교인 이슬람은 이제 기독교도가 대다수인 대부분의 국가에서 두 번째로 큰 종교가 되었다. 무슬림 세계(Muslim World)라는 용어는 전 세계 무슬림 공동체를 지칭하는 문화적 의미와 중국의 인촨(Yinchuan), 런던의 사우설(Southall), 미시간주의 디어본(Dearborn)과 같은 비무슬림 국가의 무슬림 거주지를 포함하는 지리적, 정치적 의미로 자주 사용된다. 전 세계 무슬림의 대다수가 아시아에 살고 있고 아프리카에서 이슬람교가 가장 빠르게 성장하고 있지만, 중동은 이슬람의 성스러운 유적지가 있는 지리적 위치, 기도가 이루어지는 장소, 모든 무슬림이 일생 동안 가고자 하는 성지 순례의 목적지로서 전 세계 이슬람의 상상력에서 크게 자리 잡고 있다. 따라서 이러한 용어는 중동이 경제, 정치뿐만 아니라 글로벌 문화 네트워크의 중심지임을 상기시켜 준다.

과거에서 현재로

중동은 나일강, 요르단강, 티그리스강과 유프라테스강 사이의 땅 등 세계 3대 강 계곡 문명이 탄생한 지역을 포함한다. 역사가들은 이 세 지역을 **비옥한 초승달 지대(Fertile Crescent)**라고 부르는데, 이 지역은 농업의 발명으로 세계 최초의 도시와 제국들이 일찍이 생겨난 곳이다. 이 넓은 지역을 따라 문명이 흥망성쇠 했고, 낙타와 말이 길들여 졌으며, 방대한 무역 네트워크가 발달했다. 이후 마케도니아나 로마 같은 유럽 제국은 북아프리카와 소아시아의 광활한 지역을 정복하면서 이집트나 페르시아 같은 토착 제국과 충돌하기도 했다.

예수 탄생 후 처음 천 년 동안 기독교의 역사는 곧 중동의 역사이기도 하다. 기독교는 팔레스타인에서 시작된 후 중동과 북아프리카 전역의 무역로를 따라 바깥으로 퍼져 나갔다. 초기 기독교가 로마 제국의 공식 종교와 충돌했을 때 가장 많은 순교자가 발생한 곳은 중동 지역이었다. 기독교가 로마 제국의 국교가 된 후에도 기독교는 수 세기 동안 동양의 종교로 여겨졌고, 그 영향력은 주변 비기독교 지역으로까지 확장되었다. 예를 들어,

4세기 사산조 페르시아(Sassanid Persia)의 황제들은 조로아스터교를 국교로 정립하면서 로마의 기독교 모델을 모방했다.

기원후 7세기에 아라비아반도는 콘스탄티노플(Constantinople)에 기반을 둔 기독교 로마 제국과 크테시폰(Ctesiphon, 현재는 바그다드에서 남쪽으로 20킬로미터 떨어진 거의 잊혀진 유적지)에 기반을 둔 조로아스터교 사산조 제국 사이에서 갈등을 겪고 있었다. 아라비아의 부는 대부분 홍해에서 걸프까지 아라비아 전역을 선박보다 더 빠르게 항해하며 물자를 운송할 수 있는 낙타 캐러밴에서 나왔다. 메카처럼 무역로에 위치한 도시들은 크고 부유하게 성장했다. 그러나 육로 무역을 장악하고 있던 부족들은 끊임없이 전쟁을 벌였고, 도시들은 내부 분쟁과 페르시아와 로마의 정치적, 군사적 압박으로 분열되는 경우가 많았다.

고아로 태어나 성공한 사업가로 성장한 후 예언자가 된 무함마드는 이러한 격동의 소용돌이 속에서 부족보다 더 큰 형제애, 그리고 신에게 복종하는 모든 사람을 아우르는 통합과 평등주의의 메시지를 전했다(무슬림이라는 용어의 뜻이 바로 여기에 있다). 무함마드는 자신의 메시지가 확산됨에 따라 종교적 개종뿐만 아니라 무역협정과 정치적 동맹을 통해 아라비아의 부족들을 하나의 신자 공동체로 통합해 나갔다.

무함마드는 서기 632년에 사망했는데, 그 무렵 그의 메시지는 무역로를 통해 퍼져나갔고 여러 나라에 소규모 신자 공동체가 생겨났다. 무함마드의 뒤를 이은 일련의 칼리프(caliphs)들은 박해로부터 무슬림 공동체를 보호하기 위해 군대를 파견했다. 이러한 원정은 곧바로 전면적인 정복으로 이어졌다. 이미 내부 문제로 골머리를 앓고 있던 사산 제국은 서기 650년에 로마의 북아프리카 지방 대부분과 마찬가지로 무슬림 세력에게 함락되었다.

신앙이자 제국으로서 이슬람의 급속한 팽창은 칼리프들에게 막대한 부를 가져다 주었다. 분파주의(factionalism)가 무슬림 공동체를 분열시키기 시작했다. 7세기에 칼리프 계승권을 둘러싼 분쟁으로 인해 무슬림 공동체는 예언자의 생물학적 후손인 이맘(imams)을 따르는 시아파(또는 시아파)와 역사적 칼리프의 권위를 인정하는 다수 수니파(Sunni)로 나뉘게 되었다. 전 세계 무슬림의 5분의 1을 넘지 않았던 시아파는 오늘날의 이란, 이라크, 레바논, 인도에 주로 정착했다.

일련의 칼리프 왕조를 거치면서 무슬림 세계는 결국 대서양 연안에서 인도와 그 너머까지 확장되었다. 방대한 상업 네트워크는 아시아에서 지중해, 아프리카에서 흑해에 이르기까지 전 세계의 부를 운반했다. 아랍 상인들은 홍해와 인도양 무역 네트워크를 통한 무역으로 이익을 얻었다. 위대한 학문의 중심지가 세워졌고, 이 지역은 예술과 과학의 꽃을 피웠다. 수 세기 동안 중동은 세계의 중심인 것처럼 보였다. 마르코 폴로가 13세기 말이 지역을 여행했을 때도 중동은 여전히 세계에서 중요한 지역 중 하나였다.

세계 무역의 중심지였던 이 지역에서 아랍인의 지배력은 11세기와 12세기에 튀르키예제국이 부상하면서 쇠퇴하기 시작했다. 첫 번째 제국은 11세기 초에 오늘날의 이란 동부, 아프가니스탄, 파키스탄에서 발생했다. 제국 외곽에 있었던 이 지역들은 점점 더 노예 병사들이 통치하고 있었다. 강력한 노예 병사들은 제국 외곽의 지리적 이점을 이용해 반자치 왕조 왕국을 건설했다. 그 후 중앙아시아의 셀주크 투르크족(Seljuk Turks)은 중동의 나머지 대부분을 점령하고 비잔틴 군대를 물리치고 현재의 튀르키예가 있는 아나톨리아(Anatolia)를 정복하여 정치적 기반을 마련했다.

이러한 정치적, 경제적 혼란은 외세가 침략할 수 있는 빌미를 제공해 주었고, 이로 인해 혼란 상황은 더욱 악화되었다. 첫 번째 침략은 1095년 교황 우르바노 2세(Pope Urban II)가 기독교 성지와 성지 순례길에 대한 무슬림의 지배를 막기 위해 서유럽으로부터 십자군 원정을 요청하면서 시작되었다. 중앙아시아 대초원에서 온 전사들의 연이은 습격은 훨씬 더 파괴적이었다. 13세기의 훌레구 칸(Hulegu Khan)과 14세기의 티무르 렝(Timur Leng)이 이끄는 몽골군은 도시 전체를 초토화시키고 수백만 명의 목숨을 앗아갔다. 몽골은 후계자 다툼으로 인해 세력이 분열되고 이집트의 맘루크(Mamluk) 통치자들의 예상치 못한 저항에 부딪히면서 마침내 막을 내렸다.

그 사이 아나톨리아에서는 1453년 셀주크족의 후예인 오스만 에미르("지휘관")가 콘스탄티노플을 정복하고 스스로 통치자가 되면서 새로운 세력이 등장했다(그림 11.1). 16세기 초, 오스만 투르크(Ottoman Turks)는 인접한 영토를 정복하기 시작했다. 중동에서는 1515년 이라크, 1516년 시리아, 1517년 이집트를 정복하여 10세기 압바스 칼리프 통

<그림 11.1> 콘스탄티노플 정복 이후 하기아 소피아 성당은 모스크가 되었다. 현재 이 건물은 박물관이다.

출처: Mark Allen Peterson

치 이후 처음으로 전 지역을 하나의 통치권 아래 통합했다. 유럽에서는 다뉴브강까지 영토를 확장하여 그리스, 발칸 반도, 헝가리 대부분을 정복했다.

이 새로운 오스만 제국의 지도자들은 **술탄**(sultan, '권위'를 뜻하는 아랍어에서 유래)이라는 칭호를 얻었고, 거의 모든 무슬림 세계를 빠르게 장악했다. 술레이만 대제 같은 강력한 통치자 밑에서 오스만 제국은 칼리프 왕조의 영토를 넘어 아시아와 유럽으로 정치적 영향력을 확장했습니다. 약한 통치자 아래서 지방 총독들은 거의 독립된 왕처럼 통치했습니다.

그러나 한 세기에 걸친 기간 동안 능력이 부족한 관리자들, 점차 발전하는 생산, 운송, 통신 기술을 따라잡지 못한 오스만 제국은 결국 러시아의 차르 니콜라스 1세의 표현을 빌리자면 "유럽의 병자(the sick man of Europe)"로 전락하고 말았다. 1700년부터 1900년까지 헝가리를 시작으로 그리스, 세르비아, 루마니아, 불가리아가 오스만 제국으로부터 독립했다. 프랑스, 이탈리아, 영국은 북아프리카의 식민지를 오스만 제국으로부터 탈환하고 명목상 오스만 제국의 지배를 받고 있던 중동 지역에서 영향력을 확대할 수 있었다. 이러한 행동은 1914년 오스만제국이 독일 편에 서서 제1차 세계대전에 참전하도록 유도하는 데 중요한 역할을 했습니다. 독일과 그 동맹국이 결국 전쟁에서 패하자 오스만 제국은 무너졌다.

강력한 지도자 무스타파 케말 아타튀르크는 튀르키예를 장악하고 서구식 국민 국가로 탈바꿈시켰다. 나머지 제국은 다른 식민지 세력에 의해 빠르게 분할되었다. 영국은 오스만 제국의 모술, 바그다드, 바스라 지방에서 이라크와 쿠웨이트 왕국을 세우고 팔레스타인을 장악했다. 프랑스는 레바논과 시리아를 장악했다.

유럽 열강이 한 사회를 정치, 경제, 문화적으로 지배하는 **식민주의(Colonialism)**는 중동 지역을 여러 가지 면에서 변화시켰다. 세계 시장에서는 농산물에 대한 수요가 증가하고 의료 서비스가 개선되면서 인구가 폭발적으로 증가했다. 천연자원을 더 잘 활용하고 유럽으로 운송하여 산업에 연료를 공급하기 위해 국제 기업들이 들어왔다. 유럽인들이 지역 사회의 지리적 특성을 고려하지 않고 설정한 국가 간 국경은 법의 효력을 갖게 되었다. 종종 자유롭고 유연하게 협상할 수 있었던 부족, 종교, 민족 및 기타 문화적 구분이 법률과 인구조사에 열거되기 시작했고, 식민지 행정 하에서 권력과 자원을 놓고 경쟁하면서 더욱 경직되고 집단 간의 긴장이 악화되는 경우가 많았다.

그러나 제2차 세계대전은 유럽의 식민지 체제를 사실상 종식시켰다. 또한 미국은 유럽 동맹국들에게 식민지를 포기하도록 압력을 가했는데, 이는 현지인들이 식민지의 멍에를 벗기 위해 경쟁국인 소련에 도움을 요청할 동기를 줄이는 역할을 하기도 했다. 식민지에서 국가로의 전환은 어려웠다. 많은 신생 국가에서 주민들은 스스로를 공동 국가의 구성원이라는 특별한 의식이 없었고, 심지어 국가 이름조차 외국 통치자가 지어준 경우가 많았다. 이들 신생 국가의 지도자들은 통치가 아닌 지배를 위해 고안된 행정 기관을 장악하고 천연자원을 채취해 해외로 팔아넘겼다. 새로운 정부의 원래 의도가 무엇이든, 이러한 식민지 유산은 해외에 자원을 판매하고 그 수익을 분배하는 가부장적 중앙 당국과 배분 국가의 발전을 용이하게 만들었다. 이러한 역사적 유산은 여전히 현재 중동에서 발생하는 문제의 기원으로 해석되기도 한다.

다양성과 분열

우리가 중동이라고 부르는 지역에서 살거나 일한 경험이 있는 많은 사람을 당혹스럽게 하는 것 중 하나는 이 지역 외부의 사람들이 중동이라는 광활한 지역을 몇 가지 고정관념의 관점에서 이해하면서 전체를 하나의 조각으로 상상하는 경향이다. 고인이 된 비판 이론가 에드워드 사이드는 이러한 고정관념이 식민지 시대에 유럽의 경제적, 정치적, 문화적 지배를 정당화하기 위한 수단으로 생겨났다고 주장했다. 아울러 그는 언론인, 정치인, 학자들이 이러한 고정관념을 계속 유용하게 여겨왔기 때문에 이러한 고정관념이 살아남았다고 주장했다(Said 1979, 1997). 이유가 무엇이든, 중동에 사는 사람들의 이질성은 종종 제대로 인식되지 않았다. 스페인, 프랑스, 영국이 서로 매우 다르다고 생각하는 사람들조차도 이집트, 사우디아라비아, 이란은 거의 같을 것이라고 상상하는 경우가 많다. 그러나 이들 국가는 경제, 사회 조직, 문화적 관행이 서로 크게 다를 뿐만 아니라 내부적으로도 상당한 다양성을 가지고 있다.

중동은 언어적 다양성이 상당히 높은 지역이다. 이 지역에서 사용되는 주요 언어로는 아프간어, 아랍어, 아람어, 아르메니아어, 아시리아어, 발루치어, 바리어, 베르베르어, 콥트어, 영어, 페르시아어, 프랑스어, 그리스어, 히브리어, 힌디어, 이탈리아어, 쿠르드어, 누비아어, 파슈투어, 러시아어, 투르크어, 튀르키예어, 투르크멘어, 우르두어 등이 있다. 아랍어, 페르시아어, 베르베르어와 같은 일부 언어는 국가의 경계를 넘나드는 지역 언어라고 할 수 있다. 튀르키예어와 히브리어처럼 특정 국가 내에서 주로 사용되는 국가 언어도 있다. 이집트의 누비아어와 수단의 바리어(바리어는 수단의 하미트어-닐로틱어 중 하나에 불과하다)와 같은 언어는 국가 경계 내에 있는 소수 민족의 언어이다. 영어, 프랑스어, 이탈리아어, 러시아어와 같은 다른 언어들은 정치 및 경제 엘리트들의 언어다. 아랍 에미리트의 힌디어나 오만의 우르두어처럼 인구의 15% 이상을 차지하는 남아시아 외국인 노동자들이 사용하는 언어도 있다. 이집트의 콥트어처럼 엄밀히 말해 전례(liturgical)되어 온 언어도 있다.

단순히 언어를 나열하는 것만으로는 중동에서의 복잡한 의사소통을 제대로 설명할 수 없다. 아랍어는 이 지역에서 가장 널리 사용되는 언어이지만, 아랍어를 사용하는 방식은 매우 다양하다. 고유 아랍어인 **푸스하**(fusha, 푸스-하로 발음)는 **꾸란**(Quran)과 중세 문학의 고전 아랍어와 신문, 텔레비전 뉴스 프로그램, 학교, 현대 문학의 **현대 표준 아랍어**(Modern Standard Arabic)를 일컫는 말이다. 하지만 공식적인 자리를 제외하고는 푸샤를 사용하는 사람은 거의 없다. 대신 다양한 방언을 사용하는데, 그 중 일부 방언은 서로 소통되지 않을 정도로 다르기도 하지만, 몇몇 다른 방언은 널리 활용되고 있다. 이집트 자체에도 여러 방언이 있지만, 이집트가 대부분 지역 영화와 텔레비전 제작의 중심지이기 때문에 카이로 방언은 북아프리카와 중동 전역에서 널리 통용된다. 디즈니 영화와 만화도 이집트 방언으로 더빙되어 있다.

꾸란의 언어인 고전 아랍어는 모든 무슬림이 기도하는 언어이다. 그러나 신학 훈련을 위해 아프가니스탄이나 키르기즈에서 카이로나 메카로 여행하는 이슬람 종교 지도자들은 아랍어를 읽을 수는 있지만 유창하게 말하거나 이해할 수 없기 때문에 종종 영어로 강의하는 특별 과정에 참석하기도 한다. 마찬가지로 이 지역의 정치 및 경제 엘리트 중 상당수는 모국어에 문맹이며, 현지 방언을 구사하지만, 아랍어보다는 영어, 프랑스어, 러시아어를 읽고 쓰는 것을 더 편하게 여기기도 한다.

또한 컴퓨터를 매개로 한 의사소통을 하는 등 아랍어를 사용하는 방법도 계속 발전하고 있다. 아랍어 문자 집합과 아랍어 버전의 Microsoft Windows가 지역적으로 널리 사용되고 있지만, 대부분의 글로벌 인터넷 및 웹 도구는 로마 알파벳 26자를 기반으로 하는 ASCII 문자를 사용한다. 아랍어 알파벳은 영어에 없는 소리를 나타내는 몇 가지 문자를 포함하여 28개의 문자로 구성되어 있다. 많은 고등학생과 대학생들은 컴퓨터를 통한 아랍어 소통을 위해, 성문 폐쇄음을 나타내는 '2', 무성 마찰음을 나타내는 '5' 등의 ASCII 숫자·문자를 조합한 'ASCII 아랍어'를 개발해 사용하고 있다.(Palfreyman and al-Khalil 2003). 이 시스템을 통해 아랍어 사용자들은 전 세계 어디에서나 컴퓨터나 휴대폰, 이메일 등을 통해 즉각적으로 문자를 주고받을 수 있게 되었다.

또한 이 지역은 많은 사람이 생각하는 것보다 훨씬 더 다양한 종교적 다양성을 가지고 있다. 이슬람교가 중동의 지배적인 종교이기는 하지만 이슬람교가 유일한 신앙은 아니다.

중동은 지금은 사라진 수메르, 바빌로니아, 파라오 이집트 종교부터 유대교, 기독교, 이슬람교, 바하이교 등 세계 종교에 이르기까지 많은 종교의 발상지였는데, 조로아스터교(인도, 파키스탄, 이란, 아프가니스탄), 야지디교(이라크, 시리아, 튀르키예, 이란, 조지아, 아르메니아), 드루즈교(시리아, 레바논, 이스라엘, 튀르키예, 요르단)처럼 신자 수가 수백만 명 이하에 불과한 종교에 이르기까지 다양한 종교가 있다. 또한 많은 중동 국가에는 상당한 규모의 기독교 소수 민족이 있다.

이들 종교는 대부분 비슷한 신념(유일신, 천사, 악마), 공유된 윤리적 가치, 공통된 예언자적 전통을 가지고 있다. 기독교는 유대교에 뿌리를 두고 있으며, 이슬람교는 두 종교 모두에 뿌리를 두고 있다. 무함마드의 계시는 이슬람의 신이 유대인과 기독교인의 신임을 분명히 하고 있다. 무슬림에게 무함마드는 인류에게 하나님의 메시지를 전한 아담부터 시작된 선지자 계보에서 마지막 선지자로 여겨진다. 바하이교도들은 이에 동의하지만, 선지자 계보가 무함마드로 끝나지 않았다고 가르친다. 드루즈 역시 무함마드 이후의 예언자 전통에서 등장했다. 조로아스터교는 오랜 역사 속에서 유대교, 기독교, 이슬람교에 영향을 주기도 하고 영향을 받기도 했다. 야지디교의 종교적 전통은 아마도 기독교 시대보다 앞선 것으로 보이지만, 기독교, 조로아스터교, 이슬람교의 영향을 받은 것은 분명하다.

오늘날 이슬람교는 이 지역의 지배적인 종교이자 기독교에 이어 세계에서 두 번째로 큰 종교로 자리매김하고 있다. **이슬람(Islam)**이란 단어는 "복종(submission)"을 의미하며, 무슬림은 신의 뜻에 복종하는 사람이란 뜻이다. 이슬람의 메시지는 하나님은 하나이시며 나눌 수 없는 분이라는 것이다. 꾸란에 따르면 하나님은 인간의 이해를 뛰어넘는 위대하신 분이며 우리의 경정맥(jugular vein)보다 더 가까이 있다고 설파하고 있다.

신에게 복종하는 삶은 '**아르칸(arkan)**'이라 불리는, 이슬람의 다섯 가지 기본 의무(five pillars)를 실천하는 것에서 시작된다. 이는 무슬림이 신앙심 깊은 삶을 살아가는 기반을 제공한다. 그 중 첫 번째는 샤하다(shahada), 즉 신앙 선언이다: "하나님 외에는 신이 없으며, 무함마드는 그분의 선지자이다." 이 선언은 **꾸란**(무함마드의 계시에 대한 기록, 그림 11.2 참조)과 **하디스(hadith)**(예언자와 그의 동료들의 말과 행동을 모은 기록)에 담긴 무함마드의 계시의 권위를 받아들이고 신의 절대적 우선순위에 대한 헌신을 의미한다. 두 번째는 기도이다. 무슬림의 기도는 서기, 무릎 꿇기, 절, 엎드림 등 신체의 전 과정을 동반하는 전인적 예배 행위이다. 모든 무슬림은 특별한 사정이 없으면 매일 다섯 번 기도해야 한다. 새벽, 정오, 한낮, 해질녘, 밤에 하는 기도는 무슬림에게 보이지 않는 영원한 신의 세계가 눈에 보이는 일상적인 인간 활동의 세계보다 우선한다는 것을 상기시키며 하루를 정리하기 위한 것이다.

〈그림 11.2〉 꾸란은 예언자 무함마드를 통해 신이 인류에 계시한 것을 기록한 것이다.

출처: Natalia Suit

세 번째 정통 관습은 금식이다. 라마단 동안 전 세계 무슬림은 새벽부터 밤까지 집단적으로 금식한다. 네 번째 관습은 자선이다. 모든 무슬림은 매년 자신의 전체 순자산에서 생계 유지에 필요한 금액을 제외하고 2%에 해당하는 금액을 기부해야 한다. 자선은 개인적으로 기부하거나 모스크, 은행 또는 기타 기관에 기부하여 다양한 자선단체에 재분배할 수도 있다. 마지막으로, 신체적, 재정적 능력이 있는 모든 무슬림은 일생에 적어도 한 번은 메카(현대 사우디아라비아의 도시)로 성지 순례(하즈, hajj)를 다녀와야 한다. 메카는 무함마드가 예언의 계시를 받았을 때 살았던 도시로, 역사적으로 아담과 이브라힘(아브라함)을 비롯한 많은 예언자가 이곳을 방문했다고 전해지고 있다. 매년 수백만 명의 무슬림이 하즈에 참여하며, 전 세계 수백만 명의 무슬림이 이 축제의 대미를 장식하는 이 행사를 축하하며 친교를 나눈다.

이러한 관습의 보편성에도 불구하고 이슬람의 종교적 관습과 행태는 모든 곳에서 동일한 방식으로 이해되거나 실행되지는 않는다. 가장 큰 차이점은 시아파와 수니파 무슬림의 차이이다. 시아파는 앞서 설명한 정통 원칙을 받아들이지만, 성인을 숭배하고 그들의 무덤을 순례하며 성직자에게 특별한 권위를 부여하고 **샤리아**(*Sharia*) 법을 해석할 때 다른 하디스에 호소한다. 튀르키예, 시리아, 이라크, 레바논의 알레비 공동체와 같은 집단은 이슬람의 5대 기본 원칙에서 벗어나는 교리를 지녀, 일부 수니파 및 시아파 무슬림들로부터 정통 이슬람에서 벗어난 집단으로 간주되기도 한다.

그러나 수니파가 다수를 차지한다고 해도 모든 곳에서 동일한 방식으로 신앙을 실천하는 것은 아니다. 중동과 전 세계의 정통 무슬림은 매일 기도와 같은 필수 행위를 수행하는 데 있어서도 많은 차이가 있다. 꾸란과 하디스에 대한 해석도 마찬가지입니다. 서구의 언론인들은 종종 꾸란과 하디스에서 파생된 법규가 마치 모든 무슬림이 동의하는 일관된 규칙인 것처럼 언론에서는 샤리아 법을 모든 무슬림이 동의하는 일관된 규범처럼 묘사하지만, 실제로는 다양한 해석과 적용 방식이 존재한다. 법은 해석의 여지가 있으며, 정통 이슬람교 내에는 일상적인 행동을 다루는 방식이 다를 수 있는 여러 가지 법 해석 학파가 존재한다.

타클리드(*Taqlid*)는 거의 모든 입장에 대한 권위 있는 해석은 신학자와 배심원들이 수 세기에 걸쳐 축적해 온 작업에서 이미 존재한다는 입장을 취한다. 스스로를 **살라피**(*salafis*)라고 부르는 사람들은 꾸란은 무함마드와 무슬림의 첫 3세대가 수집한 말의 관점에서만 해석되어야 한다고 믿는다. 특히 유럽과 아메리카의 많은 다른 무슬림들은 하나님의 말씀을 현대적 상황에 적용할 때 현명한 판단력을 발휘하는 이즈티하드(*ijtihad*)를 요구한다. 일관성을 유지하기 위해 노력하지만, 같은 주제에 대해 서로 다른 권위자가 선의로 모순되는 파트와(*fatwas*) 또는 법령을 선포할 수도 있다. 예를 들어, 13세기에는 새로 발견된 음료인 커피가 선지자의 금주령에 따라 허용되는지, 아니면 금지되는지를 두고 논쟁이 벌어졌고, 이후 담배에 대해서도 비슷한 논쟁이 벌어졌다. 커피와 담배가 금지되지 않았다는 견해가 훨씬 우세하여 현재 이슬람 세계 전역에서 커피와 담배를 널리 즐기고 있지만, 일부 무슬림은 더 엄격한 해석을 따르고 두 가지 모두 피하고 있다.

일부 학자들은 현시대가 16세기 유럽의 개신교 종교개혁에 버금가는 이슬람의 엄청난 변화의 시기라고 생각한다. 이슬람 국가에서 여러 세대에 걸친 공립학교 교육은 이슬람을 단순히 공동체의 일원으로서 행하는 것에서 감시의 대상으로 변화시켰다. 전 세계의 학생들은 자신의 공동체가 당연하게 여기는 종교적 관습 중 상당수가 다른 무슬림 공동체에서는 행해지지 않으며 꾸란이나 하디스에 의해 뒷받침되지 않을 수 있다는 사실을 발견하기 시작했다. 성서와 교과서뿐만 아니라 출판된 주석서, 라디오, 텔레비전, 카세트 테이프, 팟캐스트 설교, 기타 지식의 원천 등 개인이 개인적으로 공부한 내용을 바탕으로 공동체의 수행에서 벗어날 수 있는 가능성도 등장했다. 월드 와이드 웹과 기타 새로운 미디어 기술은 이슬람에 대한 다양한 의견이 아랍어뿐만 아니라 모든 언어로 전 세계에 전파될 수 있다는 엄청난 가능성을 열어주었다. 모스크나 학교와 같은 전통적인 환경에서 학식을 갖춘 셰이크(sheikh)나 다와(종교 교사*da'wa*)의 의견에 반대하는 것은 꿈도 꾸지 못할 공학, 경영학, 간호학 교육을 받은 사람들이 블로그나 웹사이트에 이슬람에 대한 자신의 해석을 권위 있게 제시하는 데 아무런 거리낌이 없는 경우가 많아졌다. **공공 이슬람(Public Islam)**이라는 용어는 "종교 학자, 자칭 종교 권위자, 세속적 지식인, 수피교도, 어머니, 학생, 노동자, 엔지니어, 소비자 및 기타 여러 사람"이 공공 영역에서 이슬람을 수행하고 해석하는 방식 전반을 일컫는다.(Eickelman and Salvatore 2006).

제국에서 민족국가로

문화적 다양성이 매우 뛰어난 지역인 만큼 중동의 정치적 관계는 매우 복잡하다. 수천 년 동안 중동의 많은 지역은 멀리 떨어진 통치자의 느슨한 통제 하에 자율적으로 운영되는 지역 공동체들로 구성되어 있었다. 권력 중심지 외곽, 심지어는 그 안에서도 사람들은 국가의 최소한의 규제만 받으며 일상생활을 영위했다. 고용, 결혼, 은행 업무, 주거 등은 모두 혈연, 종교, 또는 공동 거주지로 연결된 사람들의 비공식적 네트워크에 의해 주로 조직되었다.

민족국가의 탄생은 대부분의 경우 정치 및 경제 엘리트들이 이전에 외부 제국 세력이 가지고 있던 권력 기관을 인수하는 과정이었다. 국가의 경계는 언어, 민족, 종교, 생활 방식이 다른 다양한 민족을 포괄했기 때문에 이처럼 다양한 민족 집단이 하나의 국가를 형성하는 것은 종종 어려운 일이었다. 대신, 그들은 제국 아래에서 사용하던 비공식적인 네트워크에 계속 의존했다.

그중 가장 중요한 것 중 하나가 부족 구조이다. 부족 사회가 익숙하지 않은 사람에게 부족 정체성은, 억압받거나 정복당한 집단의 입장에서 애국심을 이해하는 것만큼이나 복잡하게 느껴질 수 있다. **부족(tribes)**은 공통의 조상을 전제로 공통의 정체성을 공유하는 대규모 집단이라고 할 수 있다. 어떤 의미에서 부족은 수만 명에 이르는 대가족이라고 할 수 있다. 부족의 공통된 구성원은 상호 지원의 기반이 될 수 있습니다. 외국의 낯선 도시로 여행하는 사람은 그곳에 이미 정착한 다른 부족원의 도움을 기대할 것이다. 국가가 국민에게 국가를 위해 봉사할 것을 요구하는 것처럼 부족도 구성원에게 부족의 이익을 위해 희생할 것을 요구할 수 있다.

애국심과 마찬가지로 부족의 정서는 개인의 경험과 현재의 정치, 사회, 경제적 상황에 따라 고조되기도 하고 약화되기도 한다. 부족원들은 외부의 법과 질서가 없을 때 부족의 도움과 보호에 의존할 수 있다. 2001년 아프가니스탄에서 탈레반이 무너졌을 때 많은 사람들이 부족 지도자에게 경제적 지원과 보호를 요청했고, 부족 지도자들은 사람들을 먹이고 재우고 그들을 보호할 무기를 살 돈을 마련하기 위해 경제적 이익을 극대화하기 위해 양귀비 재배에 빠르게 뛰어들었다. 1990년대 시민사회가 거의 붕괴된 알제리에서도 정부가 이슬람 정당이 승리했던 선거 결과를 받아들이지 않자, 부족 정체성을 중심으로 형성된 호혜와 의무의 유대가 경찰, 법원, 관료 조직의 도움 없이도 일상생활을 지속할 수 있게 해주었다.

부족 조직은 국가 권력의 기반이 될 수 있다. 한 부족이 아라비아반도의 다른 부족 대부분에 대한 헤게모니를 장악하고 왕국을 선포한 사우디아라비아가 대표적인 예이다. 또한 부족정치는 민주주의와 독재체제 모두에서 정치 조직을 교차시킬 수 있다. 이라크의 사담 후세인 통치 기간(1979~2003년) 동안 독재자는 주변 부족의 충성도를 극대화하기 위해 자신의 부족원 다수를 고위직에 임명했다. 그러나 부족 정치는 민주화에 중요한 역할을 하는 경우도 있다. 2005년 이라크의 입법부 선거에서 대부분의 정당은 부족 지도자들로 구성되었고, 많은 사람들이 부족 지도자들이 추천하는 대로 투표했다. 또한 일부 부족은 여러 정당에 동시에 소속되어 있어 어느 정당이 승리하든 자신들의 권력을 보장할 수 있는 구조를 만들어놓기도 했다. 부족 조직은 어떤 정치 체제에서든 중요한 역할을 할 수 있다. 예를 들어, 부족 소속감은 관료주의적 제한을 뛰어넘는 강력한 방법으로, 정부 관료주의에 좌절감을 느낀 시민은 부족과 친분이 있는 정치인을 통해 문제를 해결할 수 있습니다.

많은 국가의 국경은 식민지 시대의 유산이기 때문에 국가 경계와 지역사회의 부족 및 민족 정체성 사이에 영토적 연관성이 없는 경우가 많다. 많은 중동 국가에는 상당한 규모의 소수 민족이 존재하며, 이들의 주요 관계는 국가가 아니라 다른 국가에 거주하는 언어, 종교, 민족 또는 부족 동료와 맺는 관계로 설정될 수 있다. 이러한 공동체의 수는 수십만 명에서 수백만 명에 달할 수 있다.

쿠르드족처럼 일부 집단은 국경을 넘어 지정학적 일관성을 지니는 공동 거주지를 형성하고 있다. 즉, 쿠르드족은 이라크, 튀르키예, 시리아, 이란에서 소수 민족으로 살고 있지만 그들이 거주하는 주요 지역은 쿠르드족이 수세기 동안 살아온 땅인 것이다. 쿠르드족의 관점에서 볼 때, 이들 국가의 현대 국경은 쿠르드족의 고향 땅을 임의로 잘라낸 것이다. 이들 국가의 대다수 쿠르드족은 이들 국가의 조각을 떼어내 새로운 국가인 쿠르디스탄(Kurdistan)을 만드는 것을 지지하는 반면, 이들이 살고 있는 국민 국가 자체는 이 프로젝트에 반대하고 있다.

쿠르드족과 같은 공동체는 일부에서는 '**원시국가(proto-state)**'로 분류되기도 한다. 중동에서 잘 알려진 다른 예로는 아르메니아인과 팔레스타인인이 있다. 아르메니아는 현재 국가를 가지고 있지만 국경이 소련에 흡수되기 전의 상황은 달랐다. 아르메니아는 무슬림이 다수인 이웃 튀르키예와 아제르바이잔에 상당수의 기독교인 아르메니아 소수 민족을 보유하고 있으며, 아르메니아 사람들이 역사적 고국의 일부로 여기는 영토를 되찾기 위해 아제르바이잔의 거의 4분의 1을 점령하고 있다.

팔레스타인의 상황은 특히 복잡하다. 1948년 영국이 통제하던 팔레스타인 지역이 분할되어 새로운 이스라엘 국가가 탄생했을 때 수십만 명의 팔레스타인 사람들이 이스라엘과 시리아, 이집트, 요르단, 아라비아, 레바논의 침략군 간의 충돌로 인한 폭력을 피해 피난을 떠났기 때문이다. 현재 팔레스타인 자치정부가 존재하지만, 이들 난민과 그 후손 대부분은 이스라엘과 팔레스타인 영토에서 이미 일상의 일부가 된 이스라엘인과 팔레스타인인 간의 폭력 충돌을 부추길 것이라는 우려와 민주 국가의 아랍인다수가 이스라엘의 유대인적 특성을 잃게 될 것이라는 우려로 인해 이스라엘로부터 귀환할 권리를 거부당해 왔다. 그 결과 이스라엘과 국경을 접한 아랍 국가에 주로 거주하는 400만 명 이상의 망명자들이 한 번도 본 적도 없고 실제로는 더 이상 존재하지 않는 국가에 대한 충성심으로 가득 차 있다. 아이러니하게도 이스라엘은 팔레스타인 사람들에게 잃어버린 고향을 되찾을 수 있다는 것을 증명하고 있다.

부유층과 빈곤층

현재 세계 경제는 탄소 기반 연료로 운영되고 있으며, 이는 중동이 국제문제에서 중요한 비중을 차지하는 핵심 이유 중 하나다. 이 지역은 전 세계 석유 매장량의 절반 이상과 전 세계 천연가스 매장량의 40% 이상을 보유하고 있기 때문에 중동의 문제는 전 세계 수십억 인구의 생계와 경제 안보에 영향을 미친다.

그러나 이 지역의 경제는 복잡하다. 경제학자들은 종종 중동의 국가를 생산 국가와 배분 국가로 나눈다. **생산 국가(production states)**는 농업, 목축업, 제조업 또는 무역에 종사하는 국민의 노동으로부터 수입의 대부분을 얻으며, 중앙집권적 관료제를 통해 시민들로부터 세금과 기타 요금을 징수한다. **배분 국가(allocation states)**는 국민에게 세금을 부과하여 수입을 얻는 것이 아니라 주요 자원을 다른 국가에 직접 판매하여 수입을 창출한다(Luciani 1987). 사우디아라비아, 쿠웨이트, 리비아, 오만, 카타르, 아랍에미리트 등 주요 산유국 대부분이 배분 국가로 분류될 수 있다. 배분 국가는 자원 채굴부터 국민에게 서비스를 제공하는 것까지 모든 것을 외국기업과 노동자에게 의존하는 경우가 많다. 배분 국가는 지역 내뿐만 아니라 전 세계 다른 지역으로부터 노동력 이주를 유치한다. 쿠웨이트와 같은 국가에서는 외국인 근로자의 수가 자국민보다 많을 수 있는 이유도 바로 이 때문이다.

우리가 중동이라고 부르는 지역은 경작지와 석유를 포함한 광물 등 자원의 불규칙한 분포로 인해 극심한 경제적 격차를 보이고 있다. 이 지역에는 1인당 GDP가 세계에서 가장 부유한 국가에 속하는 일부 국가가 포함되어 있다. 카타르의 1인당 평균 GDP는 12만 4,000달러, 쿠웨이트는 6만 5,800달러입니다. 그러나 중동에는 예멘(2,500달러)과 서사하라(2,500달러)와 같이 세계에서 가장 가난한 국가도 포함되어 있다. 이집트($12,700), 이란($20,100), 레바논($19,600)과 같은 국가는 세계 중산층에 속한다. 카타르와 쿠웨이트는 석유 부국이고 예멘과 아프가니스탄은 석유 매장량이 적으며 이집트, 이란, 레바논은 석유와 천연가스의 비중이 크지만 지배적인 역할을 하지는 않는 혼합 경제를 이루고 있다.

1인당 평균 GDP를 나타내는 수치는 오해의 소지가 있다. 가상의 평균 이란인은 연간 18,100달러를 벌지 못하며, 카타르의 일반 거주자는 연간 129,700달러를 벌지 못한다. 사우디아라비아나 시리아의 백만장자 한 명당 이보다 훨씬 적은 소득을 올리는 수백만 명의 사람들이 있을 것이다. 예멘에는 약 100명의 억만장자와 20,000명의 백만장자가 있지만, 세계은행은 국민의 54%가 빈곤층이고 39%가 영양실조에 걸린 것으로 추정하고 있다. 인구의 약 27%는 실업 상태다.

따라서 경제 격차는 국가 간 격차 못지않게 한 국가 내에서도 큰 편이며, 엄청난 인구 증가로 인해 경제 격차는 더욱 악화되고 있다. 예를 들어, 20세기 초 이집트의 총 인구는 약 60만 명이었지만 21세기 초에는 약 6,000만 명에 달했다. 이집트 당국은 3분마다 한 명의 아기가 이집트 국경 내에서 태어나는 것으로 추산하고 있다.

인구 증가와 함께 엄청난 속도로 도시화가 이루어졌다. 100년 전만 해도 중동 인구의 10% 미만이 도시에 거주했다. 2000년에는 도시에 거주하는 인구의 비율은 60퍼센트 이상을 넘었다. 여기에는 여러 가지 이유가 있다. 일부 국가에서는 농촌 지역에 거주하는

<그림 11.3> 카이로와 같은 도시는, 지속적인 인구 압박 속에서도 귀중한 농지를 희생시키며 계속 성장하고 있다.

출처: Mark Allen Peterson

사람들을 위한 일자리를 창출할 경작지가 부족하다. 일부 배분 국가에서는 석유 수입으로 인해 경제의 농업 부문이 위축되도록 허용되었다. 또 다른 사례를 보게 되면, 식민지 및 국가 통치자들의 잘못된 농업 계획으로 인해 사막화가 진행되어 수천 명의 농민이 집을 잃기도 했다. 어떤 경우든 실직한 농촌 농민들은 더 나은 삶을 찾아 도시로 이주했다. 1800년에서 2000년 사이에 카이로의 인구는 약 20만 명에서 1200만 명 이상으로 증가했고(그림 11.3), 테헤란은 약 1만 명에서 800만 명 이상으로 증가했다. 이스탄불은 30만 명에서 600만 명 이상으로 증가했다. 카사블랑카는 1900년 인구가 2만 명에 불과했지만 2000년에는 인구가 300만 명에 육박했다.

실업과 불완전 고용은 중동 전역에서 만성적인 문제로 손꼽힌다. 중동은 전체적으로 청년 실업률이 세계에서 가장 높으며, 여성이 남성보다 실직할 확률이 두 배나 높다. 그 결과, 중동의 가난한 국가들은 국경을 넘어 대규모 노동 이주를 경험하고 있습니다. 사우디아라비아, 쿠웨이트, 카타르와 같은 석유 부국의 막대한 부는 수백만 명의 노동자를 끌어모으고 있다. 고도로 훈련된 기술자와 관리자부터 비숙련 노동자, 가사도우미에 이르기까지 미국, 유럽, 인도, 필리핀 등지에서 아라비아 반도의 석유 부국으로 노동자들이 유입되고 있다. 쿠웨이트와 같은 일부 국가에서는 외국인 근로자가 전체 인구의 70%에 달한다. 아랍 국가들, 특히 이집트와 예멘은 주요 노동력 수출국으로, 송금된 현금이 현지 경제로 다시 유입되어 혜택을 보고 있다(Serageldin 외. 1983).

이러한 모든 문제는 반세기 동안 정부, 현지 비즈니스 엘리트, 다국적 기업, 국제기구의 국제 부채 증가와 재정 관리 실패로 인해 더욱 악화되었다. 제2차 세계대전 이후 미국과 서유럽의 동맹국, 소련과 동유럽의 동맹국은 주로 영향력을 확대하기 위해 중동과 다른 지역의 개발도상국에 경제 원조를 제공하려고 했다. 세계은행과 국제통화기금과 같은 기관을 통해 각국의 경제 인프라 개발을 지원하기 위해 막대한 대출이 이루어졌다. 이러한 프로젝트는 종종 예상한 성과를 달성하지 못했으며, 낮은 투자 수익률로 인해 수혜국이 대출금을 갚을 수 없는 상황에 처하는 경우가 많았다. 이전 대출의 이자를 갚기 위한 대출을 포함한 추가 대출로 인해 부채 수준이 더욱 높아졌다. 식량 보조금과 같은 비시장적 관행을 포기하도록 수원국에 부과된 이른바 **구조조정 프로그램**(Structural Adjustment Programs, SAPs)은 종종 폭동을 일으키고 빈곤층의 생활 환경을 더욱 절망적으로 만들었다.

국제 투자는 때때로 경제적 문제를 야기하기도 했습니다. 다국적 기업들은 자연스럽게 투자할 자본과 현지 관료들과 협력하는 방법에 대한 지식을 갖춘 현지 엘리트들과 파트너 관계를 맺는 것을 선호해 왔다. 이러한 중동 엘리트들은 그 대가로 수익의 일부를 안정적인 미국, 아시아 또는 유럽 투자에 투자하는 것을 선호해 왔으며, 이는 부유층에서 중산층으로 흘러내리지 않고 가난한 나라를 떠나는 **자본 도피**(capital flight), 즉 부의 역외 유출 경향으로 이어졌다. 외국인 투자가 지역 경제에 일자리를 가져다주기는 하지만, 이는 비숙련 저임금 일자리인 경우가 많으며 외국인이 경영진으로 영입되는 경우가 많다. 이란 혁명 이후 5년 동안 외국 기업의 투자로 인한 인플레이션으로 임대료가 매년 두 배씩 상승하는 등 예상치 못한 결과를 초래하기도 했다(Beeman 2004). 배분 국가는 이러한 많은 문제의 영향을 덜 받지만 석유 및 천연가스 가격의 상승과 하락에 따라 잠재적인 극적인 경제 변화에 직면해 있다.

중동의 개발 전략 실패는 여러 가지 측면에서 설명된다. 일부에서는 대부분의 중동 국가들이 중앙집권적이고 관료적으로 통제되는 경제구조로 인해 세계무역기구와 같은 조직에 참여하기 어렵다고 주장하는데, 이러한 조직은 유럽과 북미의 개방 시장 철학을 전제로 하기 때문이다. 다른 이들은 이 지역의 식민지 유산을 탓하기도 한다. 이들은 국경이 국가의 생존을 위해 설계된 것이 아니라 행정적 목적으로 설정되었으며, 식민지 경제 구조는 성장을 촉진하기 위한 것이 아니라 부를 추출하기 위해 설계되었다고 주장한다. 이러한 유산은 자유를 되찾은 신흥 국가들에게 엄청난 부담을 남겼다. 하지만 부유한 국가가 가난한 국가의 생산성 향상을 도울 수 있다는 개발 이론 자체가 결함이 있다고 주장하는 사람들도 있다. 흥미롭게도 이러한 비판은 정치적 좌파와 우파 모두에서 나온다. 전자는 부유한 국가가 가난한 국가에 영리를 목적으로 경제 원조를 제공하는 것은 불가능하다고 주장하며, 원조를 받는 국가는 오히려 더 많은 빚을 지게 되는 경우가 많기 때문이라고 말한다. 후자는 많은 개발 프로젝트의 중앙집권적 성격에 문제가 있지만, 세계 시장과 국제 투자, 기업가 정신을 장려하는 소액 대출이 뒷받침된다면 중동 경제는 여전히 스스로 변화할 수 있다고 주장한다.

21세기가 시작되면서 중동과 북아프리카의 모든 국가는 급격한 인구 증가, 불평등한 자원 분배, 막대한 석유 수입의 역내 유입으로 인한 경제 왜곡, 국제 부채, 상대적으로 소수의 엘리트에 의한 경제 관리 부실, 공동체 정체성과 국가 건설 사이의 갈등, 지역 외부 강대국들의 달갑지 않은 정치적 관심 등 비슷한 문제에 직면해 있다. 사람들은 이러한 상황에서 최선을 다해 살아남기 위해 비공식적인 사회 및 경제 네트워크에 의존하는 경우가 많다. 이러한 비공식 경제에는 물물교환부터 노점상, 개인 대출, 밀수 및 암시장 활동까지 모든 것이 포함될 수 있다. 국제노동기구는 알제리, 모로코, 튀니지, 이집트의 비공식 경제가 이들 국가 전체 경제 활동의 4%를 초과할 것으로 추정하고 있다(ILO 2002). 그러나 비공식 경제 활동이 많은 사람들의 생계에 도움이 될 수는 있지만, 더 큰 경제 문제를 해결하는 데는 거의 도움이 되지 않고 오히려 문제를 악화시키는 경우가 많다. 대부분의 사람들은 이러한 문제에 대한 보다 영구적인 해결책을 절실히 원하고 있다.

팔레스타인 문제

중동에서 가장 중요한 국제문제 중 하나는 옛 영국 식민지였던 팔레스타인에 이스라엘 국가가 수립된 것과 그 후 이어진 전쟁과 난민 위기로 인한 혼란이다. 이 문제의 뿌리는 17~18세기 유럽에서 세속주의와 민족주의가 부상하면서 많은 유대인이 스스로를 민족으로 생각하는 방식에 변화를 가져온 데 있다. 전통적으로 유대인의 정체성은 기원전 136년 로마가 제국의 지배에 반대하는 반란으로 팔레스타인 지방에서 수천 명의 유대인을 추방한 사건에 뿌리를 두고 있었다. 이후 유대인과 그 후손들이 유럽, 북아프리카, 남아시아 및 서아시아 등으로 이주한 것을 유대인 디아스포라라고 하는데, 이 용어는 일반적으로 대부분의 공동체 구성원이 본 적이 없는 공통의 조국에 대한 연결감을 통해 그들이 정착한 호스트 공동체 내에서 뚜렷한 정체성을 유지하는 초국가적 민족공동체를 설명하는 데 사용된다(Sheffer 1986).

세계 각지의 유대인 공동체는 이디시어와 라디노어와 같은 고유 언어를 발전시키며 서로 다른 문화와 정체성을 형성했으나, 잃어버린 조국에 대한 공통의 헌신은 공유된 종교 교리와 의식 관행에 깊이 내재되어 있었다. 유대인은 장소와 시대에 따라 각기 다른 환영을 받았지만 유럽의 유대인 커뮤니티는 대부분 편견과 억압을 경험했다. 1290년 영국을 시작으로 많은 국가에서 수시로 유대인을 국경 밖으로 추방했다. 스페인과 포르투갈에서 파티마 왕조의 관용적인 통치 아래 부를 쌓은 유대인들은 기독교 통치자들이 이베리아반도를 정복한 후 기독교로 개종하거나 재산을 잃을 위기에 처했다. 다른 국가에서는 유대인을 더 큰 공동체로부터 격리하기 위해 게토라고 불리는 벽으로 둘러싸인 공동체가 만들기도 했다. 전통적인 종교적 가르침에 따르면 언젠가 예루살렘을 중심으로 유대 왕국을 재건할 메시아가 올 것이라고 믿었다. 그 전까지는 "내년에는 예루살렘에서"라는 전통적인 희망찬 건배사와 함께 속죄일과 유월절 등 기도와 의식을 통해 고향을 기억했다.

민족국가를 이상으로 하는 유럽의 **민족주의**(nationalism)는 유럽의 많은 유대인이 집단 정체성을 생각하는 방식에 큰 영향을 미쳤다. 레오 핀스커, 모세 헤스, 테오도르 헤르츨과 같은 유대인 지식인들은 유대인을 공통의 기원과 특성으로 뭉친 별개의 민족, 즉 국가로 묘사하기 시작했다. 유대인이 주권적인 민족이자 국가를 구성하며 조상의 고향에 국가를 설립하고 유지할 권리를 가져야 한다는 믿음은 시오니즘으로 알려지게 되었다. 1870년대와 1880년대에 시오니스트 클럽과 스터디 그룹이 유럽 전역에 생겨났고, 모험심이 강한 유대인들은 당시 오스만 제국의 영토였던 팔레스타인으로 여행을 떠나 그곳에 정착했다(Avineri 1981). 1882년에서 1914년 사이에 러시아와 동유럽에서 일어난 일련의 대학살과 반유대주의의 물결로 인해 75,000명의 유대인이 팔레스타인으로 이주하게 되었다. 시오니즘의 핵심 개념은 '알리야(*Aliyah*, 히브리어로 '상승')'로, 박해받는 유대인들의 자발적 이민과 팔레스타인으로의 피난을 모두 가리킨다. 그럼에도 불구하고 제1차 세계대전 발발 당시 팔레스타인 인구의 약 7%만이 유대인이었으며, 이는 기독교 아랍 인구보다 적고 무슬림 아랍 인구보다 훨씬 적은 숫자였다(Shlaim 2001).

1917년, 영국은 여러 유대인 은행으로부터 전쟁 대출 보증을 받기 위해 밸푸어 선언(Balfour declaration)을 발표했다. 이것은 영국 국무장관이 로스차일드 경에게 보낸 서한으로, 영국이 전쟁에서 승리하여 오스만 제국으로부터 팔레스타인을 장악하면 정부는 다음과 같이 할 것이라고 명시했다.

> "팔레스타인에 유대인의 민족적 고향(national home)을 세우는 것을 긍정적으로 보고, 이 목적을 달성하기 위해 최선을 다할 것입니다.. 이 목적을 달성하기 위해 최선의 노력을 다할 것이며, 팔레스타인에 존재하는 비유대인 공동체의 시민적, 종교적 권리나 다른 나라에서 유대인이 누리는 권리와 정치적 지위를 침해할 수 있는 어떠한 행위도 하지 않을 것임을 분명히 이해한다"(Balfour, 1917).

초기 몇 차례의 패배 끝에 영국군은 1918년 12월 팔레스타인을 점령했고, 1920년 새로 구성된 국제연맹은 팔레스타인에 대한 영국 위임장을 통과시켜 영국이 이 지역을 직접 관리할 수 있게 되었다.

이후 17년 동안 대부분 러시아와 동유럽에서 온 15만 명 이상의 유대인이 팔레스타인으로 이주하여 1929년과 1933~1936년에 반이민 폭동을 일으켰습니다(Sherman 2001). 영국은 이에 대응하여 이민을 제한했지만, 유대인들은 독일에서 나치즘의 부상을 피해

수만 명씩 불법으로 계속 이주해 왔다. 점점 더 격렬해지는 아랍인의 적대감과 영국이 많은 정착민들이 해석하는 방식으로 밸푸어 선언을 이행하지 않는 것에 대한 유대인의 분노는 이르군 츠베이 루미(Irgun Tzvei Leumi), 스턴 갱(Stern Gang)과 같은 유대인 테러 조직을 결성하게 만들었다(Vest 2001). 제2차 세계대전 후 홀로코스트에서 살아남은 유럽인들이 팔레스타인으로 불법 이민을 오면서 그 수가 급증했고, 영국은 이들을 어디로 보낼지 고민하는 동안 이들을 수용하기 위해 수용소를 설립했다.

국제 사회의 불만은 점점 커져만 갔고, 영국이 이 문제를 처리하는 방식에 대한 불만도 커져갔다. 1947년 11월 29일, 유엔은 33대 13으로 팔레스타인 땅을 유대인이 주를 이루는 국가와 무슬림이 주를 이루는 국가로 분할하기로 의결했다. 유대인이 다수 거주하는 지역을 이스라엘 영토에 포함되도록 하기 위해, 유엔 위원회는 팔레스타인 지역을 총 7개 구역으로 분할할 것을 제안했다. 3개는 유대인이, 3개는 무슬림 아랍인이, 1개(예루살렘과 베들레헴 포함)는 유엔이 통제할 것을 권고했었다. 1948년 5월 14일, 영국의 위임 기간이 만료되는 날, 이스라엘은 국가 수립과 독립을 선언했다. 다음 날 이집트, 시리아, 레바논, 트랜스요르단, 이라크의 군대가 이 신생 국가를 공격했다. 이러한 외부의 위협에 직면하자 이스라엘 독립 운동 내부의 분열은 사라졌다. 반면 아랍 군대는 정반대의 문제로 인해 어려움을 겪었는데, 각국이 약속한 병력 수준을 투입하지 않았고 다른 아랍 국가 지휘관의 명령에 따라 저항하는 군대가 많았기 때문이다. 이스라엘은 아랍 군대를 물리쳤고 1949년 휴전이 체결되었다(Goldschmidt and Davidson 2005). 거의 동시에 요르단은 요르단강 서쪽에서 동예루살렘에 이르는 넓은 땅을 점령하여 서안지구 영토로 알려지게 되었다.

이스라엘 국가의 설립은 팔레스타인 아랍인들에게 **나크바(*nakba*),** 즉 재앙으로 알려져 있는데, 이는 대다수 팔레스타인 사람들에게 고향을 잃게 했기 때문이다. 전쟁 기간 동안 50만 명 이상의 팔레스타인 아랍인(무슬림과 기독교인)이 팔레스타인을 떠나 이웃 아랍 국가로 이주했다. 다른 사람들은 독립 초기에 고향을 떠나 추방당했다. 1948년에는 약 15만 명의 아랍계 이스라엘인과 서안지구 점령으로 '요르단인'이 된 40만 명의 아랍인, 그리고 약 55만~80만 명의 난민이 존재했었다. 이스라엘은 난민들이 아랍 최고사령부의 지시에 따라 자발적으로 철수한 것이라 주장하며, 그들의 귀환을 거부했다. 따라서 이스라엘 시민권에 대한 권리를 포기했다고 주장했다. 아랍 국가들은 자국에서 유대인을 추방하는 것으로 대응했다. 이스라엘은 이 유대인들을 환영했고, 오늘날 대부분의 다른 중동 국가에는 소수의 유대인 공동체만 존재한다.

1950년대 중반, 이 난민 공동체를 중심으로 팔레스타인 해방을 목표로 하는 무장 조직들이 결성되었으며, 이 흐름은 1964년 팔레스타인 해방기구(PLO)의 공식 출범으로 이어졌다. 팔레스타인 조국의 재건을 위해 싸웠다. 1965년에는 마르크스주의 원칙에 따라 조직된 두 번째 조직인 알 파타(al-Fatah)가 설립되었다. 4년 후 두 조직은 합병되었고 야시르 아라파트가 PLO의 수장이 되었다. 조직적이고 충분한 자금을 갖춘 군대가 부족했던 PLO는 주로 민간인을 대상으로 한 테러를 비롯한 게릴라 전략에 의존했다. 1972년 PLO는 포로로 잡힌 PLO 지도자 송환 협상이 실패하자 독일 뮌헨에서 이스라엘 올림픽 선수 11명을 살해하여 국제 뉴스의 헤드라인을 장식했다. PLO 및 유사 단체의 테러 공격에 대처하는 것 외에도 이스라엘은 아랍 이웃 국가들과 두 차례의 전쟁을 더 치렀는데, 1967년 6일 전쟁은 이스라엘을 이 지역의 군사 강국으로 자리매김하게 했고 1973년 욤 키푸르 전쟁은 국제적인 파장을 일으켰다. 이 전쟁은 제네바에서 열린 평화 회의에서 해결되었고, 이후 유엔은 팔레스타인 디아스포라를 위한 합법적인 정치 기구로 PLO를 인정했다. 1979년 이집트의 안와르 사다트 대통령이 이스라엘 크네세트(의회)를 방문한 후 지미 카터 미국 대통령은 아랍 국가가 이스라엘의 존재를 인정하는 최초의 조약인 이집트와 이스라엘 간의 역사적인 캠프 데이비드 협정을 체결했다.

이 조약의 의무를 이행하기 위해 1982년 이스라엘은 1967년 전쟁에서 점령했던 이집트 땅, 특히 시나이 반도를 이집트에 반환했다. 같은 해 이스라엘은 난민 캠프에서 활동하는 테러 조직을 소탕하고 아라파트와 PLO를 베이루트에서 쫓아내기 위해 레바논을 침공했다. 이 점령은 18년 동안 지속되었고, 이스라엘은 이 지역에서 확실한 군사 강국의 지위를 유지했다. 그러나 점령은 테러리스트 소탕이라는 목표를 달성하지 못했을 뿐만 아니라 이스라엘의 레바논 점령에 저항하는 레바논 시아파를 중심으로 한 새로운 반이스라엘 테러 조직인 헤즈볼라를 탄생시켰다. 1987년 팔레스타인 사람들은 이스라엘에 대항하는 최초의 인티파다(저항)를 선언했다. 당시 사회 분위기를 반영하듯, 결혼식 등은 열리되 축하 행사는 생략되는 등 일상적 기쁨마저도 자제되었다. 소극적 저항과 전투적 저항 모두 극적으로 증가했다. 이듬해 PLO는 이스라엘과 공존하는 팔레스타인 독립국가를 건설하는 2국가 해법에 동의하겠다고 밝혔다. 이는 1993년 체결된 야심찬 오슬로 협정을 비롯한 이후 모든 평화 협상의 기초가 되었다. 1994년, 아직 존재하지도 않았고 경계도 합의되지 않았던 팔레스타인 국가를 위해 팔레스타인 자치정부가 설립되었다.

평화는 요원한 일이었다. 이스라엘 측에서는 조약에 따라 팔레스타인 땅이 되어야 할 곳에 이스라엘 정착촌을 계속 건설하면서 대부분의 팔레스타인 사람들이 이스라엘의 진정성을 의심하게 되었다. 테러 혐의로 기소된 팔레스타인 지도자들에 대한 표적 암살, 수많은 팔레스타인 비전투원들의 사망, 난민들의 이전 고향으로 돌아가거나 손실에 대한 보상을 받을 권리를 고려하지 않는 이스라엘의 태도는 긴장을 더욱 악화시켰다. 팔레스타인 측에서는 팔레스타인 자치정부가 모든 팔레스타인 정파를 대표할 수 없다는 점, 특히 정전 협정을 집행하거나 테러 단체를 통제하지 못하는 무능력으로 인해 협상을 신뢰할 수 없게 만들었다.

2000년 아리엘 샤론 이스라엘 총리가 수백 명의 경찰에 둘러싸인 채 예루살렘의 바위돔을 방문하자 폭동이 촉발되었다. 이 사건은 제2차 인티파다로 불리는 대규모 민중 봉기로 이어졌고, 이후 수년간 양측의 충돌과 갈등이 지속되었다. 팔레스타인의 분노는 이후 샤론이 두 국가를 분리하는 장벽을 건설하기로 결정하면서 더욱 악화되었다. 장벽은 기존의 국경을 따르지 않았고, 많은 팔레스타인 사람들은 이를 이스라엘이 아랍인의 토지를 수용하려는 또 다른 노력으로 여겼다(그림 11.4).

2006년, 무장 반이스라엘 단체인 하마스가 팔레스타인 자치정부를 이끌 지도자로 선출되었다. 라이벌 조직인 파타가 서안지구에서 정권을 장악했고, 하마스가 통제하는 가자지구는 경제 봉쇄로 인해 가자지구 공장의 약 95%가 가동을 중단되고 40% 이상의 실업자가 발생했으며(옥스팜 2010), 이는 현재까지도 계속되고 있다. 팔레스타인 자치정부는 2011년 이집트의 중개로 약한 수준의 협력 협정을 맺기는 했지만 여전히 분열되어 팔레스타인 전체의 대의를 대변하는 데 효과적이지 못하다. 2008년, 2010년, 2013년

〈그림 11.4〉 이스라엘이 팔레스타인 영토와 분리하기 위해 건설한 장벽은 많은 아랍인들이 팔레스타인 땅을 추가로 확보하기 위한 노력으로 보고 있으며, 정의롭고 평화로운 공존이라는 어려운 문제를 보여주는 기념물로 자리잡고 있다.

출처: Brad Bailey

에도 평화 협상을 재개하려는 시도가 있었지만, 매번 합의에 이르지 못하고 중단되었다.

이스라엘과 팔레스타인 분쟁은 이스라엘이 핵무기를 보유하고 있기 때문에 국제 사회가 특히 우려하는 사안이다. 이스라엘과 주변 국가 간의 극심한 정치적, 사회적, 이념적 긴장을 감안할 때 이스라엘, 미국, 유럽 강대국들은 다른 중동 국가들이 핵 능력을 획득하지 못하도록 여러 차례 이 지역에 개입해 왔다. 이들 국가는 이스라엘과 팔레스타인 분쟁이 핵 확산의 촉발점이 될 가능성뿐만 아니라 핵무기가 이슬람 테러리스트의 손에 넘어갈 수 있다고 우려하고 있다.

중동의 권위주의, 테러리즘, 정치적 혼란

2차 세계대전 이후 유럽 식민주의가 붕괴된 이후 중동은 권위주의 정권과 안보 국가가 지배해 왔다. 이들 중 일부는 사우디아라비아, 모로코, 카타르, 아랍에미리트처럼 부족 정치에 뿌리를 둔 가부장적 군주제 국가입니다. 실제로 중동에는 전 세계에 남아있는 10개의 절대 군주국 중 8개의 국가가 있다. 이집트나 시리아처럼 군사 쿠데타와 혁명을 통해 정권이 군대와 억압적인 보안 서비스를 이용해 통치를 유지하는 곳도 있다. 이란에서는 종교 지도자가 선거를 감독하고 의회가 승인한 법률에 거부권을 행사하며 고등법원 판사를 임명하는 등 국가를 통제한다. 여러 국가에서 선거를 실시하지만 이러한 선거는 신중하게 조직된다. 예를 들어, 2018년 이집트 대통령 선거에서 현직 압델 파타 알시시 장군은 모든 합법적인 정치적 반대자들을 투옥, 협박 또는 출마를 금지했다.

권위주의는 항상 반발을 불러일으켰다. 최근 중동에서 가장 중요한 반권위주의 운동 중 하나는 2010~2011년, 시민들이 정치적 변화를 요구하며 공공장소에 집결한 대중 시위로, 흔히 '아랍의 봄'(Arab Spring)으로 불린다. 언론은 이를 **아랍의 봄(Arab Spring)**이라고 명명했다(시위에 참여한 모든 사람이 아랍인은 아니지만). 대중적이고 평화적이었으며 정부와 친정부 시위대의 폭력적인 보복에도 불구하고 끈질기게 이어진 이 봉기는 시위, 행진, 집회, 파업 등 시민 저항의 일반적인 기법과 소셜 미디어를 사용하여 시위대 간 및 외부 세계와 소통하고 국가의 검열 시도를 우회하는 방법을 모두 공유했다.

아랍의 봄은 수년간의 파업, 시위 및 기타 시위 운동의 정점이었다. 이러한 시위는 부분적으로는 빈곤 증가, 인플레이션, 인프라(특히 학교와 공립 병원) 부실과 같은 경제적 문제에서 비롯되었다. 이러한 문제는 종종 서방 강대국의 지원을 받는 독재 정부에 대한 무력감으로 인해 더욱 악화되었다. 시위대는 고질적인 부패, 조작된 선거, 언론 검열에 대해 불평하고 경찰의 폭력과 경찰을 보복으로부터 안전하게 만드는 '긴급조치(emergency law)'를 비판했다.

처음에는 이러한 시위가 진정한 변화를 불러일으키는 것처럼 보였다. 지네 엘 아비디네 벤 알리 튀니지 대통령 이집트에서는 호스니 무바라크 대통령이 18일간의 시위 끝에

<그림 11.5> 튀니지의 봉기에서 영감을 받은 이집트의 시위는 독재자를 무너뜨리고 지역 전역에
걸쳐 다른 시위에 영감을 주었다.

출처: Malak Rouchdy

사임하면서 30년간의 통치가 막을 내렸다(그림 11.5). 요르단, 쿠웨이트, 레바논, 모로코, 오만은 정치 및 경제 개혁을 약속하며 대규모 시위를 진압했다. 그러나 10년이 지난 지금, 이들 국가 중 어느 곳에서도 민주적 변화의 조짐은 보이지 않고 있다. 이집트와 튀니지에서 새로운 정권이 구 정권을 대체했고, 리비아, 시리아, 예멘에서는 정부군이 시위대를 무력으로 진압하면서 결국 내전으로 발전했다.

시리아 내전은 이 지역에서 가장 시급한 국제적 위기로 떠올랐다. 바샤르 알 아사드 대통령 정권에 반대하는 일련의 평화 시위로 시작된 분쟁은 시위대를 진압하기 위해 파견된 군대에 맞서 시위대가 반격하기 시작하면서 내전으로 변했습다. 알 아사드 정권은 수니파가 다수를 차지하는 시아파 엘리트로서 이란과 러시아의 군사적 지원과 헤즈볼라 같은 국제 반군 조직과 많은 독립 시아파 민병대의 지원을 받고 있으며, 정권에 대한 군사 반대 세력이 조직화되면서 사우디아라비아, 카타르, 튀르키예, 미국과 일부 유럽 동맹국을 포함한 여러 외부 국가의 지원을 받아 이념과 민족 노선을 따라 분열되었다. 또한 알

카에다와 무슬림 형제단과 연계된 여러 수니파 이슬람 단체도 있다. 이라크와 레바논에서 새로운 칼리프 국가를 건설하는 데 전념하는 ISIL(이라크·레반트 이슬람국가)은 중동뿐 아니라 전 세계적으로도 영향력을 확장하며, 국제적 테러 행위를 기획하고 이를 지지하는 네트워크를 형성했다. 또한, 시리아민주군(Syrian Democratic Forces, SDF)은 쿠르드, 아랍, 아시리아 등 다양한 민족 민병대로 구성된 연합체로, 초기에는 아사드 정권에 맞서 민주적·연방주의적 시리아 수립을 목표로 결성되었으나, 이후에는 주로 IS 격퇴에 집중했다. 아르메니아, 쿠르드, 투르크멘 민병대 연합이 시리아민주군(Syrian Democratic Forces, SDF)이라는 이름으로 활동하고 있다. 처음에는 아사드 정권을 전복하고 민주적이고 연방주의적인 시리아로 대체하기 위해 결성된 이들은 대부분의 노력을 알누스라 전선과 ISIL에 집중했다.

2020년까지 이란, 러시아, 레바논 무장 단체 헤즈볼라의 지원으로 아사드 정권은 반대 세력을 크게 물리쳤지만, 이 지역의 안정이 개선되지는 않았다. 이 분쟁으로 50만 명 이상이 사망했다. 인구의 절반에 가까운 630만 명이 국내 실향민이 되었고, 480만 명 이상이 난민이 되어 대부분 이집트, 이라크, 요르단, 레바논, 튀르키예로 흩어졌다. 실향민들은 강제 노동과 인신매매에 매우 취약하다. 또한, 그 엄청난 숫자는 중동과 유럽의 다른 지역에서 난민을 수용한 국가에 엄청난 물류, 문화, 사회적 문제를 야기했으며, 경우에 따라서는 난민을 줄이거나 금지하겠다고 약속하는 정당에 힘을 실어주어 수용국의 정치 지형을 바꾸기도 했다.

그러나 시리아 내전의 가장 위험한 결과는 아마도 테러의 확산일 것이다. 두 개의 무장 수니파 근본주의 단체인 알카에다와 이라크 레반트 이슬람 국가(IS)는 전쟁으로 인한 불안정성을 이용해 극단적인 폭력을 행사하며 이슬람에 대한 자신들의 특별한 해석을 실행했다. 2014년 절정에 달했던 이슬람국가는 이라크와 시리아 전역에서 영국 면적보다 더 넓은 영토를 장악했다. IS는 영토 점령 세력으로서는 대부분 소탕되었지만, 여전히 이라크와 시리아를 포함한 다양한 지역에서 반란 및 테러 활동을 지속하고 있다. 아프가니스탄, 이집트, 리비아 및 전 세계 다른 지역에서 반란 공격을 계속하고 있습다. 이슬람 국가와 알카에다는 2002년 이후 중동에서 36,000명 이상을 살해했으며, 이는 이 지역에서 알려진 모든 테러 단체의 사망자 중 70% 이상을 차지한다. 중동에서는 전 세계 어느 곳보다 테러로 인한 사망자가 많다. 이 지역 사망자의 83%가 이라크와 시리아에서 발생했다.

테러는 중동에서 새로운 것이 아니다. 테러리즘은 식민지 시대로 거슬러 올라가 지배 체제에 반대하는 사회 운동에 뿌리를 두고 있다고 할 수 있다. 대부분의 유럽 식민지 강대국들은 겉으로는 민주주의 국가였지만 식민지에서는 제국주의 국가였다. 이러한 제국주의에 대한 저항은 19세기 말과 20세기 초에 걸쳐 많은 반란 단체의 출현으로 이어졌다. 가장 광범위한 테러리스트 운동은 대부분 유럽 지식인과 무장 세력이 독립적인 조직으로 조직되어 공통의 유토피아적 정치 비전을 위해 헌신한 글로벌 네트워크인 아나키스트의 테러리스트 운동으로, IS와 알 카에다에서 영감을 받았다고 주장하는 유럽 및 북미 독립 테러리스트의 출현과는 다르다(Bergesen and Han 2005). 중동에서 테러리즘의 초기 사용은 식민지 시대 말기, 세계대전 전후에 무슬림 형제단(Muslim Brotherhood)과 같은 조직이 외국 세력이 지배하는 정치 체제를 개혁하고자 했던 시기에 발전했다(Vest 2001). 이 조직은 영국이 통제하는 이집트 정부가 돌보지 않는 진료소, 학교, 대출 프로그램, 농촌 이민자를 위한 취업 기회 등 시민사회의 필요를 충족하기 위한 노력으로 시작되었다. 이집트 정부가 이집트 국민을 돌보지 못한다는 비판은 정치 단체의 설립으로 이어졌고, 정부의 주기적인 사회 단속은 무장 단체의 창설로 이어졌다. 이 조직의 불법화는 1981년 이집트 대통령 안와르 사다트 암살 사건에서 무장 단체의 역할이 직접적인 원인이었다.

제2차 세계대전 이후 중동에서 반란 및 혁명 운동의 영감은 주로 마르크스주의 이념에서 비롯되었으며, 전 세계의 유사한 그룹과 연대하여 소련의 혁명 모델에서 영감을 얻고 테러리즘을 도구로 사용했다. **테러리즘(terrorism)**은 자신이 반대하는 국가로부터 합법성을 인정받지 못한 하위 국가 집단이 비국가 행위자를 표적으로 삼아 일상생활을 방해하고 해당 국가의 국민에게 일반화된 공포를 퍼뜨려 국가에 저항하려는 전략이다. 정치적 커뮤니케이션 행위로서 테러리즘은 매우 효과적일 수 있다. 에크발 아메드가 지적했듯이, 1970년 골다 마이어는 팔레스타인에 국가가 없고 이스라엘이 그들을 국민이나 국가로 인정하지 않았기 때문에 "팔레스타인은 존재하지 않는다"고 말할 수 있었다. 1980년대에는 모든 사람들이 팔레스타인 사람들이 "문제"로만 존재한다는 것을 인정했다

(Ahmed 2001).

그러나 테러리즘은 특정 정치적 목표를 달성하는 데 효과적이지 않은 것으로 판명되었다. 1972년 이스라엘 올림픽 선수단 살해, 1975년 OPEC 인질 납치, 1985년 아킬레 라우로호 납치와 같은 세간의 이목을 *끄는*(high-profile) 범죄는 이러한 조직의 구체적인 정치적 목표를 달성하는 데 거의 도움이 되지 않았으며, 대신 서방의 지원을 받는 정권을 전복한 최초의 성공은 이슬람 성직자와 그 추종자들이 주도한 것이었다. 1979년 이란 혁명의 성공은 이슬람 정치운동의 부상으로 이어졌다. 중동에서 정치적 변화를 추구하는 사람들의 관점에서 볼 때, 이란은 혁명 몇 달 만에 독재 정권을 무너뜨리고 선출 의회를 구성한 비교적 무혈 쿠데타라는 분수령이 되었다. 이란은 미국 외교관들을 억류하고 1년여 만에 서방의 지원을 받는 또 다른 독재 정권인 이라크의 침략에 맞설 무기와 교환하는 데 성공했다. 이란은 "정치적 이슬람"의 부상에 영감을 주었다.

'정치적 이슬람'(Political Islam)은 국가 내에서 이슬람 신앙과 가치를 현대 정치 및 경제 구조 속에 통합하려는 개인이나 단체의 움직임을 의미한다. 이는 기존 정부에 반대하거나 새로운 정치를 모색하는 형태로 나타나기도 한다. 중동의 대부분 지역에서 이러한 "정치적 이슬람"은 1980년대 초부터 성장해 온 새로운 경향으로, 대부분 2차 세계대전 종전 이후 대부분의 중동 정치 경제를 특징짓는 세속화에 대한 환멸을 나타낸다. 사회주의든 자본주의든 서구 경제 모델이 한때 약속했던 번영을 가져다주지 못하고 미국과 유럽 국가들의 지원을 받는 정부들이 민주화를 이루지 못하면서 의심과 실망, 분노를 불러일으켰다. 많은 사람들이 서구화의 완전한 실패로 간주하는 상황에서 이슬람의 정치화는 새로운 모델을 약속하고 많은 무슬림에게 미래에 대한 새로운 희망을 제시한다. 튀르키예, 튀니지, 이집트 선거에서 이슬람 정당의 성공은 정치적 이슬람에 대한 대중의 지지를 반영하지만, 이집트의 대중 시위와 이슬람주의 대통령 퇴진은 종교 개혁과 국가 이익의 균형에 대한 지속적인 우려를 보여준다.

정치적 이슬람은 비교적 최근의 현상이지만 그 뿌리는 적어도 19세기, 자마 알 아프가니와 사이드 쿠트브 같은 사상가들과 이집트의 무슬림 형제단과 같은 단체로 거슬러 올라갈 수 있다. 국제 사회의 근시안적인 정책도 이슬람주의 단체의 탄생에 기여했다. 예를 들어, 미국은 아프가니스탄에서 정치적 이슬람을 강력히 장려하고 1980년대 소련 침략자들에 대항하는 아프간 피그가 군사 지하드를 강력히 지원했다. 카터와 레이건 대통령 시절 미국은 알 카에다를 창설한 많은 사람들을 포함하여 아프간 자유 전사들을 무장, 보급, 훈련하는 데 50억 달러 이상을 지출했다. 그러나 1989년 소련이 철수하면서 미국은 사실상 아프간 동맹국을 버렸고, 아프간은 경제가 붕괴되고 세계에서 두 번째로 높은 지뢰 포화 상태와 세계에서 가장 높은 1인당 무기 보유 비율을 기록하게 되었다. 파키스탄과 연계된 탈레반과 국제 금융 네트워크를 갖춘 알카에다, 이 두 단체만이 국제적 연계를 유지하며 권력을 장악했다. 아프가니스탄은 순식간에 테러리스트들의 훈련장이 되었다. 9월 11일 뉴욕에서 발생한 테러 공격은 일부 정치학자들이 '본국으로의 역수입'(blowback, 당시에는 좋은 아이디어처럼 보였던 외교 정책과 개입이 몇 년 후 예상치 못한 결과를 초래하는 상황)이라고 부르는 사례다.

무슬림 무장 세력은 종종 지하드 개념을 사용하며, 이는 많은 국제적 맥락에서, 특히 국제 뉴스 미디어에서 **성전(*jihad*)**을 의미하게 되었다. 하지만 무슬림에게 지하드는 훨씬 더 복잡한 개념이다. 이 용어는 "투쟁"을 의미하며, 이슬람 학자들은 세속적 유혹에 맞서 신의 뜻에 복종하기 위한 개인적 투쟁인 큰 지하드와 정의로운 전쟁을 포함한 불의에 대항하는 전투적 투쟁인 작은 지하드를 구분해 왔다.

전쟁은 남용의 가능성이 있는 공공 사업(public undertaking)이므로 신학자들은 많은 테러리스트들이 자신의 행동을 정당화한다고 주장하는 작은 지하드의 규칙을 만드는 데 훨씬 더 많은 관심을 기울여 왔다. 모든 학파의 주류 무슬림 신학자 대부분은 9/11 테러를 비난했다. "무고한 남성, 여성, 어린이를 살해한 것은 모든 종교와 이성적 사고에 반하는 끔찍한 행위"라고 세계 최고의 이슬람 학문 중심지인 카이로 알 아즈하르 대학교의 이맘 셰이크 모하메드 사이이드 탄타위는 선언했다. 그의 파트와는 폭력적 무력 사용을 군인과 정치 공직자로 제한하는 전통적인 해석에 기초하고 있다. 그러나 탄타위는 대부분의 이슬람 성직자들과 마찬가지로 팔레스타인 테러리즘을 비난하지 않는다. 점령자에 대한 폭력 사용 권리는 이슬람 법학에서 잘 증언되고 있으며, 이스라엘이 팔레스타인 아랍 땅에 유대인 국가로 존재할 권리는 대부분의 신학자들도 인정하지 않기 때문이다.

이러한 성직자들의 거부에도 불구하고 9/11 테러범들이 남긴 메시지를 보면 그들 중 상당수가 스스로를 진정한 신자라고 생각했음을 알 수 있다. 그들은 꾸란의 구절을 인용하며 기도를 하고 끝까지 하나님의 이름을 부르며 죽음에 대한 두려움을 극복하겠다고 다짐했다. 알카에다가 민간인에 대한 지하드를 정당화하는 것은 민주주의를 진지하게 받아들이지 않는 데서 비롯된 것이기 때문에 특히 현대적이다. 본질적으로 민주주의에서는 시민이 스스로를 통치하므로 모든 시민이 정치적 행위자이며 따라서 정부의 행위에 대해 폭력적인 보복을 당할 수 있다는 주장이다. 이 관점은 이슬람 지하드와 같은 일부 테러 단체가 수용했지만 하마스를 비롯한 많은 단체가 거부했다. 미국의 이라크 침공은 이슬람 세계 전역에서 지하드에 대한 반서구적 해석에 대한 동정심을 불러일으켰다. 반면에 이라크 내 협력자뿐만 아니라 무고한 방관자의 생명에 대한 냉담한 무시는 알카에다, IS 및 기타 무장 단체 내부에서도 군사 지하드의 적절한 한계에 대한 논쟁을 불러일으켰다.

중동 전망

세 대륙의 교차점에 위치한 중동은 과거와 마찬가지로 오늘날에도 경제 활동, 사회 변화, 종교 활성화, 정치적 투쟁의 국제적 중심지로 남아 있다. 이 지역의 시위, 반란, 내전은 자국의 문화 시스템과 전통에 따라 좋은 통치, 생산적인 경제, 생존권을 지속적으로 추구하려는 사람들의 노력에서 비롯된다. 언제나 그렇듯이 악마는 디테일에 있다. 이 다양한 민족에게 적합한 민주주의의 종류는 무엇일까? 부담스러운 국제 부채와 글로벌 시장의 압력에 직면한 경제는 어떻게 생산성을 높일 수 있을까? 국제 동맹, 정치적 경쟁, 권력투쟁을 어떻게 관리할 수 있을까? 어떤 전통이 공적 법 질서로 채택될 수 있을지, 그리고 상이한 전통들이 하나의 국가 안에서 어떻게 공존할 수 있을지에 대한 질문이 제기된다. 앞으로 수십 년 동안 이 지역의 민족과 국가들은 전 지구적 차원에서 답을 찾기 위해 고군분투할 것이다. 학제 간 관점은 이러한 투쟁이 진행되는 동안 사건을 이해할 수 있는 최고의 기회를 제공한다.

현대 중동 역사의 연대표

1914	제1차 세계대전 발발; 오스만 제국이 독일 편에서 참전
1917	영국, 밸푸어 선언 발표
1918	영국군이 팔레스타인 점령
1920	국제연맹, 팔레스타인에 대한 영국령 발표
1922	무스타파 케말 아타튀크르, 독립 튀르키예 수립 및 술탄국 폐지
1925	레자 샤, 이란에 팔레비 왕조 수립
1926	이븐 사우드, 자신을 히잡의 왕으로 선포 1932 사우디아라비아 왕국 건국 선포
1932	이라크 독립
1947	유엔, 팔레스타인의 운명을 다룰 팔레스타인 특별위원회(UNSCOP) 임명
1948	유엔, 팔레스타인 분할 투표
1953	이집트 공화국 수립
1956	이집트 나세르 대통령, 수에즈 운하 국유화; 수단, 모로코, 튀니지 독립; 팔레스타인 해방 기구 결성
1958	이라크 공화국 수립
1962	알제리, 프랑스로부터 독립
1965	파타 결성
1967	이집트-이스라엘 간 제2차 아랍-이스라엘 전쟁(6일 전쟁)
1971	아랍에미리트 연합 결성
1973	이스라엘과 시리아, 이집트 간 욤 키푸르 전쟁(또는 10월 전쟁)
1975	레바논 내전 시작
1979	이란, 샤를 축출하고 이슬람 공화국 선언; 이집트 대통령 안와르 사다트, 이스라엘 방문 이집트와 이스라엘, 캠프 데이비드 협정 체결 사담 후세인, 이라크 장악 소련군, 아프가니스탄 침공
1980-1988	이란-이라크 전쟁

1982	이스라엘, 레바논 침공; 이스라엘 2000년까지 레바논 남부 점령
1987	이스라엘에 대한 팔레스타인의 1차 인티파자(저항) 선언
1989	아프가니스탄에서 소련군 철수
1990-1991	이라크가 쿠웨이트를 침공하며 1차 걸프전 촉발
1992-2002	알제리 내전
1994	팔레스타인 자치정부 수립
2000	이스라엘에 대한 2차 인티피다(또는 알 아크사 인티피다)
2001	알 카에다 테러리스트 뉴욕시 공격
2003	미국과 동맹국, 아프가니스탄 침공
2005	미국 점령 이라크에서 선거 실시
2006	시리아 남부에서 이스라엘과 헤즈볼라 충돌; 사담 후세인 처형; 하마스 팔레스타인 총선 승리 및 가자지구 장악; 이스라엘 가자지구 경제 봉쇄
2009	이란에서 선거 부정 혐의로 대규모 시위 발생
2010	이스라엘 특공대가 가자지구 금수조치를 해제하려는 ‘자유 운동가’를 공격하여 시위대 9명 사망, 특공개 10명 부산
2010-2012	튀니지, 이집트, 리비아, 예맨, 시리아 등지에서 ‘아랍의 봄’ 민중 혁명
2013	시리아 내전 시작
2014	이라크, 리비아, 예맨 내전 시작, 이라크와 시리아에서 이슬람 국가(Islamic States) 결성
2015	중국, 프랑스, 독일, 러시아, 미국, 영국이 이란과 핵 협정 체결

참고문헌

Ahmed, Eqbal. 2001. *Terrorism: Theirs and Ours*. New York : Seven Stories Press.

Avineri, Shlomo. 1981. *The Making of Modern Zionism*. New York : Basic Books.

Balfour, Arthur. 1917. The Balfour Declaration [Letter to Lord Rothschild]. WWI D.A., Official Papers.

Beeman, William O. 2004. *The "Great Satan" vs. the "Mad Mullahs": How the United States and Iran Demonize Each Other*. Westport, CT : Praeger.

Bergesen, Albert J., and Yi Han. 2005. "New Directions for Terrorism Research." *International Journal of Comparative Sociology* 46 (1 – 2): 133 – 51.

Dawisha, Adeed. 2005. *Arab Nationalism in the Twentieth Century: From Triumph to Despair*. Princeton, NJ : Princeton University Press.

Eickelman, Dale F., and Armando Salvatore. 2006. "Public Islam and the Common Good." *Etnogr áfica* 10 (1): 97 – 105.

Goldschmidt, Arthur Jr., and Lawrence Davidson. 2005. *A Concise History of the Middle East*. Boulder, CO : Westview Press.

Hitchens, Christopher. 2001. "Broadcasts." In *Blaming the Victims: Spurious Scholarship and the Palestinian Question*, edited by Edward Said and Christopher Hitchens, 73 – 84. London: Verso.

ILO (International Labour Organization). 2002. "*Men and Women in the Informal Economy: A Statistical Picture*." Geneva : International Labour Office. www.ilo.org/stat/Publications/WCMS_234413/lang--en/index.htm?ssSourceSiteId=addisababa

Luciani, Giacomo. 1987. "Allocation vs. Production States: A Theoretical Framework." In *The Rentier State*, edited by Hazem Beblawi and Giacomo Luciani. New York : Croom Helm.

Moubayed, Sami. 2005. "The Waxing of the Shi'ite Crescent." asiatimes.com, April 20.

Nasr, Vali. 2006. "When the Shiites Rise." *Foreign Affairs*, July/August.www.foreignaffairs.com/ articles/iran/2006-07-01/when-shiites-rise

Oxfam. 2010. *The Gaza Strip: A Humanitarian Explosion*. Oxford, UK : Oxfam International.

Palfreyman, David, and Muhamedal-Khalil. 2003. "'A Funky Language for Teenzz to Use': Representing Gulf Arabic in Instant Messaging." *Journal of Computer Mediated Communication* 9 (1). doi:10.1111/j.1083-6101.2003.tb00355.x

Said, Edward W. 1979. *Orientalism*. New York : Vintage.

————————————. 1997. *Covering Islam: How the Media and the Experts Determine How We See the Rest of the World*. Rev. ed. New York : Vintage.

Scheffler, Thomas. 2003. "'Fertile Crescent,' 'Orient,' 'Middle East': The Changing Mental Maps of Southwest Asia." *European Review of History* 10 (2): 253 – 72.

Serageldin, Ismail, James A. Socknat, Stace Birks, Bob Li, and Clive A. Sinclair. 1983. *Manpower and International Labor Migration in the Middle East and North Africa*. New York : Oxford University Press.

Sheffer, Gabriel, ed. 1986. *Modern Diasporas in International Politics*. London : Croom Helm.

Sherman, A. J. 2001. *Mandate Days: British Lives in Palestine 1918 – 1948*. Baltimore : Johns Hopkins University Press.

Shlaim, Avi. 2001. *The Iron Wall: Israel and the Arab World*. New York : Norton.

Theodoulou, Michael. 1998. "Jews in Iran Describe a Life of Freedom Despite Anti-Israel Actions by Tehran." *Christian Science Monitor*, February 3. www.csmonitor.com/1998/0203/ 020398.intl.intl.3.html

Vest, Jason. 2001. "Oy McVey: From the Irv Rubin Bust to the Stern Gang: The Rich History of Jewish Terrorism." *Village Voice*, December 19 – 21.

Yaar, Ephraim, and Tamar S. Hermann. 2007. *The Peace Index, November 2007.* The Peace Index Project. www.peaceindex.org/files/peaceindex2007_9_3.pdf.

추가 읽을거리

도서

Ahmed, Eqbal. 2001. *Terrorism: Theirs and Ours.* New York : Seven Stories Press.

Bowen, Donna Lee, and Evelyn A. Early, eds. 2002. *Everyday Life in the Muslim Middle East.* 2nd ed. Bloomington : Indiana University Press.

Fernea, Elizabeth. 2002. "The Veiled Revolution." In *Everyday Life in the Muslim Middle East,* edited by Donna Lee Bowen and Evelyn A. Early. Bloomington : Indiana University Press.

Ghannam, Farha. 2002. *Remaking the Modern: Space, Relocation, and the Politics of Identity in a Global Cairo.* Berkeley : University of California Press.

Halliday, Fred. 2002. *Two Hours that Shook the World: September 11, 2001: Causes and Consequences.* London : Saqi Books.

Mamdani, Mahmood. 2004. *Good Muslim, Bad Muslim.* New York : Pantheon.

Mernissi, Fatima. 2001. *Scheherazade Goes West: Different Harems, Different Customs.* New York : Washington Square Press.

Peterson, Mark Allen. 2011. Connected in Cairo: Growing Up Cosmopolitan in the Modern Middle East. Bloomington : Indiana University Press.

Telhami, Shibley. 2002. *The Stakes: America and the Middle East.* Boulder, CO : Westview Press

학술지

International Journal of Middle East Studies. www.cambridge.org/core/journals/international-journal-of-middle-east-studies

Middle East Journal. www.mei.edu/middle-east-journal

Middle Eastern Studies. www.tandfonline.com/loi/fmes20

Middle East Report. www.merip.org/mer

영화

Battle of Algiers (1966). Gillo Pontecorvo, director.

Control Room (2004). Jehane Noujame, director.

The English Sheik and the Yemeni Gentleman (2000). Bader Ben Hirsi, director.

The Message: The Story of Islam (1976). Moustapha Akkad, director.

The Return to Homs (2013). Talal Derki, director.

웹사이트

Al-Jazeera (English edition). www.aljazeera.com
Arab Media & Society. www.arabmediasociety.com
Global Connections: The Middle East. www.pbs.org/wgbh/globalconnections/mideast/index.html
Middle East Research and Information Project. merip.org
Tabsir: Insight on Islam and the Middle East. www.tabsir.net

12장

라틴아메리카와 국제학

어떤 국가들이 라틴아메리카(Latin America) 지역을 구성하는지에 대해 라틴아메리카에 대해 연구하고 가르치는 사람들 사이에서 논쟁이 있다. 예를 들어 카리브해 국가들은 멕시코, 중미, 남미와는 다른 지역에 속하는 것일까? 라틴아메리카라는 명칭은 1800년대 중반부터 서반구의 일부 국가를 가리키는 데만 사용되었다. 프랑스는 이 지역에서 자국의 존재를 정당화하기 위한 노력의 일환으로 라틴어에 기반한 언어를 사용하는 아메리카 대륙의 사람들을 지칭하기 위해 이 단어를 만들었다. 이는 프랑스가 스페인어 및 포르투갈어 사용자들과 친밀한 관계를 맺고 있는 반면, 게르만어군 언어를 사용하는 미국, 영국 등은 라틴아메리카의 자연스러운 파트너가 아니었음을 시사한다. 이는 아이티, 브라질, 볼리비아를 함께 연결하여 연구해야 하며, 지리상 북미에 위치한 멕시코를 북미가 아닌 라틴아메리카의 일부로 보아야 한다는 것을 의미했다. 이 장에서는 멕시코를 라틴아메리카의 일부로 보고, 카리브해의 영어권 국가와 중앙아메리카의 벨리즈도 라틴아메리카의 확장된 지역의 일부로 포함시킬 것이다.

미국-멕시코 국경 남쪽의 서반구 국가들이 모두 라틴아메리카 지역연구의 대상이라는 주장은 분명히 합리적이다. 식민주의의 양상은 다양하지만, 3세기 이상 지속된 유럽의 지배 경험은 이 지역의 정치, 경제, 사회에 지속적인 영향을 미쳤다. 독립 이후 라틴아메리카 국가들은 점차 서반구 패권국인 미국에 대해 다양한 수준의 종속적 역할을 맡게 되었다. 미국의 영향권으로 편입되기 전 유럽의 식민 지배를 경험한 글로벌 남반구(Global

South)의 일부인 라틴아메리카 국가들은 지리적, 역사적으로 하나의 연구 영역으로 삼을 만한 충분한 유사성을 가지고 있다.

혹자는 지역 내 국가들 간의 상이성을 강조하고 싶을 수도 있다. 2억 명이 넘는 인구를 가진 브라질의 경험이 카리브해의 영어 또는 네덜란드어를 사용하는 소국들과 비교할 수 있을까? 노예 반란에 성공한 후 1804년 프랑스로부터 독립한 아이티는 1962년에야 영국으로부터 독립한 자메이카와 비슷한 위치에 놓일 수 있을까? 이 지역에는 유럽계가 다수를 차지하는 국가, 여전히 원주민이 다수를 차지하는 국가, 나이지리아에 이어 세계에서 두 번째로 아프리카계 인구가 많은 브라질을 비롯한 흑인 인구가 많은 국가가 포함되어 있다.

지역 내 국가들 간의 상이성 가운데 지리적 차이도 꼽을 수 있다. 공간적으로는 카리브해의 섬들, 멕시코와 중앙아메리카 지역, 남아메리카로 구분할 수 있다. 남미는 지도에서 파나마와 콜롬비아의 경계선에서 시작되며, 대륙 전체에 걸쳐 다양한 물리적 지형이 존재한다. 많은 사람들이 이 지역을 브라질 북부, 콜롬비아, 에콰도르(스페인어로 적도를 뜻함)에 걸쳐 있는 적도 인근 국가의 열대 기후와 연관 지어 생각할 것이다. 이러한 기후는 유럽이나 미국 대부분 지역에서 재배할 수 없는 다양한 농산물을 생산하기에 적합하다는 것이 입증되었다(지도 12.1 및 12.2 참조).

열대우림은 전 세계에 존재하지만, 남미의 아마존강을 둘러싼 열대 우림은 서반구 사람들에게 잘 알려진 가장 큰 열대우림 중 하나이다. 아마존강은 유역 면적 기준으로 세계에서 가장 큰 강이다. 열대우림의 생물 다양성과 기후를 조절하는 역할을 고려할 때 열대우림을 보호하는 것은 수년 동안 환경운동가들의 주요 관심사 중 하나였다. 열대우림을 농업이나 산업 개발의 관점에서 바라보는 사람들로부터 취약한 생태계를 보호해야 한다는 압력이 존재한다. 생계 활동을 하는 지역 단체들도 열대우림 황폐화에 일부 책임이 있지만, 가장 큰 위협은 도로의 건설, 석유 및 기타 광물 추출, 그리고 벌목과 목축업을 포함한 상업적 농업에 종사하는 사람들로부터 비롯된다.

남미 대륙의 **남쪽 원뿔**(Southern Cone)은 칠레, 아르헨티나, 우루과이를 지칭하며, 파라과이와 브라질 남부도 이 원뿔 지역에 포함될 수 있다. 칠레에서는 세계에서 가장 건조

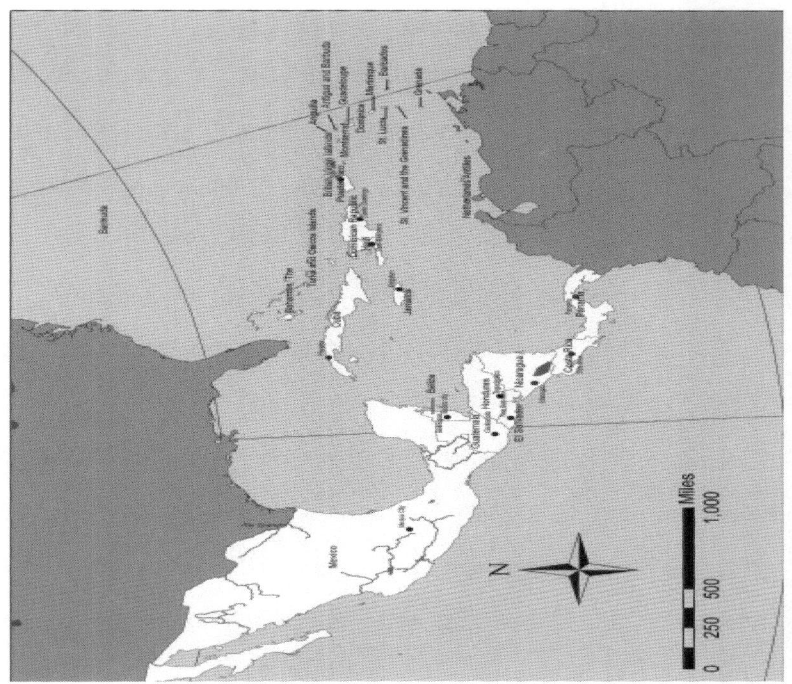

〈지도 12.1〉 중미와 카리브해

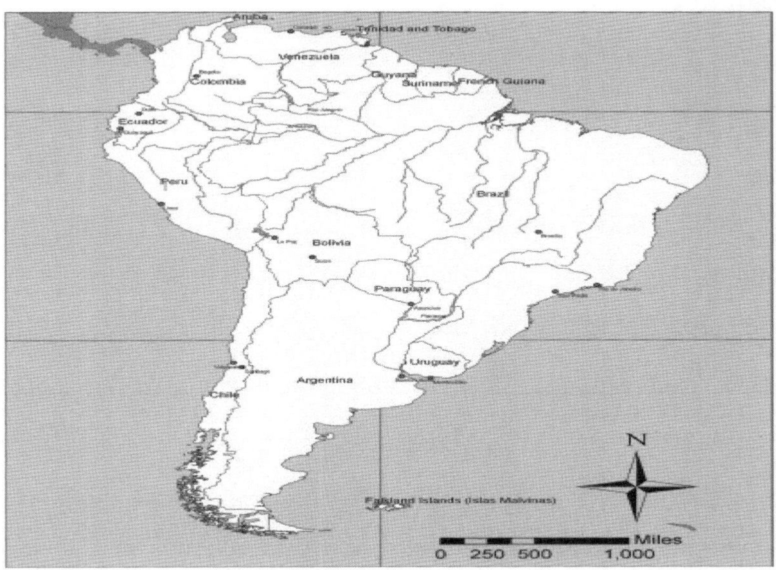

〈지도 12.2〉 남미

한 사막으로 알려진 아타카마 사막(Atacama Desert)을 만날 수 있다. 아르헨티나와 칠레를 가로지르는 파타고니아(Patagonia) 지역에는 많은 여행자가 모여든다. 빙하, 고래 관찰, 웅장한 산봉우리, 국립공원 등은 100만㎢가 넘는 비교적 개발되지 않은 영토의 주요 매력 포인트이다. 아르헨티나는 거의 5,000km, 칠레는 6,000km에 달하는 해안선 있으며 이는 수출 경제에 도움이 되었다. 세계에서 가장 긴 산맥은 **안데스**(Andes) 산맥으로, 남부 원뿔 국가인 아르헨티나와 칠레에서 에콰도르, 페루, 콜롬비아, 볼리비아, 베네수엘라의 안데스 국가까지 약 7,000km 달한다. 이 다섯 나라는 때때로 안데스 그룹(Andean Group)이라는 이름으로 경제 및 무역 문제에 대해 협력해 왔다.

중미와 멕시코는 지리적으로도 산악지대, 해안선, 열대우림, 멕시코 북부의 치와와 사막(Chihuahuan Desert)과 소노라 사막(Sonoran Desert) 등 다양한 지역이 존재한다. 멕시코에서 가장 길고 중요한 강은 미국에서 리오 그란데(Rio Grande)로 불리는 리오 브라보(Rio Bravo)로, 텍사스 및 뉴멕시코 일부와 북쪽 국경을 따라 흐른다. 더 작은 강들은 대부분 남쪽에 있으며, 일부에서는 미국의 미시시피강과 같은 남북으로 흐르는 강이 없기 때문에 멕시코의 발전이 저해되었을 수 있다고 주장한다. 중미지역 일부 국가의 협소함은 대서양에서 태평양으로 가는 매력적인 경로가 되었고, 궁극적으로 선박을 위한 중요한 파나마 운하 통로로 이어졌다. 카리브해의 섬들은 열대 기후와 해변으로 유명하며, 이로 인해 관광업이 경제에서 중요한 역할을 담당하고 있다. 또한 이 지역은 허리케인과 지진에 특히 취약한 지역이기도 하다. 카리브해는 쿠바, 푸에르토리코, 히스파니올라(아이티와 도미니카 공화국), 자메이카의 일반적으로 큰 섬을 포함하는 대앤틸리스제도(Greater Antilles)와 도미니카, 그레나다, 세인트루시아 등 남동쪽에 있는 프랑스어, 영어, 네덜란드어를 사용하는 섬들로 주로 구성된 소앤틸리스제도(Lesser Antilles)로 나뉜다.

이 장에서는 라틴아메리카와 카리브해 지역의 유사성을 살펴보는 동시에 엄청난 경제적·정치적·사회적 다양성을 주의 깊게 고찰한다. 많은 사람들이 남미 대륙의 국가, 중미 국가, 카리브해의 섬, 멕시코를 구분하는 경우가 많다. 다른 사람들은 역사적 경험, 언어, 국가 규모, 심지어 미국과의 거리까지 지역연구로 분류하기에는 너무 큰 차이가 있다고 생각할 수 있다. 라틴아메리카 지역을 이해하려면 유럽인이 도착하여 이미 그곳에 살고 있던 사람들을 "발견(discover)"하기 훨씬 이전부터 이야기를 시작해야 한다.

콜럼버스 이전의 아메리카

미국의 역사를 살펴볼 때, 많은 학생들이 오늘날 미국의 정치, 경제 또는 사회를 이해하는 데 중요한 유럽인이 도착하기 전에 일어난 일을 떠올리는 데 어려움을 겪을 것이다. 이 장에서는 이러한 주장에 대한 판단을 유보한 채, 라틴아메리카 학생들이 콜럼버스 이전의 아메리카에 대해 훨씬 더 쉽게 이해할 수 있을 것이라고 주장한다. 페루의 마추픽추(Machu Picchu)부터 테오티우아칸(Teotihuacan)과 치첸 이트사(Chichen Itza)의 멕시코 피라미드에 이르기까지 라틴아메리카의 물질적 유산은 풍부하다(그림 12.1). 인류학자와 고고학자들은 산악 도시인 마추픽추가 잉카인들의 공학적 업적에 대한 상당한 증거를 제공한다는 사실을 발견했다. 아즈텍인(Aztecs)은 또한 인공 섬과 정교한 관개 기술을 개발한 뛰어난 엔지니어였다. 메소아메리카(Mesoamerica)의 마야인(Mayans)들도 천문

〈그림 12.1〉 마추픽추, 페루, 잉카 요새

출처: Alicia Gomez

학, 의학, 언어, 문자 분야에서 상당한 업적을 남겼다. 이 지역에서 일어난 일의 중요성에 대한 상징적인 증거는 멕시코에서 찾을 수 있다. 아즈텍의 벌새 신(hummingbird God) 인 우이칠로포치틀리(Huitzilopochtli)는 독수리가 노팔(Nopal) 선인장 덤불에 감긴 뱀을 잡아먹는 장면이 목격된 곳에 도시를 건설할 것을 예언했다. 이 이미지는 독립운동, 가톨릭 신앙, 스페인과 관련된 녹색, 흰색, 빨간색 줄무늬가 있는 국기의 국장 역할을 한다.

현재 미국-멕시코 국경 남쪽 지역의 원주민 인구는 사라지지 않았다. 오늘날 볼리비아가 원주민 인구가 대다수인 유일한 라틴아메리카 국가일지 모르지만 과테말라, 페루, 에콰도르, 멕시코 또한 상당 수의 원주민을 보유하고 있다. 완전한 원주민으로 분류되는 사람들 외에도 메스티소(mestizo), 즉 원주민과 유럽인의 배경이 다양하게 혼합된 라틴아메리카 사람들이 많이 존재한다. 이러한 후손 중 일부는 여전히 원주민 언어를 사용하고 있으며, 이들은 콜롬버스 이후 라틴아메리카의 민족정체성보다는 자신의 문화적 유산에 기반한 정체성을 갖기도 한다.

유럽 열강, 특히 스페인과 포르투갈이 아메리카 대륙에 도착했을 때, 그들은 이 지역 곳곳에 살고 있는 수백만 명의 사람들을 만났다. "발견(discovery)"이라는 표현은 유럽인들이 도착하기 전부터 오랫동안 사람이 살았던 지역에 대한 잘못된 표현이다. 우리는 이를 문화의 조우(encounter) 또는 심지어 "충돌(collision)"이라고 생각할 수도 있다(Chasteen 2016; Eakin, 2007). 정복자들은 대부분 유목민, 수렵 집단부터 오늘날의 페루나 멕시코 시티 지역에 정착한 사람들까지 다양한 사회 조직을 발견했는데, 이들은 매우 엄격하게 계층화되어 있기는 했지만 잘 조직되고 관리된 복잡한 사회였다. 아즈텍은 중앙집권적인 사회로, 사회 계층의 최하층에 노예가 있었고 세습 귀족이 거의 완전한 통제권을 행사했다. 부, 노동력을 제공하는 포로, 심지어 인신 희생까지 모두 전쟁의 전리품이었다. 잉카 역시 소수의 엘리트에 의해 통치되었지만, 제국은 안데스 산맥을 따라 수천 마일에 걸쳐 뻗어 있었다. 계단식 농업과 정교한 관개 시스템은 잉카인들이 이룩한 인상적인 업적 중 하나였다.

유럽인들은 처음에 콜럼버스가 히스파니올라(Hispaniola) 섬에 처음 발을 디딘 카리브해에 도착했다. 그로부터 수십 년 후, 코르테스(Cortés)는 1519년 쿠바를 떠나 멕시코로 향했다. 약 15마리의 말과 함께 500명이 조금 넘는 병력이 상륙했고, 2년이 조금 넘는 기간 동안 스페인은 아즈텍 제국을 지배하게 되었다. 비록 2년 동안 지원군의 도움을 받았지만, 스페인의 소규모 부대가 비교적 쉽게 정복할 수 있었던 것은 설명하기 어려울 수 있다. 어떤 이들은 특히 무기 분야에서 유럽인들의 뛰어난 기술력에 주목했다. 다른 사람들은 당시 아즈텍 제국의 쇠퇴와 아즈텍 세력에 반감을 품은 다른 원주민 집단과의 경쟁 관계를 강조했다. 아즈텍과 다른 집단 모두 스페인 정복자들의 힘과 목표를 과소평가했다. 결국 천연두(smallpox)와 같은 질병은 아직 면역력을 갖추지 못한 원주민들을 황폐화시켰다. 페루에서는 잉카 제국을 위협하는 내전으로 인해 분열이 더욱 심해졌다. 원주민들은 프란시스코 피사로(Francisco Pizarro)가 이끄는 스페인 정복자들을 과소평가하기도 했다. 한때 스페인 정복자는 잉카 지도부와 외교적 만남을 갖기 위해 작전을 펼쳤고, 이를 납치 작전으로 전환하여 잉카로부터 몸값으로 거액의 금과 은을 챙기기도 했다. 잉카인들은 수십 년 동안 저항을 이어 갔지만 스페인의 뛰어난 군사기술, 말의 사용 및 여러 부족을 서로 대결시키는 능력 등으로 인해 결국 멕시코와 마찬가지로 스페인에 의해 정복되었다.

스페인 식민주의

스페인이 중미, 카리브해, 남미를 정복한 후 약 300년 동안의 식민지 지배는 유럽 본국의 이익에 부합하는 정치 및 경제 제도를 창출해냈다. 식민지 지배자의 이익을 극대화하기 위해 1500년대 초부터 일부 라틴아메리카 국가들이 유럽 식민지로부터 독립한 1800년대 초까지 정치제도, 토지 소유 형태, 경제 및 무역 관계가 고착화되었다. 대부분의 지역에서 식민지 개척자들이 선호하는 토지 소유 및 통제 시스템은 *엔코미엔다(encomienda)*로 알려져 있다. 유럽인들은 다양한 농작물을 생산하기 위해 넓은 토지를 제공받았고, 이를 사용해야 했다. *엔코멘데로(encomendero)*에게는 토지 외에도 그 지역에 살고 있던 원주민을 통제하는 책임이 주어졌다. 이 체제에서 토지 소유는 권력과 직결되었고, 땅이 없는 사람들은 자율성과 기회의 결핍을 경험했다. 불평등한 토지 분배는 이 지역에서 반복되는 문제였다.

식민주의 시대의 또 다른 중요한 경제 발전은 아메리카 대륙에서 금과 은을 비롯한 광물을 채굴하여 유럽 군주국을 부유하게 만들려는 노력이었다. 한 가지 예로, 1500년대 중반에 스페인 사람들이 오늘날 볼리비아의 포토시(Potosi)에 있는 은광을 발견했다. 수십 년 동안 이 지역은 세계에서 가장 큰 은 생산지였다. 채굴을 위해 이 지역의 원주민들은 위험하고 힘든 노동에 내몰렸고, 많은 사람들이 과도한 노동에 의해 목숨을 잃었다. 다른 곳의 금광도 상황은 비슷했다. 원주민들의 피와 땀으로 금과 은이 생산되었고, 이는 수 세기에 걸친 라틴아메리카 식민주의 기간 동안 유럽의 산업화와 경제성장을 촉진하는 원동력이 되었다.

아메리카 대륙에서 광물과 농업 생산을 통해 부를 극대화하려는 식민지 개척자들에게 당시의 원주민 노동력은 충분하지 않은 것으로 판명되었다. 노예로 팔려온 아프리카인들은 원주민 노동자를 보충하거나 심지어 대체하기 위해 아메리카 대륙으로 수출되었다. 노예제도 기간 동안 아메리카 대륙으로 이주한 약 1,000만 명의 아프리카인 중 약 400만 명이 브라질로 유입되어 설탕과 커피 생산에 필요한 노동과 포르투갈 식민지의 금 채굴에 투입되었다. 많은 수의 아프리카인이 카리브해의 여러 유럽 섬 식민지로 이식되었다. 소수의 아프리카인은 베네수엘라, 콜롬비아, 멕시코 및 라틴아메리카의 다른 지역으로 보내졌다. 노예제도는 1804년 노예 반란이 성공하여 프랑스가 아이티를 떠나면서 처음으로 종식되었고, 1888년 황금법(Golden Law)에 따라 브라질에서 노예제도가 최종적으로 폐지되면서 종식되었다. 아프리카, 유럽, 원주민, 기타 인종이 이 지역에 섞이면서 가장 밝은 피부색부터 가장 어두운 피부색까지 거의 완벽하게 일치하는 사회적, 경제적 계층이 형성되었다.

식민지 시대의 인종적·경제적 위계질서는 식민지 정부가 통치를 유지하기 위해 무력을 사용하는 권위주의적 정치체제를 필요로 했다. 멕시코와 같은 일부 국가에서는 식민지 지배자가 기존의 행정 통제 구조를 물려받아 독자적인 통치 체제를 구축하기도 했다. 최초의 총독부는 1530년대에 멕시코에, 두 번째 총독부는 1540년대에 페루에 설립되었다. 대략 현재의 콜롬비아, 베네수엘라, 에콰도르 지역의 뉴 그라나다(New Granada)와 아르

헨티나와 칠레에 해당하는 리오 데 라 플라타(Rio de la Plata)의 총독부는 각각 1700년
대 초와 중반에 형성되었다. 시간이 지남에 따라 아메리카 대륙에서 태어난 사람들인 **크
리오요**(*criollos*)와 스페인 왕실 출신인 현지 관리들 및 이베리아 반도에서 태어나 이 지
역으로 이주한 스페인인들인 **페닌술라레스**(*peninsulares*)간에 다양한 수준의 갈등이 발
생했다. 일반적으로 스페인에서 태어난 사람들이 행정부에서 고위직을 차지했지만, 크리
오요들은 특히 지역 수준에서 그 자체로 매우 영향력이 컸다. 물론 두 그룹의 스페인인
의 주된 관심사는 아프리카, 원주민, 메스티소 그룹에 대한 통제권을 유지하는 것이었다.

브라질은 포르투갈 식민지 치하에서 다른 라틴아메리카 국가와는 상이하게 발전했다.
당시 브라질에는 원주민 인구가 상대적으로 적고 흩어져 살고 있었기 때문에 유럽인들
이 자신들의 이익을 위해 사용할 수 있는 기존의 행정 구조가 존재하지 않았다. 포르투갈
은 항해 기술과 경험을 바탕으로 아프리카와 아시아에서 무역 관계 구축과 영토 지배를
통해 영향력을 행사할 수 있는 기회를 얻게 되었다. 브라질의 넓은 영토는 또 다른 도전
과 기회를 제공했다. 쉽게 착취할 수 있는 원주민 인구도, 풍부한 광물 자원도 부족해 보
였던 이 지역에는 염료의 원료로 귀중한 브라질 우드(Brazil wood)가 있었지만, 농업 생
산에 활용되기 전까지는 그다지 수익성이 높지 않았다. 1600년대 초, 포르투갈 정착민
들은 사탕수수 생산에서 기회를 포착했다. 착취할 만한 원주민 노동력이 부족했던 식민
지 개척자들은 아프리카로 눈을 돌렸다. 1810년 당시까지 250만 명 이상의 아프리카인
들이 브라질로 끌려와 노예가 되었고, 19세기 초에는 식민지 인구의 약 절반을 차지했다
(Smith and Green 2019, 28).

독립과 19세기

이 지역에서 처음으로 독립을 위한 투쟁에 성공한 곳은 히스파니올라 섬으로, 이곳은
아이티 노예 반란으로 인해 1804년 프랑스군이 섬 서쪽에서 철수한 장소이다. 라틴아메
리카의 다른 지역에서는 유럽에서 발생한 사건들이 독립운동에 유리한 여건을 조성하는
데 어느 정도 역할을 했다. 1789년에 시작된 프랑스 혁명은 군주의 통치 아래서 갈등하

던 이들에게 이데올로기적 배경을 제공했다. 1800년대 초반 나폴레옹의 이베리아반도 침공으로 스페인 왕실의 정통성은 약화되었다. 라틴아메리카에서 태어난 스페인계 크리올(creoles)과 이베리아 반도에서 태어난 사람들 사이의 경쟁은 아메리카 대륙에 또 다른 불확실성을 안겨주었다. 1810년경에는 아메리카 대륙의 많은 지역에서 식민 지배에 대한 반감이 커졌다.

멕시코에서는 교구 사제들이 원주민을 동원하는 데 주도적인 역할을 했다. 처음에는 크리올인 이달고(Hidalgo) 신부가, 나중에는 메스티소인 모렐로스(Morelos) 신부가 총독직에 도전했다. 페루 총독부의 관리들은 18세기 후반 투팍 아마루 2세(Tupac Amaru II)가 이끈 원주민 반란을 견뎌낸 덕분에 독립운동을 막을 준비가 잘 되어 있었다. 이달고와 모렐로스는 모두 체포되어 처형되었지만, 스페인 식민지가 취약하다는 것이 분명해졌고 멕시코는 1821년 독립을 향해 나아가고 있었다. 그러나 대지주, 가톨릭교회 지도자, 군인 등 멕시코의 엘리트층은 자신들의 권력과 특권을 유지하는 방식으로 독립의 결과를 만들어낼 수 있었다. 새로운 입헌공화국은 독립한 멕시코의 기존 사회 및 경제 구조를 뒤엎지 않았다.

반면 현재 남미 서부의 안데스 국가로 불리는 나라들의 독립을 위한 투쟁은 다른 길을 걸었다. 해방자 시몬 볼리바르(Simon Bolívar)는 초기 라틴아메리카 민족주의의 지도자로, 종족적 유전에 관계없이 모든 "아메리카노(Americanos)"가 유럽 식민지배자들에 맞서 단결해야 한다고 주장했다. 볼리바르는 1830년 봄에 연방이 해체될 때까지 약 10년간 현재의 남미 여러 국가를 통합한 그란 콜롬비아(Gran Colombia)를 세우는 데 성공했다. 볼리바르는 그해 말 결핵으로 사망한 것으로 알려졌지만, 일부에서는 그의 죽음이 자연사가 아니었다고 추측하고 있다.

19세기 초 라틴아메리카 전역에 세워진 새로운 입헌공화국들은 여러 가지 도전에 직면했다. 베네수엘라나 멕시코에서는 독립 투쟁의 폭력성과 그로 인한 경제적 혼란을 극복하기 어려웠다. 거의 모든 신생 국가에서는 신뢰할 수 있는 수입원이 부족했다. 지역 정체성과 권력 구조는 새 정부에 재정적 지원은 고사하고 중앙집권적 권력에 양보하려는 의지에 반하여 작동했다. 고도로 계층화된 사회에서 질서를 유지하기 위해서는 여전히 대규모 군대가 필요했고, 이를 위해서는 지역 "강자(strongmen)"가 지역적으로 자금을 지원하거나 연방 정부가 수출세와 같은 수입원이 필요했다. 이 *카우디요(caudillos)*들은 부유한 대지주였으며, 그 땅에서 일하는 사람들을 통제할 책임이 있었다. 많은 경우, 카우디요는 필요한 인력을 유지하기 위해 지역 민병대에 개인적으로 비용을 지불했다. 1829년 아르헨티나 부에노스아이레스주의 주지사가 되어 (1830년대의 짧은 기간을 제외하고) 1852년까지 주지사직을 유지한 후안 마누엘 데 로사스(Juan Manuel de Rosas)처럼 19세기의 특정 지도자들도 카우디요로 묘사되었다. 로사스의 권력은 군사력과 민중의 수호자로서의 세심한 이미지에서 비롯되었다. 시간이 지남에 따라 로사스는 아르헨티나의 다른 지방으로 영향력을 확대했고, 주지사 재임 기간 동안 아르헨티나를 지배하는 세력이 되었다.

19세기 대부분에 걸쳐, 라틴아메리카의 독립 국가들은 식민지 시대와 마찬가지로 유럽에 상품을 수출했고, 시간이 흐르면서 점차 미국으로도 수출을 확대해 나갔다. 정부와 대지주들은 원자재 수출을 장려하는 한편, 더는 스페인이나 포르투갈 식민지에만 한정되지 않은 산업화된 국가로부터 공산품을 수입하는 데 이해관계를 두었다. 독립 당시 이미 제조업에서 뒤처져 있던 라틴아메리카 국가들은 1800년대 중반부터 유럽에서 산업혁명을 촉진하는 데 필요한 자원을 공급하면서 더욱 뒤처지게 되었다.

경제적 계층화의 연속성은 사회적·인종적 계층에도 고스란히 재현되었다. 브라질과 쿠바에서는 1880년대 후반까지 아프리카계 인구가 노예제도에 의해 억압받았다. 토착민들 역시 경제적·정치적 권력 측면에서 유럽계 출신에 의해 차별을 받았다. 일부 메스티소 인구는 독립 후 식민주의의 경직된 카스트(caste) 제도를 깨고 새로운 기회를 모색하기도 했다. 그러나 전반적으로 계층화가 심한 이 지역에는 거의 변화가 없었다. 거의 모든 경우에서 토지 소유권은 상대적으로 소수의 손에 집중되어 있었다. 멕시코를 비롯한 일부 국가에서는 가톨릭교회가 19세기까지 단일 최대 토지 소유자이자 최대 대출자였다.

라틴아메리카 지역은 유럽과 미국을 비롯한 외부 세력에 지속적인 취약성을 노출했다. 멕시코의 사례가 19세기에 외부 세력이 국가의 발전을 제약한 상당한 증거를 제공한다. 멕시코-미국 전쟁 이후 멕시코는 스페인으로부터 독립할 당시 차지했던 국토의 약 절반을 잃었다. 이러한 손실은 신생 국가인 멕시코에 경제적, 정치적으로 큰 타격을 주었다.

멕시코의 관점에서 볼 때, 1845-1848년에 일어난 이 군사적 충돌은 북미의 멕시코 침공으로 더 정확하게 설명할 수 있다. 즉, 텍사스의 미국 정착민들이 일으킨 분쟁으로 인해 훨씬 더 강력한 미군이 국경에서 멕시코군과 교전하고 멕시코시티를 계속 점령하게 된 것이다. 그 시점에서 멕시코 정부는 과달루페 이달고 조약(Treaty of Guadalupe Hidalgo)에 동의할 수밖에 없었고, 이 조약에 따라 멕시코는 현재 캘리포니아, 애리조나, 뉴멕시코, 텍사스 및 기타 여러 서부 및 남서부 주 일부 지역을 미국에 넘겨주었다. 미국은 서쪽으로 세력을 확장해 나갔고, 이 새로운 영토의 일부에서 조약 이듬해에 일어난 골드러시(Gold Rush)는 미국의 경제 발전을 촉진하고 일부 사람들이 피할 수 없다고 주장하는 "명백한 운명(Manifest Destiny)"을 실현하는 데 도움이 되었다. 멕시코는 10여 년 후 프랑스에 의해 침략당했고, 프랑스는 멕시코시티를 점령한 후 오스트리아 왕실의 막시밀리안(Maximilian)을 대통령으로 앉혔다. 막시밀리안은 1867년 멕시코인들에 의해 전복되어 사형을 선고받기 전까지 3년 조금 넘는 기간 동안 대통령직을 수행했다. 미국에서 싱코 데 마요(Cinco de Mayo)를 기념하는 학생들을 위해 설명하자면, 이 기념일의 기원은 프랑스의 초기 멕시코 침공 당시 푸에블라시(Puebla)에서 벌어진 멕시코 군대의 영웅적인 저항에서 비롯된 것이다. 패배한 전쟁에서 단 한 번의 성공적인 전투에 불과했기 때문에 멕시코에서 5월 5일을 널리 기념하지 않는 것은 놀라운 일이 아니다.

1800년대 마지막 3분의 1이 지나면서 자유주의 이념은 대부분의 나라에서 마침내 자리를 잡았다. 자유주의에는 개인의 권리와 정치적 자유에 관한 사상이 포함되어 있지만, 당시 라틴아메리카에서 자유주의 이념에서 자유는 주로 경제적 자유를 의미했다. 정부 기관, 일부 대지주, 심지어 교회까지 일반적으로 시장 개방, 무역, 국내외 경제 경쟁 심화에 저항했다. 자유주의자들은 무역을 통해 모든 국가가 다른 국가보다 더 싸게 생산할 수 있는 제품을 수출하고 다른 국가가 더 효율적으로 생산할 수 있는 제품을 수입함으로써 서로 윈윈(win-win)할 수 있다고 생각했다. 많은 경우 라틴아메리카의 비교우위는 열대 농산물이나 광물에서 계속 유지되었고, 그런 의미에서 자유주의는 기존의 경제적 우선순위와 관행을 강화했다. 무역에 대한 강조는 인프라 개선을 위한 새로운 노력으로 이어졌고, 외국인 투자에 대한 개방은 철도 건설이나 항만 현대화를 위한 자본과 기술에 대한 역내 접근성을 높였다. 경제적 자유주의의 시대는 1920년대까지 지속되었다.

일부 국가에서는 이 시기에 정치 체제를 자유화하려는 움직임도 있었다. 그러나 일반적으로 투표 및 기타 정치 참여에 대한 제한으로 인해 도시 및 농촌 노동자를 포함한 빈곤층이 정치에 참여할 수 있는 기회를 사실상 막는 등 정치의 자유화는 상당히 제한적이었다. 그럼에도 불구하고 아르헨티나, 칠레, 브라질을 비롯한 남미의 대국들은 입법부, 정당 및 기타 제한적인 정치적 민주주의의 틀을 발전시켰다.

라틴아메리카의 경제발전

위에서 언급했듯이 라틴아메리카는 식민지 시대에 설탕, 카카오, 담배, 브라질 우드 등 광물과 농산물, 그리고 유럽 소비자들 사이에서 수요가 많은 기타 제품을 포함한 1차산품의 수출국으로 세계 경제에 진출했다. 이후 커피, 바나나, 그리고 19세기 독립 이후에는 운송 기술이 발전하면서 아르헨티나산 소고기도 라틴아메리카에서 미국과 유럽 항구로 수출되었다. 중남미 대국에서 일부 산업화가 이루어졌지만, 비교우위라는 개념은 산업화

〈그림 12.2〉 일부 라틴 아메리카 국가의 빈곤, 에콰도르에서 주민들이 빨래하는 모습.

출처: ammit/123RF.

에서 앞서나간 국가에게 원자재를 수출하고 공산품을 수입하는 데 적용되었다. 1800년대 후반과 1900년대 초반의 경제성장이 라틴아메리카 사회의 모든 부문에 혜택을 준 것은 아니지만, 근대적 경제 발전의 출현으로 이어졌다(그림 12-2 참조).

1929년부터 1930년에 걸친 세계 대공황으로 인해 전 세계적으로 경제 자유주의에 대한 재검토가 이루어졌다. 라틴아메리카 국가들은 자신들의 명백한 잘못 없이도 수출하는 상품 가격이 급격히 하락하는 결과에 직면하게 되었다. 훗날 종속 이론가들이 주장했듯이, 국경 밖에서 통제할 수 없는 변수가 지역 전체에 경제 위기를 초래했다. 정책입안자들의 합리적인 대응은 일부 공산품의 수입을 제한하고 자국 내 생산을 장려함으로써 무역에 대한 접근 방식을 전환하는 것이었다. 이러한 관행을 수입대체산업화(Import Substitution Industrialization, ISI)라고 하며, 이를 실행하려면 경제에 대한 정부의 상당한 개입이 필요했다. 라틴아메리카 정부는 무역 제한을 넘어 국내 산업에 보조금을 지급하고 수입대체산업화를 지원하기 위한 인프라를 제공했다. 이 지역의 대국일수록 이러한 정책을 더 잘 추진할 수 있었으며, 브라질, 멕시코 등에서 1940년대 후반부터 1960년대까지는 강력한 경제 성장으로 인해 경제 기적을 이룬 시기로 특징지어진다.

세계 경제로부터 독립을 되찾기 위한 노력의 일환으로 많은 국가들이 경제의 주요 부문을 국유화했다. 1938년 멕시코의 라사로 카르데나스(Lazaro Cardenas) 대통령은 자국에서 운영되던 석유회사를 국유화하고 원유 시추부터 소비자에게 휘발유를 판매하는 것까지 멕시코의 석유를 관리하기 위해 멕시코석유공사 페멕스(PEMEX)를 설립했다. 이후 페루, 브라질, 베네수엘라도 비슷한 방식으로 석유를 관리하게 되었다. 볼리비아는 1950년대에 주석을 국유화했고, 칠레는 1970년대 초에 미국 기업인 케네콧(Kennecott)과 아나콘다(Anaconda)로부터 구리를 되찾았다.

수입대체산업화 및 국유화 정책은 경제 자유주의 시대에 외국인 투자와 무역이 개방되면서 국경 밖의 세력, 즉 통제할 수 없는 세력에 취약해졌다는 지역적 인식에서 자연스럽게 비롯되었다. 이러한 전략의 변화는 역내에서 폭넓은 지지를 받았으며, 많은 국가에서 경제 성장이 수반되면서 대중적인 지지를 얻게 되었다.

에두아르도 갈레아노(Eduardo Galeano 1988, 112)는 석유 국유화 이후 멕시코 시티

의 정서를 다음과 같이 묘사했다:

> 탐피코(Tampico) 북쪽의 멕시코 석유는 스탠다드 오일(Standard Oil)이, 남쪽의 석유는 쉘(Shell)이 소유하고 있다. 멕시코는 유럽과 미국이 싸게 사들이는 자국산 석유에 대해 비싼 값을 치르고 있다. 이 회사들은 30년 동안 멕시코의 지하 자원을 약탈하고 세금과 급여를 강탈해 왔는데, 어느 날 카르데나스(Cárdenas)가 멕시코 석유의 주인은 멕시코라고 선언했다. 그날 이후 멕시코는 한숨도 못 잤다. 이 도전은 멕시코를 깨웠다. 수많은 군중이 스탠다드와 쉘의 커피통을 등에 짊어지고 거리로 쏟아져 나와 시위를 벌였다. 마림바(marimba) 연주와 종소리가 울려 퍼지면 노동자들은 우물과 정유소를 점거했다. 그러나 회사들은 외국인 기술자들을 모두 철수시켰다. 해독할 수 없는 계기판을 관리할 사람은 아무도 남지 않았다. 국가가 조용한 탑 위로 울려 퍼졌다. 훈련은 중단되고, 송유관은 비워지고, 불은 꺼졌다. 이것은 전쟁이다. 라틴아메리카의 무력감의 전통, '몰라, 아무도 할 수 없어'라는 식민지 관습과의 전쟁이다.

1970년대 후반, 많은 라틴아메리카 국가들은 수입대체산업화의 심화라는 더 어려운 과제에 직면했다. 즉, 가구나 가공식품과 같은 소비재를 생산하는 약한 수준의 수입대체산업화를 실현한 후 다음 단계는 이 지역의 목재를 가구로 만드는 데 필요한 기계와 같은 것들을 국내에서 생산하는 것이었다. 이러한 대규모 수입대체산업화는 더 많은 투자가 필요했고, 라틴아메리카 정부는 유럽과 미국 은행의 대출 지원을 받아 이 과정을 계속 진행하고자 했다. 당시의 낮은 변동 이자율로 대출을 받은 라틴아메리카 정부는 그 돈을 경제의 "기적"을 유지하기 위한 노력에 사용했다. 1980년대 초, 전 세계적인 원자재 가격 하락, 선진국으로의 자본 이동 및 미국 연방준비제도(US Federal Reserve)의 금리 인상 결정 등에 따라 라틴아메리카의 정부 는 무릎을 꿇고 말았다. 6-8%였던 변동금리는 20% 이상으로 치솟았다. 결국 멕시코 정부는 1982년 늦여름에 최소한의 서비스 비용조차 지불할 수 없게 되어 사실상 파산을 선언했다.

멕시코와 다른 라틴아메리카 정부에 대출금을 상환할 수 있는 능력을 제공하기 위해 "최후의 대출 기관(lender of last resort)"인 국제통화기금(IMF)은 조건부 대출을 제공했다. 이 대출에 부여된 조건은 신자유주의 이데올로기에 뿌리를 둔 구조 조정 정책의 실현이었다. 신자유주의는 본질적으로 경제에 대한 국가 개입에 대해 문제의식을 가지고 시장 기반 해결책의 우선순위를 주장한다. 1980년대부터 1990년대 말까지 라틴아메리카지역 경제는 국제 금융 기관과 미국의 요청에 따라 신자유주의 정책을 받아들였고, 신자유주의 신봉자인 것처럼 보이는 신세대 라틴아메리카 정치인과 관료들이 이를 실행에 옮겼다.

　이러한 신자유주의 정책의 초기 형태는 칠레에서 찾아볼 수 있는데, 피노체트의 군사독재 하에서 소위 시카고 보이즈(Chicago Boys)라고 불리는 지식인들은 시카고 대학에서 공부하던 시절 밀턴 프리드먼(Milton Friedman)이 주장한 정책을 비교적 자유롭게 실행할 수 있었다. 실제로 경제에서 국가의 역할을 줄이겠다는 주요 목표는 여러 친시장 정책을 통해 달성되었다. 이러한 정책 중 일부는 경제 규제 완화를 위해 법으로 제정되었다. 이러한 노력에는 사실상 쉬운 노동자의 고용과 해고를 기반으로 하는 노동유연화, 보건, 안전 및 환경 규제의 약화, 신규 사업 개시에 대한 관료적 장애물 제거 등이 포함되었다. 민영화에 대한 옹호로 정부 소유 기업이 민간에 광범위하게 매각되었다. 경제적 경쟁을 촉진하기 위해 무역 및 투자 장벽을 철폐하여 상품과 자본이 국경을 넘어 자유롭게 이동할 수 있도록 했다. 정부는 식품, 운송, 공공요금 등 시장 가격을 왜곡하는 상품과 서비스에 대한 보조금을 줄이거나 폐지했다. 칠레의 경우 정부 지출 감축에는 교육과 의료, 연금 제도 민영화 등이 포함되었다. 가능한 한 국가가 아닌 시장이 생산, 분배, 소비에 대한 결정을 내리는 것을 원칙으로 삼았다. 멕시코의 신자유주의자 살리나스(Salinas) 대통령은 1990년대 초에 미국, 캐나다와 협력하여 멕시코를 북미자유무역협정(NAFTA)에 가입시켰다. 미국과 멕시코 간의 상품, 서비스, 투자 흐름에 장애물을 없애는 것은 당시 대부분의 라틴아메리카 정부를 지배하고 있던 시장 기반 이념과 일치했다.

　많은 학생들이 신자유주의의 주요 주장과 관련 정책에 공감할 것이다. 우리는 정부에서 불가피하게 발생하는 비효율성과 낭비에 대해 수없이 많이 들어왔고, 이윤을 추구하는 기업에서는 그러한 문제가 발생하지 않을 것이라는 가정을 자연스럽게 받아들인다. 하지만 동시에 신자유주의 이데올로기와 관련된 승자와 패자가 있다는 사실도 분명히 알 수 있다. 라틴아메리카의 일부 사람들은 공기업을 인수할 수 있는 자원을 갖게 되지만, 해당 부문에서 일하는 사람들은 임금과 고용 안정성이 감소할 수 있다. 버스 요금이나 기본 식료품에 대한 보조금을 없애면 빈곤층과 근로자에게 불균형적인 영향을 미칠 것이다.

노동의 "유연성"은 고용주의 영향력을 확대하는 동시에 노동자의 삶을 더욱 불안정하게 만들 것이다. 통신 및 인프라 분야의 민영화는 더 나은 도로와 전화 서비스로 이어질 수 있지만, 많은 사람들이 접근하기 어려운 대가를 치르게 될 것이다. 1980년대에는 멕시코 시티(Mexico City)에서 아카풀코(Acapulco)까지 7시간이 걸렸지만, 1990년대 초 한 민간 기업이 새로운 고속도로 건설 계약을 따내면서 그 시간이 절반으로 단축되었다. 그러나 이 회사는 당시 멕시코의 일일 최저임금의 몇 배에 달하는 통행료를 부과하여 상대적으로 부유한 멕시코인이나 외국인을 제외한 대부분의 사람들을 이 새로운 인프라로부터 배제시키는 결과를 낳았다.

마찬가지로 북미자유무역협정과 같은 협정에는 경제 계층 구조에서 차지하는 위치에 따라 승자와 패자가 존재한다. 투자자와 사업주는 가장 많은 수익을 낼 수 있는 지역으로 산업을 이전할 기회를 얻었고, 수출업자는 다양한 시장에 대한 접근성을 높였으며, 소비자는 역내 다른 나라에서 수입하는 상품에 대해 더 낮은 가격을 지불할 수 있게 되었다. 그러나 미국에 기반을 둔 초국적 기업과 더 이상 경쟁할 수 없게 된 멕시코의 중소기업들은 폐업하여 노동자들을 실업자로 만들었고, 멕시코의 농촌지역 소규모 농업은 정부의 막대한 보조금을 받고 기계화된 미국의 농업 생산과 경쟁할 수 없게 되어 생계를 위한 다른 방법을 찾아야만 했다. 노동자와 가족을 포함하여 약 500만 명의 멕시코인이 북미자유무역협정에서 촉발된 경쟁으로 인해 농촌을 떠난 것은 1990년대 말과 2000년대 초에 많은 수의 멕시코인이 불법으로 미국으로 건너간 것에 큰 역할을 했다. 2017년 트럼프 대통령이 취임하면서 북미자유무역협정 재협상에 착수했고, 그 결과 2020년 7월 1일 미국, 멕시코, 캐나다 협정(영어로는 USMCA, 스페인어로는 TMEC)이 발효되었다. 트럼프 대통령이 선거 운동 기간 동안 북미자유무역협정(NAFTA)를 공격한 것을 감안할 때 USMCA가 멕시코의 노동권 향상과 일부 자동차 생산의 미국 복귀로 이어져야 한다는 주장이 있었지만, 협정 변경은 비교적 미미한 수준이라고 평가했다.

시간이 지남에 따라 라틴아메리카에서 촉발된 신자유주의 정책의 불균형적 결과는 지역 전체에 반발을 불러일으켰다. 일부에서는 1989년 베네수엘라 카라카스(Caracas)에서 교통비, 연료비, 공공요금, 식료품비 인상안을 놓고 벌어진 시위를 국제금융기구로부터 돈을 받기 위한 "구조조정" 요건과 연계하여 "IMF 폭동"으로 규정하기도 했다. 카라카소(Caracazo)로 알려진 1989년 베네수엘라 시위의 경우, 정부는 시위대 사망자 수를 정부 자체 추산 약 300명에서 최대 3,000명으로 추산하며 폭력적으로 대응했다. 카라카소 사태가 발생한 지 10년 후, 베네수엘라 국민은 신자유주의 정책에 대한 광범위한 반대의 일환으로 집권한 여러 대통령 중 첫 번째 대통령인 우고 차베스를 선출했다. 신자유주의는 많은 라틴아메리카 국가를 안정시키고 정부 부채를 관리하기 쉽게 만들었지만, 관련 정책으로 이 지역의 빈곤이나 불평등을 줄이지는 못했다. 2000년대 초반까지 많은 정부가 반신자유주의 좌파 경제 정책으로 전환하는 것을 두고 일각에서는 "레드 타이드(Red Tide)" 또는 "핑크 타이드(Pink Tide)"라고 불렀다. 아르헨티나의 키르치네르(Kirchner), 볼리비아의 에보 모랄레스(Evo Morales), 브라질의 룰라(Lula)가 이 지역의 변화를 보여주는 몇 가지 예이다. 이러한 변화의 주요 결과 중 하나는 1994년 말 마이애미에서 열린 미주 정상회의에서 쿠바의 피델 카스트로(Fidel Castro)를 제외한 모든 라틴아메리카 지도자들이 합의했던 미주자유무역지대(Free Trade Area of the Americas, FTAA) 제안이 결실을 맺지 못한 것이다. 1994년에 시행된 북미자유무역협정 모델을 2005년 1월 1일까지 알래스카에서 아르헨티나에 이르는 전 지역으로 확대해야 한다는 것이 그 아이디어의 골자였다. 라틴아메리카에서 신자유주의에 대한 반대가 심화되고 이 지역에서 미국의 역할에 대한 경계심이 높아지면서 2005년 시행이 제안되기 훨씬 전에 FTAA는 사실상 폐기 수순을 밟았다.

그러나 2010년대 들어 이러한 흐름은 후퇴했고 좌파 정치인 중 일부는 보다 보수적인 정부로 교체되었다. 이로 인해 2020년대 초반 라틴아메리카의 경제 정책을 분류하는 것이 더욱 어려워졌다. 브라질의 보우소나루(Bolsonaro) 대통령, 콜롬비아의 두케(Duque) 대통령, 칠레의 피녜라(Piñera) 대통령은 신자유주의와 유사한 정책을 구사하는 것처럼 보이지만, 구체적으로 신자유주의자라고 규정할 수 있는 지도자를 찾기는 어렵다. 멕시코의 로페스 오브라도르(López Obrador, AMLO) 대통령의 경우, 공식적으로는 전통적인 라틴아메리카의 좌파-우파 스펙트럼에 그를 배치하기는 어려웠지만, 좌파의 반신자유주의 공약으로 성공적으로 선거를 치렀다. 2019년 12월에 취임한 페르난데스(Fernández)

아르헨티나 대통령은 경제에 대한 정부의 개입을 확대하고 경제적 혜택을 더 폭넓게 재분배하겠다는 목표를 내세우며 중도 좌파를 대표하고 있다.

라틴아메리카 정치 발전

식민주의 시기 라틴아메리카는 경제적, 사회적으로 계층화가 심했고, 정치 질서는 소수의 엘리트 집단이 통제권을 행사하면서 유지되었다. 일부 지역의 대지주들은 농민을 통제하기 위해 민병대를 운영했고, 식민지 행정의 중심지에 있는 관리들은 유럽에서 내려온 지침을 지역 주민의 의견 수렴 없이 시행했다. 독립 당시 이 지역은 군대나 지역 민병대가 필요하다고 판단될 때 무력을 사용해야 하는 등 계층 구조가 반영된 사회와 정치 체계로 특징지어진다. 브라질과 쿠바 같은 곳의 노예제나 사실상 노예로 일하는 원주민들은 독립 이후 정치 체제에 영향을 미칠 수 없는 존재였을 수밖에 없었다. 거의 모든 라틴아메리카 국가에서 독립 이전에 정치권을 장악하고 있던 대지주, 군부, 가톨릭교회와 같은 집단이 정치권력을 독점할 수 있었다.

19세기에는 여러 국가가 정치적 통제권을 중앙집권화하고 사회질서를 유지하려 했기 때문에 지역별로 상당한 정치 발전의 상이성을 보였다. 아르헨티나의 후안 마누엘 데 로사스(Juan Manuel de Rosas)나 칠레의 디에고 포르탈레스(Diego Portales)와 같은 *카우디요*가 국가 발전의 원동력이 되었던 경우도 있었다. 중미지역과 멕시코에서는 보수주의자와 자유주의자 간의 이념적 투쟁이 1800년대 내내 정치 발전에 영향을 미쳤다. 1821년 독립부터 1860년까지 멕시코에는 대략 50번에 달하는 대통령직이 존재했으며, 그 중 대다수는 군 관리들이 이끌었다. 산타 안나(Santa Anna) 장군은 그 중 9번의 대통령직을 직접 대표했다. 대부분의 중미와 멕시코에서는 19세기 후반까지 자유주의자들이 정치적 주도권을 잡기 위한 투쟁에서 승리했다. 가톨릭교회의 영향력을 억제하려는 노력은 자유주의 운동이 보수주의 운동과 구별되는 중요한 목표 중 하나였다. 브라질은 1822년 "독립"으로 1880년대 말까지 포르투갈 집권 가문 출신의 황제가 집권하는 입헌군주제가 이어지면서 아메리카 대륙의 이전 스페인 식민지들과는 다른 모습을 보였다. 스페인의 마지막 식민지였던 쿠바와 푸에르토리코를 포함한 대부분의 카리브해 지역은 계속해서 유럽 식민지배자의 정치적 통치를 받았다.

몇 가지 주목할 만한 예외를 제외하면, 대부분의 라틴아메리카 국가들은 1800년대 말부터 1900년대 초까지 정치적 대표성을 강화하는 제도와 관행을 도입했다. 정치적 시민권을 부여받는 사람에 대한 제한이 다소 존재했지만, 아르헨티나, 브라질, 칠레 및 기타 남미 국가에서는 정당과 의회가 운영되고 있었다. 비록 이들 국가는 아직 완전한 민주주의 국가는 아니었지만 많은 지역에서 정치적 자유화가 퍼지고 있었다. 그러나 이러한 정치 체제는 아르헨티나의 이주노동자, 지역 전역의 원주민, 문해력이나 재산 요건을 충족하지 못한 사람들 및 모든 지역의 여성 등 특정 집단을 배제하는 데 의존했다.

멕시코는 1870년대 초 포르피리오 디아스(Porfirio Diaz)가 정부를 장악하고 1910년 멕시코 혁명이 시작될 때까지 정권을 포기하지 않아 지역 내 정치적 자유화의 예외가 되었다. 쿠바, 도미니카공화국, 아이티 등 카리브해 국가들과 중미 국가들은 20세기 초반 수십 년 동안 미국의 정치적 제약을 받았다. 미군은 이 지역에 여러 차례 파견되었고, 미국은 이들 국가에 대한 많은 정치적, 경제적 결정권을 행사했다.

1929년에 시작된 세계 대공황의 여파로 군부 및 기타 권위주의 정부가 지역 전역에 걸쳐 통제권을 확립했다. 경제 위기는 정부의 정당성을 상실케 했으며, 군부가 정권을 장악할 명분으로 삼는 불안정한 상황이 발생했다. 대표적인 예외 국가로는 1930년대 초부터 1973년 아우구스토 피노체트(Augusto Pinochet)가 쿠데타를 일으킬 때까지 비교적 공정한 경쟁 선거를 통해 정치 체제를 회복한 칠레를 들 수 있다. 멕시코도 1930년대부터 수십 년 동안 문민 정부를 유지하며 인상적인 정치적 안정을 이어갔다. 멕시코의 일당제 체제는 분명히 완전한 민주주의가 아니었으며, 실제로 "완벽한 독재(perfect dictatorship)"로 묘사되는 것으로 유명하다. 멕시코의 정기적인 선거, 정치적 폭력의 상대적 부재, 군부가 권력을 장악하지 않은 점 등은 당시 라틴아메리카에서 매우 이례적인 일이었다. 중미지역과 카리브해에서 권위주의적 통치는 니카라과의 소모사(Somoza), 쿠바의 바티스타(Batista), 도미니카공화국의 트루히요(Trujillo)와 같은 "독재자"가 1930년대에 권력을 잡고 수십 년 동안 권력을 유지하는 것을 의미했다. 브라질과 아르헨티나에서는 각각 제툴리우 바르가스(Getulio Vargas)와 후안 페론(Juan Perón)의 통치 기간 동안 포퓰리즘의 전형적인 사례로 진화한 군사 쿠데타가 발생했다.

개념적으로 **포퓰리즘**(populism)은 개별 지도자, 정당 또는 운동이 일부 엘리트 집단에 대항하여 대중을 동원하여 정치적 권력을 획득하는 정치적 접근 방식을 일컫는다. 라틴 아메리카에서는 일반적으로 진정한 불만을 가진 집단과 계층이 정치 시스템에 대한 접근에서 체계적으로 배제되었을 때 포퓰리즘이 발생했다. 후안 페론(1943-1954년, 1973-1974년)과 같은 지도자는 이러한 불만을 대변하면서, 대중들이 자신을 지지할 경우 그들의 이익을 최우선으로 고려하겠다고 약속했다. 에두아르도 갈레아노(Eduardo Galeano 1988: 127-28)는 페론에 대해 다음과 같이 설명한다:

...페론은 열광적인 눈빛과 매혹적인 목소리를 가진 라디오 배우 에비타(Evita)와 함께 대통령으로 가는 길을 빠르게 달렸고, 그가 지치거나 의심스러울 때, 두려울 때 이를 악물고 버티는 것은 바로 그녀였다. 페론은 이제 모든 정당들을 합친 것보다 더 많은 사람들을 끌어들인다. 사람들이 그를 "선동가(agitator)"라고 부르면 그는 그 별명을 영광으로 받아들인다. 부에노스 아이레스의 길거리에서는 귀빈들과 세련된 사람들이 모자와 손수건을 흔들며 브래든 [미국] 대사의 이름을 외치지만, 노동자 바리오(barrios)에서는 웃통을 벗은 사람들이 페론의 이름을 외친다. 조국의 땅에서 망명해 온 노동자들, 너무 많은 침묵에 벙어리가 된 이들은 언제나 자신들의 편을 들어주는 이 특별한 인물에게서 자신의 조국과 침묵했던 목소리를 모두 되찾는다. 페론의 인기는 잊혀진 사회 법규의 먼지를 털어내거나 새로운 법규를 만들면서 상승곡선을 그렸다. 그의 법은 대농장 혹은 목장에서 허리가 굽도록 일했던 사람들의 권리를 존중하도록 강제하는 법이다. 법은 단순히 서류상에 머물러 있는 것이 아니라, 거의 물건 취급을 받았던 시골 사람이 노동조합을 갖춘 농촌의 노동자가 되는 것이었다.

포퓰리스트는 이념적 분류에 속하는 것을 거부했다. 브라질의 제툴리우 바르가스(1930-1945년, 1951-1954년)는 재임 기간 동안 정치적 스펙트럼을 넘나들었다. 페론과 그를 따르는 아르헨티나의 페론주의자들도 정치적 우파와 좌파를 넘나들며 통치했다. 페론과 바르가스 모두 코포라티즘(Corporatism)적 제도를 이용해 정권을 유지했다. 라틴아메리카 국가의 코포라티즘은 국가가 통제하는 기관이 경제적 기능에 따라 사회를 별도의 상명하복 조직으로 나누는 것이 특징이며, 처음에는 노동자와 농민의 권리를 보호하거나 심지어 증진하는 데 관심을 가지고 있었다. 1930년대부터 2000년까지 정권을 잡았던 멕시코의 제도혁명당(PRI)도 일종의 코포라티즘을 실천했다. 계급 갈등을 해소하고 국가에 갈등 해결의 궁극적인 권한을 부여하기 위해 농민, 노동자, 군인, "대중" 집단과 계급을 별도의 부문으로 분리했다.

20세기 중반부터 최근까지 일부 포퓰리스트는 민족주의적 정체성에 호소하여 지지를 획득한 반면, 다른 포퓰리스트는 경제적 정체성이나 심지어 계급적 정체성을 강조했다. 21세기 라틴아메리카에서 베네수엘라의 우고 차베스(Hugo Chavez)는 좌파 포퓰리스트로 묘사되기도 했고, 일부 분석가들에 따르면 브라질의 자이르 보우소나루(Jair Bolsonaro)는 극우 포퓰리스트이다. 많은 학자들은 차베스와 보우소나루처럼 이질적인 정치 행위자를 한데 묶는 개념적 범주는 분석적 유용성이 부족하다고 지적한다. 시간이 지남에 따라 많은 라틴아메리카 지도자들은 이전에 배제되었던 집단과 계층을 효과적으로 동원하여 정부의 지렛대를 개인주의적으로 통제했다. 일단 권력을 잡은 포퓰리스트 지도자들은 자신들을 권좌에 올려놓은 대중의 불만에 효과적으로 대응하는 정도에 있어 상당한 차이를 보였다.

1959년 쿠바 혁명은 라틴아메리카 지역과 미국과의 관계에 극적인 영향을 미쳤다. 피델 카스트로(Fidel Castro)와 그의 동생 라울(Raúl), 체 게바라(Che Guevara) 등이 이끄는 쿠바 혁명가들은 친미 독재자 풀헨시오 바티스타(Fulgencio Batista)를 타도하고 쿠바의 삶을 변화시키기 시작했다. 문맹 퇴치 캠페인, 토지 개혁, 일부 경제 국유화 조치로 인해 워싱턴의 많은 사람들이 우려를 표했고, 1961년 쿠바 망명자들이 미국 중앙정보국(CIA)의 지원을 받아 반혁명을 시도하기 시작했다. 1954년 과테말라에서 중도 좌파 정부의 전복에 성공한 것을 모델로 삼은 피그스만 침공(Bay of Pigs invasion)은 미국에게 재앙이었다. 쿠바인들의 저항이 성공한 후 피델 카스트로는 사회주의 혁명을 선언하고 소련과 가까워졌으며, 2006년 지병으로 대통령직을 일시적으로, 그리고 2008년 영구적으로 포기할 때까지 권력을 공고히 할 수 있었다. 라울 카스트로(Raúl Castro)는 형의 뒤를 이어 2018년까지 대통령직을 수행했다. 그 후 미겔 디아즈-카넬(Miguel Diaz-Canel)

이 거의 60년 만에 카스트로 성(姓)이 아닌 최초의 대통령으로 취임했다. 미국과 쿠바는 2014년 12월 버락 오바마 대통령(Barack Obama)과 라울 카스트로 대통령의 극적인 발표를 통해 외교 관계를 정상화했지만, 미국의 경제 금수 조치는 2020년대 초에도 여전히 유지되고 있다.

혁명 이후 미국 정책 입안자들은 역내 다른 지역에서의 **사회주의**를 막으려는 의지를 더욱 확고히 했다. 한편으로는 진보를 위한 동맹(Alliance for Progress)으로 대표되는 경제 원조와 1960년대 초 평화 봉사단 창설 등을 통해 라틴아메리카 대중의 환심을 사려는 새로운 시도도 있었다. 좌파 운동과 지도자의 집권을 막으려는 시도도 활발히 이루어졌다. 1970년 칠레 대통령 선거에서 살바도르 아옌데(Salvador Allende)의 당선을 막으려는 노력이 실패하자 미국은 1973년 쿠데타에 다시 한 번 개입하여 그 민주적 사회주

〈그림 12.3〉 칠레 거리의 살바도르 아옌데 벽화

출처: Alicia Gomez.

의자를 대통령직에서 제거했다. 아옌데를 대체해 등장한 아우구스토 피노체트(Augusto Pinochet)는 1990년까지 칠레를 통치했다(그림 12-3 참조).

1960년대와 1970년대까지, 대부분의 라틴아메리카 국가들에서 강력한 민주주의 국가들의 부재와 몇몇 국가에서 나타난 혹독한 군사 정부의 존재는 학계와 다른 정치 분석가들에 의해 설명될 필요가 있었다. 확실히 1948년 이후 코스타리카, 그리고 1950년대 후반의 콜롬비아와 베네수엘라는 정치적 결과를 결정하기 위해 정당과 선거에 전념하는 것처럼 보였다. 북아메리카의 일부 사람들은 다른 권위주의 정부를 설명할 때 라틴아메리카의 문화가 민주주의에 도움이 되지 않는다고 쉽게 대답했다. 후견주의(clientelism)적 역사, 코포라티즘, 개인주의적 "스트롱맨" 지도자, 군사 통치를 기꺼이 받아들이는 풍토, 심지어 위계적인 가톨릭교회의 경험으로 인해 사람들은 하향식 정치 통제를 받아들이게 되었다. 이러한 관점에서 볼 때, 이 지역에 민주주의가 완전히 자리 잡기 위해서는 보다 민주적인 문화가 발전해야 했다. 미국과 같은 기존 민주주의 국가에 대한 더 많은 노출, 교육 수준과 도시화의 증가, 계몽된 지도자들은 비민주적인 대중에게 민주주의의 사상과 문화를 확산하는 데 도움이 될 것이다.

라틴아메리카의 경제 발전을 구조적 종속성에 의거해 분석하는 것처럼, 문화가 아닌 권력과 구조에 초점을 맞춘 대안적 정치이론가들도 존재했다. 이들은 민주화를 보다 민주적인 정치 관행의 혜택을 받는 사람들과 더 광범위한 정치 참여 및 정치적 평등으로 인해 이익을 위협받을 수 있는 사람들 사이의 투쟁으로 보는 것이 가장 타당하다고 주장했다. 계층화가 심한 라틴아메리카 사회에서 대토지 소유자, 상류층 사업가, 군 지도자, 기타 엘리트로 구성된 상대적으로 소수의 집단은 정부 정책이 대중에 의해 결정될 경우 부와 권력, 특권을 잃게 될 가능성이 높다. 이러한 "반민주주의(anti-democratic)" 세력과 불평등한 경제 및 사회 구조에 맞서 민주주의를 실현하려면 민주화 세력이 반대 세력보다 더 강해져야만 가능했다. 이는 "아래로부터의 압력(pressure from below)"으로 볼 수 있다. 정치적 영향력에서 배제된 원주민, 농민, 노동자, 여성 등으로 구성된 대중 조직은 가장 많은 이득을 얻을 수 있는 집단이기 때문에 이러한 압력을 가할 가능성이 가장 높다.

1980년대와 1990년대 초, 라틴아메리카에는 민주주의로의 이행이 잇따랐다. 아르헨티나의 군사 정부는 경제위기가 심화되고 포클랜드 제도(Falklands Islands)에 대한 재앙적인 침공으로 인해 갑작스럽게 퇴진했다. 포클랜드 제도 탈환 시도에 따른 영국 해군에 의한 아르헨티나의 굴욕적인 패배가 민정 전환과 선거의 직접적인 원인이었지만, 노동자와 다른 사람들의 효과적인 시위가 증가하면서 군부의 입지가 약화되었다. 자녀와 남편의 실종과 살해에 항의하기 위해 조용히 행진하는 여성들인 "마요 광장의 여인들(The Madres de la Plaza de Mayo)"은 아래로부터의 압력을 가시적으로 보여주는 대표적인 사례였다. 브라질은 1980년대에 민주주의로의 점진적인 전환을 경험했고, 1989년 직접 선거로 선출된 민선 대통령의 등장으로 정점을 찍었다. 다양한 사회 운동이 군사 정부에 압력을 가하는 데 도움이 되었다. 특히 가톨릭교회의 해방신학을 대표하는 기독교 기반 공동체, 토지 없는 노동자 운동(landless rural workers movements), 코포라티즘적 제약에서 벗어난 노동조합, 여성 단체 등 다양한 사회운동이 군사 정부에 압력을 가했다. 피노체트 정부에 대한 시민사회의 압력으로 인해 피노체트 장군은 1988년 말 칠레 국민에게 정부 연임 여부를 묻는 국민투표를 실시하게 되었다. 압도적인 "반대" 투표로 인해 칠레는 1989년 12월 자유롭고 공정한 대통령 선거를 통해 민주주의로 복귀했다.

1990년대에 민주적으로 선출된 라틴아메리카의 지도자들은 1980년대 지역 전체에 걸친 경제 위기의 유산에 직면했다. 대부분의 경우, 각국 정부는 미국, IMF 등이 추진한 신자유주의 경제 모델을 지속적으로 고수했다. 이러한 정책이 많은 사람들에게 혜택을 제공하지 못하자, 이 지역에서는 대통령에게 불만을 표출하는 다양한 사회 운동이 부활했다. 1990년대 말 우고 차베스 대통령을 선출한 베네수엘라 유권자들을 시작으로, 2000년대 초반에는 신자유주의에서 벗어나 그간 어려움을 겪었던 집단과 계층의 이익을 위해 사회 및 경제 정책을 수립하겠다고 약속한 지도자를 선출하는 변화가 발생했다. 좌파 정부로의 전환은 그다지 보편적이지 않았다. 아르헨티나, 볼리비아, 브라질 등의 유권자들이 좌파 대통령을 선출한 반면, 콜롬비아, 멕시코 등은 대체로 신자유주의 노선을 유지했다.

대부분의 경우 라틴아메리카 국가들은 형식적 민주주의의 특징인 자유롭고 공정한 선거를 지속적으로 실시했다. 2000년대 베네수엘라(2002년), 아이티(2004년), 온두라스(2009년)에서 좌파 지도자를 전복시킨 쿠데타는 예외로 보였으며, 베네수엘라 쿠데타는 48시간 만에 종결되었다. 20세기 후반에는 파라과이의 페르난도 루고(Fernando Lugo, 2012년), 브라질의 지우마 호세프(Dilma Rousseff, 2016년), 심지어는 대통령직과 국가에서 쫓겨난 볼리비아의 에보 모랄레스(Evo Morales, 2019년)와 같은 좌파 지도자들을 제거하기 위해 야당 지도자들이 헌법을 교묘히 활용했으며, 일부에서는 이를 "정치쿠데타(political coups)"라고 불렀다. 그러나 대체로 2020년대 초반에는 비교적 공정하고 자유로운 선거에서 승리한 민간 대통령이 라틴아메리카 정부를 이끌게 되었다.

라틴아메리카 사회

인종과 종족은 이 지역을 이해하는 데 있어 여전히 중요한 요소이다. 학생들은 라틴아메리카와 카리브해 지역의 다양한 인종적 정체성에 놀라는 경우가 많다. 브라질에는 200만 명 이상의 아시아계가 거주하고 있으며, 페루에는 알베르토 후지모리(Alberto Fujimori) 전 대통령을 포함해 150만 명의 아시아계가 살고 있다. 브라질과 아르헨티나 같은 국가에서는 수백만 명 이상이 아랍계이다. 레바논 이민자들이 만든 타코 아라베스(Tacos Árabes)가 최고의 길거리 음식으로 꼽히는 멕시코를 비롯해 다른 국가에서도 아랍계 인구가 상당수 존재한다. 라틴 아메리카의 인종과 종족에 대한 논의는 원주민, 유럽인, 아프리카계, 메스티소 인구에 초점을 맞추는 경우가 많다. 이 장의 서두에서 언급했듯이, 전 세계에서 나이지리아에 이어 두 번째로 많은 아프리카계 인구를 보유한 국가는 브라질이다. 아메리카 원주민들은 볼리비아, 과테말라, 페루, 멕시코의 현재 인구 중 많은 비율을 차지한다. 이러한 국가에서는 스페인어를 모국어로 사용하지 않는 사람들도 존재한다.

메스티소 인구가 많다는 개념은 미국 학생들이 아프리카계 미국인을 "한 방울(one drop)"로 분류해 온 역사를 고려할 때 가장 이해하기 어려울 수 있다. 1925년 멕시코의 호세 바스콘셀로스(José Vasconcelos)가 "우주적 인종(cosmic race)"과 관련된 에세이를 쓰는 등 여러 라틴아메리카 국가들이 혼혈이라는 범주를 수용했다. 바스콘셀로스에 따르면 라틴아메리카에서 일어난 인종 간의 혼합은 초월적인 "인종"을 만들어내고 있었다. 이러한 주장은 설득력이 있었고, 20세기 후반과 21세기 초반에 미국에서 일어난 일부 치카노(Chicano) 및 라티노 운동에도 영향을 미쳤다.

도미니카 공화국과 같은 나라에서는 인종적 정체성이 형성되면서 유색인종 인구의 상당수가 아프리카계 피가 섞여 있다 할지라도 스스로를 원주민으로 인식하게 되었다. 이는 부분적으로는 히스파니올라 섬을 공유하는 흑인 아이티인들과 자신들을 구별하기 위한 방법이기도 하다. 도미니카 사람들은 원주민의 범위를 구분하기 위해 형용사를 추가하기도 하는데, 계피색 피부는 카넬라(canela), 밀(wheat)색 피부는 트리그냐(trigueña), 피부색이 어두운 사람은 인디오 오스쿠로(Indio oscuro)라고 부른다. 도미니카에서 자신의 인종을 백인이라고 인식하는 사람들을 포함하여 많은 도미니카인들이 카리브해를 건너 미국으로 이주할 때 자신을 흑인으로 바꿔 규정하기도 한다.

일부 브라질 사람들은 1880년대 후반 노예제도가 폐지된 이후 아프리카계 브라질인에 대한 법적 분리나 기타 제한이 없었기 때문에 브라질을 "인종적 민주주의(racial democracy)" 국가라고 표현하기도 한다. 멕시코와 마찬가지로 브라질도 20세기 초중반 사회학자 질베르투 프레이리(Gilberto Freyre)가 인종적 혼합이 브라질에 긍정적인 영향을 미친다고 주장하며 인종 혼합에 대한 서사를 장려했다. 인종적 민주주의에 대한 국가적 신화는 브라질에서 피부색이 경제적 지위와 정치적 권력에 미치는 영향이 크다는 사실을 은폐하고 있다. 소득 수준은 피부색과 밀접한 관련이 있고, 아프리카계 브라질인은 비즈니스, 정치, 군대 등의 고위직에서 제대로 대표되지 않으며, 대학에는 백인 인구가 훨씬 더 많다.

이 지역의 원주민들은 사회경제적 사다리에서 하위 계층에 위치하고 있다. 도미니카에서 이 용어를 사용하는 것과 달리, 많은 라틴아메리카 국가에서 "인디오(Indio)"라고 불리는 것은 경멸적인 의미로 사용된다. 원주민 운동은 20세기 말과 21세기 초에 볼리비아, 에콰도르와 같은 국가에서 헌법에 새로운 권리를 명시하는 등 일부 성공을 거두었다. 볼리비아의 변화는 일반적으로 볼리비아 최초의 원주민 정부 수반으로 여겨지는 에보 모랄레스(Evo Morales) 대통령 재임 기간에 이루어졌다.

2000년대 초 가부장적이고 마초주의 문화가 팽배한 라틴아메리카에서 여성 대통령이 여러 명 선출된 것은 상당히 놀라운 일이다. 하지만 이것이 여성이 정치적 주체가 된 첫 번째 사례는 아니었다. 20세기 초 멕시코 혁명을 시작으로 세기 후반 엘살바도르와 니카라과에서 일어난 혁명 활동까지, 여성은 정치 체제를 바꾸기 위한 투쟁에서 점점 더 중요한 존재로 여겨졌다. 앞서 언급한 마요 광장 여성들은 아르헨티나 군부에 도전하는 데 도움을 주었고, 이는 어머니에 대한 문화적 존경심을 반영한 전략을 활용한 것이다. 라틴아메리카의 초기 여성 대통령들 중 일부는 저명한 정치 지도자의 미망인이라는 지위 덕분에 대통령으로 취임하게 되었다(아르헨티나의 이사벨 페론, 니카라과의 비올레타 차모로, 파나마의 미레야 모스코소 등). 하지만 2000년대 초반에는 미첼 바첼레트(Michelle Bachelet), 크리스티나 페르난데스 데 키르치네르(Cristina Fernandez de Kirchner), 지우마 호세프(Dilma Rousseff)가 모두 대선에서 승리한 후 두 번째 선거에서 연임에 성공했다. 라우라 친치야(Laura Chinchilla)는 2010년부터 2014년까지 코스타리카 대통령을 역임하기도 했다.

라틴아메리카의 여성 인권 분야에서 아직 개선해야 할 사항이 많지만, 멕시코 혁명의 *솔다데라(soldaderas)*부터 한 세기가 지난 후 여러 여성 대통령이 공직에 진출하는 등 여성의 정치 활동 증가는 희망적인 신호이다. 여성 노동 참여율은 여전히 전 세계에 비해 뒤처져 있지만, 가정 밖에서 일하는 여성도 점점 늘어나고 있다. 이러한 일자리의 상당 부분이 "**비공식 경제(informal economy)**"에서 이루어지고 있으며, 지역 간 임금 격차도 상당하다. 일반적으로 여성의 노동력 참여는 여성의 자율성을 높이는 것으로 여겨지지만, 경제적 계층을 고려하면 새로운 이중 또는 삼중 부담이 발생하는 현상이 나타난다. 집 밖에서 일하는 여성은 육아 및 가사 책임에 더해 하루 종일 유급 노동에 시달릴 수 있다.

일부 라틴아메리카 국가에서 성소수자(LGBTQ) 인권이 괄목할 만한 진전을 보인 것은 이 지역이 마초주의(machismo)가 만연하고 사회적으로 보수적인 가톨릭교회의 영향을 많이 받는다고 생각하는 많은 사람들에게는 놀라운 일이었다. 특히 규모가 작은 카리브해 국가들은 뒤처졌지만, 아르헨티나와 우루과이가 이 분야에서 선두를 달렸고, 콜롬비아, 에콰도르, 멕시코도 성소수자 권리를 상당히 확대하는 성과를 거두었다. 멕시코(2009), 아르헨티나(2010), 우루과이(2013), 브라질(2013)은 모두 미국(2015)보다 먼저 동성 결혼을 허용했다. 이후 콜롬비아(2016), 에콰도르(2019), 코스타리카(2020)가 뒤이었다. 대부분의 라틴 아메리카 국가에서는 성소수자의 권리를 보호하는 법이 전반적인 여론보다 앞서고 있다. 예를 들어, 브라질은 성적 지향에 기반한 증오 범죄가 매우 높은 수준으로 계속 발생하고 있으며, 2018년 아들이 동성애자인 것보다 차라리 사고로 죽는 것이 낫다고 말한 자칭 동성애 혐오자인 자이르 보우소나루를 대통령으로 선출한 바 있다.

미래 전망

2020년대 미국에서 가장 중요한 정치적 이슈 중 상당수는 라틴아메리카와 관련이 있다. 이민, 마약 밀매, 무역 관계, 환경정책은 국가 간 문제이거나 국제관계 차원에서 논의되는 문제이지만 미국과 라틴아메리카 국가 모두에 국내 정치적 영향을 미치는 문제이다. 이러한 이슈들은 미국과 라틴아메리카 국가들 간의 힘의 비대칭성에 의해 영향을 받는 것이 분명하다. 멕시코의 대미 경제 의존도는 북미자유무역협정을 둘러싼 논쟁과 양국 간 무역 전반에 영향을 미친다. 미국의 외교정책 결정에 대한 중미지역의 취약성은 이민과 마약 밀매에 대한 미국의 요청에 대한 해당 국가들의 대응에 영향을 미친다. 남미국가들은 부분적으로는 미국과의 지리적 거리로 인해 조금 더 활동할 수 있는 공간을 확보한 것처럼 보이지만, 미국이 패권을 쥐고 있는 지역에 위치해 있기 때문에 여전히 영향을 받고 있다.

라틴아메리카 민주주의의 질(quality)도 계속해서 문제가 되고 있다. 브라질과 같은 대국에서는 만연한 부패와 국민에 대한 책임감이 없는 정치 과두제가 심각한 문제를 야기하고 있다. 온두라스와 같은 소규모 국가에서는 민주주의라는 미명 하에 가난한 사람들을 소외시킨 채 보수 엘리트들이 권력을 유지하고 있다. 베네수엘라는 2019-2020년에 두 명의 불법 대통령을 배출한 유일한 국가일지도 모른다는 의견이 제기되는 등 특별한 도전에 직면해 있다. 니카라과의 민주주의는 오르테가(Ortega) 대통령 치하에서 수년 동안 악화되어 왔다. 볼리비아에서는 에보 모랄레스 대통령 재선의 정당성에 대한 의문이 제기되었고, 그가 강제 추방된 후 무명의 국회의원이 임시 대통령이 되었다. 2019년 취임한 자니네 아녜스(Jeanine Áñez)는 모랄레스가 원주민과 여성의 권리를 보장하기 위해 이룬 많은 진전을 되돌리기 위해 노력했다. 2020년 말, 볼리비아는 새로운 선거를 치렀고, 모랄레스 당을 대표하는 루이스 아르세(Luis Arce) 후보가 압승을 거두었다.

코로나19 팬데믹으로 인해 지역의 경제적 불평등이 전면에 노출되었다. 각 국가는 의료진에게 인공호흡기, 마스크, 필수 개인 보호 장비를 공급하는 데 필요한 경제적 자원뿐 아니라, 병상, 의사, 간호사가 부족한 보건 자원의 부족 상황도 명백히 드러났다. 팬데믹 상황에 대응할 수 있는 개인의 능력은 국가 간, 그리고 국가 내에서도 엄청난 편차가 있다. 또한 비공식 부문에서 일하는 경제적으로 불안정한 라틴아메리카 사람들은 자택 격리, 사회적 거리두기, 20초 손씻기 등을 취할 수 있는 선택의 여지가 없다는 사실도 알게 되었다. 많은 국가에서 접근 가능한 의료 서비스가 부족했으며, 비공식 및 기타 저임금 근로자는 일을 할 수 없는 경우 저축을 하거나 가족에게 식량과 기타 생필품을 제공하기 위한 정부 지원을 받을 가능성이 낮다. 전 세계적으로 백신이 처음 보급되었을 때 라틴아메리카 국가들은 백신을 대량으로 확보할 수 없었고, 다른 지역이 회복의 길로 접어든 이후에도 이 지역은 계속해서 코로나로 인해 황폐화되었다.

이 장을 읽고 라틴아메리카는 절망과 빈곤의 지역이라는 생각에 함몰되어서는 안된다. 단순히 휴양지, 해변, 이국적인 문화, 그리고 휴가를 즐기려는 외국인 관광객에게 친절하고 좋은 서비스를 제공하는 사람들만 있는 곳도 아니다. 부유층과 빈곤층, 정치적 불안정성과 안정성이 공존하는 다양하고 복잡한 곳이며, 해결해야 할 과제가 산적해 있는 곳이기도 하다. 그런 의미에서 라틴아메리카는 오늘날의 다른 지역과 크게 다르지 않다.

현대 라틴아메리카 역사 연대표

1804	프랑스 식민지배자를 물리친 노예 반란의 성공으로 아이티는 미국에 이어 서반구에서 두 번째로 독립을 이룬 국가에 등극
1820년대	대부분의 라틴아메리카 국가가 스페인으로부터 독립 달성
1829	아르헨티나의 카우디요 후안 마누엘 데 로사스(Juan Manuel de Rosas)의 1835년부터 1852년까지 독재 체제가 지속되는 중요한 역할의 시작
1830	시몬 볼리바르의 사망; "해방자(시몬 볼리바르)"는 라틴아메리카 독립

에 중요한 역할을 했지만, 통일된 지역을 만드는데 실패

1848	멕시코-미국 전쟁 이후 과달루페 이달고 조약(Treaty of Guadalupe Hidalgo)으로 멕시코 영토의 약 절반을 미국에 할양
1862	미국 1804년 아이티 독립 인정
1880년대	브라질 노예 제도 폐지와 포르투갈로부터의 독립 완성
1898	스페인-미국 전쟁 후 미국에 의한 쿠바와 푸에르토리코 장악
1903	콜롬비아로부터 미국의 지원을 받은 파나마의 독립 선언 및 파나마 운하 착공
1910	멕시코 혁명이 시작되어 거의 10년 동안 지속
1916	아르헨티나에서 남성 참정권에 의거한 선거의 실시, 이폴리토 이리고옌(Hipolito Yrigoyen)이 대통령에 당선
1929	멕시코 국가혁명당(PNR) 창당, 제도혁명당(PRI)으로 개명 후 2000년까지 집권
1932	아르투로 알레산드리(Arturo Alessandri)의 칠레 대통령 선출, 칠레의 안정화 달성 및 민주적 선거의 재개
1934	쿠바의 풀헨시오 바티스타(Fulgencio Batista)가 쿠데타 성공 후 25년간 권력 유지
1938	멕시코 라사로 카르데나스(Lazaro Cardenas) 대통령에 의한 멕시코의 석유의 국유화 조치 및 PEMEX 설립
1943	아르헨티나의 군사 정부 수립과 후안 페론(Juan Perón)의 노동부 장관 취임
1946	후안 페론의 아르헨티나 대선 승리, 1951년 재선에 성공, 1955년 망명 길에 오를 때까지 대통령직 수행
1948	코스타리카 피게레스(Figueres) 대통령의 군대 폐지 및 여성 참정권 확대
1953	브라질 국영 석유 회사인 페트로브라스(Petrobras) 설립
1954	과테말라에서 CIA의 지원을 받은 쿠데타 세력에 의한 좌파 대통령 하

코보 아르벤스(Jacobo Arbenz) 정권 전복

1959	피델 카스트로(Fidel Castro)가 이끄는 쿠바 혁명군이 권력 장악
1960	라틴아메리카 및 카리브해 지역의 인구는 약 2억 2천만 명을 기록, 그 중 절반이 브라질이나 멕시코에 거주
1964	브라질에서 군사 정부가 집권
1970	칠레의 민주적 사회주의자 살바도르 아옌데(Salvador Allende)가 대통령에 당선
1973	미국의 압력 및 국내에서의 반발에 힘입은 칠레 군사 쿠데타 발생, 살바도르 아옌데의 자살 및 아우구스토 피노체트(Augusto Pinochet)의 권력 장악, 1990년 퇴임할 때까지 권력을 유지
1976	1974년 망명에서 돌아온 남편이 대통령직에 오른 지 1년 만에 사망하면서 대통령직을 맡게된 이사벨 페론은 아르헨티나 군부가 수천 명이 죽고 고문당하고 실종되는 "더러운 전쟁(Dirty War)"을 시작하면서 대통령직에서 축출
1979	니카라과의 산디니스타(Sandinista) 혁명에 의한 소모사(Somoza) 정권 붕괴
1982	멕시코 정부가 스스로 파산을 선언, 지역의 외채 위기 시작, 1980년대의 잃어버린 10년 도래. 아르헨티나 군사 정부가 포클랜드 제도를 침공하여 영국으로부터 통제권 탈환 시도, 아르헨티나의 굴욕적인 패배
1983	패전 후 군사 정권은 아르헨티나에서 퇴진, 라울 알폰신(Raúl Alfonsín)이 대통령에 선출
1989	브라질에서 1964년 군부가 집권한 이후 처음으로 실시된 대통령 직접 선거에서 페르난두 콜로르 지 멜루(Fernando Collor de Mello)가 대통령에 선출
1990	니카라과 산디니스타가 선거에 의해 권좌에서 축출
1991	아르헨티나, 브라질, 파라과이, 우루과이로 구성된 메르코수르(Merco-

sur) 무역 블록의 설립

1994	1월 1일, 북미자유무역협정(NAFTA)이 시행, 같은 날 멕시코 남부에서 사파티스타 반군이 반란을 일으켜 치아파스(Chiapas) 주 장악. 쿠바를 제외한 아메리카 대륙의 모든 국가가 플로리다 주 마이애미에서 열린 아메리카 정상회의에서 2005년 1월 1일까지 미주자유무역협정(FTAA)을 체결하기로 합의
1999	이른바 "레드 타이드(Red Tide)"를 형성할 여러 좌파 대통령 중 첫 번째 로 베네수엘라 우고 차베스(Hugo Chavez) 대통령이 취임
2000	비센테 폭스가 멕시코 대통령 선거에서 승리하여 멕시코 혁명 직후 당이 결성된 이후 처음으로 비(非) PRI 후보가 대통령에 당선
2001	아르헨티나의 경제 위기
2002	금속공이었던 룰라 다 시우바(Lula da Silva)가 네 번째 도전 끝에 브라질 대통령에 당선, 브라질은 다섯 번째 월드컵 우승
2005	볼리비아 에보 모랄레스(Evo Morales) 대통령 당선
2006	칠레 사회당 소속 미첼 바첼레트(Michelle Bachelet)가 칠레 최초의 여성 대통령에 등극, 중병에 걸린 피델 카스트로가 쿠바 대통령직을 동생 라울에게 승계, 라울은 2년 후 영구 집권 시작
2009	온두라스에서 발생한 쿠데타로 셀라야(Zelaya) 대통령 실권, 미국 오바마 행정부는 그해 말 선거 때까지 쿠데타 정부의 집권을 지지
2010	아르헨티나가 라틴아메리카에서 최초로 동성 결혼 합법화, 브라질 최초의 여성 대통령으로 지우마 호세프(Dilma Rousseff) 당선
2013	쿠바의 우고 차베스는 후계자로 니콜라스 마두로(Nicolás Maduro)를 지지하다 사망, 마두로는 차베스 사망 직후 대통령 선거에서 승리
2014	브라질에 본사를 둔 건설회사 오데브레시(Odebrecht)의 뇌물 사건에 대한 "세차 작전(Operation Car Wash)"이라는 이름의 수사로 인해 브라질의 부패가 전격 폭로, 오바마 대통령과 라울 카스트로 대통령은 미

	국과 쿠바의 관계 정상화를 발표
2016	콜롬비아 정부와 1960년대부터 활동해온 혁명 세력인 콜롬비아무장혁명군(FARC)이 협상을 통해 평화 협정을 체결, 2014년 월드컵과 2016년 올림픽을 개최한 브라질에서는 지우대 호세프 대통령이 부정부패 혐의로 탄핵됨, 일각에서는 이를 "정치적 쿠데타(political coup)"로 규정
2017	허리케인 마리아(Maria)로 인해 카리브해 지역의 광범위한 피해 발생, 푸에르토리코에서 지금까지 기록된 자연재해에 의한 가장 큰 피해가 발생
2018	복음주의자이자 보수주의자인 자이르 보우소나루(Jair Bolsonaro)가 브라질 대통령 선거에서 승리, 세 번째 대선 캠페인에서 좌파 포퓰리스트 안드레스 마누엘 로페스 오브라도르(Andres Manuel López Obrador)가 압도적인 승리를 거두며 멕시코 대통령에 당선
2019	칠레에서 피녜라(Piñera) 정부에 반대하는 광범위한 거리 시위 발생, 특히 지하철 요금 인상과 광범위한 사회적, 경제적 불평등에 대한 불만이 표출, 재선으로 이어진 투표 과정의 정당성에 이의를 제기하는 시위가 벌어지자 에보 모랄레스(Evo Morales)는 볼리비아 대통령직에서 사임
2020	코로나19 팬데믹이 라틴아메리카 전역으로 확대, 브라질과 멕시코는 큰 어려움에 직면, 지역 전체가 취약성 노출

참고문헌

Chasteen, John Charles. 2016. *Born in Blood & Fire*, 4th ed. New York: W. W. Norton & Company.

Eakin, Marshall C. 2007. *The History of Latin America: Collision of Cultures*. New York: Palgrave Macmillan .

Galeano, Eduardo. 1988. *Memory of Fire: Century of Winds*. New York: Pantheon Books.

Smith, Peter H., and James N. Green. 2019. *Modern Latin America*, 9th ed. New York: Oxford University Press.

Vanden, Harry E., and Gary Prevost. 2018. *Politics of Latin America: The Power Game*, 6th ed. New York : Oxford University Press.

추가 읽을 거리

도서

Bonilla, Yarimar, and Marisol Lebrón, eds. 2019. *Aftershocks of Disaster: Puerto Rico Before and After the Storm*. Chicago: Haymarket Books.

Elsey, Brenda, and Joshua Nadel. 2019. *Futbolera: A History of Women and Sports in Latin America*. Austin: University of Texas Press.

Grandin, Greg. 2019. *From the Frontier to the Border Wall in the Mind of America*. New York : Metropolitan Books.

Jackiewicz, Edward, and Fernando Bosco, eds. 2020. *Placing Latin America: Contemporary Themes in Geography*, 4th ed. Lanham, MD: Rowman and Littlefield.

Schwarcz, Lilia Moritz and Heloisa Maria Murgel Starling. 2017. *Brazil: A Biography*. New York : Farrar, Straus, and Giroux.

영화

After Maria (2019). Director Nadia Hallgren (Netflix short).

Amores Perros (2000). Director Alejandro González Iñárritu, Mexico.

City of God (2002). Directors Fernando Meirelles and Kátia Lund, Brazil.

Even the Rain (2010). Director Icíar Bollaín, Spain.

Maria Full of Grace (2004). Director Joshua Marston, Colombia.

The Motorcycle Diaries (2004). Director Walter Moreira Salles, Argentina.

No (2012). Director Pablo Larraín, Chile.

Roma (2018). Director Alfonso Cuarón, Mexico.

학술지

Americas Quarterly. americasquarterly.org

Latin American Perspectives. journals.sagepub.com/home/lap

North America Congress on Latin America (NACLA).nacla.org

웹사이트

Center for Democracy in the Americas. democracyinamericas.org

Council on Hemispheric Affairs. coha.org

Latin American News Dispatch (LAND). latindispatch.com

Washington Offi ce on Latin America. wola.org

3부

—

현대 글로벌 이슈

13장

세계기후변화

지구의 날[1]은 1970년에 처음 지정되었다. 50년이 지났는데 지금 우리는 어디에 있는가? 우리는 더 오래 살고 있다. 먹을 음식이 더 많아졌다. 출산으로 사망하는 여성이 줄었다. 더 많은 사람들이 더 오래 살고 있다. 인구 증가율은 그렇게 높지 않다(Mann 2020). 여전히 글로벌 문제들이 있으며, 기후 변화도 그 중 하나이다. 지금으로부터 50년 후, 우리는 어디에 있을까?

2020년 11월은 미국 국립해양대기청(National Oceanic and Atmospheric Administration)의 141년 기록 중 두 번째로 따뜻한 11월이었다(di Liberto, 2020). 2020년은 2016년에 세워진 기록과 거의 같은, 지구 기온에 대한 기록 중 최고의 해 중 하나였다. 2020년 12월 BBC 뉴스 헤드라인은 "기후변화: 2021년은 더 시원할 것이지만 여전히 가장 따뜻한 상위 6위 안에 들 것이다"였다. 예측에 따르면 지구의 기온은 1850-1900년보다 섭씨 0.9도~1.15도 더 따뜻할 것이다. 2021년은 2019-2020년보다 약간 낮은데, 이는 해저에서 더 차가운 물을 끌어올리는 태평양의 라니냐 현상으로 인한 것이다. 2017년 1월 BBC의 헤드라인은 "기후변화: 데이터에 의하면 2016년은 역대 가장 따뜻한 해가 될 것"이었

---

1) (역자 주) 지구의 날: Earth Day는 환경보호를 지지하기 위해 매년 4월 22일 개최되는 행사이다. Earthday.org가 주관하며, 192개국에서 수십억 명이 지구를 보호하고 더 밝은 미래를 위해 싸우도록 활성화하였다. (더 자세한 내용은 공식 홈페이지 https://www.earthday.org/를 참조할 것)

다. 2015년에 비해 섭씨 0.07도 상승하였다. 지금까지 기록된 가장 따뜻했던 16년 중 15년이 21세기에 발생하였다. 이 기록적인 기온은 인간 활동으로 인해 발생하였다. 기후변화는 세계가 직면한 중요한 도전이다(McGrath 2017).

인간 활동은 기후와 밀접한 관련이 있다. 지구 기후변화로 인해 모든 형태의 생명체는 적응해야 한다. 기후 통제는 무엇인가? 태양 에너지는 대기를 통과하는 태양에서 나온다. 대부분의 태양 복사는 지구 표면에 흡수되어 대기를 따뜻하게 한다. 일부 적외선은 대기를 통해 우주를 통과한다. 하지만 대기 중의 일부 기체는 적외선을 흡수하여 지구를 뜨겁게 한다. 적외선을 흡수하는 두 가지 기체는 이산화탄소(CO_2)와 메탄(CH_4)이다. 이것을 "온실효과"라고 한다: 온실이 복사를 흡수하여 식물을 따뜻하게 유지하는 것처럼 이런 기체들이 대기 내부에 열을 가둔다(Price et al. 2020).

이러한 온실가스의 근원은 무엇인가? 이산화탄소는 화석 연료(예: 석탄 및 석유), 목재 및 시멘트 제조와 같은 기타 화학 반응의 연소를 통해 생성된다. CO_2 농도는 최근 몇 년 동안 엄청나게 증가하였다. 복사를 훨씬 더 효율적으로 흡수하는 메탄은 화석 연료의 생산 및 운송, 초목 연소, 가축 배출, 육지의 유기 폐기물 부패 및 파이프라인 누출을 통해 생성된다(U.S. EPA 2021).

1860년에 대기 중 이산화탄소는 280ppm으로 측정되었다. 2015년에는 400ppm이었다(Price et al. 2020). 2020년 5월에는 417ppm으로 역대 최고 배출량을 기록하였다(Freeman and Mooney 2020). 이러한 증가는 CO_2 및 CH_4와 같은 기타 가스를 인간이 생산하였기 때문이다. 오늘날 대기 중에는 확실히 더 많은 CO_2와 CH_4가 있으며 기온도 상승하였다. 기온 상승은 1800년대 이후 화석 연료(석탄 및 석유)의 산업 소비 증가와 함께 나타났다. 개빈 슈미트(Gavin Schmidt) 박사가 NASA의 현대 글로벌 이슈에서 지적했듯이, "지난 수십 년 동안 온난화 추세가 둔화되었다는 증거는 없다"(McGrath 2016).

기후변화의 영향은 무엇인가? 기온이 상승함에 따라 만년설이 녹고 해수면이 상승하며 더 많은 극단적인 기상 현상이 발생하고 있다. 일부 지역은 더 많은 강수량과 홍수가 발생하는 반면, 강수량이 감소하고 가뭄을 겪는 지역도 있다. 미국과 캐나다의 옥수수와 밀 농업 생산량이 감소할 수 있다. 플로리다, 남태평양 제도, 방글라데시와 같은 저지대해안 지역은 해수면 상승의 영향을 받는다. 도시의 폭염은 수백만 명에게 영향을 미치는 반면, 다른 지역에서는 깨끗한 물이 문제이다.

온실가스의 주요 생산자는 누구인가? 2020년 온실가스 배출량 상위 10개국이 전체 배출량의 68.9%를 차지했다. 주요 생산국은 중국 26%, 미국 13%, 유럽연합(27개국) 7.8%, 인도 6.7%, 러시아 5.3%, 일본 2.7%, 브라질 2.3%, 인도네시아 1.9%, 이란 1.7%, 한국 1.5% 등이다. 나머지 기타국가들이 모두 31.1%를 생산하였다. 주요 배출원은 화석 연료 연소, 시멘트 제조 및 가스 연소이다. 브릭스(BRICS) 국가와 선진국(미국, 유럽, 일본 등)은 온실가스 배출량의 상당 부분을 차지한다(Ge and Friedrich 2020).

국제학은 지리학을 활용하여 글로벌 이슈에서 환경과 공간의 역할을 고찰한다. 기후변화의 영향은 어디에 있을까? 방글라데시, 투발루, 플로리다와 같은 해안 저지대는 해수면 상승에 특히 취약하다. 먼저 바닷물이 지하수면을 침수시킨 다음 육지가 바다로 덮일 것이다. 플로리다와 뉴욕과 같은 주요 도시를 포함한 미국 동부 해안 전역에서 동부 해안 지역이 동시에 가라앉으면서 해수면 상승의 영향이 커지고 있다. 방글라데시와 플로리다는 허리케인에 취약하다. 열대성 폭풍의 강도는 기후변화로 인해 증가될 것이다. 사람들은 집을 잃고 내륙으로 이주해야할 것이다. 방글라데시는 플로리다처럼 저지대에 있는데, 인구 밀도가 더 높다. 플로리다 사람들은 오하이오와 같은 내륙으로 이사를 갈 수 있지만, 방글라데시 사람들은 어디로 갈 것인가? 인도? 저지대에 산호 환초가 있는 섬들인 투발루의 경우에는 옮겨 갈 곳이 없다. 투발루와 방글라데시 모두 CO_2 배출을 거의 하지 않지만, 기후 변화의 영향은 이들 나라에서 엄청나다(Narang 2015; Rees 2015). 예진 (Yergin, 2020)은 기후 변화가 미국, 러시아, 중국 및 중동의 에너지 믹스에 미치는 막대한 영향을 설명한다.

국제학은 역사를 활용하여 과거의 사건을 해석하고 분석한다. 기후변화의 경우 산업화의 증가와 그에 따른 CO_2 배출량이 증가함에 따라 기온이 상승하는 것을 분석할 수 있다. 역사는, 예를 들어, 과학 아이디어의 역사와 같은 큰 아이디어를 연구한다. 산업 혁명에 관한 역사적 문헌이나 진화에 대한 다윈의 생각은 기후변화에 대한 우리의 이해를 위한 선구자이다. 우리는 기후변화의 역사를 어떻게 경험하는가? 뜨거운 물이 담긴 통 속의 개구리에 비유할 수 있다. 온도가 서서히 올라가면 개구리가 천천히 익는다. 변화의 규모가 너무 크고, 기후를 분석하기 위한 데이터의 양이 아주 방대하여 과학적인 분석은 사람들의 일상적인 능력을 벗어난다. 과학에 대한 무지나 불신도 최근 몇 년 동안 심화되어 왔다. 기후 변화는 그러한 도전의 한 예이다(Coen 2016).

국제학은 신념과 가치가 인간의 상호 작용을 어떻게 형성하는지를 이해하는데 인류학을 활용한다. 인간의 삶은 기후 변화로 인해 어떤 영향을 받게 되는가? 북극과 북극에 가까운 지역의 사람들을 연구하는 인류학자들은 1950년대 이후 그 지역의 연평균 기온이 섭씨 2도에서 3도 상승하였고 이는 지구의 다른 지역보다 2배나 되는 수치라고 지적한다. 그 지역의 공동체는 그들의 생활방식에 기후변화로 인한 스트레스를 경험하고 있다. 앞에서 언급한 바와 같이, 남태평양에서는 해수면 상승이 투발루와 같은 저지대 지역 공동체에 영향을 미쳤고, 이제 그들은 가능한 이주나 이사에 대한 결정을 할 것이다. 인위적 (인간이 만든) 힘에 의한 기후변화는 파푸아뉴기니와 호주의 원주민들이 실질적인 필요(예를 들어 가뭄과 같은 사건에 대한 적응)와 우주론적 세계관의 관점에서 기후변화를 언급하고 평가하기 위한 새로운 방법을 채택하고 있음을 뜻한다(Crate and Nutall 2016).

국제학은 경제학을 활용하여 글로벌 이슈의 비용과 편익을 고려한다. 기후 변화에 대한 두 가지 정책 대응은 완화와 적응이다. 완화 대응에는 온실가스 배출량을 제한하거나 감소하는 방법을 포함한다. 공장 생산을 줄이고, 자동차를 줄이고, 화석 연료를 덜 태우는 것이 가능한 방법들이며, 여기에는 비용과 편익이 모두 내포되어 있다. 저탄소 경제는 탄소 배출을 감소할 것이다: 우리는 지열, 원자력, 태양열, 풍력 또는 수력 발전과 같은 대체 에너지원에 집중할 필요가 있다. 다른 경제적 또는 환경적 비용은 대체 에너지와 관련될 수 있다. 수력 발전을 위한 댐은 큰 저수지를 만들어 넓은 면적을 침수시킨다. 원자력 발전소는 핵 폐기물을 생성한다. 그러나 이러한 비용은 지구 온도 상승의 비용보다 확실히 저렴할 수 있다. 적응은 기후 변화와 함께 살아가는 또 다른 방법이다. 비록 이주 비용이 들더라도, 우리는 바다에서 내륙 더 높은 곳으로 이동할 수 있다. 우리는 해수면 상승으로부터 보호하기 위한 방파제를 건설하거나 가뭄에 더 강하거나 염수에 더 잘 견디는 다양한 작물을 심어 더 따뜻한 지구에 적응할 수 있을 것이다. 근본적인 문제는 부유한 사람들이나 국가들만 그런 적응에 대한 비용을 지불할 수 있다는 것이다. 부유한 세계가 기후 변화를 야기시켰지만, 가난한 세계도 고통을 겪을 것이다. 장기적으로 우리는 적응 전략과 완화 전략을 모두 추구해야 할 것이다. 이러한 전략을 활용하지 않는 비용은 이런 전략을 활용하는 비용보다 클 것이다(Nunn et al. 2019; Stern 2006; Incropera 2016).

국제학은 정치학을 활용하여 글로벌 이슈에 대한 갈등을 관리하기 위해 권력이 어떻게 사용되는지 평가한다. 국가들이 기후 문제 때문에 전쟁을 벌이지는 않았지만, 기후변화를 어떻게 관리할 수 있는지에 대한 이해와 관련한 정치적 요인은 분명히 있다. 기후변화에 대한 논의는 국제 정치 협상의 여러 단계를 통해 진행되었다. 1988년 세계기상기구(World Meteorological Organization, WMO)와 유엔환경계획(United Nations Environmental Programme, UNEP)이라는 두 유엔 기구는 과학자와 실무자들로 구성된 기후변화에 관한 정부간 협의체(Intergovernmental Panel on Climate Change, IPCC)를 설립했다. IPCC는 현재까지 발표된 연구를 기반으로 보고서를 작성한다. (IPCC는 이러한 노력으로 앨 고어 전 미국 부통령과 공동으로 2007년 노벨 평화상을 수상했다) IPCC는 현재 2022년으로 예정된 제6차 평가보고서를 작성 중이다. 1992년 리우 협약에서 각국은 자발적으로 온실가스 배출을 제한하기로 합의했다. 1997년 교토 의정서를 통해 30개 이상의 선진국(미국을 제외한 유럽 대부분 국가들, 일본, 호주)들이 온실가스 배출량을 줄이고 배출 목표를 달성하지 못할 경우 벌금을 부과하기로 합의했다. 개발도상국은 이 의정서를 따를 필요가 없었기 때문에 중국과 인도는 온실가스 배출을 줄이지 않았다. 2012-2015년의 추가 협상은 유엔 기후변화회의에서 2015년 파리 협정으로 이어졌다(Incropera 2016). 파리 협정은 조약이 아니므로 입법부의 비준을 받을 필요가 없다. 이 협정은 국가별 기여방식(INDC)에 따라 온실가스 배출량을 줄이기로 약속한 195개국 모두에게 적용된다. 선진국들은 가난한 나라들을 돕기 위한 기금을 기부할 것이다. 파리 협정 통과의 핵심 요소는 최대 CO_2 배출국인 중국과 미국이 온실가스 감축에 합의했다는 것이다(Bradsher 2016; Faulkner 2016; Price et al. 2020). 트럼프 대통령은 파리협정에서 탈퇴했지만, 바이든 대통령은 파리협정에 재가입했다(McGrath 2020; Newburger 2020). 미국의 많은 주들은 트럼프 행정부 시절 기후변화 계획을 진행하였다. 존 케리는 바이든 대통령의 기후 특사로, 파리 협정에서 미국의 수석 협상가였다. 기후 변화에 대한 일련의 합의는 이상주의/자유주의의 정치 이론이 작동하는 하나의 예시이다(5장 참조).

우리는 역사를 통해 더 많은 정치적 협상을 하고, 더 많은 경제적 비용-편익 분석, 기후 변화가 사람들의 토지와 생계에 미치는 영향에 대한 더 많은 지리적, 인류학적 분석을 할 것이다. 2019년 타임지는 그레타 툰베리를 올해의 인물로 선정했다(Alter et al. 2019). 기후변화는 중요한 글로벌 이슈이다. 유엔에서 열린 기후행동 정상회의에서 툰베리(2019)는 "우리는 여러분이 이 일을 피하도록 내버려 두지 않을 것이다. 바로 여기, 바로 지금이 우리가 선을 긋는 곳이다. 세계가 깨어나고 있다. 그리고 여러분이 좋아하든지 싫어하든지 변화는 다가오고 있다."

참고문헌

Alter, Charlotte , Suyin Haynes and Justin Worland. 2019. "Time 2019 Person of the Year–Greta Thunberg." *Time*. https://time.com/person-of-the-year-2019-greta-thunberg/

Bradsher, Keith. 2016. "The Paris Agreement on Climate Change Is Official, Now What?" *The New York Times*, November 3. www.nytimes.com/2016/11/04/business/energy-environment/paris-climate-changeagree-ment-official-now-what.html

Coen, D. R. 2016. "Big Is a Thing of the Past: Climate Change and Methodology in the History of Ideas." *Journal of the History of Ideas* 77 (2): 305 – 21.

Crate, Susan A., and Mark Nuttall, eds. 2016. *Anthropology and Climate Change: From Encounters to Actions*. New York : Routledge.

Faulkner, Robert. 2016. "The Paris Agreement and the New Logic of International Climate Politics." *International Affairs* 92 (5): 1107 – 25.

Freeman, Andrew and Chris Mooney. June 4, 2020. "Earth's Carbon Dioxide Levels Hit Record High, Despite Coronavirus-related Emissions Drop." *Washington Post*. www.washingtonpost.com/weather/2020/06/04/carbon-dioxide-record-2020/

Ge Minpin and Johannes Friedrich. 2020. "4 Charts Explain Greenhouse Gas Emissions by Countries and Sectors." *World Resources Institute*. www.wri.org/blog/2020/02/greenhouse- gas-emissions-by-country-sector

Incropera, Frank P. 2016. *Climate Change: A Wicked Problem*. Cambridge : Cambridge University Press.

Intergovernmental Panel on Climate Change (IPCC). 2014. *Fifth Assessment Report. Climate Change 2014*. http://ipcc.ch/report/ar5/syr/

Intergovernmental Panel on Climate Change (IPCC). 2020. *AR6 Synthesis Report Climate Change 2022*. www. ipcc.ch/report/sixth-assessment-report-cycle/

diLiberto, Tony. 2020. "November 2020: The Year Is Ending as It Began, on a Hot Streak." *Climate.gov.NOAA*. www.climate.gov/news-features/understanding-climate/november- 2020-year-ending-it-began-hot-streak

Mann, Charles. 2020. "Globally, Humans Are Better off Than the First Earth Day." *National Geographic*. April. www.nationalgeographic.com/magazine/2020/04/globally-humans- are-better-off-today-than-onthe-first-earth-day/

McGrath, Matt. 2017. "Climate Change: Data Shows 2016 to Be Warmest Year Yet." *BBC News*, January 18. www. bbc.com/news/science-environment-38652746

__________. 2020. "Climate Change: 2021 Will Be Cooler but Still in Top Six Warmest." BBC News, December 18. www.bbc.com/news/science-environment-55365414

Narang, Sonali. 2015. "Imaginative Geographies of Climate Change Induced Displacements and Migration: A Case Study of Tuvalu." *Journal of Alternative Perspectives in the Social Sciences* 7 (2): 262 – 82.

Newburger, Emma. 2020. "Biden Will Rejoin the Paris Climate Accord." *CNBC*. www.cnbc.com/2020/11/20/ biden-to-rejoin-paris-climate-accord-heres-what-happens-next- .html

Nunn, Ryan, Jimmy O'Donnell, Jay Shambaugh, Lawrence H. Goulder, Charles D. Kolstad, and Xianling Long. October 23, 2019. "Ten Facts about the Economics of Climate Change and Climate Policy." Brookings. www.brookings.edu/research/ten-facts-about-the-economics-of-climate-change-and-climatepolicy/

Rees, Judith. 2015. "Geography and Climate Change: Presidential Address and Record of the Royal Geographical Society (with IBG) AGM 2015." *Geographical Journal* 181 (3): 304 – 10.

Price, Marie, Martin Lewis, William Wyckoff and Lester Rowntree. 2020. *Globalization and Diversity*. 6th ed. Upper Saddle River, NJ : Prentice Hall.

Stern, Nicholas. 2006. *Stern Review on the Economics of Climate Change*. http:// webarchive.nationalarchives.gov. uk/ + www.hm-treasury.gov.uk/sternreview_index.htm

Thunberg , Greta 2019. "Transcript: Greta Thunberg's Speech At The U.N. Climate Action Summit." NPR. www. npr.org/2019/09/23/763452863/transcript-greta-thunbergs-speech-at-the-u-n-climate-actionsummit

U.S. Environmental Protection Agency (EPA). 2021. "Greenhouse Gas Emissions." www.epa.gov/ ghgemissions/

Yergin, Daniel. 2020. *The New Map: Energy, Climate and the Clash of Nations*. New York : Penguin.

14장

국제 테러리즘

2020년 5월 토론토에서 17세의 한 남성이 에로틱 마사지 업소에 들어가 여성 마사지사를 흉기로 찔러 숨지게 하고 동료 직원들을 다치게 한 사건이 발생했다. 십대 범인은 자신이 사회에서 남성이 성차별을 받고 '성경제(sexual economy)'에서 부당하게 소외당함을 주장하는 여성 혐오 인셀(Incel) 운동 회원이라고 자칭했다. 인셀 운동은 여성이 순종적이고 다양한 배경을 가진 남성이 여성에게 성적으로 접근 가능한 가부장적 사회질서를 확립하려고 한다. 2009년 이후 이 운동과 관련된 개인들은 북미에서 최소 13건의 여성 공격에 가담했던 것으로 보고되었다(Hastings, Jones and Stolte 2020). 캐나다 경찰은 이 10대 소년을 살인과 테러 혐의로 기소하였다.

캐나다에서 테러에 대한 형량은 1급 살인보다 낮지만, 일부 사람들은 위 사건을 국내 테러 문제를 관리하는 사법시스템의 능력을 테스트하는 기회로 보았다. 이에 따라 캐나다에서는 국내 사회운동을 '테러리스트'로 규정하는 법을 제정하려는 많은 나라의 정치인들의 움직임에 동참하고 있다. 미국에서는 이러한 요구가 우파와 좌파 모두에서 나왔다. 2020년 도널드 트럼프 미국 대통령은 파시스트, 신나치, 극우 단체에 반대하는 극좌 이념 운동인 안티파(Antifa)를 국내 테러단체로 지정하겠다는 말을 트윗에 올렸다. 또한 오클라호마 카운티 지방 검사는 기물을 파손한 '흑인의 생명은 중요하다' 시위대(Black Lives Matter protesters)에게 테러 혐의를 제기했다. 좌파진영에서는 인종주의자 쿠 클럭스 클랜(Ku Klux Klan, KKK)을 테러단체로 지정하자는 온라인 청원에서 수 십만 명이 서명하였고, 일부 민주당 주 의회에서는 우익 극단주의를 겨냥한 특별 경찰 태스크포스 창설을 추진하기도 했다.

이러한 노력은 지난 10년간 글로벌 테러리즘의 극적인 변화, 특히 공식 테러 조직을 대체하는 유동적 네트워크로의 전환, 폭력 시위에 참가하는 국내 정치운동의 증가, 개별적 '외로운 늑대(lone wolf)' 테러리스트의 증가를 나타낸다.

테러리즘은 21세기의 핵심적인 글로벌 관심사 중 하나로 부상했다. 테러리즘은 19세기부터 국제적인 이슈였지만, 아프가니스탄, 이라크, 리비아, 시리아 같은 국가가 붕괴하면서 전례 없는 규모의 초국가적 테러 네트워크가 등장할 수 있는 환경이 조성되었다. 미국인들은 9.11 테러를 통해 다른 지역에서 발생하는 테러를 바라보는 경향이 있다. 하지만 테러리즘을 이슬람 테러리스트 관점에서만 이해하는 것은 테러리즘의 역사적 깊이나 지리적 폭을 고려하지 못하는 것이다. 더 나쁜 것은 이것은 우리가 전쟁에서 대적하는 단일한 적으로 모든 테러리즘을 상상하게 만든다는 것이다. '테러와의 전쟁'을 촉구한다는 것은 알카에다와 이슬람국가, 러시아로부터 분리된 국가를 위해 싸우는 체첸인, 버마 연방군, 스리랑카의 타밀 엘람 해방 호랑이(Liberation Tigers of Tamil Eelam), 콜롬비아의 FARC(Fuerzas Armadas Revolucionarias de Colombia), 민중의 군대(Ejército del Pueblo)와 마약 카르텔 부대, 페루의 빛나는 길(Sendero Luminoso), 스페인 바스크 분리주의자 ETA(Euskadi Ta Askatasuna), 이스라엘의 카하네 차이(Kahane Chai)와 카흐(Kach), 팔레스타인의 두 라이벌 단체인 하마스(Hamas)와 파타(Fatah), 튀르키예의 쿠르드 노동자당(Kurdistan Workers Party), 일본의 AUM 종파와 적군파(Red Army), 미국의 티모시 맥베이(Timothy McVeigh)와 유나바머(Unabomber)등의 다양한 테러리스트들을 모두 하나로 묶는다는 것이다. 이 모든 단체와 개인들은 테러를 이용했지만, 이들은 매우 다른 신념과 목표를 추구하고 있다. 테러리즘에 대한 현실적인 평가를 위해서는 테러리즘이 작동하는 역사적, 정치적, 경제적 상황을 고려해야 한다.

테러리즘(Terrorism)은 자신이 적대하는 국가로부터 합법성을 인정받지 못한 하위 국가 집단이 비국가 행위자를 표적으로 삼아 일상생활의 흐름을 방해하고 해당 국가의 국민에게 공포를 퍼뜨려 국가에 저항하려는 전략이다. 글로벌 테러리즘 데이터베이스

(www.start.umd.edu/gtd/)는 '테러리즘'으로 간주되는 세 가지 기준을 다음과 같이 말한다.

- 해당 행위는 정치적, 경제적, 종교적, 사회적 목적을 달성하기 위한 것이어야 한다.
- 직접적인 피해자보다 더 많은 군중에게 강요, 협박 또는 다른 메시지를 전달하려는 의도가 있어야 한다.
- 해당 행위는 합법적 전쟁 활동의 맥락을 벗어나야 한다.

테러리즘은 기본적으로 전략적 행위가 아니라 커뮤니케이션 행위이다. 이것은 어떤 집단이 국가 혹은 대중들이 자신들을 인정하도록 강요하는 테크닉이다. 많은 경우 테러리스트는 인정을 받기 위해 군사적 혹은 정치적 대응을 도발하려고 한다. 테러리즘은 또한 한 국가 국민들의 사기를 떨어뜨리고 테러리스트들이 반대하는 정권의 지지를 약화시키려 한다. 세계화에 따른 기술 발전은 테러리스트들이 웹사이트에 동영상을 게시하는 등 자신들의 메시지를 확산시킬 수 있는 더 큰 기회를 제공하고 있다. 9/11과 같은 테러는 적어도 단기적으로 경제 인프라 구조에 실질적인 피해를 줄 수 있다.

테러리즘과 관련한 여러 오해는 정치 연설과 뉴스 보도에서 이 용어가 수사학적으로 오용되는 데서 비롯된다. 비전투원과 민간 기관에 대한 폭력인 테러리즘은 종종 테러리스트의 동기와 혼동되기도 한다. 부분적으로 이것은 국가가 일반적으로 동맹국을 테러리스트로 묘사하는 것을 좋아하지 않기 때문이다. 예를 들어 영국은 제2차 세계대전 당시 말레이 인민 항일군(Malayan People's Anti-Japanese Army)이 일본군뿐만 아니라 민간인 협력자들을 표적으로 삼았음에도 불구하고 말레이 인민 항일군을 지지하고 지원했다. 전쟁 후 이 단체가 말라야 영국 식민 행정부에 대항하여 시민 관리와 농장주들을 암살하자, 영국은 이들을 테러리스트로 재지정했다. 그러나 그들은 스스로를 외국 지배를 종식시키려는 자유의 투사로 여겼다(Bayly and Harper 2004).

동기에 초점을 잘못 맞추면 테러리스트를 인식하고 정의하는데 상당한 어려움을 겪을 수 있다. 어떤 조직이 테러리스트인지 아니면 자유를 위한 합법적 투쟁을 벌이고 있는지 구분하기 어려운 경우가 많다. 2007년 캐나다에서는 동일한 파키스탄 정치 단체에 소속된 두 사람이 캐나다 이민난민위원회로부터 완전히 다른 판결을 받은 사건이 있었다. 한 명은 난민으로, 다른 한 명은 테러리스트로 규정되었다(Humphreys 2007). '한 사람의 테러리스트는 다른 사람의 자유투사'라는 유명한 말이 있다. 하지만 오타와 칼튼 대학교의 캐나다 정보 및 보안연구센터 소장인 마틴 러드너(Martin Rudner)는 "이 말이 지나치게 앞서가는 것"이라고 말한다. "테러리즘이 행위일 때 대의명분의 타당성을 평가하는데, 아무리 아름다운 대의명분을 가지고 있어도 테러행위를 한다면 그것은 테러리즘"(Humphreys 2007)이라는 것이다.

테러리즘은 오랜 역사를 가지고 있지만 주로 식민주의 부상과 연관성을 가진다. 대부분의 유럽 식민지 강대국은 자국에서는 자유민주주의 국가였지만 식민지에서는 제국주의 국가였다. 이들과 싸우기 위해서 식민지에서는 반란이 일어났고, 종종 저항의 일환으로 민간인을 표적으로 삼았다. 중동에서의 초기 테러리즘(영국 권력에 대항하는 이르군(Irgun)이나 스턴 갱(Stern Gang)과 같은 시온주의(Zionist) 테러리스트, 서로 대항하는 아랍과 유대인 그룹 등)은 이 시기에 개발되었다(Vest 2001). 식민지 시기 가장 세계적인 테러리스트 운동은 오늘날의 알카에다와 달리 유럽 지식인과 무장 세력들이 공통의 유토피아적 정치 비전을 위해 느슨하게 연결되어 있던 아나키스트들의 네트워크였다(Bergesen and Han 2005). 1870년대부터 제1차 세계대전 사이에 아나키스트 테러리스트들은 세 명의 왕과 두 명의 대통령, 두 명의 총리를 암살했으며, 북미와 유럽에서 카페, 기차, 금융지구를 폭탄으로 공격했다.

2000년 이후 전 세계적으로 12만 건 이상의 테러 공격이 발생했으며, 총 사상자는 20만 명을 넘어섰다. 매년 100개 이상의 국가가 테러 공격을 당하고 있지만, 최근 몇 년간 테러로 인한 사망자의 대부분은 아프가니스탄, 이라크, 나이지리아, 시리아, 소말리아 5개국에서 발생했다. 2002년 이전에는 테러가 감소 추세에 있었다. 전 세계 테러 발생 건수는 1987년에 정점을 찍은 후 계속 감소하고 있었다. 새천년 첫 5년 동안의 총 테러 공격 건수는 1985년부터 1990년 사이 총 테러 건수의 절반에도 미치지 못했다. 2000년 이후 테러리즘의 증가는 여러 가지 요인과 관련이 있다. 대표적 요인으로는 전쟁, 소련의 붕괴, 아프리카와 서아시아의 계속된 정치경제 위기로 불안정하고 취약한 국가가 많이 생겨났다는 것이다. 취약한 국가와 전쟁의 발발은 더 많은 사람들이 치명적인 무기에 접근할 수 있게 됨을 의미한다.

2007-2008년 금융 위기와 이에 따른 세계 경기침체, 유럽 국가 부채위기, 코로나19 팬데믹 봉쇄조치 영향 등 글로벌 경제 변동성은 테러리스트가 될 수 있는 주요 인구층인 젊은 남성의 빈곤과 실업률 문제를 더욱 악화시켰다. 전 세계적으로 경제적 기회가 줄어들면서 희소 자원에 대한 경쟁이 심화되고 종파적 긴장이 악화되고 있다. 이러한 세계 경제의 변화와 그 원인에 대한 이념적 신념은 극우 테러리즘의 증가 원인으로 널리 알려져 있다.

마지막으로 군대에 의한 강간, 대량학살, 드론 공격, 암살 및 유사한 조치들이 전쟁 전술로 사용됨에 따라, 세계의 많은 사람들이 같은 방식으로 보복을 촉구하고 있다. 많은 전문가들은 테러리즘이 국가의 활동과 밀접하게 연관되어 있다고 강조한다. 테러리스트는 국가에 대항하여 자신의 정체성을 확립하고, 국가의 억압과 역동적인 관계 속에서 존재한다(Lauderdale and Oliverio 2005). 현대에 이르러 국가가 보복 폭격, 암살단, 고문 등의 방법을 사용하는 것을 일컬어 **국가테러리즘**(state terrorism)이라고 부른다.

국가테러리즘의 전형적인 사례는 1970년대 칠레의 주도하에 6개 라틴아메리카 국가가 '콘도르 작전(Operation Condor)'이라는 정보기구 동맹을 결성한 것이다. 6개 국가가 주도한 콘도르 작전에서는 테러리스트로 간주된 좌파 반대파에 대한 납치와 고문, 정치적 암살이 실시되었다. 콘도르 작전은 미국으로부터의 지원을 바탕으로 남미뿐만 아니라 북미와 유럽에서도 활동을 수행했다(Dinges 2012). 이들 국가는 불에는 불로 맞서야 한다고 자신들의 행동을 정당화했다. 하지만 많은 전문가들은 테러리즘을 물리치려는 국가가 상대방보다 도덕적으로 우위를 점하는 것이 중요하다고 주장한다.

국가 테러리즘은 국가가 다른 국가의 테러리스트를 숨겨주거나 혹은 지원하는 **국가 후원 테러리즘**(state-sponsored terrorism)과 혼동해서는 안된다. 국가가 지원하는 준군사조직과 반군이 테러리스트임을 인정하는 경우가 드물기 때문에, 이 개념 역시 논란의 여지가 많다. 아프가니스탄, 아르헨티나, 벨기에, 칠레, 쿠바, 이란, 이라크, 이탈리아, 리비아,

파키스탄, 팔레스타인 자치정부, 남아프리카공화국, 소련, 스페인, 시리아, 영국, 미국은 모두 여러 차례 다른 국가로부터 테러를 후원한다는 비난을 받은 바 있다. 미국은 1980년대 니카라과의 준군사조직 콘트라(Contras)를 지원했다는 이유로 세계 법정에서 유죄 판결을 받은 유일한 국가이다 (International Court of Justice 1986).

그러나 국가가 후원하는 테러리즘은 점차 감소하고 있는 것인지도 모른다. 세계화는 테러리스트들에게 예상치 못한 새로운 기회를 열어주었다. 이라크 반군이 인터넷에 참수 동영상을 올린 것처럼, 글로벌 통신망 덕분에 테러 조직이 대중과 소통하는 것이 더욱 쉬워졌다. 매년 10억 명 이상의 사람들이 관광, 취업 재난 때문에 국경을 넘어 이주하는 시대에 소수의 테러리스트 움직임은 상대적으로 쉽게 감출 수 있다.

9/11 테러와 마드리드, 런던, 파리, 브뤼셀, 니스에서 발생한 이슬람 단체에 의한 정치적 테러 결과는 세계 여러 지역, 특히 북미와 유럽에서 이슬람과 테러리즘을 동일시하는 풍조를 만들었다. 이전에는 팔레스타인해방기구와 같은 단체가 이슬람 테러리스트로 언급되는 것이 아일랜드 공화국 군대의 구성원이 기독교 테러리스트로 언급되는 것만큼 흔하지 않았다. 9/11 이후 서구에서는 테러리즘을 정치적 측면보다는 종교적 측면에서 바라보는 경향이 커지고 있다. 프랑스, 인도, 네덜란드, 미국 등 무슬림이 다수인 여러 국가에서 무슬림 시민과 이민자, 난민이 저지른 테러 행위로 인해 이러한 상황은 더욱 악화되고 있다.

그러나 테러리즘은 본질적으로 종교적 행위가 아니며, 이슬람이나 다른 종교가 테러리스트를 양산하는 경향이 있는 것도 아니다. 무신론자, 불교, 기독교, 힌두교, 유대교, 이슬람교 테러리스트는 모두 역사 기록의 일부이다. 최근까지 전 세계 테러리스트의 대부분은 소위 마르크스주의자였으며, 이슬람국가(IS)가 등장하기 전까지는 마르크스주의 단체가 대부분의 테러 행위를 저질렀다. 현재는 유럽, 북미, 태평양(호주 및 뉴질랜드)에서 극우 테러가 300% 이상 증가했다. 더 중요한 것은 테러리스트 조직의 종교나 이념에 대한 지나친 관심은 많은 테러리스트에게 동기를 부여하는 정치경제적 현실을 우리 시선에서 가려버릴 수 있다는 것이다. 현대의 테러리즘은 국제 및 문화 간 관계의 변화, 특히 전 세계적으로 시장, 정치 구조, 이미지, 기술, 환경 문제가 통합되는 추세와 직접적인 관련이 있는 것으로 보인다. 한 테러 학자의 말을 빌리자면, 세계화는 자유와 풍요에 대한 꿈을 수출하는 것이다. 이러한 꿈들의 실패와 국제적 불평등의 암울한 현실과의 대조는 "악몽의 이주"로 이어질 수 있다(Nassar 2005).

중산층의 번영이라는 약속의 붕괴는 종교적 테러리스트들이 증가하는 데 중요한 영향을 미쳤다. 인류학자 유니 위칸(Uni Wikan)은 "이슬람 근본주의 운동에 참가한 신병들은 대개 교육을 받은 지식층이고, 환멸을 느끼는 중산층 혹은 중하층 계급 출신의 남성들로서 기회가 박탈된 이들이었다"고 기술하고 있다(Wikan 2002, 125). 이들은 정부가 미국, 러시아, 유럽국가, 카타르, 사우디아라비아 등 외세의 지원을 받고 있다는 사실을 알기 때문에 불공정하고 부패하며 억압적인 사회로 여겨지는 절망감에서 벗어나 민주적 변화의 길을 모색하고 있다. 많은 이들은 자신의 영혼이 이 세상에서 잘 나가는 악인들의 영혼보다 더 낫다는 이슬람교에 의지한다. 어떤 이들은 신이 보장하는 정의롭고 자유로우며 평화로운 새로운 세계질서를 가져올 수 있는 정치적 해법이 있다고 믿으며, 그 중 몇몇은 이 목표를 실현하기 위해 기꺼이 자신의 목숨을 희생하고 다른 사람의 목숨을 앗아갈 의향이 있다.

사실 삶이 나아질 수 있다는 희망의 부재가 종교보다 테러리스트가 되는 더 큰 이유 중의 하나인 것으로 보인다. 인류학자 신시아 케플리 마무드(Cynthia Keppley Mahmood)는 아시아의 시크교 무장 세력과의 대화에서 경제 붕괴와 테러리스트에 맞서 싸우려는 인도군의 과도한 폭력을 보았다. 결국 신시아는 인도군의 폭력에 맞서 싸우기 위해 많은 남성과 여성이 테러리즘을 포함한 무장 투쟁에 참가하게 되는 현상을 발견했다(Mahmood 1996). 마찬가지로 이스라엘에서 체포된 자살 폭탄 테러범의 동기를 조사한 결과, 종교나 정치적 이념에 대한 개인적 확신보다는 결정적이고 극적인 행동을 통해 절망적인 현재로부터 벗어나려는 노력이 더 큰 의미를 갖는 것으로 나타났다(Moghadam 2003). 테러리즘은 불만이 있거나 소외된 자들이 자신들의 정치이념적 목표에 관심을 끌기 위한 행위라는 사실은 이슬람 국가와 같은 조직이 글로벌 통신 네트워크를 사용하여 자신들의 구성원이 아닌 사람들에게 테러 행위를 '고무'할 수도 있다. 이러한 테러리스트들은 그들이 범죄를 행한 국가의 주민 혹은 시민이기도 하다. 테러리스트 그룹들은 친숙한 소셜 미디어를 활용해 대원을 모집하고 많은 이들에게 영감을 주기도 한다. 그렇다면 국가는 어떻게 테러로부터 자국민을 보호할 수 있을까?

직접적인 군사적 대결은 테러리스트 그룹에 대해 가장 효과가 없는 수단이라는 것이 입증되었다. 국가가 테러단체에 대항할 수 있는 힘은 상당하며, 직접적인 대결에서는 국가가 승리할 것임에 틀림없다. 그러나 테러리즘은 약자의 무기이고, 테러리스트는 대결을 피하고 사라지며, 재집결한 후 재편성하려고 노력한다. 게다가 군사적 대결은 테러리스트 단체에게 테러리스트 모집을 정당화시키는 수단으로 활용된다.

효과적인 치안 유지는 국가 내에서 성공적으로 테러 공격을 줄이는 방법 중의 하나이다. 부유한 국가는 대개 강력하고 효과적인 경찰 시스템과 정보 수집 기능을 갖추고 있다. 지난 몇 년 동안 거의 50개 국가에서 해외 테러리스트를 식별하고 기소하는데 도움이 되는 법률을 통과시키거나 업데이트했다. 또한 이들 국가 중 다수는 테러리스트로 의심되는 사람의 이동을 식별하거나 추적하고 억제하기 위해 국제 파트너십을 형성하고 있다. 국제 테러조직에 연관된 일반 시민들의 테러 공격을 줄이기 위해서도 상당한 노력을 기울이고 있다. 그 결과 북미와 유럽의 테러에 의한 사상자 수는 아프리카와 중동에 비해 상대적으로 낮다(Bureau of Counterterrorism 2016).

테러 위협이 어떻게 역사적으로 종식되었는지 살펴보면, 가장 효과적인 해결책은 테러 위협을 야기한 사회경제적 조건을 변화시키는 것이다. 예를 들어 제1차 세계대전과 전쟁 이후 세계 정치경제의 변화는 조직적인 무정부주의 테러를 종식시키는 데 크게 기여했다. 마찬가지로 아일랜드와 스페인에서 테러를 자행했던 분리주의 단체의 테러 중지는 민주적 대안이 그럴듯하게 보이도록 정치 환경을 변화시킴으로써 이루어졌다.

그러나 효과적인 대테러 정책을 시행하는 것은 특히 민주주의 국가에서 어려운 일이다. 통신에 대한 감시가 강화되면 시민들은 자신의 권리를 침해한다고 강력하게 저항하는 경우가 많다. 테러를 방지하기 위해 **실패 국가(failed states)**를 재건하는 노력은 세금 내는 시민들 입장에서 볼 때 국내에서 더 나은 용도로 사용될 수 있는 돈의 낭비로 보일 수 있거나, 더 나쁜 경우에는 테러를 보상하는 것으로 여겨질 수도 있다. 또한 이민자 입국 금지와 같이 대중의 공포를 자극하는 정치지도자들의 조치는 실제로 테러와 싸우는데 전혀 효과적이지 않다는 것이 입증되었다.

최근 10년간 충격적인 추세로는 극우 테러리스트의 증가를 꼽을 수 있다. 2011년 노르웨이에서는 테러가 발생해 77명이 사망했다. 또한 2019년 뉴질랜드 모스크 총격 사건에서는 51명이 사망했다. 2017년 회계감사원(Government Accountability Office, GAO) 보고서에 따르면, 2001년 9월 12일 이후 극단주의자의 폭력에 의한 사망자 중 73%가 우익 극단주의 단체에 의해 발생했다. 주요 사례로는 2019년 엘파소(El Paso) 월마트에서 23명, 피츠버그 유대교 회당에서 11명, 2015년 찰스턴의 흑인 교회에서 9명이 사망한 사건 등이 있다. 2020년 독일 하나우(Hanau)의 물담배 바 두 곳에서 총격 사건이 발생해 이민자 9명이 사망했다. 이러한 극우 테러리스트의 증가는 국제 테러리즘에서 국내 테러리즘으로 변화하는 큰 흐름의 일부이다. 새로운 국내 테러 위협을 통제하려는 국가들의 고민거리는 현지 법 집행 기관에 극좌 테러리스트보다는 이러한 극우 그룹의 구성원들이 포함되어 있을 가능성이 더 높다는 것이다(Miller-Idriss 2020).

현재까지 21세기는 테러의 시대이다. 테러 사건의 수는 2014년에 정점을 찍었지만, 테러 행위의 지리적 확산과 파괴력은 여전히 높다. 소셜 미디어가 외부 행위자들의 영감을 받아 국내 테러를 증가시킬 수 있다는 점은 한 국가 내부의 테러를 단속하려는 것에 새로운 도전이 되고 있다. 테러조직은 테러 대응 노력에 대응하여 효과적으로 변화하고 있지만, 테러를 단속하고 테러 단체를 퇴치하기 위한 효과적 정책은 계속 등장하고 있다. 전 세계적으로 테러리즘을 줄이기 위한 효과적이고 장기적인 대책을 세우기 위해서는 글로벌 경제적 불평등을 줄이고 시민의 요구에 부응하는 안정적인 국가를 만들기 위한 실질적 변화가 필요하다.

참고문헌

Bayly, Christopher, and Tim Harper. 2004. *Forgotten Armies: The Fall of British Asia*, 1941-1945. Cambridge, MA : Belknap Press.

Beers, Rand, and Francis X. Taylor. 2002. "Narco-Terror: The Worldwide Connection Between Drugs and Terror."

Testimony before the Senate Committee on the Judiciary Subcommittee on Technology, Terrorism and Government Information. Washington, DC. March 13. https://2001-2009.state.gov/p/inl/rls/rm/8743.htm.

Bergesen, Albert J., and Yi Han. 2005. "New Directions for Terrorism Research." *International Journal of Comparative Sociology* 46 (1-2): 133-51.

Bureau of Counterterrorism and Countering Violent Extremism. 2016. *Country Reports on Terrorism 2015*. Washington, DC : United States Department of State.

Chomsky, Noam. 2001. "The United States is a Leading Terrorist State." *Monthly Review* 53 (6): 10-19.

Cragin, Kim, Peter Chalk, Sara A. Daly, and Brian A. Jackson. 2007. *Sharing the Dragon's Teeth: Terrorist Groups and Exchanges of New Technologies*. Santa Monica, CA : Rand Corporation.

Dinges, John. 2012. *The Condor Years: How Pinochet and His Allies Brought Terrorism to Three Continents*. New York : The New Press.

Enders, Walter, and Todd Sandler. 2002. "Patterns of Transnational Terrorism, 1970-1999: Alternative Time-Series Estimates." *International Studies Quarterly* 46 : 145-65.

Hastings, Zoe, David Jones and Laura Stolte. 2020. *Involuntary Celibates: Background for Practitioners*. Edmonton, Canada : Organization for the Prevention of Violence. https://preventviolence.ca/wp-content/uploads/2020/09/Involuntary-Celibates-Background-for-Practitioners_webupdate.pdf

Humphreys, Adrian. 2007. "One Official's 'Refugee' Is Another's 'Terrorist': IRB Criticized for Dissimilar Rulings on Similar Cases." *National Post*, January 17. www.canada.com/nationalpost/news/story.html?id=a64f73d2-f672-4bd0-abb3-2584029db496.

International Court of Justice. 1986. "Summary of the Judgment of 27 June 1986 in the Case Concerning the Military and Paramilitary Activities in and against Nicaragua." www.icj-cij.org/public/files/case-related/70/070-19860627-JUD-01-00-EN.pdf.

Jones, Seth, Catrina Doxsee and Nicholas Harrington. 2020. "The Escalating Terrorism Problem in the United States. Center for Strategic and International Studies." www.csis.org/analysis/ escalating-terrorism-problem-united-states

Lauderdale, Pat, and Annamarie Oliverio. 2005. "Critical Perspectives on Terror." *International Journal of Comparative Sociology* 46 (1-2): 3-10.

Mahmood, Cynthia Keppley. 1996. *Fighting for Faith and Nation: Dialogues with Sikh Militants*. Philadelphia : University of Pennsylvania Press.

Mamdani, Mahmood. 2004. *Good Muslim, Bad Muslim*. New York : Pantheon.

Miller-Idriss, Cynthia. 2020. *Hate in the Homeland: The New Global Far Right*. Princeton, NJ : Princeton University Press.

Moghadam, Assaf. 2003. "Palestinian Suicide Terrorism in the Second Intifada: Motivations and Organizational Aspects." *Studies in Conflict and Terrorism* 26 (1): 65-92.

Nassar, Jamal R. 2005. *Globalization and Terrorism: The Migration of Dreams and Realities*. Lanham, MD : Rowman & Littlefi eld.

National Consortium for the Study of Terrorism and Responses to Terrorism (START). *Global Terrorism Index 2019: Measuring the Impact of Terrorism*. Institute for Economics & Peace.

Nowrasteh, Alex. 2017. "Little National Security Benefi t to Trump's Executive Order on Immigration. Cato Institute." Cato Institute. (Accessed February 10, 2017) www.cato.org/ blog/little-national-security-benefit-trumps-executive-order-immigration.

Ruby, Charles L. 2002. "The Defi nitions of Terrorism." *Analysis of Social Issues and Public Policy* 2 (1): 9-14.

Stern, Jessica. 1999. *The Ultimate Terrorists*. Cambridge, MA : Harvard University Press.

United States State Department. 2002. *Patterns of Global Terrorism 2001*. https://2009-2017.state.gov/j/ct/rls/crt/2001/index.htm.

__________. 2004. *Patterns of Global Terrorism 2003, Appendix G*. https:// 2009-2017. state.gov/j/ct/rls/crt/2003/33777.htm.

Vest, Jason. 2001. "Oy McVey: From the Irv Rubin Bust to the Stern Gang: The Rich Historyof Jewish Terrorism." *Village Voice*, December 19-25.

Wikan, Uni. 2002. "'My Son-A Terrorist?' (He was such a gentle boy)." *Anthropological Quarterly* 75 (1): 117-28.

15장

미디어, 주권, 그리고 사이버 안보

미디어는 세계화 과정에서 항상 중심적인 위치를 차지해 왔다. **미디어(media)**라는 용어는 설형문자판에서 축음기 레코드, 신문, 라디오, 텔레비전 방송, 그리고 소셜 미디어까지 인간의 의사소통을 확대하기 위해 기술적으로 발전된 수단을 의미한다.

지적 재산권

18세기부터 20세기 전반까지 글로벌 미디어는 **인쇄 자본주의(print capitalism)**가 지배해왔다. 인쇄 자본주의는 개인 소유의 인쇄 기술을 통해 신문, 서적, 팜플렛, 악보 및 기타 인쇄물을 대량으로 생산할 수 있는 시스템을 말한다. 기업가들은 발행 부수를 극대화하기 위해 현지 언어로 책과 미디어를 인쇄했다. 그 결과 독자들은 문화적, 언어적 경계를 넘어 공통의 정치 담론을 구축할 수 있게 되었다. 인쇄 자본주의는 처음에는 유럽과 아메리카에서, 나중에는 아프리카와 아시아에서 민족주의 혁명을 형성하는데 일조했다.

미디어와 관련된 최초의 국제분쟁은 지적 재산권과 관련이 있다. 지적 재산권(intellectual right)의 개념은 17세기 후반 경에 형성되었고, 용어 자체는 좀더 이후에 만들어졌다. **지적 재산(intellectual property)**의 개념은 개별 인간 정신으로 만들어진 무형의 창조물이 재산으로 개념화되고 물리적 재화와 유사한 방식으로 정의 및 보호될 수 있다고 본다. 창작자의 말과 생각을 보호하기 위한 법은 이후 만들어졌다. 이 법에 따르면, 소설을 쓴 사람은 다른 사람들이 그것을 재생산하고 나중에 그것을 새로운 매체로 변형시키는 것으로부터 보호받을 수 있다.

하지만 미디어 제작자가 자국에서는 보호되지만 국제적으로 보호받지 못할 때 문제가 발생했다. 1883년의 파리 협약(the Paris Convention)을 시작으로 유럽 국가들과 그 속국들은 지적 재산을 관리하는 공동 협정을 체결했다. 이후 수십 년 동안 지적 재산권이 확대되었다. 현재 지적 재산권에 대한 국제 협약은 **무역 관련 지적 재산권에 관한 협정**(Trade-Related Aspects of Intellectual Property Rights, TRIPS)으로 개별 주권을 인정하지만 일괄적용 방식을 택하고 있다. TRIPS는 1967년 UN 산하기관으로 설립된 **세계지적재산권기구**(World Intellectual Property Organization)의 감독을 받는다.

지적 재산권과 관련해서는 여전히 논란이 존재한다. 비평가들은 여전히 현행법과 규정이 너무 광범위하고, 예술가와 창작자가 아닌 창작물에 라이센스를 부여하는 기업에 너무 많은 보호를 제공하며, 복제는 실제로 재산 절도와 동일하게 취급되지 않는 등의 문제가 있다고 주장한다. 많은 비평가들은 또한 현행법이 미국과 유럽 같은 크고 부유한 강대국에 혜택을 주고, 상황을 개선할 수 있는 아이디어에 대한 접근을 제한함으로써 작은 국가들의 경제 발전에 부정적인 영향을 미친다고 주장한다.

결과적으로 지적 재산권법은 현재의 일괄적인 방식에서 벗어나 세계 각지의 요구에 맞는 접근 방식으로 "패러다임 전환"을 경험하고 있다(Morin 2014, 275).

인터넷 규제

지난 30년 동안 디지털 기술과 인터넷의 부상으로 지적 재산권과 관련된 이슈가 크게 변화했다. 인쇄 자본주의와 지적 재산과 관련된 아이디어는 미디어 제작자가 미디어 생산수단을 소유하고 신문, 영화, 라디오 및 텔레비전 쇼와 같은 제품이 소비자에게 배포되는 **방사형 유통**(radial distribution) 시스템을 기반으로 구축되어왔다. 사회주의 국가에서는 정부가 미디어 생산 수단을 소유했지만 배포는 중심에서 외부로 이동하는 방사형의 형태를 띠었다.

하지만 **뉴 미디어**(New Media)의 등장과 함께 상황이 변화하기 시작했다. 뉴 미디어란 미디어 생산물을 소비해오던 동일한 도구로 미디어를 생산, 변환, 배포할 수 있는 도구가 된 미디어이다. 개인용 컴퓨터, 스마트폰 및 관련 기기는 인터넷의 부상과 결합되어 글로벌 미디어의 운영 방식을 완전히 바꾸었고, 이러한 기술의 발전은 새로운 도전 과제를 제기하고 있다.

인터넷은 1969년 학자들과 미국 국방성 관계자를 연결하는 수단으로 고안되었다. 1991년 월드 와이드 웹(World Wide Web)이 도입되면서 사람들이 무역, 교육, 정보 공유, 정치 참여 활동을 위해 연결되는 것이 더욱 용이해졌다. 민간기업이 고객에게 인터넷 서비스를 판매하게 되면서 인터넷 조직 구조(도메인 및 주소)에 대한 관리를 국제도메인 관리기구(Internet Corporation for Assigned Names and Numbers, ICANN)라는 비영리 단체에 아웃소싱했다. 불과 수십 년 만에 인터넷은 40억 명 이상의 사람들을 연결하는 방대한 소셜 및 상업 플랫폼이 되었으며, 그 수는 계속 증가하고 있다.

인터넷의 부상과 함께 인터넷 플랫폼을 운영하는 아마존, 애플, 페이스북, 구글, 트위터와 같은 거대 기업이 폭발적으로 성장했다. 일반적이고 사용하기 쉬운 기술의 편리함 때문에 거대 기업이 성장할 수 있게 되었다. 하지만 이들의 독점적 경제력은 자유시장의 기능을 위협하며, 정치적 소통에 대해 너무 많은 통제력을 행사하기 때문에 우려를 낳고 있다. 그럼에도 불구하고 거대 기업을 어떻게 규제해야 할지에 대한 합의가 거의 없는 상황이다. 일각에서는 정부가 페이스북과 구글을 해체해야 한다고 주장했다. 다른 편에서는 거대 기업이 사용자들로부터 수집한 데이터를 악용하는 것을 막기 위해 더 엄격한 규제를 요구했다. 이러한 거대 기업의 독점적 행위를 고발하는 소송이 유럽과 미국 법원에서 제기되고 있고, 때로는 무거운 벌금이 부과되기도 한다. 그 결과 거대 기업이 주로 위험한 콘텐츠를 삭제하고, 콘텐츠를 보다 효과적으로 선별하고, 데이터 사용 방식을 제한하여 플랫폼을 자체 규제하도록 장려했다. 2020년 유럽연합은 거대 기업의 독점적 관행에 대해 전 세계 매출의 최대 6%까지 벌금을 부과하여 기업을 제재할 수 있는 권한을 규제 당국이 가질 수 있도록 하는 전면적 변화를 제안했다. 변화의 조짐은 확실하지만 그 변화가 어떤 모습일지, 미디어의 세계를 어떻게 변화시킬지는 두고 볼 일이다.

사이버 공격

인터넷의 성장은 데이터 개인 정보 보호, 온라인 권리 및 디지털 네트워크 보안에 대한 우려를 새롭게 불러일으켰다. 각국 정부는 인터넷 규제에 대해 각기 다른 접근 방식을 취했고, 그로 인해 때로는 국제분쟁이 불거지기도 했다. 인터넷 규제와 규정 위반에 대한 국제적 합의가 부족한 상태이기 때문에 사이버 공간은 위험한 장소가 되었다. **사이버 공간(cyberspace)**이란 컴퓨터 네트워크를 통한 소통이 이뤄지는 개념적 환경을 의미한다.

2008년 악성 컴퓨터 웜이 이란의 컴퓨터 네트워크를 공격하는 데 사용되면서 핵 프로그램에 상당한 피해를 입혔다. 이는 첫 번째 국제 사이버공격으로 미국과 이스라엘이 수행한 것으로 추정되지만 양국 모두 책임을 부인했다. **사이버 공격(cyberattacks)**은 데이터를 훔치거나 다른 국가의 컴퓨터 시스템을 비활성화, 중단, 혹은 파괴하도록 설계된 단일 또는 여러 대의 컴퓨터 또는 네트워크에 대한 공격이다.

개인, 정부, 기업은 인터넷에 방대한 양의 정보를 저장한다. 그러나 인터넷은 상호 연결을 중심으로 구축되기 때문에 은행 정보를 훔치거나 금전적 이득을 위해 컴퓨터 시스템을 인질로 잡는 것과 같은 범죄 목적으로 "해킹"될 수 있다.

해킹은 개인의 이익에만 국한되지 않는다. 어나니머스(Anonymous)와 같은 정치 활동가들은 투명성과 책임성을 높이기 위해 기업 및 정부 사이트의 비밀 정보에 접근하여 자유롭게 접근할 수 있는 공간에 게시했다. 그러한 사이트 중 하나가 익명의 출처가 제공한 기밀 미디어를 게시하는 국제 비영리단체 위키리크스(WikiLeaks)이다.

컴퓨터 네트워크는 통신 네트워크에서 전력망, 은행 시스템에 이르기까지 모든 것을 운영하기 때문에 사이버 공격은 잠재적으로 실생활에 치명적인 피해를 줄 수 있다. 2017년 6월, 강력한 사이버 공격이 우크라이나 컴퓨터에 침투하여 공항, 국영 전화 서비스, 우크라이나 국영 저축 은행, 철도망의 컴퓨터 파일을 암호화하고 덮어썼으며 우크라이나 체르노빌 원자력 발전소의 방사능 모니터링 시스템도 중단했다. 우크라이나 정부가 사이버 공격으로부터 시스템을 재구축하는 데 1년이 걸렸다.

사이버 전쟁과 사이버 안보

사이버안보(Cybersecurity)는 컴퓨터 시스템과 네트워크를 손상, 중단, 통제력 상실 및 정보 도난의 위협으로부터 보호하기 위한 노력이다.

제네바 협약과 같이 재래식 전쟁을 규율하는 국제적으로 인정된 규칙이 있는 반면, 사이버공간에서의 국가 행동을 규율하는 국제적 합의는 없다. 어떤 국제기구도 명확하고 일관된 규칙을 제안하지 않았으며, 국가가 이러한 규칙을 위반할 경우 국제 사회가 어떻게 행동해야 하는지도 명확하지 않다.

해커가 여러 국가의 여러 서버를 통해 공격을 하며 신원과 위치를 숨기기 때문에 사이버 공격의 원인을 확실하게 파악하는 것이 불가능할 수 있어 문제는 더욱 복잡해진다.

그러나 사이버 공격의 출처를 찾을 수 있다 하더라도 해커가 해당 정부의 대리인으로 일하고 있는지, 다른 정부의 대리인으로 일하고 있는지, 아니면 독자적으로 활동하고 있는지 알 수 없다. 우크라이나의 사례에서 공격 매개체는 널리 사용되는 세금 신고 대행 소프트웨어에 대한 업데이트로 잘 알려져 있다. 업데이트가 정확히 어떻게 그리고 누구에 의해 손상되었는지는 알 수 없다.

전문가들은 종종 **사이버 전쟁**(Cyberwarfare, 국가가 다른 국가에 대해 수행하는 사이버 공격)과 **사이버 테러리즘**(Cyberterrorism 이데올로기적 동기를 가진 그룹이나 개인이 수행하는 사이버 공격)을 원칙적으로 구분하지만 현실은 이러한 경계를 정확하게 구분할 수 없는 경우가 많다. 결과적으로 사이버 공격을 처벌하는 것은 매우 어렵다. 이는 보복에 대한 두려움 때문에 행동하지 않기로 선택하는 **억지력**(deterrence)이 사이버 전쟁을 효과적으로 막지 못한다는 것을 의미한다.

사이버 첩보활동

2019년 사이버보안 회사인 파이어아이(FireEye)는 정부 고객에 대한 데이터를 찾는 정교한 악성 소프트웨어(malware)에 의해 해킹을 당했을 뿐만 아니라 고객의 방어를 조사하는 데 사용하는 해킹 도구를 복사했다는 사실을 발견했다. 공격의 매개체는 북미, 아시아, 유럽 및 중동의 주요 글로벌 기업과 많은 정부 기관을 포함하여 전 세계 수십만 개의 조직에 서비스를 제공하는 오리곤(Orion) 네트워크 모니터링 소프트웨어에 대한 업데이트였다.

악성 소프트웨어는 시스템과 충돌하지 않았다. 대신 악성 소프트웨어를 통해 해커는 비밀 및 독점 정보에 접근하고, 그것의 위치를 찾고, 복사할 수 있게 된다. 이 악성 소프트웨어를 통해 해커는 미국 재무부와 상무부의 시스템 관리자를 가장하여 이메일과 인사 기록 등에 접근할 수 있었다.

정부는 또한 해커를 사용하여 **사이버 첩보활동**(cyber espionage)을 수행하고 다른 국가의 민감한 정보를 훔쳐 경제적 또는 군사적 이익을 확보한다. 훔친 정보는 때때로 정치적 무기로 사용될 수 있다. 러시아 첩보 요원들은 2016년 미국 민주당 전국위원회(DNC)를 해킹하고 이메일들을 공개했다. 이 이메일들은 일부 DNC 관계자들이 특정 후보를 다른 후보보다 우위에 두었음을 보여주었고, 이로 인해 당에 균열을 일으키고 민주당이 패배한 2016년 대통령 선거에 영향을 미칠 수 있었다.

첩보 활동은 국제법을 위반하지 않는다. 일반적인 외교적 대응은 외교관을 추방하거나 제재를 가하는 것이다. 하지만 누가 시스템을 해킹했는지 증명할 수 없을 때 대응하기가 어렵다. 미국에서는 오바마 행정부가 2016년 러시아의 해킹 사건을 이유로 외교관을 추방하는 등 러시아에 대한 보복에 나섰다. 그러나 트럼프 행정부는 2019년 첩보 활동에 대해 보복하려는 노력을 기울이지 않았는데, 그 이유 중 하나는 러시아의 완강한 부인과 함께, 러시아가 유력한 용의자라는 미국 자체 정보기관의 주장에 의문이 제기되었기 때문이다.

사회적 조작

여론과 신념을 조작하기 위해 소셜 미디어를 사용하여 허위 정보와 선전을 퍼뜨리는 국가와 개인의 노력이 전 세계적으로 확산되었다. 가령 유럽국가와 미국의 선거에 영향을 미치고 정치적 양극화를 심화시키려는 러시아의 프로젝트가 있다. 또한 잘못된 정보를 퍼뜨리는 데 있어 페이스북과 같은 소셜 미디어 플랫폼의 역할이 있고, 지역 신념(regional beliefs)을 형성하려는 중국의 노력이 커지면서 특히 아시아, 아프리카, 라틴아메리카에서 소프트파워가 증대되고 있는 것도 그 한 예이다.

2019년 보고서에서는 이를 **적대적인 사회적 조작**(hostile social manipulation)이라고 부른다. 적대적인 사회적 조작이란 "신념, 태도 및 행동에 영향을 미쳐 대상 국가에서 유해한 사회적, 정치적, 경제적 결과를 초래하기 위해 의도적이고 체계적인 정보를 생성하거나 전파하는 것"으로 정의된다(Mazarr et al. 2019). 허위 정보와 선전은 항상 소프트파워의 중요한 수단이었지만 소셜 미디어의 부상으로 그 이용과 효율성이 극적으로 증가했다. 종종 허위 정보와 선전은 전술적 또는 전략적 목표에 기반했다기보다는 공공 기관에 대한 신뢰를 떨어뜨려 국가를 내부적으로 분열시키고 덜 효과적인 국제 행위자로 만드는 데 활용될 수도 있다.

이러한 종류의 위협에 맞서 싸우기 위해서는 적대적 사회적 조작에 관한 국제 규범의 확립이 필요하다. 또한 알고리즘 의사 결정 시스템이 코딩되는 방식에 대한 국가 또는 국제 규제와 **딥 페이크**(deep fake, 인공 지능을 사용하여 실제 사건과 구별할 수 없는 거짓 사건의 이미지를 생성하는 것)의 사용에 대한 규제를 요구할 수 있다.

닐슨 보고서에 따르면 2020년 코로나19 팬데믹으로 인해 전 세계적으로 미디어 사용량이 증가했으며 일부 지역에서는 200% 이상 증가했다. 미디어 스트리밍, 가상 회의, 이메일, 온라인 뉴스, 소셜 미디어 및 온라인 게임은 전 세계 많은 사람들의 일상에서 필수불가결한 요소가 되었다. 그러나 이러한 시스템을 사용하면 악용될 수 있는 취약점이 발생할 수 있다. 2003년 이래 전략국제문제연구소(Center for Strategic and International Studies, CSIS)는 770건 이상의 사례가 공개된 사례라고 기록했다(CSIS 2020). 미디어법, 사이버안보, 데이터 조작에 대한 연구와 사이버공간을 규제하는 정책 수립은 향후 수십 년 동안 국제학에서 중요한 이슈가 될 것이다.

참고문헌

Center for Strategic and International Studies. 2020. "Significant Cyber Incidents." www.csis.org/programs/strategic-technologies-program/significant-cyber-incidents (accessed December 11, 2020).

Mazarr, Michael J., Ryan Michael Bauer, Abigail Casey, Sarah Anita Heintz, and Luke J. Matthews. 2019. *The Emerging Risk of Virtual Societal Warfare: Social Manipulation in a Changing Information Environment.* RAND Corporation. www.rand.org/pubs/research_reports/RR2714.html (accessed December 10, 2020).

Morin, Jean-Frédéric. 2014. "Paradigm Shift in the Global IP Regime: The Agency of Academics." *Review of International Political Economy* 21 (2): 275-309.

16장

지속가능발전

지속가능발전의 관점은 미래세대의 필요를 손상시키지 않으면서 현재의 필요를 충족시키는 발전을 의미한다. 지속가능발전에는 정치적, 경제적 차원이 있다. 정부는 지속가능발전을 어떻게 진행하고 계획하는가? 정부와 국민은 지속가능발전을 위해 어떻게 힘을 합쳐 협력할 수 있는가? 지속가능발전을 위한 경제적 요건에는 나라의 경제성장뿐 아니라 빈곤과 실업의 감소도 포함한다. 지속가능발전을 위해서는 어떤 경제적 기제가 유익할까? 기업, 생산자, 소비자는 지속가능발전을 위해 어떻게 협력해야 할까? 지속가능발전은 지리와 환경에 대한 깊은 고려가 필요하다. 환경에서 사람의 역할은 무엇인가? 어떻게 우리는 미래세대를 위한 환경의 관리자가 될 것인가? 지속가능발전은 단지 기업과 정부만을 위한 것이 아니라 공동체들을 위한 것이며 따라서 인류학과 사회와 연관된다. 시민사회의 공동체들은 미래를 제공하기 위해 어떻게 협력해야 하는가? 뉴욕이나 런던뿐만 아니라 세계 각지의 사람들은 지속가능발전의 복잡성을 이해하기 위해 어떤 관점을 가져야 하는가? 지속가능발전은 우리의 미래를 위해 사람, 장소, 권력, 생산, 그리고 과거를 연결하는 학제 간 프로젝트이다.

인간 공동체 내의 역사적 변화는 한 지역의 사람들이 세계와 전반적으로 관련되고 상호작용하면서 일어난다. 제2차 세계대전 이후 이러한 변화에 대한 연구는 대체로 경제성장에 국한되었고 발전은 주로 경제성장의 문제로 간주되었다. 1950년대 내내 '발전'은 국가경제가 연간 5% 이상의 GDP 증가를 지속할 수 있는 능력을 의미했다(Todaro and

Smith 2015).

1960년대까지 제3세계의 몇몇 국가는 이러한 전반적 요건을 충족했지만, 여전히 많은 사람들의 생활수준은 변하지 않았다. 발전의 진정한 의미를 파악하려면 GDP뿐 아니라 여타 변수를 포함시켜야 했다. 발전의 정의는 계속 진화했다. 학자들은 발전을 경제성장뿐만 아니라 또한 불평등, 실업, 빈곤의 감소를 포함하는 것으로 보기 시작했다(Seers 1969).

1980년대까지 *발전(development)*이라는 용어는 사회적 · 경제적 목표뿐 아니라 정치적 · 문화적 목표의 달성, 즉 인간 삶의 질을 풍요롭게 하는 것을 포함하는 것으로 확장되었다. 좋은 삶은 모든 사람이 공통적으로 추구하는 세 가지 초문화적(transcultural) 핵심가치 또는 목표로 구성된다. 첫 번째 가치는 생명의 유지, 즉 모든 사람에게 식량, 주거지, 의료, 보호를 제공하는 것이다. 두 번째는 자존감으로 물질적으로 더 풍요로운 사회와 접촉하는 가운데서도 한 사회의 존엄성, 가치, 존중이 유지되는 것이다. 세 번째 가치는 노예상태로부터의 자유이다. 이는 선택범위의 확장, 자연, 무지, 불행, 독단 그리고 다른 사회에 대한 의존도가 감소하는 것을 의미한다(Goulet 1985).

인류공동체의 문화적 · 종족적 다양성을 고려하지 않고 사람들을 그들의 맥락에서 파악하지 않는다면 우리의 발전에 대한 이해는 완전하지 않다. 실질적 차원에서 발전 프로젝트는 인적 요소를 포함하지 않고는 기대했던 결실을 거두지 못할 수 있다. 문화적 차원을 보다 고려한 '아래로부터'의 발전이라는 접근 방식이 발전의 전체성에 더해졌다. "경제, 기술 또는 정치가 아닌 문화가 발전의 원초적 차원이다."(Goulet 1985, 272). 1987년 유엔 세계환경개발위원회(UN World Commission on Environment and Development)는 경제발전과 환경보전에 대한 개념을 통합하였다(Lele 2013). 이 새로운 공식이 지속가능발전, 즉 "미래세대가 자신의 필요를 충족시킬 수 있는 능력을 저해하지 않으면서 현재 세대의 필요를 충족시키는 발전"으로 이어진다(WCED 1987).

1990년대 발전에 대한 새로운 척도는 발전을 계산함에 있어 **기대수명**(life expectancy), 소득, 교육을 활용하였다. UN개발계획(The United Nations Development Program)은 발전의 경제적 진전과 함께 인간의 안녕을 포함하기 위해 이 새로운 인간개발지수(Human

Development Index, HDI)을 합쳤다. 발전에 대한 21세기의 정의는 엄밀한 경제적 척도를 넘어선 발전의 유기적 복합성을 지칭한다(Potter et al. 1999; Sen 2000; Todaro and Smith 2015).

2000년 세계 정상들은 새천년정상회의를 위해 UN에서 한자리에 모였다. 이 회의에서 새천년개발목표가 도출되었는데, 여기에는 인적 자본, 기반시설, 인권 등을 포함한 여러 차원을 아우르는 2015년까지의 8가지 목표가 설정되었다. 목표는 다음과 같았다. 1.절대빈곤과 기아 퇴치, 2.보편적 초등교육의 달성, 3.성평등과 여성능력의 고양 4.유아사망률 감소 5.산모건강의 증진 6.HIV/AIDS, 말라리아 및 기타 질별 퇴치 7.지속가능한 환경보장 8.개발을 위한 국제파트너십 구축(United Nations Miliennium Goals). 8가지 목표를 통해 선진국과 후진국, 부유한 국가와 가난한 국가 모두 개발계획에 참여하게 되었다. 2000년이 되자 냉전이 종식되었고 새천년시대 인류의 미래에 대한 희망적 인식이 전반적으로 확산되었다. 그러나 2001년에 이르러 2001년 9월 11일 알카에다의 뉴욕과 워싱턴에 대한 공격 및 잇따른 아프카니스탄 전쟁으로 다시금 분쟁이 발생했다. 2003년 전쟁은 이라크로 확대되었다. 발전보다는 테러리즘과 관련된 문제가 일부 세계지도자의 관심사가 되었다. 전부는 아니지만 여전히 많은 나라가 발전보다는 군비에 더 많은 예산을 지출하고 있다. 새천년개발목표의 상당수가 2015년 달성되었지만 새로운 계획이 필요한 시점이었다(Egelston 2013; McArthur 2013).

지속가능발전(sustainable development)은 장기적으로 경제성장, 사회적 형평성, 환경보호의 균형을 추구한다(Potter et al. 1999; Sen 2000; Price et al. 2020). 일련의 회의를 통해 UN은 2030년까지 17개의 지속가능발전목표를 수립했다. 지속가능발전목표를 간략하게 보면 다음과 같다. 1.빈곤종식, 2.기아종식, 3.건강과 웰빙, 4.양질의 교육, 5.성평등, 6.깨끗한 물과 위생 7.접근가능한 청정에너지 8.양질의 일자리와 경제성장, 9.산업, 혁신 및 기반시설, 10.불평등 감소, 11.지속가능한 도시와 공동체, 12.책임있는 소비와 생산, 13.기후변화, 14.수중 생태 15.육상 생태 16.평화, 정의와 강력한 제도, 17.목표를 위한 파트너십. UN의 모든 회원국이 17가지 목표에 동의했다. 각 목표에는 여러 지표가 있다. 이러한 노력은 코로나19의 발발로 인해 심각하게 영향을 받고 있다. 각 국가는 이러한 목표의 완수를 방해할 수 있는 Covid-19에 자원을 투입해야 한다(United Nations Sustainable Development).

이 목표들 중 몇 가지를 살펴보도록 하자.

"목표 1. 모든 곳에서 모든 형태의 빈곤 종식." 일반적으로 성인이 하루에 1.9달러 미만을 버는 것을 절대빈곤으로 간주한다. 1.9달러로 무엇을 살수 있는지를 생각해본다면 아마도 1달러로 커피나 탄산음료 한 잔, 혹은 1달러에 햄버거 한 개를 살 수 있을지 모른다. 그게 전부다. 이제 부양가족까지 먹여 살려야 한다고 가정해보자. 그렇다면 그 대신 여러분은 개울이나 우물에서 무료로 물을 구하거나 빗물을 모을 것이고 약간의 콩과 쌀을 구할 것이다. 근처에 과일과 견과류가 있다면 이를 모을 수도 있을 것이다. 세계인구의 10%가 하루 1.9달러 미만으로 생활하고 있다. 하루 1.9달러로 살아가는 사람의 대부분이 사하라 이남 아프리카의 시골에 있기에 특히 몇몇 아프리카 나라에서는 그 필요성이 절실하다. 남아시아 또한 빈곤에 처한 인구가 많다. 2020년 코로나19로 인해 빈곤의 수준은 감소하기보다는 아마도 증가했을 수 있다((United Nations Sustainable Development).

"목표 2. 기아 종식, 안전하고 영양이 개선된 식량 달성, 지속가능한 농업 장려." 전 세계 인구의 약 9%가 기아에 시달리고 있다. 약 10%는 식량안보가 확보되지 않았는데 이는 당장에 먹을 것은 충분하지만 나중에 먹을 것이 충분하지 않음을 의미한다. 대다수가 아시아와 아프리카, 특히 남아시아와 사하라 이남 아프리카에 살고 있다. 세계식량계획이 코로나19의 영향을 분석한 결과 2020년 약 1억 명이 분쟁, 기후변화, 경제 침체로 극심한 기아의 위험에 처해 있다는 사실이 알려졌다. 사하라 이남 아프리카에서는 곡물 수입이 감소하고 있으며 곡물 생산량도 줄어들었다. 빈곤기준선 바로 위에 사람들도 만일 식량 가격이 오르거나 분쟁으로 인해 식량을 구하지 못하게 되면 기아의 위험에 처할 수 있다(United Nations Sustaninable Development).

"목표 4. 포용적이고 공평한 양질의 교육보장과 모두를 위한 평생학습 기회 증진." 어느 정도의 진전이 있었다. 그러나 세계 아동의 약 20%가 학교에 다니지 않았다. 2030년에는 약 60% 가량이 중등학교를 마칠 것이라는 예측이 나왔다. 학교교육은 특히 사하라 이남 아프리카 지역에서 문제가 되고 있다. 성인문맹은 남아시아와 사하라 이남 아프리카 양 지역에서 문제가 되고 있다. 문맹자의 3분의 2가 여성이다. 코로나19로 인해 많은 학교가 봉쇄되었다. 선진국에서는 온라인 학습의 가능성이 있다. 일부 개발도상국에서는 디지털 격차가 심하고 컴퓨터와 노트북이 부족하기 때문에 온라인 학습이 매우 어렵다. 아마도 가족단위로는 휴대전화를 가지고 있겠지만 스마트폰이 아닌 경우도 있을 것이다 (United Nations Sustainable Development).

"목표 5. 성평등 달성과 모든 여성 및 여아의 권익신장." 세계적인 진전이 있어 왔으며 보다 많은 소녀들이 학교에 다니고 있고 또한 보다 많은 여성이 의회에 진출하고 있다. 그러나 여성과 소녀에 대한 차별은 여전히 전 세계 사회 곳곳에 존재한다. 15세 이상 여성의 20%가 배우자로부터 폭력을 경험한 적이 있다. 입법부 구성원 중 여성은 4분의 1에 불과하다. 기혼 또는 교제 중인 여성의 절반만이 성관계나 피임에 대한 자기결정권을 가진다. 인권은 남성, 여성, 소년, 소녀 모두에게 해당한다. 코로나19 시기 많은 국가에서 의료 및 돌봄 종사자의 다수가 여성이다. 봉쇄조치로 인해 가정 폭력 사례가 증가했다. 가정의 가사노동과 돌봄 노동의 경우 여성이 가장 큰 부담을 지고 있다(United Nations Sustainable Development).

"목표 6. 모두를 위한 물과 위생의 이용가능성과 지속가능한 관리 보장." 깨끗한 물과 위생시설은 수십억 명의 사람들에게 실질적인 문제이다. 아마도 전체 인구의 1/3이 깨끗한 식수를 공급받지 못한다. 손씻기는 코로나19를 포함하여 질병의 확산을 방지하므로 깨끗한 물과 비누는 매우 중요하다. 일부 지역에서는 물 부족이 큰 문제인데, 이는 현지 하천시스템과 강수량이 감당할 수 있는 것보다 단지 사람이 더 많기 때문이다. 기후변화로 인해 사막지역이 증가하고 있다. 전 세계 폐수의 대부분은 처리되지 않은 채 강이나 바다로 방류된다. 전 세계의 의료·보건 시설의 40%가 적절한 손씻기 시설을 갖추지 못하고 있다. 물은 지속가능성의 핵심 요소이다(United Nations Sustainable Development).

"목표 10. 국내 및 국가 간 불평등 감소." 국가별 비교를 통한 통계적 평균은 국가내 불평등을 보여주지 못한다. 1인당 국민총소득이 연간 15,000달러라면 충분해 보일 수 있다. 그러나 이는 인구의 절반이 15,000달러 미만이고 많은 사람이 10,000달러 미만일 수 있다는 것을 의미한다. 불평등은 일반적으로 한 국가내에서 여성, 노인, 아동, 장애인, 원주민 및 사회적 소수자에게 불균형적으로 영향을 미친다. 장애인의 대부분은 개발도상국에 있다. 아동 10명 중 1명은 장애를 가지고 있다. 많은 나라에서 소득불평등이 감소하였지만 Covid-19로 인해 2015년 이후의 진전이 약화될 수도 있다. 코로나19 대유행은 노인, 장애인, 아동, 이주민과 난민, 여성에게 영향을 미친다(United Nations Sustainable Development).

이것들은 지속가능발전목표의 일부이다. 지속가능발전은 여러 차원에서 국제학과 교차한다. 지속가능발전의 경제학은 4장에서 논의된다(Hanson 2017; Kumar and Managi 2009). 지속가능발전에 있어 환경의 역할은 지리학과 관련이 있다(Price et al. 2020). 지속가능발전의 쟁점 중에는 정치체제에 대한 의제가 많다(Sackeyfio 2017). 발전에 대한 문화적·사회적 개념화는 인류학과 연결된다(Stewart and Strathern 2019). 지속가능발전에서 인간사회의 변화는 역사적 관점과 관련된다(Egelston 2013). 간디(1914)가 말했듯이 "우리는 단지 세상을 반영할 뿐이다……만일 우리 자신을 바꿀 수 있다면 세상의 흐름 또한 바뀔 것이다." 전반적으로 깨끗한 물, 교육, 건강에 대한 긍정적 추세는 인간의 조건이 개선되는 방향을 가리키고 있다(Easterly 2015).

참고문헌

Easterly, William. 2015. "The Trouble with the Sustainable Development Goals." *Current History* 114 (775): 322-24.

Egelston, Anne E. 2013. *Sustainable Development: A History*. New York : Springer.

Gandhi, Mohandas. 1914. "General Knowledge About Health XXXII: 12 Accidents Snake-Bite." *The Collected Works of Mahatma Gandhi*, Volume XII, April 1913 to December 1914.

Goulet, Denis. 1985. The Cruel Choice: A New Concept in the Theory of Development. Lanham, MD : University Press of America.

Hanson, Kobena T. 2017. *From Millennium Development Goals to Sustainable Development Goals: Rethinking African Development*. London : Taylor and Francis.

Kumar, Surender and Shunsuke Managi. 2009. *The Economics of Sustainable Development: The Case of India*. New York : Springer.

Lele, Sharachchandra. 2013. "Rethinking Sustainable Development." *Current History* 112 (757): 311-16.

McArthur, John. 2013. "Own the Goals: What the Millennium Development Goals Have Accomplished." *Foreign Affairs* Mar/ Apr, 152 – 62.

Meier, Gerald. M., and Joseph Stiglitz, eds. 2001. *Frontiers of Development Economics: The Future in Perspective*. Washington, DC : World Bank/ Oxford University Press

Potter, Robert B., Tony Binns, Jennifer A. Elliott, and David Smith, et al. 1999. *Geographies of Development: An Introduction to Development Studies*. Harlow, UK : Pearson Education.

Price, Marie, Martin Lewis, William Wyckoff and Lester Rowntree, 2020. *Globalization and Diversity: Geography of a Changing World*. 6th ed. Upper Saddle River, NJ : Prentice Hall.

Sackeyfio, Naaborle. 2017. *Energy Politics and Rural Development: The Case of Ghana*. Cham, Switzerland : Palgrave Macmillan.

Seers, Dudley. 1969. "The Meaning of Development." *International Development Review*, 9 (4): 2-6.

______________. 1977. "The Meaning of Development." *International Development Review*, 17 (3): 2-7.

Sen, Amartya. 2000. *Development as Freedom*. New York : Anchor Books.

Stewart, Pamela and Andrew Strathern. 2019. *Sustainability, Conservation, and Creativity: Ethnographic Learning from Small – Scale Practices*. London : Routledge.

Todaro, Michael P., and Stephen C. Smith. 2015. *Economic Development*. 12th ed. Boston : Pearson.

United Nations Millennium Goals. www.un.org/millenniumgoals/

United Nations Sustainable Development. www.un.org/sustainabledevelopment/

United Nation World Commission on Environment and Development. 1987. https://sustainabledevelopment.un.org/milestones/wced

학술지

Geography and Sustainability, Elsevier.

Sustainable Development, Wiley www.wiley.com/

17장

글로벌 난민 위기

2015년 유엔난민기구(UNHCR)는 "분쟁과 박해"로 인해 난민이 된 인구가 약 6,530만 명에 달하며, 이는 국가의 인구로 따지면 세계에서 21번째로 큰 규모라고 추산했다. 이러한 무국적자(stateless peoples)들의 곤경을 인식한 국제 올림픽 위원회(IOC)는 2016년 리우 올림픽에서 "난민 팀(Refugee Team)"의 출전을 허용하면서 전례를 깨기도 했다.

내전, 무장 반란, 정부의 박해, 극심한 빈곤으로 인해 절망에 빠진 시리아인, 이라크인, 소말리아인, 에리트레아인, 나이지리아인 등이 지중해를 건너 그리스와 이탈리아로 향하는 행렬이 이어지고 있다. 2015년과 2016년에는 각각 100만 명 및 50만 명이 넘는 난민이 유럽으로 유입되었다. 수천 명이 지중해를 건너는 위험한 여정에서 익사해 목숨을 잃었다. 튀르키예 해변에 떠밀려온 시리아 소년의 가슴 아픈 사진이 전 세계에 충격을 주었지만, 위기는 계속되고 있다. 이 장에서는 이러한 글로벌 난민 문제의 역사적 · 정치적 · 경제적 · 지리적 · 문화적 측면을 고찰한다.

제2차 세계대전 이후 이렇게 많은 난민이 이동한 적은 없었다. 제2차 세계대전으로 약 3,500만 명이 목숨을 잃었고, 수백만 명이 나치의 잔혹한 점령과 전쟁 말기 소련 적군의 중부 유럽 진입을 피해 고향을 떠났다. 전쟁이 진행되는 동안 6천만 명의 유럽인이 난민이 되었다.

제2차 세계대전 중 영국과 미국의 유대인 난민정책은 냉정했다. 영국은 1939년 이전에 유럽 대륙에서 8만 명의 유대인을 받아들였지만 전쟁 중에는 1만 명만 수용하는 데에 그

첬다. 심지어 런던은 팔레스타인으로의 유대인 이민을 대부분 차단하기까지 했다. 1939년 미국 의회는 정해진 쿼터를 초과하여 2만 명의 유대인 자녀를 미국에 입국시킬 수 있는 와그너-로저스 법안(Wagner-Rogers Act) 통과를 거부했다. 이 법안의 반유대주의적 측면은 부인할 수 없는 사실이었다. 한 미국 이민국 관계자의 부인은 "2만 명의 매력적인 아이들이 너무 빨리 자라 2만 명의 못생긴 어른이 될 것"이라는 악명 높은 말을 남겼다(Medoff 2009). 1933년부터 1945년까지 미국은 33,000명의 유대인 입국을 허용했다. 난민들이 감당해야 했던 복잡한 관료적 절차는 궁극적으로 그들의 유입을 막기 위한 것이었고, 이는 곧 미국의 "벽(wall)"이라고 불렸다(Miliband 2016, 23).

유대인 난민이 직면했던 곤경에 관련된 가장 악명 높은 사례는 세인트루이스(St. Louis) 호의 항해였다. 1939년 총 937명의 유대인이 이 배를 타고 독일을 떠났지만 쿠바, 미국, 캐나다 항구에서 배를 돌려보냈다. 이 배는 유럽으로 회항해야 했으며, 결국 승객 중 250명 이상이 홀로코스트(Holocaust)에서 살아남지 못했다. 1942년 루스벨트 행정부는 나치의 유럽 유대인 말살 정책을 인지하고 있었지만 1944년까지 전쟁 난민 위원회(War Refugee Board)를 창설하지 않았다.

전쟁이 끝날 무렵 800만 명의 독일인이 소련의 붉은 군대(Red Army)를 피해 도망쳤다. 붉은 군대의 군인들은 동부 전선에서 야만적인 나치 정책에 대해 끔찍한 복수를 감행했다. 1945년 붉은 군대가 독일에 진입하자 러시아 군인들은 수십만 명의 독일 여성을 강간한 것으로 추정된다(Naimark 1997, 133).

2010년대 중반 시리아 난민위기가 발생했을 때 독일은 2차 세계대전 말 나치의 대량학살과 자국민의 고통을 기억하고 있었다. 독일은 난민 정착에 가장 개방적인 유럽연합(EU) 국가 중 하나였다. 앙겔라 메르켈(Angela Merkel) 총리는 독일에서 이러한 개방적인 정책으로 인해 국내의 복지 시스템과 사회 구조에 큰 부담을 준다는 거센 비판에 직면했다. 2016년 튀니지 망명 신청자가 베를린의 한 크리스마스 마켓에 트럭을 몰고 돌진해 12명이 사망하고 수십 명이 부상을 입은 사건이 발생하면서 우파진영의 비판은 더욱 거세졌다. 시리아 북부와 이라크의 이슬람국가(IS)가 트럭과 기타 접근하기 쉬운 '무기'를 이용해 '소프트 타깃(soft targets)'을 공격하도록 부추겼기 때문이었다. 그러나 메르켈 총리는 난민 추방을 단호히 거부했다.

독일과 달리 영국과 미국은 2차 세계대전 당시의 제한적인 난민 정책으로 회귀했다. 2016년 국민투표에서 영국이 유럽연합 탈퇴를 결정한 '브렉시트(Brexit)' 투표는 영국 정부가 국경을 외부적 요소로부터 보호하라는 메시지였다. 미국은 특히 이민자 정착 정책에 소극적이었다. 2016년 기준으로 미국에 입국한 시리아인은 1만 명에 불과하며, 미국 보안기관의 난민 심사는 매우 까다로웠다. 난민이 이 시스템을 통과하는 데 평균 18개월에서 24개월이 소요됐다.

아프가니스탄과 이라크에서의 계속되는 전쟁으로 유럽으로 향하려는 난민들이 꾸준히 이어졌지만, 2011년 아랍의 봄(Arab Spring)으로 인해 대규모 탈출이 발생했다. 리비아의 무아마르 카다피(Muammar Gaddafi) 독재 정권이 무너졌고, 시리아에서는 바샤르 알아사드(Bashar al-Assad) 정권에 대한 반정부 봉기가 일어나면서 내전이 본격화되었다. 2016년 말까지 40만 명이 넘는 시리아인이 사망하고 550만 명의 시리아인이 시리아를 떠났다.

시리아와 리비아가 유럽과 지리적으로 근접하기 때문에 난민들은 유럽에서 더 나은 삶을 살 수 있을 것이라는 희망을 품고 있다. 유럽연합으로 가는 동쪽 노선은 튀르키예를 거쳐 배를 타고 그리스로 가는 경로이다. 대부분의 난민은 시리아인과 이라크인이다. 리비아에서 이탈리아의 시칠리아(Sicily)까지 지중해를 건너는 서쪽 경로는 여정이 더 길고 위험하지만, 소말리아, 에리트리아, 남수단, 나이지리아 사람들이 내전과 억압을 피해 이 경로를 이용하고 있다. 2016년에는 10만 명이 넘는 사람들이 리비아에서 낡은 배를 타고 이탈리아에 도착했다. 리비아 해안경비대는 11,000명을 추가로 차단했다. 2016년 서부 항로에서 3,000명 이상, 동부 항로에서 400명 이상의 난민들이 사망했다(Baker and Addario 2016 40; *New York Times* 2016).

튀르키예는 시리아 난민 위기의 역사적 · 정치적 · 지리적 요충지이다. 제2차 세계대전 말 오스만 제국(Ottoman Empire)의 붕괴로 영국과 프랑스는 중동에 새로운 경계를 구축할 수 있었는데, 이는 중동 민족의 정치적 열망에 부합하지 않는 것이었다. 새로 탄생한 이라크의 수니파(Sunni) 아랍인들은 결국 남부의 시아파(Shia) 아랍인과 북부의 쿠르드족(Kurds)을 다스리게 되었다. 시리아의 알아사드(al-Assad) 정권은 수니파가 다수인 시리아에서 소수인 시아파의 알라위파(Alawite)를 대표한다.

중동의 2,500만 쿠르드족은 1차 세계대전 이후 나라를 가지지 못한 채 이란, 이라크, 시리아, 튀르키예로 분열되었다. 이라크의 시아파와 쿠르드족은 2003년 미군의 사담 후세인 대통령 축출을 기회로 삼았고, 시리아의 쿠르드족은 알아사드 대통령에게 가장 신뢰할 수 있는 반대 세력을 제공했다. 쿠르드 노동자당(Kurdistan Workers' Party)에 대한 튀르키예의 단호한 반대는 시리아 내전을 복잡하게 만들었다. 쿠르드 노동자당은 튀르키예 동부에서 활동하며 목표물에 대한 테러 공격을 감행했기에 튀르키예는 시리아와 이라크에서 쿠르드족의 자치에 대한 지지를 꺼려한다(Worth 2016).

수십만 명의 시리아 난민이 내전을 피해 레바논과 요르단으로 피신했다. 튀르키예와 시리아가 공유하는 900km의 국경은 시리아 난민들이 서방으로 향하는 가장 큰 통로였다. 2016년 3월, 유럽연합은 튀르키예의 난민 유입을 막기 위해 앙카라(Ankara)에 60억 달러를 지원하여 튀르키예 내 난민을 유지하고 이미 그리스에 체류중인 난민 중 상당수를 수용하기로 약속했다. 또한, 유럽연합은 튀르키예인이 EU를 여행할 때 무비자로 입국할 수 있도록 협상하기로 합의했다. 그러나 2016년 말 기준 이 합의는 여전히 답보 상태다. 유럽연합은 난민을 지원하는 튀르키예의 기관들을 파악하지 못했기 때문에 이 협정에 대한 자금을 완전히 제공하지 않았다.

앙카라는 튀르키예가 20년 동안 유럽연합의 회원국 가입을 원했기 때문에 유럽연합이 이를 수용해줄 것을 원했다. 그러나 2016년 7월 군사 쿠데타를 진압한 타이이프 에르도안(Tayyip Erdoğan) 대통령의 권위주의적 통치는 튀르키예에 불리하게 작용했다. 그는 수천 명을 투옥하고 군대, 사법부, 교육 기관에서 약 10만 명을 해고했다. 시리아 내전은 튀르키예의 열망에 더 큰 상처를 입혔다. 한때 많은 유럽인들은 튀르키예의 유럽연합 가입을 통해 튀르키예가 민주주의 서방과 중동의 이슬람 국가들 사이의 중요한 가교 역할을 할 것으로 기대했지만, 이제 튀르키예는 난민과 잠재적 테러리스트들이 몰려드는 통로로 여겨지고 있다. 2016년 11월, EU는 튀르키예와의 가입 협상을 중단했다.

난민 유입은 프랑스와 영국에서 가장 우려스러운 우익 반이민 운동의 증가에 영향을 미쳤다. 프랑스국민전선(French National Front)[1] 지도자 마린 르펜(Marine Le Pen)은 무슬림 이민자를 반대하는 발언으로 인기를 얻고 있다. 2016년 영국 국민투표에서 유럽연합 탈퇴가 결정된 것도 중동 이민자들로 인해 유럽연합이 위협받고 있다는 인식이 반영된 결과였다. 벨기에, 프랑스, 독일에서 발생한 잇따른 테러 공격은 무슬림에 대한 반감의 원인이 되었다. 도널드 트럼프 미국 대통령은 2016년 선거 캠페인에서 이러한 반감과 두려움을 성공적으로 이용했다.

난민 위기에는 경제적 요인도 존재한다. 난민 수의 증가는 내전과 경제적 박탈이라는 "배출(push)"의 결과이기도 하지만, 난민들이 친구, 가족, 인터넷, 텔레비전, 영화 등을 통해 더 나은 삶에 대해 알게 된 "흡인(pull)"의 결과이기도 하다. 많은 이주민들이 단순히 경제적 이유로 고국을 떠난다. 한 세네갈인은 위험한 리비아-이탈리아 횡단 위험을 감수한 이유를 이렇게 설명했다. "떠나고 싶지 않았지만 선택의 여지가 없었습니다. 세네갈에는 우리를 위한 것이 아무것도 없습니다"(Baker and Addario 2016, 43). 이주민들이 유럽에 도착하더라도 통합의 길은 요원하다. 한 시리아 난민은 그리스에서 본 동포들의 상황에 충격을 받았다. "난민 가족들이 학교와 빈 호텔에서 생활하는 모습을 보게 될 줄은 상상도 못했습니다. 난민은 어디에나 있습니다"(*New York Times* 2016).

밀수업자들은 더 나은 삶을 찾으려는 사람들의 희망을 노리고 지중해 횡단 비용으로 1인당 1,500달러 이상을 청구한다. 밀수업자들은 난민들의 안전은 아랑곳하지 않고 물이 새는 배에 난민들을 가득 싣는다. 지중해에서의 밀입국 거래 규모는 약 50억 달러에 달하는 것으로 추산된다(Baker and Addario 2016, 41).

브렉시트(Brexit)를 지지하는 사람들은 이민자가 비즈니스에 좋지 않다는 속설을 전파하기 시작했다. 유럽에서는 외국인을 노조 임금보다 낮은 임금을 받고 암시장에서 일하는 '폴란드 배관공(Polish plumber)'이라는 고정관념을 가지고 있다. 트럼프는 히스패닉

---

1) (역자 주) 1972년 창당한 극우 내셔널리즘을 기반으로 한 정당이다. 본래 프랑스국민전선(Front National)로 불렸으나 2018년 당수 마린 르펜(Marine Le Pen)이 당명 변경을 제안했고, 2018년 6월 전당대회에서 국민연합(National Rally)으로 개명이 확정되었다.

이민자들이 미국인의 일자리를 빼앗고 복지로 먹고 산다고 주장했다. 많은 백인 미국인들이 보기에 불법 이민자들은 암시장에서 일하며 미국 노동자의 기회와 임금을 낮추고 있다. 이러한 믿음은 이민이 경제에 순이익이 된다는 연구 결과에 어긋난다. 다른 선진국과 비교했을 때, 미국 경제가 지속적인 성장을 유지하는 이유 중 하나로 성실히 일하며 미국 GDP에 큰 기여를 하는 이민자들을 꾸준히 받아들이는 전통을 들 수 있다.

한편으로는 유럽인과 미국인, 다른 한편으로는 중동 및 아프리카 출신 이민자 간의 문화적 차이도 새로운 이민에 대한 반발을 불러일으키는 원인 중 하나이다. 일부 서양인들은 여성의 히잡과 잦은 기도와 같은 전통적인 이슬람 관습이 유럽의 여성 인권과 세속 문화를 훼손한다고 생각한다. 미국의 일부 기독교 복음주의자들은 무슬림들이 샤리아 율법(Sharia law)을 강요하려 한다고 거짓 주장을 펼친다. 가장 큰 두려움은 영국, 스페인, 프랑스, 벨기에, 독일에서 수많은 테러를 일으켜 수백 명의 목숨을 앗아간 급진화된 무슬림들이다. 2001년 9월 11일 뉴욕과 워싱턴 DC에서 발생한 끔찍한 테러는 미국 내 외국인 테러에 대한 공포를 증폭시켰지만, 아이러니하게도 미국 내 자생적 테러와 살인사건으로 매년 약 3만 명에 달하는 미국인이 목숨을 잃고 있다는 사실을 상기할 필요가 있다.

난민 위기를 개선하기 위해 무엇을 할 수 있을까? 첫째, 부유한 국가들이 더 많은 기금을 기부해야 한다. 2015년 유엔은 난민 구호 및 재정착 관련 기관들에 200억 달러를 요청했지만, 지원금은 110억 달러에 불과했다. 둘째, 난민 수용국은 난민들이 합법적으로 생계를 유지할 수 있는 방법을 더 쉽게 찾을 수 있도록 해야 한다. 예를 들어, 소액 대출 프로그램은 새로운 이주민들이 소규모 사업을 시작하는 데 성공적이었다.

셋째, 유럽, 미국 및 기타 선진국들은 더 많은 난민에게 문호를 개방해야 한다. 시리아 사태는 인접한 레바논, 요르단, 튀르키예에 큰 부담을 주고 있다. 레바논은 다른 어떤 나라보다 난민 수가 많으며, 현재 시리아인이 전체 인구의 약 5분의 1을 차지하고 있다. 소말리아의 불안정한 상황으로 인해 케냐에는 50만 명의 난민이 발생했다. 독일은 선진국 중 난민을 가장 많이 받아들여 80만 명을 수용했다. 독일은 난민에 대한 역사적 부채를 인식하고 있지만, 헝가리는 1956년 소련이 헝가리 혁명을 무너뜨린 후 서방에서 두 팔 벌려 환영받았던 30만 명의 헝가리 난민에 대한 기억을 잊고 세르비아와의 국경에 강력한 장벽을 세워 난민의 유입을 막고 있다(Ruthven and Thorpe 2016, 27). 많은 미국인들은 그들과 그들 조상의 출신지, 그리고 뉴욕 항구의 자유의 여신상(Statue of Liberty)에 새겨진 엠마 라자루스(Emma Lazarus)의 유명한 문구를 잊은 듯하다:

> 자유롭게 숨쉬기 위한 열망의
> 지치고, 가난하고, 웅크리고 있는 자들
> 원치 않는 수많은 가련한 자들을 내게 주어라,
> 이 집 없는, 폭풍에 시달린 자들을 내게 보내라,
> 내가 황금빛 문 옆에 나의 램프를 들어 올리리라!

간헐적으로 일어나는 테러 공격으로 인해 이 선택은 정치적으로 인기가 없지만, 용기 있는 정치인들은 인도주의적 재앙을 완화하기 위해 도덕적 사례를 만들어야 한다. 유명한 작가이자 홀로코스트 생존자인 엘리 위젤(Elie Wiesel)은 핍박받는 사람들이 안전한 곳을 찾는다는 것이 어떤 의미인지 잘 알고 있었다: 저는 난민이지만, '난민(refugee)'이라는 말은 요즘 부정적인 인식이 뒤따릅니다. 그러나 '피난처(refuge)'라는 개념은 누구에게나 호감을 줍니다. 우리 모두에게는 피난처가 필요합니다.

참고문헌

Baker, Aryn and Lynsey Addario. 2016. "Between the Devil and the Deep Blue Sea." *Time*, September 12.

Medoff, Rafael. 2009. "New Evidence on FDR and the 'Voyage of the Damned.'" December. www.wymaninstitute.org.

Miliband, David. 2016. "The Best Ways to Deal with the Refugee Crisis." *New York Review of Books*, October 13.

Naimark, Norman M. 1997. *The Russians in Germany: A History of the Soviet Zone of Occupation, 1945-1949*. Cambridge, MA : Belknap Publishers.

New York Times. 2016. September 12.

New York Times. 2016. October 26.

Ruthven, Malise and Nick Thorpe. 2016. "On Today's Refugee Road." *New York Review of Books*, November 24.

Worth, Robert F. 2016. "Turkey's Hidden War." *The New York Times Magazine*, May 29.

어떻게 하면 세상을 더 나은 곳으로 만들 수 있을까? 어떤 목표를 설정할까? 어떤 장애물이 우리를 가로막고 있으며 어떻게 그것들을 극복할 수 있을까? 어떤 자원이 필요하며 그것들은 어디에서 올까? 성공을 어떻게 측정할 수 있을까?

2000년 유엔은 세계화를 세계의 긍정적인 힘으로 활용하여 미래를 개선하기 위해 8개의 새천년개발목표(MDGs)를 수립했다. 189개 유엔 회원국 모두가 이러한 목표를 달성하기 위해 노력했으며, 많은 국제개발 기구들도 이 목표를 달성하기 위해 노력했다(제16장 참조).

유엔 새천년개발목표는 극심한 빈곤 퇴치부터 HIV/AIDS 확산 방지, 보편적인 초등교육 달성에 이르기까지 다양했다(United Nations 2007). 2015년 유엔은 모든 목표가 달성된 것은 아니지만 상당한 진전이 있었다고 선언했다(United Nations 2015). 극단적 빈곤 속에 사는 사람들의 수는 감소했고 개발도상국의 영양 결핍 인구 비율도 감소했다. 깨끗한 물에 접근할 수 없는 사람들의 수는 절반으로 줄었고, 유아(5세 미만) 사망률은 45% 감소했다. 개발도상국의 초등학교 등록률은 사상 최고치를 기록했으며, 학교에 다니는 여학생 수도 크게 증가했다.

유엔은 새천년개발목표를 수립하면서 선진국들이 개발도상국의 필요에 따라 GDP의 0.07%를 투입할 것을 촉구했다. 유럽연합(EU)이 이 목표에 동의하고 EU 4개국이 이를 초과 달성한 반면, 다른 부유한 국가들은 자체적으로 목표를 설정했다. 예를 들어, 호주는

GDP의 0.05%를 기부한다는 목표를 세웠다. 그러나 미국을 비롯한 다른 나라들은 아직도 구체적인 목표 설정에 주저하고 있다.

선진국들이 글로벌 경제위기로 인해 글로벌 개발에 거액을 지출하는 것을 주저하는 상황이 악화되었고, 정당들이 유권자들의 경제적 기대를 충족시킬 수 없게 되면서 사회적·정치적 불안이 발생했다. 문제의 복잡성 때문에 문제를 해결하기 위해서는 아마도 수년에 걸친 노력이 필요할 것이다. 예를 들어, 보편적 초등교육을 달성하기 위해서는 각 국가와 지역의 역사적 경향, 공간 조직, 경제적 비용과 편익, 정치적 매커니즘, 교육의 문화적 변수에 대한 이해가 필요하다. 이러한 수준의 이해는 학제 간 접근을 필요로 한다.

그러나 이 책에서 설명한 학문 분야만이 국제문제를 이해하는 데 도움을 줄 수 있는 것은 아니다. 이 책에서 논의한 학문 분야 외에도 환경학, 사회학, 젠더 연구, 비교 종교 또는 기타 분야들도 도움이 될 수 있다. 중요한 것은 복잡한 국제문제에서 권력, 부, 문화, 물리적 환경이 상호작용하는 방식과 이러한 관계가 시간이 지남에 따라 어떻게 변화했는지 살펴볼 수 있는 총체적인 접근방식을 개발하여 문제의 해결책에 대해 생각하기 시작하도록 장려하는 것이다.

문제해결 지향적 분석

학제 간 사고를 활용하여 글로벌 이슈를 분석하는 것은 일반적으로 세 가지 기본 단계로 이루어진다. 첫 번째 단계는 일반적으로 사회집단 간의 어떤 형태의 갈등에 초점을 맞춘 문제의 식별 및 설명이다. 두 번째 단계는 문제를 해결하기 위해 노력한 사람들과 이러한 해결책이 왜 효과가 없었는지에 대한 설명이다. 마지막으로, 이러한 초기 노력이 실패하게 만든 장애물을 성공적으로 극복할 수 있는 방법에 대한 제안이다. 이 세 단계를 따르면 800단어 분량의 짧은 편집본부터 20페이지 분량의 보고서, 75페이지 이상의 긴 상세 정책 분석 논문에 이르기까지 다양한 방식으로 표현할 수 있는 이슈 분석을 제공하는 데 도움이 될 수 있다.

첫 번째 단계는 글로벌 이슈를 파악하는 것이다. 이는 유엔의 새천년개발목표 중 하나와 같은 글로벌 이슈이거나 튀르키예의 유럽연합 가입과 같은 국제 외교정책의 이슈일 수도 있고, 브라질 빈민가(*favela*)에서 콜레라 발생을 줄이는 것과 같은 비교적 소규모의 사회적 불평등 문제일 수도 있다.

문제를 식별한 후에는 누구에게 왜 문제가 되는지를 질문하면서 문제를 풀기 시작해야 한다. 이해관계자를 식별하고 각 이해관계자가 직면하는 보상과 위험은 무엇인지, 각 이해관계자 간의 권력관계가 어떻게 구성되어 있는지 설명해야 한다. 문제가 내재된 더 넓은 정치적, 문화적, 지리적 맥락을 살펴볼 필요가 있다.

두 번째 단계에서는 문제의 역사를 설명하고 해결책에 대한 노력에 특히 주의를 기울여야 한다. 다시 말하면, 과거에 시도했던 각 해결책이 실패한 이유를 탐구하기 위해서는 학제 간 사고가 필요하다. 많은 자료에서 나름대로의 학문적 가정에 근거하여 각각의 해결책이 실패한 이유를 다르게 제시할 수 있다. 이러한 설명들을 서로 대조하여 읽음으로써 더 넓고 포괄적인 이해에 도달할 수 있다.

세 번째 단계에서는 권장 솔루션을 선택하는 데 사용되는 기준을 포함하여 솔루션에 대한 명확한 목표를 정의해야 한다. 솔루션을 구현하기 위한 구체적인 행동 방침과 가능하다면, 이러한 문제를 관리하기 위한 전략, 분석을 바탕으로 예측할 수 있는 결과를 함께 설명해야 한다.

종종 글로벌 이슈를 분석하기 시작하면 이슈가 너무 크다는 것을 알게 될 것이다. 이런 경우 관리 가능한 크기로 줄이는 것이 유용하다. 두 가지 일반적인 방법이 있는데, 첫째, 팔레스타인-이스라엘의 전체 분쟁을 해결하는 대신 예루살렘의 학교 평등, 이스라엘 정착민과 신축 건물 프로젝트가 잠식하는 땅에 사는 팔레스타인 사람들 사이의 갈등, 하마스가 가자지구 내 무장 갱단을 통제할 수 없는 상황 등 한 가지 문제에 집중하는 것이 문제의 규모를 줄일 수 있다. 둘째, 이해관계자 중 한 명을 '고객'으로 선택하고, 이 집단이 문제의 어떤 측면에 이해관계가 걸려있으며 문제의 일부라도 해결할 수 있는 기관이나 대리인이 있는가와 같은 질문처럼 그들의 관점에서 문제에 집중할 수 있다.

글로벌 이슈에 대한 해결책을 찾는 데 있어 가장 큰 문제 중 하나는 대부분의 사람들이 새로운 규제, 전문화된 교육, 국제 대화와 같은 일반적인 해결책을 모방하여 국가 정부기관 또는 세계은행이나 유엔과 같은 국제기구를 통해 관리되는 하향식 프로그램을 구상한다는 점이다. 이러한 해결책에도 중요한 부분이 있지만, 성공적인 해결책은 창의성과 혁신이 점점 더 요구되고 있다.

창의적 해결책의 원천

2007년 오하이오주 마이애미대학교 학부생 4명으로 구성된 팀이 전문가와 대학원생을 대상으로 열린 국제대회에서 우승을 차지했다. 매사추세츠공과대학(MIT)의 저스트 예루살렘 2050 대회는 지속가능한 미래 예루살렘을 향한 긍정적인 변화를 가져올 수 있는 작은 프로젝트를 구상하는 경쟁자들에게 도전의 기회를 열어주었다. 그 학생들은 '경제' 부문에 참가하여 급격히 감소하는 도시의 수자원에 집중했다(MIT News 2008).

처음에는, 더 나은 폐수관리부터 물 절약 규제에 이르기까지 그들이 상상한 모든 해결책이 이스라엘 정부에 의해서 이미 시행되었지만, 별 효과를 보지 못했다. 그리고 이러한 해결책들은 이스라엘 정부의 하향식 시행에 의존했기 때문에 물을 정치적인 화약고로 만들 위험이 있었다. 마침내 그들은 국가의 규제 없이도 성공적으로 작동한 물관리 기술인 상향식 전략을 연구하기 시작했다. 그들은 물 저장에 관한 전략을 발견했는데, 그것은 예루살렘의 물 시스템에 가해지는 스트레스를 극적으로 변화시킬 수 있는 물통을 통해 가정에서 빗물을 모으는 간단한 기술과 이 기술에 대한 풍부한 경험을 가진 유엔환경프로그램의 훈련 및 소액대출을 통해 관리할 수 있는 기술이었다.

불평등 활용하기

1999년 캐나다의 한 초등학교 1학년인 라이언 렐작(Ryan Hreljac)은 아프리카의 많은 사람들이 깨끗한 식수를 갖고 있지 않다는 사실을 알게 되었다. 라이언은 우물을 파는 데 필요한 2000달러를 모으기 시작했다. 몇 달에 걸친 그의 헌신적인 노력은 지역 신문사, 지역 TV방송국의 관심을 끌었고, 곧 기부금이 들어왔다. 그리고 라이언은 워터캔(www.wateraidcanada.com)이라는 NGO와 협력하여 우물을 뚫는 데 성공할 수 있었다.

오늘날 성인이 된 렐작은 수백만 달러를 모금하고 680개 이상의 우물과 820개 이상의 화장실을 건설하여 아프리카의 72만 3,000명 이상의 사람들에게 안전한 물을 공급하고 위생시설을 개선하는 데 도움을 준 '라이언 웰 재단'(Ryan's Well Foundation, www.ryanswell.ca)에서 여전히 일하고 있다.

렐작의 성공은 두 가지 기본 원칙에 달려 있다. 첫 번째는 전 세계적인 부의 분배 불평등으로 인해 캐나다 중산층 소년이 세계 최빈국의 대부분의 성인이 꿈꾸지 못한 자원에 접근할 수 있다는 것이다. 부유한 국가보다 가난한 국가에서 같은 돈으로 더 많을 것을 할 수 있다는 사실(캐나다에서 우물을 뚫는 것은 일반적으로 아프리카 시골 지역보다 5배 이상의 비용이 든다는 사실) 외에도 선진국의 사람들은 인프라의 이점을 누리고 있다. 미디어 매체 접근성, 교육의 기회, 자동차 소유권, 잘 닦인 도로, 잦은 비행, 개인용 컴퓨터, 신뢰할 수 있는 전화 서비스, 여가시간 등은 자선단체의 업무를 더 쉽고 효과적으로 만드는 승수 역할을 할 수 있다.

인터뷰에서 렐작은 '하나의 힘,' 즉 '일상생활을 유지하면서도 자신의 시간의 일부를 꾸준히 대의에 헌신하면서 중요한 일을 성취할 수 있는 한 사람의 힘'이라고 부르는 두 번째 교훈을 주장하기도 했다. 렐작은 국제적으로 출장을 다니면서 교황과 대통령들을 만나고 재단을 홍보하는 토크쇼에 출연하는 등 활동을 하면서 동시에 건강한 사회생활과 학교에서의 과외활동도 계속했다.

이 원칙은 선진국 자선단체뿐만 아니라 국내 환경을 개선하려는 개발도상국 사람들에게도 점점 더 많이 사용되고 있다. 예를 들어, 14세의 윌리엄 캄콰바(William Kamkwamba)는 말라위의 많은 가정을 파괴한 기근 문제와 학교 문제로 어려움을 겪으면서도 버려진 엔진 부품, PVC 파이프, 자전거 부품으로 풍차를 만들어 그의 집에 무료 전기를 공급하는 방법을 알아냈다. 그는 아프리카와 선진국의 자선가 및 사업가들과 협력하여 그의 마을과 말라위의 다른 곳에서 사용할 소형 풍차를 개발하기 위해 노력하기 시작했다(Kamkwamba and Mealer 2009).

공정 무역

글로벌 불평등을 활용하여 세계의 빈곤층을 지원하는 것은 자선적 접근방식의 고전적인 요소이지만, 또 다른 떠오르는 접근방식은 무역시스템을 보다 공정하게 변화시키고 시장시스템 내에서 소규모 생산자의 삶을 개선하는 것이다. 그것의 가장 일반적인 예는 **공정 무역(fair trade)**으로, 수출 상품 생산자에게 최저 가격을 설정하여 시장에 개입하려는 무역 파트너쉽 시스템이다. 이 최저 가격의 추가 비용은 공정 무역 도매업자(경영진의 최대 임금과 같은 관행을 사용)와 소비자가 분담하여, 소비자들은 종종 공정 무역 상품에 대해 소액의 프리미엄을 지불한다.

글로벌 시장 변동에 관계없이 농산물로 얼마나 많을 수익을 기대할 수 있는지 알면 개발도상국의 현지 농부들이 미리 계획을 세우고, 사업을 확장하고, 대출을 받을 수 있다. 많은 농부들이 협동조합을 결성하고 돈을 모아 학교나 클리닉을 짓거나 제품에 가치를 더하는 프로젝트(커피 로스터리와 같은)를 만든다.

공정 무역은 특히 바나나와 기타 신선한 과일, 코코아와 초콜릿, 커피, 면화, 꽃, 수공예품, 꿀, 설탕, 차, 와인과 같은 상품에서 세계 무역의 작지만 중요한 부분이 되었다. 2010년 기준으로 70개국 이상에서 약 27,000개의 인증된 공정 무역 제품이 판매되고 있으며, 매출은 46억 달러로 추정된다(FTLO 2010).

공정 무역에 대한 일반적인 비판 중 하나는 그것이 시장 효율성을 감소시킨다는 것이다. 이 비판이 항상 옳은 것은 아니다. 일부 실제 공정 무역은 생산자와 소매업체 간의 직접적인 관계를 형성하고 중간자를 배제함으로써 효율성을 회복한다(예를 들어, 커피 무역에서는 때때로 현지 대량 구매자에서 화주, 로스터에 이르기까지 최대 7명의 중간자가 존재하며, 각각의 비용과 이익률을 소매 가격에 더한다). 또 다른 연구에서는 공정 무역이 개발도상국의 착취적 조건을 대부분의 경제분석에서 가정한 이상적인 시장 조건과 더 밀접하게 일치시켜 실제로 효율성을 창출한다고 주장했다(Hayes and Moore 2005).

사회적 기업가정신

사회적 기업가정신(social entrepreneurship)은 사회변화를 이끌어내기 위해 설계된 벤처를 만들고, 조직하고, 관리하기 위해 기업가정신 원칙을 사용하는 것을 의미한다. 성공적인 기업가정신은 사회적 및 환경적 목표를 심화시킬 수 있는 혁신적이고 위험이 따르며, 문제해결 지향적인 활동을 포함하는 것으로 이해된다. 사회적 기업가정신을 옹호하는 사람들은 그것이 일반적인 정부 및 NGO가 운영하는 프로젝트에 방해가 되는 원칙들에 대한 반박이라고 주장한다. 그 원칙들이란 짧은 정치주기, 즉각적인 결과 요구, 위험을 최소화하고 비난을 피하려는 욕구, 불공정한 것으로 보일 수 있는 어려운 결정을 내리지 않으려는 욕구 등이다.

대부분의 사회적 기업가정신은 지역사회에서 관계를 구축하는 것과 지속가능한 사회적 프로젝트를 이끌 수단을 제공받을 수 있는 혁신적이고 활기찬 개인을 식별하는 것으로부터 시작된다. 이러한 벤처는 설립되면 결과에 대한 기득권을 가진 헌신적이고 유능한 팀에 의해 운영되며, 측정 가능한 성과에 따라 보상을 받는다(Mawson 2008).

적절한 기술

많은 자선 프로젝트는 인프라가 부족한 지역사회의 기술 접근성을 개선하여 이러한 기회를 활용할 수 있도록 노력하고 있다. MIT 미디어 랩의 교수진이 만든 미국 기반 비영리단체인 One Laptop per Child 무역협회는 전 세계 모든 어린이가 100달러짜리 노트북을 가질 수 있도록 설계, 제조 및 배포를 목표로 하고 있다(www.laptop.org). 그러나 노트북과 같은 유물은 먼지가 없는 집, 신뢰할 수 있는 전기, 작동하는 전화선 등의 인프라를 가정하고 있으며, 이는 불가능할 수도 있다. 그리고 하루에 1달러로 생활하는 전 세계 10억 명 이상의 사람들에게는 100달러짜리 노트북조차도 그림의 떡일 수 있다.

서구에서 흔히 볼 수 있는 기술에 대한 접근을 가능하게 할 수 있는 대안은 다양한 환경 및 인프라에 적합한 기술을 개발하는 것이다. 필리핀의 7마일 길이의 사용하지 않는 철로를 따라 지어진 주석 지붕 벽돌집들로 구성된 빈민가인 시티오 말라가야(Sitio

Malagaya)에서는 일락 디아즈(Ilac Diaz)라는 남성이 탄산음료 병에 물을 채우고 밀봉한 다음 옥상에 설치하여 태양광선이 60와트 전구와 거의 같은 밝기로 비출 수 있도록 한다 (literoflight.org).

매사추세츠공과대학교(MIT) 학생들이 설계하고 개발한 태양광 병 전구는 개발도상국의 기본적인 요구사항을 해결하기 위해 간단하고 쉽게 복제할 수 있는 기술을 제공하는 '적절한 기술'의 한 예이다. **적절한 기술**(appropriate technologies)이란 특정한 사회적 및 환경적 맥락에서 유용한 저비용 기술을 만들기 위해 지역 소재를 사용하는 것을 말한다. 자전거로 구동되는 물 펌프, 자체적으로 설치된 태양광 전구와 가로등, 사탕수수와 옥수수 콩으로 만든 석탄, 점토 냄비 식품 보존기 및 기타 많은 저렴한 장치는 서구 산업화의 막대한 인프라 요구사항 없이도 사람들의 삶에 큰 영향을 미쳤다.

소액금융

사회적 기업가정신, 공정 무역, 그리고 적절한 기술 분야의 프로젝트는 때때로 자선단체와 NGO를 통해 자금을 지원받지만, 종종 소액금융을 통해서도 자금을 조달한다. **소액금융**(microfinancing)은 전통적으로 은행 서비스에 접근할 수 없는 저소득층 고객이나 단체에게 대출, 저축계좌, 자금 이체, 보험 등 소규모 금융 서비스를 제공하는 것을 포함한다. 소액금융은 사람들이 기업가정신, 교육자금 조달, 저축 촉진을 통해 스스로를 도울 수 있도록 함으로써 빈곤을 완화하려는 이념에 의해 주도되지만, 투자에 따른 소액의 수익을 배당함으로써 지속가능하도록 설계되었다.

소액금융은 놀라울 정도로 실패할 수도 있지만, 많은 성공을 거두기도 했다. 소액금융의 성공은 서비스를 제공하는 뿌리를 둔 대출기관에 크게 의존하는 것으로 보인다.

결론

2016년 유엔은 지속가능한 개발 목표라는 회원국들이 나아가야 할 새로운 목표를 제시했다(United Nations 2016). 이 목표들은 전 세계 국가들이 빈곤과 기아를 종식시키고, 육상 및 수자원을 현명하게 관리하며, 모두를 위한 평등한 의료 접근을 추구하기 위해 글로벌 파트너쉽을 형성할 것을 촉구한다(표 C.1). 이러한 목표를 크고 작은 방식으로 현실화할 수 있는 정책을 만드는 것은 여러분을 시작으로 여러 세대의 몫이 될 것이다.

20세기 초반에 살았던 사람들은 제1차 세계대전, 제2차 세계대전, 냉전을 예측할 수 없었을 것이다. 또한 그들은 텔레비전, 컴퓨터, 인터넷도 예측할 수 없었을 것이다. 역사학, 지리학, 정치학, 인류학, 경제학의 관점에서 미래를 바라보면서 우리는 앞으로 100년 동안 세상이 어떤 모습일지 단지 교육받은 것에 근거한 추측만을 할 수 있을 뿐이다. 한 학자가 말한 것처럼 "우리가 미래를 예측할 수는 없지만 그것이 그다지 중요한 것은 아니다. 더 중요한 것은 우리가 원하는 미래를 상상하고 실현할 수 있다는 것이다"(Hammond 1999). 미래세대가 직면한 글로벌 과제가 무엇이든 국제학의 학제 간 방법론은 그 해결책을 찾는 데 필수적이다.

〈표 C.1〉 유엔 지속가능 개발 목표

1. 모든 형태의 빈곤 종식
2. 기아 종식, 식량 안보 및 영양 개선, 지속가능한 농업 촉진
3. 모든 연령대의 건강한 삶과 웰빙 증진
4. 포용적이고 평등한 양질의 교육 보장과 평생학습 기회 촉진
5. 양성평등 달성과 여성권리 신장
6. 깨끗한 물과 위생시설의 지속가능한 관리
7. 저렴하고 신뢰할 수 있으며 지속가능한 현대적 에너지에 대한 접근 보장
8. 포용적이며 지속가능한 경제성장과 완전하고 생산적인 고용, 그리고 양질의 일자리 창출
9. 탄력적인 인프라 구축, 포용적이고 지속가능한 산업화 촉진, 그리고 혁신
10. 국가 내 및 국가 간 불평등 감소
11. 포용적이며 안전하고, 탄력적이며 지속가능한 도시와 주거지 건설
12. 지속가능한 생산과 소비 보장
13. 기후변화와 그 영향에 대응하기 위한 긴급 조치
14. 지속가능한 발전을 위한 해양 및 해양 자원 보존과 활용
15. 육상 생태계의 지속가능한 사용을 위한 보호와 복원, 산림의 지속가능한 관리, 사막화 방지, 토지 황폐화 중지 및 복원, 생물 다양성 손실 방지
16. 지속가능한 발전을 위한 평화롭고 포용적인 사회 건설, 사회정의 구현, 효과적이고 책임감있으며 포용적인 제도 구축
17. 지속가능한 발전을 위한 실행 수단 강화 및 글로벌 파트너쉽 활성화

출처: 유엔 지속가능발전

참고문헌

FTLO (Fairtrade Labeling Organizations). 2010. *Growing Stronger Together: Annual Report 2009–2010*. www. fairtrade.net/fileadmin/user_upload/content/2009/resources/FLO_ Annual-Report-2009_komplett_double_web.pdf .

Hammond, Allen. 1999. "Three Global Scenarios." *The Futurist* 33 (4): 38–43.

Hayes, Mark, and Geoff Moore. 2005. *The Economics of Fair Trade: A Guide in Plain English*. Durham Business School International Workshop on the Economics of Fair Trade.

Kamkwamba, William, and Bryan Mealer. 2009. *The Boy Who Harnessed the Wind: Creating Electricity and Hope*. New York : William Morrow.

Mawson, Andrew. 2008. *The Social Entrepreneur: Making Communities Work*. London : Atlantic Books.

MIT News. 2008. "'Just Jerusalem' Competition winners announced." March 21, https://news.mit.edu/2008/just-jerusalem-competition-winners-announced.

United Nations. 2007. "UN Millennium Goals Indicators." www.un.org/millenniumgoals.

______________. 2015. "The Millennium Development Goals Report 2015." www.un.org/millenniumgoals/news. shtml.

United Nations. 2016. *Transforming our World: The 2030 Agenda for Sustainable Development*. sustainabledevelopment.un.org.

Further Reading

Books

Arrillaga-Andreessen, Laura. 2011. *Giving 2.0: Transform Your Giving and Our World*. San Francisco : Jossey-Bass.

Bornstein, David. 2005. *How to Change the World: Social Entrepreneurs and the Power of New Ideas*. New York : Oxford University Press.

Eckaus, Richard S. 2009. *Appropriate Technologies for Developing Countries*. Washington, DC : National Academies.

Helms, Brigit. 2006. *Access for All: Building Inclusive Financial Systems*. Washington, DC : Consultative Group to Assist the Poor.

Schumacher, E. F. 1973. *Small Is Beautiful: A Study of Economics As If People Mattered*. London : Blond and Briggs.

Yunus, Muhammad. 2007. *Creating a World Without Poverty: Social Business and the Future of Capitalism*. New York : PublicAffairs.

Websites

Ashoka: Innovators for the Public. www.ashoka.org
AVAAZ: The World in Action. www.avaaz.org
Fair Trade International. www.fairtrade.net
Kiva: Empower People around the World for $25. www.kiva.org
The Schwab Foundation for Social Entrepreneurship. www.schwabfound.org
TED: Ideas Worth Spreading. www.ted.com

용어사전

아프리카대륙 자유무역 지역(African Continental Free Trade Area, AfCTA). 2021년 시작된 아프리카의 자유무역 지역.

아프리카 연합(African Union, AU). 2001년 결성된 아프리카 연합은 아프리카 통일기구(the Organization of African Unity)(1963)으로서, AU는 아프리카의 더 넓은 관세 지역을 조성하고 평화유지군, 감시 단체, 정치 단위를 설립을 중단하는 조치를 취함.

알리야(*aliyah*). '강등하다'라는 뜻의 히브리어 단어에서 유래했으며, 거주국에서 팔레스타인으로, 1948년 이후에는 이스라엘로 이주하는 것을 의미함.

배분 국가(allocation state). 세금으로 수입을 창출하는 것이 아니라 세계 시장에서 주요 자원을 판매하고 그 수익금을 학교, 도로, 병원과 같은 정부 운영자금으로 사용하는 정부로서 지대추구 국가(*rentier state*)라고도 함.

아메리칸 드림(American dream). 모든 사람이 노력을 통해 물질적 번영을 이룰 수 있는 기회를 가지고 있거나 가져야 한다고 제안하는 미국적 세계관을 설명하는 용어.

미국정치(American Politics). 미국의 정부 및 정치제도와 행태에 초점을 맞춘 정치학 분야.

무정부상태(anarchy). 정부의 부재, 국가들이 상호작용하는 글로벌 구조.

안데스(Andes). 남아메리카 서부의 주요 산맥. 안데스 지역에는 에콰도르, 볼리비아, 페루, 콜롬비아, 베네수엘라가 포함됨.

반유대주의(anti-Semitism). 수세기 동안 유럽의 유대인들은 예수가 하나님의 아들이라는 신약성경의 주장을 거부했기 때문에 기독교인들로부터 차별을 받았음. 현대의 반유대주의는 경제적, 인종적 요소를 추가했고, 나치는 이를 악용하여 홀로코스트의 근거로 삼았음.

아파르트헤이트(apartheid). 남아프리카공화국의 흑인 평등권을 거부하는 백인 지배의 사법체계로서, 1990년에 뒤집혔고, 1994년 흑인 다수 지배로 이어짐.

적합기술(appropriate technology). 특정 지역의 필요 및 인프라에 적합한 기술

아랍의 봄(Arab Spring). 2010~2011년에 시작된 일련의 중동 봉기를 지칭하는 서방언론의 용어. 아랍의 봄 시위대의 요구는 정부의 더 큰 대표성과 반응성에서 권위주의 정권의 축출에 이르기까지 다양했음.

아랍 세계(Arab World). 모로코에서 이라크에 이르기까지 전 세계 22개 아랍어권 국가를 약 3억2,500만 명의 단일 지정학적 단위로 통칭하는 용어.

자의적(arbitrary). 사회적 관습에 의존하고 자연적이거나 본질적인 근거가 부족한 경우를 자의적이라고 함. 대부분의 언어 및 문화적 기호는 자의적임.

아르칸(*arkaan*). 이슬람의 다섯 기둥: 기도, 단식, 자선, 순례와 함께 신앙의 직업에 관한 일련의 관습으로, 이 관습을 따르는 사람들을 더 나은 무슬림으로 만들기 위해 고안되었음.

아세안(Association of Southeast Asian Nations, ASEAN). 동남아시아 국가들의 정치경제 연합.

권위주의(authoritarianism). 파시즘이나 나치즘과 마찬가지로 권위주의는 민족주의 슬로건 아래 국가를 통일하기 위해 강력한 독재자 한 명에 의존하지만 파시즘과 달리, 일반적으로 군사, 기업, 교회 엘리트의 지원에 의존함.

세력균형(balance of power). 국제정치의 현실주의 이론에서 이기적인 강대국들이 서로의 힘을 상쇄하는 행동을 통해 안정적인 글로벌 시스템을 달성한다는 개념.

바스크족(Basques). 스페인의 중앙정부에 더 큰 자치권을 요구해온 스페인 북부의 한 종족집단의 구성원들. 이들의 권리는 프란시스코 프랑코 독재(1936~1975) 하에서 억압되어 독립국가를 추구하는 테러리스트 조직(ETA)을 낳음.

행태주의(behaviorism). 데이터 수집과 과학적 방법을 강조하는 사회과학에 대한 방법론적 접근의 하나.

베이징 합의(Beijing Consensus). 워싱턴 합의에 대한 대응으로서, 중국의 경제와 리더쉽을 따르는 경제모델

볼셰비키혁명(Bloshevik Revolution). 블라디미르 일리치 레닌이 이끄는 볼셰비키들은 1917년 러시아 정부를 전복하고 거의 75년 동안 공산당 통치를 제도화함. 1991년 소련이 붕괴되기 전까지 서구 자유민주주의는 소련의 도전을 받음.

불교(Buddhism). 고타마 붓다의 가르침에 기반한 종교 시스템. 동아시아의 대승(일본의 선 포함), 동남아시아의 테라바다, 티벳의 바지라야나(또는 티벳 불교)로 나누어짐.

부르카(*burqa*). 아프가니스탄과 파키스탄 일부 지역의 여성들이 착용하는 눈가림이 있는 머리부터 발까지 덮는 주름진 드레스.

칼리프(caliph). 전 세계 무슬림 공동체의 지도자이자 무하마드의 정치적 후계자.

칼리페이트(caliphate). 예언자 무하마드의 종교적 후계자가 통치하는 공동체.

자본(capital). 현금, 공장, 제조장비, 도구 등과 같은 내구재로서 시장에서 교환할 상품과 서비스를 만드는 데 사용됨.

자본 도피(capital flight). 부유층이 부유층에서 중산층으로 떨어지기보다는 가난한 나라를 떠나는 경향.

수용능력(carrying capacity). 환경경제학에서 사용되는 용어로서, 환경에서 사용할 수 있는 유한한 자원, 사람들이 이를 활용하는 데 사용하는 기술, 부산물로 생성되는 폐기물을 고려할 때, 환경이 무한정 유지할 수 있는 최대 인구 규모.

카우디요(*caudillo*). 본디 19세기 초반 스페인으로부터 독립한 라틴아메리카 지역의 지도자들을 지칭하는 용어였지만, 독립 이후 카우디요의 독재정치가 이어지면서 현재 '독재자', '귀족' 등의 복합적 의미를 지니고 있다.

인과관계(causation). 역사학자들은 정치적, 경제적, 환경적 힘, 이데올로기 또는 사회구조 등 인과관계 이론에 따라 역사적 사건을 다양한 방식으로 설명함.

중앙아시아(Central Asia). 아프가니스탄, 우즈베키스탄, 카자흐스탄이 이 지역의 주요 국가들임.

재벌(*chaebol*). 한국의 대기업 집단.

계급투쟁(class struggle). 칼 마르크스는 역사적 변화는 계급 간의 갈등에 의해서 주도된다는 이론을 세웠고, 노동자 계급이 자본가 계급을 전복하여 공산주의 체제를 만들 것을 촉구했음.

고전적 자유주의(classical liberalism). 계몽주의 사상가인 아담 스미스는 정부가 자유방임적인 접근 방식을 취하고 수요와 공급의 '보이지 않는 손'이 자유롭게 작동하도록 허용할 때 경제가 성장하고 부를 더 빨리 축적한다는 반중상주의 사상으로 가장 잘 알려짐.

연합/연정(coalition). 두 개 이상의 정당 간에 권력을 공유하는 정부 또는 기타 정치 단체.

냉전(Cold War). 제2차 세계대전 이후 1980년대 말까지 미국과 소련 간의 자유민주주의와 공산주의 이데올로기 및 지정학의 전쟁

집단안보(collective security). 국가들이 외부의 위협으로부터 서로를 보호하기 위하여 동맹을 맺는 시스템.

식민지배(colonial rule). 유럽 열강들은 1885년까지 아프리카와 아시아 대부분의 지역에 공식적인 식민 통치를 확립하여 불법적으로 경계를 긋고 인적 자원과 천연 자원을 착취했음.

식민주의(colonialism). 유럽 강대국들이 아프리카, 아메리카, 아시아, 중동 지역을 정치적, 경제적, 문화적으로 지배하는 것.

유럽공동시장(Common Market). 유럽경제공동체(European Economic Community)의 별칭.

상식(common sense). 우리가 주변 세계를 이해하는 데 가장 많이 의존하는, 공동체의 다른 사람들과 공유하는 일련의 명시되지 않은 가정. 의문을 제기하거나 분석하지 않고 사실로 인정하는 것.

공산주의(communism). 칼 마르크스의 반자본주의 이론은 프롤레타리아 계급이 생산수단을 소유하고 사람들이 자신의 능력에 따라 일하고 필요에 따라 취하는 계급 없는 사회를 구상했음. 1917년 레닌은 소련에 공산주의를 도입했지만 마르크스주의자들은 소련 체제가 프롤레타리아의 진정한 독재가 아니라 당의 독재라고 주장할 수 있음.

비교우위(comparative advantage). 이 경제원리는 무역으로 인한 이익은 경제가 생산을 전문화하도록 장려하는 데서 나온다는 것임. 1817년 데이비드 리카르도가 처음 제시한 것처럼, 한 국가가 한 제품을 다른 제품보다 상대적으로 더 잘 만든다면, 해당 제품에 더 많은 자원을 투입하고 그것을 팔아서 얻는 수익으로 자국에서 덜 효율적으로 생산되는 제품을 구입하는 것이 합리적임.

비교정치학(comparative politics). 미국 외 지역의 정부 및 정치 제도와 행동에 초점을 맞추는 정치학의 한 분야. 비교 방법론에 의존하는 경우가 많음.

비교(comparison). 이 인류학적 관점은 인간 공동체가 동일한 문제를 해결하는 다양한 방법을 비교함으로써 한 가지 관행이나 지식체계가 자연스럽다거나 필요하다고 잘못 가정하는 것을 피하고자 함.

복합 상호의존(complex interdependence). 국가들을 상호 취약하고 민감하게 만드는 국가 간의 강한 연결로 특징지어지는 이론 또는 상황.

유교(Confucionism). 사회질서와 호혜성에 관한 중국의 철학 체계

보수적 민족주의(conservative nationalism). 권력과 사회경제 질서를 지키려는 지도자들은 국민에 대한 자부심과 적국에 대한 두려움을 대중을 통합하고 국내 불안을 방지하기 위한 수단으로 사용함.

입헌군주제(constitutional monarchy). 왕실 출신의 왕이나 여왕이 국가 원수 역할을 하지만, 실질적인 정치 권력은 민주적으로 선출된 입법부에 있음.

코로나19(Covid-19). 코로나바이러스 질병. 2019년 12월부터 전 세계로 확산되어 전 세계적인 팬데믹을 일으킨 바이러스.

크리오요(*criollos*). 스페인어 크리오요(criollo)는 본디 스페인 식민지시절 라틴아메리카에서 태어난 유럽인(스페인인)의 자손들을 부르는 용어였다. 이들은 식민지 시기 동안 정치 경제를 장악했으며, 19세기 초 라틴아메리카 독립에 앞장 섰다. 현재 이 단어가 영어인 크레올(creole)로 불리울 때는 유럽계와 현지 문화권의 혼혈 인종 및 문화를 통칭하고 있다.

문화사회사(cultural and social history). 음악, 음식, 스포츠, 언어, 종교, 가족, 성별 및 기타 문화와 사회의 요소의 역사에 대한 연구.

문화적 논리(cultural logic). 의미있는 인간 행동을 생성하는 기본 메커니즘.

문화적 오해(cultural misunderstanding). 서로 다른 문화적 논리를 사용하는 사람이나 공동체가 서로의 말과 행동을 이해하지 못해 발생하는 의사소통 실패.

문화적 관습(cultural practices). 특정 공동체에 속한 사람들의 일상적인 활동과 그들이 사용하는 유물

문화(culture). 사람들이 세계 안에서 행위할 수 있도록 자신들을 적응시키는 학습된 의미체계.

문화충격(culture shock). 사람들이 적응해온 규칙과 이해가 적용되지 않을 때 느끼는 불쾌하고 충격적인 감정.

사이버공격(cyberattacks). 다른 국가의 컴퓨터 시스템의 데이터를 훔치거나, 비활성화, 중단 또는 파괴하도록 설계된 단일 또는 여러 컴퓨터 또는 네트워크에 대한 공격.

사이버첩보(cyber espionage). 경제적 또는 군사적 이익을 위해 다른 국가의 민감한 정보를 훔치는 것.

사이버안보(cybersecurity). 컴퓨터 시스템과 네트워크를 손상 위협으로부터 보호하기 위한 조직적인 노력.

사이버공간(cyberspace). 컴퓨터 네트워크를 통한 통신이 이루어지는 개념적 환경.

사이버테러리즘(cyberterrorism). 이념적 동기가 있는 집단이나 개인에 의해서 수행되는 사이버공격

사이버전쟁(cyberwarfare). 한 국가에 의해 다른 국가에 대해 수행되는 사이버공격.

다르푸르(Darfur). 수단의 서부지역. 수단은 21세기의 첫 10년 동안 약 20만 명의 목숨을 앗아간 내전을 경험했음. 일부 관찰자들은 수단 정부가 아랍계가 아닌 민족의 대량학살을 묵인하고 있다고 비판함.

탈식민지화(decolonization). 제국주의 열강에 의한 통제가 끝나고 과거 식민지였던 국가들이 독립을 찾는 것.

딥페이크(deep fake). 인공지능을 사용하여 생성되는, 실제 사건과 구별이 되지 않는 허위 사건의 이미지.

수요(demand). 다른 모든 요소가 일정하게 유지된다는 가정 하에 구매자가 다양한 가격대에서 기꺼이 구매할 수 있는 상품의 양. 거의 항상 하향 경사 곡선인 수요곡선으로 표시되며, 이는 가격이 하락함에 따라 소비자가 더 많은 상품을 구매할 것임을 보여줌.

수요표(demand schedule). 구매자가 특정 가격에 구매 의향이 있는 상품 목록.

민주주의(democracy). 어떤 형태의 선거 절차에 따라서 지도자를 선출하는 정부 통치의 한 형태.

덩 샤오핑(Deng Xioaping). 1978~1992 기간 중국의 지도자.

종속이론(dependency theory). 라틴 아메리카의 빈곤과 성장 정체의 원인을 서구 선진국 경제에 대한 이 지역의 의존도에서 찾는 경제이론.

결정주의(determinism). 모든 사건은 자연 법칙과 조건뿐만 아니라 그 이전의 사건에 의해서 형성되기 때문에 인간의 의도와 노력은 대체로 관련이 없다는 이론적 가정.

억지력(deterrence). 결과에 대한 의구심이나 두려움을 심어줌으로써 행동이나 사건을 예방하려는 노력.

발전(development). 인간의 삶의 질이 향상되는 과정.

개발주의적 관점(developmentalist perspectives). 저개발국에서의 경제성장에 관한 연구

변증법(dialectic). 마르크스주의에서 변증법은 자본가와 노동자라는 두 사회계급 간의 지속적인 경쟁을 말하며, 이

로 인해 사회의 변화가 일어난다고 인식함.

디아스포라(diaspora). '분산'을 뜻하는 그리스어에서 유래한 이 용어는 공동의 고향에 대한 유대감을 통해 정착하는 공동체에서 뚜렷한 정체성을 유지하는 초국가적 민족공동체를 묘사하는 데 사용됨.

전파(diffusion). 무역 및 대중매체와 같은 간접적인 접촉뿐만 아니라 이주나 정복을 통한 문화적 관행의 확산.

동아시아(East Asia). 중국, 일본, 북한, 한국이 이 지역의 주요 국가들임.

생태경제학(ecological economics). 현실적인 경제 예측에는 오염 및 자원 손실과 같은 환경 및 생태 비용이 포함되어야 한다는 원칙에 뿌리를 둔 경제학의 한 분야.

경제사(economic history). 상품과 서비스의 교환의 역사에 관한 연구. 경제사학자들은 미래의 경제 및 비즈니스 결정에 영향을 미칠 수 있는 동향에 대한 통찰을 구함.

경제 민족주의(economic nationalism). 경제가 사회, 정치, 문화 시스템과 통합적으로 연결된 것으로 간주되고, 국가가 노동, 무역 생산 및 부의 축적을 보호하기 위해 시장에 개입해야 한다고 믿는 경제 패러다임.

경제학(economics). 필요와 욕구를 충족시키기 위한 희소 자원의 사용에 관한 개인의 선택에 초점을 맞춤으로써 희소 자원의 생산, 분배, 소비 과정에서 부의 흐름에 대해 연구, 설명, 모델링 및 예측하는 사회과학의 한 분야.

유럽경제공동체(European Economic Community, EEC). 1957년 유럽 6개국(프랑스, 서독, 이탈리아, 베네룩스 국가)이 모여 무역 전반에 대한 관세를 낮추고 공동의 대외 관세를 만들었음. 공동시장(the Common Market)이라고도 불리고, 이후 유럽연합으로 발전함.

체화(embodiment). 우리가 말하는 방식, 먹는 방식, 다른 사람들과의 거리에 따라 느끼는 편안함의 수준 등 신체와 무의식적 행동을 형성하는 문화적 학습.

경험적(empirical). 정보를 직접 관찰하고 신중하게 기록하여 얻은 지식의 유형.

문화화(enculturation). 한 사회의 구성원들이 새로운 세대에게 문화를 전달하는 과정.

환경(environment). 우리의 물리적 세계.

환경결정론(environmental determinism). 인간의 사건은 전적으로 물리적 환경의 결과로 설명될 수 있다는 단순한 믿음.

환경사(environmental history). 물 사용, 농업 관행, 식량 분배, 해양 및 산림 보존 등 인간과 환경 간의 상호작용을 연구하는 역사학의 한 분야.

환경가능론(environmental possibilism). 물리적 환경이 인간이 시도하는 것을 결정하지는 않지만 인간이 달성할 수 있는 것을 제한한다는 이론.

균형상태(equilibrium). 재화에 대한 수요가 재화의 공급과 동일할 때, 그 재화의 시장은 균형상태에 있음.

유로화(Euro). 유럽연합의 통화.

유럽석탄철강공동체(European Coal and Steel Community, ECSC). 1951년 석탄과 철강 생산을 규제하기 위하여 "더 식스"(서독, 프랑스, 이탈리아, 벨기에, 네덜란드, 룩셈부르크)에 의해서 설립되었으며, 1957년 유럽경제공동체로 발전하였음.

유럽경제공동체(European Economic Community). 1957년 6개의 유럽 국가(프랑스, 서독, 이탈리아, 베네룩스 국가)가 무역 전체에 관세를 낮추고 공통의 대외 관세를 만들기 위해 함께 가입했음. 유럽공동시장(Europe Common Market)이라고도 함. 유럽경제공동체는 유럽연합으로 발전했음.

유럽연합(European Union, EU). 1992년 설립되었으며 27개 회원국 중 대부분의 국가에서 국경을 없애고 통화 단일화를 단행함(유로화). 외교 및 국방 정책도 조정함.

유로존(Eurozone). 유럽에서 공통 유럽 통화(유로화)가 유일한 통화로 인정되는 지역.

바스크 조국해방(Euskadi Ta Askatasuna, ETA). 바스크 영토에 대한 스페인 통치로부터 독립을 추구하는 바스크 테러리스트 조직.

악마의 눈(evil eye). 질투나 분노에서 영감을 받은 시선은 상대방에게 부상이나 불운을 가져올 수 있다는 지중해 문화에서 광범위하게 퍼져 있는 믿음.

진화(evolution). 모든 사회문화 시스템은 연속적인 변화의 상태에 있다는 인류학의 가정.

환율(exchange rate). 다른 국가의 통화에 대한 한 국가 통화의 가치.

표현 문화(expressive culture). 하나의 공동체가 문학, 예술, 신화, 의식, 대중 매체 등 다양한 상징의 형태로 세계관을 구체화하고 정교화하는 것.

채굴주의(extractivism). 경제성장을 위해 주로 지구에서 자원을 채굴하는 것에 의존하는 것.

실패국가(failed state). 통치하는 국가의 전부 또는 일부에 대한 통제권을 상실한 중앙정부.

공정무역(fair trade). 수출상품에 대한 최저 가격을 설정하여 심각한 경제 충격으로부터 생산자를 보호함으로써 시장에 개입하는 무역 파트너쉽 시스템.

파시즘(fascism). 베니토 무솔리니는 제1차 세계대전으로 인한 이탈리아의 상처 입은 국가적 자부심과 정치적, 경제적 혼란을 활용하여 1922년 입헌군주제를 전복시켰음. 무솔리니의 파시즘은 사람들의 불만을 이용한 극우 대중운동이었음.

비옥한 초승달 지대(fertile crescent). 이집트의 나일강 계곡에서 메소포타미아(현재의 이라크)에 이르는 강 계곡 지역으로, 농업의 발명으로 세계 최초의 도시와 제국이 부상했음.

현지조사(fieldwork). 연구대상이 되는 사람들과 일정 기간 함께 거주하면서 연구하는 사회과학의 연구방법들을 통칭하는 용어.

공식적 학습(formal learning). 학교, 견습, 현장교육 등 일한 목적을 위해 특별히 설계된 기관 내에서 이루어지는 문화 지식의 습득.

공식 지역(formal region). 특징의 균일성으로 정의되는 지역.

기능 지역(functional region). 지역 간의 상호작용으로 정의되는 지역.

푸스하(fusha). 푸스-하로 발음. 고유 아랍어, 즉 꾸란과 중세 문학의 고전 아랍어. 오늘날 이 언어는 주로 문학 언어.

선진 7개국 회의(Group of Seven, G7). 프랑스, 일본, 이탈리아, 독일, 캐나다, 영국, 미국 등 7개국의 국제 포럼. 이들 국가는 전 세계 경제 생산의 약 60%를 차지할 뿐만 아니라 전 세계 군사력에서 가장 큰 비중을 차지함. 러시아는 1988년부터 2014년까지 주요 8개국(G-8)의 회원국이었음.

주요 20개국 회의(Group of Twenty, G20). 세계 경제 상황을 논의하기 위해 매년 정상회의에서 모이는 20개 주요 경제국(19개국 및 유럽연합)의 재무장관 및 중앙은행 총재 그룹.

관세 및 무역에 관한 일반협정(General Agreement on Tariffs and Trade, GATT). 국가 간 자유무역 장벽을 낮추기 위한 틀을 제공했음. 1995년 GATT는 국제 무역분쟁을 중재하고 무역장벽을 더욱 낮추는 데 전념하는 세계무역기구(WTO)로 발전했음.

유사성 생성(generation of similarity). 가족, 학교, 또래집단, 대중매체와 같은 사회제도와 과정을 통해 공동체 구성원들 간의 공통된 신념, 가치관, 지향점 및 행동 모델을 가르치고 강화하는 기능.

지리적 정의(geographic definition). 경계에 대한 지리적 설명에 의해 정의되는 대륙, 국가, 또는 기타 지역의 경계.

지리정보시스템(geographic information system, GIS). 여러 층위의 데이터를 저장하고 분석하는 컴퓨터 매핑 시스템.

지리학(geography). 개별 장소에서 물리적 및 인간 현상의 상호작용이 어떻게 패턴을 형성하고 공간을 구성하는지에 대한 연구.

세계화(globalization). 글로벌 커뮤니케이이션 및 시장 연결의 확대, 글로벌 수준의 사회적, 정치적 상호의존성의 증가, 그리고 세계의 많은 사람들 사이에서 국가적 인식보다는 글로벌 인식의 발전. 경제적, 정치적, 문화적 변화를 통해 전 세계적으로 증가하고 있는 상호연결성.

세계경제위기(Great Economic Crisis). 2008년 미국에서 시작된 세계 경제의 급격한 침체는 전 세계적으로 엄청난 결과를 가져왔음.

국내총생산(Gross Domestic Product, GDP). 한 국가의 경제 규모를 측정하는 방법으로, 일반적으로 특정 기간 동안 한 국가 내에서 생산된 모든 상품과 서비스의 시장 가치로 정의됨.

하디스(*hadith*). 예언자 무하마드와 그의 동료들의 말과 행동에 대한 집합적 기록.

패권국(Hegemon). 그룹 구성원들이 인정하는 글로벌 또는 지역 선도적인 강국.

히잡(*hijab*). 일부 중동 무슬림 여성이 착용하는 머리와 목을 덮는 스카프.

힌두교(hiduism). 아시아에서 가장 오래된 종교이자 인도에서 지배적인 종교.

역사적 정의(historical definition). 해당 역사에서 발생한 사건에 의해서 정의되는 국가, 대륙 또는 기타 지역.

역사적 유물론(historical materialism). 철학적 이상주의와 대조적으로 사적 유물론은 칼 마르크스가 주장한 역사 및 사회 시스템을 연구하는 방법으로, 사회적 및 이념적 맥락을 형성하는 데 있어 삶의 물질적 조건을 주요한 것으로 간주함.

사학사(historiography). 특정 주제에 대한 역사가들의 연구에 대한 비판적 요약.

전체론(holism). 인간 사회를 여러 요소가 얽혀 있는 복잡한 시스템으로 이해하고자 하는 인류학적 관점.

적대적인 사회적 조작(hostile social manipulation). 대상 국가에서 유해한 사회적, 정치적, 경제적 결과를 도출하기 위한 정보의 생성 및 배포를 통해 신념, 태도 및 행동에 영향을 미치려는 노력.

인간결정론(human determinism). 인간이 환경적 영향을 고려하지 않고도 땅을 어떤 형태로든 형성할 수 있다는 단순한 믿음.

이상주의/자유주의(idealism/liberalism). 정치적 행동을 도덕적 인간 결정, 제도적 구조 및 집단적 이해관계의 함수로 설명하는 이론.

정체성(identity). 개인이 집단 또는 공동체의 구성원으로서 갖는 느낌뿐만 아니라 다른 사람들이 집단의 구성원으로서 개인에게 부여할 수 있는 일련의 연계성.

이념(ideology). 한 사회에서 자원에 대한 권리, 책임, 통제권의 불평등한 분배를 만들거나 유지 또는 저항하기 위해 문화적 상징을 동원하는 것.

국제통화기금(International Monetary Fund, IMF). 재정 문제가 있는 국가에 재정 지원을 제공하고 글로벌 금융 시스템을 모니터링하여 환율과 국가 수지의 변화를 관찰하는 국제기구.

제국 국경(imperial border). 유럽의 제국주의자들은 1884~1885년 베를린 회의에서 아프리카의 국경을 확정했는데, 그들이 그은 국경은 자연 경계나 종족 분열과 거의 관련이 없음.

제국주의(imperialism). 한 국가에 대한 다른 국가의 정치적, 경제적, 문화적 지배.

수입쿼터(import quotas). 한 국가의 국내 산업의 특정 부문을 보호하기 위해 특정 상품의 수입에 부과되는 양적 제한.

수입대체산업화(import substitution industrialization, ISI). 1960년대와 1970년대 라틴 아메리카의 지배적인 경제

모델이었던 수입 대체 산업화는 국내 산업이 이전에 수입했던 상품을 제공해야 했음.

독립 아프리카(independent Africa). 1956년 가나를 시작으로 1975년 모잠비크, 앙골라를 끝으로 아프리카의 모든 국가는 유럽 제국주의자들로부터 독립했음.

비공식 경제(informal economy). 정부의 감시를 받지 않으므로 세금이 부과되지 않거나 국가의 국내총생산에 포함되지 않는 경제 활동.

비공식적 학습(informal learning). 단순히 보고, 듣고, 일상 활동에 참여함으로 얻게 되는 학습.

지성사(intellectual history). 종교, 민족주의, 자유주의, 맑시즘, 페미니즘 등 이데올로기의 발전과 영향에 관한 역사적 연구.

지적재산(intellectual property). 인간 정신의 무형의 창조물도 토지나 물리적 재화와 유사한 방식으로 보호될 수 있다는 생각.

문화 간 관계(intercultural relations). 초국가적 이주, 새로운 정보기술, 글로벌 시장에 의해 촉진되어, 창의성과 혁신뿐만 아니라 오해와 갈등으로 이어질 수도 있는 문화적 경계를 넘는 상징의 흐름.

국제경제학(international economics). 국가 경제의 금융 및 무역 관계와 국제 무역 및 금융이 전 세계 및 국가 내 생산, 소득, 부의 분배에 미치는 영향에 초점을 맞춤.

국제정치(international politics). 초국가적 정치 행태에 초점을 맞추는 정치학의 한 분야.

국제관계(international relations). 국가 간의 정치적 관계에 초점을 맞추는 정치학의 한 분야.

국제학(international studies). 국제 및 글로벌 문제에 대한 정책적 해결책을 찾는 것을 목표로 국경을 초월한 주요 정치, 경제, 지리적, 역사적, 문화적 문제를 설명하고 분석하는 학제 간 학문 분야.

아일랜드공화국군(Irish Republican Army, IRA). 아일랜드 민병대는 원래 아일랜드 가톨릭 신자들을 보호하고 영국을 아일랜드에서 몰아내기 위해 결성되었음. 1971년 아일랜드 대부분이 자치권을 획득한 후 아일랜드 공화국군은 북아일랜드와 아일랜드의 통일을 요구하는 테러단체로 발전했음.

철의 장막(Iron Curtain). 제2차 세계대전 이후 소련에 우호적인 공산주의 체제에 속했던 동유럽 국가들(동독, 폴란드, 체코슬로바키아, 헝가리, 루마니아, 불가리아)의 서쪽 경계를 설명하는 데 사용되는 용어.

이슬람(Islam). 중동 지역의 지배적인 종교로서, 세계에서 두 번째로 크고 빠르게 성장하는 종교.

이슬람 세계(Islamic World). 아시아, 아프리카, 중동, 유럽 등지에 있는 세계 무슬림의 총 집합.

잔자위드(*janjaweed*). 수단 정부가 이 지역의 아프리카 부족들을 학살하고 위협하기 위해 활용하는 다르푸르 지역을 근거지로 활동하는 아랍 민병대.

지하드(*jihad*). 영적 투쟁을 의미하는 이슬람 용어. 큰 지하드는 죄에 대한 개인의 내적 투쟁을 의미하며, 작은 지하드는 정치적, 군사적 투쟁을 의미함.

키레츠(*keiretsu*). 기업집단을 이르는 일본어.

키마르(*khimar*). 일부 중동 지역에서 여성이 착용하는 얼굴을 제외하고 머리부터 발끝까지 가리는 망토.

도둑정치(kleptocracy). 지도부의 개인적 이익을 위해 정부 재정과 국가 경제를 약탈하는 정권.

노동사(labor history). 경제사의 하위 분야로 노동자 계층 연대와 경영진 및 정부와의 노동자 관계 발전에 중점을 둠.

자유방임주의(laissez-faire). 한 나라의 경제에서 최소한의 정부 개입.

라티푼디아(latifundia). 라틴 아메리카의 식민지 농업을 지배했던 대규모 농장. 독립 후에도 라티푼디아는 지속되었고 불평등한 토지 배분 패턴을 확립했음.

수요의 법칙(law of demand). 재화의 가격과 그 재화의 수요량 사이에 반비례 관계가 있다고 주장하는 경제 이론.

공급의 법칙(law of supply). 재화의 가격과 그 재화의 공급량 사이에는 직접적인 관계가 있다고 주장하는 경제 이론.

좌파(Left, the). 세계정치에서 인도주의와 이상주의를, 국내정치에서 시민의 자유와 정부의 책임을 지지하는 정치 스펙트럼의 측면.

자유민주주의(liberal democracy). 다수결의 원칙을 제도화하고, 독립적인 사법부를 두고, 법치를 존중하며, 모든 시민의 시민권을 보호하는 정부 시스템.

자유주의 경제이론(liberal economic theory). 유럽 계몽주의 시대에 발전한 이 이론은 개인이 최소한의 정부 개입으로 상품과 서비스를 거래할 수 있는 시스템을 강조함.

자유주의(liberalism). 국제정치에서 자유주의 원칙은 다음과 같음. (1)인간은 선을 위한 능력을 지니고 있음. (2)이기적이고 폭력적인 행동은 인간 본성에서 비롯된 것이 아니라 그러한 행동을 촉진하는 제도에서 비롯됨. (3)전쟁으로 이어지는 주요 제도는 국가임. 왜냐하면 국가는 세계복지보다 민족주의와 이기심을 조장하기 때문. (4)전쟁을 예방하기 위해서는 다자간 행동과 제도가 필요함.

기대수명(life expentancy). 출생 시 평균적으로 기대되는 수명.

유동성(liquidity). 개인, 기업, 국가 등 경제 단위가 감당할 수 없는 손실을 입지 않고 만기가 도래할 때 부채를 상환할 수 있는 능력.

위치(location). 지리적 현상이 있는 곳. 절대적, 상대적, 명목적 위치를 포함함.

거시경제학(Macro Economics). 국가 경제에 대한 종합적인 정보를 수집하여 정의된 시장 시스템에서 모든 시장의 결합 성과를 연구하는 학문. 국가 또는 글로벌 지역을 분석 단위로 가질 수 있음.

마그레브(Magreb). 북아프리카, 특히 서부지역을 가리키는 아랍어 용어.

넬슨 만델라(1918-2013). 아프리카 민족회의를 이끌며 남아프리카공화국에서 아파르트헤이트와 싸웠음. 27년간의 감옥 생활 끝에 석방된 그의 비폭력적 접근 방식은 결국 1990년 백인 통치를 종식시켰음. 남아프리카공화국 대통령, 1994-1999.

마오쩌둥(1893-1976). 중국의 지도자, 1949-1976.

지도(map). 세상에 대한 아이디어를 표현하는 수학적 정밀도의 특수한 그림. 위치가 다른 위치와 어떤 관계를 맺고 있는지 구체적으로 이해할 수 있는 다각적인 도구.

한계효용(marginal utility). 비즈니스의 목표는 소비자 만족을 얻는 지점을 늘리는 것이라는 이론.

시장(market). 상품을 사고 파는 일련의 사회적 제도. 시장에서는 소비자가 정보를 수집하고 상품과 서비스의 자발적인 교환에 참여하여 거래를 성사시킴.

마샬 플랜(Marshall Plan). 제2차 세계대전 이후 전쟁으로 황폐화된 서유럽 경제를 활성화하기 위해 미국이 자금을 지원한 130억 달러 규모의 원조 프로그램(1948-1952).

마르크스주의(Marxism). 19세기 중반 칼 마르크스는 헤겔이 주장한 것처럼 역사적 발전은 사상의 충돌이 아니라 물질적 소유에 기반한 계급 간의 투쟁이라고 이론화했음. 마르크스는 노동계급에 의한 폭력적 전복을 주장함.

마르크스-레닌주의(Marxism-Leninism). 마르크스의 경제이론을 블라디미르 레닌이 제시한 공산주의 국가 발전을 위한 일련의 정치 이론과 연결한 마르크스주의 정치이념의 한 형태.

마우마우 반란(Mau Mau Rebellion). 마우 마우족은 대부분 케냐의 키쿠유족으로, 영국에 땅을 빼앗기는 것에 반대하여 반란을 일으킴. 1950년대에는 수천 명의 키쿠유족이 반란으로 사망.

생산수단(means of production). 상품을 생산하는 데 필요한 도구, 지식, 자본 및 원자재를 지칭하는 마르크스주의 용어.

미디어(media). 기술적으로 인간의 의사소통을 확장하는 수단으로, 설형 태블릿부터 축음기 레코드, 신문, 라디오 및 텔레비전 방송, 소셜 미디어에 이르기까지 다양함.

멜라네시아(Melanesia). 파푸아뉴기니, 솔로몬 제도, 바누아투, 피지를 포함한 태평양의 섬 지역.

중상주의(mercantilism). 한 국가의 경제적 안녕이 전 세계 자본량에 대한 통제 정도와 직접적으로 관련이 있다고 주장하는 정치경제 이론.

능력주의(meritocracy). 사람들이 카스트, 계급, 종교, 인종, 민족, 친족 네트워크 등을 고려하지 않고 자신의 기술과 능력에 따라 성공하는 시스템.

방법론적 상대주의(methodological relativism). 비교를 위해 인류학은 모든 사회적 관행을 동일한 유형의 데이터로 취급해야 한다는 원칙.

미시경제학(microeconomics). 개인, 기업, 산업의 경제적 행동과 같은 소규모 시장 시스템을 연구하여 특정 시장에서의 상품과 서비스의 상대적 가격과 자원 투입을 이해하고자 하는 경제학의 한 분야.

소액금융(microfinancing). 일반적으로 이런 서비스를 이용할 수 없는 저소득층 고객에게 소규모 대출, 저축 계좌, 자금 이체 및 기타 금융 서비스를 제공하는 것.

미크로네시아(Micronesia). 나우루, 마셜 제도, 괌, 마리아나 제도, 미크로네시아 연방을 포함한 태평양의 섬 지역.

이주 노동(migrant labor). 한 나라 내의 이주 계절 근로자를 포함하여 고향에서 다른 곳으로 이동하여 일하는 모든 사람들.

군부쿠데타(military coup). 비민주적인 수단을 통한 군사적 권력 장악. 아프리카는 아프리카 대륙의 정치적 안정, 경제 발전, 민주주의로의 진화를 저해하는 반복적인 군사 쿠데타로 골머리를 앓고 있음.

군정(military rule). 군사 지도자들에 의한 통치.

새천년 개발 프로젝트(millenium development project). 2002년 유엔 사무총장은 개발도상국의 빈곤, 기아, 질병을 근절하기 위해 이 장기 계획을 수립했음.

현대 표준 아랍어(Modern Standard Arabic). 아랍어를 사용하는 세계 전역의 신문, 텔레비전 뉴스 프로그램, 학교 및 현대 문학의 언어.

군주제(monarchy). 정부 수반의 정당성이 왕실 혈통에 기반한 권위주의 정치 체제.

몬순(monsoon). 남아시아, 동남아시아, 동아시아 전역의 계절적 기후 변화.

무슬림 세계(Muslim World). 비무슬림 다수 국가의 무슬림 거주 지역을 포함한 전 세계 무슬림 공동체. '이슬람 세계' 참조.

북미 자유무역협정(North America Free Trade Agreement, NAFTA). 기존의 자유 무역에 대한 장애물을 제거하여 자유 무역을 장려하기 위한 미국, 캐나다, 멕시코 간의 협정.

나크바(*nakba*). "대재앙". 1948년 이스라엘 국가 수립을 지칭하는 아랍어 용어.

민족(nation). 공통의 기원과 성격으로 하나가 된 사람들. '국가(state)'도 참조.

민족자결주의(national self-determination). 모든 국민 또는 국가는 자신의 정치 체제를 결정할 권리를 가져야 한다는 이론.

민족주의(nationalism). 비슷한 언어, 종교, 역사, 문화를 가진 사람들 사이에 형성된 유대감. 민족주의는 다른 민족

집단과 다르다는 느낌을 낳고, 종종 우월감과 맹목적 애국심을 낳기도 함.

민족주의 역사(nationalist history). 공통의 사명, 문화, 종교, 언어, 공유된 영토를 바탕으로 통일체 역할을 하는 민족의 과거에 대한, 종종 미화된 역사. 민족주의 역사는 민족의 업적을 높이고 다른 국가의 업적을 폄하하는 경향이 있음.

국유화(nationalization). 토지, 공장, 기업 등 생산수단의 국가 전용. 일반적으로 국가의 "국민"이라는 이름으로 행해짐.

민족국가(nation-state). 공통 언어와 역사적 전통을 가진 사람들이 주권 국가를 구성해야 한다는 서구적 생각. '국가'와 '민족' 참조.

북대서양조약기구(North Atlactic Treaty Organization, NATO). 1949년에 설립되었으며 주로 소련의 공격에 대응하기 위해 서유럽 국가들과 미국, 캐나다가 결성한 군사 및 정치 동맹. 현재 26개 회원국이 가입되어 있음.

나치즘(Nazism). 아돌프 히틀러의 나치 운동은 이탈리아 파시즘에서 차용하여 악랄한 인종적 반유대주의를 추가하였음. 히틀러는 대공황이 한창이던 1933년 권력을 잡음.

신자유주의(neoliberalism). 세계 대부분의 지역에서 지배적인 경제 모델인 신자유주의는 자유무역과 낮은 정부 개입을 표방함. 국제통화기금, 세계은행 및 기타 서방의 대출 기관에 의해서 촉진됨.

신족벌주의(neo-patrimonialism). 이 후원제도는 국가 전체의 이익을 위해 행동하기보다는 정치적 권력을 이용해 자신들의 종족 집단 구성원의 이익을 도모하는 일부 아프리카 지도자들 사이에서 널리 퍼져 있음.

신제국주의(New Imperialism). 19세기 후반, 유럽 열강들은 아프리카와 아시아의 마지막 남은 자유 지역 대부분을 분할했음. 1900년까지 지구 육지 표면의 거의 85%가 유럽인들에 의해 지배되었음.

뉴 미디어(new media). 소비의 도구가 생산 및 분배의 도구가 되기도 하는 개인용 컴퓨터, 스마트폰 및 기타 관련 장치와 같은 미디어.

아프리카 개발을 위한 새로운 파트너쉽(New Partnership for Africa's Development, NEPAD). 실패한 정치 및 경제 정책을 검토하고 협력과 발전을 위한 새로운 전략을 제안하기 위해 2001년에 결성된 전 아프리카 기구.

신흥공업국(newly industrialized countries, NICs). 후발 산업화 국가, 또는 선진국 지위에 근접한 국가: 싱가포르, 한국, 대만.

니캅(niqab). 얼굴 베일, 장갑, 그리고 어떤 곳에서는 아이스크린이나 선글라스와 함께 온 몸을 덮는 드레스.

재생불가능 자원(nonrenewable resources). 지속적인 사용으로 인해 고갈되는 유한한 양의 재료나 에너지.

동북아시아(Northeast Asia). 중국, 일본, 한국, 북한이 속한 아시아의 동북 지역.

기회비용(opportunity cost). 경제학에서 한 가지 옵션을 다른 옵션보다 수용함으로써 발생하는 비용.

아프리카 통일 기구(Organization of African Unity, OAU). 부분적으로는 미국과 벨기에가 콩고에서 파트리스 루뭄바를 전복시키려는 음모의 결과로, 32개 아프리카 국가들이 1963년 아프리카 통일 기구를 결성. OAU는 냉전 동안 지지를 원하는 소련과 미국의 엄청난 압력에 직면하여 아프리카 국가들의 독립를 유지하기를 희망함. 현재 아프리카 연합(African Union)이라고 불림.

미주기구(Organization of American States, OAS). 서반구의 주요 외교 기구. 회원국에는 1962년 이후 공산정권이 통치하고 있는 쿠바를 제외한 아메리카와 카리브해의 모든 국가가 포함됨.

차이의 관리(organization of difference). 행동을 규제하고 일탈을 보상하거나 처벌하는 사회 제도와 프로세스의 기능.

태평양(Pacific). 호주와 뉴질랜드, 폴리네시아, 미크로네시아, 멜라네시아 지역을 포함한 대양.

패러다임(paradigm). 과학적 또는 학문적 분야를 정의하는 일련의 관행과 관련 이론 및 아이디어.

간결함(parsimony). 효율성. 간결한 이론은 몇 가지 주요 개념으로 많은 것을 설명하는 이론.

참여 관찰(participant observation). 호스트가 허락하는 한 커뮤니티의 일상 생활에 참여하여 호스트 커뮤니티를 관찰하는 고전적인 인류학 연구 방법.

목축업(pastoralism). 소 사육을 기반으로 한 경제 시스템. 중동에서는 계절 변화를 이용하기 위해 무리를 지어 이동하는 유목민 목축업자들이 참여하는 초인적 목축업이 일반적이었음.

경로 의존성(path dependence). 구조나 이전 결정에 따라 특정 방식으로 발전하는 제도의 경향.

페닌슐라레스(*peninsulares*). 식민지 라틴 아메리카에 거주하는 스페인 또는 포르투갈 태생의 개인들.

석유 달러(petrodollars). 1970년대 중동의 석유 붐 당시 대부분의 서방 은행에 예치된 자금. 이러한 자금 중 일부는 결국 라틴 아메리카 및 다른 저개발 지역에 대출로 나감.

석유 국가(petro-states). 전체 국민들에게 이익이 되는 지속가능한 경제 시스템에 석유의 이익을 투자하지 않는 나이지리아와 같은 대부분의 석유가 풍부한 국가들.

철학적 상대주의(philosophical relativism). 본질적으로 공동체가 무엇을 하든 구성원들에게 옳다고 주장하는 입장. 인류학자 중 이 철학을 전적으로 고수한다고 주장하는 사람은 거의 없음.

장소(place). 한 지역과 그 지역과 결부된 인간의 감정과 가치.

정치 외교 역사(political and diplomatic history). 권력과 권력 관계의 역사에 관한 연구. 가장 오래된 역사적 전통, 정치 및 외교 역사는 종종 위대한 인물들의 전기로 특징지어짐. 정치, 법, 외교 정책은 정치사의 영역에 속함.

정치생태학(political ecoology). 정치, 경제, 문화, 지리를 활용하여 환경 문제를 분석하는 연구.

정치경제(political economy). 시장, 물가, 무역뿐만 아니라 법률, 정부, 여론, 무역 규제를 포함한 정치제도와 경제 시스템의 상호관계 또는 그것을 연구하는 학문 분야.

정치적 이슬람(political Islam). 정치 및 경제 생활에서 이슬람의 도입은 국가 내 정치 행위자들과 기존 정부에 반대하는 단체들에 의해 이루어졌음. 일반적으로 샤리아에 대한 일부 해석에 기반한 정치 체제를 옹호함.

정치적 자유주의(political liberalism). 시민의 자유, 정치적 평등, 그리고 자신의 재산과 운명을 통제할 개인의 자유에 관한 철학.

정치 이론(political theory). 정치 행동과 조직의 철학에 초점을 둔 정치학의 한 분야.

정치(politics). 결정을 내리고 행동을 취하기 위해 권력을 놓고 경쟁하는 그룹 간의 갈등.

폴리네시아(Polynesia). 하와이, 통가, 사모아, 프랑스령 폴리네시아를 포함한 태평양의 섬 지역.

대중 역사(popular histories). 드라마틱한 효과를 위해 진실성을 훼손하는 대중 소비를 위해 쓰여진 역사.

포퓰리즘(populism). 권위주의 지도자의 민족주의적 구호와 하층민에 대한 지출로 대중에게 호소하는 것.

탈산업 경제(postindustrical economy). 고용과 성장에서 3차(서비스) 및 4차(연구) 부문이 일반적인 경제.

포스트모더니즘 역사(postmodernist history). 포스트모더니스트는 모든 역사가 과거에 일어난 일어난 일만큼이나 작가의 동기에 대해 많은 것을 드러낸다고 주장함. 그들은 역사 기록의 주관성을 강조함.

일차 자료(primary sources). 유물, 일기, 편지, 회고록, 공식 문서 및 기타 과거의 직접적인 증거.

인쇄 자본주의(print capitalism). 개인 소유의 인쇄기술이 신문, 소책자, 악보 및 기타 인쇄물과 같은 매체의 대규모 생산을 가능하게 한 시스템.

생산 국가(production state). 정부가 자국민의 부에 대한 과세로부터 대부분의 수입을 창출하는 국가.

진보주의(progressivism). 독일의 철학자 헤겔은 새로운 사상이 오래된 전통에 도전하면서 새로운 종합(synthesis)이 더 나은 정치, 경제, 사회 구조를 발전시킬 것이라고 썼음. 즉, 교육과 생활수준의 향상을 통해 사람들은 노예제, 전쟁, 불평등과 같은 과거의 잘못을 없애고 평화와 조화 속에서 살아가는 법을 배울 수 있다는 것.

투영(projection). 지구의 3차원 표현을 2차원 표현(지도)으로 체계적으로 변환함.

보호주의(protectionism). 외국 수입품에 관세를 부과하거나 할당량을 설정하는 정치-경제 전략으로, 일반적으로 외국 산업과 국내 산업 간의 경쟁을 제한하는 것을 목표로 함.

원시국가(proto-state). 하나 이상의 국가의 주권 하에 현재 토지에 대한 역사적 소유권을 가진 공동체.

섭리적(providential). 삶의 의미는 항상 설명 가능한 방식은 아니더라도 더 높은 힘이 세상에서 작동하고 있다는 믿음에서 비롯된다는 생각.

행정학(public administration). 응용 정치, 특히 지방 공공 기관에 중점을 둔 정치학의 한 분야.

공공 이슬람(public Islam). 일상 대화에서 영화, 블로그, 웹사이트에 이르기까지 일상적인 공공 생활에서 이슬람의 교리를 따르는 것.

꾸란(Quran). 무함마드의 계시에 대한 기록.

방사형 유통(radial distribution). 미디어가 생산 센터에서 생성되고 이러한 생산 시설에서 외부로 배포되는 시스템.

합리성(rationality). 경제학에서 인간과 그들이 창조하는 조직(조직, 기업, 국가 등)이 항상 보상을 극대화하고 손실을 최소화할 것이라는 가정.

현실주의(realism). 정치적 행동을 글로벌 무정부 상태에서 이기적인 국가들의 합리적인 행동의 함수로 설명하는 이론. realpolitik.

불황(recession). 2분기 연속(즉, 6개월) 이상 지속되는 경제 성장률 하락 기간.

난민(refugees). 박해, 전쟁, 기근, 테러 또는 자연재해로 인해 출신 국가를 떠나 외국으로 망명해야 하는 사람들.

지역(region). 지역(area)의 정신적 구성.

생산 관계(relations of production). 마르크스주의 사상에서 사회가 물질적 삶을 생산하고 재생산하는 방식에 의해 필연적으로 형성되는 사회적 관계. 생산 관계는 소득, 상품, 자산이 사회적으로 어떻게 분배되는지를 결정하며, 이는 사회의 사회적 구조를 구성함.

상대주의(relativism). 인간이 생명을 위협하는 문제들에 대해 수많은 창의적 해결책을 집단적으로 만들어낼 수 있다는 것을 인식하고, 특정 시간과 장소에서 어떻게 그리고 왜 일어나는지 이해하려는 인류학적 헌신.

재생가능 자원(renewable resource). 사람들이 소비하는 것과 비슷한 속도로 자연이 생산하는 자원.

자원(resource). 필요를 충족하기 위해 사용되는 물품

수정주의 역사(revisionist history). 새로운 증거를 사용하여 일반적으로 받아들여지거나 전통적인 과거 버전을 수정하는 역사적 기록.

우파(Right, the). 세계 정치에서 국가 안보와 국익을 강조하는 정치 스펙트럼의 측면과, 국내 정치에서 개인의 자유, 사유 재산, 낮은 정부 개입.

로열티(royalties). 판매된 상품 수의 비율을 기준으로 책정되는 지불금.

살라피(Salafi). 수 세기에 걸친 이슬람 신학을 거부하는 접근방식이자 무함마드와 그의 첫 동료들의 신앙의 초기 가르침의 '순수함'으로 돌아가려는 시도. 살라피스트는 극도로 엄격한 금욕적 수행과 살라피스트가 아닌 사람들은 진정한 무슬림이 아니라는 믿음으로 잘 알려짐.

축척(scale). 지도와 실제에서 물체의 상대적인 크기.

희소성(scarcity). 희소성은 모든 개인의 욕구를 충족시킬 수 없는 세상에서 무한하고 주관적으로 정의된 욕구를 충족시기기에 충분한 자원이 부족하기 때문에 발생함.

이차 자료(secondary sources). 일차 자료에서 파생된 신문 기사, 학술 논문, 책 및 다른 형태의 구술 또는 서술.

샤리아(Sharia). 꾸란과 하디스에서 파생된 법전.

시아파(Shia). 이슬람에서 가장 큰 소수 종파. 예언자의 사후 진정한 가르침과 리더쉽은 예언자의 생물학적 후손에게 전해졌다고 믿음.

실크로드(Silk Road). 아시아, 중동, 유럽을 연결하는 교역로.

신 페인(Sinn Fein). 아일랜드 공화국군의 정치 조직.

사회민주주의(social democracy). 대부분의 서유럽 국가들은 제2차 세계대전 이후 노사 간 협력, 관대한 국가 연금 및 실업 수당, 보편적 의료 서비스를 특징으로 하는 사회복지 시스템을 개발했음.

사회적 기업가정신(social entrepreneurship). 사회 변화를 일으키기 위한 프로젝트를 만들고, 조직하고, 관리하기 위해 기업가 정신 원칙을 사용하는 것.

사회주의(socialism). 재산과 부의 분배가 공동체에 의해 통제되는 정치-경제 시스템을 지지하는 다양한 정치적 교리나 운동.

남아시아(Souh Asia). 인도, 파키스탄, 방글라데시 등의 국가들을 포함하는 지역.

동남아시아(Southeast Asia). 태국, 인도네시아, 말레이시아, 베트남 등의 국가들을 포함하는 지역.

남쪽 원뿔(Southern Cone). 우루과이, 아르헨티나, 칠레, 파라과이를 포함한 남아메리카 최남단 지역.

국가부채 위기(sovereign debt crisis). 한 국가의 정부가 부채를 완전히 갚을 수 없는 상황. 국가 부채 불이행.

공간(space). 지구 표면을 가로지르는 지리적 현상의 배열.

공간적 상호작용(spatial interaction). 공간을 가로지르는 움직임 또는 흐름.

공간조직(spatial organization). 영토의 묘사.

스탈린주의(Stalinism). 1924년 블라디미르 일리치 레닌이 사망한 후 소련에서 이오시프 스탈린이 집권함. 그는 공산당의 무작위 숙청과 강제 산업화 및 집단화를 통해 전체주의 통치를 제도화하면서 수백만 명을 살해했음.

국가(State). 정의된 영토, 중앙정부, 그리고 합법적인 주권체로서의 국제적 인정을 특징으로 하는 국제적 행위자.

국가 후원 테러리즘(state-sponsored terrorism). 국가가 다른 국가의 테러리스트 적을 보유, 자금 지원 또는 지원하는 상황을 지칭하는 용어.

국가 테러리즘(state terrorism). 국가에 의한 보복 폭탄 테러, 사형대, 고문, 기타 그러한 행위의 현대적 사용.

구조조정 프로그램(structural adjustment programs, SAPs). 신자유주의 경제 모델의 일환으로, 통화 평가 절하, 정부 보조금, 일자리 및 서비스 삭감, 이국인 투자 및 무역 개방, 민영화와 같은 어려운 경제 정책이 포함됨.

보조금(subsidies). 상품 생산을 장려하거나 억제할 목적으로 행해지는 세금 감면이나 자본금 지급과 같은 정부의 재정 지원의 형태.

술탄(sultan). 오스만 제국의 최고 정치 통치자.

미주 정상회의(Summit of the Americas). 미주기구 지도자들이 서반구 전체의 자유시장을 도입하기 위한 신자유주의 정책인 워싱턴합의의 원칙 이행에 대해 논의할 수 있도록 설립되었음.

수니파(sunni). 전 세계 무슬림의 대다수. 구성원들은 예언자의 후계자로서 칼리프의 권위를 받아들임.

공급(supply). 거래 가능한 상품의 양.

지속가능성(sustainability). 무한 성장이라는 자유주의 경제사상에 대한 비판으로 제시된 지속가능성은 미래 세대의 요구를 충족시키는 능력을 줄이지 않으면서 현재 공동체의 요구를 충족시키는 정치-경제 시스템을 의미함.

지속가능 발전(sustainable development). 미래 세대의 필요를 해치지 않으면서 현재의 필요를 충족시키는 발전.

지속가능 개발 목표(Sustainable Development Goals). 유엔은 2016년에 빈곤 퇴치, 지구 보호, 2030년까지 모든 사람들이 평화와 번영을 누릴 수 있도록 17개의 목표를 설정하는 프로그램을 후원했음.

상징(물)(symbol). 문화적 관습, 연관성 또는 유사성에 따라 다른 것을 의미하는 어떤 것.

관세(tariff). 정부가 외국 경쟁으로부터 자국 산업을 보호하기 위해 수입품에 부과하는 세금.

테러리즘(terrorism). 반대하는 국가들이 정당하다고 인정하지 않는 국가 하위 그룹이 비국가 행위자를 표적으로 삼아 일상생활의 흐름을 방해하고 해당 국가 사람들 사이에 일반화된 공포를 퍼뜨리는 전략.

신정정치(theocracy). 종교 지도자들에 의한 통치.

이론적 상대주의(theoretical relativism). 모든 인간 행동은 자신의 맥락에서 이해될 때 합리적이라는 인류학적 가정.

역사 이론(thories of history). 역사가들이 역사적 변화를 일으키는 요인을 이해하는 데 사용하는 분석틀.

"실패하기에는 너무 크다"("too big to fail"). 2008년 글로벌 경기침체기에 등장한 슬로건으로, 많은 정부가 실패로 인해 경제가 감당할 수 있는 것보다 더 큰 재정적 결과를 초래할 수 있는 침몰하는 은행과 기업을 위해 세금을 사용해 할 필요가 있다고 느끼는 것을 설명함.

전체주의(totalitarianism). 냉전 기간 동안 서구에서 공산주의를 파시즘과 동일시하기 위해 대중화된 이론. 전체주의 이론은 정치 스펙트럼의 반대쪽 끝에 앉는 대신, 극우와 극좌가 사용하는 독재적 방법이 비슷하다고 주장함.

무역 관련 지적 재산권에 관한 협정(Trade-Related Aspects of Intellectual Rights, TRIPS). 글로벌 지적 재산권 및 규제를 정의하는 국제 협정.

부족(tribe). 공통 조상에 근거하여 공통 정체성을 공유하는 대규모 집단.

트러블(Troubles, the). 1960년대 한편으로 아일랜드 공화군과 가톨릭 민족주의 공동체가, 다른 한편으로 개신교 충성파와 왕립 얼스터 경찰, 영국군, 그리고 여러 얼스터 준군사단체들로부터 시작되었음. 1968년 미국의 민권 운동과 프랑스 학생 폭동에 자극을 받은 북아일랜드의 아일랜드 가톨릭 신자들은 자신들의 동등한 민권과 경제적 권리를 요구했음.

균일 지역(uniform region). 특정의 균일성으로 정의되는 지역.

효용(utility). 가능한 최고의 복지를 얻기 위한 시도.

미국-멕시코-캐나다 협정(United States-Mexico-Canada Agreement, USMCA). 2020년 체결된 NAFTA를 대체하는 미국-멕시코-캐나다 간의 무역협정.

노동가치(value of labor). 자유주의 경제이론에 따르면 제품의 가치는 상품에 가치를 부여하는 소비자의 선택에 의해서 결정되는 반면, 마르크스주의 경제이론은 제품을 생산하는 데 소비된 노동의 가치만큼 가치가 있다고 주장함.

와하비즘(Wahhabism). 사우디아라비아의 공시 종교가 된 18세기 종교개혁 운동.

바르샤바 조약기구(Warsaw Pact). 1955년 동유럽 국가들과 소련의 군사동맹으로 결성됨. 나토의 균형추 역할을 했지만 1989년 공산정권이 몰락한 후 빠르게 붕괴됨.

워싱턴 합의(Washington Consensus). 재정적 무책임에 시달리는 라틴 아메리카 국가들에서 경제 개혁을 위한 10

가지 정책 권고안을 제시한 경제학자 존 윌리엄슨이 고안한 문구. 이 권고안에는 시장경제의 복원, 글로벌 무역에 대한 개방, 거시경제 규율 등이 포함되어 있음.

세계은행(World Bank). 경제 발전을 촉진하고 빈곤을 퇴치하기 위해 각국에 재정 지원과 조언을 제공하는 국제 기구.

세계지적재산권기구(World Intellectual Property Organization, WIPO). 1967년 지적재산권 무역 관련 측면 (TRIPS) 협정을 감독하기 위해 설립된 유엔 산하기구.

세계무역기구(World Trade Organization, WTO). 국제 무역 협정의 협상, 모니터링 및 규제를 담당하는 국제기 구. 상품 및 서비스 생산자가 무역 제한과 정부 개입에 대한 두려움 없이 비즈니스를 수행할 수 있도록 돕 는 것이 목표임.

세계관(worldview). 사람들이 우주의 구조에 대해 가지고 있는 체계적인 가정을 포함한 가장 포괄적인 수준의 문 화 통합. 사람들이 세상에서 방향을 잡기 위해 사용하는 현실의 모델.

제로섬 접근법(zero-sum approach). 한 국가의 우위가 다른 국가의 손실을 요구하는 상황.

시온주의(Zionism). 유대인들이 자신들의 조상들이 살던 곳에서 주권국을 건설할 권리를 가져야 한다는 믿음.

(ㅂ)

바르샤바 조약기구　212, 495
바스크조국해방　232
바스크족　216, 482
바이든　205, 294, 429, 430
바하이　348, 358
반기문　272
반유대주의　37, 217, 222, 223, 370, 462,
　　　481
발리　22, 106, 288, 303
방글라데시　18, 47, 70, 80, 139, 279, 284,
　　　290, 295, 301, 303, 426, 427
방법론적 상대주의　110, 490
방사형 유통　446, 493
배분 국가　355, 364, 365, 366, 367, 481
베네수엘라　160, 204, 390, 404, 410, 411,
　　　415, 419
베이징　67, 145, 259, 273, 335, 482
베이징 합의　145, 335, 482
벤 알리　140, 375
보수당　138, 161
보수적 민족주의　219, 483
보스니아　47, 48
보잉　125, 236
보조금　123, 124, 134, 494
보코하람　187, 323, 326
보호주의　123, 125, 142, 319, 493
복합 상호의존　21, 483
볼리비아　124, 128, 174, 392, 394, 400,
　　　404, 411, 412, 413, 415, 419,
　　　420
볼셰비키혁명　482

부룬디　321, 323, 329
부르카　108, 482
부르키나파소　321
부시　54, 188
부족　362, 495
북대서양조약기구　212, 237, 491
북미 자유무역협정　165, 490
북아일랜드　44, 45, 232, 233
북한　160, 187, 222, 272
불교　246, 253, 280, 482
불의 고리　248
불황　35, 136, 138, 139, 229, 302, 493
브라마푸트라강　282, 283, 297, 298
브라질　394, 395, 411, 412, 413, 417, 418,
　　　419, 420
브렉시트　117, 161, 165, 166, 169, 228,
　　　463, 465
브릭스　427
비공식 경제　368, 414, 488
비공식적 학습　95, 488
비교　87, 105, 108, 110, 125, 142, 145, 154,
　　　156, 157, 158, 159, 160, 161, 162,
　　　168, 175, 181, 188, 195, 203, 211,
　　　214, 226, 279, 290, 483
비교우위　226, 398, 399, 483
비옥한 초승달 지대　351, 486
빈 라덴　234, 291, 305

(ㅅ)

사다트　372, 378
사담 후세인　167, 350, 363, 464
사마천　34, 35

식량 안보   147

식민주의   313, 355, 375, 387, 393, 394,
           397, 405, 436, 483

식민지배   250, 264, 416, 483

신자유주의   133, 135, 136, 142, 143, 171,
             172, 188, 401, 402, 403, 404,
             411, 491

신정정치   156, 495

신족벌주의   144, 320, 341, 491

신페인   233

신흥공업국   244, 254, 264, 289, 491

실크로드   270, 271, 279, 281, 292, 293,
           294, 295, 494

실패국가   486

싱가포르   244

쑨버그   173

(ㅇ)

아담 스미스   119

아라파트   372

아랄해   300, 301

아랍 민족주의   350

아랍 세계   347, 350, 482

아랍에미리트   347

아랍의 봄   19, 134, 140, 159, 160, 161,
           172, 186, 303, 375, 463, 481

아르메니아   363, 377

아르칸   358, 482

아르헨티나   397, 399, 404, 405, 406, 412,
            417, 418, 419, 437

아마존강   388

아말   347

아메리칸 드림   191, 192, 194, 481

아세안   188, 482

아시아적 가치   290

아시아태평양경제협력   273

아옌데   409, 410, 418

아이티   387, 388, 390, 394, 395, 406, 411,
         413, 416, 417

아일랜드   44, 48, 138, 202, 212, 227, 232,
          233, 438, 440, 488

아일랜드공화군   232

아제르바이잔   64, 363, 364

아즈텍   391, 392, 393

아타카마 사막   390

아프가니스탄   281, 283, 284, 287, 288,
             291, 292, 349, 463

안데스   390, 392, 396, 481

안티파   433

알리야   370, 481

알 샤밥   188

알 아사드 정권   186, 376

알 카에다   187, 204, 233, 331, 378, 380

알 파타   372

앙골라   318, 322, 323, 329, 332, 335, 339

억지력   42, 449, 484

에티오피아   70, 314, 322, 323, 336

엥겔스   126, 129

역사 이론   50, 51, 495

역사적 유물론   126, 487

역사적 정의   210, 487

예루살렘   67, 369, 371, 373, 471, 472

예멘   140, 365, 367, 376

옐친   223

오대호   199, 200

파시즘 221, 222, 224, 225, 486

파키스탄 47, 72, 279, 280, 281, 282, 284, 291, 306

파타 372, 373, 375, 390, 434

파타고니아 390

파푸아뉴기니 245, 246, 247, 251, 254, 265, 428

팔레스타인 45, 369, 370, 373

팔레스타인 해방기구 372

패권 21, 145, 164, 271, 387, 415, 487

패권국 145, 164, 387, 487

패러다임 21, 119, 123, 124, 131, 185, 225, 446, 492

페닌술라레스 492

페론 407, 414, 417, 418

페루 18, 139, 188, 265, 390, 391, 392, 393, 394, 396, 400, 412, 434

페미니즘 167

페이스북 134, 447, 451

포르투갈 24, 39, 67, 138, 144, 225, 284, 316, 318, 369, 387, 392, 394, 395, 397, 405, 417

포클랜드 411, 418

포퓰리즘 117, 160, 161, 162, 407, 492

폴란드 117, 138, 159, 160, 202, 212, 213, 218, 219, 221, 465

폴리네시아 244, 245, 246, 247, 251, 254, 256, 492

표현 문화 99, 192, 486

푸스하 357, 486

푸틴 45, 224, 231, 235

프랑스 55, 213, 222, 224, 230, 258, 355, 387, 388, 390, 394, 395

프랑스 혁명 213, 215, 395

프랑코 224, 232

프리덤하우스 175

프리드먼 133, 402

플로리다 104, 174, 175, 200, 282, 419, 426, 427

피그만 204

피노체트 402, 406, 410, 411, 418

필리핀 249, 250, 251

(ㅎ)

하디스 358, 360, 361, 487

하마스 373, 381, 434, 471

한계효용 121, 489

한국 139, 188, 245, 264, 272, 273

합리성 51, 53, 120, 143, 145, 216, 493

허리케인 50, 248, 249, 390, 420, 427

헝가리 117, 160, 175, 212, 466

헤로도투스 34, 35

헤즈볼라 350, 372, 376, 377

현대 표준 아랍어 357, 490

현실주의 51, 163, 164, 165, 167, 233, 493

호치민 54, 55, 57, 225, 250, 260

홍콩 65, 139, 253, 255, 256, 264, 268

확산 19, 21, 29, 49, 50, 136, 137, 147, 165, 171, 176, 193, 195, 217, 253, 254, 286, 469

환경가능론 71, 485

환경결정론 70, 485

효용 38, 118, 120, 121, 122, 145, 495

후안 카를로스 232

후쿠시마 249

국제학의 이해
글로벌 이슈에 대한 학제 간 접근

초판인쇄 2025년 6월 30일
초판발행 2025년 6월 30일

지은이 스탠리 툽스, 마크 앨런 피터슨, 월트 밴더부쉬, 나볼리 새키피오, 쉘던 앤더슨
책임 번역 김동수
공동 번역 고종환, 노용석, 문기홍, 박상현, 서지현, 정해조, 정호윤, 현민
펴낸이 채종준
펴낸곳 한국학술정보(주)
주 소 경기도 파주시 회동길 230(문발동)
전 화 031-908-3181(대표)
팩 스 031-908-3189
홈페이지 http://ebook.kstudy.com
E-mail 출판사업부 publish@kstudy.com
등 록 제일산-115호(2000. 6. 19)

ISBN 979-11-7217-176-6 03300

이담북스는 한국학술정보(주)의 학술/학습도서 출판 브랜드입니다.
이 시대 꼭 필요한 것만 담아 독자와 함께 공유한다는 의미를 나타냈습니다.
다양한 분야 전문가의 지식과 경험을 고스란히 전해 배움의 즐거움을 선물하는 책을 만들고자 합니다.